Richard Merk

Weiterbildungsmanagement

Richard Merk

Weiterbildungs-management

Bildung erfolgreich und innovativ managen

2., überarbeitete Auflage

Luchterhand

Die Deutsche Bibliothek – CIP-Einheitsaufnahme

Merk, Richard:
Weiterbildungsmanagement: Bildung erfolgreich und innovativ managen / Richard Merk. –
2., überarb. Aufl. –
Neuwied; Kriftel; Berlin: Luchterhand, 1998
(Grundlagen der Weiterbildung)
ISBN 3-472-02164-0

Alle Rechte vorbehalten.
© 1998 by Hermann Luchterhand Verlag GmbH, Neuwied, Kriftel, Berlin.
Das Werk einschließlich aller seiner Teile ist urheberrechtlich geschützt.
Jede Verwertung außerhalb der engen Grenzen des Urheberrechtsgesetzes ist ohne
Zustimmung des Verlages unzulässig und strafbar. Das gilt insbesondere für
Vervielfältigungen, Übersetzungen, Mikroverfilmungen und die Einspeicherung und
Verarbeitung in elektronischen Systemen.
Satz: Josefine Urban KompetenzCenter, Düsseldorf
Druck: MVR Druck GmbH, Brühl
Printed in Germany, Januar 1998

VORWORT

zur 2. Auflage

Als 1992 die 1. Auflage des »Weiterbildungsmanagements« erschien, gingen die Positionen der Befürworter und Kritiker weit auseinander. Während ein Teil der Bildungsmanager dem Buch Chancen einräumte, »ein Bestseller unter den Publikationen für Weiterbildner«[1] zu werden, schätzten andere den »umgestürzten Zettelkasten« nicht als Buch ein.[2] Die Rezensionen machten richtig Spaß, weil erstmalig eine recht kontroverse Diskussion um das Management in der Weiterbildung ausgelöst wurde. Die Tatsache, daß nach fünf Jahren immer noch eine nennenswerte Nachfrage vorhanden ist, spricht offensichtlich für diese Art der Darstellung des Managements in der Weiterbildung. Anscheinend wurde mit diesem Buch ein wunder Punkt pädagogischer Professionalität und insbesondere seines akademischen Selbstverständnisses getroffen. Vor allem die Bildungspraktiker haben positiv reagiert und mich in der Meinung bestärkt, die Neuauflage nach demselben Konzept, jedoch unter Berücksichtigung neuer Entwicklungen im Weiterbildungssektor zu überarbeiten.

Die wirtschaftliche Entwicklung hat zu einer stärkeren Betonung marktwirtschaftlichen Denkens in der Erwachsenen- und Weiterbildung geführt. Viele Einrichtungen haben damit begonnen, sich neu zu orientieren. Sie geben ihren Unternehmen eine neue Richtung.

Impulse erfährt die Weiterbildung:

- durch die Globalisierung der Märkte und die Diskussion um »lean production« und »lean management«, in dessen Folge Konzepte einer arbeitsplatzorientierten Weiterbildung entwickelt werden;

- durch den Umweltschutz und besonders durch das Qualitätsmanagement, das immer mehr Bildungseinrichtungen veranlaßt, über die Zertifizierung nach DIN ISO 9001–9004 nachzudenken, um Marktvorteile zu gewinnen;

- durch Multimedia mit den Elementen Internet, Intranet, Email, CBT (com-

---

[1] *Heyse, V.:* Das Buch in der Diskussion. Report 31. Literatur- und Forschungsreport Weiterbildung 1993, Frankfurt;
[2] *Schlutz, E.,:* in dto.

puterunterstütztes Lernen) und seit neuestem mit Telelearning, womit ein neues Zeitalter weltweiter Informationsvermittlung beginnen wird;

- durch die Forderungen nach einer konsequenten Kundenorientierung, die aus Teilnehmern Kunden macht, deren Bildungsbedürfnisse effektiv zu befriedigen sind; sie erwarten neue, qualitativ hochwertige und preisgünstige Produkte und Bildungsdienstleistungen;

- durch den neuen Ansatz, über die »Kompetenzbarriere« springen zu wollen, in dem über Kommunikation, selbstorganisiertes Lernen und Kompetenzentwicklung von und in Unternehmen ausgiebiger nachgedacht wird.

Bildungseinrichtungen sind herausgefordert, ihre ausgetretenen Pfade zu überprüfen.

Dr. Richard Merk

Institut für Bildungsmanagement
Herford, Oktober 1997

VORWORT

zur 1. Auflage 1992

Das plurale System der Weiterbildung steht in den neunziger Jahren vor großen Herausforderungen. Es wird eine Schrittmacherrolle für die Wettbewerbsfähigkeit der Wirtschaft und die Sicherung der sozialen Stabilität einnehmen. Darüber hinaus wächst die Bedeutung der beruflichen Weiterbildung als einer der entscheidenden Faktoren für die Standortsicherung in hochindustrialisierten Ländern wie der Bundesrepublik Deutschland. Erfolge werden künftig nur die Unternehmen haben, die am besten und schnellsten mit dem technologischen, wirtschaftlichen, soziokulturellen sowie ökologischen Wandel umzugehen lernen. Die Qualifikationen der Mitarbeiter werden zum strategischen Erfolgsfaktor.

Das Personal- und Bildungsmanagement befindet sich an einem Wendepunkt. In der Praxis werden die Instrumente ausgebaut und verfeinert; im Kern entsteht eine neue Sichtweise von innovativem und effizientem Bildungsmanagement. Es ist um so erfolgreicher, je systematischer es in die Alltags- und Berufsstrukturen eingebunden ist. Entscheidend für die erfolgreiche Umsetzung von Bildungsmaßnahmen ist nicht ihr isolierter Einsatz, sondern die strategische Ausrichtung der Qualifizierung. Die berufliche Weiterbildung braucht ein neues Selbstverständnis. Der pädagogische Prozeß des Lehrens und Lernens muß in einen unternehmerischen Zusammenhang gestellt werden. Die zunehmende Professionalität von Weiterbildung, die »Verberuflichung« fordert eine strategische, operative und funktionale Ausrichtung der Bildungseinrichtungen. Ein gutes Management paßt sich den Bedingungen des Marktes aktiv an. Es reagiert nicht nur auf Nachfrage, es regt durch neue Konzepte die Nachfrage mit an. Das »Weiterbildungsmanagement – WBM« beschreibt ein neues Fachgebiet. Es ist als wissenschaftliches Fundament für die systematische Planung und Umsetzung von Bildungsangeboten gedacht. Es stellt das strategische Denken und operative Handeln der Fach- und Führungskräfte in den Mittelpunkt. Indem der Prozeß der konzeptionellen Entwicklung und funktionalen Umsetzung von »Bildungsprodukten« in seine Elemente zerlegt wird, wird die innere Struktur erkennbar, wie Weiterbildung erfolgreich gemanaget werden kann. Die Umsetzung wird wesentlich zur Professionalisierung dieser Zukunftsaufgabe beitragen.

Hans Peter Stihl

Präsident des Deutschen Industrie- und Handelstages
DIHT – Bonn

Vorwort

Zur 1. Auflage 1992

Der innovative Kern des Weiterbildungsmanagements basiert auf der »Theorie der kommunikativen Arbeitssituation«. Danach entstehen Bildungsveranstaltungen nicht dadurch, daß an einzelnen Arbeitsplätzen in der Weiterbildung Tätigkeiten ausgeführt werden, sondern dadurch, daß die notwendigen Aufgaben in gezielter und abgestimmter Kommunikation stattfinden. Ein Weiterbildungsprogramm in der Form einer größeren Anzahl von Kursen und Veranstaltungen entsteht durch das konzeptionelle und didaktische Handeln der Weiterbildner. Die Ergebnisse ihrer Denkarbeit kommunizieren sie im Team, um sie dann operativ umzusetzen. Pädagogische Praxis ist kommunikatives Handeln, sowohl bei der Erstellung des Weiterbildungsprogramms als auch in den Weiterbildungsveranstaltungen.

Im Prozeß der Verberuflichung von Weiterbildung haben sich typische Arbeitsstrukturen herausgebildet. In den Kommunikationsprozessen der hauptberuflichen Mitarbeiter müssen die Bedingungen und Inhalte des Lehrens und Lernens mit den erwachsenen und erwerbstätigen Menschen so thematisiert werden, daß sie Gegenstand organisierter Bildungsprozesse sein können. Dabei geht es auf pädagogischer Ebene um die Herausforderungen, Fragen und Probleme der Menschen, die ihre Berufs- und Lebenswelt zum Thema von Weiterbildungsprozessen gemacht sehen wollen; je adäquater der Lehr-/Lernprozeß auf die Bedürfnisse und Erfahrungen der Lernenden eingeht, um so größer fällt der Lernerfolg aus. Auf der Ebene des institutionellen Bedingungsgefüges muß nicht nur die Betriebsorganisation effektiv sein, vielmehr geht es bei der Profilierung einer Bildungseinrichtung um das institutionelle Selbstverständnis und die Frage, was in der Weiterbildung zum Thema gemacht wird bzw. was bildungs- und gesellschaftspolitisch thematisiert werden sollte. Der kommunikative Prozeß des konzeptionellen Planungshandelns der hauptberuflichen Mitarbeiter steht in dem Spannungsverhältnis von Teilnehmer- und Marktorientierung. Das ist dadurch charakterisiert, ob und wie in der Weiterbildung das Denken und Handeln der Lernenden verortet wird.

Indem das Weiterbildungsmanagement die »Struktur des didaktischen Planungsprozesses« vor dem Hintergrund des pluralen Selbstverständnisses der Bildungseinrichtungen systematisiert, ist ein wissenschaftliches Handbuch entstanden, das den Professionalisierungsprozeß in der Erwachsenen- und Weiterbildung positiv beeinflussen wird.

Prof. Dr. Johannes Weinberg

Westfälische Wilhelms-Universität, Münster

EINFÜHRUNG

Das **Weiterbildungsmanagement** versteht sich als **neues Fachgebiet**, das seine Impulse aus der Bildungspraxis und den interdisziplinär angelegten Managementwissenschaften bezieht. Im Mittelpunkt des Interesses steht die Weiterbildung als Managementaufgabe. Weiterbildner handeln in interdisziplinär zusammengesetzten Teams in einem gemischtwirtschaftlichen Bildungsmarkt. Weiterbildung mit System ist der Weg in eine professionelle Zukunft. Um die Herausforderungen auf dem Weg ins 21. Jahrhundert erfolgreich zu meistern, muß der Professionalisierungsgrad weiter erhöht werden.

Die Weiterbildung erhält eine neue Dynamik. Die Vorwärtsstrategie ist in den Bildungseinrichtungen und -abteilungen von hochqualifizierten Fach- und Führungskräften umzusetzen. Die Tätigkeit der Bildungsmanager zeichnet sich durch ihre **kommunikative Praxis** aus. Die Dienstleistung Bildung wird nicht nur in kommunikativen Arbeitssituationen erzeugt, das Lehren und Lernen ist selbst ein kommunikativer Prozeß. Das Produkt »Lehren und Lernen« läßt sich nicht dadurch organisieren, daß an einzelnen Arbeitsplätzen Tätigkeiten ausgeführt werden. Alle notwendigen Aufgaben – von der Planung bis zur Durchführung – haben zielgerichtet und abgestimmt stattzufinden. Professionelles Management ist kommunikatives Handeln.

In der vorliegenden Arbeit wird der **Managementprozeß der Weiterbildung** in seinen praktischen und theoretischen Bezügen zu beschreiben versucht. Im Vordergrund des Interesses steht die Sichtweise von Weiterbildnern, die ein Kursprogramm zu organisieren haben, das im Weiterbildungsmarkt eine Nachfrage finden soll. Um Weiterbildung unter Wettbewerbsbedingungen innovativ und erfolgreich plazieren zu können, ist das professionelle Wissen zu einer Unternehmensstrategie zu verdichten. Das kann dann gelingen, wenn sich die Bildungseinrichtungen strategisch ausrichten und die Führungskräfte selbst als Erfolgspotentiale begreifen. Mit maßgeschneiderten Bildungs- und Beratungskonzepten haben sie den Kunden und Auftraggebern zu dienen. Weiterbildung ist eine Dienstleistung.

Das Management in der Weiterbildung muß marktfähige Produkte entwickeln. Mit Methoden modernen Marketings sind Kunden und Auftraggeber zu akquirieren und Teilnehmer zu überzeugen. Dazu ist eine Sichtweise von Weiterbildung notwendig, die das didaktische Handeln als **strategisches** und **operatives Management** definiert. Weiterbildungsmanagement handelt in einer institutio-

Einführung

nellen Struktur. Einrichtungen werden im Wettbewerb nur dann erfolgreich sein, wenn sie den besonderen Bedingungen des Weiterbildungsmarktes auf Dauer gewachsen bleiben.

Ausgangspunkt der Sichtweise des Weiterbildungsmanagements (**Kapitel 1**) sind die rasanten Umwälzungen und die Herausforderungen auf dem Weg ins 21. Jahrhundert. In das Zentrum muß die Frage nach der Kompetenzentwicklung rücken. Dabei geht es um jene unternehmerischen Potentiale und individuellen Fähigkeiten sowie die beruflichen Qualifikationen, die bedeutsam werden, um die Herausforderungen der Zukunft bewältigen zu lernen. Der Stellenwert der Weiterbildung muß weiter erhöht werden, damit sie als Vermittlungsinstanz wirksam werden kann. Auf dem Weg von der Industriegesellschaft zur Informationsgesellschaft muß die Weiterbildung als **neue Dienstleistungsbranche** entstehen. Wenn sie zur gesellschaftlichen Problemlösung beitragen will, hat sie eine Schrittmacherrolle einzunehmen. Das Weiterbildungsmanagement kann sich nicht auf das Reagieren beschränken. Einrichtungen müssen im Markt agieren. Im Prozeß der Vermarktung aller Lebensbereiche schließt die Marktwirtschaft immer mehr den Faktor Bildung und Beratung mit ein.

Weiterbildung wird im **Kapitel 2** als das professionelle Handeln zur Erreichung einer innovativen und effizienten Dienstleistung definiert, die dem Lehren und Lernen von Erwachsenen dient. Das neue Selbstverständnis der Weiterbildung wird aus Sicht des Managements herzuleiten und zu beschreiben versucht. **Weiterbildungsmanagement** umfaßt die Analyse und Vorbereitung, die Planung und Organisation, die Entscheidung und Durchführung sowie das Bildungserfolgscontrolling. Weiterbildung ist auf eine konsequente Nachfrageorientierung hin auszurichten. Qualität und Beratung sind unabdingbar bei einem so erklärungsbedürftigen Produkt wie Weiterbildung.

Das **strategische Management** in der Weiterbildung denkt und handelt unternehmerisch (**Kapitel 3**). Wenn das Lehren und Lernen gelingen soll, rückt das Modell des Anschlußlernens in den Mittelpunkt. Vor hier aus kann der Prozeß des didaktischen Handelns auf verschiedenen Ebenen gesteuert werden. Das strategische Management nimmt Einfluß auf die Unternehmensziele und richtet eine Institution auf zukunftsträchtige Marktsegmente aus. Dies wird als ein ganzheitlicher und vernetzter Prozeß beschrieben, der analytisch auf den Unternehmenszweck, die Unternehmensziele, die Wachstumsstrategien sowie das Finanzmanagement gerichtet ist.

Im **operativen Management** steht der didaktische Planungs- und Organisationsprozeß im Mittelpunkt (**Kapitel 4**). Veranstaltungen müssen konzipiert, organisiert und durchgeführt werden. Das sollte von einem entwickelten Bezugsrahmen unternehmerischen Handelns aus erfolgen. Es geht um die Konzept- und Produktentwicklung, um Anforderungen an Bildungsveranstaltungen, die Planung und Organisation, um die Durchführung und die Interaktionsvorgänge des Lehrens und Lernens, das Weiterbildungsprogramm sowie um die Betriebsorga-

Einführung

nisation in Bildungseinrichtungen. Je besser das strategische und operative Management zusammenwirken, um so erfolgreicher kann das Bildungsgeschäft werden.

In der Betriebswirtschaft ist es üblich, den Managementprozeß aus einer strategischen und operativen Sicht zu betrachten. Um der Komplexität des Entstehungsprozesses von Weiterbildung näherzukommen, soll in **Kapitel 5** das Handeln der Bildungsmanager quasi in seine Elemente zerlegt und analysiert werden. Das funktionale Managementhandeln versucht die Komplexität der Weiterbildungswirklichkeit dadurch zu reduzieren, daß die Einzelleistungen beschrieben werden. Es geht um: Corporate-Identity-Management, Kommunikations- und Informationsmanagement, Entscheidungsmanagement, Planungs- und Organisationsmanagement, Lern- und Motivationsmanagement sowie das Bildungserfolgscontrolling. Dabei geht es im Kern um die Frage, wie sich die Weiterbildung als »lernfähige Organisation« mit »lernfähigen Mitarbeitern« konstituieren kann. Innovationen werden zukünftig nur dadurch zu erzeugen sein, wenn es gelingt, die Einzelleistungen des Managements im Team systematisch und vorausschauend zu vernetzen.

Der Weiterbildungssektor hat alle Kennzeichen einer zukunftsträchtigen **Wirtschaftsbranche**. In **Kapitel 6** werden Merkmale dieses sich konstituierenden Sektors beschrieben. Untersucht werden Entwicklungsfaktoren. Weiterbildung wird zum Wirtschafts-, Wettbewerbs-, Arbeitsmarkt-, Infrastruktur- sowie zum Bildungsfaktor. Soll Weiterbildung keine Leerformel sein, ist sie systematischer als bisher zu betreiben. Die Weiterbildung muß professioneller werden. Eine der wesentlichen Voraussetzungen dazu ist es, daß Weiterbildung im Prozeß des lebenslangen Lernens als investive Größe erkannt wird. Dazu müssen alle Betroffenen und Akteure ein neues Selbstverständnis vom Lehren und Lernen im Informationszeitalter entwickeln. Der Erfolg von Weiterbildung wird mit davon abhängen, wie es den Bildungsmanagern gelingt, die Kompetenzentwicklung zu beeinflussen.

Für konstruktive Anregungen danke ich Diplom-Geographin Ulrike Bökemeier, Leiterin des »Instituts für kulturelle Bildung – ikb e. V.«, Bielefeld.

Dr. Richard Merk

Herford, Oktober 1997

INHALT

1 PROFESSIONALITÄT IN DER WEITERBILDUNG

1.1	Von der Weiterbildung zur Kompetenzentwicklung	1
1.2	Weiterbildung im Spannungsfeld politischer Interessen	4
1.3	Schrittmacher Weiterbildung	7
1.4	Bewegung ist die einzige Konstante	11
1.5	Erfolgsrezept für die Weiterbildung	13
1.6	Die Doppel-Helix der Kompetenz	14
1.7	Lernfähige Organisationen sind kommunikative Systeme	16
1.8	Management für Bildungsunternehmen	19
1.9	Kommunikatives Management	22

2 ZUM SELBSTVERSTÄNDNIS DES WEITERBILDUNGSMANAGEMENTS – WBM

2.1	Weiterbildung als Managementaufgabe	26
2.2	Begriff des Managements	27
2.3	Weiterbildungsmanagement – WBM	35
2.4	Marktbezogene Weiterbildung	54
2.5	Management der Didaktik	64
2.6	Qualitätsmanagement in der Weiterbildung	69
2.7	Weiterbildungsberatung und Informationsmanagement	80
2.8	Weiterbildungsmanager	83

3 STRATEGISCHES MANAGEMENT IN DER WEITERBILDUNG

3.1	Bildung auf dem Weg ins 21. Jahrhundert	86
3.2	Die Prozeßebenen	90
3.3	Der Prozeß des strategischen Managements	93
3.4	Strategische Konsequenzen	145

4 OPERATIVES MANAGEMENT IN DER WEITERBILDUNG

4.1	Modell der kommunikativen Arbeitssituation (KAS)	148
4.2	Bezugsrahmen für das operative Weiterbildungsmanagement	158
4.3	Strategie der Konzept- und Produktentwicklung	164
4.4	Verfahren der Bedarfsermittlung	177
4.5	Anforderungen an Bildungsveranstaltungen	185
4.6	Das didaktische Gerüst von Bildungsveranstaltungen	192
4.7	Didaktische Planung: Die Ausgangslage	210
4.8	Didaktische Planung: Interaktionsvorgänge	229
4.9	Didaktische Planung: Endverhalten	241
4.10	Das Konzept des Weiterbildungsprogramms	248
4.11	Betriebsorganisation in Weiterbildungseinrichtungen	253

5 FUNKTIONALES MANAGEMENTHANDELN IN DER WEITERBILDUNG

5.1	Managementfunktionen	268
5.2	Corporate-Identity Management	272
5.3	Informations- und Kommunikationsmanagement	285
5.4	Entscheidungsmanagement	308
5.5	Planungs- und Organisationsmanagement	329
5.6	Motivations- und Lernmanagement	355
5.7	Bildungserfolgscontrolling	370

6 WIRTSCHAFTSBRANCHE WEITERBILDUNG

6.1	Weiterbildung als Wirtschaftsfaktor	388
6.2	Weiterbildung als Wettbewerbsfaktor	399
6.3	Weiterbildung als Arbeitsmarktfaktor	407
6.4	Weiterbildung als Infrastrukturfaktor	415
6.5	Weiterbildung als Bildungsfaktor	419
6.6	Perspektiven für das Bildungsmanagement	426

LITERATURVERZEICHNIS 435

STICHWORTVERZEICHNIS 449

1. PROFESSIONALITÄT IN DER WEITERBILDUNG

1.1	**Von der Weiterbildung zur Kompetenzentwicklung**	1
1.2	**Weiterbildung im Spannungsfeld politischer Interessen**	4
1.2.1	Zwischen Markt und Staat	5
1.2.2	Bildungspolitische Positionsbestimmung	6
1.3	**Schrittmacher Weiterbildung**	7
1.3.1	Defizite in der Weiterbildung	8
1.3.2	Bildungspolitische Entwicklungsstufen	10
1.4	**Bewegung ist die einzige Konstante**	11
1.5	**Erfolgsrezept für die Weiterbildung**	13
1.6	**Die Doppel-Helix der Kompetenz**	14
1.7	**Lernfähige Organisationen sind kommunikative Systeme**	16
1.8	**Management für Bildungsunternehmen**	19
1.9	**Kommunikatives Management**	22

1.1 Von der Weiterbildung zur Kompetenzentwicklung

Auf dem Weg ins 21. Jahrhundert nimmt die Weiterbildung eine noch unterschätzte Rolle im gesellschaftlichen Veränderungsprozeß ein. Obwohl die neunziger Jahre durchaus als Jahrzehnt der Weiterbildung gelten können, hat die Weiterbildung ihre Professionalität noch nicht voll entfaltet. Nur in Teilbereichen nimmt sie Anteil an den Innovationszyklen der technologischen Erneuerungen, den globalen ökonomischen Verflechtungen, den ökologischen Herausforderungen sowie den sozio-kulturellen Wandlungen, die sich immer tiefgreifender und schneller vollziehen. Wenn in weiten Bereichen der Schlüsseltechnologien die Innovationsrate wesentlich kürzer als die Dauer von Studiengängen ist, fragt es sich, wie Weiterbildung zur Strukturveränderung beitragen kann. Das permanente Lernen muß zu einem ständigen Element des Daseins gehören. Dabei steht der Begriff der Weiterbildungsgesellschaft genauso charakteristisch für den Zeitgeist der 90er Jahre wie die Begriffe Industriegesellschaft, Arbeitsgesellschaft, Informationsgesellschaft, Zukunftsgesellschaft *(Höhler 1986)* oder Risikogesellschaft *(Beck 1986).* Am Ende des 20. Jahrhundert kündigt sich ein erneuter Bedeutungswandel an. In das Zentrum rückt die **Kompetenzentwicklung,** also die Frage, welche unternehmerischen Potentiale und welche individuellen Fähigkeiten sowie beruflichen Qualifikationen bedeutsam werden, um die Herausforderungen der Zukunft zu bewältigen. Dabei setzt sich immer mehr die Einsicht durch, daß Weiterbildung, Personal- und Organisationsentwicklung zum integralen Bestandteil moderner Arbeitsplätze werden muß. Die Lernanteile im Arbeitsprozeß werden wesentlich erhöht werden müssen. Das hätte zur Folge, daß Arbeitsplätze gleichzeitig Lernplätze würden. Diese Vorstellung wird ansatzweise thematisiert, wenn von arbeitsplatzorientierter Qualifizierung die Rede ist. Verwirklicht worden ist sie noch lange nicht.

Soll der **Standort Deutschland** im globalen Wettbewerb Bestand haben, geht es um die Kompetenz der Akteure. Aus Sicht der Weiterbildungsgesellschaft muß die Kompetenzentwicklung in den Vordergrund des Interesses treten. Kompetenz muß zu einem Markenzeichen einer leistungsstarken Wirtschaft avancieren, die auf der Innovationsfähigkeit und auf dem Know-how der Unternehmen und der Mitarbeiter beruht. Dabei sollte sich die Einsicht durchsetzen, daß Lernen Spaß machen kann und aus der Wettbewerbsgesellschaft nicht mehr wegzudenken ist. Im Wirtschaftsleben wird Kompetenz existentiell bedeutsam. Deshalb muß der Wert von Bildung und Wissenschaft gesteigert werden. In einem rohstoffarmen Land sind »kluge Köpfe« gefragt. Weiterbildung muß eine Schlüsselrolle bei der Erhaltung der **Wettbewerbsfähigkeit** einnehmen, denn nur rasch nutzbares Wissen schafft die notwendigen Informationsvorsprünge, die Unternehmen und die Mitarbeiter im globalen Wettbewerb benötigen. In Wirtschaft und Politik muß begriffen werden, daß es einen Zusammenhang zwischen Technikentwicklung – Dienstleistungsqualität – Organisations- und Personalentwicklung gibt. Nur wenn sich dieser Zusammenhang im Investitionsverhalten von Politik und Wirtschaft niederschlägt, erweisen sich die Investitionen in die Qualifikationen und Kompetenzen der Mitarbeiter als Zukunftsinvestitionen. Dann werden sie zum strategischen Faktor für Erfolg.

Im Prozeß der **Vermarktung aller Lebensbereiche** schließt die Marktwirtschaft immer mehr den Faktor Bildung und Beratung mit ein. Die Wettbewerbswirtschaft erzeugt auf subjektiver Seite eine historisch einmalige Chance zur Individualisierung. Dafür verlangt sie von jedem ständiges Weiterlernen. Nur wer das tut, kann sich als Marktteilnehmer und Individuum mit seiner Identität aufrechterhalten. Der berufliche Wettbewerb in arbeitsteiligen und hochmotivierten Mitarbeiterteams »zwingt« zur Weiterbildung. Wer nicht nur mithalten, sondern aktiv und kreativ tätig werden will, muß das Lernen lernen. Dabei werden die persönlichen Ziele immer mehr durch die Leistungs- und Prestigeanreize einer an Hochleistung orientierten Wirtschaft motiviert. Der Bankkaufmann trimmt sich zum Börsianer, der Pädagoge zum Bildungsmanager und im Selbstmanagement wird die moderne Form der Persönlichkeit erkundet.

Die **Erfolgspotentiale** der Kompetenzgesellschaft sind dynamische Organisationen mit motivierten, qualifizierten und lernfähigen Menschen. Zusammen tragen sie zur Leistungsfähigkeit einer sich globalisierenden Wirtschaft bei. Damit dieser Prozeß unterstützt wird, muß die berufliche Bildung ebenso forciert werden, wie die soziale, politische und kulturelle Bildung. Die Überwindung des historischen Gegensatzes von politischer, beruflicher und kultureller Bildung gehört zu den neuen Denkweisen eines jungen Managements, das die Vorteile ganzheitlicher Bildung anerkennt. Im Arbeitsalltag erweist es sich oft als innovativ, daß berufliche Qualifikationen durch personale Kompetenzen tragfähig werden. Manager müssen global Denken und operativ Handeln können. Dies sind Bestandteile eines ganzheitlichen und vernetzten Denk- und Handlungsvermögens. Unternehmen müssen in der Lage sein, auch querdenkende Leistungsträger in die Unternehmenskultur *(Vester 1984)* aufzunehmen. Insbesondere erfordern die turbulenten und kaum vorhersehbaren Wandlungsprozesse neue Handlungsstrategien. *Laszlo (1994)* hat das auf die neuen Anforderungen angepaßte Organisations- und Strategiemodell als evolutionäres Management beschrieben.

Trotz steigender **Weiterbildungsbeteiligung** der Bevölkerung *(Berufsbildungsbericht 1995* sowie Studien des *Bundesministeriums für Bildung und Wissenschaft* – BMBW – *Kuwan 1989)* bleibt fraglich, ob die tatsächliche Inanspruchnahme der Weiterbildung ausreicht, um im globalen Wettbewerb mithalten zu können. Hinzu kommt, viele Teilnehmer sind Mehrfachteilnehmer. Sie besuchen jene Veranstaltungen, von denen sie meinen, daß sie wichtig sind. Dabei kristallisiert sich heraus, daß Weiterbildung für die Leistungsstarken zur Herausforderung wird und das Weiterlernen mit den Berufsverläufen verschmilzt. Damit kommt das Ende »unqualifizierter Arbeit« als Utopie in Sicht. Gleichzeitig wird Weiterbildung zur Bedrohung für diejenigen, die Schwierigkeiten mit dem Lernen haben. Hatte Weiterbildung in den achtziger Jahren neben einer Qualifizierungsfunktion eine Sozialisationsfunktion übernommen, so wird zukünftig die Erzeugung und Erhaltung der Lernfähigkeit zu ihrer elementaren Aufgabe gehören. So bedeutsam die Weiterbildung für das Management schon heute ist, so wichtig wird die Kompetenzvermittlung für breite Bevölkerungsgruppen sein. Dabei entsteht mit den Neuen Medien in der Informationsgesellschaft durchaus die Gefahr einer »Zwei-Klassen-Gesellschaft«, wie die EU-Kommission formuliert. Noch sind die Zugangschancen zu Multimedia und Internet unausgewogen. Die Kluft zwischen den kompetenten Mediennutzern und jenen, die im Abseits bleiben, darf nicht größer werden *(Hartge 1996)*.

Nimmt die Weiterbildung die **Herausforderung der Kompetenzvermittlung** an, wird sie beständig in neue Märkte hineinwachsen. Dabei wird der Bedarf sowohl aus den Unternehmen als lernende Organisationen als auch aus den individuellen Bedürfnissen der Lernenden erwachsen. Weiterbildung, die auf Professionalität setzt, wird dann in Zukunft genauso gemanagt werden müssen, wie andere marktfähige Dienstleistungen und Produkte auch. Erst wenn das Weiterbildungsmanagement eine Schrittmacherrolle einzunehmen im Stande ist, wird ihr Beitrag in der Informationsgesellschaft voll zur Geltung kommen.

1.2 Weiterbildung im Spannungsfeld politischer Interessen

Die Leistungsfähigkeit einer Bildungseinrichtung beruht auf der schnellen und flexiblen Anpassung an die Markterfordernisse. Das Management muß diese Anpassungsfähigkeit als **Vorwärtsstrategie** planen und durchsetzen. Die besten Einrichtungen erkennen dies und reagieren schnell und deutlich auf Veränderungen. Im Markt wird jedes Unternehmen mit den unnachgiebigen Urteilen der Kunden konfrontiert. Sie votieren täglich für oder gegen ihre Produkte und Dienstleistungen. Sie zwingen das Management, sich neuen Tendenzen anzupassen. Veränderungsmanagement ist zum Begriff geworden. Nur die in einem Unternehmen vorhandene Lernfähigkeit sichert die notwendigen Anpassungsprozesse.

Wenn in einer solchen Situation die Innovationsgeschwindigkeit des öffentlichen wie des betrieblichen Bildungswesens hinter der Innovationsgeschwindigkeit des neuen Wissens, das global verteilt ist –, hinterher hinkt, hat das fatale Auswirkungen auf die Wettbewerbsfähigkeit der Wirtschaft *(vgl. Bullinger1990/ 91, S. 7)*. Obwohl **Marktanpassung** für die berufliche Weiterbildung nicht etwas grundsätzlich Neues ist, hat sie mit einer Vorstellung zu kämpfen, in der Qualifizierung teilweise noch als eine Sonderform freiwilliger Sozialleistung angesehen wird. Doch die Zeiten, in der Weiterbildung als eine Art Anerkennung zugewendet wird, sind vorbei. Weiterbildung ist eine investive Größe, sie muß dazu beitragen, daß die Mitarbeiter auf dem neuesten Stand des Know-hows gehalten werden. Obwohl bereits in den siebziger Jahren die herausragende Bedeutung der Erwachsenenbildung für die gesellschaftliche Entwicklung begriffen wurde, ist ihre wirtschaftspolitische Dimension heute immer noch nicht voll erkannt. Trotz der Anfang der neunziger Jahre entstehenden öffentlichen Diskussion um Weiterbildung und Personalentwicklung, hatte in den letzten Jahren der Personalabbau Vorrang vor der Kompetenzentwicklung. Die Weiterbildung ist nur in Teilbereichen eine treibende Kraft. Die Einführung einer systematischen Personal- und Organisationsentwicklung ist in der Wirtschaft noch kaum realisiert.

Weiterbildung im Spannungsfeld politischer Interessen

1.2.1 Zwischen Markt und Staat

Obwohl sich in den letzten Jahren das Gewicht zwischen privaten und öffentlichen Anbietern von Weiterbildung deutlich zugunsten der Privaten verschoben hat, steht sie weiterhin im **Spannungsfeld** der **Bildungs- und Wirtschaftspolitik**. Die inhaltliche Differenz soll in einem **bildungs-** und **wirtschaftspolitischen Modell** unterschieden werden:

1. Die **bildungspolitische Sichtweise** versteht Weiterbildung als Teil des Bildungssystems. Sie soll als vierte, quasi schulische Säule entstehen. Die Volkshochschulen und/oder das berufsbildende Schulsystem sollen in kommunaler Trägerschaft flächendeckend etabliert werden. Staatliche Abschlüsse sollen eine gewisse Einheitlichkeit durchsetzen. *(vgl. Deutscher Bildungsrat 1970; Bader 1990;)*

2. Dem steht die **wirtschaftspolitische Position** entgegen, die Weiterbildung außerhalb des staatlichen Schulwesen als »Marktsystem« weiterentwickeln will. Im wirtschaftspolitischen Modell soll Weiterbildung als marktwirtschaftliches System den Kräften von Angebot und Nachfrage ausgesetzt bleiben. Der Staat soll nur dort ein Angebot gewährleisten, wo der Bedarf nicht anderweitig reguliert werden kann. Staatliche Angebote sollen subsidiär sein. *(vgl. Kuratorium der Deutschen Wirtschaft für Berufsbildung 1990)*

Speziell die pragmatische Bildungspolitik der 70er Jahre hat der Weiterbildung in mehreren Bundesländern, z. B. Nordrhein-Westfalen, Niedersachsen, einen hohen Stellenwert eingeräumt. Bildungspolitiker haben **Weiterbildungsgesetze** gemacht *(vgl. Gernert 1975)*, weil sie in der Erwachsenenbildung eine öffentliche Aufgabe erkannt haben. In deren Folge ist eine Vielzahl von Volkshochschulen und freien Bildungswerken gegründet worden. Das öffentliche Interesse richtete sich auf die »allgemeine Erwachsenenbildung«. Erst als in den 80er Jahren die Qualifizierungsoffensive der beruflichen Weiterbildung zum Durchbruch verholfen hat, kommt sie mehr in das Blickfeld der Politik. Je zukunftsträchtiger sie wird, um so bedeutsamer wird ihr wirtschaftspolitischer Stellenwert.

Der entscheidende Unterschied in den beiden Modellen liegt in seinem **ordnungspolitischen Charakter** begründet. Der jeweilige Einfluß wird durch staatliche Bürokratien bzw. die Wirtschaft und deren Organisationen entschieden. Während im ersten Modell der politische Einfluß dominiert, präferiert die Wirtschaft das Marktmodell. Es findet eine Auseinandersetzung um den **Führungsanspruch** in der (beruflichen) Weiterbildung statt. Solange die Weiterbildungspolitik die betrieblichen Interessen nicht direkt tangierte, bestand kein Anlaß zur Kritik. Erst in dem Maße, wie Politiker, Unternehmer und Gewerkschafter in der Weiterbildung ein Instrument zur Steuerung der betrieblichen Wettbewerbsfähigkeit erkennen, rückt dieses bildungspolitische Thema in den Einflußbereich der Auseinandersetzung. Die Wirtschaft wendet sich gegen einen zunehmenden staatlichen Einfluß, der als dysfunktional und praxisfern angesehen wird.

1.2.2 Bildungspolitische Positionsbestimmung

Bisher ist es den Bildungspolitikern nicht gelungen, die Weiterbildung bundesweit zu vereinheitlichen und zu institutionalisieren *(vgl. Enquete-Kommission 1990; Kuhlwein 1989)*. Unter der Federführung der parteipolitischen Regie der Länder, wird Weiterbildungspolitik mit unterschiedlichen Vorzeichen gemacht. In Nordrhein-Westfalen wurde ein **mittelfristiges Entwicklungskonzept** für die Weiterbildung in den 90er Jahren erarbeitet und fortgeschrieben. Im Rahmen regionaler Strukturpolitik steht die »Qualifizierung der Arbeitnehmer« im Vordergrund. Immer mehr wird mit Förderung der Europäischen Union und den Landesregierungen »gezielt auf die Eigenverantwortung, das Engagement und die Kraft zur Selbstorganisation in den Regionen« gesetzt. Die Lösung des Problems der konkurrierenden Ziele und Ansprüche von Wirtschaft und Staat sah *Jochimsen* bereits 1989 darin, die Weiterbildung als »Gemeinschaftsaufgabe für alle an der beruflichen Bildung Beteiligten« zu definieren. Obwohl die meisten Länder der Wirtschaft in diesem Prozeß eine nicht unbedeutende Verantwortung zuschreiben, votieren viele Politiker deutlich in die Richtung des kommunalen – sprich staatlichen Handelns. Wird hier noch eine gemäßigte Position deutlich, so weist die SPD-Bildungskommission mit ihrem »Beschluß der Kommission für Bildungspolitik beim SPD-Vorstand vom 15. 3. 1990«, den kommunalen Volkshochschulen eine zentrale Kompetenz in der beruflichen Weiterbildung zu. Die Volkshochschule, die im Bereich der beruflichen Bildung bisher nur in allgemeinen Grundlagenkursen vertreten war, soll zur »Gesamtschule der Erwachsenenbildung« ausgebaut werden.

Parallel zur VHS-Diskussion beanspruchen berufsbildende Schulen die Weiterbildung im »**kommunalen System der dualen Weiterbildung**« *(vgl. Baader 1990)*. Staatliche Einrichtungen – beide in kommunaler Trägerschaft – würden dann auf einem Gebiet tätig, von dem sie nur ansatzweise etwas verstehen. Die Unübersichtlichkeit der Weiterbildung, von der in einigen Publikationen gesprochen wird, würde dann erst recht perfekt. Volkshochschulen und berufsbildende Schulen träten als staatliche Konkurrenten gegeneinander an. Das würde einer Rückwendung gleichkommen.

Unbestritten ist nach wie vor der bildungspolitische Faktor der Weiterbildung. Doch mit den wirtschaftlichen Strukturveränderungen ist die **öffentliche Diskussion** um die Position der Weiterbildung stiller geworden. Mit den Veränderungen, die sich aus Konzepten wie lean production und lean management sowie den leeren öffentlichen Kassen ergeben, haben sich die Ansprüche verschoben. Die Aufbruchstimmung der neunziger Jahre ist verflogen. Viele Personalleiter und Vertreter von Weiterbildungsinstitutionen haben genug damit zu tun, ihre Einrichtungen zu sichern. Die Erwachsenenbildung scheint in der Defensive, während die berufliche Bildung sich immer stärker den Marktgesetzen zuwenden muß.

Für die **Zukunft** ist es wichtig, die bildungs- und wirtschaftspolitische Aufgabe der Weiterbildung neu zu definieren. Geschieht das nicht und bleibt sie in seichtem Fahrwasser, ist mit schwerwiegenden Kompetenzdefiziten zu rechnen. Im Interesse der Wirtschaft und der Beschäftigten sollte Weiterbildung integrative Kräfte entwickeln. Das geschieht beispielsweise dann, wenn die Möglichkeiten des Lernens am Arbeitsplatz erweitert werden.

1.3 Schrittmacher Weiterbildung

Die Kompetenzentwicklung wird für die **unternehmensprägenden Entscheidungen** immer wichtiger. Sie muß als eine der die Entwicklung tragenden Säulen anerkannt werden. Obwohl mit den wirtschaftlichen Verwerfungen der Personalabbau Vorrang vor der Personalentwicklung und Weiterbildung hatte, bleibt es dabei, daß die Personalverantwortlichen erkennen müssen: Personalentwicklung und Organisationsentwicklung sind am Arbeitsplatz zu integrieren. Auf dem Weg dorthin stecken viele Betriebe und Bildungsabteilungen in der Sackgasse. Obwohl in den letzten Jahren wichtige Instrumente verbessert worden sind, findet eine professionelle Personalentwicklung nur in weitsichtigen Unternehmen statt. Die Professionalisierung tritt auf der Stelle, obgleich das **Management der Qualifizierung** zu entwickeln wäre.

Im Kanon anderer Managementfunktionen ist der Einfluß von Weiterbildung und Personalentwicklung immer noch vakant. Wenn der Erfolg das Ziel des Managements ist, wird es darauf ankommen, der Weiterbildung eine **Schrittmacherrolle** zuzuschreiben. Die kann sie nur dann erreichen, wenn sie ihrer Vermittlerrolle gerecht wird. Sie muß das neueste Know-how transferieren. Die Qualität und der Preis müssen stimmen. Wie bei jeder Dienstleistung und jedem Produkt, so muß auch in der Weiterbildung die Qualität das A und O sein. Doch nicht immer hält sie, was sie verspricht. Es gibt viele selbsternannte Trainer, Institute und Consultans ohne Bildungs-Know-how. Auch wenn mittlerweile weite Kreise die Wichtigkeit von Weiterbildung »betonen« und über Bildungsmanagement reden *(vgl. Manager magazin 1991, Seminare '97)*, wissen Insider, daß Teile der Weiterbildner und Einrichtungen weiterhin ihre ausgetretenen Wege gehen. Es erstaunt nicht sonderlich, wenn saturierte Mitarbeiter den Wettbewerb nicht mehr spüren; aber im Markt agierende Bildungsunternehmen müßten sich den neuen Herausforderungen stellen. Dazu bedarf es eines professionellen Know-hows, das erst in Ansätzen vorhanden ist. Es zusammenzuführen ist eine Aufgabe, die »Praktiker« und »Theoretiker« gemeinsam leisten können.

1.3.1 Defizite in der Weiterbildung

Ein entwickeltes Weiterbildungsmanagement ist – z. B. gemessen an Marketinginstrumenten – im Entstehen begriffen. Anfang der neunziger Jahre bringt Stiefel **Defizite in der Weiterbildung** treffend auf den Punkt, wenn er in der *FAZ* resümiert: »Wenig neues in der Weiterbildung«:

- Die Zunahme der gemeinnützigen und privaten Institute sei evident. Da es keine Zulassungsvoraussetzungen für das Betreiben von Managementinstituten gäbe, gebe es neben vielen »Wohnzimmerinstituten« auch richtige »Weiterbildungsfabriken«.

- In der »Weiterbildungsszene« seien selbst von etablierten Zusammenschlüssen keine professionell-qualitativen Zulassungskriterien für eine Mitgliedschaft erforderlich.

- Die meisten Managementinstitute seien auf einer Entwicklungsstufe der sechziger Jahre stehengeblieben. Das strategische Selbstverständnis sei nahezu gleichgeblieben.

- In den Managementinstituten gebe es so gut wie keine Forschungs- und Entwicklungsprojekte, die den eigenen »Produktionsprozeß Führungskräfte-Lernen« untersuchten.

- Die meisten Institute hätten ein eindimensionales Leistungsspektrum. Ergänzend ist anzumerken, viele andere können als »Gemischtwarenladen« gelten; sie geben vor, von allem etwas zu verstehen.

- In den Betrieben, nicht in den Instituten der Weiterbildung finde heute die qualitativ wesentlich anspruchsvollere Führungskräfteentwicklung statt.

- Die BRD verfüge – im Vergleich zum Ausland – über keine nennenswerten Institutionen, die sich an obere und oberste Führungskräfte richte.

- Es gebe in der BRD keine Lehrstühle für Management-Bildung oder Forschungsgruppen, wie dies z. B. in Großbritannien der Fall sei. Dort werde das Lernen von Führungskräften systematisch erforscht. In der BRD verfüge man über einen gewissen Sachstand, man verstehe sich als Mitarbeiter in einem Management-Institut oder als Vertreter eines Teilgebietes der Managementlehre *(vgl. Stiefel 1989).*

Diese Analyse läßt sich erweitern, denn viele Weiterbildungsprogramme zeugen von **Konzeptionslosigkeit.** Ein Unternehmenskonzept oder gar Corporate Identity ist nicht zu erkennen. Das können auch Hochglanzcover nicht verdekken.

Aus dieser Analyse den Schluß zu ziehen, der Staat oder die Kommunen müßten nun bildungspolitisch dafür sorgen, daß die Volkshochschulen der beruflichen Bildung den notwendigen Entwicklungsschub geben könnten, ist zu kurz gegriffen. Das vorhandene professionelle Know-how ist zu »wirtschaftsfern«, als daß es in den Unternehmen akzeptiert werden könnte. Es ist häufig durch Verwaltungshandeln in die Form des »Beamtendenkens« gedrängt worden.

Andererseits haben auch **Bildungseinrichtungen der Wirtschaft** die Herausforderung der Weiterbildung noch nicht angenommen. Die Industrie- und Handelskammern, die Handwerkskammern oder Bildungswerke der Wirtschaft halten nur Teilkonzepte bereit. Obwohl sie über anerkannte Bildungskonzeptionen verfügen, reichen diese teilweise nicht weiter als bis zur Ebene der Meisterqualifizierung. Die neue Führungsschicht der Ingenieure, Betriebswirte, Informatiker und der wissenschaftlich qualifizierten Nachwuchskräfte werden allenfalls in Tagesseminaren angesprochen. Management-Trainings-Konzepte die europäische oder gar internationale Bezüge aufweisen, gibt es in Deutschland nur vereinzelt. Es muß schon zu denken geben, wenn positive Ansätze wie die »Europa Akademie« in Witten, die von einigen Kammern getragen wurde, ihre Aktivitäten einstellt, weil die Nachfrage fehlt und das Management nicht gerade professionell agierte. In der Wirtschaft fehlt in den letzten Jahren der innovative Schub für Personalentwicklung und Weiterbildung.

Andererseits tun sich auch 1997 die **Hochschulen** mit der Weiterbildung noch schwer. Die Studie »Weiterbildung an Hochschulen in Deutschland« *(Graeßner/Lischka 1996)* stellt zwar ein zunehmend institutionelles Engagement in der wissenschaftlichen Weiterbildung positiv fest, konstatiert aber auch, daß Weiterbildung noch nicht zum selbstverständlichen Leistungsspektrum deutscher Hochschulen gehöre. Die Befunde sowohl in den alten wie den neuen Bundesländern können nicht darüber hinwegtäuschen, daß die Hochschulen insgesamt einen Nachholbedarf auf dem Feld der wissenschaftlichen Weiterbildung haben. Während an Universitäten zumindest eine Mindestausstattung vorhanden ist, fehlt diese an neu gegründeten Fachhochschulen gänzlich. Wenn akzeptiert wird, daß Hochschule und Weiterbildung Dimensionen der Zukunft sind, kann dieses Defizit schwerwiegende Folgen haben.

Nur an einigen Lehrstühlen wird über Erwachsenenbildung, Weiterbildung oder Personalwirtschaft nachgedacht. So zum Beispiel an der TU Berlin, an der explizit »**Weiterbildungsmanagement**« studiert werden kann *(Döring 1997)*. Daß Weiterbildung als Aufgabe des Wissens- und Technologietransfers für alle Fachgebiete Geltung hat – wie dies auch im Hochschulrahmengesetz ausgeführt wird –, beginnt sich in der Praxis von Forschung und Lehre dort durchzusetzen, wo Einnahmen und Drittmittel selbst verwaltet werden können. Wissenschaftliche Weiterbildung gar mit einem wirtschaftsbezogenen Auftrag zu verbinden, erscheint immer noch nicht in das Selbstverständnis deutscher Hochschullehrer zu passen. Was in den USA und Großbritannien selbstverständlich ist, z. B. Career-Center, wird in den nächsten Jahren mit der Diskussion um die Budgetierung der Hochschulen an Gewicht gewinnen. Warum gibt es so wenige Projekte, in denen Forschung, Lehre, Bildungsinstitute und Betriebe zusammenarbeiten?

Natürlich gibt es weiterhin genug Defizite in dem hart umkämpften **Markt der Weiterbildung.** Hat die wirtschaftliche Entwicklung im Zuge mit lean production und lean management zu einer Bereinigung nicht wettbewerbsfähiger Anbieter geführt, so bleibt es schwierig, die »Fähigen« von den »Unfähigen« zu unterscheiden. Bildungsinstitute und Unternehmensberater bieten jedem und allen alles, teilweise mit Konzepten aus dem Zauberkoffer. Vielleicht kommt erschwerend hinzu, daß die Zahl der seriösen und professioneller Einrichtungen, die bundesweit tätig sind, größer geworden ist *(vgl. z. B. Jahrbücher der Weiterbildung – Seminare '91, '97 Mahari/Schade 1990, 1997).* Doch mit der Verschiebung des Bildungsangebots weg vom offenen Seminar hin zur arbeitsplatzbezogenen Qualifizierung sind die Hürden für unerfahrene Anbieter schwieriger geworden. Viele Unternehmen und Teilnehmer haben gelernt, Angebote gezielter auszuwählen. Insbesondere bei der Informationsgewinnung mit Hilfe der neuen Medien eröffnet sich für das Weiterbildungsmanagement ein unbearbeitetes Feld.

1.3.2 Bildungspolitische Entwicklungsstufen

Der Entwicklungsstand zeigt Unterschiede im **Selbstverständnis der Weiterbildung.** Darin spiegelt sich das Anspruchsniveau von Betrieben, Bildungseinrichtungen und Teilnehmern wider. Heute sind die Qualitätsansprüche nicht mehr die von gestern. Das Nachfrageverhalten hat sich geändert. Die Herausforderungen der Zukunft werden nur dann zu bewältigen sein, wenn der Investitionsgedanke im Bildungsbereich Fuß faßt.

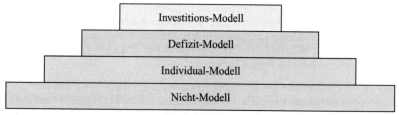

- Im **Investitions-Modell** wird Weiterbildung als Bestandteil strategischer Unternehmensführung betrachtet. Ziel ist es, daß Unternehmen als »lernfähige Organisation« mit »lernfähigen Mitarbeitern« zu entwickeln. Bildung wird als »Muß-Investition« begriffen. Zugleich bedeutet das für die Weiterbildung im öffentlichen Bereich, daß Erwachsenenbildung als Zukunftsaufgabe angesehen wird. Es wird das Ziel unterstützt, daß lebenslanges Lernen eine Daseinsaufgabe ist und öffentlich forciert werden muß. Für das Individuum bedeutet das, in zunehmendem Maße bereit zu sein, sowohl Geld auszugeben und Zeit einzusetzen, um das eigene Leistungsvermögen zu erhalten und zu verbessern. Weiterbildung wird als Herausforderung und Bereicherung verstanden.

- Im **Defizit-Modell,** das die größte Verbreitung in der Unternehmensrealität hat, wird Weiterbildung dann veranstaltet, wenn Qualifikationsdefizite nicht mehr verkennbar sind. Weiterbildung fungiert als Aufgabe zum Abbau von Defiziten. Sie übernimmt Reparaturfunktionen. Obgleich es dann vielfach zu spät ist, um Wettbewerbsvorteile zu erlangen, findet sich eine systematische Personalentwicklung nur in zukunftsorientierten Unternehmen. Im Defizit-Modell wird generell verkannt, daß Weiterbildung nur wenig mit dem Negativimage eines Defizits zu tun hat, weil die Verfallszeiten des Wissens beständig bearbeitet werden müssen.
Aus Sicht des Individuums wird Weiterbildung als Opfer von Geld und Freizeit angesehen. Das Lernen wird zur Last, weil es eigentlich keinen Spaß macht. Es werden nur Defizite ausgeglichen, was bewirkt, immer hinter der Entwicklung her zu hinken.

- Nach dem **Individual-Modell** wird (berufliche) Weiterbildung als persönliche Anerkennung für gute und manchmal auch nur »angepaßte« Leistung gewährt. Weiterbildung als individuelle Belohnung für verdiente Mitarbeiter zu betrachten, verkennt die strategische Bedeutung des Lehrens und Lernens.
Weiterbildung aus persönlichen Motiven zu betreiben, hat weite Verbreitung gefunden. Wer, wenn nicht die Individuen selbst, sollten sich um die Weiterbildung kümmern. Hinzu treten Aufstiegsinteressen, die Menschen veranlassen, Kompetenzen zu erwerben. Je weniger Betriebe oder die öffentlichen Hände in die Weiterbildung investieren, um so bedeutsamer wird das Individual-Modell für den einzelnen. Dabei sind es vor allem die gebildeten Bevölkerungsgruppen, die wesentlich intensiver Weiterbildung betreiben als bildungsferne Schichten. Der Bildungsgrad korrespondiert mit der Bereitschaft, sich weiterzubilden.

- Im **Nicht-Modell** findet Weiterbildung nicht, sporadisch oder unsystematisch statt. Einzelne und Bevölkerungsgruppen, denen die Weiterbildung fern steht, sind zukünftig in noch höherem Maße sozial gefährdet als in der Vergangenheit. Diese Gefahrenpotentiale dürfen weder gesellschaftlich noch von der Weiterbildung vernachlässigt werden *(vgl. Merk 1994, S. 51 ff.).*

1.4 Bewegung ist die einzige Konstante

»**Persönlichkeiten,** nicht Prinzipien bringen die Zeit in Bewegung«, schrieb *Oscar Wilde.* Es sind Menschen, die Geschichte machen. Die Menschheitsideen von Freiheit, Macht, Selbstbestimmung, Wohlstand, Glück und Einfluß bringen das Leben zum pulsieren. Das ungeheure, unausgewogene Ineinander und

Durcheinander komprimiert sich in Kristallisationspunkten und bahnt sich neue Wege.

Veränderung ist die einzige Konstante in unserer Zeit. Die ständige Erneuerung des Wissens und Könnens ist die Basis des modernen Lebens. Das Know-how also, das in Wirtschaft und Gesellschaft benötigt wird, muß in immer kürzeren Innovationszyklen erzeugt werden. Die Welt wird auf den Kopf gestellt. Kluge Köpfe sind die Leistungsträger der Zukunft. Aus Ideen werden Innovationen. Aus ihnen entstehen neue Industriezweige und Dienstleistungsbereiche. »Basisinnovationen stehen am Anfang von Wirtschaftszyklen« *(Schubert 1980)*. Dazu gehört zum Beispiel die Elektrizität, das Auto, die Microelektronik, die Gentechnologie, multinationale Konzernstrukturen, die Neuen Medien mit Internet und zukünftig die Weiterbildung.

Die Verknüpfung des Wissens und Könnens zu **Innovationsleistungen** eröffnet eine Vielzahl großer Chancen. Die Revolution des Know-hows ist Ausdruck ungeheurer Lern- und Leistungspotentiale kreativer Menschen. Das Neue hebt das bisher gültige und anerkannte Praxiswissen auf. Unter Innovationen werden in der wirtschaftlichen Literatur neue Verfahren, Produkte und Dienstleistungen verstanden. Innovation wird als Erneuerungs- und Durchsetzungsstrategie begriffen, die Marktvorteile sichern muß. Die rasante technisch-ökonomische Entwicklung verlangt von jedem Marktteilnehmer, besser und schneller als seine Mitbewerber zu sein. Ideen müssen marktfähig sein, um als Innovationen anerkannt zu werden.

Die Weiterbildung ist ein junger Dienstleistungsbereich. Seminare und Lehrgänge sind sensible Produkte. Das Lehren und Lernen ist **erklärungsbedürftig**. Wer seine Zeit und sein Geld effektiv einsetzen will, muß sich gut informieren, um Fehlinvestitionen zu vermeiden. Beratung müßte in dem undurchsichtigen Markt der Bildung Hochkonjunktur haben. Als besonders schwierig ist der Tatbestand anzusehen, daß Weiterbildung keine materielle Form annimmt. Lernen erweist sich als eine individuelle Anstrengung, von der jeder erst hinterher weiß, ob sie gelungen ist.

Die **Subjekte der Weiterbildung** sind erwachsene Menschen, die ihre Lernbedürfnisse befriedigen wollen. Sie wissen, was sie Können, und sie wissen, was sie Wollen. Um diese »Lehr-/Lernleistung« zu realisieren, ist auf die konkreten Menschen einzugehen. Interdisziplinäre Zusammenarbeit hat genauso selbstverständlich zu sein, wie die Organisation der Weiterbildung als innovatives System des Lehrens und Lernens installiert werden muß. Die Weiterbildung hat sich auf die Menschen zu konzentrieren. Sie muß vermitteln, wie mit den **rasanten Verfallzeiten** des Wissens umgegangen werden kann. Je schneller die Kompetenzen veralten, um so effektiver müssen diejenigen Instanzen handeln, deren Aufgabe es ist, neue Erkenntnisse zu erzeugen und sie in die Praxis umzusetzen. Daraus ergibt sich eine Vermittlerrolle für die Weiterbildung. Über diese Vermittlerrolle wird in der Weiterbildung viel zu wenig nachgedacht.

1.5 Erfolgsrezept für die Weiterbildung

Erfolgsrezepte gibt es viele. Dem Management werden zwischen Fakt und Fiktion eine Reihe von Aufgaben zugeschrieben. Erfolg wird dabei gern als gemanagtes Handeln ausgegeben. Doch so einfach ist es nicht. Die Wirklichkeit von Managern spielt sich in einem höchst komplexen rationalen wie emotionsgeladenem Beziehungsgeflecht ab *(Mintzberg 1990, S. 86–98)*.

Management ist kein spontanes Führen. **Führung** und **Management** gelten als rationale, zielgerichtete Steuerung von Unternehmen. Spontaneität, Phantasie und Ideen werden knochentrocken geplant. Durch Präzision, Abstimmung und Kooperation in effektiven und kleinen Teams kann die Weiterbildung eine Schlüsselfunktion in der wirtschaftlichen und technologischen Vorwärtsstrategie einnehmen. Bewußtes Führungsverhalten ist sich der Tatsache gewiß, daß es immer nur zentrale Ausschnitte der realen Komplexität der Wirklichkeit wahrnimmt. Es vernachlässigt andere und unter Umständen ausschlaggebende Faktoren betrieblicher, psychologischer oder politischer Realität. Irrationale Momente von Ängsten, Illusionen oder Sympathien wirken auf das Führungsverhalten. Praktiker wissen, wie oft der Zufall eine Rolle spielt. Deshalb sollte Rationalität Spontaneität zulassen. Getreu dem Motto: »Gib' dem Zufall eine Chance«. Spontaneität ist locker und überrascht. Im Berufsalltag führt sie jedoch nicht immer zum Erfolg.

Das **Anspruchsniveau** *(Lewin 1963)* muß stimmen. Nicht jeder, der kreativ ist, ist auch ein erfolgreicher Manager:

- **Kreativ** sein heißt, etwas Neues erdenken. Es gilt das Primat des **Denkens**.
- **Innovativ** sein heißt, etwas Neues tun. Es gilt das Primat des **Handelns**.
- **Managen** heißt, eine Herausforderung konzeptionell angehen und sie zum **Erfolg** zu führen. Es gilt das Primat des verantwortlichen **Führens**.

Erfolgsrezepte gibt es viele. Ohne theoretisches Wissen gibt es keine Innovationen – ohne praktisches Können gibt es keine beruflichen Erfolge. Das Verhältnis von Praxis und Theorie muß stimmen. Der eine hat die Idee, die andere entwickelt sie zum Produkt, der nächste entwirft die Verpackung, eine Agentur rührt die Werbetrommel. Entscheidend für den Erfolg des Managements in der Weiterbildung ist, dies konzeptionell zusammenzuführen. Das Management muß die Fäden in Händen halten und sie im richtigen Moment ziehen.

»Von den Besten lernen«, lautet das Erfolgsrezept von *Peters* und *Waterman (1984,1987)*. Sie formulieren aus einem unternehmerischen Entstehungszusammenhang heraus Kriterien, die sie auf der Suche nach Spitzenleistungen, von den bestgeführten US-Unternehmen gelernt haben. Das Prinzip des Lernens ist die Methode, die Kreativität und Innovation ermöglicht. Phantasie und Produktivität entstehen, wenn aus erfolgreichen Ideen gelernt wird. Dabei ist die Idee, von den Besten zu lernen, so faszinierend wie widersprüchlich. Jeder weiß, wie angenehm Erfolg ist. Der Einwand lautet: wer alles am Erfolg messe, zeichne das Bild eines leistungsbesessenen Menschen. Das träfe sicherlich zu, würde hier Erfolg nur auf den jeweils etablierten Erfolg bezogen. Erfolg im Alltag und erst recht bei neuen Ideen in der Weiterbildung, ist vielschichtiger. Es sind häufig die vielen kleinen Schritte und subjektiven Erfolge, die zu Motivationen führen, mit denen Ideen verwirklicht werden. Und plötzlich kommen »Außenseiter« groß raus: In Garagen machen Computerfreaks Wirtschaftsgeschichte, Graffiti wird als neue Kunstform entdeckt, *Ute Lemper* wird Weltstar im Showbusiness, Musikgruppen machen heute einen höheren Umsatz als so manches Industrieunternehmen, selbstorganisierte Bürgerinitiativen werden politikfähig, neue Parteien werden geboren, und es entstehen in der Bundesrepublik hunderte von neuen Unternehmen mit der Geschäftsidee: Unternehmensberatung und Weiterbildung *(vgl. Merk 1989; Gaerner 1989/90).*

Insbesondere **Rezeptologien** verschweigen, daß die Realisierung von Ideen Fähigkeitsbündel voraussetzt. Sie bestehen aus personalen Kompetenzen und fachlichen Qualifikationen. Die richtige Mischung führt zum individuellen und/ oder unternehmerischen Erfolg. Leistungen werden heute nur noch selten vom »schrulligen« Gelehrten erbracht. Erfolg liegt in der optimalen Zusammensetzung von Teams begründet. Das Management in der Weiterbildung muß seinen Zielen und Aufgaben gemäß ausgestattet sein. Die Mitarbeiter sind als Erfolgspotentiale zu erkennen.

Die Weiterbildung sollte ihr Know-how bündeln. Sie muß sich daran messen lassen, wie es ihr zukünftig gelingt, die in der Wirtschaft und Gesellschaft benötigten Kompetenzen zu erzeugen. In der Weiterbildung müssen »**Innovationsleistungen**« *(Waterman 1987)* selbst durch effizientes Lehren und Lernen erbracht werden. Die Weiterbildung muß sich als lernfähiges System erweisen.

1.6 Die Doppel-Helix der Kompetenz

Der **Qualifikationsbegriff** ist vielfältig interpretiert worden. In der berufs- und wirtschaftspädagogischen Literatur bezieht er sich im Kern auf eine berufliche Position, die vom Stelleninhaber ausgefüllt werden muß. Fachkompetenz (Fachwissen und Fertigkeiten) machen dabei nur einen Teil der Qualifikation aus, hinzukommen müssen Methoden- und Sozialkompetenz. Methodenkompetenz umfaßt die Fähigkeit, sich selbständig neue Kenntnisse anzueignen. Sozialkompetenz die Fähigkeit zur Zusammenarbeit und Kommunikation. Schlüsselqualifikationen werden als diejenigen Fähigkeiten angesehen, die für den beruflichen und persönlichen Erfolg als eigentliche »Türöffner« gelten.

Nun geht es mit Blick auf das nächste Jahrhundert nicht bloß um einen terminologischen Wechsel von den Schlüsselqualifikationen zu den **Kompetenzen** *(vgl. Arbeitsgemeinschaft QUEM).* Der von *Mertens (1974)* eingeführte Begriff der

Die Doppel-Helix der Kompetenz

Schlüsselqualifikationen wendete sich in den 70er Jahren gegen einen »rein additiv« verwendeten Begriff des Fakten- und Methodenwissens. Wenn es in der Zukunft immer mehr um Fähigkeiten geht, selbstgesteuert und lebenslang zu lernen, treten Know-how-Komponenten in den Vordergrund, die weit mehr personale Fähigkeitspotentiale abverlangen. Wenn es um Selbstorganisation geht, ist der Kompetenzbegriff ganzheitlicher als der Qualifikationsbegriff, der sich im Kern nur auf Fachwissen bezieht. Kompetenzen hingegen beinhalten kognitive und wertende, emotional-motivational verankerte Aspekte des Handelns.

Der Kompetenzbegriff kann sich als integrativer Begriff auf das beziehen, was im englischen unter **Know-how** verstanden wird. Es beinhaltet das Wissen und Können, wie mit einem Minimum an Aufwand eine Sache praktisch verwirklicht werden kann. Know-how ist somit aktiv und verbindet die Potentiale: Qualifikationen, Kompetenzen, Werte und Einstellungen. Know-how stellt ein ganzheitliches Fähigkeitsbündel dar. In der Weiterbildung reicht es immer weniger aus, einfach »schulisches Wissen« oder »Praxis pur« vermitteln zu wollen. Die Transformation des Wissens und Könnens muß durch die Prozesse der didaktischen **»Reduktion und Transformation«** erfolgen. Didaktik mit System ist Teil einer Weiterbildung, die den praxiserprobten Weg in eine erfolgreiche Zukunft sucht. Dabei kann die Vorstellung von der Doppel-Helix der menschlichen Genstruktur ein anschauliches Bild für die Struktur des Know-hows geben.

Die **Doppel-Helix** wird als wenig stabil und stark milieuabhängig beschrieben. Sie besteht aus zwei einfachen, flexiblen Strängen, die wie ein Reißverschluß gepaart auftreten. Dort, wo es keine komplementären Bausteine gibt, können solange Schleifen und Abschnitte entstehen, bis Gegenstücke gefunden sind. In Teilen nimmt die Helix wechselnde Formen und Dimensionen ein. Sie vermehrt sich, indem sie sich in ihrer Kette in unbegrenzter Form reproduzieren kann. Dies aber nicht wahllos, sondern auf den vorhandenen Elementen aufbauend *(vgl. Vogel/Angermann 1974).*

Die Doppel-Helix des Know-hows verbindet **personale Kompetenzen** und **fachliche Qualifikationen.** Emotionale Komponenten wirken mit sachlichen wie in einem gepaarten Doppelstrang zusammen. Personale Kompetenzen sind jene Eigenschaften und Charakterstrukturen, die Persönlichkeit ausmachen. Im Habitus zeigt sich die unverwechselbare Größe der Individualität. Qualifikationen kennzeichnen die fachlichen und sozusagen harten Wissenskomponenten. Als Know-how einer Person ist jenes Wissen und Können zu bezeichnen, mit dem sie kreativ, innovativ und wertend sein kann. Wenn die subjektiven Momente einer Person mit den beruflichen, quasi objektiven Elementen der Lebenswelt, wie in einem Reisverschluß verknüpft werden, tritt jene Beziehung auf, die Lernenergien freisetzt.

Obwohl in jeder Zelle alle Informationen als Disposition vorhanden sind, sind nicht alle zur gleichen Zeit aktiv. Das **Lebens- und Lernvermögen** wird jeweils erst dann freigesetzt und produktiv, wenn Impulse es stimulieren. Weiterbildung muß Qualifikationen aufbauen und Fähigkeitsbündel aktivieren. Das Knowhow wird aktiv, wenn es passende Umweltbedingungen vorfindet. Das richtige Lern- und Leistungsklima setzt Ideen frei. Lernen mit Power ist die moderne Form der Reproduktion des Lebens.

Die Idee zur Entwicklung von Kompetenzen entspricht dem Umstand, daß in jedem Unternehmen Mitarbeiter bzw. Experten arbeiten, die als »**Knowledge-Inseln**« bezeichnet werden können. Unternehmer werden sich bewußt, daß das eigentliche Kapital das Know-how ihrer Mitarbeiter ist. Der Verlust von qualifizierten Mitarbeitern bedeutet Wissensverlust für ein Unternehmen, das den Mitbewerbern zugute kommen kann. *Rumpelhardt (1990)* beschreibt die zunehmende Gefahr für Unternehmen, die Experten an ihre Mitbewerber verlieren. Manager verfügen in der Regel über ein Know-how, das nur in ihren Köpfen vorhanden ist. Wenn diese Führungskräfte nicht durch ihr Unternehmen motiviert und an ihr Institut »gebunden« werden, besteht die Gefahr des Wissensverlusts. Es sind zunehmend Manager gefragt, die marktfähige Produkte global managen können. Speziell im Weiterbildungsmarkt wird Führungs-Know-how erforderlich sein, das strategisch denkt und international handelt.

Auf einer Fachtagung im Februar 1996 stellt *QUEM* die **qualitative Verbesserung** der beruflichen Weiterbildung als notwendig hin. Berufliche Weiterbildung dürfe nicht länger auf das organisierte Lernen und auf schul- oder unterrichtsähnliche pädagogische Prozesse begrenzt werden. »Zum lebenslangen Lernen zählen neben der Aneignung von Wissen und Können auch der Erwerb neuer Wertorientierungen und Motivationen, die Herausbildung neuer Verhaltensweisen sowie die Entwicklung von Kreativität, von Kommunikations- und Kooperationsfähigkeit. Zur Beschreibung dieses Sachverhalts wird der Kompetenzbegriff verwendet und damit als Ziel des Lernens Erwachsener gesetzt.« *(vgl. Knöchel/ Trier 1996)*

1.7 Lernfähige Organisationen sind kommunikative Systeme

Das **Lernen** hat in der öffentlichen Diskussion seit geraumer Zeit Konjunktur *(QUEM-Bulletin 1/97)*. Das war nicht immer so, denn ein ausformuliertes Instrumentarium zum Weiterbildungsmanagement läßt auf sich warten. Vielmehr war es lange Zeit verdächtig, Bildung mit Management verbinden zu wollen. Die zum Teil scharfen Reaktionen, als dieses Buch 1992 erstmalig erschien, sind dafür ein Beleg. Es paßte nicht in das Weltbild von Volksbildnern und Pädagogen, doch ebensowenig machten sich Betriebswirte oder Ingenieure darum Gedanken.

Zum Verständnis der organisierten Weiterbildung ist es wichtig, Organisationen zu verstehen. *Kotler* schreibt, wir leben im **Zeitalter der Organisationen** *(1989,*

Lernfähige Organisationen sind kommunikative Systeme

S. 4). Wir seien im Überfluß mit Organisationen ausgestattet, die zur Erfüllung von Bedürfnissen aller Art bereitstünden. Institutionen der Weiterbildung lassen sich als relativ neue Organisationen des Dienstleistungsbereichs kennzeichnen. Sie sind in Privatbesitz, in gemeinnütziger Trägerschaft oder staatlich errichtet. Die Einrichtungen der Weiterbildung treten in verschiedenen Rechtsformen und Größenordnungen auf. Sie handeln in einem gemischtwirtschaftlichen Markt. Jede Organisation muß ihre eigenen Ressourcen sichern, das Kapital aufbringen, die Mitarbeiter beschäftigen, eine Produktions- bzw. Dienstleistungsstätte betreiben und ein Marktsegment erobern.

Im Wettbewerb wird das Überleben einer Organisation von den ihr zur Verfügung stehenden Ressourcen bestimmt. Nur **lernfähige Organisationen** sind in Zukunft existenzfähig. Dazu müssen sie ständig mit ihrer Umwelt in angemessener Art und Weise kommunizieren. Dieser Tatbestand wurde insbesondere bewußt, als die Strukturveränderungen in der Wirtschaft tiefgreifend durchgriffen. Mit der Diskussion um lean production, Total Quality Management oder Reengineering entstand die Idee der lernenden Organisation. Dieses bis heute weitgehend theoretische Konstrukt verweist darauf, daß organisatorische Selbsttransformation bzw. Lernfähigkeit der Schlüssel zu künftigen Wettbewerbsvorteilen ist. Dabei werden in den vorliegenden Konzepten zur lernfähigen Organisationen verschiedene Aspekte hervorgehoben.
Es geht

a) um die Fähigkeit zum systemischen Denken, die dazu führt, Muster bzw. Beziehungen zu erkennen sowie isoliertes Eingreifen bei einzelnen Prozessen zu vermeiden;

b) um die Explikation mentaler Modelle, die zu einer kritischen Überprüfung eigener Hypothesen und schließlich zu einer – durch Gruppenprozesse gestützten – Veränderung führen;

c) um die Förderung und Gestaltung einer gemeinsamen Vision;

d) um persönliche Reife und Verantwortungsfähigkeit als Voraussetzung, Klarheit in die eigenen Ziele und Bedürfnisse zu bringen;

e) um das Lernen in Gruppen, das zu einer größeren Offenheit, zu effektiverem Problemlösen und schließlich zu einer Veränderung der Organisationskultur führen soll *(vgl. Reinhardt/Schweiker 1995).*

Wenn auch die Erwartungen durch die populäre Managementliteratur meist nicht befriedigt werden, so bleibt doch festzuhalten, daß die **Lernfähigkeit einer Bildungseinrichtung**

- in erster Linie auf die professionellen Mitarbeiter zurückzuführen ist, die Veranstaltungen effektiv organisieren können,
- sich aus der institutionellen Struktur ergibt, die das besondere Profil einer Einrichtung ausmacht,

- die ökonomische Basis und Unternehmensform beinhaltet, in der die Bildungsorganisation geführt wird,
- auf der Unternehmensphilosophie gründet, aus der heraus die Weiterbildung innovativ betrieben wird,
- eine ausgeprägte Teilnehmer- und Kundenorientierung entwickelt, die Subjekte des betriebswirtschaftlichen und pädagogischen Prozesses sind.

Das Management und die Mitarbeiter müssen **kommunikativ** und **lernfähig** sein. Sicherlich bedeutet lernende Organisation mehr als die Summe der lernenden Mitarbeiter, sie sind aber der Schlüssel zum Erfolg. In einer Einrichtung kann nur das realisiert werden, was von den selbstverantwortlichen Akteuren eingebracht wird. Insofern steht und fällt die Vision von der lernenden Organisation mit der Lern- und Kommunikationsfähigkeit der handelnden Personen.

Im Wettbewerb wird die Lernfähigkeit von Bildungseinrichtungen ständig auf die Probe gestellt. Weiterbildung zu organisieren war kein Kunststück, als in den 80er Jahren die öffentlichen Mittel relativ problemlos flossen. Nicht nur in den Neuen Ländern müssen zwischenzeitlich viele aufgeben, weil sie vom Bildungsmanagement nicht genug verstehen. Wer sich beispielsweise allein in die Abhängigkeit der Bundesanstalt für Arbeit begibt, darf sich nicht wundern, wenn er im Auf und Ab der unzuverlässigen Politik Lehrgeld zahlen muß. Spätestens dann ist **Krisenmanagement** angesagt. Bei sich schnell wandelnder Nachfrage sowie bei aggressiver Konkurrenz, gelingt es nur professionellen und kapitalkräftigen Unternehmen, die dann entstehenden Probleme zu bewältigen. Auch renommierte Institute bleiben davon nicht unberührt. Im Glauben an ihre Leistungsfähigkeit verkennen viele, daß neue und bessere Teams entstehen, die im Wettbewerb schneller lernen.

Wer im **Kursgeschäft** von der Hand in den Mund lebt, braucht eine gute »Knautschzone«. Schnellschüsse reichen nicht aus. Planung heißt in der Regel: vorbereiten der Seminare für das nächste halbe Jahr. Angeboten wird das, wofür Referenten bereitstehen. Strategische Planung sowie die systematische Neuentwicklung von Bildungskonzepten findet immer noch zu wenig statt. Wie in anderen Organisationen auch, gilt das Gesetz des langsamen Lernens. Dies ist für die Weiterbildung zu wenig, wenn sie die Instanz sein will, die zur Wettbewerbfähigkeit der Wirtschaft und zur Qualifizierung der Bevölkerung beitragen will.

Die Institutionen der Weiterbildung müssen sich als **lernfähige Organisationen** konstituieren. Sie haben interdisziplinär zu arbeiten und ganzheitliche Unternehmenskonzepte zu entwickeln. Die Praxis der Weiterbildung zeichnet sich durch kommunikatives Handeln aus. In kommunikativen Situationen kommen Menschen zum Denken, Sprechen und Handeln zusammen. Das ist eine Form der direkten Wahrnehmung und Einflußnahme, die in der heutigen medienvermittelten Zeit etwas Besonderes darstellt. Wenn Lehren und Lernen stattfinden soll, müssen Transformationsprozesse zwischen Menschen stattfinden. Wissen muß interpretiert und gegenseitig ausgedeutet werden, damit es geistiges Eigentum werden kann. Können ist erfahrbar zu machen, damit es in der Praxis angewendet werden kann. Weiterbildung wird treffend gekennzeichnet, wenn sie als kommunikatives Management definiert wird.

Die **Organisation der Weiterbildung** muß konsequent so zugeschnitten werden, daß in den Lehr- und Lernprozessen die Lernbedürfnisse der erwachsenen Lernenden thematisiert werden. Innovative Leistungen werden möglich, wenn das Lernarrangement die Fragen der Erwachsenen trifft. Qualität zeichnet sich durch seine Passung von Anspruch und Wirklichkeit aus. Erst wenn es der Weiterbildung gelingt, die Idee der kommunikativen und damit lernfähigen Organisation auch für die eigene Einrichtung zu realisieren, wird sie erfolgreich sein.

1.8 Management für Bildungsunternehmen

Bereits 1988 sagte die *Deutsche Bank* in einem Bulletin der Bundesrepublik Deutschland eine »Gründerwelle« voraus. »Die Babyboomgeneration wird die deutsche Wirtschaftsgeschichte prägen. Als Herausforderung für alles Etablierte wird sie in den 90er Jahren eine **Gründerwelle** auslösen, unternehmerisches Denken und Handeln tarif- und wirtschaftspolitikfähig machen: Marktwirtschaftlich orientierte Politik wird ebenso wählerwirksam werden wie Umweltschutz.« *(Deutsche Bank 1988)* Obwohl sich Anfang der neunziger Jahre diese Prognose nicht zu bestätigen schien, hat die Idee der Existenzgründung in den letzten Jahren enormen Auftrieb erhalten. Insbesondere die gesamtdeutsche Entwicklung hat dazu geführt, daß sich die Weiterbildung anschickt eine eigenständige Wirtschaftsbranche zu werden. Die Aussichten für kompetente Trainer und Bildungsunternehmen sind relativ gut. Über den Erfolg entscheidet jedoch nicht das Angebot allein, sondern der Markt. Marktfähigkeit bedeutet, den Kunden Bildungsangebote in der gewünschten Qualität und zu einem vernünftigen Preis anbieten zu können.

Heute ist die Zahl der **Bildungsanbieter** steigend. Insbesondere der Weiterbildungs- und Tagungsmarkt wird von »Einzelkämpfern« und »Kleinanbietern« dominiert. Über 60 Prozent der Seminaranbieter haben weniger als sechs feste Mitarbeiter; über 10 Prozent zwischen 6–10 Mitarbeiter. Nur knapp 20 Prozent haben einen festen Mitarbeiterstab von mehr als 10 Personen *(vgl. Seminare '97, S. 15 ff.)*. Der aktuelle Trend der Existenzgründungen kann als Ausfluß der Entwicklung angesehen werden, daß nicht mehr jeder **Hochschulabsolvent** eine feste Anstellung finden wird. Je mehr Hochschulabsolventen diesen Weg einschlagen, um so mehr Freiberufler gibt es – auch solche, die Standesordnungen oder Berufsrecht unterliegen und die sich zunehmendem Wettbewerb ausgesetzt sehen *(Bischoff 1995)*. Verschärfend kommt hinzu, daß freigesetzte Fach- und Führungskräfte – die noch viel zu jung sind, um in den Ruhestand zu gehen – als Unternehmensberater selbständig werden. Viele bieten ihr eigenes berufliches Know-how im Bildungsmarkt an.

Ein großer Teil arbeitet allein, andere haben sich in lockeren Teams zusammengefunden.

Ein **Unternehmen führen** bedeutet, eine planmäßig organisierte Betriebswirtschaft zu managen, in der Dienstleistungen oder Produkte entwickelt und vermarktet werden *(Olfert/Rahn 1996, S. 916).* **Dienstleistungen** sind: Seminare, Lehrgänge, Tagungen, Beratungen; **Produkte** sind: Broschüren, Bücher, Software, Materialien, etc. Dabei gilt es unternehmerisch zu handeln. Unternehmerisches Handeln ist wirtschaftliches Handeln. Nach dem Wirtschaftlichkeitsprinzip sind die Mittel so zu verwenden, daß die Ziele bestmöglich erreicht werden. Nach dem Minimumprinzip ist ein vorgegebenes Ergebnis mit dem geringstmöglichen Mitteleinsatz zu erzielen. Nach dem Maximumprinzip ist bei einem fest vorgegebenen Mitteleinsatz ein größtmögliches Ergebnis zu erbringen. Dabei enthält das Gewinnprinzip in seiner allgemeinen Form kein intentionales Handlungsziel. Worin das unternehmerische Ziel gesehen wird, muß die handelnde Person, also der Unternehmer und das Management selbst definieren und im Markt durchsetzen.

Der **Bildungsmanager** befaßt sich folglich mit der Führung einer Bildungs- oder Tagungseinrichtung. Dabei kann Führung als professionelles Handeln zur Erreichung der Dienstleistung »Bildung« begriffen werden *(Merk 1992).* Grundlegend für diese berufliche Praxis ist im Bildungs- und Tagungsmanagement das Denken und Handeln in kommunikativen Arbeitssituationen. Kommunikation ist das Element, auf dem das Bildungsgeschäft beruht. Deshalb kann die unternehmerische Führungsaufgabe im Bildungsmarkt als kommunikatives Management begriffen werden *(Merk 1993).* In der Selbständigkeit ist der Weiterbildner Unternehmer, Seminaranbieter, Berater, Trainer, Organisator oder Manager. In seiner Funktion als Bildungsmanager muß er Innovationsberater und Problemlöser sein. Er hat die richtigen Fragen zu stellen. Er muß die **maßgeschneiderten Antworten** geben. Er muß wissen, wie ein Kurs organisiert wird. Er muß trainieren und beraten können. Er muß den Erfolg seines Angebotes garantieren. Nur wenn die Auftraggeber und Teilnehmer zufrieden und überzeugt sind, kommen sie wieder.

Bildungseinrichtungen bieten vorrangig **Dienstleistungen** an. Dabei werden Dienstleistungen als Leistungen definiert, die in hohem Maße auf Individuen zugeschnitten sind. Sie müssen auf individuelle Bedürfnisse der Kunden eingehen. Das bewirkt, daß Bildungsdienstleistungen von hoher Komplexität sind. Im Gegensatz zu **Produkten** ist der Umtausch oder die Rückgabe von Dienstleistungen nicht möglich. Eine Nachbesserung ist nur bedingt machbar. Die Dienstleistung »Veranstaltung, Tagung, Seminar« kann nicht gelagert oder auf Vorrat »produziert« werden. Sie weist eine Potential-, Prozeß- und eine Ergebnisqualität auf. Es kommt auf das Wissens- und Erfahrungspotential des Dozenten an. Die Dienstleistung Seminar findet in einem Erstellungsprozeß statt, in dem der Kunde aktiv und passiv eingebunden ist. Die Ergebnisqualität bezieht sich darauf, zuvor festgelegte Lernziele zu erreichen. Sie steht und fällt mit der Fähigkeit des Dozenten, kundenorientiert handeln zu können *(vgl. Meyer/Mattmüller 1994).*

Die **Kundenorientierung** kann als Ausrichtung *(Kamiske/Brauer 1992)* sämtlicher Tätigkeiten und Geschäftsabläufe eines Unternehmens begriffen werden, die sich auf die Wünsche, Anforderungen und Erwartungen seiner Teilnehmer bezieht. Dabei wird **Qualität** als optimale Erfüllung der Kundenanforderungen aufgefaßt. Diese Anforderungen, Eigenschaften oder Spezifikationen werden in erster Linie vom Teilnehmer als Empfänger der Dienstleistung »Seminar« – entweder explizit abverlangt oder stillschweigend – erwartet. Der kundenorientierte Qualitätsbegriff sollte auf das Total-Quality-Management (TQM) als einer ganzheitlichen Strategie gerichtet sein *(vgl. Töpfer/Mehdorn 1993).*

Jede Bildungseinrichtung braucht ein **Unternehmenskonzept.** Qualität, Aktualität und Popularität stehen an vorderster Stelle. In der Weiterbildung sucht das Produktmanagement genauso nach neuen und bedarfsgerechten Themen, wie das bei Büchern oder Filmen der Fall ist. Highlights sind die Anziehungspunkte einer professionellen Weiterbildung. Das Image und der Bekanntheitsgrad bürgen für ein Unternehmen. Insofern muß sich ein professionelles Weiterbildungsmanagement den Markterfordernissen aktiv anpassen. Es reagiert nicht nur auf Nachfrage, es erzeugt durch sein Angebot die Nachfrage mit. Angebot und Nachfrage beeinflussen sich sowohl bei einem privaten Bildungsträger, einer Wirtschaftskammer oder einer Volkshochschule. Sicherlich ist der ideelle Anspruch sowie der bildungspolitische Kontext jeweils ein anderer, jedoch das Produkt Weiterbildung bleibt das Gleiche. Es muß in allen Fällen halten, was es verspricht. Qualität, Praxisnähe und Zukunftsorientierung – bezogen auf die jeweiligen Kunden- und Zielgruppen –, entscheiden über das Angebot.

Bildungsmanager handeln folglich in einer institutionellen Struktur. Sie haben die Aufgabe, die **Unternehmensziele** zu definieren und eine Einrichtung zum Erfolg zu führen. Die Führung kann sich auf die gesamte Institution und auch auf Teilbereiche – wie Gruppen, Fachbereiche oder Abteilungen – beziehen. Dabei sollte nicht jede Art des betrieblichen Handelns als managen bezeichnet werden, weil der in Mode gekommene Managementbegriff nicht für einfache Verwaltungs- oder Organisationsaufgaben angemessen ist. Managen ist eine Führungsaufgabe. Dabei entscheidet die fachliche Qualifikation und die persönliche Kompetenz darüber, ob jemand Manager ist.

1.9 Kommunikatives Management

Weiterbildung muß ein **neues Selbstverständnis** entwickeln. Das Wahrnehmen einer Führungsrolle macht es erforderlich, in den Wettbewerb mit anderen innovativen Kräften einzutreten. Professionalität ist ein unabdingbares Muß. Nur dann wird sie die in sie gestellten Anforderungen erfüllen. Weiterbildung muß ihr eigenes Management entwickeln. Das Konzept lautet: die Besonderheiten der Dienstleistung »Lehren und Lernen mit Erwachsenen« zu erkennen: Dabei kommt es auf die **Kommunikation im pädagogischen Feld** an *(vgl. Merk 1993, S. 84 ff.)*. Wenn Seminare und Lehrgänge von Bildungseinrichtungen als Produkte vermarktet werden, geschieht das unter Marktbedingungen. Eine Einrichtung muß betriebswirtschaftliche Gesetze akzeptieren. Davon zu unterscheiden ist die Kommunikation des Lehrens und Lernens in den Veranstaltungen selbst, die pädagogischen Ansprüchen standhalten muß. Folglich lassen sich zwei Kommunikationstypen unterscheiden:

- **Strategische Kommunikation** ist zweckorientiert. Es geht um die Durchsetzung von institutionellen Interessen. Das geschieht bewußt und offen, wenn über Unternehmensziele verhandelt wird und pädagogische Intentionen behandelt werden. Das geschieht verdeckt, wenn manipuliert werden soll, um Vorteile mit unlauteren Methoden zu gewinnen. Während zweckorientierte Kommunikation eine deutliche Machtkomponente beinhaltet, um etwa strategische Ziele einer Einrichtung im Wettbewerb durchzusetzen, gelingt das Lehren und Lernen nur dann, wenn es auf Verständigung und Einsicht basiert.

- Bei der **Kommunikation der Verständigung** geht es ums Verstehen. Lernen ist ein individueller Vorgang eigensinniger Menschen, der nicht ohne ihr Zutun gelingt. Beim Informieren, Unterrichten, beim Interpretieren geht es um das Überzeugen. Nicht Überreden ist das Ziel, sondern der Austausch von Informationen und Argumenten soll Einsicht erzeugen.

Das **professionelle Wissen** um die Weiterbildung muß zusammengeführt werden. Unergiebige Distanzen zwischen wissenschaftlichen Disziplinen müßten überwunden werden. Wegen des Fehlens eines gemeinsamen praxisorientierten Nenners, treten nicht unerhebliche Reibungsverluste auf. Obwohl, wie *Lewin* gesagt hat, nichts so praktisch ist, wie eine gute Theorie, fehlt der verbindliche Rahmen. Gerade weil es typisch für die Weiterbildungspraxis ist, daß Mitarbeiterteams aus unterschiedlichen Disziplinen zusammenarbeiten, muß eine neue Sichtweise des Weiterbildungsmanagements entstehen.

Weiterbildung muß wesentlich **effizienter, kreativer und innovativer** gemanagt werden. Das Managementwissen muß die Besonderheiten der Weiterbildung deutlicher herausarbeiten. Wenn das Produkt der Weiterbildung in kommunikativen Arbeitssituationen erzeugt wird, muß die Art und Weise der Kommunikation begriffen werden. Das gelingt nur dann, wenn die Weiterbildungseinrich-

Kommunikatives Management

tungen zukunftsorientiert sind. Die Weiterbildung müßte heute anbieten, was morgen nachgefragt wird. Maßnahmen, die sich darauf beschränken, das zu vermitteln, was aktuell ist, bewegen sich nur kurzfristig auf der sicheren Seite. Zukünftige Nachfrage muß vorweggenommen werden. Das Experiment, die systematische Erforschung neuer Bedarfsfelder, die professionelle Konzeptentwicklung muß nicht nur zugelassen sein, sie muß vielmehr ihren definierten Platz in jeder Weiterbildungseinrichtung haben. Es ist ein marktwirtschaftliches Gesetz, kalkulierbare Risiken einzugehen, um dadurch einen größeren Nutzen zu erzielen. Die Weiterbildung braucht Innovationen, damit sie der Zukunft einen Schritt voraus ist.

2. ZUM SELBSTVERSTÄNDNIS DES WEITERBILDUNGSMANAGEMENTS – WBM

2.1	Weiterbildung als Managementaufgabe	26
2.2	**Begriff des Managements**	27
2.2.1	Managemententwicklung	28
2.2.2	Objektbereiche und Prozeßabläufe	30
2.2.3	Leitsätze für Managerhandeln	32
2.2.4	Unternehmenskultur	34
2.3	**Weiterbildungsmanagement – WBM**	35
2.3.1	Begriff des Weiterbildungsmanagements	35
2.3.2	Zur Struktur des Weiterbildungsmarktes	38
2.3.3	Zukunftsmärkte für Bildungsanbieter	43
2.3.4	Weiterbildungsprodukte und Dienstleistungen	45
2.3.5	Anbieter und Nutzer	47
2.3.5.1	Anbietervielfalt und Pluralität	48
2.3.5.2	Teilnehmer-, Zielgruppen und Kundenorientierung	51
2.3.6	Marktpreis	53
2.4	**Marktbezogene Weiterbildung**	54
2.4.1	Der Marketingprozeß	57
2.4.2	Konsequente Nachfrageorientierung	60
2.5	**Management der Didaktik**	64
2.5.1	Strukturmodell didaktischer Handlungsebenen	66
2.5.2	Makrodidaktische Planungsschritte	68
2.5.3	Microdidaktische Entscheidungen	68
2.6	**Qualitätsmanagement in der Weiterbildung**	69
2.6.1	Qualitätsstandards in der Weiterbildung	76
2.6.2	Qualitätsrelevante Kriterien von Bildungskonzepten	77
2.7	**Weiterbildungsberatung und Informationsmanagement**	80
2.7.1	Teilnehmerberatung	81
2.7.2	Betriebliche Beratung	81
2.7.3	Informationssysteme und Datenbanken	82
2.8	**Weiterbildungsmanager**	83

2.1 Weiterbildung als Managementaufgabe

Die Weiterbildung steht vor erheblichen **Strukturveränderungen**. Dabei wird auch weiterhin kein plötzlicher Umbruch zu verzeichnen sein. Vielmehr werden sich die Inhalte und Aufgaben den gesellschaftlichen und individuell Herausforderungen evolutorisch anpassen müssen. Weiterbildung wird zur **Managementaufgabe**. Viele Verbesserungen, zum Beispiel bei der Nutzung der Informations- und Kommunikationstechnologien, werden allerdings nur denjenigen zum Vorteil gereichen, die in der Lage sind, die neuen Medien zu nutzen. Dazu ist nur ein Teil der Bildungsanbieter schon heute in der Lage. Obwohl sich die Zurückhaltung gegenüber dem Managementansatz in der Weiterbildung abgeschwächt hat, ist der **Professionalisierungsgrad** selbst großer Bildungseinrichtungen noch unzureichend. Nur teilweise wird Weiterbildung ausdrücklich als Managementaufgabe begriffen.

Erst seit Anfang der 90er Jahre wird die Weiterbildung als »Chefsache« diskutiert. Dennoch ist das **Selbstverständnis** der Weiterbildung spröde. Dazu beigetragen hat nicht zuletzt die wirtschaftliche Entwicklung, in der die Personalentwicklung dem Stellenabbau untergeordnet wurde. Hinzu kommt, daß in Betrieben noch vielfach die Position vertreten wird, Personal- und Bildungsarbeit sei ein notwendiges Übel. Das korrespondiert mit einer Lernhaltung von Erwachsenen, die mit dem Bewußtsein lernen, ihre Zeit »opfern« zu müssen. Wer so denkt, hat weder ein Selbstverständnis davon, daß sich das Menschsein zu einem hohen Teil durch Lernen definiert, noch ein Bewußtsein davon, daß Kompetenzerwerb als Bildungsinvestition begriffen werden kann.

Die Kontroversen bestehen aber nicht nur in der Bildungspraxis. Auch in den **Wissenschaften** gibt es nur selten Annäherungen. Während erziehungswissenschaftliche Ansätze Weiterbildung meist aus einem gesellschaftlichen oder individuellen Begründungszusammenhang thematisieren *(vgl. Siebert 1979; Schmitz/Tietgens 1984; Picht/Edding 1972; Kuhlwein 1989)*, wird Personalentwicklung vorrangig betriebswirtschaftlich begründet. Als einer der Wenigen bildet *Döring* an der TU in Berlin Studierende explizit im »Weiterbildungsmanagement« aus. Weiterbildung aus der Perspektive des Managements zu definieren heißt, sie aus der Sichtweise von disponierenden und organisierenden Führungskräften zu beschreiben.

Der Versuch einer **Standortbestimmung des Weiterbildungsmanagements** stößt auf ein Abgrenzungsdilemma. Der Begriff des Managements ist genauso interpretationsbedürftig wie der Doppelbegriff »Weiterbildung/Erwachsenenbildung«. Eine eigenständige Disziplin, die den Gegenstandsbereich interdisziplinär angelegt hätte, gibt es nicht *(vgl. AUE 1980, 1988, No. 20, 21)*. So unterstreicht *Faulstich*, daß das tatsächliche Qualifikationsprofil und damit das Können insbesondere von Pädagogen auch 1996 noch relativ undeutlich sei *(1996, S. 12)*. Obwohl die Praxis der Weiterbildner eine umfassende Ausbildung verlangen würde, wird theoretisches und berufliches Know-how zumeist separiert vermittelt.

Wird ein **interdisziplinärer Zusammenhang** herzustellen versucht, so sollten Bildungsmanager Know-how aus mindestens fünf Fachbereichen erwerben. Dazu gehören die Wirtschafts- und Sozialwissenschaften, die Erziehungs- und Geisteswissenschaften, die Technikwissenschaften sowie Wissen um das Management und die Weiterbildung selbst. Versteht sich die Betriebswirtschaft – in Abgrenzung zur Volkswirtschaft – als jene Wissenschaft, die den Anspruch auf die Beantwortung betrieblicher Führungsfragen geltend macht, so kann die Managementwissenschaft *(vgl. Hofmann/v. Rosenstiel 1985; Staehle 1989)* als eine noch recht junge Disziplin gelten, die den Gegenstandsbereich um Erkenntnisse der Sozial- und Verhaltenswissenschaften erweitert. Die Wissenschaft der Weiterbildung versteht sich zu großen Teilen als erziehungs- und geisteswissenschaftliche Disziplin. Die Technik-/Ingenieurwissenschaften spielen für den eigentlichen Managementprozeß nur eine punktuelle Rolle, obwohl sich ein hoher Prozentanteil aller Weiterbildungsmaßnahmen auf die Vermittlung technischen Know-how bezieht. Aus der Perspektive des Weiterbildungsmanagements müßte eine Integration auf die Systematisierung der Bildungspraxis in den Einrichtungen der Weiterbildung erfolgen.

Es ist absehbar, das Weiterbildungsmanagement der Zukunft handelt in einer **Praxis,** die kaum Rücksicht auf akademische Fachegoismen nehmen kann. Es geht natürlich nicht darum, die Wissensinhalte der beteiligten Disziplinen in Bezug auf das Management der Weiterbildung aufzulisten. Eine Sichtweise des Managements der Weiterbildung ist gefragt. Die Weiterbildung wird vor die Aufgabe gestellt, eine neue Unternehmenskultur zu erzeugen. Dabei werden Erfolge schon heute meist von professionellen Teams erbracht. Wenn Fach- und Führungskräfte die Weiterbildung zu ihrem Beruf machen, benötigen sie ein spezifisches Know-how. Dazu muß das professionelle Wissen zu einer Vorwärtsstrategie verdichtet werden.

2.2 Begriff des Managements

Der **Begriff des Managements** ist weit verbreitet. Dennoch wird in Deutschland mehrheitlich von Betriebsführung gesprochen. Die Übersetzung des angloamerikanischen Begriffs des Managements wird mit dem deutschen Ausdruck der »Betriebsführung« nur unzureichend wiedergegeben. Diese kulturspezifische Übersetzung vernachlässigt jenen Bedeutungsgehalt des Managementbegriffs, der auf das »innovative« und »unternehmerische« Handeln zielt. Betriebsführung bezieht sich im Kern auf die Theorien des scientific management aus dem 19. Jahrhundert. Die wissenschaftliche Betriebsführung wirkte erstmalig systematisch auf die Beeinflussung der Produktions- und Betriebsorganisation ein. Die Komplexität des Gegenstandsbereich, der vom Management bzw. der

Selbstverständnis des Weiterbildungsmanagements

Unternehmensführung erfaßt wird, soll aus unterschiedlichen Menschen- und Organisationsbildern heraus dargestellt werden. Die etymologische Ableitung des englischen Verbs »to manage« wird von *Braverman (1977, S. 61)* mit dem Begriff der »Führung« und »Verantwortung« in einem ursprünglichen Sinn formuliert. Dabei geht es insbesondere um die mentale Einstellung zur Führung eines Unternehmens.

2.2.1 Managemententwicklung

Die Entwicklung des Managementwissens hat *Staehle* systematisiert:

Managemententwicklung:

Traditionelle Ansätze	Modifizierende Spezialisierung	Integrative Generalisierung	Situative Relativierung	Organisatorische Geschlossenheit
Scientific Management				
Industrial Engeneering				
Administration	Formalwissenschaftl. Ansätze	Systemtheoretische Ansätze	Situative Ansätze	Konsistenz-Ansätze
Bürokratiemodell				
Psychotechnik	Verhaltenswissenschaftl. Ansätze			
Human Relations				
ab 1900	ab 1945	ab 1950	ab 1965	ab 1975

(vgl. Staehle 1990, S. 21)

Der Ausgangspunkt der **traditionellen Ansätze** ist ingenieurmäßig-ökonomischer Natur. *Taylors* »Principles of Scientific Management« lieferte die Bezeichnung für eine neue Denkweise des Managements. Im Mittelpunkt standen Analysen des Produktions- und Arbeitsprozesses und deren Zerlegung. Ihr Ziel war die Effektivierung des Produktionsprozesses. *Ford* realisierte diese Ideen in der Industrie. Der *REFA-Verband* führt beispielsweise diese Entwicklungen in der Bundesrepublik fort *(vgl. Taylor 1917; Ford 1923; REFA 1990)*.

Die **administrativen Ansätze** (Verwaltungslehre) zielen zunehmend auf die Analyse der Organisation als Gesamtes ab. *Fayol (1929)*, ein französischer Bauingenieur, versteht das Management als Bündel universell nachweisbarer Funktionen in allen Organisationen.

Das **Bürokratiemodell** geht auf die Arbeiten von *Max Weber* zurück, der die bürokratische Herrschaft als die reinste Form legaler Herrschaft darstellt. Nach rationalen Prinzipien soll die Verwaltung modern geordnet werden, wozu Arbeitsteilung, Amtshierarchie, technische Regeln und Normen sowie die aktenmäßige Verwaltung gehören *(vgl. Weber 1972)*.

Als **physiologisch-psychologischer Ansatz** gewinnt die Psychotechnik ihren Ausgangspunkt in der Arbeitspsychologie und den Arbeitswissenschaften. Es setzt sich die Erkenntnis durch, daß der Mensch nicht nur ein homo oeconomicus ist, sondern die Maximalleistung und die Dauerleistung auseinanderfallen, weil psychische und physische Arbeitsbelastungen die Leistungen beeinflussen. Der richtige Mann an den richtigen Arbeitsplatz, ist eine der zentralen Devisen.

In der Sozialpsychologie und den Sozialwissenschaften entwickelte sich der **Human Relations Ansatz**. Die Organisation wird als soziales Gebilde wahrgenommen, das eigene Gesetze kennt. So sind die Gegenstände der Untersuchungen die Arbeitsbedingungen und ihre Auswirkungen auf die Arbeitsmotivation. Der *Hawthorne-Effekt*, auf den *Mayo* hingewiesen hat, bezeichnet das Phänomen, daß allein durch Erhöhung von Aufmerksamkeit – und eine Interessenbekundung für die Arbeiter in der Fabrik – eine Leistungssteigerung möglich wird *(vgl. Wundt 1874; Stern 1900; Mayo 1926)*.

Die **modernen Managementansätze** weisen stärker disziplinäre Spezialisierungen auf. Zwei große Richtungen stellen die verhaltens- und formalwissenschaftlichen Ansätze dar. Zum Bereich des Behavioral Science gehören psychologische und sozialpsychologische Arbeiten aus der Gruppenforschung, Gruppendynamik und Soziometrie. Zum Bereich der Management Science bzw. des Operation Research, die auch synonym verwendet werden, gehören Entscheidungs- und Optimierungsmodelle, die neue Wege effizienter Informations- und Kommunikationsstrukturen ermitteln *(vgl. Lewin 1963; Moreno 1974; Herzberg 1968; Miles 1975; McGregor 1973; Loomba 1978)*.

Besonderen Einfluß auf die Managementforschung haben **systemtheoretische** und **kybernetische Ansätze** ausgeübt. Sie können teilweise als naturwissenschaftliche Modelle gekennzeichnet werden. Die Systemtheorie und Kybernetik können insbesondere zu dem Grundproblem des Managements, das in der Beherrschung der Komplexität liegt, wichtige Aussagen machen. Sozialwissenschaftliche Modelle steuern aus der Sicht der Interaktionstheorie dazu bei, daß die Reduktion von Komplexität durch Grenzziehungen möglich wird: *Luhmann* begreift Systeme als Identitäten,»die sich in einer komplexen und veränderlichen Umwelt durch Stabilisierung einer Innen-/Außen-Differenzierung erhalten«. Durch diese Grenzziehung gewinnt das System seine Identität und Stabilität *(vgl. Luhmann 1964).*

Die **situativen Ansätze** machen auf das Phänomen aufmerksam, daß Situationen von den Beteiligten unterschiedlich interpretiert und gedeutet werden. Deutungsmuster stellen Wirklichkeitsinterpretationen in den Vordergrund. In den Sichtweisen kommen gleiche und auch unterschiedliche Deutungen zum Vorschein. Insbesondere zeigt die Pluralität von Wahrnehmungen und Interessen auf, daß verschiedene Individuen und Gruppen in gleichen Situationen und Organisationsstrukturen unterschiedliche Handlungsspielräume erkennen und dementsprechend nutzen *(vgl. Burrell/Morgan 1979; Dybowski/Thomssen 1976; Schmidt/Weinberg 1978).*

Die **Konsistenzansätze** gehen – innerhalb der situativen Ansätze – von der Annahme aus, daß Organisationen eine natürliche Harmonie aufweisen müßten. Um Effizienzeinbußen vermeiden zu können, müßten die Organisationsstrukturen und deren Bedingungen in Übereinstimmung gebracht werden. Dazu gehören: Umwelt, Ziele und Strategien, Technologien, Unternehmensstruktur sowie die Personal- und Managementphilosophie *(vgl. Child 1984 sowie Staehle 1990, S. 21–64).*

Welches Vorgehen für die Weiterbildung am erfolgreichsten ist, läßt sich nicht allgemeingültig angeben *(vgl. Olfert/Rahn 1996, S. 586 ff.).* Aus mittelständischen Unternehmen ist bekannt, daß Führung dann erfolgreich ist, wenn die Inhaber und Manager nicht nur Ziele setzen und diese systematisch vorantreiben, sondern sich auch mit dem, was sie tun, identifizieren.

2.2.2 Objektbereiche und Prozeßabläufe

Um den Managementbegriff zu vertiefen, ist es interessant, sich die **Objektbereiche** und **Prozeßabläufe** anzusehen. Dabei wird die Tätigkeit des Managers betrachtet, der ganz bestimmte Funktionen bei der Erfüllung seiner Arbeitsaufgaben wahrnehmen muß, um erfolgreich zu sein. Insbesondere *Hofmann/Rosenstil (1988) und Staehle (1988, S. 44)* haben diese Tätigkeiten als »**Funktionale Managementlehre**« ausführlich beschrieben:

- »Managementfunktionen sind Planung, Organisation, Personalausstattung, Leitung, Führung und Kontrolle«. *(Koontz/O›Donnell 1976)*

- *Haynes, Massie, Wallace (1975)* beziehen diese Funktionen auf den personalen Aspekt. Die Person des »Managers« übt die Tätigkeiten aus: »Entscheiden, Organisieren, Planen, Kontrollieren, Führen«.

- Den Aspekt, daß das Management die verantwortungsvolle Aufgabe habe, Planungs- und Organisationstätigkeiten zu »kombinieren«, bringt *Brech (1963)* auf den Punkt.

Begriff des Managements

- Mit *Rogers (1975)* wird die Zielperspektive der Aktivitäten auf die unternehmerische Handlungsdimension gelenkt. Er schreibt den Managementfunktionen »eine effiziente und ökonomische Zielerreichung« zu.

- Unter dem Gesichtspunkt der Aktion ist Management ein dynamischer Prozeß, »innerhalb dessen die Elemente eines Systems integriert, koordiniert und genutzt werden mit dem Zweck, die Ziele der Organisation möglichst effektiv und effizient zu erreichen«*(Carlisle 1976)*.

Charakteristisch für das Verständnis des Managements sind die impliziten Bezüge auf das **unternehmerische Handeln.** Unternehmerisches Handeln zeichnet sich insbesondere durch den Erfolgswillen aus. Jedoch sind Manager in der Regel nicht mehr die Eigentümer selbst. Manager sind Personen, die engagiert werden, um die Unternehmensziele bestmöglich zu realisieren. Sie zeichnen für die unternehmerischen Aufgaben und Erfolge – auf allen Ebenen und in jeder Art von Unternehmen, so auch in Bildungsunternehmen – verantwortlich. Dafür haben sie die Handlungsfreiheit, die sie benötigen, um die Ziele durchzusetzen. Führungsverantwortung erfordert innovatives Denken, produktbezogenes Handeln, unternehmerische Risikoabschätzung sowie die Gestaltungsfreiheit im Betrieb.

Das **Bild des Managers** bewegt sich häufig zwischen Fakt und Wirklichkeit. Über die beruflichen Tätigkeiten von Managern kursieren irreführende Legenden. Nüchterne Tatsachen kommen zu kurz *(vgl. Mintzberg 1990, S. 86)*. Aus Analysen der Aufgabenerfüllung des Managements wird die Funktionsweise des Handelns deutlich. Planen, Organisieren, Koordinieren und Kontrollieren sind Managementtätigkeiten, die eher kurze, fragmentierte, unterschiedliche Aufgabenfolgen darstellen. Sie sind also sehr abwechslungsreich und auch attraktiv. Die Hälfte aller Aktivitäten wird auf weniger als 9 Minuten festgestellt *(vgl. Mintzberg 1973)*. Im »Minuten Manager« von *Blanchard/Johnson (1983)* wird dieser sich verdichtende Prozeß erfolgreichen Managements pointiert beschrieben.

Manager bewegen sich in einem höchst **komplexen** und – obwohl es meist so nicht scheint – **emotionsgeladenen Beziehungsgeflecht.** Sie agieren mit Informationen und müssen dabei eine Vielzahl von – zum Teil gegensätzlichen – Rollen ausfüllen. Sie beziehen sich auf Personen, Informationen, Organisationen oder Entscheidungen. Manager sind mit formeller Weisungsbefugnis ausgestattet. Das bedeutet Macht zu haben. Hieraus leiten sie üblicherweise ihren Status ab. Aufgrund ihrer Befugnisse haben sie Zugang zu denjenigen Informationen, die sie befähigen, Strategien zu entwickeln und Entscheidungen für ihr Unternehmen zu treffen. Jeder Manager hat bei seiner Aufgabe viele Rollen wahrzunehmen. Dazu bedarf es der Rollendistanz, der Durchsetzungsfähigkeit sowie des strategischen Gespürs *(vgl. Mintzberg 1990)*. Vor allem aber den Willen zum Erfolg.

Die **Reichweite der Entscheidungen** des Managements hat in der Regel strukturelle Bedeutung für eine Organisation. *Hofmann (1988, S. 23 ff.)* definiert Manager folglich als Führungspersonen, die eine »individuelle Gesamtverantwortung für eine klar definierte Zielerreichung, die nur arbeitsteilig und unter Bedingungen adäquater Machtausstattung und positiver und negativer Sanktionierung« zu bewerkstelligen ist, übernehmen. Speziell Dienstleistungsunternehmen wie Bildungseinrichtungen sind also Organisationen, die management- und damit führungsbedürftig sind.

2.2.3 Leitsätze für Managerhandeln

Der funktionale Managementbegriff berücksichtigt implizit den Aspekt, daß jede »wirtschaftliche Einheit« in sozio-kulturelle Umwelten eingebunden ist. Dies trifft vor allem für die Einrichtungen der Weiterbildung zu, die in einem **offenen Geschehenszusammenhang** agieren. Das Management der Weiterbildung hat es mit so unterschiedlichen Zielgruppen wie Führungskräften, Jugendlichen, Arbeitslosen oder Frauen zu tun. Der populäre Begriff der Unternehmens- und Organisationskultur rückt bedeutsame Elemente der verschiedenen Wert- und Verhaltensorientierungen der Menschen in das Blickfeld des Managements. Im Lehren und Lernen ist deshalb ein »angemessener Kulturbegriff« von konstitutiver Bedeutung.

Als Anfang der 80er Jahre *Peters* und *Waterman* – vor dem Hintergrund der amerikanischen Wettbewerbsprobleme zwischen den USA, Japan und Europa – den Begriff der Unternehmenskultur populär machten, war vielleicht die wichtigste Erkenntnis die, daß Kreativität und Engagement der Mitarbeiter mehr für die Leistungsfähigkeit eines Unternehmens ausmachen als alle Finanzmittel und ausgefeilten Planungen zusammen. In ihrem Bestseller »Auf der Suche nach Spitzenleitungen«*(10. Aufl. 1984)* deckten sie den Zusammenhang zwischen der Wettbewerbsfähigkeit und der systematischen Qualifizierung der Mitarbeiter auf. In einem acht Punkte-Katalog zeigten sie, wie sich die »überragenden Unternehmen« die Mitarbeiter als Quelle der Produktivität und unternehmerischen Vielfalt erschließen.

Leitsätze für Managerhandeln

- **Primat des Handelns:** Probieren geht über Studieren. Do it, try it, fix it!
- **Nähe zum Kunden:** Der Kunde ist König. Unternehmen lernen von ihren Kunden.
- **Freiraum für Unternehmertum:** Wir wollen lauter Unternehmer. Innovative Unternehmen fördern möglichst viel Führungspotential; es gibt viele Champions.
- **Produktivität durch Menschen:** Auf den Mitarbeiter kommt es an. Mitarbeiter sind die eigentliche Quelle der Qualitäts- und Produktivitätssteigerung.

- **Sichtbar gelebtes Wertesystem:** Wir meinen, was wir sagen – und tun es auch. Die Grundphilosophie hat den entscheidenden Einfluß auf die Leistungsfähigkeit der Organisation.
- **Bindung an das angestammte Geschäft:** Schuster bleib‹ bei deinem Leisten. Kaufe nie eine Firma, die du nicht zu führen verstehst.
- **Einfacher, flexibler Aufbau:** Kampf der Bürokratie. Die Strukturen sollten von eleganter Einfachheit sein.
- **Straff-lockere Führung:** Soviel Führung wie nötig, so wenig Kontrolle wie möglich. Dezentrale Einheiten, die von einer kleinen zentralen Führung geleitet werden können.

(Peters/Waterman 1984).

Die Übertragung dieser Leitideen auf die Weiterbildung hat zu Veränderungen in der Unternehmens- und Organisationskultur geführt. Verbunden mit der Entwicklung um »lean production« und »lean management« in den 90er Jahren haben sich die neuen Werte, Normen und Verhaltensweisen immer mehr als Bestandteile von **Selbstverwirklichungsenergien** leistungsfähiger Führungskräfte erwiesen. Sie haben großen Einfluß auf das Handeln und die Motivation von Managern ausgeübt. In Zukunft müssen Bildungseinrichtungen nicht nur schlank und anpassungsfähig werden, sie müssen versuchen, die Leistungsträger einzubinden.

Dabei beruht der **Erfolg** eines Unternehmens in zunehmendem Maße auf der Fähigkeit, die Mitarbeiter mit ihren fachlichen Qualifikationen und personalen Kompetenzen zu vernetzen. Dort, wo das gelingt, kann Führung als kulturelle Steuerung und Kontrolle des Betriebes verstanden werden. Die Fähigkeitsbündel werden optimal zur Erreichung der Unternehmensziele eingesetzt *(vgl. Waterman 1988, S. 71; Sadler 1988, S. 39 ff.).*

Waterman weist insbesondere auf den **Renewal-Faktor,** also den Erneuerungsfaktor als jene Fähigkeit der Unternehmen hin, auf die sich lernfähige Organisationen stützen. In den neunziger Jahren haben sich viele Unternehmen und Bildungseinrichtungen völlig neu strukturiert. Maßnahmen der Organisations- und Personalentwicklung haben tiefe Spuren hinterlassen. Ohne derartige Anstrengungen wäre allerdings auch die Wettbewerbsfähigkeit heute nicht mehr gegeben. Dabei gilt es immer mehr darauf zu achten, daß die Erneuerungsfähigkeit einer Organisation nur dann gelingt, wenn sie im Wandel Stabilität erzeugt. In der Diskussion um Kostensenkung und die harten Fakten darf nicht übersehen werden, welchen Einfluß Innovationen und die weichen Faktoren haben. Das Erfolgsmuster des schnellen Wandels und der Flexibilität muß mit dem Faktor der Unternehmenskontinuität gekoppelt werden. Gravierende Fehler bei der Marktdurchsetzung können ernste Krisen nach sich ziehen *(vgl. Albach/Freund 1989, S. 19).* Nicht jeder Schnellschuß ist ein Treffer.

2.2.4 Unternehmenskultur

Jedes Unternehmen, jede Bildungseinrichtung hat eine Kultur. Sie lebt aus den Erfahrungen, Erfolgen und Niederlagen, aus den Wertvorstellungen, die das gemeinsame Handeln bestimmen. Die spezifische Leistung der **Unternehmenskultur** beruht darauf, die Identität als das implizite Bewußtsein aller im Unternehmen Tätigen zu aktivieren. In der Kultur bündeln sich Ziele, Leitsätze sowie die Grundannahmen, die das Verhalten der Mitglieder im Unternehmen prägen *(Höhler Nr. 159, 1989)*.

Die Aufgaben zur Entwicklung von Unternehmenskultur liegen in den Kernbereichen:

- **Corporate Identity (CI)**
  unternehmenstypische Wert- und Verhaltensvorstellungen,

- **Corporate Design (CD)**
  unverwechselbares Erscheinungsbild,

- **Corporate Standards (CS)**
  ethische und unternehmerische Leit- und Lebensbilder; Art der Qualitätsstandards von Produkten und Dienstleistungen.

Die Übergänge vom CI zum CD und CS sind flüssig. Im **Corporate Identity** existieren die Wertvorstellungen der Mitarbeiter und Manager im Unternehmen durch reales Handeln. Sie gehören zur Unternehmensstrategie – gleich, ob sie explizit formuliert sind oder nicht. In der Wirklichkeit werden sie von jedem Mitarbeiter nach innen und außen transportiert. Erst das gelebte Wertesystem zeichnet die starke Firmenkultur aus. Sie fußt auf jenen ethischen Standards, auf die sich die »Kulturgemeinschaft im Unternehmen selbst verpflichtet«*(Höhler 1989)*. Das **Corporate Design** ist mehr als nur das Erscheinungsbild. Im Design kommt der Stil und das Profil der Einrichtung zum Ausdruck. Es sollte imagebildend sein. Ein Bild, ein Name, ein Schriftzug alles ist prägend. Deshalb muß es so gestaltet sein, daß es nicht zufällig ist, wie es wirkt. **Corporate Standards** stehen für ein unverwechselbares Imagekonzept mit Markenprofil. Es ergibt sich aus der Art und Qualität der Produkte und Dienstleistungen. Konstitutiv dafür ist eine imagestiftende Unternehmensphilosophie.

Im Produkt- und Dienstleistungsprozeß, in den kulturelle Welt- und Menschenbilder einfließen, erreichen Bildungsunternehmen ein **Selbstverständnis als Organisation.** Dabei wird die Aufgabe von Organisationen darin gesehen, daß sie zur Befriedigung spezifischer menschlicher Bedürfnisse beitragen. In diesem Sinne ist es Aufgabe der Weiterbildung, dazu beizutragen, daß einerseits die individuellen Lernbedürfnisse von Erwachsenen befriedigt werden und andererseits der objektive Bedarf an Weiterbildung in Wirtschaft und Gesellschaft gedeckt wird. In diesem Kontext muß jede Bildungseinrichtung für sich definieren, an welcher Stelle und mit welchem Ziel, sie tätig werden will. Das Selbstverständnis als Corporate Identity muß eine tragfähige Unternehmenskultur ausbilden. Sie ist ein Strategiefaktor für den Unternehmenserfolg, der systematisch durch das Management herbeigeführt werden kann. Den Managementbegriff für die Weiterbildung in diesem Sinne zu verstehen heißt, ihn aus einer unternehmerischen Perspektive mit einem kulturellen Anspruch zu definieren. Wer das tut, wird beim Managen die Besonderheiten des Bildungsbereichs berücksichtigen müssen.

2.3 Weiterbildungsmanagement – WBM

Erfolgspotentiale müssen motiviert werden. Dafür wird in der Wirtschaft viel Geld ausgegeben. Um die Leistungsfähigkeit von Fach- und Führungskräften auf dem neuesten Stand des Know-how zu halten, müssen sie ständig weitergebildet werden. Wer im Fluß aufhört zu schwimmen, fällt unweigerlich zurück. Obwohl dies als überzogen angesehen werden könnte, darf nicht vergessen werden, wie rasant die wirtschaftliche und soziale Entwicklung im globalen Wettbewerb ist. Wettbewerb herrscht nicht mehr nur zwischen Unternehmen, sondern auch zwischen Mitarbeitern. In Konkurrenz zu treten bedeutet, besser und schneller als die Mitbewerber zu sein. Wer erfolgreich sein will, muß sich darauf mental einstellen. Selbstzufriedenheit dagegen erzeugt jenes Vakuum, das andere zu ihrem Vorteil nutzen können.

2.3.1 Begriff des Weiterbildungsmanagements

In dem Maß, in dem neues Know-how entsteht, muß die Weiterbildung dieses Wissen und Können vermitteln. In diesem Sinne könnte die Weiterbildung auch als **Vermittlungswissenschaft** bezeichnet werden. Strategiewirksam wird das Weiterbildungsmanagement dann, wenn sich die Lern- und Entwicklungsvorstellungen der erwachsenen Lerner mit den Vorstellungen moderner und wettbewerbsfähiger Unternehmen verbinden. Dazu muß die Organisation und das Selbstverständnis von Weiterbildung eine **leistungsfähige Struktur** erhalten. Eine Bildungseinrichtung managen heißt, eine planmäßig organisierte Betriebswirtschaft zu führen, in der Dienstleistungen und Produkte professionell entwickelt und vermarktet werden.

Selbstverständnis des Weiterbildungsmanagements

> **Definition des Weiterbildungsmanagements**
>
> Das Weiterbildungsmanagement soll als das professionelle Handeln zur Erreichung einer innovativen und effizienten Dienstleistung definiert werden. Sie dient dem Lehren und Lernen von Erwachsenen.
>
> Weiterbildungsmanagement umfaßt folgende Funktionsbereiche bei der Erzeugung von Bildungsmaßnahmen:
> - Analyse und Vorbereitung
> - Planung und Organisation
> - Entscheidung
> - Durchführung
> - Wirkungskontrolle
>
> Von Weiterbildungsmanagement soll dann gesprochen werden, wenn das Lernen in der Form organisierter Lehr- und Lernprozesse stattfindet. Das schließt selbstorganisierte Lehr- und Lernprozesse ein, die durch Bildungseinrichtungen initiiert werden.

Das Management ist für den Erfolg des »Produkts Weiterbildung« verantwortlich. Bildungsmanager müssen die Dienstleistungen optimal organisieren. Dabei werden **Dienstleistungen** als Leistungen definiert, die in hohem Maße auf Individuen zugeschnitten sind. Das Lehren und Lernen ist nicht denkbar ohne das Zutun der betroffenen Menschen. Es kann nicht einfach konsumiert werden. Das Lehren gelingt nur dann, wenn die Lernenden selbst aktiv werden. Folglich müssen Bildungsmaßnahmen auf die individuellen Bedürfnisse der Teilnehmer zugeschnitten sein. Das bewirkt, daß sie von hoher Komplexität sind. Damit das Organisieren gelingt, ist das Wissen der Didaktik und der Fachwissenschaften ebenso heranzuziehen, wie das der Praxis.

Aus der Sicht des **Produktbegriffs** stellt ein Tagesseminare, ein Vollzeitlehrgang oder eine berufsbegleitende Maßnahme eine Produktionseinheit dar. So können Veranstaltungen als Produkte und zugleich als »Markenartikel« angesehen werden. Einen Markenartikel erzeugen heißt, ein Produkt von hoher Qualität mit hohem Wiedererkennungswert herzustellen. Die Marke dient einem Unternehmen dazu, bestimmte von ihm hergestellte oder vertriebene Produkte aus der Masse gleichartiger Angebote hervorzuheben *(Olfert 1996, S. 592)*. Darüber hinaus sind Produkte in Bildungseinrichtungen Broschüren, Bücher, Software und auch Lehr- und Lernmaterialien.

Entscheidend für das **professionelle Handeln** in der Weiterbildung ist die Sicht der Führungskräfte. Sie definieren das Profil und die Struktur des Bildungsangebots. Dabei spielt es keine Rolle, ob die hauptberuflichen Mitarbeiter in einem privaten Unternehmen tätig sind, in einer gemeinnützigen Bildungseinrichtung arbeiten oder beim Staat angestellt sind. Viel entscheidender ist die Art und

Weise des Handelns. Um die **Professionalität** oder Verberuflichung gibt es in der Erwachsenenbildung/ Weiterbildung eine intensive Diskussion. Vor allem im »*Literatur- und Forschungsreport Weiterbildung*« wird diese Debatte verfolgt. Wer die Texte im *Report 25/1990* kritisch liest – die sich zu großen Teilen auf die »hauptberuflichen pädagogischen Mitarbeiter« (HPM›s) in der Erwachsenenbildung beziehen, kann der Eindruck gewinnen, der Reflexionsgrad sei höher als der Organisationsgrad.

Zu einer kontroversen Auseinandersetzung und teilweisen Neuorientierung in der **Professionalisierungsdebatte** hat die 1. Auflage des Weiterbildungsmanagements *(Merk 1992)* geführt *(vgl. Das aktuelle Buch, Report 31/1993)*. Ist insbesondere von Erziehungswissenschaftlern auf eine betriebswirtschaftliche Sichtweise des Bildungsmanagements teilweise schroff reagiert worden, so haben andere die Bedeutung von Führungs- und Organisationsmanagement ausdrücklich anerkannt. Wenn *Bergeerst (Beiheft zum Report 1996)* auf der Jahrestagung der Deutschen Gesellschaft für Erziehungswissenschaft 1995 die Frage stellt, ob ein ausschließlich dem betrieblichen Alltag entlehntes Managementverständnis überhaupt geeignet sein könne, Bildungsprozesse planerisch und organisatorisch zu erfassen, so daß MitarbeiterInnen wie erwachsene, mündige TeilnehmerInnen der Erwachsenenbildung betrachtet werden könnten, wird die Unsicherheit in der Diskussion erkennbar. Auch mit Hinweis auf *Geißler (1994),* der Bildungsmanagement als Praxis bezeichnet, die als professionelles Handeln den Aspekt des Lernens im Sinne einer »Erstellung und Förderung von lernstimulierenden und – förderlichen Rahmenbedingungen der Organisation« entfaltet, werden die Probleme finanzpolitischer und administrativer Aspekte auf der Leitungsebene zwar in eine didaktische Diskussion eingebracht, die tradierten Gegensätze von Pädagogik und Ökonomie jedoch nicht gelöst.

Wird jedoch die **kommunikative Praxis** der disponierenden und lehrenden Mitarbeiter in den Bildungseinrichtungen in den Mittelpunkt gestellt, ist erkennbar, daß wirtschaftliche Restriktionen mit pädagogischen Anforderungen im Gespräch der Handelnden beständig vermittelt werden. Der Ansatz des kommunikativen Managements *(Merk 1993)* zeigt auf, wie im multifaktoriellen Bedingungsgefüge beruflicher Kommunikation auf den verschiedenen Handlungsebenen des betrieblichen Alltags erfolgreich kommuniziert werden kann. Während die strategische Kommunikation zweckorientiert den Erfolg einer Einrichtung verfolgt (Dispositionsfunktion), ist die Kommunikation der Verständigung in Lehr-/Lernprozessen auf Einsicht und Verstehen gerichtet (Lehrfunktion). Daß es dabei durchaus Vermittlungsschwierigkeiten in der Praxis geben kann, ist alltägliche Realität.

Weiterbildungsmanagement hat sich auf das **Know-how** der **Praxis** und der **Bezugswissenschaften** zu beziehen. Es kann allein weder aus betriebswirtschaftlicher Sicht noch aus einem pädagogischen Ansatz definiert werden. Ebenso einseitig wäre es, würde Weiterbildung auf Technik als Instrument reduziert. Die

Vorstellung, daß Personen auf unterschiedlichen Ebenen verschiedene Aufgaben zu erfüllen haben und die Kommunikation den jeweiligen Situationen angemessen sein muß, kommt der Wirklichkeit viel näher. In der Praxis bestehen Weiterbildungsteams deshalb meist aus: Pädagogen, Kaufleuten, Ingenieuren, Lehrern, Juristen, Psychologen, Künstlern, Wissenschaftlern und Verwaltungsfachleuten. In jedem Fall muß sich das Weiterbildungsmanagement seines Dienstleistungscharakters bewußt werden. Weil im deutschsprachigen Raum »Bildung« immer noch als ein besonderes Kulturgut gilt – das in emotionalen Beziehungsgeflechten wurzelt – , braucht Weiterbildung eine Sichtweise, die neue Wege geht. Der Produktgedanke sollte Bildungsmanager veranlassen, ihr Handeln genauso unvoreingenommen zu sehen, wie den Kauf eines Autos, eines Videorecorders oder den eines Buches. Es muß selbstverständlich werden, Seminare zu vermarkten, sie zu besuchen und dafür Geld zu bezahlen.

2.3.2 Zur Struktur des Weiterbildungsmarktes

Wie andere Wirtschaftsbranchen auch, so bildet der **Weiterbildungsmarkt** Besonderheiten aus, die sich aus dem Charakter der Bildungsdienstleistungen und Produkte ergeben. Deshalb sollen zentrale Merkmale skizziert werden.

1. Erwachsenenbildung/Weiterbildung
Der **Gegenstandsbereich** der **Erwachsenenbildung** erlaubt es, alle Institutionen und Organisationsformen sowie Bildungsvorstellungen in ihrer jeweiligen Besonderheit als nebeneinander existierend darzustellen. Der Oberbegriff **Erwachsenenbildung** erfaßt alle Bildungsveranstaltungen für Erwachsene *(vgl. Weinberg 1989, S. 18)*. Mit der Definition des Begriffs der **Weiterbildung** führte der *Deutsche Bildungsrat* im Jahre 1970 *(S. 197 ff.)* einen neuen Oberbegriff ein. Danach hat sich der Stellenwert der beiden Begriffe in der Öffentlichkeit verändert. Dem Deutschen Bildungsrat ging es in seinem »Strukturplan für das Bildungswesen« darum, einen Begriff zu finden, der deutlich macht, daß Bildung und Lernen im Erwachsenenalter ebenfalls ein Bestandteil des Bildungswesens sei. Weiterbildung wird von daher »als Fortsetzung oder Wiederaufnahme organisierten Lernens nach Abschluß einer unterschiedlich ausgedehnten Bildungsphase bestimmt«.

Der Begriff der **Weiterbildung ist ein Systembegriff,** der das gesamte Feld des Lehrens und Lernens politisch und verwaltungsmäßig erfaßt: Weiterbildung umfaßt alle Bildungsveranstaltungen im Aus- und Weiterbildungssystem. Dieses bildet einen eigenen Hauptbereich des Bildungswesens. Im Verständnis der *Bund-Länder-Kommission (1973)* wird der Weiterbildungsbereich als vierter Hauptbereich neben dem Primarbereich (Grundschule), dem Sekundarbereich (Hauptschule, Realschule, Gymnasium) und dem Tertiärbereich (Hochschule) genannt.

Weiterbildungsmanagement – WBM

Die Vorstellung von der vierten – überwiegend staatlichen – Bildungssäule ist für den Bereich der Weiterbildung nur teilweise realisiert worden. Insbesondere die wirtschaftspolitische Bedeutung von beruflicher Bildung hat dazu geführt, daß ein breitgefächerter privater Bildungsmarkt entstanden ist. Die Eingliederung in ein staatliches System des Bildungswesens, mit geordneten Weiterbildungsgängen und beamteten Weiterbildnern, erscheint immer weniger konsensfähig. Zukunftsweisend müßte der Systembegriff der Weiterbildung dahingehend interpretiert werden, daß er die Weiterbildung als **gemischtwirtschaftliches System** erfaßt. Während insbesondere im Fachschulbereich und in Volkshochschulen Weiterbildung staatlich verwaltet wird, wird der weitaus größte Teil der Weiterbildung nach marktwirtschaflichen Kriterien organisiert. Selbst die Arbeitsverwaltung sorgt als größter staatlicher Auftraggeber für die private Organisation der Weiterbildung, indem sie nicht selbst als Träger von Bildungsmaßnahmen auftritt. In zunehmendem Maße treten Programme der Europäischen Union hinzu.

Die Weiterbildung läßt sich in zwei gleichrangige nebeneinanderstehende Begriffe gliedern: Die **berufliche Weiterbildung** wird unterteilt in die Bereiche Fortbildung und Umschulung. Dieser Teil der Weiterbildung ist durch seine Funktion für die Berufswelt in Industrie, Handel, Handwerk und Verwaltung bestimmt. Berufliche Fortbildung dient entweder der Anpassung der beruflichen Qualifikationen und Kompetenzen an den Wandel der Arbeitsanforderungen (Anpassungsbildung) oder der Verbesserung der Qualifikationen für den beruflichen Aufstieg (Aufstiegsbildung). Bei der Umschulung handelt es sich um Maßnahmen, die dem Erwerb neuartiger Berufsqualifikationen dienen, die aufgrund tiefgreifender technischer und ökonomischer Veränderungen im Arbeitsmarkt nachgefragt werden. Ebenso dienen sie den erwachsenen Lernern für das individuelle Fortkommen.

Gegenstandsbereich der Erwachsenenbildung:

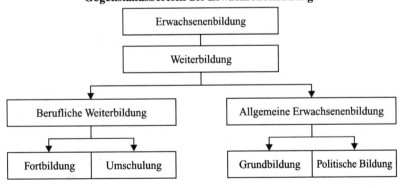

(vgl. Weinberg 1989, S. 21)

Selbstverständnis des Weiterbildungsmanagements

Die **allgemeine Erwachsenenbildung** läßt sich in die Bereiche der Grundbildung und der politischen Bildung gliedern. Es wird damit zum Ausdruck gebracht, daß die lebenslang benötigte Grundausstattung sich auf zwei unterscheidbare, jedoch miteinander verbundene Bereiche des menschlichen Daseins bezieht. Einmal auf den subjektiv-individuellen Bereich, zum anderen auf den sozial-öffentlichen Bereich. Der Grundbildung lassen sich insbesondere Veranstaltungen zurechnen, die dem Nachholen und der Aufstockung von Schulabschlüssen dienen, die Grundkenntnisse in modernen Informations- und Kommunikationstechniken vermitteln sowie Grundlagen in den allgemeinen Kulturfähigkeiten. Die politische Bildung dient in einem demokratischen Gemeinwesen der grundlegenden Information und Meinungsbildung zu den aktuellen und historischen Themen der Zeit. Sie ist besonders eine Zukunftsaufgaben der öffentlichen Weiterbildung.

2. Institutionentypologie

Die begriffliche Schematisierung der Erwachsenen-/Weiterbildung ermöglicht eine Eingrenzung des Gegenstandsbereichs. Für das Management von besonderer Bedeutung ist jedoch eine **Typologie,** die sich zum einen auf die **Institutionen** der Weiterbildung bezieht und zum anderen auf die Bildungsveranstaltungen und das Kurssystem. Über die Undurchsichtigkeit und mangelnde Transparenz ist in der Weiterbildung schon häufig geschrieben worden. Insbesondere irritiert Außenstehende die Vielzahl der Einrichtungen und die Pluralität der Trägerschaften. Mit Hilfe der folgenden Institutionentypologie kann die Vielzahl der Weiterbildungseinrichtungen in ein System gebracht werden. Dies ist vor allen Dingen unter Marktgesichtspunkten interessant, weil die Weiterbildung unterschieden wird in den geschlossenen und offenen Bereich. *Hamacher (1976, S. 50–54)* hat die Typologie folgendermaßen erläutert: »Die Anbieter lassen sich danach unterscheiden, ob sie ihre Angebote nur für ihre Bediensteten, Betriebsangehörigen oder Verbandsmitglieder betreiben (geschlossene Weiterbildung) oder ob sie Angebote für jedermann bereithalten (offene Weiterbildung). Träger von »**geschlossener Weiterbildung**« ist der öffentliche Dienst, Betriebe, Verbände sowie sonstige Institutionen und Organisationen.

Bei der »**offenen Weiterbildung**« für jedermann, sind öffentliche von nichtöffentlichen Trägern zu unterscheiden. Bei öffentlichen Trägern gibt es einerseits Weiterbildung, die unmittelbar durch Parlament (Bund, Länder, Kommune) kontrolliert wird; andererseits Weiterbildung, die nur mittelbar von den Parlamenten kontrolliert wird (bei Rundfunk und Fernsehanstalten, bei Hochschulen). Bei den nicht öffentlichen Trägern lassen sich wiederum zwei Gruppen unterscheiden: gemeinnützige Träger und kommerzielle Träger. Gemeinnützige Träger nennen sich in der Regel »freie Träger«. Kommerzielle Träger sind private Bildungsunternehmen. Mit Hilfe dieser Typologie ist es möglich, den Weiterbildungsmarkt dahingehend zu beleuchten, in welchen Marktsegmenten und in welcher Form Angebote unterbreitet werden.

Institutionentypologie

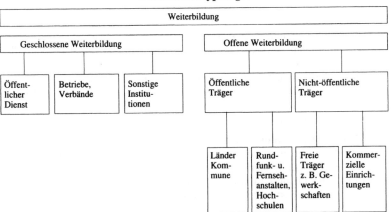

(vgl. Weinberg 1989, S. 23)

3. Typologie der Weiterbildungsangebote

Eine allgemeingültige **Typologie des Bildungsangebotes** liegt nicht vor. Sie kann es in umfassender Form auch nur bedingt geben. In einem weiteren Schritt soll eine Typologie der Weiterbildungsangebote vorgestellt werden, die das Angebot inhaltlich strukturieren hilft. Die Bildungsangebote sind – bis auf die betriebsinternen Maßnahmen -, in der Form von Programmen, Arbeitsplänen sowie Datenbanken öffentlich zugänglich. Daran haben die Anbieter aus Gesichtspunkten der Werbung ein großes Interesse. Das Zustandekommen von Bildungsveranstaltungen beruht darauf, daß es dem Gesetz von Angebot und Nachfrage folgt. Dabei verändert die Dynamik des Angebots die inhaltliche Struktur und die Angebotsprofile der Einrichtungen ständig.

Die Synopse gliedert nach **Qualifikationsdimensionen, Inhalten** und **tätigkeitsbezogenen Ebenen** des beruflichen Handelns. Ausgangsebene ist der Begriff des Know-how. Es bewegt sich in einem Spektrum von funktionalen und extrafunktionalen Qualifikationen und Kompetenzen. Als funktional werden die technisch-fachlichen bzw. kaufmännisch-betrieblichen (prozeßgebundene), als extrafunktional die personenbezogenen (prozeßunabhängige) Qualifikationen bezeichnet.

Zu den **extrafunktionalen Qualifikationen** gehören Fähigkeiten wie Entscheidungskompetenz, Kommunikationsfähigkeit, Verantwortungsbereitschaft, Arbeitsdisziplin, Anpassungsfähigkeit oder Flexibilität. Sie können nicht in gleicher Weise wie funktionale Qualifikationen gelehrt und gelernt werden, weil sie Bestandteil des habituellen Leistungsvermögens der Menschen sind. In Verhaltenstrainings können sie bis zu einem gewissen Grade eingeübt werden. Dies könnte ein Grund dafür sein, daß sie bei der Analyse von Qualifikationsanforderungen manchmal vernachlässigt werden. Obwohl sie eine beachtliche ökonomische Bedeutung haben, galt ihr Wert lange Zeit nur für Führungskräfte. Im Zuge des technologischen Wandels und der sich dadurch ergebenden tendenziellen Höherqualifizierung werden sie für immer mehr Mitarbeiter, auf allen beruflichen Hierarchieebenen bedeutsam. Empirische Untersuchungen zeigen, daß der Einsatz »Neuer Technologien« und der »Neuen Medien« erhöhte Anforderungen an die Akzeptanzbereitschaft, Flexibilität, Kooperation und Motivation stellt. *(Kern/Schumann 1970; Staehle 1990, S. 161, 1984; Merk 1995)*

Die **Gliederung der Bildungsangebote** bezieht sich auf den aktuellen Stand. Während die Tätigkeiten eine hierarchische Rangfolge aufweisen, handelt es sich bei den Bezeichnungen der Angebote (Inhalte) um eine exemplarische Auflistung. Die Qualifikationsdimensionen bewegen sich von der Seite des Knowlegde (harte Wissensbestandteile) zur Personality (weiche Faktoren).

Typologie des Weiterbildungsangebots

Knowledge	and	Personality

funktionale – **Qualifikationsdimension** – extrafunktionale

Inhalte/ Tätigkeiten	Gewerblich/ Technisch	kaufmännisch/ betriebswirtschaftl.	personalorientiert
Top-Management Middle- Management/ Fachkräfte Facharbeiter/ Fachangestellte Ausbilder Umschüler Un-/Angelernte Aussiedler	– Neue Technologien – Neue Medien – Technologietransfer – Lasertechnologie – Robotertechnik – C-Techniken – Produktionssteuerung – Verfahrenstechniken – Umwelttechniken – Logistik – Telekommunikation – Berufliche Abschlüsse – Berufsvorbereitung	– Informations- und /Kommunikationstechniken (EDV) – Bürokommunikation – Wissenstransfer – BWL/VWL – Betriebsorganisation – Materialwirtschaft/Einkauf – Marketing/Vertrieb – Controlling – Personalwirtschaft – Weiterbildung – Existenzgründung – Berufliche Abschlüsse – Neue Medien	– Managementtechniken – Selbstmanagement – Unternehmensführung – Personalmanagement – Verhandlungsführung – Sprachen – Innovationen – Strategien: Analysen, Entscheidungen, Planung, Organisation, Kontrolle – Methodik und Didaktik

2.3.3 Zukunftsmärkte für Bildungsanbieter

Die **Zukunftsperspektive** fragt danach, was noch nicht ist. Dabei legt sie eine analytische Gliederung in den realen und den potentiellen Markt nahe. Der reale Markt ist im Bildungswesen als der organisierte und institutionalisierte Bildungssektor zu kennzeichnen. Besonders interessant ist der potentielle Markt, der den Bereich der noch nicht-organisierten Weiterbildung darstellt. In vielen Lebensbereichen gibt es ein »selbstorganisiertes Lernen«, das tendenziell durch professionelle Bildungsangebote erschlossen werden kann.

Zukunftsmärkte

Organisierte Bildung	Nicht-organisierte Bildung
das Lehren und Lernen ist institutionalisiert in: • Schule, Ausbildung, Erwachsenenbildung, Weiterbildung, Berufliche Bildung, Kulturelle Bildung, Politische Bildung etc.	das Lehren und Lernen ist: • weitgehend noch selbstorganisiert und ohne professionelle Unterstützung. • Wirtschaftliche, kulturelle, politische, soziale Trends deuten auf neue Bildungsbereiche hin.
Realer Weiterbildungsmarkt	**potentieller Weiterbildungsmarkt**

Im realen Weiterbildungsmarkt findet **organisierte** Bildung statt. Für das Lehren und Lernen sind Institutionen geschaffen worden, die unterschiedliche Lernbedürfnisse durch verschiedene Bildungsangebote befriedigen. Zugleich entsteht in der Gesellschaft ständig neues Wissen und Können, das vermittelt werden muß. Diesem stellen sich die Menschen, indem sie mit den Herausforderungen und Problemen lernend umgehen. Das geschieht **selbstorganisiert** – ohne öffentliche oder wissenschaftliche Anleitung. Wenn sich die Weiterbildung die Aufgabe stellt, das Lernen professionell durch das Lehren zu unterstützen, besteht ein permanenter Bedarf an organisierter Weiterbildung. Im Feld der ständigen Erneuerung, ist es die Aufgabe der Weiterbildung, vermittelnd zu wirken. Dabei sind die Formen des Lehrens und Lernens den spezifischen Lebens- und Lernbedingungen der Erwachsenen anzupassen. Richtet Weiterbildung ihren Blick auf den potentiellen Markt, muß sie innovativ auf die Fragen der Menschen eingehen und Instrumente für die Problemlösung anbieten. In dem Maße, wie sie sich als Vermittler und Problemlöser erweist, wird sich der potentielle Markt als realer Markt erschließen.

Beim **selbstorganisierten Lernen** handelt es sich um Lebens- und Lernprozesse, die aus neuen Anforderungen des Alltags- und Berufslebens entstehen. Selbstinitiiertes Lernen findet individuell in Gruppen (z. B. Bürgerinitiativen), am Arbeitsplatz (Qualitätszirkel), in der Familie oder im Freizeitbereich statt. Im

Selbstverständnis des Weiterbildungsmanagements

Alltagsleben und in jedem Unternehmen gibt es eine Fülle von Situationen, die durch organisierte Lernprozesse effektiviert werden könnten. Der Bedarf an systematischer Bildung ist durch eine innovative Konzept- und Produktentwicklung zu erschließen. Konstitutiv für selbstorganisierte Lernprozesse sind die alltäglichen Herausforderungen und Verunsicherungen des Lebens. Dabei ist das Wissen über selbstinitiierte Lernprozesse noch sehr gering *(vgl. Weinberg 1989, S. 37–40)*. Für wie bedeutsam dieses Phänomen gehalten wird, zeigt sich in dem neu gegründeten »*Institut für selbstorganisiertes Lernen und multimediale Kommunikation e. V.*« um *Weinberg* und *Heyse* herum *(Münster 1996)*. Um neue Märkte und Bedarfsfelder zu erkennen, wird sich die Marktforschung und Konzeptentwicklung dem potentiellen Bildungsmarkt zuwenden müssen.

Nun wird in der Diskussion um die neuen Medien mehrheitlich davon gesprochen, das Lernen solle vom Lehrer »befreit« werden. Davor braucht aber in der Weiterbildung kein Mitarbeiter Sorge zu haben, wenn er sich in seiner Rolle als Lehrender auf nachhaltige Veränderungen einstellt. **Selbstlernzentren** und selbstorganisiertes Lernen wird weiter an Bedeutung gewinnen. Das sollte für die Zukunftsperspektiven von Kursleitern und Trainern eine besondere Herausforderung sein. Zugleich läßt sich feststellen, je größer der Kreis derer ist, die von sich aus Bildungsangebote wahrnehmen, Selbstlernzentren aufsuchen und mit Hilfe des Internet lernen, um so größer wir die Gruppe der potentiellen Teilnehmer organisierter Weiterbildung. Eine entscheidende Neuerung für Bildungsanbieter ist jedoch, sie müssen sich auf die neuen Lernbedürfnisse einstellen und dürfen nicht erwarten, daß die Teilnehmer – wie bisher – in offen ausgeschriebene Kurse kommen.

Bei der Konzeption von Bildungsangeboten sind die **Zukunftsaussichten** so realistisch wie möglich einschätzen. Obwohl der Bildungsmarkt ein Wachstumsmarkt ist, sind die Aussichten für alle Akteure mit Unsicherheiten behaftet. Das ist normal in einem Sektor, der immer stärker marktvermittelt wird. Das Nachfrageverhalten der Menschen ändert sich ständig und wird von vielen, teilweise gegenläufigen Strömungen beeinflußt. Obwohl mit dem rasanten Verfall der Halbwertzeit des Wissens immer mehr Menschen darauf angewiesen sind, lebenslang zu lernen, ergibt sich daraus nicht zwangsläufig ein steigendes Nachfrageverhalten für Bildung. Einen größeren Einfluß hat da schon die wirtschaftliche Entwicklung, die Beschäftigtenquote, die Arbeitsmarktpolitik der Bundesregierung, das Freizeitverhalten und auch das Medienangebot.

Während im Bereich arbeitsplatznaher Weiterbildung und firmeninterner Seminare eine Nachfragesteigerung sichtbar wird, gibt es eine rückläufige Tendenz im offenen Bildungsangebot. Dort werden die Teilnehmergruppen kleiner. **Der Wettbewerb der Anbieter wird schärfer.** Viele Mitarbeiter in den Betrieben haben einfach weniger Zeit, um in der Arbeitszeit eine Fort- oder Weiterbildung zu besuchen. Folge davon ist eine niedrigere durchschnittliche Teilnehmerquote pro Veranstaltung. Solche branchenweiten Phänomene müssen aber nicht zwangsläufig auch für den einzelnen Bildungsanbieter zutreffen. Es gibt Einrichtungen, die haben ihr Angebot im Markt so gut plaziert, daß sie trotz weit verbreiteter rezessiver Tendenzen steigende Nachfrage verbuchen können. Das nennt sich **Firmenkonjunktur.**

Die **Marktzugangsregeln** wandeln sich beträchtlich. In den letzten Jahren setzt die Bildungspolitik auf den Markt. Es findet eine Abkehr vom staatlichen Bildungsauftrag, insbesondere im Bereich der Weiterbildung statt. Obwohl der Rückzug des Staates aus dem Bildungswesen bedauert werden kann, stellt sich die Frage, wie ein staatliches System bei »leeren Kassen« finanziert werden könnte. Bei realistischer Einschätzung wird es zukünftig immer mehr dem individuellen Interesse überlassen bleiben, persönlich für die Weiterbildung zu sorgen. Das kann als Politikersatz ausgelegt werden. Wesentlich andere Tendenzen sind nicht erkennbar. In einer solchen Situation wird es darauf ankommen, den Menschen einsichtig zu machen, mehr als früher in die eigene Aus- und Weiterbildung zu investieren – und das, ohne staatliche Unterstützung. Darin liegt eine große Herausforderung für die Bildungsanbieter.

2.3.4 Weiterbildungsprodukte und Dienstleistungen

Produkte sind konkret. In der organisierten Weiterbildung stellen Kurse, Seminare, Lehrgänge und Beratung die »Standardprodukte« dar. Sie dienen der Befriedigung der Lernbedürfnisse der erwachsenen Lerner. Dennoch hat sich der **Produktbegriff** in der Weiterbildung noch nicht durchgesetzt. Kotler definiert den Produktbegriff umfassend: »Ein Produkt kann eine Dienstleistung, ein Gegenstand, eine Tätigkeit, eine Person, ein Ort, eine Organisation oder eine Idee sein.« *(1989, S. 21)* Weiterbildung als Produkt zu definieren ist effektiv, um den Konkretisierungsgrad der Bildungsdienstleistung zu benennen. Weiterbildungsinstitutionen bieten demnach Bildungsveranstaltungen an. In ihnen kommen Lehrende und Lernende mit dem Ziel zusammen, Know-how zu erwerben. Weiterbildungsberatung geht dem Besuch von Veranstaltungen häufig voraus.

Der **Zweck von Lehrveranstaltungen** unterscheidet sich deutlich von anderen Produkten. In einem Theater wird Theater gespielt, in einem Museum werden Kulturgüter dargestellt, in einem Betrieb kann in Gruppenarbeit produziert werden. Natürlich kann in einem Theater, Museum oder Betrieb gelernt werden und es wird immer notwendiger, das Arbeiten mit dem Lernen zu verbinden. Zweck einer Theaterveranstaltung oder der Gruppenarbeit ist jedoch nicht das Lernen, sondern die Unterhaltung, das Vergnügen oder die Arbeit. Nur die Dienstleistung Weiterbildung verfolgt explizit einen Lehr-/Lernzweck. Bildungsveranstaltungen, die als Bildungsprodukte angesehen werden, sind folglich in Art und Umfang definierbar. Sie lassen sich als Produkte vermarkten und können zu Marktpreisen angeboten werden.

Selbstverständnis des Weiterbildungsmanagements

Typisch für Bildungsprodukte ist es, zwischen ihrem **immateriellen und materiellen Zustand** zu unterscheiden. Immateriell sind die Weiterbildungsveranstaltungen insofern, weil das zu vermittelnde Wissen und Können etwas ist, das sich weder konsumieren noch anfassen läßt; es existiert in den Köpfen der am Prozeß beteiligten Menschen. Als materielles Ergebnis kann sich die Fähigkeit zu Denken und zu Handeln herausstellen. Möglich ist, daß im Lehr-/Lernprozeß ein Videofilm, ein Text, eine Aufführung oder ein Produkt entstehen, die als Lernergebnisse beschreibbar sind und damit als Produkt präsentiert werden können. Beim Training von bestimmten Verhaltensweisen kann das immaterielle Lernprodukt sichtbar gemacht werden. Materielle Produkte von Weiterbildungseinrichtungen sind in der Regel Arbeitspläne, Programmbroschüren oder Publikationen. Sie dienen der Selbstdarstellung des Angebotes und befriedigen kommerzielle Interessen. Produkte wie Flip Chart oder visuelle Medien werden eingesetzt, um den Prozeß des Lehrens und Lernens medial zu unterstützen. Wenn es in der Weiterbildung um die Konzept- und Produktentwicklung geht, geht es im Kern um die Erarbeitung von Bildungs- und Trainingskonzepten sowie deren Realisierung. Wird Bildung von Dienstleistern organisiert, kann sie als Produkt mit Hilfe eines professionellen Managements vermarktet werden.

Aus der Perspektive des **Produktmanagements** stellen alle Lernsituationen im Leben eines Erwachsenen potentielle Ansatzpunkte für das organisierte Lehren und Lernen dar. In der Konzeption des lebenslangen Lernens gibt es folglich unendlich viele Situationen, in denen Neues gelernt werden muß. Individuelle Lernsituationen stellen spezifische Anforderungen, auf die mit maßgeschneiderten Angeboten reagiert werden kann. Im Wettbewerb um Marktanteile ist es Aufgabe des Managements, die Lernpunkte zu lokalisieren und kundenorientiert wie zielgruppenspezifisch Angebote zu entwickeln.

Das Schema kann verdeutlichen, wie die Lernphase eines Erwachsenen durch **Lernpunkte** gekennzeichnet ist. Aus Marktanalysen ist erkennbar, daß verschiedene Zielgruppen wie Fach- und Führungskräfte, Sekretärinnen, kaufmännische Angestellte oder Ungelernte unterschiedliche Bildungsbedürfnisse haben. An biographischen Kristallisationspunkten wird mit hoher Wahrscheinlichkeit Neues gelernt werden müssen. Seitdem es nicht mehr ausreicht, im Leben nur einen Beruf zu erlernen, wird es immer selbstverständlicher, häufiger eine Fortbildung zu besuchen. Daraus müßte sich zukünftig für die Lebensphase von 20–50 Jahren eine tendenziell höhere Weiterbildungsbeteiligung pro Person ergeben.

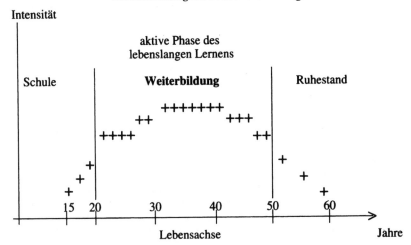

2.3.5 Anbieter und Nutzer

Im Mittelpunkt des **Bildungsmarktes** werden Bildungsprodukte und Dienstleistungen ausgetauscht. Ein Markt ist durch den Austausch von Angebot und Nachfrage gekennzeichnet. Betriebswirtschaftlich kann zwischen einem Verkäufer- und Käufermarkt unterschieden werden. Wenn Produkte und Dienstleistungen knapp sind, besteht ein Verkäufermarkt, weil der Produzent das Angebot bestimmen kann. Beim Käufermarkt ist es genau umgekehrt, der Teilnehmer kann aus einem Überangebot auswählen. Der Bildungsmarkt ist in weiten Teilen ein Käufermarkt. Viele Bildungseinrichtungen umwerben die Kunden. Um erfolgreich zu sein, gewinnt das Marketing in der Weiterbildung einen immer höheren Stellenwert.

Entscheidend für die **Marktstrategie** einer Einrichtung ist es, zu fragen: Was interessiert die Teilnehmer? Welche Zielgruppe kann am besten angesprochen werden? Wie muß das Angebot gestaltet sein, damit es gekauft wird. Wer so vorgeht, entscheidet sich für eine themen- und zielgruppenorientierte Strategie. Aus betriebswirtschaftlicher Sicht werden aus Teilnehmern Kunden.

Selbstverständnis des Weiterbildungsmanagements

Marktstruktur

Nachfrager:	Kunden/Teilnehmer	Auftraggeber
	:..:	
	: **Bildungsprodukte/Dienstleistungen** :	
	:..:	
Anbieter:	Bildungseinrichtungen Unternehmen/Freiberufler	

Die Akteure im Markt sind die Anbieter von Seminaren, Lehrgängen oder Bildungsleistungen. Die Nachfrager oder Nutzer können Teilnehmer oder Auftraggeber sein. Auf der Seite der Anbieter stehen Bildungseinrichtungen, private Träger, Freiberufler, Unternehmensberater, Institute, gemeinnützige oder staatliche Organisationen. Auf der Seite der Nachfrager befinden sich die Teilnehmer als private Nutzer. Auftraggeber sind meist institutionelle Geschäftspartner, die im privaten oder auch öffentlichen Interesse handeln.

Jedes Angebot sucht eine Nachfrage. Kunden sind:

- **Teilnehmer:** Einzelpersonen, Gruppen, betriebliche Abteilungen, jugendliche oder erwachsene Zielgruppen etc.

- **Auftraggeber:** Unternehmen, Betriebsabteilungen, private Nachfrager, andere Bildungseinrichtungen, Arbeitsämter, Berufsförderungsdienste, Ministerien etc. Es handelt sich um institutionelle oder staatliche Nachfrager.

Der Weiterbildungsmarkt kann als ein spezieller Markt definiert werden. Er hat eine **gemischtwirtschaftliche Ordnung** *(vgl. Faulstich 1989),* weil private, gemeinnützige und öffentliche Anbieter dort tätig sind.

2.3.5.1 Anbietervielfalt und Pluralität

Der Weiterbildungsmarkt zeichnet sich durch seine **Vielfalt und Pluralität** aus. Im Rahmen einer Untersuchung des Arbeitskreises Qualifizierung *(Merk: Arbeitskreis Qualifizierung in Ostwestfalen 1990)* ließen sich folgende Trägergruppen identifizieren:

- Betriebliche Aus- und Weiterbildung
- Private, gemeinnützige und sonstige Bildungseinrichtungen
- Berufsbildende Schulen, Volkshochschulen, Hochschulen
- Einrichtungen der Wirtschaft (Industrie- und Handelskammern, Handwerkskammern und Kreishandwerkerschaften, Bildungswerke der Wirtschaft)
- Bildungswerke der Arbeitnehmerorganisationen

Weiterbildungsmanagement – WBM

- Bildungsverbünde – institutionelle Kooperationen (Zusammenschlüsse von Bildungseinrichtungen und Trägerorganisationen verschiedener Art).

Die Einrichtungen unterscheiden sich in ihrer Struktur stark voneinander. Neben Ein-Mann-Unternehmen vermarkten große Weiterbildungsanbieter mehrere hundert Veranstaltungen innerhalb eines Geschäftsjahres. Während einige nur regional tätig sind, haben andere ihr Verbreitungsgebiet bundesweit. Die verschiedenen Trägergruppen verfolgen unterschiedliche Ziele.

1. Betriebliche Aus- und Weiterbildung
Unternehmen führen für ihre Mitarbeiter im Rahmen der Personalentwicklung und Weiterbildung bedarfsgerechte und unternehmensbezogene Qualifizierungsmaßnahmen durch. Die Angebote richten sich sowohl an Nachwuchskräfte als auch an die Fach- und Führungskräfte. Bildungsangebote werden als interne und externe Veranstaltungen durchgeführt. Mit dem Ausbau des Personalmanagements werden die Instrumente der Personalentwicklung systematisiert; eine Verzahnung mit der Organisationsentwicklung hin zur Investitionsplanung wird angestrebt. Die arbeitsplatznahe und maßgeschneiderte Qualifizierung gewinnt an Bedeutung.

2. Private, gemeinnützige und sonstige Bildungseinrichtungen
Ein Großteil des Angebotes in einer Regionen wird von »freien« Trägern durchgeführt. Sie bieten auf allen Ebenen und in allen Bildungsbereichen Kurse, Seminare, Trainings und Lehrgänge an. Zu den übergreifenden Zielen gehört die Weiterentwicklung und Schaffung neuer marktgerechter Bildungsangebote. Die Intensivierung und der Ausbau von Kooperationen mit Unternehmen, Arbeitsverwaltungen und sonstigen Stellen wird – teilweise – angestrebt.

3. Berufsbildende Schulen Volkshochschulen, Hochschulen sind staatliche Einrichtungen
Die berufsbildenden Schulen sind in der Weiterbildung mit Fachschulbildungsgängen, wie z. B. staatl. gepr. Betriebswirt, Techniker oder mit Assistentenberufen engagiert. Aufgrund der großen Nachfrage – in Zeiten des Lehrlingsüberhangs – erfolgte in den letzten Jahren ein Ausbau der Fachschulen. Neben ihrem eigenen Beitrag in der Weiterbildung führen sie mit anderen Trägern Qualifizierungsangebote durch. Sie zeigen ein verstärktes Interesse an der Weiterbildung in kommunaler Trägerschaft.

Die Volkshochschulen erfüllen ihren Qualifizierungsauftrag im Rahmen landespolitischer Gesetze. Sie beteiligen sich an der Qualifizierungsoffensive. Insbesondere geben sie Qualifizierungshilfen und vermitteln Fähigkeiten für die Selbstentfaltung der Persönlichkeit. Sie engagieren sich im Rahmen der Zielgruppenarbeit für besondere Problemgruppen. Sie greifen Strömungen in der politischen, kulturellen und gesellschaftlichen Diskussion auf und vertiefen sie. Sie führen Bildungsangebote im Rahmen von Arbeitnehmerweiterbildung durch.

Selbstverständnis des Weiterbildungsmanagements

Das Weiterbildungsangebot der Hochschulen in den Regionen ist unterschiedlich entwickelt. Insbesondere die Fachhochschulen sind häufig durch Personaltransfer eng mit der Wirtschaft verbunden. Viele Hochschulen bauen »wissenschaftliche Kontaktstellen der Weiterbildung«, »Technologie-Transferstellen« sowie »Wissenstransfereinrichtungen« auf. Die Hochschulen haben ihrem Studienangebotsprofil entsprechende Schwerpunkte in der Weiterbildung gesetzt. Sie führen eine Reihe von zukunftsweisenden Modellprojekten durch.

4. Einrichtungen der Wirtschaft: Industrie- und Handelskammern, Handwerkskammern, Kreishandwerkerschaften und Unternehmerverbände
Die Industrie- und Handelskammern haben ein bundesweit abgestimmtes Weiterbildungskonzept mit dem DIHT (Deutscher Industrie- und Handelstag) für den Bereich der Industrie, des Handels und der Klein- und Mittelbetriebe entwickelt. Die Handwerkskammern führen gemeinsam mit dem ZDH (Zentralen Deutschen Handwerkskammertag) Aus- und Weiterbildung für die Handwerksbetriebe durch. Die Wirtschaftskammern vertreten die Bildungsinteressen der gewerblichen Wirtschaft in einer Region. Der ständige Kontakt zu den Betrieben und Experten bringt die Nähe zu den Unternehmen, die sie für die berufliche Aus- und Weiterbildung benötigen. Die Einrichtungen der Wirtschaft haben bundesweit abgestimmte Standards für Weiterbildungsprüfungen und Zertifikate festgelegt.

Daneben gibt es eine Reihe von Bildungswerken der Wirtschaft, die eine besondere Nähe zu den Arbeitgeber- und Unternehmerverbänden haben oder von diesen getragen werden. Der Einzelhandel unterhält Bildungswerke des Einzelhandels ebenso gibt es Bildungswerke der Bauindustrie oder der Metallindustrie. Allen Einrichtungen gemeinsam ist, daß sie ihre Bildungsangebote vorwiegend auf die eigenen Mitglieder ausrichten. Sie arbeiten nach dem Prinzip der Nachfrageorientierung. Angeboten wird das, was nachgefragt wird und sich betriebswirtschaftlich rechnet. Handwerksbildungszentren werden in erheblichem Umfange öffentlich finanziert; die Bildungsangebote der IHK›n werden in der Regel kostendeckend angeboten. Wobei die Problematik besteht, daß sie ihren eigenen Mitgliedern (Unternehmensberatern, kommerziellen Bildungseinrichtungen etc.) Konkurrenz machen.

Die Einrichtungen der Wirtschaft haben bundesweit abgestimmte Standards für Weiterbildungsprüfungen und Zertifikate festgelegt. Mit der ISO DIN 9000 ff. ist insbesondere die Zertifizierung von Bildungseinrichtungen zu einem bedeutsamen Thema geworden. Die Zertifizierung eines Bildungsträgers kann zu einem Wettbewerbsfaktor werden, wenn Auftraggeber und Kunden ihre Teilnahme vom ISO-Zertifikat abhängig machen. Das wird sich jedoch kaum durchsetzten lassen.

5. Bildungswerke der Arbeitnehmerorganisationen

Die Bildungseinrichtungen der Arbeitnehmerorganisationen (Berufsfortbildungswerke (Bfw), Deutsche Angestellten Akademie (DAA) streben die berufliche Erwachsenenbildung in den gewerblich-technischen, kaufmännisch-verwaltenden, sozialen Berufsfeldern sowie dem Umweltbereich an. Sie beabsichtigen ihr Engagement zu verstärken und zusätzliche Ressourcen für den Arbeitsmarkt zu erschließen. Sie sind regional sehr unterschiedlich präsent.

6. Bildungsverbünde – institutionelle Kooperationen

Kooperationen stellen sich im Bildungsbereich immer mehr als eine Notwendigkeit heraus, um die neuen Anforderungen aus der gesellschaftlichen Entwicklung erfüllen zu können. Zudem versuchen Verbünde ein Stück jener Transparenz einzufangen, die in dem expansiven und unübersichtlich gewordenen Bildungsmarkt dringend benötigt wird. Kooperation kann als Marktstrategie begriffen werden, die durch den Zusammenschluß unterschiedlicher Träger Synergieeffekte erzielen will. Bildungsverbünde gliedern sich nach inhaltlich-fachlichen Interessen, regionalen Gesichtspunkten oder politischen Gemeinsamkeiten. In Verbünden werden die Einzelinteressen der Mitglieder mit dem Ziel gebündelt, ein Gesamtinteresse effektiver durchzusetzen. Typische Ziele sind:

- Verbesserung der Marktposition,
- Herausgabe eines gemeinsamen Bildungsprogramms,
- Koordination der Interessen der Mitglieder,
- Verbesserung der Weiterbildungsberatung,
- Förderung der Weiterbildung und des Kooperationsgedankens.

2.3.5.2 Teilnehmer-, Zielgruppen und Kundenorientierung

Bildungsangebote müssen teilnehmerorientiert sein. **Teilnehmerorientierung** war in den 70er Jahren für die verbandsgetragene Weiterbildung kaum ein Problem, weil die Teilnehmer institutionell organisiert waren. Als die Volkshochschulen das Prinzip der »Offenheit für alle Bürger« zu propagieren begannen, wurde undeutlich, wer angesprochen werden sollte. Die Teilnehmerorientierung wurde als Bestandteil der Programmplanung installiert und als spezifischer Interaktionsstil mit der pädagogischen Arbeit verbunden. Soweit die Teilnehmerorientierung nicht nur als deklaratorische Formel benutzt wird, dient sie insbesondere bei der Erarbeitung von Themen als ein Kriterium erwachsenenspezifischer Reduktion und Rekonstruktion *(Weinberg 1989)*.

Zielgruppenorientierung wird im allgemeinen als eine pädagogische Organisationsform umschrieben, nach der sich Planung, Durchführung und Auswertung einer Veranstaltung oder eines Lernangebots an Gruppen von Erwachsenen orientiert, die ähnliche Merkmale aufweisen. Waren die Begründungen für eine Zielgruppenarbeit mit bildungspolitischen Forderungen nach Chancengleichheit und Demokratisierung für sozial benachteiligte Gruppen, wie Schichtarbeiter, ungelernte Jugendliche oder Strafgefangene verbunden, so läßt sich der Zielgruppenbegriff auch als Instrument des Marketings nicht nur auf »schwierige« Personengruppen richten.

Wird mit der Teilnehmerorientierung die generelle Einbeziehung der Kunden verlangt, so weist die Zielgruppenorientierung auf die gruppenspezifische Konstruktion von Bildungsleistungen hin. Mit einer solchen Perspektive läßt sich die pädagogische Ausprägung der Begriffe leicht in die Sichtweise des **Bildungsmarketings** einbinden. Wer Dienstleistungen verkaufen will, muß die individuellen Bedürfnisse der Kunden aufgreifen. Das können sowohl Einzelpersonen, Firmen als auch andere Auftraggeber sein. Themen sind so aufzubereiten, daß sich die Zielgruppe angesprochen fühlt. Das Thema Umweltschutz kann in der Grundschule genauso Gegenstand des Lehrens und Lernens sein wie in der beruflichen Bildung. Umweltschutz ist Gegenstand von Betriebsberatungen und Auditings. Die didaktische Aufbereitung muß in jedem Fall situationsadäquat sein. Es bilden sich situations- und milieuspezifische Verhaltensweisen aus. Es entstehen Weltbilder sowie Lebens- und Arbeitsvorstellungen.

Betriebswirtschaftlich geht es bei der Zielgruppenorientierung um die Bestimmung von **Nutzer-** bzw. **Kundengruppen.** Hierin liegt eine weitere Möglichkeit, das Konzept der Zielgruppenarbeit anzuwenden. Aus einem ursprünglich sozialpädagogisch besetzten Begriff kann eine betriebswirtschaftliche Strategie werden. In der Realität des bundesdeutschen Bildungsmarktes darf jedoch die potentielle Nachfrage nicht überschätzt und das Angebot nicht unterschätzt werden. In dieser Diskussion wird möglicherweise verkannt, daß auch private Einrichtungen in Bildungsangebote für »benachteiligte Zielgruppen« investieren, obwohl sie vordergründig nicht marktgängig sind. Das **Investitionsmotiv** ist auf die Zukunft gerichtet, möglicherweise um so ein bestimmtes Marktsegment zu besetzen. Unter diesem Gesichtspunkt scheint es zu kurz gegriffen, die Teilnehmerorientierung gegen eine Marktorientierung ausspielen zu wollen. Ziel muß es sein, das Interesse an Bildungsleistungen weiter zu steigern. Immer jedoch findet das Angebot ein Korrektiv in der Nachfrage.

Die Nachfrage entsteht in **Verwendungszusammenhängen.** Das Lehren und Lernen der Menschen in der Seminarsituation ist ein interaktiver Prozeß, der psychologischen und pädagogischen Gesetzen folgt und keinem betriebswirtschaftlichen Kalkül. Diese Unterscheidung stellt sich übrigens als eine der großen Hürden im Bildungsmarkt heraus. Wenn Manager meinen, Menschen würden nach betriebswirtschaftlichen Effizienzkriterien lernen, liegen sie falsch. Ein Seminar kann effizient vermarktet werden, die Inhalte können methodisch-didaktisch ständig optimiert werden. Das Lehren und Lernen bleibt aber an die Motivation und damit an die kulturellen, sozialen und individuellen Dispositionen der konkreten Menschen gebunden. Sie gilt es in das betriebswirtschaftliche Kalkül einzubeziehen, von ihm bestimmt werden können sie nicht.

Bildungsmanager sollten folglich lernen, vom **Kunden** aus zu denken. Je besser sie die »Innenansichten« kennen, um so genauer können Angebote konzipiert werden. Die Kunden geben die entscheidenden Hinweise: sie definieren, was Bedarf ist. Nur sie bezahlen für die Dienstleistung. Dabei spielt es keine Rolle, ob sich ein Angebot an wohlhabende Führungskräfte, selbständige Frauen oder Sozialhilfeempfänger richtet. Entscheidend ist – sofern die Betroffenen nicht selber zahlungsfähig sind –, festzustellen, wie eine Finanzierung sichergestellt werden kann. Als Auftraggeber spielen öffentliche Einrichtungen – Arbeitsämter, Berufsförderungsdienste, Ministerien, etc. – eine zentrale Rolle.

2.3.6 Marktpreis

Der Austausch von Angebot und Nachfrage wird in hohem Maße über den Preis geregelt. Dabei bietet die Ermittlung eines kalkulatorischen Angebotspreises noch keine Gewähr dafür, daß dieser Preis auch tatsächlich am Markt erzielt werden kann. Für die Höhe des **Marktpreises** sind in der Regel nicht die Kosten einer einzelnen Maßnahme, sondern die Gesamtkosten eines Bildungsträgers maßgeblich. Die Kosten im Markt voll zu erzielen gelingt aber nur dann, wenn der Marktpreis gleich dem Angebotspreis liegt. Das ist bei scharfem Wettbewerb nicht zu erwarten, weil die Anbieter den Preis der Mitbewerber möglichst unterschreiten wollen, um – bei gleicher Qualität – ihre Nachfrage zu sichern. Das Verhältnis von Angebot und Nachfrage bestimmt den Marktpreis. Der Marktpreis ist also eine relative Größe. Dies insbesondere im Weiterbildungsmarkt, in dem private und staatliche Einrichtungen die gleichen Kunden umwerben.

Auf eine Besonderheit im Bildungsmarkt soll noch hingewiesen werden. Bildung gilt im Bewußtsein der Bevölkerung noch vielfach als eine Angelegenheit, die »umsonst«, wie es umgangssprachlich heißt, angeboten werden sollte. Dies korrespondiert mit Wertvorstellungen, die mit dem »Bildungsbegriff« verbunden sind. Die gängige Meinung ist, für Bildung sollte der Staat aufkommen. Diese Auffassung läßt sich immer weniger durchhalten. Sie wird denjenigen Probleme bereiten, die nicht in der Lage oder bereit sind, für ihre Weiterbildung selbst zu bezahlen.

Selbstverständlich sollten Qualifizierungsmaßnahmen für Arbeitslose oder Personengruppen ohne Einkommen, staatlich (mit)finanziert werden; warum aber Freizeitkurse für gutsituierte Bevölkerungsgruppen als Weiterbildung öffentlich gefördert werden, ist nur begrenzt einsehbar. Der **Investitionsgedanke** hat in der Weiterbildung noch keine große Verbreitung gefunden. Deshalb sollte ein Bewußtsein dafür geschaffen werden, daß Weiterbildung – wie jede andere Dienstleistung auch – einen Preis hat. Die Selbstverantwortung des Bürgers für sich und seine Weiterbildung sollte im Interesse eines demokratischen Staates vermittelt werden. Diese Philosophie stößt jedoch auf vielfältigen Widerstand,

Selbstverständnis des Weiterbildungsmanagements

weil Vertreter staatlicher Ressourcen bzw. private Anbieter ihre jeweiligen Interessen gefährdet sehen. Die staatliche Finanzierung wird nicht selten als Sozialstaatlichkeit ausgegeben. Andererseits nehmen private Anbieter sehr gern staatliche Finanzierungen in Anspruch. Dieses System wird dort ad absurdum geführt, wo im Bereich der Weiterbildung staatliche Institutionen als Konkurrenten gegen private Bildungseinrichtungen antreten. Beim Preisvergleich etwa bei Auftragsmaßnahmen der Arbeitsverwaltung treten deshalb nicht unerhebliche Probleme auf. Andererseits bedarf es sicherlich dort öffentlicher Impulse, wo private Anbieter – trotz erkennbarer Bildungsdefizite –, nicht investiv tätig werden.

Ausgangspunkt des Weiterbildungsmanagements ist der **Markt.** Es geht um die Vermittlung von Know-how. Es steht jedem Teilnehmer und Kunden frei, das Angebot eines bestimmten Anbieters zu einem bestimmten Marktpreis anzunehmen oder das einer anderen Einrichtung auszuwählen. Ob und wie Angebote realisiert werden, hängt in hohem Maße von den Austauschkonditionen des Marktes ab. Ein wesentlicher Faktor dafür ist der Marktpreis.

2.4 Marktbezogene Weiterbildung

Aus der Sicht des Weiterbildungsmanagements fragt es sich, wie **Bildung und Ökonomie** zusammenpassen. Das soll beispielhaft an zwei Punkten festgemacht werden. Wer Teilnehmern Bildungsangebote unterbreiten will, braucht nicht nur eine **marktfähige Idee,** er braucht einen **Bildungsmarkt** auf dem Dienstleistungen und Produkte angeboten werden.

1. Marktfähige Konzepte

Eine **Seminaridee** findet im Bildungsmarkt dann eine Nachfrage, wenn sie marktfähig ist. Damit ist die Vorstellung verbunden, daß Bildungskonzepte vom Ansatz der Bedarfsermittlung aus entwickelt werden sollten. Jeder Anbieter muß anbieten, wofür Dritte bereit sind, Geld zu zahlen. Anders gefragt, wem nützt ein Bildungskonzept, das keiner annimmt? Deshalb wird in betriebswirtschaftlicher Sicht die Unterscheidung zwischen Bedarf und Bedürfnissen getroffen. Während das Bedürfnis zu lernen unbegrenzt ist, ist der Bedarf im wirtschaftlichen Sinne nur jener Teil der Bedürfnisse, den Teilnehmer mit den ihnen zur Verfügung stehenden Mitteln befriedigen können.

Plakativ läßt sich sagen, der Entwicklungsprozeß zur marktfähigen Dienstleistung führt von der Idee zum **Seminarkonzept.** Eine Idee bleibt solange ein gedankliches Konstrukt, wie sie nicht in die Wirklichkeit umgesetzt wird. Dabei stellt die Marktfähigkeit besondere Anforderungen an die Dienstleistung oder das Produkt. So muß z. B. eine Seminaridee »zum Lernen« bis zum Konzept der »Gruppenleiterschulung« ausformuliert werden. Bevor das Bildungsangebot vermarktet werden kann, muß es inhaltlich, methodisch und didaktisch ausgearbeitet und getestet werden.

Marktbezogene Weiterbildung

Ein **Bildungsanbieter** wird ein Konzept zur »Gruppenleiterschulung« nur dann annehmen, wenn es »gut« ist und er für dessen Vermarktung bei seinen Teilnehmern bzw. Kunden eine realistische Chance sieht. Professionelle Bildungsinstitute bewerten Seminarangebote danach, ob sie in das Institutsprogramm passen. Zudem müssen sich genügend Teilnehmer finden. Genügend ist hier als eine betriebswirtschaftliche Kategorie und nicht als eine pädagogische zu verstehen. Pädagogisch kann es sinnvoll sein, mit fünf Teilnehmern zu lernen, betriebswirtschaftlich würde sich die Veranstaltung aber erst mit acht Kunden rechnen. Aus Sicht eines Veranstalters ist die Mindestforderung deshalb, kostendeckend sein zu müssen. Verluste kann sich keiner leisten. Besser wäre es, mit 12 Teilnehmern einen Überschuß zu erwirtschaften. Das betriebswirtschaftliche Risiko ist gebannt, wenn die Mindestteilnehmerzahl angemeldet ist. Erst dann erweist sich eine Seminaridee als marktfähig.

Nun ist auf die Einwände aus pädagogischer Sicht gegen die **Marktfähigkeit** schon hingewiesen worden. Es wird argumentiert, die Gefahr bestünde, daß sich die Erwachsenenbildung durch eine ausschließliche Orientierung an der vorfindbaren Nachfrage aushöhle. Sie konzentriere sich mehr und mehr nur noch auf das Marktfähige. Befürchtet wird, daß die Programme aus dem »Windkanal« windschlüpfrig, unkritisch, unterhaltsam, anerkannt, sympathisch und expansiv seien *(vgl. Meisel 1994, S. 94)*. Verzichtet werde auf emanzipatorische, zielgruppenorientierte, Bildungsunterschiede abbauende, potentiell auch einmal Ärger verursachende Bildungsangebote. Mit anderen Worten, angeboten würde nur das, was die Kunden wünschten. Es wird unausgesprochen impliziert, die wollten nur »seichte« Angebote, nichts pädagogisch Tiefgreifendes.

Wer sich Bildungsprogramme genau ansieht, wird diese **Kritik** bestätigen können. Doch gleichzeitig finden sich Angebote privater wie öffentlicher Bildungsinstitute, deren Erfolg darauf beruht, ausgefeilte pädagogische Konzepte anzubieten. Es ist unbestritten, das Pädagogik eine aufklärende und kritische Position beziehen sollte, damit Menschen begreifen, beurteilen und erkennen lernen. Erst wer die Vor- und Nachteile einer Sache kennenlernen kann, kann kritisch werden, Widersprüche aufzeigen und neue Lösungen entwickeln. Wer die Pädagogik ernst nimmt, wird auf die Teilnehmer hören. Maßstab des Lehrens und Lernens sollte der Anspruch und die Fähigkeit der Teilnehmer sein, zu lernen. Mit einem solchen pädagogischen Anspruch kann es nicht verwerflich sein, mit Bildungsangeboten auf die Teilnehmerwünsche so einzugehen, wie sie nachgefragt werden. Es ist zu fragen, ob nicht bei einigen vielmehr die Abwehr und Angst darin besteht, mit dem eigenen pädagogischen Konzept nicht die Interessen der Teilnehmer zu treffen? Könnte es sein, daß einige Themen von Lehrern nicht die der jugendlichen oder erwachsenen Lerner sind? Wer gar glauben sollte, in der beruflichen Bildung würden Fach- und Führungskräfte keine hohen Ansprüche an die Qualität, Inhalte und Didaktik von Bildungsangeboten stellen, sollte sich vergewissern, wie dort wirklich gelernt wird.

Selbstverständnis des Weiterbildungsmanagements

Wer im Bildungsmarkt tätig werden will, kann sicher sein, daß die Teilnehmer und Kunden ein ausgeprägtes Verständnis für **Leistung** und **Qualität** haben. Sie bewerten die Angebote kritisch und preisbewußt. Sie fordern das ein, was ihnen auf den Nägeln brennt. Insofern ist der Markt einerseits unerbittlich und andererseits offen für innovative und neue Angebote.

2. Modell des Bildungsmarktes

Mit dem Modell des **Bildungsmarktes** wird ein Brennpunkt der aktuellen Diskussion beschrieben. Für Bildungseinrichtungen ist der Bildungsmarkt existentiell, weil sie sonst ihre Dienstleistungen und Produkte nicht anbieten könnten. Würde Bildung ausschließlich von staatlich angestellten und beamteten Lehrern und Dozenten angeboten, brauchte die Idee der Selbständigkeit im Bildungsbereich kaum gedacht werden. Es gäbe keinen Platz für entsprechende Angebote. Das ist aber insbesondere im Weiterbildungs- und Tagungssektor anders. In ihm werden marktwirtschaftliche Strukturen immer stärker ausgeprägt.

Im Kern der Auseinandersetzung um die **Gestaltung des Bildungsbereichs** wird gefragt, ob der Staat als alleiniger Garant für Bildung »tauglicher sei« als ein »marktwirtschaftlich organisierter« Bildungsmarkt. Niemand will, daß der Staat als Garant eines hohen Bildungsniveaus an Einfluß verliert. Nur ist zu fragen, ob er dieser Aufgabe überall gerecht werden kann. Hinzu kommt, wer die Haushalte der öffentlichen Hand betrachtet, wird zu dem Schluß kommen müssen, das potentiell unbegrenzte Wachstum des Wissenstransfers kann auf Dauer nicht allein öffentlich finanziert werden. Allein die Überlegung, daß immer mehr Menschen lebenslang lernen müssen, muß die Frage aufwerfen, in welchem System das organisierbar und finanzierbar ist. Neben einer öffentlichen Grundversorgung an Aus- und Weiterbildung müssen immer mehr Bildungsbedürfnisse marktwirtschaftlich befriedigt werden. Das heißt, dort, wo eine Nachfrage nicht durch öffentliche Angebote befriedigt werden kann, können private Anbieter auftreten und ihre Nachfrage finden.

Trotz der prinzipiellen Meinungsunterschiede über die Gestaltung des Bildungswesens, hat sich seit vielen Jahren ein als plural und gemischtwirtschaftlich zu charakterisierender **Bildungsmarkt** entwickelt. Die Pluralität drückt sich in der Vielzahl von Anbietern aus. Gemischtwirtschaftlich meint, daß es private, gemeinnützige und öffentliche Einrichtungen gibt:

- **Private Institute** arbeiten auf eigene Rechnung und eigenes Risiko. Das Ziel eines privaten Unternehmers oder Freiberuflers kann es sein, Seminare zu verkaufen, davon zu leben und wenn es möglich ist, auch noch einen Gewinn zu machen. Sie sind allein auf ihre unternehmerischen Fähigkeiten gestellt. Private Einrichtungen können in Konkurs gehen.

- **Gemeinnützige Bildungseinrichtungen** verfolgen bildungspolitische, kulturelle, sportliche, kirchliche oder wissenschaftliche Ziele. Sie werden öffentlich unterstützt, weil sie gemeinnützigen Zwecken dienen. Dennoch muß jede Einrichtung dafür sorgen, daß der Haushalt durch öffentliche oder private Einnahmen ausgeglichen wird. Auch sie unterliegen den Gesetzen des Marktes.

- **Öffentliche Bildungsanbieter,** wie zum Beispiel Schulen, Volkshochschulen oder staatliche Akademien sind als Körperschaften des öffentlichen Rechts einem öffentlichen Bildungsauftrag verpflichtet. Sie werden staatlich finanziert, wobei die Erbringung von Eigenanteilen in der Form von Teilnehmerentgelten immer üblicher wird. Defizite werden von den staatlichen Trägern ausgeglichen. Insofern können sie nicht in Konkurs gehen.

In den letzten Jahren ist der Bildungsmarkt **expandiert** und **intransparenter** geworden. Wer als Bildungsanbieter erfolgreich sein will, muß ihn in seiner differenzierten Form wahrnehmen. Dabei ist es das eine, ob ein Bildungsmarkt existiert und ein Arrangement mit ihm möglich ist; etwas anderes, ob er für richtig gehalten wird und ob nicht Möglichkeiten bestehen, das Prinzip der »Bildung« gegenüber dem des »Marktes« stärker zu betonen (vgl. *Nussil 1990, S. 27).* Dahinter steht die Auffassung, daß es nicht nur ein akademischer Streit sei, wenn gefragt wird, ob Bildung eine Dienstleistung, ein Produkt oder eine Ware sei. Pädagogen meinen, Bildung sei viel mehr! Dem ist nur zuzustimmen. Doch es gilt zu unterscheiden zwischen den »Inhalten von Bildung« und der »Art und Weise ihrer Vermarktung« in staatlichen, gemeinnützigen oder privaten Einrichtungen. Wer das tut, handelt wie ein Manager mit einer Portion Pragmatismus.

2.4.1 Der Marketingprozeß

Der **Marketingprozeß** umfaßt den gesamten Zusammenhang, in dem die täglichen Marketing- und Werbeaktivitäten einer Bildungseinrichtung ablaufen. Der Prozeß läßt sich als Vernetzung verschiedener Aufgaben beschreiben. Der Prozeß ist ein Managementprozeß, in dessen Rahmen Marktchancen analysiert und über Marktplazierungen, Marketingprogramme sowie Kontrollstrategien entschieden werden muß.

Ausgangspunkt ist sozusagen eine **Marktchancenanalyse,** also der Versuch, für Teilnehmer oder Auftraggeber maßgeschneiderte Bildungsangebote zu entwickeln. Dabei beginnt die Vermarktung eines Angebots mit der Ideenfindung und Konzeptentwicklung. Marketingaspekte müssen zum integralen Bestandteil von Bildungskonzepten werden. Marktchancen analysieren bedeutet, Lernbedürfnisse und Teilnehmerwünsche zu erkunden. Das geschieht in der Praxis meist dadurch, daß Seminare und Lehrgänge in Bildungsprogrammen angeboten werden und die Teilnehmer darauf in ganz bestimmter Art und Weise reagieren.

Selbstverständnis des Weiterbildungsmanagements

Mit dem Wandel vom Verkäufermarkt zum **Käufermarkt** sind auch die Bildungseinrichtungen veranlaßt, sich mit ihren Marktleistungen auf die Wünsche und Bedürfnisse der potentiellen Teilnehmer einzustellen und eine entsprechende Kundenansprache zu betreiben. Dabei ist Marketing als Ausdruck eines marktorientierten, unternehmerischen Denkens und Handelns zu verstehen. Die Ausrichtung des Weiterbildungsmanagements am Bildungsmarkt sollte konsequent vollzogen werden. Es gilt den Bildungsmarkt zu durchdringen und auszuschöpfen sowie neue Marktsegmente zu erkunden und zu erschließen. Dabei versteht sich das **Dienstleistungsmarketing** als zielgerichtete, marktwirtschaftliche Ausrichtung, Führung und dementsprechende Gestaltung aller Aktivitäten von Bildungseinrichtungen, die Bildungsangebote am Markt anbieten.

Sind die Märkte erkundet, erfolgt die Auswahl des **Zielmarktes.** Für jede Bildungsidee, jedes Konzept, jedes Seminar, jedes Buch, jedes Computerprogramm etc. gibt es ganz bestimmte Kunden. Jedes Bildungsangebot muß auf einen Zielmarkt bzw. ein Geschäftsfeld ausgerichtet sein. Während der Zielmarkt den übergeordneten Bereich im Bildungssektor meint, bezieht sich das Geschäftsfeld auf konkrete Marktsegmente. Im Geschäftsfeld der kaufmännischen Bildung sind die Angebote anders strukturiert als in der Weiterbildung von Facharbeitern oder im sozialpädagogischen Bereich. Die Konditionen für Fitneß mit Jugendlichen werden anders bewertet als mit Managern. Die einen treffen sich in der Sporthalle im Stadtteil, die Manager im Sportpark-Hotel. Die Unterschiedlichkeit der Rahmenbedingungen stellt eine strategische Größe für das Marketing dar. Innerhalb von Geschäftsfeldern lassen sich Marktsegmente erschließen. Auf dieser Ebene ist es angebracht, Marktanteile festzustellen. Sie geben an, wie groß der Anteil einzelner Veranstaltungen am Zielmarkt ist. Die Segmentierung im Zielmarkt kann nach Opportunitätsgesichtspunkten erfolgen. Entscheidend dafür kann gleichwohl das Thema, die Zielgruppe, der Bildungsstand oder das Einkommen sein. Aus der Sicht des Marketings ist die erfolgreiche Plazierung im Wettbewerb bedeutsam.

Wer Bildungsangebote am Markt orientiert, sollte eine Vorstellung von den unterschiedlichen **Marketingprogramme** haben. Auf den Bildungsbereich bezogen, werden dann Veranstaltungen nicht themenspezifisch konstruiert, sondern im Hinblick auf die potentiellen Kunden. Damit wird keine Position gegen eine inhaltliche Modellvorstellung eingenommen; der Aspekt der Vermarktung steht lediglich im Vordergrund des Interesses. Auch wäre es falsch anzunehmen, die Marktorientierung besäße keine Fähigkeiten für Inhalte oder Experimente. Jedoch werden konsequent diejenigen Angebote nicht weiter verfolgt, die keine Nachfrage finden. *Kotler (1989, S. 38)* schreibt: Der Markt ist eine »Arena für potentielle Austauschvorgänge«. Die Konstruktion von neuen Bildungskonzepten will Einfluß nehmen auf den Tausch mit den Zielmärkten.

Das Bildungsmanagement benötigt Orientierungen für die marktfähige Aufbereitung von Ideen und Konzepte. *Kotler* benennt analytisch zu unterscheidende **Marktkonstellationen,** die Anhaltspunkte für strategisches Handeln geben können.

- Das **Produktkonzept** geht von der Annahme aus, daß die Teilnehmer positiv auf gute Angebote mit fairen Preisen reagieren. In erster Linie interessiere die **Qualität in Relation zum Preis.** Die Weiterbildungsanbieter müßten sich bei einem rückläufigen Verkäufermarkt auf die Verbesserung der Produktqualität konzentrieren.
Beispiel: In der Weiterbildung ist diese Anbieterstrategie weit verbreitet. Viele Organisationen legen großen Wert auf die Qualität der Angebote. Daß in die Entwicklung von Produkten in hohem Maße investiert werden muß, ist unabdingbar. Der Wettbewerb beruht darauf, daß bessere Produkte ihre Nachfrage finden. Jedoch gibt es keinen Mechanismus, der dafür sorgt, daß Teilnehmer automatisch neue und bessere Produkte annehmen. Eine ausschließliche Orientierung auf das Bildungsprodukt führt zwangsläufig zu großen Schwierigkeiten.»Sie schauen in den Spiegel, statt aus dem Fenster.«(-*Kotler S. 31*)

- Dem **Produktionskonzept** liegt die Situation des Verkäufermarktes zugrunde. Es geht von der Annahme aus, daß die Teilnehmer auf vorhandene und erschwingliche Weiterbildungsprodukte positiv reagieren. Die Hauptaufgaben der Organisation werden deshalb in der **Verbesserung der Produkteffizienz** und damit der **Preisreduzierung** gesehen.
Beispiel: Variable Baustein- bzw. Modulkonzepte beruhen auf diesem Ansatz. Werden sie bei unterschiedlichen Zielgruppen eingesetzt, können schon inhaltliche Ergänzungen Marktvorteile bringen. Zusätzliche Entwicklungskosten halten sich in Grenzen. Denkbar ist auch, daß Anmeldeverfahren effektiver zu gestaltet, um Wartezeiten zu vermeiden.

- Das **Verkaufskonzept** setzt auf **absatzfördernde Maßnahmen.** Sie sollen die potentiellen Kunden veranlassen, häufiger Veranstaltungen zu besuchen.
Beispiel: Absatzfördernde Maßnahmen führen nur bei denjenigen zum Erfolg, die für Bildungsangebote aufgeschlossen sind. Dann ist es möglich, im Wettbewerb mit anderen Anbietern den Teilnehmer für das eigene Angebot zu beeinflussen. Es ist falsch anzunehmen, ein Angebot ließe sich allein durch gute Werbung erfolgreich verkaufen. Ohne das Bedürfnis der erwachsenen Lerner entsteht keine Nachfrage. Wird in der Verkaufsorientierung der »Abschluß« und nicht die »Zufriedenheit« des Kunden gesucht, so verfehlt sie ihr Ziel. Das Vertrauensverhältnis zu den Teilnehmern würde dann unterminiert.

- Das **bildungspolitische Marketingkonzept** setzt auf die Lernbedürfnisse der erwachsenen Lerner. Im Käufermarkt hat die Weiterbildung die Bedürfnisse zu erkunden und sie bestmöglich mit den Mitteln des Marketings zu befriedigen. Der **ermittelte Bedarf** muß dann wirksamer und effizienter als es die

Konkurrenz vermag in Bildungsangebote umgesetzt werden. »Finde Wünsche und erfülle sie« und nicht »Erfinde Produkte und verkaufe sie«*(Kotler S. 33)*.

Beispiel: Die Marketingkonzeption ersetzt die Logik der Verkaufskonzeption. Sie bezieht die Produktions- und Produktkonzeption mit in ihr Kalkül ein. Sie ist **konsequent nachfrageorientiert** und paßt sich dem Markt an. Marktanpassung ist kein passives Abwarten, sondern ein strategisches Erkunden. Die Kunden- bzw. Teilnehmerorientierung richtet sich auf den tatsächlichen und potentiellen Weiterbildungsbedarf. Es wird optimale Kundenzufriedenheit angestrebt, weil sie der Schlüssel für den Erfolg einer Einrichtung ist. Die Marketingkonzeption sieht ihre Hauptaufgabe darin, »die Bedürfnisse, Wünsche und Wertvorstellungen präzise definierter Kundengruppen festzustellen und das Gesamtunternehmen so zu gestalten, daß die erwünschten Produkte geliefert werden können«*(Kotler S. 39)*.

Die Entwicklung einer Marketingstrategie geht mit einem angemessenen **Marketing-Mix** einher. Der Schlüssel für den Erfolg liegt in der Qualität der Situationsanalyse genauso wie in der Festlegung der Marketingziele. Bei deren Bestimmung spielt die frühere Leistung und das geschätzte Teilnehmerpotential in den verschiedenen Marktsegmenten eine Rolle. Das Marketing-Mix muß für die Bildungseinrichtung definieren, mit welchen Mitteln und in welcher Intensität die Bildungsangebote vermarktet werden sollen. Schließlich muß der Prozeß der Vermarktung von Bildungsleistungen kontrolliert werden. Das Controlling muß vor dem Hintergrund der Wettbewerbsposition einer Bildungseinrichtung in angemessenem Umfange erfolgen.

2.4.2 Konsequente Nachfrageorientierung

Während in der Erwachsenenbildung zwischen dem »Qualifikationsmodell« und dem »Interaktionsmodell«*(Schlutz 1984, S. 87)* unterschieden wird, soll die Sichtweise hier auf die **Nachfrageorientierung** focusiert werden. Ein Marketingkonzept muß aus der Unternehmensphilosophie entwickelt werden und definieren, wie eine Einrichtung am Markt agieren will. Nach heutiger Auffassung liegt der Schlüssel zum Erfolg vor allem darin, die Teilnehmerbedürfnisse im Zielmarkt zu ermitteln, um sie besser als die Konkurrenten am Markt zu befriedigen.

Nicht selten stößt in der Weiterbildung ein Bildungsangebot auf den Mangel an Teilnehmern. Dann muß gefragt werden, wo die Ursachen liegen. In zunehmendem Maße haben nur solche Angebote eine Marktchance, die **nachgefragt** werden. Nachfrageorientierung bedeutet nicht, Freiräume für Experimente ungenutzt zu lassen. Im Gegenteil, sie müssen konsequent erkundet werden, um die Beschaffenheit von Angeboten zu testen. Das Weiterbildungsmanagement der Zukunft muß, um erfolgreich zu sein, konsequent nachfrageorientiert handeln.

Marktbezogene Weiterbildung

Das haben insbesondere jene Bildungseinrichtungen erkannt, die Kundenorientierung groß schreiben. Dennoch hapert es in vielen Einrichtungen an der Servicequalität. Es wird verkannt, daß nur zufriedene Kunden Stammkunden werden.

Wer Nachfrageorientierung zum Ausgang des Marketings macht, wird feststellen, daß die besten Ideen für Seminare und Lehrgänge von den eigenen Teilnehmern bzw. Auftraggebern stammen. Die erfolgreichen Weiterbildungsunternehmen kennen ihre Teilnehmer. Die besten Produktideen verdanken sie ihren Kunden. Das ist der Lohn für ständiges und aufmerksames Zuhören. In der Umsetzung dessen, was die Teilnehmer bewegt, liegt auch die Effizienz des didaktischen Handelns.

Bei der Darstellung der verschiedenen **Nachfragekonstellationen** kommt es nicht so sehr auf jede einzelne Variante an, sondern darauf, daß von der Nachfrage her gedacht wird. Die vielen Konstellationen lassen erkennen, welcher Feinabstimmung es beim Marketing und der Entwicklung von Bildungsangeboten bedarf, um sie im Markt gezielt zu plazieren. Das Nachfragemodell von *Kotler (1989, S. 24 ff.)* soll für die Differenziertheit der Ereignisse sensibilisieren.

Nachfragekonstellation	Managementaufgabe	Marketingbezeichnung
1 Negative Nachfrage	Nachfrage umkehren	Konversion-Marketing
2 Fehlende Nachfrage	Nachfrage schaffen	Anreiz-Marketing
3 Latente Nachfrage	Nachfrage entwickeln	Entwicklungs-Marketing
4 Stockende Nachfrage	Nachfrage beleben	Revitalisierungs-Marketing
5 Schwankende Nachfrage	Nachfrage synchronisieren	Synchronisation-Marketing
6 Optimale Nachfrage	Nachfrage erhalten	Erhaltungs-Marketing
7 Übersteigerte Nachfrage	Nachfrage reduzieren	Reduktions-Marketing
8 Schädigende Nachfrage	Nachfrage eliminieren	Kontra-Marketing

- Die Konstellation der **negativen Nachfrage** ist in der Weiterbildung keineswegs ein Ausnahmefall. Viele Seminare werden wegen fehlender Teilnehmer abgesagt werden. Die Herausforderung besteht in der Entwicklung von Strategien und Programmen, die zum jeweiligen Kundenkreis einer Einrichtung passen. Je genauer die Teilnehmerstrukturen bekannt sind, um so differenzierter können die Angebote konzipiert werden. Angebote müssen auf eine positive Lernbereitschaft treffen. Wie schwierig diese Aufgabe zu bewältigen ist, läßt sich am Beispiel Un- und Angelernter zeigen, die der Weiterbildung skeptisch bis ablehnend gegenüberstehen. Ihnen Angebote zu unterbreiten verlangt, sie vom Nutzen eines Kurses überzeugen zu können. Ebenso schwierig dürfte es sein, altgediente Manager mit den neuen Informations- und Kommunikationstechniken vertraut zu machen. In einer gewissen Selbstüberschätzung glauben sie, auf den Umgang mit Computern verzichten zu können.

Selbstverständnis des Weiterbildungsmanagements

- Das **Anreizmarketing** ist die Konstellation, bei der die Teilnehmer der Weiterbildung **gleichgültig** oder gar **desinteressiert** gegenüberstehen. Sie können den Wert eines Angebots nicht auf den ersten Blick erkennen. Geeignete Maßnahmen müssen den Nutzen verdeutlichen. Ziel ist es, aus einer noch **fehlenden Nachfrage** eine positive Einstellung zu erzeugen. Mit Bildungsangeboten sind Anreize zu verbinden. Eine Möglichkeit liegt in dem Versuch, mit der Weiterbildung ein auf dem Markt vorhandenes Bedürfnis zu koppeln. Zum Beispiel: Ein Personalleiter könnte von der Bedeutung der Personalentwicklung überzeugt werden. Bei lernungewohnten Jugendlichen könnten Bildungsangebote mit hohem Unterhaltungs- bzw. Freizeitwert verbunden werden. Die Vergabe von Zertifikaten schafft einen hohen Anerkennungsgrad.

- Das **Entwicklungsmarketing** setzt auf die latente Nachfrage. Im Zeichen des lebenslangen Lernens besteht bei vielen Erwachsenen eine **latente Nachfrage** nach Bildung. Diese wird seit einigen Jahren durch den positiven Bedeutungswandel in der Weiterbildung wesentlich begünstigt. Immer mehr Menschen erkennen, daß das Lernen ihnen nützlich sein kann. Es bringt materielle und ideelle Vorteile. Aufgabe des Marketings könnte es sein, Angebote zu entwickeln, auf die Teilnehmer warten. So liegen im aktuellen Trend Angebote, die sich mit den neuen Medien beschäftigen oder Wissen über die Gesundheit vermitteln. Die latente Nachfrage wird insbesondere durch **zukünftige Marktentwicklungen** beeinflußt. So sind beispielsweise Entwicklungs- und Anwendungsfelder für den Einsatz neuer Techniken: Hochleistungsoptik, Elektronik/Elektrotechnik, Hochleistungsmechanik, Energietechnik, Biotechnologien, Neue Werkstoffe und Materialien, Informationstechnik/Softwaretechniken, Organisation und Kommunikation, Automation und Steuerung in der Produktionsvorbereitung, Bearbeitungs- und Verfahrensformen, Material- und Werkstoffeinsatz. *(vgl. Prognos-Gutachten: Arbeitslandschaft 2010; Beitr.Ab. des Instituts für Arbeitsmarkt- und Berufsforschung, Nürnberg 1989)*

- Eine **stockende Nachfrage** bezieht sich in erster Linie auf solche Angebote, die sich einer ständigen Teilnehmerschaft erfreuen, aber punktuell in Schwierigkeiten gekommen sind. Zum Beispiel müßte ein Angebot im Sprachbereich aufgefrischt werden und das Konzept um weitere Inhalte ergänzt werden. Das stagnierende Angebot ist in jedem Fall auf seine Beschaffenheit und die möglichen Ursachen des Teilnehmerrückgangs hin zu untersuchen. Von dieser Konstellation ist vor allem die offene Weiterbildung in den letzten Jahren betroffen. Die Teilnehmerfrequenz pro Veranstaltung ist deutlich zurückgegangen. Dafür sind jedoch fundamentale Marktänderungen verantwortlich, bei denen es nicht ausreicht, die Konzepte nur punktuell zu ergänzen. Eine Revitalisierung eines Angebots macht jedoch nur bei geringem Veränderungsbedarf Sinn.

- Synchronisieren heißt anpassen und angleichen. Bildungsangebote könnten

Marktbezogene Weiterbildung

beispielsweise **zeitlich** oder **räumlich** besser verteilt werden. Zeitliche und räumliche Disparitäten könnten in der berufsbegleitenden Weiterbildung ausgeglichen werden. Schichtarbeitern könnten Angebote gemacht werden, die sie auch besuchen können. Während in Ballungszentren ein großes und meist auch weit gestreutes Angebot vorhanden ist, treten in ländlichen Regionen erhebliche Probleme auf. Bei schwankender, unausgeglichener Nachfrage müssen die Ursachen festgestellt werden. Möglicherweise hilft ein antizyklisches Angebot. Für die Auslastung von Programmen außerhalb der Spitzenzeiten könnten besondere Vergünstigungen gegeben werden. Je flexibler die Angebote auf die Zeitbudgets von Teilnehmern zugeschnitten sind, um so größer ist deren Auslastung. Auch Preisabschläge können das Nachfrageverhalten positiv beeinflussen.

- Das **Erhaltungsmarketing** ist die Konstellation der **optimalen Nachfrage**. Sie besteht, wenn das gegenwärtige Niveau in seiner zeitlichen und räumlichen Verteilung der angestrebten Marktlage entspricht. Werbung ist eine kontinuierliche Aufgabe der Beeinflussung. Nichts ist so gefährlich, wie die Vorstellung von der Sicherheit, fest im Markt zu stehen. Mitbewerber erkennen schnell, wann bestimmte Maßnahmen gut im Trend liegen. Standardangebot können relativ schnell adaptiert werden. Beständige Marktkommunikation stärkt das Image. Aus Kunden sollten Stammkunden werden. Die Zeit, in der ein Angebot gut im Trend liegt, sollte dazu genutzt werden, die Qualität zu verbessern. Teilnehmer erkennen schnell, ob Institutionen professionell arbeiten oder mit Einzelaktionen erfolgreich sind.

- Es dürfte nur wenige Bildungsanbieter geben, die auf eine **übersteigerte Nachfrage** reagieren müssen. Eine zu große Nachfrage besteht dann, wenn die vorhandenen institutionellen Ressourcen nicht ausreichen, den Bedarf zu befriedigen. Da es das Ziel einer Einrichtung sein sollte, eine beständige und kontinuierliche Auslastung anzustreben, müssen investive Maßnahmen zur Vergrößerung des Angebots wohl überlegt sein. Es kann sinnvoll sein, die Nachfrage über Wartelisten zu strecken. Die Einwirkungsmöglichkeiten des Reduktionsmarketing liegen in allen Mitteln, die eine Nachfrage hinausschieben. Die Schwierigkeit liegt in der Balance zwischen Institutions- und Teilnehmerinteressen. Die Kunden dürfen nicht auf Dauer entmutigt werden. Das würde das Image der Institution beeinträchtigen und die Teilnehmer an andere Einrichtungen verweisen. Jede Organisation muß entscheiden, ob es gewinnbringend ist, auf Spitzennachfrage mit einem Zusatzangebot zu reagieren.

- Von **Kontramarketing** kann dann gesprochen werden, wenn Werbung eine **schädigende Wirkungen** hat. Hierunter können auch Versuche fallen, Bildungsangebote anderer Anbieter »schlecht« zu machen. Mitbewerbern und ihren Angeboten wird ein negatives Image zugeschrieben. In der Praxis wird nicht selten mit Vorurteilen und Gerüchten gearbeitet. Schnell sind negative

Meinungen geäußert. Bildungsinstituten wird Geschäftemacherei nachgesagt. Wie wichtig zur Aufdeckung unlauterer Methoden eine unabhängige Presse ist, zeigt z. B. die Informationskampagne gegen die »Scientology Sekte« und die Ethik ihrer Managementtrainings. Unseriöse Methoden und Praktiken müssen gestoppt werden. Kritische Journalisten haben bereits häufiger über schwarze Schafe im Bildungsbereich berichtet.

Welche Mittel und Methoden im Bildungsmarketing angewendet werden können, wird ausführlich im Kapitel 5.3. behandelt.

2.5 Management der Didaktik

In den Institutionen der Weiterbildung vollzieht sich ein Prozeß der **Verberuflichung** *(vgl. Vath 1984, S. 303 ff.; Report 1996 Qualifizierung des Personals in der Erwachsenenbildung).* Die Vorgänge der Professionalisierung führen von der ehrenamtlichen Tätigkeit zum hauptberuflichen Handeln. Vom Volksbildner geht die Entwicklung über den pädagogischen Mitarbeiter zum professionellen Bildungsmanager und Berater. Die Trainer und Dozenten bringen die Inhalte in die Weiterbildung. Ihr Selbstverständnis prägt das didaktische Geschehen maßgebend.

Veränderungsprozesse prägen die letzten Jahre in entscheidendem Maße. Kein Stein ist in den Unternehmen auf dem anderen geblieben. Strukturen und Vorgehensweisen werden mit Organisationsentwicklung, Business Reengineering, Total Quality Management oder anderen neuen und bewährten Konzepten verändert. Kundenorientierung, Teamentwicklung, neue Absatzstrategien und die neuen Medien sind angesagt. Das muß auf die Lehrenden in der Weiterbildung wie eine Herausforderung wirken. Hat sich einesteils viel verändert, so ist Weiterbildung noch immer eine Sache persönlich motivierter Pädagogen, Lehrer, Politiker und Unternehmer. In den Einrichtungen der Weiterbildung finden sich nicht selten motivierte und kreative Individualisten. Das ist gut so, doch das reicht für die Zukunft nicht aus.

Das **Berufsbild des Trainers** wandelt sich. Sie müssen mehr können als bloße Wissensvermittlung. Aus dem Trainer wird ein Lernbegleiter, Prozeßberater oder Weiterbildungsmanager. Aus dem passiv Lernenden wird immer häufiger der aktive Partner mit hohen Ansprüchen. *Abels (1996)* zeichnet ein Profil des modernen Trainers. Er muß in der Lage sein:

- den Weiterbildungsbedarf eines Unternehmens zu ermitteln,
- maßgeschneiderte, firmenspezifische Weiterbildungskonzepte zu entwickeln und abzuwickeln,
- Arbeits- und Lernprozesse miteinander zu verbinden,
- Trainings-, Supervisions- und Beratungsformen so zu integrieren, daß tatsächlich von Prozeßbegleitung gesprochen werden kann,

Management der Didaktik

- die Selbstlernkompetenz von Arbeitsgruppen zu erhöhen,
- geeignete Mitarbeiter auszuwählen und zu schulen, die ihrerseits als interne Prozeßbegleiter und Coaches arbeiten können.

Die gesamte Bandbreite der Aufgabenstellung ist natürlich nicht von einem Trainer allein kompetent zu bewältigen. Trainer müssen daher ihr Know-how zweckmäßig bündeln und ihre Kompetenz auf Arbeitsschwerpunkte verlagern. Daraus entstehen im Wesentlichen drei neue Berufsfelder:

Der Trainer als firmeninterner Bildungsmanager

Der Trainer als Prozeßbegleiter und Supervisor

Der Trainer als Spezialist

Zusammengefaßt läßt sich das Bild des Trainers zeichnen. Er ist Analytiker mit Organisationstalent, der den Teilnehmern aufzeigt, wie sie Probleme als Herausforderung lösen lernen.

Wird **Didaktik** aus einer solchen Perspektive beleuchtet, erscheint sie in einem anderen Bild. Im Mittelpunkt der Didaktik steht die Unterrichtslehre. Der griechische Ursprung dieses, in den Erziehungswissenschaften weit verbreiteten Begriffs, hebt auf die optimale Gestaltung von Lehr- und Lernsituationen ab. Genau darum geht es dem Bildungsmanagement. Beim Lehren und Lernen handelt es sich um komplexe und differenzierte Interaktionen zwischen Menschen. Sie handeln in sozialen, ökonomischen, technischen und auch psychologischen Zusammenhängen. Das organisierte Lehren und Lernen muß die alltäglichen und beruflichen Bedingungsgefüge kennen und beachten, um sie in die unterrichtlichen Kontexte einbeziehen zu können. In der Erwachsenenbildung wird auf die Transformation des Wissens und Könnens, besonders aus einer lebensweltbezogenen Sichtweise in die subjektiven Vorstellungswelten der Teilnehmer reflektiert.

Schmitz (1984) hat Erwachsenenbildung als einen **lebensweltbezogenen Erkenntnisprozeß** beschrieben. Dabei umfaßt der Begriff der Lebenswelt sowohl die Berufswelt wie die Privat- oder Freizeitsphäre. War die Teilnahme am Lernen traditionell durch das Lebensalter bestimmt, so wird dieses Motiv bei der Notwendigkeit des lebenslangen Lernens immer unbedeutender. In den Vordergrund rückt der soziale Kontext, in dem die Menschen leben und arbeiten. Die globale Welt rückt als beeinflussende Größe in das Blickfeld der Weiterbildner. Hieraus müssen die entscheidenden Kriterien für das Geschehen beim Lehren und Lernen gewonnen werden. In der Didaktik spielen die Motive und das Leistungsverhalten der Lernenden die entscheidende Rolle. Die Didaktik hat die Teilnehmer- bzw. Kundenorientierung ernst zu nehmen.

2.5.1 Strukturmodell didaktischer Handlungsebenen

Das **didaktische Management** schließt das strategische und operative Handeln in Bildungseinrichtungen insofern mit ein, als es einen entwickelten Bezugsrahmen bereithält, der auf die Herstellung derjenigen Bedingungen gerichtet ist, die das effiziente Lehren und Lernen von Erwachsenen ermöglichen können.

Das didaktische Management ist in der organisierten Weiterbildung entwickelt worden. In dem **Strukturmodell der Handlungsebenen** wird auf die verschiedenen Dimensionen beruflichen Handelns und deren Bedingungen verwiesen. Das Denkmodell der vier didaktischen Ebenen ist ein Raster. Es wurde von *Flechsig/Haller* für den Schulbereich entwickelte und von *Weinberg* für die Weiterbildung aufbereitet. Es geht differenziert auf die verschiedenen Bedingungsgefüge der Herstellung von Weiterbildung ein. Wichtigste professionelle Aufgabe ist das Wahrnehmen der verschiedenen Handlungsebenen, die »auf die Probleme des Planungshandelns, die für die in der Erwachsenenbildung Tätigen spezifisch sind«, reflektiert *(Tietgens 1988, Report 2/88, S. 13)*.

Bildungsmanager und Dozenten handeln in organisatorischen Einheiten. Im Prozeß der Arbeitsteilung und Arbeitsverdichtung gilt es die Handlungsebenen und die damit verbundene Reichweite der Entscheidungen zu erkennen. Die **Organisationsstruktur** einer Bildungseinrichtung ist auf den Gesamtzusammenhang der komplexen Bedingungen der Entstehung von Lehr- und Lernprozessen hin zu »trimmen«. Dabei hat das strategische Management die Zukunftsmärkte zu finden und sie für das operative Alltagsgeschäft zu erschließen.

Didaktische Handlungsebenen:

Ebene	Inhalte des didaktischen Handelns *(nach Weinberg 1977)*	Handlungsebenen der Didaktik *(nach Flechsig/Haller 1975)*
I	Gesellschaftliche Funktion und bildungspolitische Bedingungen des Erwachsenenlernens	Gestaltung der institutionellen und ökonomischen, personellen und konzeptionellen Rahmenbedingungen
II	Institutionelle Bedingungen und Organisationsformen der Erwachsenen-/Weiterbildung	Gestaltung übergreifender Lehrplan- und Schulkonzepte bzw. Weiterbildungskonzepte
III	Didaktik der Erwachsenenbildung	Gestaltung von Lernbereichen und Unterrichtskonzepten sowie von Unterrichtseinheiten
IV	Kommunikation in Lehr-Lernprozessen	Gestaltung von Lehr-Lernsituationen

Auf der **Ebene I** wird die Praxis der Weiterbildung durch bildungs- und wirtschaftspolitische Konzepte, Programme und auch Erwachsenenbildungsgesetze beeinflußt. Die Programme orientieren sich an politischen, beruflichen, ökonomischen, sozialen oder individuellen Maßstäben. Sie enthalten auch direkte oder indirekte Vorgaben, die das institutionelle Bedingungsgefüge einer Bildungseinrichtung betreffen.

Auf der **Ebene II** geht es um die Aufgaben, die sich aus der Unternehmensleitung einer Bildungseinrichtung ergeben. Jede Bildungsstätte ist in betriebswirtschaftliche, organisatorische, betriebspsychologische, verbands- und/oder kommunalpolitische Umwelten eingebunden. Die organisatorischen und institutionellen Bedingungen enthalten Handlungs- und Entscheidungsspielräume, die mittelbar auf die Lehr-Lernsituation einwirken. Es geht um die Gewährleistung und den Erfolg institutioneller Strukturen.

Auf der **Ebene III** spielt die inhaltliche Konzeption des Erwachsenenlernens in einer Bildungseinrichtung die entscheidende Rolle. Es geht um die konzeptionellen Vorstellungen, die in den Kursen und im Bildungsprogramm ihren Ausdruck finden. Die Art und Weise des Lehrens muß nicht nur zu den Inhalten passen, auch die Methoden und Medien müssen richtig gewählt sein. Im institutionellen »Selbstfindungsprozeß« muß es Rückkopplungsprozesse geben. Die Lernziele dürfen nicht aus den Augen verloren werden. Sie müssen in Kongruenz zu den Einrichtungszielen stehen. *Hamacher (1978, S. 103)* hat dabei auf drei Strömungen hingewiesen, zu denen die Institutionen der Erwachsenenbildung Stellung beziehen müßten:

– Marktläufigkeit oder Gegensteuerung,
– Qualitätssicherung oder Qualitätsrisiko,
– Ausgewogenheit oder Spezialisierung.

Makrodidaktische Gesichtspunkte spielen für die Strukturierung des Veranstaltungsprogramms die wesentliche Rolle. Das Selbstverständnis der Didaktik von Weiterbildung und das Engagement wird im Angebot präsentiert.

Auf der **Ebene IV** muß die Kommunikation in Lehr-Lernsituationen strukturiert und vorbereitet werden. Es geht um den Abstimmungsprozeß zwischen makrodidaktischen Kriterien und mikrodidaktischer Feinplanung. Die Kommunikation zwischen Hauptberuflern, Nebenberuflern und Teilnehmern stellt ein zentrales Bedingungsgefüge für das Gelingen von Lehrveranstaltungen dar. Nicht zu unterschätzen ist der Einfluß der Veranstaltungsformen auf die Lernziele und das Lernverhalten. In den Lehr-Lernsituationen ist der Kommunikationsprozeß nach lernwissenschaftlichen und psychologischen Gesichtspunkten zu strukturieren. In den Unterrichtsprozessen wird das Weiterbildungsprodukt konkret. Es muß sich als erfolgreich erweisen.

Die didaktische **Planung von Veranstaltungen** ist die wichtigste erwachsenenpädagogische Tätigkeit vieler hauptberuflicher Mitarbeiter. Das ist ein kognitiver Prozeß, in dem künftige Lehr-Lernsituationen antizipiert, geplant und nach ihrer Durchführung evaluiert werden. Damit verbunden sind all die Tätigkeiten der Planung, Vorbereitung und Auswertung des Lerngeschehens, die dazu dienen, diesen Prozeß zu optimieren. Im didaktischen Konzept einer Einrichtung ist der grundlegende Kristallisationspunkt die Unternehmensphilosophie, aus der sich das Selbstverständnis des Planungshandelns entwickelt. Im Planungshandeln geht es um das inhaltlich-methodische Arrangement.

2.5.2 Makrodidaktische Planungsschritte

In der Lehrplan- und Curriculumtheorie sind wesentliche **Planungsschritte** systematisiert und zusammengefaßt worden. Leitfragen können grundlegende Hinweise für unterrichtliche Entscheidungen geben. *Siebert (S. 181)* hat bereits *1984* die folgenden Planungsgesichtspunkte aufgezeigt:

- **normative Vorgaben:** Welche übergreifenden Richtziele und Aufgaben sind verbindlich?

- **Situationsorientierung des Themas:** Auf welche Lebens- und Verwendungssituationen ist das Thema bezogen; bietet sich eine Integration verschiedener Lern- und Lebensbereiche?

- **Qualifikationsanalyse:** Welche Qualifikationen werden für diese Situation benötigt, welche situationsspezifischen Basisqualifikationen lassen sich mit dem Thema verknüpfen, sind innovatorische Qualifikationen zu benennen?

- **Teilnehmervoraussetzungen (Anschlußlernen):** Über welche Qualifikationen und Erfahrungen verfügen die Teilnehmer, welche Lernmotivationen und welche Lernbarrieren sind erkennbar; sind die Lernvoraussetzungen in der Gruppe einheitlich? Sind sozial-emotionale Bedürfnisse feststellbar?

- **Curriculumressourcen:** Liefern Wissenschaften die Inhalte zum Erwerb dieser Qualifikationen, oder muß auf Alltagswissen und andere Wissensbestände, beispielsweise Praxiswissen oder Kunst, zurückgegriffen werden? Ermöglicht eine Auswertung von Erfahrungen bereits den Erwerb neuer Qualifikationen?

2.5.3 Microdidaktische Entscheidungen

Die Didaktik hat den Lehr- und Lernprozeß in seinen **Beziehungen** zu strukturieren. Dabei geht es um die Gestaltung von:

- **Lernziele und Lerninhalte:** Die Ziele und Inhalte müssen aufeinander bezogen sein. Passen die Ziele und Inhalte zueinander? Sind sie in der verfügbaren Zeit und angesichts der Lerngewohnheiten der Teilnehmer realisierbar? In welcher Reihenfolge sollen Ziele und Inhalte bearbeitet werden?

- **Methoden und Medien:** Welche Arbeits- und Lernformen sind angemessen? Wann empfiehlt sich ein Methodenwechsel und der Einsatz technischer Medien? Wie lassen sich die Teilnehmer motivieren und aktivieren?
- **Organisationsbedingungen:** Welche organisatorischen Voraussetzungen (Räume, Lernmittel, Sitzordnung, Medien, Skripten etc.) sind zu treffen?
- **Lehrverhalten:** Von welchem Selbstverständnis gehen die Dozenten aus? Welche Rolleninterpretation hat der Kursleiter? Welche Steuerungen der Teilnehmer sind durch das Lehrverhalten angemessen? Was erwarten die Teilnehmer vom Lehrenden? Welche Fehler müssen vermieden werden?
- **Evaluation:** Treffen die didaktischen Annahmen zu? Werden die Lernziele erreicht und ist die sozial-emotionale Lernatmosphäre optimal? Hat sich ein heimlicher Lernplan – Hidden Curriculum – entwickelt? Was wird wirklich gelernt?
- **Revision:** Welche Änderungen des didaktischen Konzepts sind aufgrund der Wirkungskontrolle notwendig?

Im komplexen Bedingungsgefüge des Lehrens und Lernens ist mit **Spannungen und Konflikten** auf und zwischen den Handlungsebenen zu rechen. Professionalität im Handeln erweist sich unter anderem darin, den Handlungsrahmen auszuschöpfen und Handlungsspielräume auszubalancieren. Didaktische, institutionelle und unternehmerische Entscheidungen sind den realen Gegebenheiten anzupassen. Jede Einrichtung muß eine ihr angemessene Strategie entwerfen. Für die Bewältigung der Aufgaben sind gut ausgebildete haupt- und nebenberufliche Mitarbeiter erforderlich.

2.6 Qualitätsmanagement in der Weiterbildung

Bildung hat eine große **qualitative Dimension.** Dabei sind die Lehrenden und die Bildungseinrichtungen meist der Ansicht, sie würden schon sehr viel für die Qualität tun. Das sollte jedoch bezweifelt werden, denn die Bildungspraxis ist keineswegs immer optimal organisiert. Dabei liegt der Ursprung der aktuellen Qualitätsdiskussion in der Wirtschaft begründet. Es geht um »Qualitätsmanagement«, »Qualitätszirkel«, »Null-Fehler-Produktion«, »ISO 9000« – die internationale Norm für das Qualitätsmanagement, »Kaizen« – die japanische Philosophie der permanenten Verbesserung. Im internationalen Wettbewerb geht es darum, schnell und ohne Vorprüfung festzustellen, welches Unternehmen Qualitätsprodukte liefern kann. Damit das jeder Auftraggeber weiß, ist ein Zertifizierungssystem auf der Basis der DIN-ISO-Norm 9000–9004 (Deutsche Industrie Norm) entwickelt worden, welches garantieren soll, daß nach den Normen hergestellt wird. Damit ist seit Anfang der 90er Jahre mit der Zertifizierung ein neuer Selektionsmechanismus im Wettbewerb in Gang gesetzt worden. Er wird solange funktionieren, bis quasi »alle« zertifiziert worden sind.

Selbstverständnis des Weiterbildungsmanagements

Die Qualitätsdiskussion hat die Weiterbildung erfaßt, die sich traditionell mit dem Qualitätsbegriff schwer tut, obwohl die grundsätzliche Bedeutung des **Qualitätsmanagement** unbestritten ist *(vgl. auch Timmerman/Witthaus 1996)*. Im Wettbewerb wird das Qualitätsmanagement auch in Bildungseinrichtungen mehr berücksichtigt werden müssen. Immer mehr Bildungsanbieter lassen sich nach DIN-ISO zertifizieren, um einen Qualitätsnachweis vorzeigen zu können, mit dem sie Marktanteile sichern möchten. Mittlerweile gibt es mehrere anerkannte Zertifizierungsstellen in Deutschland, so z. B. die *Certqua* oder der *TÜV-Cert*.

In jedem Fall müssen sich die Bildungseinrichtungen auf den **Prüfstand** stellen. Qualität muß an vorderster Stelle stehen, wenn es um das Lehren und Lernen geht. Das Weiterbildungsmanagement muß also seine entscheidende Aufgabe darin sehen, eine Einrichtung zu schaffen, in der die Integration aller am Entstehungsprozeß Beteiligten als wichtiges Ziel der Angebotsentwicklung erkannt wird. Erst wenn allen Mitarbeitern mental klar ist, daß sämtliche Bemühungen darauf ausgerichtet sein müssen, die Kundenerwartungen bestmöglich zu erfüllen, gelingt die Verbindung von Kundenorientierung und Qualitätssicherung.

Der **Qualitätsbegriff** ist jedoch weit weniger eindeutig, als er es suggeriert. Im Sinne der Qualitätssicherung und der internationalen Normung (DIN ISO 8402 – *Kamiske/Brauer 1995, S. 126)* ist Qualität:

»Die Gesamtheit von Merkmalen einer Einheit bezüglich ihrer Eignung, festgelegte und vorausgesetzte Erfordernisse zu erfüllen.«

Diese definitorische Festlegung des Qualitätsbegriffs ist vor allem wegen der schwer zu handhabenden Formulierung für die praktische Anwendung nur eingeschränkt geeignet. Dennoch erfaßt sie den Qualitätsbegriff nahezu in seiner ganzen Komplexität. Auf der Grundlage dieses Begriffs wird die Qualitätsdiskussion und die Zertifizierung von Unternehmen in der Wirtschaft geführt. Ihn anzuwenden bedeutet, den Prozeß der Qualitätssicherung, der durch das Unternehmen definiert wird, in einem Qualitätshandbuch niederzuschreiben und seine Einhaltung jederzeit zu gewährleisten. Damit werden Standards gesetzt, die für jeden nachvollziehbar werden. Mit der Zertifizierung oder dem Audit ist ein Anerkennungsverfahren verbunden, in dem nachgewiesen wird, ein Qualitätssicherungssystem eingeführt zu haben. Das Qualitätsaudit umfaßt

Qualitätsmanagement in der Weiterbildung

	Qualitätsaudit	
Systemaudit	Verfahrensaudit	Produktaudit
Beurteilung der Elemente der Qualitätssicherung hinsichtlich ihrer Wirksamkeit	Beurteilung, inwieweit Verfahrensanweisungen und vorgeschriebene Fertigungsabläufe eingehalten werden	Überprüfung, ob die Produkte (Dienstleistungen) die vorgegebenen Qualitätsmerkmale erfüllen

Die Überprüfung erfolgt in der Regel auf der Basis eines **Qualitätssicherungshandbuches** sowie der begleitenden Unterlagen, wie Verfahrensanweisungen, Arbeitsanweisungen etc. Sie basiert auf den Normen DIN-ISO 9000–9004. Es ist üblich, daß nur bestimmte Bereiche in den Zertifizierungsprozeß einbezogen werden. Die Normenreihe umfaßt insgesamt:

DIN-ISO 9000 Qualitätsmanagement und Qualitätssicherungsnormen
Leitfaden zur Auswahl und Anwendung

DIN-ISO 9001 Qualitätssicherungssysteme -
Modell zur Darlegung der Qualitätssicherung in Design/Entwicklung, Produktion, Montage und Kundendienst

DIN-ISO 9002 Qualitätssicherungssysteme
Modell zur Darlegung der Qualitätssicherung in Produktion und Montage

DIN-ISO 9003 Qualitätssicherungssystem
Modell zur Darlegung der Qualitätssicherung bei der Endprüfung

DIN-ISO 9004 Qualitätsmanagement und Elemente eines Qualitätssicherungssystems Leitfaden

Selbstverständnis des Weiterbildungsmanagements

Einrichtung	Qualitätsmanagement Handbuch	Dokument	Seite 1–2
Seminar GmbH	Inhaltsverzeichnis	Ausgabe 9.97	Änderung Stand A

0 Allgemeines

0.1 Vorwort	0.4 Verwaltung des QM – Handbuches
0.2 Firmenportrait	0.5 Mitgeltende Unterlagen
0.3 Genehmigung des QM – Handbuches	

Qualitätsmanagementelemente

1. Verantwortung der Leitung	11. Prüfmittel und deren Weiterentwicklung
2. Qualitätsmanagementsystem	12. Prüfstatus
3. Vertragsprüfung	13. Lenkungsmaßnahmen bei Fehlern im Bildungsprozeß
4. Design und Entwicklung neuer Bildungsgänge	14. Korrektur- und Vorbeugungsmaßnahmen
5. Lenkung der Dokumente und Daten	15. Handhabung, Lagerung, Verpackung, Schutz und Versand
6. Beschaffung	16. Lenkung von Qualitätsaufzeichnungen
7. Vom Kunden beigestellte Produkte und Leistungen	17. Interne Qualitätsaudits
8. Kennzeichnung und Rückverfolgbarkeit von Lehrgängen, Seminaren, Maßnahmen	18. Schulung
	19. Betreuung (Kundendienst)
	20. Statistische Methoden
9. Lenkungsmaßnahmen bei der Durchführung des Bildungsprozesses	21. Anhang
10. Prüfungen und Tests	

	Erstellt:	Geprüft:	Freigegeben:
Datum:			
Unterschrift:			

Für die Zwecke der Weiterbildung geeignet ist die DIN-ISO 9001 und 9004, mit deren Hilfe Arbeitsanweisungen, insbesondere für Dienstleistungsunternehmen geschrieben werden können. Ein typisches Beispiel dafür ist eine Verfahrensanweisung, nach der die Auswahl, der Einsatz und die Vertragsgestaltung mit externen Dozenten beschrieben wird.

In der Bildungswirklichkeit beruht die Bestimmung von Qualität auf verschiedenen Betrachtungsweisen, weil subjektive Eindrücke verschieden sind. *Garvin* unterscheidet fünf **Blickrichtungen des Qualitätsbegriffs:**

1. Qualität ist absolut und universell erkennbar, ein Zeichen von kompromißlos hohen Ansprüchen und Leistungen, sie ist nicht präzise zu definieren und wird nur durch Erfahrung empfunden. (transzendente Sichtweise)

Qualitätsmanagement in der Weiterbildung

2. Qualität ist präzise und meßbar, Qualitätsunterschiede werden durch bestimmte Eigenschaften oder Bestandteile eines Produktes auch quantitativ widergespiegelt. (produktbezogene Sichtweise)

3. Qualität liegt im Auge des Betrachters und weniger im Produkt, individuelle Konsumenten haben unterschiedliche Wünsche und Bedürfnisse, wobei diejenigen Güter, welche diese Bedürfnisse am besten befriedigen, als qualitativ besonders hochstehend betrachtet werden. (anwenderbezogene Sichtweise)

4. Qualität ist das Einhalten von Spezifikationen, jede Abweichung impliziert eine Verminderung, hervorragende Qualität entsteht durch eine gut ausgeführte Arbeit, deren Ergebnisse die Anforderungen zuverlässig und sicher erfüllt. (prozeßbezogene Sichtweise)

5. Qualität wird durch Kosten und Preise ausgedrückt, ein Qualitätsprodukt erfüllt eine bestimmte Leistung zu einem akzeptablen Preis bzw. steht in Übereinstimmung mit Spezifikationen zu akzeptablen Kosten. (Preis-Nutzenbezogene Sichtweise)

Grundlage der Umsetzung von Qualität in Bildungseinrichtungen ist die Bereitschaft des Managements und der Mitarbeiter, Qualität als Strategie begreifen zu wollen. Dort, wo das geschieht, entwickelt sich eine Vorstellung des **Total Quality Managements** (TQM). Dieser Begriff tauchte etwa Mitte der 80er Jahre auf. Er geht zurück auf den Amerikaner *Feigenbaum* der einen Total Quality Control-Ansatz entwickelte. Darauf aufbauend verfolgte der Japaner *Ishikawa* das Company-Wide Quality Control-Konzept. TQM kann heute als umfassende Strategie angesehen werden, zu einem ständigen Prozeß der Verbesserung im Unternehmen zu kommen. Vom Kunden über die eigenen Mitarbeiter bis hin zum Lieferanten werden alle Bereiche erfaßt und integriert. *Kamiske/Bauer (S. 245)* stellen die drei Grundpfeiler des TQM-Ansatzes vor. Total Quality Management haben gleichgewichtige Inhalte. Dies sind der umfassende Charakter (Total), die Aspekte Qualität sowie Management im Sinne von Führung (Leadership).

Selbstverständnis des Weiterbildungsmanagements

Das Schaubild stellt die Grundpfeiler des **TQM-Ansatzes** vor.

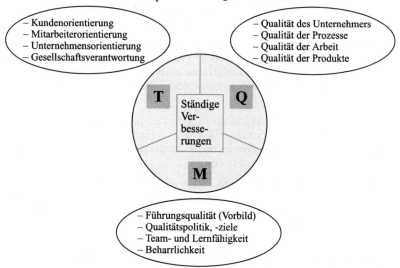

Damit das Gedankengut des TQM-Ansatzes verbreitet wird, werden weltweit verschiedene Auszeichnungen vergeben. In Europa gibt es den »Golden Helix Award« für außergewöhnliche Leistungen zur Erhöhung des Qualitätsstandards im Gesundheitswesen. Seit kurzem auch den Versuch, einen »Weiterbildungs-Award« in Deutschland zu initiieren. Insbesondere der **Malcolm Baldrige National Quality Award (MBNQA),** der erstmalig 1987 vom US-amerikanischen Kongreß zur Verbesserung der Wettbewerbsfähigkeit der Wirtschaft ins Leben gerufen wurde, ist hier wegweisend. Um Qualität als Unternehmen sicherzustellen, ist es erforderlich, einen ganzheitlichen und keinen formalen Qualitätsansatz zu wählen. Deshalb sollen hier die Beurteilungskriterien wiedergegeben werden. Sie dokumentieren ein umfassendes Verständnis von Qualität.

Qualitätsmanagement in der Weiterbildung

	Qualitätskriterien des MBNQA – 1994	Punktzahl
1	**Führung durch die Geschäftsleitung**	**95**
1.1	Führungsverhalten der Geschäftsleitung	45
1.2	Management for Quality	25
1.3	Gesellschaftliche Verantwortung	25
2	**Information und Analyse**	**75**
2.1	Management und Umfang von Qualitäts- und Leistungsdaten	15
2.2	Vergleiche mit Wettbewerbern und Benchmarking	20
2.3	Analyse und Nutzung von Daten auf Unternehmensebene	40
3	**Strategische Qualitätsplanung**	**60**
3.1	Prozeß der strategischen Qualitäts- und Unternehmensplanung	35
3.2	Qualitäts- und Leistungspläne	25
4	**Personalentwicklung und Management**	**150**
4.1	Human Resource Management	20
4.2	Mitarbeiterbeteiligung	40
4.3	Aus- und Weiterbildung	40
4.4	Leistungsbeurteilung und Anerkennung	25
4.5	Mitarbeiterzufriedenheit und Motivation	25
5	**Management der Prozeßqualität**	**140**
5.1	Entwicklung und Einführung von Qualitätsprodukten	40
5.2	Prozeßmanagement: Produkt- und Dienstleistungsprozesse	35
5.3	Prozeßmanagement: Wertschöpfungsprozesse, interne Dienste	30
5.4	Qualität der Zulieferer	20
5.5	Quality Assessment	15
6	**Qualitäts- und Geschäftsergebnisse**	**180**
6.1	Ergebnisse der Produkt- und Dienstleistungsqualität	85
6.2	Geschäftsergebnisse	50
6.3	Ergebnisse der Wertschöpfungsprozesse und interne Dienste	25
6.4	Ergebnisse: Qualität der Zulieferer	20
7	**Kundenorientierung und -zufriedenheit**	**300**
7.1	Ermittlung gegenwärtiger und zukünftiger Kundenerwartungen	35
7.2	Management der Kundenbeziehungen	65
7.3	Verpflichtung dem Kunden gegenüber	15
7.4	Feststellung der Kundenzufriedenheit	30
7.5	Ergebnisse der Kundenzufriedenheit	85
7.6	Kundenzufriedenheit im Vergleich	70
	Gesamt: Erreichbare Punkte	**1000**

Selbstverständnis des Weiterbildungsmanagements

Die **Kriterien** basieren auf Grundprinzipien, die von vielen Fachleuten als Säulen des Qualitätsmanagements angesehen werden. Ihr Ursprung findet sich in dem »*Deming Prize*«, der erstmals 1951 von der *Japanese Union of Scientists and Engineers (JUSE)* verliehen wurde *(vgl. Deming 1986)*. Vor dem Hintergrund der verstärkten Qualitätsförderung in Japan und in den USA wurde 1992 auch eine europäische Qualitätsauszeichnung geschaffen. Entwickelt wurde diese Auszeichnung von der *European Foundation for Quality Management (EFQM)* in Zusammenarbeit mit der *European Organization for Quality (EQQ)* und der Kommission der Europäischen Gemeinschaften *(vgl. Peacock 1992)*. Die europäische Qualitätsauszeichnung unterscheidet sich in einer stärkeren Akzentuierung der Mitarbeiterzufriedenheit und des Themenbereichs »Gesellschaftliche Verantwortung«. Die Bedeutung des *European Quality Award* wird durch die Tatsache gemindert, daß bisher noch keine europäische Autorität für die Vergabe der Auszeichnung gefunden wurde, die in allen Ländern ein gleichermaßen hohes Ansehen genießt. Eine solche Autorität stellt der Präsident der USA, der den *MBNQA* überreicht, freilich dar.

2.6.1 Qualitätsstandards in der Weiterbildung

In der alltäglichen Bildungsarbeit müssen **praktikable Qualitätskriterien** zum Zuge kommen. Bildungsangebote müssen halten, was sie versprechen. Selbst gesetzte Lernziele stellen genauso Qualitätsmaßstäbe auf, wie private oder staatliche Prüfungen. Mögliche Maßstäbe:

- **Standardprogramme** müssen eine Systematik erkennen lassen. Sie müssen gegliedert sein und aufeinander aufbauen.

- An **betriebliche Konzepte** werden unternehmensspezifische Anforderungen gestellt. Der Qualitätsmaßstab kann ausgehandelt werden.

- **Anerkannte Qualitätsmaßstäbe** werden durch bundesweite Bildungsprogramme gesetzt. Ein Beispiel dafür bietet die Weiterbildungskonzeption der Industrie- und Handelskammern, bei der die Teilnehmer Prüfungen und Zertifikate nach einheitlichen Kriterien zu absolvieren haben. Die Aufstiegsbildung für gewerblich-technische Berufe sowie für Kaufleute ist nicht nur anspruchsvoll und gut durchdacht, sie ist darüber hinaus für die Teilnehmer von realem Nutzen. Die Meisterausbildung der Wirtschaftskammern steht genauso außer Zweifel, wie die Anpassungsweiterbildung, die auf die neuesten beruflichen Anforderungen hin qualifiziert. Die Qualitätsstandards werden dadurch sichergestellt, daß die Kammern eine besondere Nähe zu den Betrieben haben. Die permanente Aktualisierung, die Auswahl der praxisorientierten Dozenten und Mindestbedingungen bei den Zulassungsvoraussetzungen lassen optimale Lerngruppen entstehen. Der in der Öffentlichkeit postulierte **Qualitätsanspruch** der **Praxisnähe** und der **Zukunftsorientierung** wird in hohem Maße eingelöst.

Qualitätsmanagement in der Weiterbildung

- Auf einen ähnlichen Erfolg können die Volkshochschulen in ihren Fremdsprachenbereichen verweisen. Sie sind bei vielen Volkshochschulen kontinuierlich ausgebaut worden und durch VHS- und Euro-Zertifikate auf einem anerkannt hohen Level. Die **Systematisierung und Standardisierung** erweist sich als Markenzeichen und Qualitätssiegel.

- Die Anforderungen an **Führungskräftetrainings** sind sehr individuell. Während Tagesseminare auf Aktualität setzen, erheben Managementseminare besondere Ansprüche an die Fach-, Methoden- und Sozialkompetenz von Trainern. Zugleich werden erhöhte Anforderungen an die Seminarorganisation, das Tagungshotel und den Service gestellt. Das **Anspruchsniveau** muß ständig ausbalanciert werden. Seminare und Lehrgänge müssen die Erwartungen der Teilnehmer erfüllen.

Erfahrene Teilnehmer und Auftraggeber beurteilen ein Seminarprogramm primär nach den **Inhalten,** der **Qualifikation der Referenten** und den **Erfahrungen,** die sie mit einem Bildungsinstitut gemacht hat. Anerkannte Abschlüsse können die erworbenen Ansprüche dokumentieren. Das Image einer Einrichtung kann zum Indikator für Leistung und Qualität werden. Es ist ein Gütesiegel für Qualität, wenn Bildungseinrichtungen das ISO Zertifikat nach DIN 9004 vorweisen können. Sie haben in einem Audit nachgewiesen, nach den im Qualitätshandbuch festgelegten Normen zu handeln.

2.6.2 Qualitätsrelevante Kriterien von Bildungskonzepten

Immer noch von Bedeutung sind die bereits *1988* von *Sauter* und *Harke* erarbeiteten Qualitätskriterien für Bildungsmaßnahmen der Arbeitsverwaltung. Sie haben im Rahmen einer Begutachtung Merkmale für ein **Qualitätskonzept** formuliert, die von einem Input-/Output-Modell ausgehen.

Die maßnahmebezogenen Qualitätskriterien beziehen sich auf Kategorien der **Planung und Organisation** von Bildungsveranstaltungen. Ihre Einhaltung kann zumeist erst am Ende einer Maßnahme festgestellt werden. Die Besonderheiten dieser Kriterien liegen nicht in ihren Einzelgrößen, sondern in dem Gesamtkonzept begründet, auf das sie angewendet werden. Erst die Kombination und Ausfüllung mit Inhalt läßt Aussagen zum Qualitätsniveau einer Veranstaltung zu.

Selbstverständnis des Weiterbildungsmanagements

Maßnahmebezogene Kriterien

- Zielsetzung und Bezeichnung des Lehrgangs
- künftige berufliche Tätigkeitsfelder
- weitere Qualifizierungsmöglichkeiten/Abschlüsse
- Ziel-/Adressatengruppe
- vorgesehene Teilnehmerzahl
- Zugangsvoraussetzungen/erforderliche Vorkenntnisse
- Unterrichtsstunden (nach Theorie und überbetrieblicher/betrieblicher Praxis)
- Lehrmittel
- technische Ausstattung des Lehrgangs
- Anzahl der Lehrkräfte
- Qualifikation der Lehrkräfte (erwachsenenpädagogische und berufsfachliche Ausbildung und Berufserfahrung)
- (Ausbilder, Dozenten)
- Lern- und Erfolgskontrollen
- sozialpädagogische Betreuung der Teilnehmer (einschließlich Angaben zur Qualifikation des Betreuungspersonals)
- Kenntnisse und Fertigkeiten nach Abschluß der Maßnahme
- Rahmenlehrplan

Die praktische Handhabung der Kriterien macht es erforderlich, das Qualitätsniveau anhand von Modellkonzepten zu evaluieren.

Das, was für einen einzelnen Kurs gilt, muß von seinem Anspruch her auch auf ein **Bildungsinstitut** übertragbar sein. Die Leistungsfähigkeit von Bildungsträgern ist unterschiedlich. Trägerbezogene Kriterien sind Indikatoren zu deren Beurteilung.

Trägerbezogene Kriterien

- Qualifikation (Ausbildung und Berufserfahrung) des Leiters der Weiterbildungseinrichtung
- Fortbildung des pädagogischen Personals (einschließlich Betreuungspersonal)
- Arbeitsbedingungen des Personals
- Information, Beratung und Betreuung der Teilnehmer
- Bonität (wirtschaftliche Seriosität/ Finanzkraft/ Rechtsform)
- Relation zwischen haupt- und nebenberuflichen Lehrkräften
- Berücksichtigung der Teilnehmerinteressen (institutionalisierte Teilnehmervertretung)
- räumliche Ausstattung
- Standort/Verkehrsanbindung

Qualitätsmanagement in der Weiterbildung

Bildungseinrichtungen lassen sich vor diesem Hintergrund durchleuchten. Dabei macht es einen Unterschied, ob sich eine Bildungsstätte der Tradition der gewerkschaftlichen oder der arbeitgebernahen Weiterbildung verpflichtet fühlt; ob sie als Managementinstitut geführt wird oder als kommunale Volkshochschule. Die Qualitätsmaßstäbe müssen interpretiert werden. Genau darum geht die inhaltliche und zum Teil auch ideologisch geführte Auseinandersetzung, wenn Bildungskonzepte bestimmter Träger beurteilt werden.

Als dritte Kategorie soll auf die **teilnehmerbezogenen** (subjektiven) **Qualitätskriterien** bezug genommen werden. Es sind letztlich die Teilnehmer, die über den Erfolg der Weiterbildung entscheiden. Erst wenn sie von der Qualität überzeugt sind, kann die Qualitätskontrolle positiv ausfallen.

Teilnehmerbezogene Kriterien

- Teilnehmerberatung und -auswahl
- Lernvoraussetzungen/ Leistungs- und Lernmotivation
- Berücksichtigung subjektiver Erwartungen und Bedürfnisse
- Berücksichtigung von Teilnehmerinteressen im Lehrprozeß
- optimale Gruppendynamik im Lehr-/Lernprozeß

Weiterbildung stellt sich als **beratungsbedürftige Dienstleistung** heraus. Von Trägern sollte deshalb weniger über die Kosten lamentiert werden als vielmehr die Chance wahrgenommen werden, in Beratungsgesprächen die Wünsche und Bedürfnisse der Kunden exklusiv und fast zum Nulltarif zu eruieren. Jedes gute Verkaufs- und Beratungsgespräch hat die Chance, den Teilnehmern neue Angebote zu offerieren. Beratung darf nicht zu kurz kommen. Wer zuhören kann, wird viel über die Qualität erfahren. Qualitätsstandards werden sich zunehmend als Zugangskriterien für den Bildungsmarkt erweisen.

Um **Qualität** zu erzeugen, wird es immer notwendiger, das verstreut vorhandene Know-how zu bündeln. Dazu kann eine kooperative Maßnahmeentwicklung hilfreich sein. Die schnelle Entwicklung verlangt mehr maßgeschneiderte Konzepte, die mit Beteiligung der Adressaten erstellt werden können. Insbesondere in Zusammenarbeit mit Auftraggebern können qualitativ hochwertige Bildungskonzepte entstehen. Das ist immer häufiger der Fall bei Firmenseminaren, bei denen die Unternehmen genaue Vorstellungen davon haben, welche arbeitsplatzspezifischen Qualifikationen und Kompetenzen notwendig sind. Die Maßnahme- und Produktentwicklung wird eine Schlüsselrolle in den Bildungseinrichtungen einnehmen. Qualitätsstandards und insbesondere der Ausweis mit Hilfe der Zertifizierung nach DIN-ISO 9000 ff. werden sich als Zugangskriterien für den Bildungsmarkt erweisen.

2.7 Weiterbildungsberatung und Informationsmanagement

Weiterbildungsberatung bedeutet mehr als nur die Weitergabe der Informationen, »Wann« und »Wo« ein Seminar stattfindet. Professionelle Beratung schließt die individuelle Teilnehmerberatung sowie die betriebliche Beratung, – die immer deutlicher in den Bereich der Unternehmensberatung von Klein- und Mittelbetrieben hinein reicht –, ein. Dabei ermöglicht die Nutzung von Weiterbildungs-Informations-Systemen (Datenbanken) den Zugriff auf das bundesweite Bildungsangebot.

Im vielfältigen und meist für Teilnehmer unübersichtlichen Markt der Weiterbildung, stellt sich Bildung immer mehr als ein **beratungsbedürftiges Produkt** heraus. Weiterbildungsberatung ist dabei mehr als nur die Informationsvermittlung über das Bildungsangebot der eigenen Einrichtung. Bildungsberatung, die ihrem Anspruch gerecht werden will, muß mehr sein als der Verkauf von Veranstaltungen. Weiterbildungsinstitutionen, die einen zu engen Beratungsbegriff haben, laufen leicht Gefahr, Kunden vorschnell auf das eigene Produkt festlegen zu wollen. Nur zufriedene Teilnehmer, die gut beraten wurden, werden Stammkunden. Weil es in der Weiterbildung eine Vielzahl selbsternannter Berater gibt, wird politisch um unabhängige Beratungsstellen gerungen. Doch die Diskussion um neue Beratungsstellen, wie sie in den 80er Jahren geführt wurde, ist vorbei. Bei »leeren Kassen« ist mit einer neuen Diskussion vorerst nicht zu rechnen.

Ein praktikables Beratungskonzept beruht auf drei Säulen

Drei-Säulen-Beratungskonzept

Informationsvermittlung

Teilnehmerberatung	Betriebsberatung

Im Informationszeitalter kommt der Vermittlung von Wissen eine besondere Bedeutung zu. Nur wer gut und aktuell informiert ist, kann erfolgversprechende Entscheidungen treffen. Das **Informieren** ist in der Weiterbildung meist auf aktuelle Lebens- und Berufssituationen bezogen. Fast täglich informieren wir uns und werden informiert. Wer informiert, weiß etwas, das andere nutzen können. Informationen sind Antworten auf Fragen, die jemand stellt und kaum einer Interpretation bedürfen. Sie sind Mittel zum Zweck, indem sie versuchen, etwas zu erläutern und zu klären. Das ist nicht einfach, weil Wissen meist von hoher Komplexität ist.

Beratung hat zum Ziel, mit dem Lernenden einen Sachverhalt zu klären und erfolgversprechende Wege zu finden. Was sich so einfach anhört, ist ein Prozeß des Zuhörens, Abwägens, der Zielfindung und schließlich der Entscheidung. Ein Lehrer berät einen Schüler, wie er von einer »Fünf« auf eine »Drei« kommen kann; ein Student läßt sich beraten, wie er am schnellsten sein Studium absolvieren kann; eine Sekretärin fragt in einem Bildungsinstitut nach, wie der Abschluß der Sekretärinnenausbildung zu bewerten ist und welche Einrichtung entsprechende Angebote macht. Dabei ist die Beratung eng mit dem Informieren verflochten. Der Rat kann Wege aufzeigen. Die Ziele einer Beratung muß der Ratsuchende vom Grundsatz her selbst setzen. Professionelle Berater versuchen die Folgen ihres Tuns zu antizipieren. Die Entscheidung, was zu tun oder zu lassen ist, muß der Ratsuchende selbst treffen.

2.7.1 Teilnehmerberatung

Die **Beratung von Teilnehmern** ist mehr als nur eine Pflicht für Bildungseinrichtungen. Sie ist die vornehmste Aufgabe – auch wenn das im Alltag häufig so nicht gesehen wird. Bildung wird für die Teilnehmer veranstaltet, die in die Erwachsenenbildung Vorstellungen davon einbringen, wie sie lernen wollen und was sie lernen wollen. Häufig wird nur die Frage gestellt: Wie kann ich mich weiterbilden? Dazu müssen in jedem Fall die individuellen Lernbedürfnisse aufgeklärt und konkretisiert werden. Es gilt sie im Beratungsgespräch herauszuarbeiten, um so den am besten geeigneten Bildungsweg aufzuzeigen. Das ist Aufgabe qualifizierter Bildungsberater. Sie müssen über umfassendes Wissen aus den jeweiligen Bildungs- und Gesellschaftsbereichen verfügen. Das schließt die Kenntnis des gesamten Bildungswesens und des Weiterbildungsmarktes ein. Im einzelnen bedeutet das:

- **Beratung** bei der Auswahl von Lehrgängen und Seminaren (in Kenntnis der beruflichen und persönlichen Lebenssituation des Teilnehmers),
- **Information** über die Anforderungen und Zulassungsvoraussetzungen verschiedener Bildungsgänge und Prüfungen,
- **Beurteilung** von Qualität und Zukunftsträchtigkeit von Bildungsangeboten,
- **Benennung** geeigneter Bildungsinstitute.

2.7.2 Betriebliche Beratung

Betriebliche Beratung setzt dort an, wo Mitarbeiter zur Erhaltung und Stärkung der unternehmerischen Wettbewerbfähigkeit qualifiziert werden sollen. Immer mehr Betriebe erkennen die Bedeutung einer systematischen Personalentwicklung an. Es ist heute mehr denn je die Frage zu entscheiden, ob der Bildungsbedarf durch interne Angebote, durch geeignete externe Schulungsträger oder durch die Kombination von beidem befriedigt werden soll. Neue Lerninhalte und Lernformen hin zum arbeitsplatznahen Lernen werden bedeutsamer.

Die Aus- und Weiterbildung im Betrieb ist durch komplexe **Bedarfsstrukturen** gekennzeichnet. Mit den sich verändernden Qualifikationsanforderungen steigt die Bedeutung einer zielgerichteten Erfassung des betrieblichen Weiterbildungsbedarfs. Die Auswahl geeigneter Angebote ist für jede Führungskraft und die Personalleitung eine schwierige und wichtige Aufgabe. Qualifizierungsmaßnahmen sollten Leistungs- wie Aufstiegsinteressen von Mitarbeitern berücksichtigen, die zur Organisationsentwicklung des Unternehmens passen. In einer **systematischen Beratung** geht es um die:

- Entwicklung der Weiterbildung als Bestandteil der Personal- und Organisationsentwicklung,
- Entwicklung einer betrieblichen Qualifizierungskonzeption,
- Durchführung einer Weiterbildungsbedarfsanalyse,
- Organisation und Durchführung von Veranstaltungen,
- Erfolgskontrolle,
- Informationen über den Bildungsmarkt.

2.7.3 Informationssysteme und Datenbanken

Mittlerweile sind die Möglichkeiten, aus der Vielfalt der Bildungsangebote auszuwählen, vergrößert worden. Zu **Weiterbildungs-Informations-Systemen** gehören Programmhefte, private wie öffentliche Beratungsstellen und ebenso regionale wie bundesweite Datenbanken. Eine vollständige Information ist im Bildungsmarkt selbstverständlich nicht zu erreichen. Dennoch ist eine weitestgehende Information eine Voraussetzung, um Angebote auswählen zu können. Insbesondere Datenbanken auf CD oder im Internet vergrößern die Transparenz. Jedoch ohne eine fachkundige Beratung bleiben Datenbanken vielfach unzureichend. Deshalb hat sich die Nutzung von Weiterbildungsdatenbanken in der Praxis als teilweise schwierig herausgestellt. Zudem ist der Aufbau und Unterhalt zum bildungspolitischen Streitpunkt zwischen öffentlichen Anbietern, der Bundesanstalt für Arbeit und den Wirtschaftsorganisationen geworden.

Der Wert von **Datenbanken** steht und fällt mit der ständigen Pflege der Daten. Wegen technischer Unzulänglichkeiten ist der Informationsgehalt teilweise recht fraglich. Nachdem die ersten Kinderkrankheiten von Datenbanken im Weiterbildungssektor überwunden wurden, zeichnet sich ein besser Nutzung ab. In Deutschland gibt es zwei nennenswerte Datenbanken:

- KURS DIREKT wird von der Bundesanstalt für Arbeit und vom Institut der deutschen Wirtschaft betrieben. Sie ist die weltweit größte Bildungsdatenbank mit Informationen über Angebote zur beruflichen Aus- und Weiterbildung.
- Die WIS-Datenbank des Deutschen Industrie- und Handelstages wird vor allem von Unternehmen bundesweit genutzt.

Beide Datenbanken sind mittlerweile über Internet direkt anzuwählen. Darüber hinaus gibt es mehrere regional bedeutsame Datenbanken. Sie werden – soweit noch öffentliche Mittel zu Verfügung stehen –, meist von kommunalen Weiterbildungseinrichtungen getragen. Eine aktuelle Übersicht gibt jeweils das »Jahrbuch der Management-Weiterbildung« *(ManagerSeminare, 1997, S. 279–288)*.

Generell gilt, Weiterbildungs-Informations-Systeme sind nur so gut, wie die Daten aktuell und möglichst vollständig sind. Mit den Möglichkeiten des Internet scheint die Nutzung von Weiterbildungsdatenbanken einen wesentlichen Schritt voranzukommen.

2.8 Weiterbildungsmanager

Der Begriff **Bildungs- oder Weiterbildungsmanager** wird derzeit schon häufiger benutzt als noch vor einigen Jahren. Dennoch ist der Manager vielen in der Weiterbildung noch suspekt. Vor dem Hintergrund der rasanten gesellschaftlichen und wirtschaftlichen Veränderungen wandelt sich das Anforderungsprofil des Bildungsmanagers ständig. *Stähli, Präsident des Internationalen Forschungs-Instituts für Management-Andragogik (IFMA Zürich)*, ist überzeugt davon, daß ein neuer Typ Manager entsteht, der »kritischer, umweltbewußter und in seinen Entscheidungen neben wirtschaftlichem Handeln vermehrt bezogen auf Fragen ethischer, sozialer und ökologischer Natur«, handle. Das *Manager magazin* spricht gar vom »polyglotten Supermann«, der auf den Märkten Europas und der Welt zu Hause sei. Jedoch denken viele Unternehmen bei der Vorbereitung auf globale Märkte an Marketing, Vertrieb und Technik. Anforderungen wie Mobilität, Fremdsprachenkenntnisse, »visionäres Denkvermögen und Teamgeist« (Personalanzeige Unternehmensberatung *Mummert und Partner, Hamburg 1990)*, Einfühlungsvermögen und Toleranz sind unerläßlich. Der Manager von morgen muß heute zu überholten Denkweisen von gestern auf Distanz gehen.

»Die Praxis zeigt, daß gerade **Führungskräfte** aus den großen europäischen Ländern – Deutschland, Frankreich, England, Spanien und Italien – sich schwer tun (soweit sie nicht internationalen Konzernen angehören), aus ihrer nationalen Identität in eine Europäische zu schlüpfen.« *(Der Seminarführer 1990/91, S. 10)* Was in der Wirtschaft begonnen wird umzusetzen, steht in den Weiterbildungseinrichtungen erst noch am Anfang. Es gibt nur wenige europäische Bildungskonzerne. Managementinstitute mit europäischem Rang sind an wenigen Fingern abzuzählen. Die Gruppe der renommierten bundesdeutschen Trainingsunternehmen und Forschungsinstitute ist klein.

Den **Weiterbildungsmanager** erwartet eine Welt härtester Konkurrenz und fortwährender Wirtschaftskonflikte. Die technischen, ökonomischen und gesellschaftlichen Veränderungen werden in unvorhersehbarer Geschwindigkeit verlaufen. Nachdem die Folgen der deutschen Wiedervereinigung noch nicht verkraftet sind, schafft die Globalisierung der Märkte eine völlig neue Konkurrenzsituation. Der Wettbewerb wird härter und die Sitten ruppiger *(vgl. 33. Unternehmenskolloquium der IHK-Ostwestfalen zu Bielefeld: Verfall der Wettbewerbssitten?).* Leider ist derzeit weder in der Bundesrepublik noch in der Weiterbildung eine Aufbruchstimmung festzustellen, die den lähmenden Zustand auflösen könnte. Es fehlt an Spitzenleistungen. Deshalb müssen die Führungskräfte ihre Mitarbeiter heute motivieren und qualifizieren. Weiterbildungsmanager müssen Vermittler sei, so daß die Weiterbildung in eine Schrittmacherrolle eintreten kann.

Insbesondere als Spezialisten für Teams müssen Führungskräfte lernen, strategisch zu Denken und operativ zu Handeln. Dafür muß das Weiterbildungsmanagement **Kompetenzbündel** entstehen lassen. Das verstreut vorhandene Know-how muß zusammengefügt und integriert werden. Der Zukunft gehören innovative und leistungsfähige Teams. Die Zeitschrift der *Wiener* spricht von »dynamischen Duos: Allein wären sie erfolgreich, als Paar sind sie unschlagbar *(Blask/Falko 1989).* Ideen bleiben solange erfolglos, bis Pragmatiker sie mit einer Portion an Eigensinn und Individualität verbinden. Die richtige Idee kann im richtigen Moment, mit den richtigen Mitteln in Projekten erfolgreich werden. Die Weiterbildung als gedankliches Konstrukt muß mit dem Zeitgeist und seinen Strömungen rechnen. Das positive Überzeugtsein ist genauso Antriebskraft, wie das Beharrungsvermögen und der Durchsetzungserfolg.

Qualität und Gewinn sind die **Erfolgsmaßstäbe** der Praxis. Nicht immer halten sie, was sie versprechen. Die Qualität beginnt in den Köpfen der Weiterbildungsmanager. Sie wird gemessen an den Ansprüchen der Auftraggeber und Teilnehmer. Qualität kommt nicht von ungefähr. Sie zu erzeugen ist ein anstrengender Job, der Distanz und kritisches Selbstbewußtsein verlangt. Gewinn ist die betriebswirtschaftliche Größe des Erfolgs. Er ist der Motor für Motivation in einer marktvermittelten Welt. Dabei genügt nicht der Anspruch, die Zahlen müssen stimmen. Weiterbildung braucht Weiterbildungsmanager, die das Lehren und Lernen zum Erfolg führen.

3. STRATEGISCHES MANAGEMENT IN DER WEITERBILDUNG

3.1	Bildung auf dem Weg ins 21. Jahrhundert	86
3.2	Die Prozeßebenen	90
3.2.1	Strategisches Management	91
3.2.2	Operatives Management	91
3.2.3	Funktionales Managerhandeln	92
3.3	Der Prozeß des strategischen Managements	93
3.3.1	Unternehmens- und Organisationszweck	94
3.3.2	Unternehmens- und Organisationsziele	99
3.3.2.1	Unternehmensziele	99
3.3.2.2	Markt- und Wachstumsziele	101
3.3.2.3	Marktposition	102
3.3.2.4	Produkt-Markt-Strategien	104
3.3.2.5	Erfahrungskurve	105
3.3.2.6	Produkt-Lebens-Zyklus	107
3.3.2.7	Ziele setzen und vernetzen	108
3.3.3	Wachstumsstrategien	110
3.3.3.1	Intensives Wachstum	110
3.3.3.2	Integratives Wachstum	111
3.3.3.3	Wachstum durch Diversifikation	112
3.3.4	Das Portfolio-Management und der Finanzplan	113
3.3.4.1	Grundbegriffe der Finanzwirtschaft	114
3.3.4.2	Finanzstrategie – Streben nach Unabhängigkeit	125
3.3.4.3	Finanzierung der Weiterbildung	126
3.3.4.4	Aufstellung von Finanzplänen	128
3.3.4.5	Kostenrechnung – Kostendisposition	129
3.3.4.6	Fallbeispiel: Kalkulation Tagesseminar I	129
3.3.4.7	Fallbeispiel: Kalkulation Tagesseminar II	131
3.3.4.8	Fallbeispiel: Kalkulation Lehrgang	133
3.3.4.9	Einzelrechnung für eine Bildungsmaßnahme	134
3.3.5	Kennzahlen zur Kostendisposition	139
3.3.5.1	Haushaltsplan für ein Geschäftsjahr	139
3.3.5.2	Finanzbedarf und Umsatzentwicklung für eine Bildungseinrichtung	140
3.3.5.3	Portfolio-Matrix	142
3.3.5.4	SGB-Raster	143
3.4	Strategische Konsequenzen	145

3.1 Bildung auf dem Weg ins 21. Jahrhundert

»Wir brauchen eine **Vision über einen neuen Gesellschaftsvertrag** für Deutschland im 21. Jahrhundert«, sagte *Roman Herzog* am 27. 4. 1997 in Berlin. Niemand dürfe ein Patentrezept erwarten, aber wer sich Deutschland im Jahre 2020 vorstelle, müsse an ein Land denken, das sich von dem heutigen wesentlich unterscheide.»Wäre es nicht ein Ziel, eine Gesellschaft der Selbständigen anzustreben, in der der einzelne mehr Verantwortung für sich und andere trägt, und in der er das nicht als Last, sondern als Chance begreift? Eine Gesellschaft, in der nicht alles vorgegeben ist, die Spielräume öffnet, in der auch dem, der Fehler macht, eine zweite Chance eingeräumt wird. Eine Gesellschaft, in der Freiheit der zentrale Wert ist und in der Freiheit sich nicht nur durch die Chance auf materielle Zuwächse begründet.« *Herzog* erwartet eine Informations- und Wissensgesellschaft.»Das ist die Vision einer Gesellschaft, die jedem die Chance einräumt, an der Wissensrevolution unserer Zeit teilzuhaben. Das heißt: bereit zum lebenslangen Lernen sein, den Willen zu haben, im weltweiten Wettbewerb um Wissen in der ersten Liga mitzuspielen. Dazu gehört vor allem auch ein aufgeklärter Umgang mit Technik... Vor uns liegt ein langer Weg der Reformen. Wir müssen heute mit dem ersten Schritt beginnen. Wie müssen tiefer ansetzen: bei unserer Jugend auf die Freiheit vorbereiten, sie fähig machen, mit ihr umzugehen. Ich ermutige zur Selbstverantwortung, damit unsere jungen Menschen Freiheit als Gewinn und nicht als Last empfinden. Deshalb muß **Bildung das Mega-Thema** unserer Gesellschaft werden, um in der kommenden Wissensgesellschaft bestehen zu können. Wir müssen unserer Jugend zu mehr Selbständigkeit, zu mehr Bindungsfähigkeit, zu mehr Unternehmensgeist und mehr Verantwortungsbereitschaft Mut machen. Wir sollten ihr sagen: Ihr müßt etwas leisten, sonst fallt ihr zurück. Aber: Ihr könnt auch etwas leisten.«

Obwohl die Weiterbildung seit Beginn der 90er Jahre viel dazu gelernt hat, sind auch heute noch viele Bildungsmanager von der Aufbruchstimmung, die *Roman Herzog* fordert, einiges entfernt. Die Weiterbildung und Personalentwicklung befindet sich – trotz hervorragender Leistungen im Einzelfall – in einem **Schwebezustand.** Sicherlich wird vielfach erkannt, daß für die erfolgreiche Umsetzung von Bildungsmaßnahmen nicht der isolierte Einsatz, sondern die strategische Ausrichtung der Kompetenzentwicklung entscheidend ist. Doch der globale Wettbewerb wirkt sich teilweise verheerend auf die Einstellung zur Weiterbildung aus. Vor allem das unternehmerische und strategische Moment ist nur mäßig entwickelt. Leistungsfähige, bundesweit agierende Bildungsunternehmen lassen sich immer noch an zwei Händen zählen. Viele Einzelkämpfer sind im operativen Alltagsgeschäft so eingebunden, daß ihnen die Zeit für das strategische Denken einfach fehlt. Ursächlich dafür ist einerseits die Mentalität der Handelnden, andererseits derjenigen, die der Weiterbildung und Personalentwicklung mit Distanz entgegentreten. Wer mit Unternehmern und Teilnehmern spricht, stellt häufig fest, daß Qualifizierung erst dann ein Thema wird, wenn Defizite bei der Leistungserfüllung offen zu Tage treten.

Hierzu paßt das Einfrieren selbst von langfristig angelegten Management-Development-Programmen. Eine geradezu erstaunliche Vorstellung kommt zum Vorschein, so als ob die **Entwicklung von Führungskräften** für ein paar Jahre folgenlos unterbrochen werden könnte. In einer Meldung aus der Süddeutschen Zeitung (12./13.10.1996) beklagt sich *Heinrich von Pierer,* Vorstandsvorsitzender der *Siemens AG,* über den starken Rückgang des Interesses am Ingenieurstudium. Indes, waren es nicht die Unternehmen, die in den letzten Jahren mit ihrem radikalen Einstellungsstop von Hochschulabsolventen diese Entwicklung herbeiführten? Nicht nur hier, viele sind unsicher, was ihre Aus- und Weiterbildung angeht. Damit paart sich eine Einstellung, in der das lebenslange Lernen mehr als Last, denn als Herausforderung empfunden wird. Wer keine Orientierung hat, wie er in der Zukunft sein Wissen nutzen kann, tut sich schwer, überhaupt etwas zu lernen. Die Idee, daß Mitarbeiterschulung, Trainingsprogramme und Selbstmanagement den Weg in die Zukunft öffnen, kann dann nur bedingt wahrgenommen werden. Das sollte verändert werden.

Das Weiterbildungsmanagement sollte die dem Lernen gegenüber unbestimmte Haltung zu überwinden suchen. Das wird dann gelingen, wenn die Menschen dort abgeholt werden, wo sie in ihrer beruflichen und persönlichen Entwicklung stehen. Dabei geht es um ein Lernen, das als **Anschlußlernen** (*Merk 1994*) charakterisiert werden kann. Die Anforderungen der Arbeit an die Menschen verändern sich genauso rasant wie die Erwartungen der Menschen an ihre Arbeit und ihr Leben. Wollen Unternehmen und Mitarbeiter die Herausforderungen des Alltagslebens bewältigen, die sich aus dem Ausmaß der Veränderungsgeschwindigkeit an die Qualifikationen und Kompetenzen ergeben, so müssen sie ihre Lernfähigkeit wesentlich verbessern. Das lernende Unternehmen ist nur mit lernfähigen Mitarbeitern denkbar und effizient. Obwohl dieser Zusammenhang offensichtlich ist, gibt es eine deutliche Zurückhaltung dem Lernen gegenüber.

Anders als in der organisierten Weiterbildung findet das **Lernen im Prozeß** der Arbeit in keinem pädagogischen Feld statt. Der Arbeitsprozeß ist Wertbildungs- und Verwertungsprozeß. Soll in ihm gelernt werden, muß er als Lernprozeß erst definiert und entsprechend konstituiert werden. Damit das möglich ist, muß es einen strukturellen Zusammenhang zwischen Arbeitshandeln und Lernhandeln geben. Das heißt, in den Arbeitsprozeß müssen explizit Lernprozesse integriert werden, die sicherstellen, daß die Mitarbeiter auch lernen können. Für die Frage des Anschlußlernens sind die qualitativen Veränderungen von Arbeitsplätzen von Interesse. Die Stelleninhaber benötigen neue bzw. andere Fertigkeiten und Fähigkeiten, um die an sie gestellten Arbeitsanforderungen erfolgreich bewältigen zu können. Gelernt werden muß Handlungsfähigkeit in sich schnell wandelnden Bedingungen.

Strategisches Management in der Weiterbildung

In einem Qualifizierungsprojekt (*Quatro-Projekt, Merk – BOW 1996*) der Europäischen Union (EU) und des Landes Nordrhein-Westfalen (NRW) wird deutlich, daß den meisten Führungskräften der Zusammenhang zwischen Unternehmenserfolg – Kundenorientierung – Qualitätsmanagement und Mitarbeiterqualifizierung durchaus bewußt ist. Dennoch verfügen nur wenige mittelständische Unternehmen über detailliert ausgearbeitete Organisations- und Personalentwicklungspläne. Der **Stand der Unternehmensentwicklung** läßt sich wie folgt skizzieren.

- Klein- und Mittelunternehmen (KMU) sehen **Flexibilität** als ihren größten Wettbewerbsvorteil an. Kurzfristiges Umsteuern bei veränderten Angebots- und Nachfragebedingungen ist Beleg für ihre Kundenorientierung und ihre flexible Organisation. Eine langfristige Planung mit starren Vorgaben würde offensichtlich mit ihrem erfolgreichen Managementstil kollidieren.

- Im Gegensatz zu Großunternehmen sind in KMU meist keine schriftlich formulierten **Pläne** zur Steuerung und Kontrolle der Geschäftsführung durch die Eigentümer vorhanden. Die Geschäftsführung wird überwiegend von den Eigentümern selbst wahrgenommen. Damit befinden sich Steuerungs- und Kontrollprozesse in einer Hand. Sie machen aufwendige Planungen und kontrollierende Soll-Ist-Vergleiche überflüssig.

- Durch die starke personale und hierarchische Ausrichtung auf den oder die Eigentümer wird das **Managementsystem** in hohem Maße von persönlichen Fähigkeiten und Einstellungen einzelner Personen bestimmt. Wird deren Handeln durch Tradition oder das Festhalten an Bewährtem beeinflußt, bleibt wenig Raum für eine Neugestaltung von Unternehmensstrukturen und die bewußte Planung des Wandels.

- Tiefgreifende Einschnitte in die Organisations- und Produktionsstruktur erfordern häufig erhebliche **Investitionen.** Sie können leicht die Kapitalkraft von KMU überfordern, deshalb sind sie von diesen kaum realistisch planbar.

- Unter dem Druck des Wettbewerbs ist die **Personaldecke** sehr dünn geworden. Meist wurden im Einklang mit der aktuellen »Verschlankungsdiskussion« indirekte Tätigkeitsbereiche abgebaut. Es kommt immer häufiger vor, daß dadurch bedingt die notwendigen Personalressourcen und das zukunftsweisende Know-how für die Planung fehlen. Dies ist sicherlich eine Ursache für das Unbehagen, das einige Führungskräfte in KMU artikulieren. Mit den wenigen Ressourcen scheinen die Dynamik und die Komplexität der Unternehmensumwelt und des Wettbewerbs kaum noch zu bewältigen zu sein. Den notwendigen Aufbau von Humankapital läßt aber andererseits der zunehmende Kostendruck nicht zu.

- Vielen KMU fehlen Frühwarn- und **Informationssysteme.** Ihnen fehlt damit die Grundlage einer langfristigen Planung. Anstöße für die organisatorische Weiterentwicklung bleiben aus.

Bildung auf dem Weg ins 21. Jahrhundert

- Wie wenig ausgeprägt **strategisches Denken** ist, zeigten offene Interviews mit Führungskräften, die über ihre Unternehmenskultur bzw. ihre Unternehmensziele befragt wurden. Nur wenige waren ohne besondere Gesprächsimpulse imstande, über ihre langfristigen Ziele zu sprechen.

Für eine systematische Personalentwicklung und Weiterbildung wirkt eine fehlende strategische Planung blockierend. Ihr fehlt das **Zielsystem,** auf das sie ausgerichtet sein sollte. Einzelne Weiterbildungsmaßnahmen vermögen keine kontinuierlichen Lernprozesse anzustoßen. Gelernt wird nur dann, wenn der absehbare Problemdruck beseitigt werden muß. Wenn zusätzlich die Angst besteht, daß qualifizierte Mitarbeiter von größeren Unternehmen abgeworben werden – und bei Qualifizierungsmaßnahmen die Kosten-Nutzen-Relation nicht stimmt –, wird die Zurückhaltung bei der strategischen Mitarbeiterentwicklung nachvollziehbar. Sie stellt jedoch keine Lösung für die Herausforderungen des Lernens in der Zukunft dar.

Die **Reaktionen der Bildungsanbieter** auf die betriebliche Entwicklung ist sehr unterschiedlich. Die meisten müssen sich erst mit den neuen firmenspezifischen Anforderungen vertraut machen. Das hat zur Folge, daß sie als Bildungsanbieter das Beratungsgeschäft erlernen müssen. Beherrschte in den 80er und 90er Jahren das offene Seminar den Markt, so findet eine Hinwendung zu arbeitsplatzbezogenen, maßgeschneiderten Bildungsmaßnahmen statt. Dabei wird das offene Seminar häufig als Eintrittskarte bei den potentiellen Auftraggebern benutzt. Aus einer Umfrage (*Seminare* ›97, *S. 20*) ergibt sich, daß mittlerweile fast zwei Drittel der Weiterbildungsanbieter im Bereich firmeninterner Maßnahmen arbeitet und lediglich noch ein Drittel offene Veranstaltungen anbietet. Je kleiner der Anbieter (1–5 Trainer), desto größer der Anteil an Firmenschulungen. Großanbieter mit über 50 Mitarbeitern führen mehr offene Veranstaltungen, Auftagsmaßnahmen der Arbeitsveranstaltung und der Europäischen Union durch. Das Profil der Weiterbildungseinrichtungen muß sich wandeln, wenn sie den Anforderungen gewachsen sein wollen.

Es ist weiter absehbar, daß der **Weiterbildungsmarkt** nur in Teilbereichen weiter wachsen wird. Das bedeutet Wachstum nur für bestimmte Bildungseinrichtungen. Der Wettbewerb wird härter. Nur die Lern- und Leistungsfähigen werden sich den gestiegenen Herausforderungen gewachsen zeigen. Einige Bildungseinrichtungen werden ihr Management auswechseln; andere werden in die Regie internationaler Konzerne eingebunden. Großanbieter setzen auf Kooperationen mit externen Trainer. Bildungseinrichtungen schließen sich zu Verbünden zusammen, um so Informations- und Durchsetzungsvorteile zu gewinnen. Wer im Weiterbildungsmarkt erfolgreich sein will, muß sich Marktchancen sichern. Von besonderem Interesse sind die Konzentrationsprozesse, in denen Know-how gebündelt wird. Es wird der Versuch gemacht, auf die geänderte Nachfrage adäquat zu reagieren.

In dieser Situation stehen viele Bildungseinrichtungen vor der Situation, ihre bisherige extrapolierende Planung auf eine bildungs- und wirtschaftspolitische Strategie umstellen zu müssen. Der Wandel sollte von einer **strategischen Plattform** aus betrieben werden. Das Prinzip des Anschlußlernens verweist auf jene Voraussetzungen, die für den fortgesetzten Erfolg entscheidend sind. Jedes Unternehmen ist nur für eine begrenzte Zeit den Marktanforderungen optimal angepaßt. Bildungsunternehmen müssen als erste reagieren. Sie müssen neue Lern- und Qualifizierungselemente in ihre Betriebsorganisation einpassen. Wer glauben sollte, er sitze schon fest im Sattel, hat die eigene Unternehmenskrise meist nicht eingeplant. Auf dem Weg ins 21. Jahrhundert muß das strategische Moment in der Weiterbildung eine Aufwertung erfahren.

3.2 Die Prozeßebenen

Im Mittelpunkt des Weiterbildungsmanagements steht der **didaktische Planungsprozeß**. Dabei unterliegt die Weiterbildung und damit das organisierte Lehren und Lernen, einem permanenten Veränderungsprozeß. Dieser ist bei der konzeptionellen Entwicklung von Seminaren, Trainings und Lehrgängen stets zu berücksichtigen. Das heißt, der didaktische Planungsprozeß muß einen hohen Grad an inhaltlicher und organisatorischer Flexibilität entwickeln. Nur dann kann er als innovativer Kern der Weiterbildung akzeptiert werden. Werden die Tätigkeiten im Managementprozeß der Weiterbildung betrachtet, geht es um die Analyse und Vorbereitung, die Planung und Organisation, die Entscheidung, Durchführung sowie die Evaluation von Veranstaltungen. Zugleich handeln Bildungsmanager, Trainer und Kursleiter in einem institutionellen Gefüge. Bildungseinrichtungen können abhängige Betriebsabteilungen wie selbständige Unternehmen sein. Das Management der Weiterbildung vollzieht sich in einer betrieblichen Struktur.

Die **Beschreibung des Managementprozesses** kann ganz unterschiedlich erfolgen. In diesem Handbuch soll das Weiterbildungsmanagement auf **drei Ebenen** beschrieben werden. In der betriebswirtschaftlichen Literatur ist es üblich, das strategische und operative Management zu unterscheiden (*vgl. Kapitel 3 und 4*). Vor dem Hintergrund, daß in der Erwachsenenbildung das funktionale Managerhandeln, also die Art und Weise, wie Aufgaben und Tätigkeiten ausgeführt werden können, kaum beleuchtet ist, soll dies im *Kapitel 5* ausführlich erfolgen.

Die Prozeßebenen

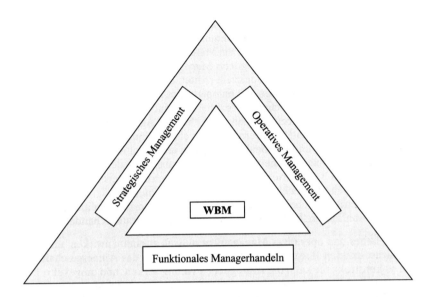

3.2.1 Strategisches Management

Das **strategische Management** sollte an Einfluß auf das Vorgehen in der Weiterbildung gewinnen. Bildungsmanager müssen die Unternehmensziele formulieren und zukunftsträchtige Marktsegmente erschließen. Strategisches Management sollte nicht mit langfristiger Planung gleichgesetzt werden, in der quasi eine Fortschreibung des Bestehenden versucht wird. Strategie heißt, der Zukunft einen Schritt voraus zu eilen. Im Zentrum steht die Frage nach der möglichen und beabsichtigten Entwicklung einer Bildungseinrichtung. Das Management muß die Herausforderungen für die Institution und die Mitarbeiter definieren. Es muß bestimmen, mit welchen Leistungen die Zielmärkte und Kunden bedient werden sollen. Dabei ist die Zielperspektive unter Wettbewerbsbedingungen zu entwickelt. Das bedeutet, daß die Mitbewerber den Markt mindestens genauso aufmerksam beobachten, wie das eigene Unternehmen seine Konkurrenten. Strategisches Management hat folglich die Aufgabe, das Bildungsunternehmen in eine **marktführende Position** zu bringen.

3.2.2 Operatives Management

Im Mittelpunkt des **operativen Managements** steht die Planung und Durchsetzung der Unternehmensziele. Das, was aus der Sicht des Gesamtunternehmens die Richtung ausmacht, muß in konkrete Bildungsmaßnahmen umgesetzt werden. Vor Ort müssen Auftraggeber akquiriert und Teilnehmer gewonnen werden. Im operativen Bereich werden die Maßnahmen real entwickelt und durchgeführt. Während also das strategische Management sein Augenmerk auf die Unternehmens- und Organisationsziele richtet, die sich den Marktanforderungen beständig anpassen müssen, hat im operativen Feld die Umsetzung zu erfolgen. Täglich ist das Kursgeschehen vorzubereiten und durchzuführen; der Mitarbeitereinsatz ist darauf abzustimmen; die Lehr- und Ausbildungspläne sind einzuhalten. Mit neuen Auftraggebern und Teilnehmern muß beraten und verhandelt werden. Finanz- und Personalpläne müssen erarbeitet werden, der betriebswirtschaftliche Erfolg ist sicherzustellen. Die Realisierung der Veranstaltungen und Trainings muß im betrieblichen Alltag durchgehalten werden. So sind zum Beispiel die Weiterentwicklung von Lehrgangsangeboten und der Soll-/ Ist-Vergleich des Betriebsergebnisses notwendige Verfahren, um die Qualität des Angebots zu gewährleisten. Im Berufsalltag wird meistens operativ gehandelt.

Strategisches und **operatives Management** müssen zusammenwirken, um eine möglichst exakten Passung zu finden. Je erfolgreicher das Alltagsgeschäft ist, um so konstruktiver kann die strategische Planung wirken; und umgekehrt hat das strategische Management Perspektiven aufzuzeigen, damit Marktpotentiale operativ erschlossen werden können. Die Umsetzung der didaktischen Planung ist ein operativer Prozeß.

3.2.3 Funktionales Managerhandeln

Die Art und Weise der Aufgabenerfüllung erfolgt im Arbeitsalltag nach funktionalen Gesichtspunkten. Wenn die Betriebsorganisation neuen Marktanforderungen angepaßt werden muß, sollte sie sich an Maßstäben der Organisationsentwicklung orientieren. Das Gleiche gilt für Fragen der Unternehmenskultur, Personalentwicklung, des Marketings oder der betrieblichen Kommunikation. Das **funktionale Managerhandeln** vollzieht sich quasi integrativ im Arbeitsvollzug. Es geht um die Managementfunktionen und deren Prinzipien. In der funktionalen Sichtweise spielen betriebswirtschaftliche, betriebspsychologische und betriebspädagogische Aspekte eine entscheidende Rolle. In die klassische Sichtweise der Betriebswirtschaft muß Wissen der Sozial- und Verhaltenswissenschaften zu integrieren versucht werden. Unter funktionalen Aspekten sind Entscheidungs-, Kommunikations-, Motivations-, Planungs- und Organisationstätigkeiten optimal zu gestalten. Das Management in der Weiterbildung hat insbesondere die Prozesse der Konstruktion von Lehr- und Lernprozessen in ihren Besonderheiten zu berücksichtigen. Bildungsmanager haben innovative und kommunikative Strategien im Berufsalltag durchzusetzen. Funktionales Management führt in der optimalen Abstimmung zur Leistungssteigerung und zum Erfolg des Weiterbildungsmanagements.

Die Analyse der Tätigkeiten von Bildungsmanagern und Lehrenden bringt ein Verständnis für das spezifische Zusammenwirken der Aufgaben im Handlungsvollzug. In Bildungseinrichtungen haben sich Aufgaben zu typischen **Tätigkeitsprofilen** geformt. Zwei Funktionsbereiche sind dabei von besonderer Relevanz.

- Die **Dispositionsfunktion** bezieht sich meist auf die Leitung, Organisation, Planung, Beratung und Auswertung.
- Die **Lehrfunktion** hat fachlichen und pädagogischen Kriterien zu folgen.

Leitende Tätigkeit mit Führungsentscheidung
- Festlegen der Unternehmensziele und -politik,
- Gewährleistung des Betriebserfolgs (fachlich, finanziell),
- Koordination der betrieblichen Organisation,
- Konzeptionelle Ausrichtung des Bildungsprogramms,
- Personalentwicklung und Besetzung der Führungspositionen,
- Effektivierung der Marketingstrategie,
- Öffentlichkeitsarbeit und Imagepflege.

Lehrende und planende Tätigkeit
- Planung, Vorbereitung und Durchführung von Angeboten,
- Ermittlung des potentiellen und realen Bildungsbedarfs,
- Feststellen der Lernbedürfnisse der Teilnehmer,
- Konzeption maßgeschneiderter Veranstaltungen,
- Trainer und Dozententeams auswählen,
- Organisation der Veranstaltungen gewährleisten,
- Weiterbildungsberatung (Teilnehmer, Betriebe),
- Lehr-/Lernsituationen evaluieren, Materialien erarbeiten,

Die Berufstätigkeiten von Weiterbildnern und Lehrenden zeigen ein breites Aufgabenspektrum. Sie sind: Führungskraft, Organisator, Pädagoge, Betriebswirt, Jurist, Forscher, Kommunikator, Berater, Psychologe, Techniker und Unternehmer *(vgl. Vath 1984, S. 308)*. Ihr spezifischer Zuschnitt erfolgt bei der Aufgabenerfüllung immer konkret. So verändert sich das Profil des Trainers weg vom reinen Wissensvermittler, hin zum firmeninterner Bildungsmanager, Prozeßbegleiter und/oder Supervisor *(vgl. Abels 1996, S. 39 ff.)*. In der Praxis kommt es auf die Ausgestaltung des jeweiligen Arbeitsplatzes an.

3.3 Der Prozeß des strategischen Managements

Bildungseinrichtungen sind **Organisationen mit Leistungszielen,** die im Dienstleistungsbereich des Lehrens und Lernens liegen. Sie sind gegründet worden, um bestimmte Zwecke und Ziele zu erreichen. Davon wird ihre Struktur und das Verhalten der Organisation bestimmt. Ihnen kommt eine besondere Bedeutung zu, weil sie den Kern der Unternehmensidentität bilden. Obwohl einige Autoren Ziele und Zwecke synonym setzen (vgl. *Mayntz 1963, S. 58)*, erhöht die Unterscheidung den Differenzierungsgrad. So soll unter **Zweck** die Leistung einer Organisation für die Umwelt verstanden werden, aus deren Erfüllung sie ihre allgemeine Existenzberechtigung zieht. **Ziele** werden als die von einer Einrichtung formulierten Ansprüche an die Aufgabenerfüllung definiert. So haben die Ziele Auswirkungen auf organisatorische Zustände und Verhaltensweisen, wie Effizienz, Flexibilität, Innovationskraft oder das Wachstum. Das **strategische Management** zielt auf eine lebensfähige Beziehung einer Bildungseinrichtung, die sich zwischen Organisation und Kunden vollzieht. Das geschieht in Bezug auf den **Unternehmenszweck**, die **Unternehmensziele**, die **Wachstumsstrategie** und den **Portfolio-Plan**.

Unternehmens-/ Organisations- Zweck	Unternehmens-/ Organisations-/ Ziele	Wachstums- strategie	Portfolio-Plan bzw. Finanzplan

3.3.1 Unternehmens- und Organisationszweck

Bildungseinrichtungen werden gegründet, um bestimmte Zwecke zu erfüllen. Dabei bezieht der Organisationsbegriff auch jene Betriebsabteilungen mit ein, die nicht in Form selbständiger Unternehmen oder Profitcenter agieren. Jede Bildungseinrichtung muß sich fragen:

Was ist meine Aufgabe in der Weiterbildung?

Wie soll die Einrichtung positioniert werden?

Bei der Aufgabenstellung macht es einen Unterschied, ob eine Bildungseinrichtung **auf Gewinn gerichtet** ist oder **gemeinnützige Zwecke** verfolgt. Obwohl im gemischtwirtschaftlichen Weiterbildungsmarkt der Unterschied nur schwer auszumachen ist, ist die Unternehmensphilosophie grundverschieden. Während ein privates Bildungsinstitut nur dem Eigentümer verpflichtet ist und unmittelbar auf Gewinn gerichtet arbeitet, muß ein gemeinnütziges Bildungswerk vorrangig die Förderung der Weiterbildung von Erwachsenen zum Ziel haben. Während die einen den Überschuß aus der Bildungsarbeit privat verwenden dürfen, sind die anderen verpflichtet, ihn der Einrichtung zur Verfügung zu stellen. Damit nimmt die Zweckbestimmung wesentlichen Einfluß auf den Charakter einer Bildungseinrichtung.

Der **Zweck** eines Bildungsunternehmens ist immer konkret festzulegen. Ein Verkaufsleiter will mit Verkaufstrainings Geld verdienen; ein Linguist will mit Übersetzungen und Kursen ein Sprachzentrum aufbauen; Lehrer wollen ein sozialpädagogisches Bildungswerk gründen; die Volkshochschule will Weiterbildung für die Gesamtbevölkerung im Rahmen der Daseinsvorsorge anbieten; ein Betrieb will seine Mitarbeiter auf dem neuesten Wissensstand halten; Verbände und Kammern wollen für ihre Mitglieder bedarfsgerechte und zukunftsorientierte Weiterbildung durchführen. Der Zweck muß sich aus der Aufgabenstellung ergeben (*vgl. Merk 1997*).

Typisch für Organisationen ist, daß sie sich verändern. Die **Zweckbestimmung** kann undeutlich werden, wenn neue Aktivitäten ins Blickfeld rücken. Interessen und Marktentwicklungen können Entscheidungen forcieren. Ein Computerhersteller, der in das Bildungsgeschäft einsteigen will, sollte eine klare Option für seine Trainings entwickeln. Volkshochschulen müssen sich fragen, ob der Markt der beruflichen Weiterbildung zu ihrem originären Auftrag gehört. Die Industrie- und Handelskammern sowie die Handwerkskammern müssen definieren, warum sie Weiterbildung als eine Dienstleistung anbieten, die auch von ihren Mitgliedern angeboten werden kann. Auch Personalabteilungen stellen sich immer häufiger die Frage, ob sie ihr Bildungs- und Beratungsangebot nur innerbetrieblich oder auch auf dem freien Markt der Weiterbildung anbieten sollen. Wer im Bildungsmarkt agiert, hat die inhaltlichen Zwecke seines Unternehmens zu beachten, um nicht unversehens in eine unklare Lage zu kommen. Die Zweckbestimmung erfordert eindeutige Entscheidungen, ob und wie die Organisation im Weiterbildungsmarkt tätig werden will. Gemeinnützige und private Bildungseinrichtungen tun gut daran, sich voneinander in dem, was und wie sie es tun, zu unterscheiden. Das stärkt ihr Profil und macht sie glaubwürdig.

Wird der **Entwicklungsprozeß** vom Unternehmenszweck zu den Unternehmenszielen betrachtet, so sind sechs Schlüsselelemente von Bedeutung.

1. Geschichte und Entstehung einer Organisation
Es ist von grundlegender Bedeutung, mit welchen Zielen, persönlichen Motiven und unter welchen politischen Bedingungen ein Unternehmen gegründet wird. Prägende Faktoren sind die gewachsene Firmenphilosophie, die Identität der Führungskräfte und Mitarbeiter, der Standort und der Wirtschaftsbereich. Das Image und der »Stil eines Hauses« lassen das Unternehmensbild entstehen. Ein gewachsenes Institut agiert anders als ein Newcomer. Die Volkshochschule ist keine Business School; ein privates Trainerteam keine sozialpädagogische Einrichtung; die Qualifizierung von Sozialhilfeempfängern kein Hochleistungskurs. Bildungseinrichtungen und Managementinstitute unterscheiden sich hinsichtlich ihres Anspruchs deutlich voneinander. Bildungsunternehmen sollten wissen, von welchem Geschäft sie etwas verstehen.

2. Präferenz des Eigentümers und Managements
Jeder Eigentümer sowie die amtierenden Manager legen eigene Ziele, Stile und Kriterien für anstehende Entscheidungen zugrunde. Ein eingefahrenes Team kann ebenso effektiv in dem einen Bereich sein, wie blind in einem anderen.

Jeder Mitarbeiter verfügt immer nur über ein Spektrum von Kompetenzen in seinem Fachgebiet. Eine Bildungseinrichtung, die traditionell Kaufleute schult, kann nicht ohne neues Know-how in die technische Weiterbildung oder das Management-Training einsteigen. Die Implikationen neuer Marktsegmente müssen zur Kenntnis genommen werden. Jede Zielgruppe erfordert ihr spezifisches Equipment.

3. Umwelt- und Marktfaktoren

Die Rahmenbedingungen einer Bildungsorganisation beeinflussen in hohem Maße die Möglichkeiten von Bildungsunternehmen. Das war offensichtlich bei der Qualifizierungsoffensive in den neuen Bundesländern; das wird erkennbar, wenn die Anforderungen an arbeitsplatznahes Lernen untersucht werden. Gleiches gilt im Umweltschutz, um den es in den letzten Jahren ruhiger geworden ist. Angebot und Nachfrage sind nicht immer deckungsgleich.

Die Beeinflussung von Marktfaktoren hat mit den Akteuren und deren Interessen zu tun. Die Veränderungen müssen gewollt sein. Wenn es beispielsweise der Initiative der berufsbildenden Schulen gelänge, die »Duale Weiterbildung in kommunaler Trägerschaft« *(Bader 1990)* für sich zu entscheiden, so wären davon nicht nur traditionelle Anbieter im gewerblich-technischen Bereich betroffen. Die Volkshochschulen, die das Feld bisher für sich allein beanspruchten, müßten umdenken. Es ist zu spät, wenn die Existenz einer Einrichtung zur Disposition steht. Im Wettbewerb heißt warten, Marktanteile verlieren. Umwelt- und Marktfaktoren sind von hohem Entscheidungswert. Initiativen müssen frühzeitig ergriffen werden, damit das Terrain nicht verloren geht. Unternehmensziele müssen mit dem Zweck übereinstimmen.

4. Ressourcen

Der **Einsatz aller Mittel** muß optimal erfolgen. Weil alle Ressourcen begrenzt sind, können Organisationen nicht beliebig vielen Zwecken dienen. Es macht Sinn, im eigenen Marktsegment zum Marktführer aufsteigen zu wollen. Dafür müssen Schwerpunkte gesetzt werden. Ein erkennbares Profil ist auszubilden. Der Ruf des »Allesanbieters« und »Nichtskönners« ist schädlich. Ein Teil der Weiterbildungseinrichtungen scheint sich hierauf noch nicht hinreichend eingestellt zu haben. So, wie ein Segelschiff auf Kurs getrimmt wird, müßten die Organisationen versuchen, sich zu profilieren: Die Führungskräfte, die Mitarbeiter, die Räume, die Werbung, die Produkte, der Stil, das Finanzgebaren. Der **optimale Mitteleinsatz** stellt sich in der Praxis immer als Anpassungsproblem heraus. Dabei helfen faule Kompromisse nicht weiter. Sie sind vielmehr qualitätsmindernd. Bei der Verwendung von Ressourcen ist mit Konflikten zu rechnen, weil die zur Verfügung stehenden Mittel fast immer knapp sind.

Im Wachstumsmarkt der Weiterbildung werden für einzelne Einrichtungen die Ressourcen knapp: geeignete Räume fehlen; Mitarbeiter stoßen an ihre Leistungsgrenzen; Kurse werden in zu kleinen Gruppen durchgeführt, so daß sie nicht wirtschaftlich sind; Führungskräfte sind rar. Eine solche Situation kann dann entstehen, wenn Marktchancen nicht genutzt werden. Dabei stellt sich in der Praxis heraus, daß nicht jede Unternehmensgröße optimal ist. Ist die Einrichtung zu klein, kann sie bestimmte Aufträge nicht übernehmen; ist sie zu groß, erkennt sie Marktnischen zu spät. In solchen Situationen sind strategische Entscheidungen gefragt.

5. Kultur- und organisationsspezifische Fähigkeiten
Jedes Unternehmen bildet eine spezifische **Firmenkultur** aus. Dazu trägt das Selbstverständnis und die Art und Weise der Leistungserstellung bei. In der Außendarstellung versuchen sich Einrichtungen meist so darzustellen, wie sie gesehen werden möchten. Im Image verbinden sich die Selbst- und Fremdwahrnehmungen zur strategischen Größe. Bildungseinrichtungen, die allein schon aufgrund ihres Namens identifiziert werden, haben eine andere Marktposition als Neulinge. Der Stil spiegelt sich im Gebaren einer Einrichtung wieder. Ein Managementinstitut pflegt einen anderen Umgang mit seinen Kunden als eine gewerbliche Bildungsstätte. Eine Einrichtung der Jugendbildung wird im Umgang mit Fachkräften aus dem Geschäftsleben ebenso ihre Probleme haben, wie traditionelle Manager mit Kreativitätsseminaren. Kultur beinhaltet immer das Subjektive und die einer Gruppe zugehörigen Wert- und Ordnungsvorstellungen über das, was Bildung ist oder sein sollte. Jede Einrichtung muß ihre Organisationsfähigkeiten danach entwickeln, wie sie in der Außenwahrnehmung gesehen werden will.

Damit deutlich wird, von welcher **Plattform** aus eine Einrichtung im Markt handelt, sollten die Kriterien der Zweckbestimmung explizit auf alle Geschäftsbereiche bezogen werden. In relativ wenigen Unternehmen dürften Leitsätze und Handlungsperspektiven formuliert sein. Das sagt eine Menge über den Entwicklungsstand aus. Die Unternehmensführung kann es nicht dem Mitarbeiter überlassen, den Unternehmenszweck und die Ziele selbst zu definieren.

6. Markt- und Produktbezug
Es ist nicht damit getan, den Unternehmenszweck auf das »Geldverdienen« oder die »Marktführerschaft« zu reduzieren. Gewinn und eine führende Marktposition sind das Ergebnis einer erfolgreichen **Zweckerfüllung,** nicht der Zweck selbst. Obwohl es sehr gut klingt, wenn eine Bildungseinrichtung den Teilnehmern dienen und deren Lernbedürfnisse befriedigen will, so ist das zu global, als das es operationalisierbar wäre. Zweckbestimmungen sollten sich auf die zu erbringende Leistung beziehen.

Levitt (1969) stellt die These auf, daß »**marktbezogene** Formulierungen **produkt- oder technologiebezogenen** Definitionen des Geschäftsbereichs vorzuziehen« seien. Sein Argument lautet, daß Produkte und Technologien vergänglich seien, die Grundbedürfnisse der Märkte aber beständig wären. Für einen Kutschenhersteller bedeute die Erfindung des Autos das Ende. Würde dasselbe

Strategisches Management in der Weiterbildung

Unternehmen seinen Zweck in der »Beförderung von Personen« sehen, hätte es sich rechtzeitig von der Kutschen- auf die Autoherstellung umstellen können. *Ansoff (1979)* ist dagegen der Meinung, daß viele **marktbezogene Zweckbestimmungen** zu allgemein wären, um richtungsweisend zu sein. Auch die Formulierung »Beförderung« ließe keinen roten Faden erkennen. Beförderung könne per Land, Luft oder Wasser vollzogen werden. Die Zahl der möglichen Kombinationen mit der Produktbandbreite wie Auto, Schiff, Bahn, Fahrrad sei ebenfalls sehr groß.

Bei der Entwicklung einer **Marketingperspektive** für eine Bildungseinrichtung sollte der Unterschied zwischen der produkt- und marktbezogenen Zweckbestimmung deutlich sein. Die produktbezogene Definition gibt den konkreten Gegenstand eines Geschäftsbereiches an; die marktbezogene Bestimmung stellt die Kundenbeziehung in den Vordergrund. Während das produktformulierte Marketing den Gegenstand betont, also das neue Anwenderprogramm X, Y oder Z, so wird bei der marktbezogenen Formulierung der Nutzen für den Anwender hervorgehoben. Erfolgversprechend sind beide Wege. Es kommt auf die Bedingungen des Einzelfalls an. Wenn ein neuer EDV Kurs angeboten wird, interessiert in erster Linie, welches Programm Gegenstand des Kurses ist. Ein altes »Word 6.0« anzubieten ist wenig erfolgversprechend, wenn im Markt bereits die Version »Word 7.0« up to date ist. Wird auf die Bedürfnisbefriedigung in einem Kurs abgehoben, kann ein Titel: »Wie mache ich mich mit EDV erfolgreich selbständig?«, attraktiver sein, als die Nennung der betriebswirtschaftlichen Inhalte.

Die Abbildung zeigt Möglichkeiten der sukzessiven Abgrenzung: Bei der marktbezogenen Formulierung steht die Fähigkeit der »Selbständigkeit« im Vordergrund. Sie ist in den Bereich des Persönlichkeitstrainings eingebunden und der Ebene des Allgemeinwissens zuzuordnen. Der Kurs »Word 7.0« stellt den fachlichen Unterrichtsgegenstand in den Vordergrund. Er ist der Informations- und Kommunikationstechnologie sowie der beruflichen Bildung zuzuordnen.

Marktbezogen	Produktbezogen
Erwachsenenbildung	Berufliche Bildung
Allgemeinbildung	Informations- und Kommunikationstechnologie
Persönlichkeitstraining	Anwenderprogramm
Wie mache ich mich mit EDV erfolgreich selbständig	WORD 7.0

Die Art der Darstellung kann signalisieren, in welchem Kontext Bildungsstätten ihre Kurse anbieten. Es ist heute üblich, Kursangebot zu stylen. So hat ein Prospekt von Dale Carnegie seine Themen eindeutig marktbezogen gewählt. Mit Formulierungen: »Wie Sie das freie Reden lernen«; »So trainieren Sie Ihr Geschick im Umgang mit Menschen«, wird ein Leistungsprofil suggeriert, auf das der Kunde ansprechen soll *(vgl. Dale Carnegie Training, Hamburg 1991).*

3.3.2 Unternehmens- und Organisationsziele

Unternehmensziele sind aufzustellen und so zu operationalisieren, daß sie im Einklang mit dem Organisationszweck stehen. Das geschieht in Planungsprozessen, die strategische Bedeutung für die Bildungseinrichtung haben.

3.3.2.1 Unternehmensziele

In der **Zielformulierung** werden konkrete Aufgaben und Aktivitäten sowie die Rahmenbedingungen festgelegt. Verfolgt eine Einrichtung bildungspolitische Ziele, so muß sie für ihr Marktsegment Leitlinien und Strategien formulieren, die eine klare politische Position beschreiben. Das Gleiche gilt für Gewinn- oder Umsatzziele. Unternehmensziele können sich beispielsweise beziehen auf:

- die Gewinnmaximierung,
- die Befriedigung der Lernbedürfnisse von Erwachsenen,
- die Verbesserung des Marktanteils,
- die Qualitätssicherung,
- die Verwirklichung von Innovationen.

Es ist nützlich, Ziele nach ihrer unternehmerischen Bedeutung zu ordnen, sie quantitativ festzulegen und ihre Einhaltung systematisch zu überprüfen. Eine quantitative Kontrolle ist durch moderne Weiterbildungs- und Informationssysteme so weit wie möglich anzustreben. Bei Abweichungen von den Sollwerten muß mit allen zur Verfügung stehenden Mitteln gegen gesteuert werden.

Unternehmens- und Organisationsziele sind **nicht eindimensional.** Gewinn zu machen ist genauso legitim, wie gemeinnützig tätig zu sein. Für das Management ist dies lediglich eine notwendige, aber keine hinreichende Bedingung. Ein professionell geführtes Weiterbildungsunternehmen strebt in der Regel mehrere Ziele an, die nach dem Grad der Wichtigkeit positioniert werden. Wenn ein Ziel heißt, den Kundenkreis zu erweitern, dann benötigt das Unternehmen eine Marketingstrategie, mit der neue Teilnehmergruppen und Auftraggeber erschlossen werden können. Lautet das Ziel Gewinnverbesserung, kann das durch ein effektives Kostenmanagement oder die Steigerung des Umsatzes angestrebt werden. Gute Werbung und Öffentlichkeitsarbeit erhöhen den Bekanntheitsgrad.

Eine Bildungseinrichtung könnte folgende **Unternehmensziele** anstreben:
- ein neues Geschäftsfeld erschließen und damit den Teilnehmerkreis erweitern,
- ein neues Bildungskonzepte im Markt einführen,

- den innerbetrieblichen Kommunikationsprozeß verbessern,
- das Jahresergebnis um 5 % steigern.

Diese Ziele sind von hoher Komplexität. Sie müssen für die Führungskräfte und Mitarbeiter im Unternehmen **operationalisiert** werden. Geschäftsführer, Bereichsleiter und Trainer müssen – jeweils für ihre Verantwortungsbereiche – entsprechende Weichen stellen. Das bedeutet in der praktischen Umsetzung:

- die Teilnehmerzusammensetzung zu analysieren und neue Kunden zu akquirieren,

- Auftraggebern ein neues Bildungskonzept zu präsentieren,

- neue Mitarbeiter für die Umsetzung eines Konzepts zu gewinnen,

- in den regelmäßigen Geschäftsführer- und Mitarbeiterbesprechungen die neuen Maßnahmen anzukündigen und die Art der Durchsetzung zu vereinbaren,

- die Kostenansätze festzustellen und Ergebnisrechnungen durchzuführen, Schwachstellen offenzulegen,

- den Umsatz zu erhöhen, indem zusätzliche Maßnahmen geplant und durchgeführt werden.

Die Definition der Ziele und deren Operationalisierung erfolgt in der Praxis immer konkret. Jede Geschäftsleitung sollte ihre **Stärken** und **Schwächen,** also das Spektrum für den Erfolg kennen. Unter strategischem Aspekt muß sie für das Gesamtunternehmen und die jeweiligen Organisationseinheiten realistische Ziele definieren. Es liegt in ihrer Verantwortung, die Ziele so auszuwählen, daß eine Unternehmensvision die richtige Motivation für alle Mitarbeiter erzeugt. Dazu muß die Schrittfolge zur Zielerreichung bekannt und realisierbar sein. Das Gesamtziel ist in angemessene Teilziele zu gliedern. Einzelschritte sollten so attraktiv sein, daß sie nicht zur Routine erstarren. Die Aufgaben sollten für den einzelnen eine wirkliche Herausforderung darstellen; die Zielerreichung muß belohnt werden. Ziele sollten die Leistungsfähigkeit und Motivation der Mitarbeiter nicht begrenzen. Fähige Mitarbeiter suchen sich sonst andere Jobs.

Ziele können sich **gegenseitig ausschließen.** Es ist kaum möglich, ein Unternehmen konsolidieren zu wollen und zugleich eine Marktexpansion einzuleiten. Während einer Konsolidierungsphase sind die Produkt- und Mitarbeiterpotentiale auszuloten. Die Finanzen sind zu ordnen. Erst wenn dies geschehen ist, kann ein Bildungsinstitut zu einer offensiven Marktstrategie übergehen. Diese hätte beispielsweise zur Konsequenz: die Neuentwicklung von Konzepten voranzutreiben und dafür zusätzliche Mitarbeiter mit neuem Know-how zu engagieren; möglich wäre auch der Kauf einer Bildungseinrichtung, die über das entsprechende Marktpotential verfügt. Eine offensive Marktstrategie kann auf keinen Fall mit Mitarbeitern erfolgreich bestanden werden, die darauf mental nicht eingestimmt sind. Ziele müssen so gewählt werden, daß sie erfolgreich bewältigt werden können.

Das Management muß definieren, wie die Ziele erfolgreich umgesetzt werden sollen. Die Steigerung des Gewinn läßt sich mit **verschiedenen Maßnahmen** bewerkstelligen:

- Verbesserung der Dienstleistungen und Bildungsprodukte,
- Senkung der Kosten und/oder Erhöhung der Preise,
- Intensivierung der Werbung.

Jede dieser Maßnahmen hat besondere Voraussetzungen und Auswirkungen. Der Preis läßt sich nur dann erhöhen, wenn die Teilnehmer oder Auftraggeber bereit sind, ihn auch zu zahlen. Die Verbesserung eines jeden Produkts ist möglich, wenn sich die Konzeptentwickler dafür aber zu lange Zeit nehmen, haben sich Teilnehmer anderweitig orientiert. Werbung muß in einem angemessenen Verhältnis von Aufwand und Nutzen stehen. Schließlich kann ein Unternehmen trotz steigenden Umsatzes Verluste produzieren. Die Konsequenzen der unterschiedlichen Ziele sind zu antizipieren, bevor sie in die Praxis umgesetzt werden.

Unternehmensziele stellen Leitlinien dar, die konsistent sein müssen. **Konfligierende Zielkombinationen** verwirren. Dafür einige Beispiele:

- kurzfristige Gewinne   versus   langfristiges Wachstum,
- direkte Verkaufsaktivitäten versus   Marktentwicklungsüberlegungen,
- kommerzielle Gewinnziele   versus   gemeinnützige Ziele.

3.3.2.2 Markt- und Wachstumsziele

Wachstum ist der Motor der sozialen Marktwirtschaft. Dabei ist Wachstum weder ohne Risiko noch ohne große Anstrengungen zu haben. Im Wettbewerb geht es um Marktanteile. Jedes private Unternehmen muß auf Dauer wachsen. Wachstum ist allein schon deshalb notwendig,

a) weil die Kosten des laufenden Geschäfts finanziert werden müssen und permanente Preiserhöhungen sowie die Inflationsrate die Überschüsse schmälern;

b) weil Investitionen für den Fortbestand des Unternehmens erwirtschaftet werden müssen.

Es ist selbstverständlich, daß private Unternehmen in der Weiterbildung wachsen müssen. Das sei betont, weil eine Anzahl von Weiterbildnern zu glauben scheint, dies sei überflüssig, weil die Kosten für Bildung allein staatlich finanziert werden sollten. Zudem verbirgt sich hinter dieser Vorstellung betriebswirtschaftliche Unkenntnis, die nicht anerkennen will, daß im Wettbewerb private Unternehmen wachsen müssen, um Investitionen tätigen zu können. Nur staatlich finanzierte Einrichtungen können auf Wachstumsziele verzichten, weil für Verluste der Steuerzahler aufkommt.

Bei der Aufstellung von Markt- und Wachstumszielen ist zu beachten, daß sich der Weiterbildungs- und Tagungssektor zu einer eigenen **Wirtschaftsbranche** entwickelt. Sie ist heute zudem zum Wohle vieler eine Wachstumsbranche. Im Wettbewerb befindet sie sich in der gleichen Position, wie andere Marktbereiche – zum Beispiel die Bauwirtschaft oder der Handel – auch. Sie muß auf Trends und Diskussionsstände sehr sensibel reagieren. Sie hat sich aus dem Nutzen der Weiterbildung für die Menschen ihre Legitimation zu verschaffen. In einem Wachstumsmarkt muß eine Weiterbildungseinrichtung nicht nur ihren Zweck und die Ziele festlegen, sie muß das »Wie« ihres Erfolgs bestimmen. Einrichtungen brauchen eine Wachstumsstrategie, um genügend Kapital akkumulieren zu können, damit es ihnen möglich wird, aus der großen Zahl von Investitionsrichtungen eine erfolgversprechende auszuwählen.

In der Diskussion um die **Grenzen des Wachstums** *(Peccei 1979; Zinn 1980)* wird mit analytischer Schärfe auf den Problemkern des marktwirtschaftlichen Systems hingewiesen. Dabei ist Wachstum um jeden Preis, d. h. auf Kosten der Umwelt oder der Menschen natürlich selbstzerstörerisch. Doch andererseits ist die Wirtschaft kein statisches Gebilde, daß zum Wandel nicht in der Lage sei. Nur wenn die Balance von qualitativem Wachstum und individuellem Nutzen nicht auf Kosten Dritter geht, erweisen sich Wachstumsziele auch ökologisch und sozial als erfolgreich. Die Diskussion um das »Ende und die Qualität des Wachstums« hat wesentlich mit dazu beigetragen, den Fetisch »Wachstum« zu relativieren. Jedoch gibt es in der sozialen Marktwirtschaft dazu keine Alternative und auch nicht für die Weiterbildung.

3.3.2.3 Marktposition

Das Wachstum eine Bildungseinrichtung wird von dessen **Marktposition** bestimmt. Sie ist für das strategische und operative Geschäft grundlegend. Es macht einen Unterschied, ob eine Einrichtung unbekannt ist oder, ob sie sich als anerkannter Träger der Weiterbildung etabliert hat. Im ersten Fall muß sie sich präsentieren und demonstrieren, wer sie ist, und was sie kann. Als Vertreter einer bekannten und anerkannten Bildungsstätte stehen einem die Türen bereits offen. Das ist Verpflichtung wie Risiko zugleich.

Das Wissen um die Marktposition ist in das **unternehmerische Kalkül** einzubeziehen. Einrichtungen, die in regionalen Märkten erfolgreich sind, wissen, ob sie zu den Marktführern gehören oder nicht. Die bekannten Organisationen der Weiterbildung haben nicht nur ihre Leistungsfähigkeit bewiesen, ihre neuen Konzepte werden nachgefragt. Die Partner können darauf vertrauen, daß die Qualität stimmt und der Erfolg sicher ist. Der häufig benutzte Begriff des »bewährten« Bildungsträgers ist Ausdruck für Seriosität.

Jede Einrichtung hat eine definierbare Marktposition. Sie kann Auskunft über den **Stellenwert** und die **Leistungsstärke** geben. Das ist wichtig, wenn Zukunftspotentiale erkundet werden sollen. Es gehört zu den unternehmerischen Fähigkeiten, die eigene Einrichtung weder zu überschätzen noch zu unterschätzen. Wer sich als Newcomer an zu großen Aufträgen versucht, erleidet schneller Schiffbruch, als ihm »lieb« sein kann. Andererseits ist die Zurückhaltung anerkannten Einrichtungen nicht immer verständlich, die über das Know-how und Mitarbeiterpotential verfügen, exponierte Konzepte zu realisieren. In Kenntnis der Marktposition lassen sich angemessene und praktikable Strategien für den Markterfolg formulieren.

Zu diesem Zweck kann die **Marktdefinition** der empirischen Wirtschaftsforschung herangezogen werden. Danach wird der Marktanteil als Verhältnis von Anbieter A zum gesamten Marktvolumen oder genauer, sofern Daten vorhanden sind, zum tatsächlichen Angebot der weiteren Anbieter B, C, etc. ermittelt.

$$\text{Absoluter Marktanteil} = \frac{\text{Anbieter A (in einer Region)}}{\text{Marktvolumen}} * 100\ (\%)$$

Der Marktanteil eines Anbieters läßt sich mengen- und wertmäßig zum Beispiel für eine bestimmte Region bestimmen. Wird der Marktanteil auf die Gesamtheit (z. B. Bundesrepublik) bezogen, wird er **absoluter Marktanteil** genannt. Davon ist der **relative Marktanteil** zu unterscheiden. Er gibt die Stellung des Unternehmens im Vergleich zu seinen Mitbewerbern in Segmenten an.

$$\text{Relativer Marktanteil} = \frac{\text{Marktanteil des Unternehmens A}}{\text{Marktanteil des Wettbewerbs}} * 100\ (\%)$$

Sofern das betrachtete Unternehmen selbst Marktführer ist, läßt sich der relative Marktanteil im Verhältnis zum zweitgrößten Wettbewerber rechnen. Fallbeispiel:

	Marktsegment 1	Marktsegment 2
Bildungsanbieter A	20 %	20 %
Bildungsanbieter B	5 %	40 %
dto. C	4 %	30 %
D	3 %	5 %
F	x %	x %
	100 %	100 %

Im Marktsegment I beträgt der relative Marktanteil des Anbieters A im Verhältnis zu B:
relativer Marktanteil = 20 % von 5 % * 100 = **400** (%)

Im Marktsegment II beträgt der relative Marktanteil des Anbieters A zu B:
relativer Marktanteil = 20 % von 40 % * 100 = **50** (%)

Obwohl der absolute Marktanteil von A in beiden Marktsegmenten 20 % beträgt, ist die Stellung von A auf dem ersten Markt ungleich stärker, da A viermal so groß ist wie B. Auf dem zweiten Markt hingegen gibt es noch einen Konkurrenten, der doppelt so groß ist wie A. Dieser Unterschied kommt erst im relativen Marktanteil zum Ausdruck.

Das **Marktgesetz** geht davon aus, daß zum Zeitpunkt x die Nachfrage nach einem bestimmten Produkt (z. B. Seminar) maximal 100 Prozent betragen kann. Unter der Voraussetzung, daß keine von mehreren Einrichtungen alle Teilnehmer erreichen kann, müssen sich die verschiedenen Anbieter die Nachfrage teilen. Daraus ergibt sich die Position zu den Mitbewerbern. Die Marktstruktur gibt also Auskunft über die Verteilung der Anbieter in einem bestimmten Marktsegment. Der Marktführer kann z. B. 45 %, der Herausforderer 30 %, der Mitläufer 15 % und der Nischenbearbeiter 10 % aller Teilnehmer erreichen.

Marktführer	Marktherausforderer	Marktmitläufer	Marktnischenbearbeiter
45 %	30 %	15 %	10 %

3.3.2.4 Produkt-Markt-Strategien

In den Bereich der strategischen Planung gehört es, Marktstrategien zu entwikkeln. Die **Produkt-Markt-Matrix** ist ein Hilfsmittel zur inhaltlichen Bestimmung der Marktposition und zur Darstellung strategischer Alternativen. Mit der Matrix können die Fragen beantwortet werden:
* Mit welchen Produkten sollen die Zielmärkte bedient werden?
* Aus welcher Wettbewerbsposition tritt das Bildungsinstitut dabei an?

Eine technische Akademie oder ein Institut für Sekretärinnen kennen ihren Markt und den ihrer Mitbewerber genau. Von der Marktposition hängt es ab, in welchem Umfange Angebote diversifiziert werden können. So dürften im Bereich der Standardangebote nur schwer zusätzliche Veranstaltungen abzusetzen sein. Neuentwicklungen könnten im Bereich der Neuen Medien, der Bürokommunikation oder bei Europasekretärinnen angebracht sein. Jedes Institut muß neue Produktkonzepte erarbeiten oder erwerben.

Die **Markt-Produkt-Kombination** ist eine zentrale Größe bei der Entwicklung von Unternehmens- und Wachstumszielen. Ein bekanntes Produkt durchdringt den alten Markt. Marktentwicklung liegt vor, wenn ein altes Produkt in neuen Märkten eingeführt wird. Das heißt, das Marktsegment ist für das jeweilige Institut neu. Produktentwicklung bezieht sich auf neue Produkte, die in bekannten Märkten angeboten werden. Neue Produkte können in neuen Märkten möglichst breit oder ganz speziell eingeführt werden. Sie werden diversifiziert. Voraussetzung für ein effektives Handeln ist ein guter Marktüberblick. Mit Hilfe der Matrix lassen sich Hinweise auf die Markt- und die Produktsegmentierung gewinnen. Erst die Kenntnis der eigenen Position erlaubt es, realistische Ziele zu formulieren und sie erfolgreich umzusetzen.

Produkt-Markt-Matrix

Produkt \ Markt	alte Märkte	neue Märkte
alte Produkte	Marktdurchdringung	Marktentwicklung
neue Produkte	Produktentwicklung	Diversifikation

(Ansoff-Raster) nach: Malik/Helsing 1988, S. 171)

3.3.2.5 Erfahrungskurve

Aus strategischer Sicht gilt es für eine Bildungseinrichtung ein **Produkt-Markt-Portfolio** *(Staehle 1990, S. 604)* zusammenzustellen, das sich im Weiterbildungsmarkt behaupten kann. Dabei sind zwei grundlegende Erkenntnisse von Interesse. Die **Erfahrungskurve** sowie das Konzept des **Produkt-Lebens-Zyklus**.

Die **Erfahrungskurve** macht keine Aussagen zur Entwicklung von Umsätzen, sondern von Kosten in Bezug auf die Anzahl der Produkte. Sie gibt, bezogen auf Produkte (Seminare) die Preis/Stückkosten (Preis/Seminarkosten) im Verhältnis zum Marktanteil an. Die Marktanteilsrelation bestimmt das Verhältnis von direkten Konkurrenten zu bestimmten Wirkungen im Kostengefüge.

Der **Erfahrungseffekt** besagt nunmehr, daß mit jeder Verdoppelung der kumulierten Mengen eines Produkts Kostensenkungspotentiale in einer bestimmten Größenordnung (z.B. von 5–30 %) entstehen. Dieser Effekt hat auch in der Weiterbildung Gültigkeit. Das leuchtet ein, weil sich mit zunehmender Lehrerfahrung die Vorbereitungszeit für einzelne Seminare verkürzt. Wird eine Veranstaltung gar mehrfach durchgeführt, verringert sich der reale Aufwand im Rahmen der Lernkurve. Selbstverständlich gibt es bei dieser empirisch zu beobachtenden Kostendegression keine Gesetzmäßigkeit, weil kein Seminar dem anderen gleicht. Der besondere Wert der Erfahrungskurve liegt in dem Signalwert für das Management.

Mit zunehmendem Marktanteil reduzieren sich die potentiellen Seminarkosten im Verhältnis: **Preis in der Höhe der potentiellen Erfolgsspanne.** Die Investitionskosten für die Entwicklung eines Konzepts werden pro durchgeführtem Seminar im Verhältnis: **Betrag dividiert durch Anzahl der Veranstaltungen** geringer.

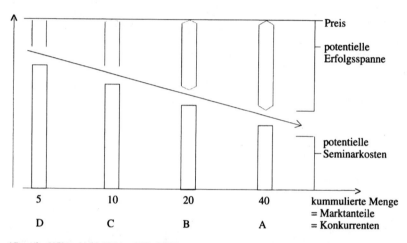

(Gäweiler 1979 in: Malik/Helsing 1988, S. 193)

Die Kurve zeigt, wie sich in der Tendenz die Seminarkosten von 5 auf 40 im Verhältnis zur potentiellen Gewinnspanne verringert.

Die **Erfahrungskurve** ermöglicht:

- Prognosen über längerfristige Entwicklungen von Kosten und Preisen bei einer bestimmten Maßnahme anzustellen,
- Kosten- und Ertragssituation der wichtigsten Konkurrenten einzuschätzen,
- aufgrund der Produktwachstumsrate Rationalisierungspotentiale festzustellen,
- Untergrenzen aufgrund des Erfahrungseffekts bei der Erbringung der Marktleistung einzuschätzen.

3.3.2.6 Produkt-Lebens-Zyklus

Das Konzept des **Produkt-Lebens-Zyklus** spielt in dem Portfolio-Ansatz eine wichtige Rolle. Es geht von der Annahme aus, daß sich der Absatz eines Produkts (Seminar) in einem bestimmten Zeitraum in bestimmten **Lebensphasen** entwickelt:

> Entwicklung > – < Einführung > – < Wachstum > – < Sättigung > – < Rückgang

Eine **Veranstaltung** muß konzipiert werden. Wenn sie marktreif ist, wird sie eingeführt und kontinuierlich verbessert, so daß sie ihren Marktanteil vergrößert. Das Wachstum stößt an seine Grenze, wenn das Thema überholt ist, die Teilnehmer ausreichend informiert sind oder weitere Mitbewerber das gleiche Thema anbieten. Der Umsatz des Seminars geht zurück. Gemeinsam ist allen Zyklen, daß sie nicht allein das Ergebnis von Marketinginstrumenten oder Produktqualitäten sind, sondern durch den Wandel der Lern- und Kundenbedürfnisse beeinflußt werden. Neue Fragen erfordern neue Antworten.

Der Umsatz eines jeden Seminars läßt sich graphisch darstellen. Der Kurvenverlauf ist aufgrund der Umsatzentwicklung oder Teilnehmerzahl empirisch nachweisbar. Ein Produkt-Lebens-Zyklus macht keine gesetzmäßige Aussage über die absolute Laufzeit bzw. den Umsatz eines Seminars. Dies ist nicht möglich, weil jeder Kurs seine Eigenheiten hat. Der Verlauf läßt frühzeitig Vergleiche zu anderen Seminaren zu.

Der Produkt-Lebens-Zyklus ist
a) produktbezogen,
b) von absatzpolitischen Instrumenten oder
c) von regionalen Besonderheiten abhängig.

Trends bestimmen Produktzyklen; Innovationen werden von den erwachsenen Lernern aufgegriffen oder zum Zeitpunkt X als überholt erachtet. Die Grafik stellt einen fiktiven Verlauf dar:

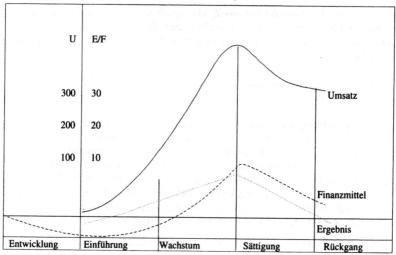

(Gälweiler 1986, S. 255. In: Malik/Helsing 1988, S. 194)

3.3.2.7 Ziele setzen und vernetzen

Bildungseinrichtungen sollten nicht nur ihre Seminare und Lehrgänge inhaltlich planen, die **Unternehmensziele** müssen gesetzt und vernetzt werden. Aus der Fülle möglicher Ziele müssen die wichtigsten festgestellt werden. Es ist eine Rangfolge im Sinne einer Zielhierarchie festzulegen. Wenn eine private Einrichtung den Gewinn steigern will, muß sie dieses Leitziel für alle verbindlich formulieren. Daraus ergeben sich dann bestimmte Konsequenzen für das Marketing, die Konzeptentwicklung wie die Teilnehmergebühr. Komplexe Ziele zu erreichen erfordert zudem, die Handlungsschritte so miteinander zu verbinden, daß die Zielerreichung realistisch ist. In der Vernetzung der Ressourcen liegt die eigentliche Schwierigkeit. Es ist Aufgabe der Geschäftsführung, die Ziele mit den Mitarbeitern zu kommunizieren und für deren Umsetzung zu sorgen. Nur dann besteht eine berechtigte Hoffnung auf Erfolg.

Der Prozeß des strategischen Managements

Zielhierarchie eines Bildungsunternehmens

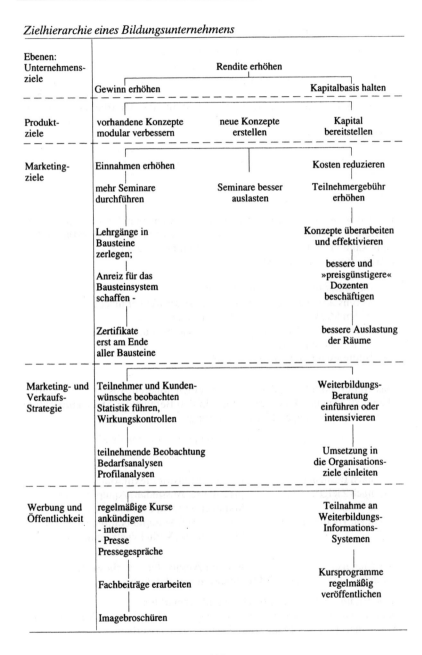

3.3.3 Wachstumsstrategien

Wachstumsziele präferieren Zukunftsentscheidungen, deshalb muß das Management hierfür klare Vorstellungen entwickeln. Falsche Wege können das Aus für einen Fachbereich oder gar eine Einrichtung bedeuten. Stagnierende Märkte haben Umsatz- und Gewinneinbußen zur Folge; im Extrem den Konkurs für ein Unternehmen; Arbeitslosigkeit für die Mitarbeiter. Nicht alle Wachstumsziele verfolgen die gleiche Richtung. Mit *Kotler* lassen sich drei **Strategien** unterscheiden:

> Intensives Wachstum – Integratives Wachstum – Diversifikatives Wachstum.

3.3.3.1 Intensives Wachstum

■ Intensives Wachstum ist dann anzuraten, wenn ein Unternehmen seine Marktchancen noch nicht ausgeschöpft hat. Der Grad der **Marktdurchdringung** kann erhöht werden, indem das Bildungsangebot erweitert wird. Der Umsatz steigt. Mögliche Maßnahmen:

- die Marketingaktivitäten erhöhen,
- Veranstaltungen durch günstige Preise attraktiver machen,
- in den Markt von Mitbewerbern einsteigen,
- publikumswirksame Veranstaltungen anbieten,
- Weiterbildungsberatung intensivieren,
- Bildungsangebote flexibilisieren.

■ Das Weiterbildungsmanagement kann einen höheren Absatz dadurch erreichen, daß es neue Märkte erschließt. In den Bereich der **Marktentwicklung** fällt die Erweiterung und Differenzierung:

- räumliche Expansion (regionale, nationale, internationale Märkte,
- inhaltliche Expansion (neue Marktsegmenten),

⇨ nach Branchen	Handel, Industrie, Textil, Bau etc.
⇨ nach Zielgruppen	Ingenieure, Aussiedler, Analphabeten, Manager, Frauen, Personalleiter etc.
⇨ nach Themengebieten	Technik, Bürokommunikation, Rhetorik, Management, Verhaltenstraining etc.

■ Das Management kann einen höheren Absatz durch verbesserte oder neue Produkte anstreben. **Produktentwicklung** erfolgt durch:

- neue Bildungskonzepte entwickeln und vermarkten;
- neue Produkteigenschaften durch Adaption, Modifikation, Vergrößerung, Verkleinerung, Neuorganisation, Kombination erwerben,

- ⇨ Kurse im Zeitumfang und Qualitätsniveau ändern;
- ⇨ Kursinhalte neuen Entwicklungen anpassen,
- ⇨ Bausteine oder Module mit verschiedenem Zeitaufwand anbieten.

- verschiedene Versionen des gleichen Produkts anbieten, (gleiche Inhalte in unterschiedlich großen Bausteinen anbieten; gleiche Inhalte unter verschiedenen Titeln anbieten, was an die Grenze der Seriosität reichen kann).

3.3.3.2 Integratives Wachstum

Integratives Wachstum liegt vor, wenn:
- in einem wachstumsträchtigen Bildungsbereich, z. B. den Neuen Medien, die Marktaktivitäten **konzentriert** werden;
- das Unternehmen durch rückwärts, vorwärts oder horizontale Aktivitäten den Gewinn, die Effizienz oder den **Einfluß vergrößern** kann.

Unter **Rückwärts-Integration** ist der Versuch zu verstehen, Einfluß auf Dritte oder Eigentum von Dritten zu erwerben. Im Bildungsbereich können das »Zulieferer-Betriebe«, z. B. im Bereich der Lehr-/Lernmittel sein. Aus Unternehmenssicht könnte es gewinnbringend sein, einen eigenen Lehr-/Lernmittel-Verlag oder – noch weitergehend – eine Druckerei zu erwerben. Bei der Rückwärts-Integration werden Unternehmen auf der Seite der »Zulieferer« in das Bildungsunternehmen integriert.

Eine **Vorwärts-Integration** findet statt, wenn auf der Seite der »Distribution« Eigentum bzw. Einfluß erworben wird. Distribution bezeichnet in der Betriebswirtschaft die Art und Weise der Verteilung eines Produkts bzw. einer Dienstleistung inclusive der Logistik. Die Errichtung von Informations- und Beratungsstellen für die Verbreitung des Weiterbildungsangebots könnte ebenso zur Vorwärtsintegration gerechnet werden, wie die Beteiligung eines Bildungsunternehmens an einem privaten Fernsehsender oder an einem Medienverlag.

Bei der **Horizontal-Integration** wird versucht, Einfluß auf die Mitbewerber zu gewinnen. Er ist dann am größten, wenn er in die Unternehmensgruppe integriert werden kann. Als Marktführer befindet man sich in einer günstigen Ausgangsposition. Für traditionelle Einrichtungen können insbesondere neue Weiterbildungsteams mit hoher Innovationsfähigkeit und exzellenten Verkaufsstrategien gefährlich werden. Junge, dynamische Teams sollten in eine Unternehmensgruppe integriert werden. Die Gründung eines Weiterbildungsverbund, einer Holding (Unternehmensverbund) oder Franchising können als horizontale Integration verstanden werden.

3.3.3.3 Wachstum durch Diversifikation

Diversifizieren bedeutet für Bildungseinrichtungen in erster Linie Ausweitung und Spezialisierung des Bildungsangebots. Wachstum durch **Diversifikation** ist nötig, wenn
- in einem Fachbereich kaum noch Wachstumschancen zu erwarten sind;
- außerhalb des Weiterbildungsmarktes für eine Einrichtung wesentlich bessere Gewinnmöglichkeiten bestehen.

Diversifikation bedeutet **Ausweitung des Angebots** auf Fachbereiche, die bisher nicht zum Programm gehören. Das kann durch Personalakquisition (neue Referenten) ebenso eingeleitet werden, wie durch den Kauf eines Instituts mit einem besonderen Leistungsprofil. Der Einstieg in andere Bildungsbereiche oder gar Branchen ist immer mit Risiken verbunden. Ausgehend von dem Grundsatz, zuerst das Kerngeschäft zu pflegen, sind die Schritte in neue Märkte gut vorzubereiten.

Eine weitere Ebene der Diversifikation könnte sich auf Unternehmen und Produkte beziehen, die eng mit dem bestehenden Bildungsangebot korrespondieren. Eine ganze Branche kümmert sich mittlerweile um das Equipment für den Bildungs- und Tagungsmarkt. Benötigt werden Medien, Ausstattungen und Geräte. Dazu gehören auch Institute, die sich auf die Konzeptentwicklung von Lehr- und Ausbildungsplänen spezialisiert haben; Lehr- und Lernmittelverlage; Druckereien; Unternehmensberatungen; Personal- und Arbeitsvermittlungsagenturen; Immobilien und Tagungshäuser. Diversifikation bedeutet immer ein besonderes unternehmerisches Risiko einzugehen.

- **Konzentrische Diversifikation** besteht in dem Versuch, neue Produkte zu suchen, die technologische und/oder marketingbezogene Ähnlichkeiten mit den bestehenden Produktlinien aufweisen, (z. B. Gründung von Weiterbildungs-Innovations-Zentren; Zukunftswerkstätten zur Erschließung neuen Know-hows, Kompetenzinstitute);

- **Horizontale Diversifikation** besteht in dem Versuch, Produkte zu entwickeln, die keine Ähnlichkeiten mit den vorhandenen Produktlinien haben, (z. B. Herausgabe einer Zeitung für Weiterbildung; Handel mit Lernmedien, Filmen; Videoproduktionen für das Fernsehen);

- **Konglomerative Diversifikation** bedeutet die Suche nach neuen Produkten und Kundengruppen, um a) einen vorhandenen Bedarf zu decken, b) eine Marktchance zu entdecken und wahrzunehmen. In beiden Fällen ist der Markt und sind die Produkte den Weiterbildungsinstitution relativ fremd. Denkbar wäre die Auslastung einer gewerblich-technischen Bildungsstätte mit Produktionsaufträgen (Realaufträgen) für die gewerbliche Wirtschaft; Vermarktung von Produkten, die in Weiterbildungsmaßnahmen hergestellt werden; die reale Existenzgründung aus einer Übungsfirma heraus.

Beispiele zeigen, wie Wachstumschancen systematisch entwickelt werden können. Die Art der Wachstumsstrategie ist vor dem Hintergrund der Bedingungen einer jeden Bildungseinrichtung zu beurteilen. Zur **Realisierung neuer Produkt-/Markt-Strategien** bieten sich folgende Möglichkeiten an:

- Eigenentwicklung (Forschung und Produktentwicklung)
- Lizenzname (Kauf von Konzepten in Lizenz)
- Fremdentwicklung (Entwicklungsauftrag an Dritte)
- Übernahme von Know-how (Adaption anderer Konzepte)
- Kooperation mit anderen Bildungsunternehmen (Arbeitsteilung in Entwicklung und Durchführung)
- Beteiligungserwerb (Erwerb von Geschäftsanteilen an einem Bildungsunternehmen)
- Übernahmeerwerb (Kauf eines Bildungsunternehmens)

(vgl. Staehle 1990, S. 613 f.)

Jede Wachstumsstrategie hat **spezifische Schwierigkeiten** zu bewältigen. Insbesondere ist aber zu prüfen, ob die eintretenden Optimierungseffekte den Erwartungen entsprechen. Es könnte sich herausstellen, daß die Bildung von Mischkonzerne nur Synergieeffekte im Managementbereich, nicht aber in der Organisation und Verwaltung erzielen. Im Falle der Diversifikation bedarf es einer ausgefeilten Übernahmestrategie, damit das neue wie das alte Unternehmen eine gemeinsame Unternehmensidentität aufbauen können. Corporate Identity (CI) muß nach innen auf die Identifikationsmöglichkeiten der Mitarbeiter und nach außen auf die Akzeptanz der Kunden gerichtet sein. Die Profilierung eines neuen Selbstverständnisses ist nach einer Diversifizierungsphase für alle Beteiligten wichtig.

3.3.4 Das Portfolio-Management und der Finanzplan

Das **Portfolio-Management** nimmt in der Praxis des strategischen Managements eine wichtige Bedeutung ein. Es wurde von der *Boston Consulting Group*, einer der *Harvard Business School* nahestehenden Beratungsgesellschaft entwickelt. Das Konzept geht auf *Markowitz (1959)*, den Gründer der Portfolio Selection Theory zurück, der sich mit der optimalen Zusammensetzung von Wertpapier-Portfeuilles für Investoren beschäftigte. Jedoch erst Untersuchungen über Erfahrungskurven *(Henderson 1974)* und die Integration des Ansatzes des Produkt-Lebens-Zyklus brachte die Anwendung auf Probleme der strategischen Planung. Der Portfolio-Ansatz beruht im wesentlichen auf der Kombination strategischer Erfolgsfaktoren. Es geht um Marktanteile in wachsenden bzw. schrumpfenden Märkten. Dabei geht es dem Finanzmanagement um die optimale Zusammenstellung des unternehmerischen Portefeuille.

Bevor die Ansätze der Portfolio-Planung ausführlicher dargestellt werden, sollen einige Grundlagen und Besonderheiten für die Aufstellung von **Finanzplänen** in der Weiterbildung beschrieben werden. Dies auch deshalb, weil es in der Weiterbildung immer noch nicht selbstverständlich ist, eine betriebswirtschaftliche Vollkostenrechnung durchzuführen. Wenn gemeinnützige Einrichtungen lediglich zur kameralistischen Einnahme- und Ausgabenrechnung verpflichtet sind, tun sie gut daran, Bilanzen zu erstellen. Erst sie machen Angaben zur tatsächlichen Kostenstruktur. In jedem Fall muß das Finanzmanagement Instrumente entwickeln, die angesichts unsicherer Erwartungen in Bezug auf Risiko und Ertrag optimale Entscheidungen ermöglichen.

3.3.4.1 Grundbegriffe der Finanzwirtschaft

Im **finanzwirtschaftlichen Prozeß** wird Kapital beschafft, verwendet, wieder freigesetzt und verwaltet. Finanzanalysen geben Aufschluß, in welchen Fachbereichen gleichmäßiges Wachstum erzielt wird oder, in welchen Schwankungen bestehen. Abweichungen können festgestellt werden. Die Ursachen sind zu ermitteln. Schlüsse sind zu ziehen. Das Management muß dann entscheiden, welche Geschäftsbereiche aufgebaut, erhalten oder abgebaut werden sollen.

Nach *Gutenberg (1973)* besteht jedes Unternehmen aus den drei **güterwirtschaftlichen Teilbereichen** Beschaffung, Leistungserstellung und Leistungsbewertung, die zu einer funktionsfähigen Einheit zu verknüpfen sind. Diesen Teilbereichen steht die finanzielle Sphäre gegenüber, die dazu in keinem inhaltlichen Funktionszusammenhang steht, aber die wichtigste Voraussetzung für den betriebswirtschaftlichen Gesamtzusammenhang darstellt. Ohne Kapital ist keine Unternehmung denkbar. Der finanzwirtschaftliche Bereich stellt eine Abstraktion dar und umschließt den geldlichen Aspekt in allen Teilen des Unternehmensprozesses *(Witte 1962)*.

In Anlehnung an *Bartsch* und *Fischer (1978)*, die Grundbegriffe der **betrieblichen Finanzwirtschaft** übersichtlich zusammengefaßt haben, wird auf besondere Aspekte der Finanzierung in der Weiterbildung eingegangen. Als betriebliche Finanzwirtschaft soll hier die zielgerichtete Planung, Gestaltung, Steuerung und Kontrolle aller Zahlungsströme eines (Bildungs-)Unternehmens verstanden werden. Damit bezieht sie sich auf die Gesamtheit der Maßnahmen zur Ermittlung des Kapitalbedarfs, zur Beschaffung, Verwaltung und Verwendung der benötigten finanziellen Ressourcen.

Der Prozeß des strategischen Managements

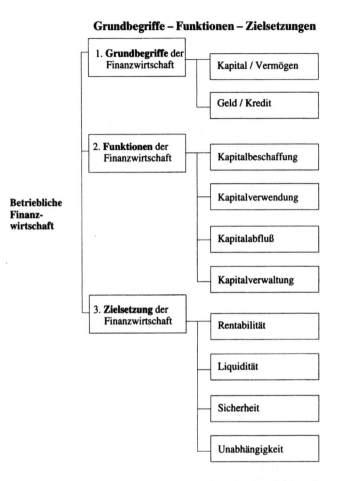

1. Kurzdarstellung wichtiger Grundbegriffe der Finanzwirtschaft

Kapital/Vermögen
Kapital und Vermögen sind Ausdrucksformen der Gesamtheit der betrieblichen Werte. Sie sind stets gleich groß. Dies zeigt sich rechnerisch in der Bilanz. Betriebswirtschaftlich ist das weiter gefaßt, da nicht alle Kapital- und Vermögensbestandteile bilanziert werden.

Kapital ist die abstrakte Wertsumme aller vom Unternehmen bzw. den Gesellschaftern zur Verfügung gestellten Mittel – einschließlich nicht ausgeschütteter Gewinne – sowie alle von Dritten überlassene Mittel.

Strategisches Management in der Weiterbildung

Vermögen zeigt, welche Verwendung das Kapital gefunden hat. Es umfaßt die Gesamtheit der materiellen und immateriellen Güter, die eine produktive Funktion erfüllen, oder die von Vorteil sind, ohne direkt diesen Zielen zu dienen (betriebsnotwendiges – neutrales Vermögen).

In der **Bilanz** finden die Kapitalströme ihren Niederschlag. Betriebswirtschaftlich ist die Bilanz die Gegenüberstellung des Vermögens auf der Aktivseite und des Kapitals auf der Passivseite zu einem bestimmten Zeitpunkt.

Bilanz der »Seminar GmbH«

Aktiva in DM (Mittelverwendung)		Passiva in DM (Mittelherkunft)	
Die Vermögens- oder Aktivseite zeigt die *Formen* des Vermögens.		Die Kapital- oder Passivseite zeigt die *Herkunft* des Vermögens	
I Anlagevermögen		I. Eigenkapital	380 000
1. Grundstücke	280 000	II. Fremdkapital	
2. Gebäude	350 000	1. Hypothekenschulden	320 000
3. Fuhrpark (Dienstwagen)	150 000	2. Darlehnsschulden	280 000
4. Büro- und Geschäftsausstattung	90 000	3. Verbindlichkeiten aus Lieferungen und Leistungen	35 000
II. Umlaufvermögen		4. Rückstellungen	20 000
1. Warenvorräte (z. B. Tagungsmaterialien)	80 000		
2. Forderungen aus Lieferungen und Leistungen, z. B. Tagungsentgelte	37 000		
3. Kasse	3 000		
4. Bank	45 000		
Vermögen	1 035 000	Kapital	1 035 000

Geld/Kredit

Geld ist ein allgemeines Gut und Voraussetzung für indirekten Tausch. In allen Erscheinungsformen ist es Träger nominaler Wertgröße. So ist es auch wichtigster Werträger des Kapitals (Geldkapital; Gegensatz: Sachkapital)

Kredit ist das in Form von Geld oder Sachgütern überlassene Fremdkapital, das ein Unternehmen, z. B. von einer Bank, erhält. Zugleich ist Kredit das Vertrauen in den Willen und die Fähigkeit einer Person oder eines Unternehmens, seine Verpflichtungen ordnungsgemäß zu erfüllen (psychologische Ebene); zum anderen die Leistung (materielle Ebene), die im Vertrauen darauf erbracht wird, daß die Gegenleistung zu einem späteren Zeitpunkt ordnungsgemäß erfolgt.

Die **Kreditwürdigkeit** spielt im Geschäftsleben eine herausragende Rolle. Sie

Der Prozeß des strategischen Managements

dient der Überwachung und Untersuchung der persönlichen und sachlichen Kriterien eines kreditsuchenden Unternehmens. Geprüft werden die rechtlichen, persönlichen und wirtschaftlichen Verhältnisse. Kredite werden nur dann vergeben, wenn eine gewisse Sicherheit besteht, daß der Kredit zurückgezahlt werden kann. Deshalb sind Kredite immer mit einem Risiko verbunden.

Kredit- bzw. Kapitalkosten sind alle Aufwendungen, die erbracht werden müssen, um finanzielle Mittel als Eigen- oder Fremdkapital in Anspruch nehmen zu können. Die Kapitalkosten werden auch Finanzierungskosten genannt.

Beispiel Kreditkonditionen:
Nennwert eines Kredits: 12 000 DM; Disagio (Zinsvorabzug) 10 %; Laufzeit n = 3 Jahre; t = Jahr; Zinssatz i = 7 %; jährliche Gebühren 0,5 % des nominell gebundenen Kapitals

Laufzeit	t=0	t=1	t=2	t=3
Kreditaufnahme	12 000			
Disagio	− 1 200			
Zinsen		840	560	280
Tilgung		4 000	4 000	4 000
Gebühren		60	40	20
Zahlungsfolge	10 800	−4 900	−4 600	−4 300

Nach Abzug des Disagio steht dem Unternehmen ein Kreditbetrag im Nennwert von 10 800 DM zur Verfügung. Der jährliche Kapitaldienst beträgt: 4 900 DM; 4 600 DM und 4 300 DM.

2. Funktionen der Finanzwirtschaft
Die zentrale Aufgabe der Finanzwirtschaft liegt in der **Bereitstellung von Kapital** für die Durchführung des Unternehmenszwecks bzw. eines speziellen Vorhabens. Das benötigte Kapital muß nach Art und Höhe auf die zu finanzierenden Vorhaben abgestimmt sein. Zur Aufrechterhaltung des finanziellen Gleichgewichts *(Gutenberg)* sind verschiedene Funktionen zu unterscheiden – die wegen ihrer engen Verbindung nicht voneinander getrennt werden können.

Kapitalbeschaffung
Kapitalbeschaffung wird auch als Finanzierung bezeichnet, sofern dieser Begriff nicht im Sinne der betrieblichen Finanzwirtschaft gebraucht wird. Finanzierung ist die Beschaffung des benötigten Eigen- und Fremdkapitals einschließlich der Zurückbehaltung von Gewinnen, Mittelfreisetzungen durch Abschreibungen,

Strategisches Management in der Weiterbildung

Rationalisierungsmaßnahmen und ähnlicher Vorgänge. Sie umfaßt also die Gesamtheit der Zahlungsmittelzuflüsse und die bei Zugang nicht monetärer Güter vermiedenen Zahlungsmittelabflüsse *(Köhler)*. Häufig wird auch die Kapitalrückerstattung der Finanzierung zugerechnet.

Investition

Eine besonders wichtige Form der Kapitalverwendung ist die **Investition**. Unter Investition ist die Anschaffung eines Wirtschaftsgutes zu verstehen, das langfristig genutzt werden soll. Die Investition ist dadurch charakterisiert, daß Kapital in der Gegenwart eingesetzt wird, um in der Zukunft einen Vorteil zu erlangen. Das Ziel einer Investition besteht darin, daß die monetär eingesetzten Mittel im allgemeinen am Ende der Nutzungsdauer des Investitionsobjektes mehr als die anfangs eingesetzten Kosten erwirtschaftet haben *(Grob 1994, S. 933 ff.)*. Investitionen sind immer mit dem Risiko der Unsicherheit verbunden. Das zu kalkulieren ist Ausdruck unternehmerischen Handelns.

Der **Investitionsprozeß** beginnt mit der gedanklichen Vorwegnahme eines zu beschaffenden Wirtschaftsgutes. Die Investitionsplanung orientiert sich an den Investitionszielen des Unternehmens und ist die erste Stufe, der sich die Investitionsdurchführung und -kontrolle anschließen. Investitionspläne haben eine herausragende Rolle, weil mit ihnen darüber entschieden wird, ob und in welchem Geschäftsbereich neue Projekte veranstaltet werden können. Investitionen müssen sich »rechnen«.

Fallbeispiel: Investitionsrechnung einer EDV-Anlage

Investitionen bauen auf einer Vielzahl von Prognosen auf, die nur der Erfahrung zugänglich sind. Dies läßt sich anschaulich an dem **Modell der Zahlungsfolgen** darstellen. Investitionen sind mit Auszahlungen und Einzahlungen während der Nutzungsdauer verbunden *(Grob 1994, S. 956 ff.)*:

Zahlungen	
Auszahlungen	**Einzahlungen**
Anschaffungsauszahlung: z. B. EDV-Anlage 75 000 DM	Einzahlungen im Laufe der Nutzung des Investitionsobjekts
Auszahlungen im Laufe der Nutzungsdauer des Investitionsobjektes: z. B. Wartungskosten, Zinsen, Personaleinsatz	Verkaufserlöse: Einzahlungen durch Liquidation des Investitionsobjektes
Auszahlung durch Liquidation des Investitionsobjekts (z. B. Veräußerung des Wirtschaftsguts am Ende der Laufzeit; der Buchwert kann erheblich vom tatsächlichen Wert abweichen)	

Beispiel:

- Das **Investitionsobjekt** (EDV-Anlage) kann zu einem Preis von 75 000 DM beschafft werden. Die Zahlung ist zum Zeitpunkt t = 0 fällig. Sie wird aus dem vorhandenen Bankguthaben (Eigenkapital) bezahlt. Zu diesem Zeitpunkt ist das Wirtschaftsgut voll einsatzfähig. Bei der Investitionsrechnung ist eine Nutzungsdauer von 5 Jahren geplant. Während dieses Zeitraumes fallen gleichbleibende Auszahlungen zur Wartung der Anlage in Höhe von DM 13 500 DM pro Jahr an.

- Mit der Anlage sollen im Jahr maximal 300 Teilnehmer geschult werden. Weil die Anlage die neuesten Anwenderprogramme hat, ist die Auslastung nach der Anlaufphase in den ersten drei Jahren höher als in den letzten zwei Jahren. Die prognostizierte Nachfrageentwicklung könnte wie folgt aussehen:

Jahr	t=1	t=2	t=3	t=4	t=5
Teilnehmer	210	285	295	195	185

- Die teilnehmerbezogenen Kosten sollen mit durchschnittlich 200 DM für Material, Energieverbrauch, Honorare angesetzt werden. Sie werden voraussichtlich pro Jahr um 10 DM steigen.

- Das Teilnehmerentgelt soll pro Kurs 310 DM betragen. Für die weitere Entwicklung ist von einer jährlichen Erhöhung um 10 DM vom Preis des Vorjahres auszugehen.

- Am Ende der fünf Jahre wird von einem Liquidationsüberschuß von 7 500 DM ausgegangen; die Anlage soll weiterverwendet werden.

- Sämtliche Kosten und Erlöse sollen im gleichen Jahr zu Auszahlungen bzw. Einzahlungen führen.

- Die Zahlungsfolge der Investition ist unter Verwendung der obigen Daten mit einem Exel-Programm wie folgt berechnet worden – Zahlen der Einfachheit halber gerundet.

Strategisches Management in der Weiterbildung

Beispielrechnung:

Zeitablauf im Jahr	t=0	t=1	t=2	t=3	t=4	t=5
Anschaffungsauszahlung	75 000					
Kapazität		300	300	300	300	300
geplante Teilnehmer		210	285	295	195	185
Teilnehmerentgelt		310	320	330	340	350
Absatzerlöse = Einzahlungen		65 100	91 200	97 350	66 300	64 750	384 700
variabl. TN-Kosten		200	210	220	230	240
variabl. Auszahlungen		42 000	59 850	64 900	44 850	44 400	256 000
fixe Kosten = Auszahlungen		13 500	13 500	13 500	13 500	13 500	67 500
Liquidationsüberschuß						7 500	7 500
Zahlungsfolge der Investition		9 600	17 850	18 950	7 950	14 350	68 700

Mit der Investition könnte in fünf Jahren ein Gesamtumsatz von 384 700 DM erzielt werden. Der Überschuß würde nach Abzug der kalkulierten Kosten und zuzüglich des Liquidationsüberschusses 68 700 DM betragen. Das wären 17,8 Prozent.

Würde das Kapital in Höhe von 75 000 DM bei einer Bank zu einem Zinssatz von 3,5 % angelegt, läge der Zins in fünf Jahren bei ca. 14.074 DM.

Ende des 1. Jahres 75 000,– + 2 625,– = 77 625,– DM
Ende des 2. Jahres 77 625,– + 2 716,– = 80 341,– DM
Ende des 3. Jahres 80 341,– + 2 811,– = 83 152,– DM
Ende des 4. Jahres 83 152,– + 2 910,– = 86 062,– DM
Ende des 5. Jahres 86 062,– + 3 012,– = 89 074,– DM

Die Investition in die EDV-Anlage zeigt ein deutlich besseres Ergebnis.

Natürlich ist die finanzwirtschaftliche Wirklichkeit im Unternehmen komplexer, insbesondere dann, wenn das Investitionskapital als Kredit bei einer Bank aufgenommen werden muß. Als Fremdkapital muß es aus den laufenden Einnahmen bedient werden. Ebenso fallen Steuern und Abgaben an. Ein **vollständiger Finanzplan (VOFI)** sähe bei einer linearen Abschreibung der EDV-Anlage und unter Berücksichtigung der Zahlung von Steuern beispielhaft wie folgt aus. Die Berechnung erfolgte mit einem Exel-Programm von *Grob 1996:*

Finanzplan bei linearer Abschreibung

Laufzeit in Jahren	t=0	t=1	t=2	t=3	t=4	t=5
Zahlungsfolge	−75 000	9 600	17 850	18 950	7 950	14 350
Eigenkapital	25 000					
Standardkredit						
+ Aufnahme	50 000					
− Tilgung jährlich 10 000 DM		10 000	10 000	10 000	10 000	10 000
− Sollzinsen 11 %		5 500	4 400	3 300	2 200	1 100
Standardanlage						
− Anlage		1 163	4 454	5 229	1 744	4 384
+ Auflösung		0	0	0	0	0
+ Habenzinsen						
Steuerzahlungen						
− Auszahlungen				421		
+ Erstattungen		7 063	1 004		5 994	1 134
Finanzierungssaldo	0	0	0	0	0	0
Bestandsgrößen						
Kreditstand	−50 000	−40 000	−30 000	−20 000	−10 000	0
Guthabenstand		1 163	4 454	5 229	1 744	4 384
Bestandssaldo	−50 000	−38 837	−25 546	−14 771	−8 256	4 384
Einzahlungsüberschuß		9 600	17 850	18 950	7 950	14 350
− Abschreibung linear		−15 000	−15 000	−15 000	−15 000	−15 000
−Zinsaufwand		−5 500	−4 400	−3 300	−2 200	−1 100
+ Zinserträge						
Steuerbemessungsgrundlage		−10 900	−1 550	650	−9 250	−1 750
Steuererstattung		7 063	1 004		5 994	1 134
Steuerzahlung				421		

Der Finanzplan geht von der Zahlungsfolge bei der Anschaffung der EDV-Anlage aus. Es wird angenommen, daß ein Kredit in Höhe von DM 50 000 aufgenommen werden muß. Die Tilgung erfolgt in fünf gleichbleibenden Raten von jährlich 10 000 DM. Die Zinsquote soll 0,11 betragen. Die lineare Abschreibung auf fünf Jahre ergibt einen jährlichen Betrag von DM 15 000.

Die Differenz des Einzahlungsüberschusses (Zahlungsfolge) abzüglich der Abschreibungen sowie der Zinsaufwendungen ergibt die Steuerbemessungsgrundlage. Der Steuerbetrag ist hier mit einer Quote von 0,648 angesetzt. Aus der Differenz der Einzahlungsüberschüsse, abzüglich Tilgung sowie Sollzinsen, zuzüglich bzw. abzüglich Steuererstattung bzw. Steuerzahlung ergibt den Anlagebetrag, der verzinst werden könnte. Der Finanzierungssaldo ergibt somit immer 0. Die Bestandsgrößen errechnen sich aus Kreditstand und Guthabenstand, der mit der Standardanlage gleich gesetzt wurde.

In dem vorgestellten Beispiel einer **vollständigen Finanzplanung** (VOFI) *(vgl. auch Heister 1962; Grob 1989, 1994)* wird ein **Modell** für die Berechnung von Investitionen und deren Finanzierung vorgestellt. Werden die Annahmen beispielsweise bei der sensibelsten Größe, den Teilnehmerzahlen, auch nur leicht verändert, hat das enorme Auswirkungen auf die gesamte Finanzierungstabelle. Bei Veränderung der Schlüsselwerte ist zu erkennen, wie sich der gesamte Finanzierungsrahmen verschiebt. Wichtig für das Verständnis ist die entscheidungsorientierte Betrachtungsweise, die das Modell liefert.

Kapitalabfluß

Der Kapitalabfluß auch Entfinanzierung genannt, steht der Kapitalbeschaffung gegenüber. Er umfaßt alle Formen der Kapitalminderung, z. B. Rückzahlungen von Eigen- und Fremdkapital, Gewinnausschüttungen, Rücklagenauflösung, Verluste. Vielfach wird diese Funktion als Bestandteil der Finanzierung aufgefaßt.

Kapitalverwaltung

Die betriebswirtschaftliche Finanzverwaltung umfaßt die Gesamtheit der Maßnahmen, die mit der Kapitalbeschaffung, -verwendung und dem Kapitalabfluß zusammenhängen, d. h. alle Maßnahmen zur sach- und ordnungsgemäßen Durchführung des Zahlungs- und Kreditverkehrs.

Kapitalbedarf

Kapitalbedarf entsteht dadurch, daß vom Unternehmen Ausgaben zu leisten sind, denen unmittelbar keine zumindest gleich hohen Einnahmen gegenüberstehen. Die Kapitalbedarfsrechnung ermittelt, in welchem Umfang und zu welchem Zeitpunkt Kapital erforderlich ist. Die Einnahmen werden den Ausgaben periodisch gegenüberzustellen. Aus der Differenz ergibt sich der Kapitalbedarf. Mit Hilfe der Kapitalflußrechnung lassen sich die finanzwirtschaftlichen Vorgänge in einer Bildungseinrichtung differenziert darstellen. Der Kapitalbedarf ist eine wichtige Größe, weil jedes Unternehmen sicherstellen muß, ständig zahlungsfähig (liquide) zu sein. Darüber hinaus besteht Kapitalbedarf insbesondere, wenn größere Neuanschaffungen, z. B. EDV-Ausstattungen, Maschinen, Gebäude oder Einrichtungen erforderlich sind. Finanzwirtschaftlich sind das Investitionen.

Die **Kapitalbedarfsrechnung** ist auf relativ einfache Weise zu ermitteln. Sie läßt sich in drei Schritten durchführen:

- Anlagekapitalbedarf erfolgt durch die Addition der für die Güter des Anlagevermögens verursachten Anschaffungskosten, z. B. Maschinen, Seminarausstattungen;

- Umlaufkapital wird ermittelt, indem die Bindungsdauer des Umlaufvermögens mit den dafür täglich anfallenden durchschnittlichen Ausgaben multipliziert und die Ergebnisse addiert werden;

- Gesamtkapitalbedarf ergibt sich aus der Differenz der kumulierten Ausgaben zu den kumulierten Einnahmen im zeitlichen Ablauf. Anders ausgedrückt, durch die Addition des Anlagekapitals und Umlaufkapitalbedarfs.

Beispiel für die Berechnung des Umlaufkapitalbedarfs

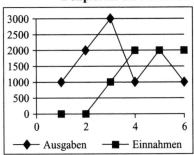

Monat	Ausgaben	Einnahmen
Januar	1 000 DM	0 DM
Februar	2 000 DM	0 DM
März	3 000 DM	1 000 DM
April	1 000 DM	2 000 DM
Mai	2 000 DM	2 000 DM
Juni	1 000 DM	2 000 DM

Die Genauigkeit der Kapitalbedarfsrechnung ist von den zur Verfügung stehenden betrieblichen Daten abhängig. Je komplexer Geschäftseinheiten sind, um so differenzierter muß die Kapitalbedarfsrechnung ausfallen. Einfache Überschlagsrechnungen greifen dann zu kurz.

3. Zielsetzungen der Finanzwirtschaft

Es gibt einen Zusammenhang zwischen der Aufstellung von Zielen und der Kontrolle der Finanzplanung. Mit Hilfe von Kennzahlen lassen sich die unternehmerischen Ziele besser steuern.

Rentabilität

Zentrales Entscheidungsmerkmal finanzwirtschaftlicher Maßnahmen ist die Rentabilität als Verhältnis des Gewinns zum eingesetzten Kapital. Dabei kann eine Maximierung des Einkommens (Entnahme) oder eine Kombination verschiedener Größen angestrebt werden. Die Problematik von Rentabilitätskennziffern liegt in der richtigen Ermittlung des Gewinns. Sachliche und periodische Abgrenzungen spielen dabei eine nicht unwesentliche Rolle.

Auf Gewinn gerichtete Rentabilitätsanalysen

Gesamtkapitalrentabilität =	$\dfrac{(\text{Gewinn} + \text{Fremdkapitalzinsen}) * 100}{\text{Gesamtkapital}}$
Eigenkapitalrentabilität =	$\dfrac{\text{Gewinn} * 100}{\text{Eigenkapital}}$
Umsatzrentabilität =	$\dfrac{\text{Gewinn} * 100}{\text{Umsatz}}$
ROI Return on Investment =	$\dfrac{\text{Gewinn} * 100}{\text{Investiertes Kapital}}$

Liquidität

Liquidität bedeutet **Zahlungsfähigkeit**. Wesentliches Kriterium finanzwirtschaftlicher Maßnahmen ist es, den Zahlungsverpflichtungen jederzeit uneingeschränkt nachkommen zu können, d. h. die Aufrechterhaltung des finanzwirtschaftlichen Gleichgewichts. Das Liquiditätsstreben ist strenge Zusatzbedingung des Rentabilitätsstrebens. Ein Unternehmen, das längere Zeit nicht liquide ist, kann sich am Markt nicht halten. Das Nichterfüllen dieser Voraussetzung führt zum Konkurs.

Die Liquidität ist als Verhältnis der Zahlungsmittel zu den Verbindlichkeiten auszuweisen. **Verbindlichkeiten** sind Verpflichtungen, denen Forderungen gegenüberstehen. Sie zählen zu den Schulden eines Unternehmens und werden auf der Passivseite der Bilanz ausgewiesen. Verbindlichkeiten sind zum Beispiel Rechnungen, die noch nicht bezahlt wurden. Verbindlichkeiten sollten Forderungen gegenüberstehen. **Forderungen** stellen den Anspruch des Unternehmens an Dritte (Schuldner) dar, denen eine betriebliche Leistung überlassen wurde. Teilnehmerentgelte, die noch nicht überwiesen wurden, sind eine übliche Forderungen bei Tagungseinrichtungen.

Liquidität =	$\dfrac{\text{Zahlungsmittelbestand} * 100}{\text{Kurzfristige Verbindlichkeiten}}$

Jedes Unternehmen tut gut daran, eine **Liquiditätsreserve** vorzuhalten. Dies gilt sowohl für den Zahlungsverkehr, wie für Vermögens- oder Finanzierungsreserven *(Olfert/Rahn 1996, S. 576)*. Insbesondere gibt der **Cash flow** Informationen über die Liquiditätssituation sowie die finanzielle Entwicklung eines Bildungsunternehmens: Er berechnet sich wie folgt:

Cash flow:
Finanzüberschuß in einer Periode
(täglich, monatlich, jährlich)
+ nicht zahlungswirksame Aufwendungen
− nicht zahlungswirksame Erträge
= Netto Cash flow
+ erfolgsneutrale einnahmewirksame Vorgänge
− erfolgsneutrale ausgabenwirksame Vorgänge
= Brutto Cash flow

(vgl. Langen 1983)

Sicherheit
Neben Rentabilität und Liquidität ist bei finanzwirtschaftlichen Maßnahmen das Kriterium der **Sicherheit** von Bedeutung. Das Streben nach Sicherheit steht einem wachsenden Verschuldungsgrad gegenüber, der wiederum zu steigendem Unternehmensrisiko, vor allem dem der Illiquidität führt. Andererseits führt das Streben nach Sicherheit im allgemeinen zu sinkender Risikoneigung und damit geringerer Rendite. Sicherheit kann in Deckungsgraden der Liquidität ausgedrückt werden. Maßstab für den Deckungsgrad ist das Verhältnis des Kapitals zum Vermögen.

Deckungsgrad A =	Eigenkapital * 100 / Anlagevermögen
Deckungsgrad B =	Eigenkapital + langfristiges Fremdkapital * 100 / Anlagevermögen
Deckungsgrad C =	Eigenkapital + langfristiges Fremdkapital * 100 / Anlagevermögen + langfristig gebundenes Umlaufvermögen

3.3.4.2 Finanzstrategie – Streben nach Unabhängigkeit

Die **Finanzstrategie** ist eine betriebliche Handlungsweise, die auf die Verwirklichung der unternehmerischen Ziele gerichtet ist. Dabei ist eines der herausragenden Ziel die betriebliche Unabhängigkeit zu sichern. Es geht um den Grad an **Autonomie**. Kreditaufnahmen und Sicherheitsleistungen schränken diese ein. Die Flexibilität und Dispositionsfreiheit des Unternehmens muß weitgehend erhalten bleiben. Die Unabhängigkeit ist eine Nebenbedingung des Rentabilitätsziels *(vgl. Darstellung von Bartsch/Fischer 1978)*.

Die Art und Weise der Finanzierung ist im gemischtwirtschaftlichen Markt der Weiterbildung für jede Bildungseinrichtung von zentraler Bedeutung. **Eigenkapital** ist die Grundlage für ein gesundes Unternehmen; das notwendige **Fremdkapital** darf nicht abhängig machen. Eigenkapital und Fremdkapital sollten ein ausgewogenes Verhältnis anstreben.

Strategisches Management in der Weiterbildung

Bildungsstätten, die mit **öffentlichen Mitteln** gefördert werden, sind an Auflagen (Zweckbindungen) gebunden. Eine bestimmte Art der Nutzung von Maschinen, Einrichtungen und Geräten ist in der Regel für mehrere Jahre festgelegt. Danach gehen diese Geräte in das Eigentum der Einrichtung über, so daß sie zur freien Verwendung bereitstehen. Damit sind Vor- und Nachteile verbunden, die im Einzelfall zu prüfen sind.

Ebenso ist es eine Frage der Unabhängigkeit, in welchem **Auftrag** Bildungsveranstaltungen durchgeführt werden. Private und öffentliche Auftraggeber oder Teilnehmer finanzieren eine Einrichtung. Finanzwirtschaftlich günstig ist es, wenn die laufenden Einnahmen unterschiedlichen »Quellen« entstammen. Es macht einen Unterschied, ob eine Einrichtung von Auftragsmaßnahmen der Arbeitsverwaltung abhängig ist oder sich aus privaten Aufträgen finanziert. In jedem Fall sollte eine Institution auf die **ausgewogene Zusammensetzung des Budgets** großen Wert legen. Einrichtungen in der Weiterbildung sind gut beraten, die Einnahmen zu diversifizieren. Einrichtungen, die staatliche Finanzmittel in Anspruch nehmen, müssen ins Kalkül ziehen, daß öffentliche Mittel immer mit der Auflage der Prüfung durch eine entsprechende Rechnungsprüfungsstelle versehen sind. Das kann im konkreten Fall die Offenlegung des betrieblichen Gesamthaushalts und den Nachweis der ordnungsgemäßen Verwendung der Mittel bedeuten. Je nach Art und Grad der Finanzierung einer Einrichtung kann eine hohe bzw. niedrige Abhängigkeit (Fremdbestimmung) bestehen.

3.3.4.3 Finanzierung der Weiterbildung

Eine Bildungseinrichtung kann ihre Leistungen auf verschiedene Art und Weise finanzieren. Die **Struktur der Finanzierung** in der Weiterbildung läßt sich in einer 4-Felder-Matrix darstellen. Dabei wird zwischen privaten und öffentlichen Einnahmen unterschieden. Auf der Seite der privaten Auftraggeber befinden sich als Gruppe die Teilnehmer und Betriebe, die für Leistungen ein Entgelt zahlen. Auf der öffentlichen Seite wird die AFG-Finanzierung von den anderen Möglichkeiten öffentlicher Zuschüsse wegen ihrer überragenden Bedeutung unterschieden. Die Bildungsleistung wird zu festen bzw. variablen Kostensätzen in Form von Zuschüssen oder Darlehen, als laufende oder einmalige Zahlungen gewährt. Die Modalitäten werden durch die jeweiligen rechtlichen Bestimmungen definiert. Diejenigen Einrichtungen, die die Voraussetzungen im Einzelfall erfüllen, haben Anspruch auf öffentliche Förderung. In der letzten Zeit treten verstärkt Finanzierungsprogramme aus der Europäischen Union hinzu. Mischfinanzierungen innerhalb einer Bildungseinrichtung sind üblich. Die Matrix gibt einen Überblick über **Finanzierungen von Bildungsmaßnahmen.**

Der Prozeß des strategischen Managements

Die 4-Felder Matrix gibt einen Überblick

Private Finanzierung	Öffentliche Finanzierung
Teilnahmeentgelte • Lehrgangsgebühren • Lehr-/Lernmittel • Beiträge • Beratungshonorare • Prüfungsgebühren	**AFG-Finanzierung** • individuell auf den Teilnehmer bezogen, z. B. Unterhaltsgeld, Lehrmittel, Überbrückungsgeld • maßnahmebezogen auf Auftrags- bzw. Freie Maßnahmen bezogen, z. B. Lehrgangsgebühren, sachliche und personelle Ressourcen • institutionell auf Bildungsträger bezogen, z. B. investive Finanzierung zur Ausstattung von Unterrichtsräumen, Maschinen, Gebäude

Kundenfinanzierung
• Private Auftraggeber
  Unternehmen
  Berater
  Gesellschaften
  Bildungsträger
• Betriebliche Finanzierung der Weiterbildung als Investitionskosten in die Mitarbeiter im Sinne von Personalentwicklung
	sonstige öffentliche Finanzierung
	• Zuschüsse vom Bund, Land, Kommunen über diverse Förderprogramme,
	z. B. BiBB-Förderungen
	• Weiterbildungsgesetze der Länder
	• EU-Programme,
	z. B. Lingua, Force, Erasmus, Leonardo, Now, Aqua, Quatro...
	• Förderung von Modellprojekten im Einzelfall von Landesregierungen, Ministerien, Bund-Länder-Kommission
	• Förderung durch besondere Institutionen,
	z. B. Berufsförderungsdienst der Bundeswehr, Berufsgenossenschaften, Rehabilitationsträger, Beschäftigungsgesellschaften

Die Feststellung der prozentualen **Zusammensetzung des Budgets** einer Bildungseinrichtung läßt Rückschlüsse auf die strategische Position eines Unternehmens im Weiterbildungsmarkt zu. Es macht einen Unterschied,

- wenn bei einer Volkshochschule die Finanzierung zu 40 % von der Kommune, zu 30 % vom Land (Weiterbildungsgesetz) zu 10 % von der Arbeitsverwaltung und zu 20 % durch Teilnehmerbeiträge gesichert wird;

- wenn ein Privatunternehmen (selbständige GmbH) zu 90 % von der AFG-Finanzierung lebt und damit von allen politischen Entscheidungen der Bundesanstalt für Arbeit unmittelbar betroffen ist;

- wenn der Handlungsspielraum zu 100 % aus der privaten Finanzierung durch Teilnehmer und private Auftraggeber besteht, wie es, z. B. bei privaten Managementinstituten der Normalfall zu sein scheint.

Die **Ausgangspositionen** sind sehr verschieden. Jede Variante hat besondere

Implikationen und Bedingungen zur Sicherung des Auftragsbestandes bzw. der Kapitalbeschaffung zu berücksichtigen. Das Finanzmanagement hat also die Aufgabe, ein Bildungsunternehmen mit dem laufenden und investiven Kapital auszustatten. Dazu gehört es, nicht nur einen Haushaltsplan aufzustellen und dessen Einhaltung zu kontrollieren, ebenso müssen die liquiden Mittel bereitgestellt werden. Die Betriebs- und Finanzwirtschaft hat hierzu Konzepte entwikkelt. Es werden laufend Kennzahlen über Umsatz, Rentabilität, Ertrag und Kostenaufwand im Geschäftsverlauf erhoben. Finanzanalysen geben genaue Aufschlüsse darüber, in welchem Fachbereich gleichmäßiges Wachstum erzielt werden kann, in welchem es Schwankungen gibt. Abweichungen können sofort erkannt werden; die Ursachen sind zu ermitteln. Das Geschäftsgebaren kann entsprechend beeinflußt werden.

So kann es für eine Bildungsstätte **effektiver** sein, einen problematischen Bereich zu schließen, als ihn jahrelang mit Defiziten aufrecht zu erhalten. Die Entscheidung für oder gegen die Aufrechterhaltung eines solchen Bereichs muß abgewogen werden. Es kann im Einzelfall für eine Einrichtung von größerem Nutzen sein, eine imageträchtige Veranstaltungsreihe – kurzfristig – mit Defiziten zu »sponsern«, als sie vorzeitig abzusetzen. Ein Imagefaktor in dem einen Bereich, kann in einem anderen Verluste kompensieren. In einem solchen Fall sollte jedoch nicht von Kosten, sondern von Investitionen gesprochen werden. Ob und wann das der Fall ist, muß im einzelnen geprüft werden. Grundsätzlich ist Kapital nur in erfolgreichen Projekten gut angelegt. Als entscheidend ist dabei der unternehmerische Gewinn bzw. das Risiko zu bewerten, das bei jeder Bildungsmaßnahme eingegangen werden soll.

3.3.4.4 Aufstellung von Finanzplänen

Haushalts- bzw. Finanzpläne haben einen unterschiedlichen Erfassungsgrad. Sie sind je nach den betrieblichen Erfordernissen, z. B. Anzahl der Fachbereiche, der Produktgruppen, Regionalgesellschaften, verschieden tief gegliedert. Während die Struktur eines Haushaltsplans auch eine strategische Frage ist, ist die Aufstellung der Finanzpläne in den Fachbereichen ein operatives Geschäft. In einer Weiterbildungseinrichtung könnte ein Finanzplan untergliedert sein nach:

- Kurse und Produktgruppen
- Fachbereiche und Abteilungen
- Geschäftsstellen und Regionalgesellschaften.

Die Zusammenfassung der Einzelpläne der Geschäftsbereiche zum Finanz-/ Haushaltsplan des Gesamtunternehmens kann über Standardtitel hinausgehende Posten für übergreifende strategische Unternehmensziele der Geschäftsführung beinhalten. Diese fallen nicht in den Haushaltsansatz des direkten Geschäfts (vor Ort); sie werden im Einzelfall geplant. Ob und wie die Einteilung nach Geschäftsbereichen erfolgt, ist von der Größe eines Unternehmens und von der Aufbauorganisation abhängig zu machen. **Strategische Geschäftsbereiche (SGB)** oder **Profit Center** sind eine wesentliche Grundeinheit privatwirtschaftlich tätiger Bildungsträger. Die beiden Begriffe werden hier weitgehend synonym verwendet. Zu den Kriterien von SGB gehören:

- abgrenzbare (relativ) selbständige Geschäftsstellen,
- Geschäftsführer/Leiter mit Entscheidungs- und Ergebnisverantwortung,
- eindeutige Aufgaben-/Zielbestimmung, Marktstrategie,
- mehrere Fachbereiche bzw. Einheiten,
- Mitbewerber im Markt,
- Vorteile, die aus der strategischen Unternehmensplanung erwachsen.

Strategiekonzepte, wie der Portfolio-Ansatz erfordern es, autonome Einheiten zu bilden, die jeweils in einem spezifischen Marktbereich agieren.

Die Ermittlung des Haushalts-/Finanzplanes und der darauf aufbauenden laufenden Finanzanalysen beruht auf **Einzelrechnungen,** die von unten (SGB) nach oben (Holding, Muttergesellschaft) in gleicher Art und Weise aufgebaut werden. Für jede Bildungsmaßnahme sollte eine **Vollkostenrechnung** durchgeführt werden. Der Ansatz jeder Finanzplanung beruht auf der Einnahmen-/Ausgabenrechnung. Hier sind Standards entwickelt, die als Grundlage für die Buchhaltung in der Weiterbildung genutzt werden können. Außerdem sind moderne Weiterbildungs-Verwaltungs-Systeme am Markt, die viele Routinefunktionen übernehmen. Bei Bildungseinrichtungen sind eigene Kontenpläne, gegliedert nach Titeln, Fachbereichen bzw. Geschäftseinheiten entstanden.

3.3.4.5 Kostenrechnung – Kostendisposition

Die **Kostendisposition** oder **Kalkulation** von Bildungsmaßnahmen bildet die Grundlage für die betriebliche Finanzwirtschaft. Die folgenden Übersichten geben detailliert Auskunft über die Faktoren einer Vollkostenrechnung. In der Praxis wird vor Verhandlungen mit Auftraggebern eine Bildungsmaßnahme mit Hilfe der Kostendisposition kalkuliert. Veränderungen können im Planungsstadium verhandelt werden. Die Kostendisposition wird Grundlage der Vertragsgestaltung. Gleichzeitig stellt die Kostendispositionen in ihrer Summe (Addition der Einzelrechnungen) die Planungsdaten für den Haushaltsplan dar, der jährlich erstellt und monatlich auf seine Einhaltung überwacht wird.

In die Angebotskalkulation gehen ermittelte Durchschnittswerte und Erfahrungen mit ein. In jedem Fall ist eine Nachkalkulation notwendig, um das Ergebnis der unternehmerischen Anstrengungen zu ermitteln. Hierbei sind alle Kosten in der tatsächlichen Höhe (Ist-Kosten) zu berücksichtigen.

3.3.4.6 Fallbeispiel: Kalkulation Tagesseminar I

Das Veranstalten von Seminaren gehört zu den lukrativen Formen, Wissen und Können zu verkaufen. Das **Teilnehmerentgelt** oder der **Preis,** der für ein Tages-

Strategisches Management in der Weiterbildung

seminar zu entrichten ist, beträgt zwischen 100,- und 2500,- DM, im Durchschnitt 250-450 DM. Bei Teilnehmerzahlen im Schnitt von 12-25 und Referentenhonoraren von 750,- - 3500,- DM/Tag, verbleiben für den Veranstalter interessante Gewinnspannen. Inwieweit diese sich immer realisieren lassen, ist eine Frage der Marktlage und der tatsächlichen Kosten, die dem Veranstalter entstehen.

Das Teilnehmerentgelt für eine eintägige Informationsveranstaltung der *Seminar-GmbH* zu dem Thema:»Tagungen erfolgreich managen« soll 350,- DM (zzgl. MwSt. von zur Zeit 15 %, zzgl. Mittagessen und Getränke je 35,- DM) betragen.

Für den Veranstalter ergibt sich folgende **Teilnehmerrechnung:**

Teilnehmerentgelt für »Tagungen erfolgreich managen« am 17. 5. 1997	350,00 DM
15 % Mehrwertsteuer	52,50 DM
Zwischensumme:	402,50 DM
zzgl. Verpflegung (incl. MwSt.)	35,00 DM
Gesamtrechnung:	437,50 DM

Kalkulation des Tagesseminars

Um festzustellen, unter welchen betriebswirtschaftlichen Bedingungen das Seminar durchgeführt werden kann, müssen bestimmte Annahmen gemacht werden. Bei diesen Annahmen handelt es sich um Wahrscheinlichkeiten, die Bestandteil von Erfahrungswissen sind. Die Kalkulation für das Seminar könnte wie folgt aussehen:

Kalkulatorische Einnahme:	
geplant: 22 Teilnehmer x 385,- DM (350,- + 35.-)	**8470,- DM**
Kalkulatorische Ausgaben:	
• Referentenhonorar (incl. Spesen, incl. Mittagessen)	1500,- DM
• Tagungsräume im Hotel	250,- DM
(incl. Tagungstechnik, Diaprojektor, Flip-Chart, Overhead)	
• Mittagessen und Getränke 22 x 35,- DM	770,- DM
• Werbung (3500 Werbebriefe als Infopost je 0,68 DM)	2380,- DM
• Arbeitsmaterialien 22 x 5,-DM	110,- DM
• kalkulatorische anteilige Verwaltungskosten wie	850,- DM
Telefon, Versicherung für die Tagung ca. 10 % der Einnahmen	
Zwischensumme Ausgaben	**5860,- DM**
Kosten des Geschäftsbetriebes pauschal	**1000,- DM**
Gewinn vor Steuern (Differenz Einnahmen/Ausgaben):	**1610,- DM**

Zu den Kosten des **Geschäftsbetriebes** sind alle Ausgaben zu rechnen, die dem Seminar nicht direkt zugerechnet werden können. Die Kosten der hauptberuflichen Mitarbeiter und der Unternehmerlohn sind anteilig anzusetzen. Die Höhe des Betrages ist von der Art der Einrichtung und dem Aufwand abhängig.

Die **Mehrwertsteuer** beträgt:

pro Teilnehmer 15 % des Teilnehmerentgelts	52,50 DM
für das Seminar ergibt das 22 * 52,50 DM	1155,00 DM

Die Mehrwertsteuer wird aus unternehmerischer Sicht zur Umsatzsteuer und kann als durchlaufender Posten betrachtet werden. Sie ist als Vorsteuer an das Finanzamt nach einem festen Terminplan abzuführen.

Nun sieht diese Vorkalkulation recht gut aus. In der Wirklichkeit des hart umkämpften Bildungsmarktes gibt es auch die anderen Veranstaltungen, die nur mit 20 oder weniger Teilnehmern geplant werden können. Wenn dann zu Beginn der Tagung auch noch Teilnehmer absagen, kommt es auf die Veranstaltungsbedingungen (Teilnahmebedingungen mit Ausfallgebühren) an, ob die Zahlung des Teilnehmerentgeltes oder einer Stornogebühr fällig ist.

3.3.4.7 Fallbeispiel: Kalkulation Tagesseminar II

In dieser Kalkulation wird von ungünstigen Bedingungen ausgegangen. Dabei ist grundsätzlich zu überlegen, ob eine solche Veranstaltung überhaupt durchgeführt werden sollte. Wäre dies andererseits das Ergebnis einer Nachkalkulation, wären Verluste erzielt worden. Basis der Berechnung sind 12 Teilnehmern und einem Tagesentgelt von 285,– DM. Die Verpflegung muß jeder Teilnehmer selber zahlen, so daß sie nicht in die Kalkulation eingehen muß:

Kalkulatorische Einnahme: 12 Teilnehmer x 285,– DM (250,– Entgelt zzgl. 35,– Essen/Getränke; 15 % MwSt. werden als durchlaufende Posten betrachtet)	**3 420,– DM**
Kalkulatorische Ausgaben:	
• Referentenhonorar (incl. Spesen, Essen)	1 200,– DM
• Tagungsräume im Hotel (incl. Tagungstechnik, Diaprojektor, Flip-Chart, Overhead)	450,– DM
• Mittagessen und Getränke 12 x 35,– DM	420,– DM
• Werbung (3 500 Werbebriefe als Infopost je 0,68 DM)	2 380,– DM
• Arbeitsmaterialien 12 x 15,– DM	180,– DM
• anteilige Verwaltungskosten wie Telefon, Versicherung geschätzt ca. 15 % der Einnahmen	570,– DM
Ausgaben	5 200,– DM
Kosten des Geschäftsbetriebes	**500,– DM**
Verlust vor Steuern	**2 280,– DM**

Von der Anzahl der Teilnehmer ist der rechnerische Erfolg abhängig. Für die Berechnung müssen einige Annahmen getroffen werden. Die Kostenarten sind zu bestimmen: Die Entgelte in Höhe von DM 250,– für die Tagungsgebühr und DM 35,– für Verpflegung sind als Beträge feststehend, also fix. In der Kalkulation wird die Summe der Entgelte dennoch eine Variable, da teilnehmerabhängig. Zu den fixen Kosten zählen: Referentenhonorar, Tagungsräume, Werbung, Verwaltungskosten, Kosten des Geschäftsbetriebes in Höhe von insgesamt DM 5100. Sie fallen unabhängig von der Teilnehmerzahl an. Die variablen (teilnehmerabhängigen) Kosten sind Mittagessen sowie die Arbeitsmaterialien in Höhe von je DM 50,–.

Mit wie vielen Teilnehmern ein so kalkuliertes Seminar in die **Gewinnzone** kommen kann, zeigt die folgende **Break-Even-Tabelle.** Sie verdeutlicht, wie sich die Einnahmen und Ausgaben im Verhältnis zur Zahl der Teilnehmer verändert. Erst 22 Teilnehmer bringen die Einnahmen und Ausgaben in ein positives Verhältnis. Die GuV steigt dann allerdings progressiv mit jedem zusätzlichen Teilnehmer.

Berechnung des Break-Even-Point

Teilnehmer	Entgelt variabel Erlös	Entgelt variabel Erlös	Kosten fix	Kosten variabel	Einnahmen	Ausgaben	GuV	
	250 DM/TN	35 DM/TN	5100 DM	50 DM/TN	Gesamt	gesamt		
9	2250	315	5100	450	2565	5550	-2985	
10	2500	350	5100	500	2850	5600	-2750	
11	2750	385	5100	550	3135	5650	-2515	
12	3000	420	5100	600	3420	5700	-2280	
13	3250	455	5100	650	3705	5750	-2045	
14	3500	490	5100	700	3990	5800	-1810	
15	3750	525	5100	750	4275	5850	-1575	
16	4000	560	5100	800	4560	5900	-1340	
17	4250	595	5100	850	4845	5950	-1105	
18	4500	630	5100	900	5130	6000	- 870	
19	4750	665	5100	950	5415	6050	- 635	
20	5000	700	5100	1000	5700	6100	- 400	
21	5250	735	5100	1050	5985	6150	- 165	
22	5500	770	5100	1100	6270	6200	70	Break-Even-Point
23	5750	805	5100	1150	6555	6250	305	
24	6000	840	5100	1200	6840	6300	540	
25	6250	875	5100	1250	7125	6350	775	
26	6500	910	5100	1300	7410	6400	1010	
27	6750	945	5100	1350	7695	6450	1245	

Die **Entscheidung,** ob eine Veranstaltung durchgeführt werden soll, ist eine unternehmerische. Ist der Veranstalter gleichzeitig Dozent, hat er mehr Entscheidungsspielraum, als eine Bildungseinrichtung mit fest vereinbarten Gehältern bzw. Honoraren, die in jedem Fall gezahlt werden müssen. Als freiberuflicher Dozent ist es möglich, das Honorar nicht mit 1500,- DM, sondern mit 1200,- DM oder auch nur 800,- DM anzusetzen. Der Gewinn und die Einnahmesituation wird zwar dadurch reduziert, die Verlustzone jedoch verschiebt sich in der Höhe der GuV-Beträge.

Obwohl es in den meisten Bildungseinrichtungen üblich ist, sogenannte **Mischkalkulationen** aufzustellen, bei denen die gewinnbringenden die verlustreichen Veranstaltungen ausgleichen, muß unter Marktbedingungen sehr genau darauf geachtet werden, wann die kritische Schwelle der Verlustentstehung erreicht ist. Nur bei einer genügend großen Eigenkapitaldecke können Verluste eine gewisse Zeit ertragen werden. Das aber auch nur dann, wenn die verlustreichen Tagungen längerfristige Marktvorteile versprechen, also als Investitionen zu betrachten sind. Andernfalls kann ein Konkurs, also Unternehmenszusammenbruch drohen.

3.3.4.8 Fallbeispiel: Kalkulation Lehrgang

Die Durchführung von Lehrgängen ist nur leistungsfähigen **Bildungseinrichtungen** zu empfehlen. Bei großen Maßnahmen ist nicht nur das Finanzierungsvolumen enorm, auch die Risiken sind andere, allein schon deswegen, weil Planungszeiträume von mehreren Jahren zu berücksichtigen sind. Umschulungs-, Anpassungs- und Fortbildungsmaßnahmen werden in der Form von Lehrgängen vermarktet. Hierbei müssen die Einrichtungen in der Regel in erhebliche Vorleistungen treten, das heißt, sie müssen in Personal, Räume und Ausstattungen investieren, um eine Maßnahme durchführen zu können. Bei der Finanzierung müssen die jeweils gültigen Rechtsvorschriften der öffentlichen Auftraggeber beachtet werden, die beim Arbeitsförderungsgesetz oder bei EU-Förderungen nicht nur häufig wechseln, sondern im Detail auch kompliziert sind.

Kalkulation Vollzeitlehrgang
Bezeichnung der Maßnahme: Umschulung Kommunikationselektronik
Dauer: 14.9.95–13.3.98
Träger: Institut für elektronische Bildung
Schulungsort: Kommunikationsstraße, 10000 Berlin

Kostenaufstellung	
1. Hauptberuflicher Ausbilder	
2. Gehalt 4500,- DM mtl. x 1,7 Personalkostenfaktor x 30 Monate	229 500 DM
3. Nebenberufliche Unterrichtsstunden für Honorardozenten (Honorar 100 Ustd. x 60,-DM)	6 000 DM
4. Raumkosten für Praxis und Theorie Monate 150 qm x 15,- DM	67 500 DM
5. Materialkosten TN x 120,- DM x 24 Monate	57 600 DM
6. Abschreibung auf Anlagen, Einrichtungen, Geräte Einrichtungswert 120 000 DM auf 5 Jahre 2000,- DM/mtl. für 30 Monate	60 000 DM
7. Verwaltungskosten, Gemeinkosten, Kapitalkosten Unternehmergewinn 10–20 % je nach Art der Bildungseinrichtung kalk. 2750,-/mtl. x 30 Monate	82 500 DM
Gesamtkosten	**503 100 DM**

Kennzahlen zum Vollzeitlehrgang

Das Stundenvolumen der Umschulung dauert	4600 Ustd.
Gerechnet wurde auf der Basis von Teilnehmern	20 TN
Daraus ergibt sich ein Teilnehmerstundensatz von	DM 5,47
Der Unterrichtsstundensatz liegt bei	DM 109,36
Die Teilnehmergebühren betragen	DM 25 155,–

Zuzüglich können zum Beispiel berechnet werden:

- Kosten für Arbeitskleidung
- Kosten für Prüfungen
- Kosten für sozialpädagogische Betreuung

Zu welchem Preis der Bildungsträger die Maßnahme der Arbeitsverwaltung tatsächlich »verkaufen« kann, ist Verhandlungssache. Dabei spielen bundesweite **Richtwerte** (Teilnehmerstundensätze) für Bildungsmaßnahmen ebenso eine Rolle, wie die Finanzsituation oder die Arbeitsmarktlage eines Arbeitsamtes.

In welcher Höhe die Kosten dem Bildungsträger dann in den 30 Monaten der Lehrgangsdurchführung tatsächlich entstehen, ist in das unternehmerische Können des Managements gestellt. Sofern Kosten nicht unmittelbar, wie zum Beispiel Prüfungsgebühren oder Materialkosten, abgerechnet werden, ist es wichtig, daß alle Mitarbeiter **kostensparend** arbeiten. Könnten nur 2–5 % variable Kosten eingespart werden, wäre das eine ansehnliche Summe Geld. Einsparvolumen: 10.062 DM – 25.155 DM. Dabei müssen selbstverständlich immer die vertraglich vereinbarten Leistungen erbracht werden. Ebenso darf es keine Abstriche an der Qualität des Lehrgangs geben. Erst am Schluß ergibt sich der Gewinn bzw. Verlust. Das bedeutet Risiko tragen.

3.3.4.9 Einzelrechnung für eine Bildungsmaßnahme

Aus der Kostendisposition läßt sich die Struktur für eine Einzelrechnung einer Bildungsmaßnahme filtern. Die **Kostendisposition** stellt die grundlegenden **Kostenarten** der Leistungsrechnung von Bildungsmaßnahmen dar. Die Übersicht gibt detailliert Auskunft über die möglicherweise entstehenden Kosten. Nicht alle Begriffe können erläutert bzw. erklärt werden. Das würde den Rahmen des Buches sprengen.

Firma/Fachbereich: _____
Tagung/Seminar/Lehrgang: _____
Ort: _____ Zeitraum: _____
Teilnehmer: Minimum _____ Teilnehmer-Maximum _____
Vorhandene Teilnehmerplätze: _____
Unterrichtsstunden/Zeitstunden _____

| 1. Hauptberufliches Personal einer Bildungseinrichtung: | Summe: _____ DM |

Die Mitarbeiter sind die Erfolgsfaktoren für Bildungs- und Tagungseinrichtungen. Sie lassen sich in haupt- und nebenberufliches Personal unterscheiden:

a) Hauptberufliche Mitarbeiter haben einen Anstellungsvertrag mit einer Bildungseinrichtung. Es gelten arbeitsrechtliche oder tarifvertragliche Regelungen.

b) Nebenberufliche Mitarbeiter werden nur bei Bedarf engagiert: Dozenten, Kursleiter, Berater, Aushilfskräfte.

Mitarbeiter lassen sich nach Art und Verantwortungsbereich ihrer beruflichen Tätigkeit unterscheiden:
- Geschäftsführender Gesellschafter, Geschäftsführer
- Tagungsmanager, Leiter einer Einrichtung, Bereichsleiter, Abteilungsleiter
- Gruppenleiter, Tagungsleiter, Seminarleiter,
- Produktmanager, Marketingmanager
- hauptberufliche Dozenten, Weiterbildungslehrer
- Sachbearbeiter/Sekretariat/Schreibkräfte

Kosten: fortlaufendes Gehalt + Arbeitgeberanteil * Zeitraum

| 1. a) Personal für eine Maßnahme: | Summe: _____ DM |

Die Mitarbeiter sind für jede Tagung, Seminar oder Lehrgang gezielt auszuwählen. Sie entscheiden mit über den jeweiligen Erfolg.

Ausbilder, Dozenten (haupt-/nebenberuflich)

Kosten: Gehalt, gesetzliche Sozialversicherung, Fahrgelder, Arbeitskleidung, Versicherungen, Dienstwagen, Urlaubsgeld, Sozialleistungen, Mitarbeiterfortbildung, Krankenausfall etc. Die Gehaltsleistungen, die neben dem »eigentlichen« Grundgehalt gezahlt werden, können in einem Personalkostenfaktor rechnerisch zusammengefaßt werden;

Berechnung: Gehalt x Personalkostenfaktor x Zeitfaktor

| 2. Lehrkräfte für den Unterricht | Summe: _____ DM |

Lehrer, Dozenten, Professoren, Praktiker etc. (haupt-/nebenberuflich)

Kosten: Honorare, Fahrkosten, Pauschalversteuerung, Mehrwertsteuer etc.

Berechnung: Honorar x Personalkostenfaktor x Zeitfaktor

| 3. Raumkosten | Summe: _____ DM |

Tagungsräume, Unterrichtsräume, Werkstätten, Theorieräume, Gemeinschaftsflächen in Quadratmeter

Kosten: Miete, Nebenkosten wie Energie, Ein- und Umbauten, Reinigung, Versicherungen, Steuern, Instandhaltung, Leerstandszeiten

Berechnung: Miete x Nebenkostenfaktor x Fläche x Zeitfaktor

| 4. Afa – Abschreibung: | Summe: _____ DM |

Abschreibungen erfassen den Wertverzehr für materielle und immaterielle Gegenstände des Anlagevermögens wie Maschinen, Geräte, EDV-Ausstattung, etc., die nicht innerhalb einer Rechnungsperiode verbraucht werden. Sie werden als Kosten in der Kostenrechnung erfaßt und gehen somit in die Kostendisposition ein.

Kosten: Investitionen, Einbauten, Kapitaldienste, Ausfallkosten, kalkulatorische Afa

Berechnung: Afa nach Jahren x Afa-Faktor x Zeitfaktor

| 5. Leasing: | Summe: _____ DM |

Leasing ist ein über einen bestimmten Zeitraum abgeschlossenes Miet- oder Pachtverhältnis zwischen einem Leasing-Geber und dem Leasing-Nehmer: Miete von Anlagen wie Maschinen, Geräte, Fahrzeuge etc. bei Leasing-Gesellschaften. Vereinbart wird die Nutzung für eine Grundmietzeit, die verlängert werden kann; ebenso besteht teilweise die Möglichkeit, das Wirtschaftsgut anschließend zu erwerben. Es werden Leasing-Raten vereinbart. Die Kapitalkosten sind beim Leasing relativ hoch (125 % – 155 % der Anschaffungskosten); andererseits kann Leasing die Liquidität eines Unternehmens entlasten und so bei hoher Verschuldung andere Investitionen ermöglichen.

Kosten: Mietkosten pro Zeiteinheit, Versicherungen

Berechnung: Leasing-Rate x Faktor x Zeitfaktor

| 6. Material- und Werkstoffverbrauch: | Summe: _____ DM |

Material- und Werkstoffverbrauch fällt je nach Art der Einrichtung unterschiedlich an.

Der Prozeß des strategischen Managements

Kosten: Verbrauchsmaterial, Werkstoffe, teilweise Lernmittel

Berechnung: Kostensatz x Teilnehmerzahl x Zeitfaktor

7. Lehr-/Lernmittel:	Summe: _____ DM

Lehr- und Lernmittel sind Bücher, Medien, Unterrichtsmittel, Projektoren, Videos etc.

Kosten: Warenkosten, Wartung, Anschaffung.

Berechnung: Warenkosten x Teilnehmerzahl

8. Produkt- und Konzeptentwicklung:	Summe: _____ DM

Die Produkt- und Konzeptentwicklung ist von strategischer Bedeutung für eine Einrichtung. Sie bildet die Grundlage für neue Ideen für Tagungen, Seminare, Lehrgänge; Dienstleistungen müssen ständig neu entwickelt und erforscht werden; Die Produkt-/Konzeptentwicklung sollte ein investiver Unternehmensbereich sein.

Kosten: Personal, Ideen, Realisierung, Testläufe, Einzelfallkosten

Berechnung: Umlage in Form einer »Afa-Rate« auf jede Bildungsmaßnahme

9. Prüfungskosten:	Summe: _____ DM

Prüfungskosten werden in der Regel von »prüfenden Stellen« festgesetzt. Sie werden als Prüfungsgebühren erhoben. (Kammern, Berufsgenossenschaften, Kommunen)

Kosten: Prüfungshonorare, Gebühren an Dritte, Materialien, Auslagenersatz

Berechnung: Kostenersatz x Teilnehmer

10. Regiekosten:	Summe: _____ DM

Regiekosten sind Gemeinkosten der Geschäftseinheit für: Verwaltung, Lehrgangsorganisation, Geschäftsführung, Organisation, Sekretariat, Betriebs- und Geschäftsausstattung, Telefonkosten, Internet und Kommunikationsdienste, kalkulierte Afa, Kosten für Kfz, Versicherungen, Rücklagen, Rückstellungen, Werbungskosten, Berufsgenossenschaft, Forschung und Entwicklung, Vorlaufkosten, Abfindungen, Kapitaldienste, Presse- und Öffentlichkeitsarbeit etc.

Berechnung: je nach Art und Größe der Einrichtung

Strategisches Management in der Weiterbildung

| 10. a) Marketing: | Summe: _____ DM |

Marketing spielt im Bildungsbereich eine herausragende Rolle. Marketingkosten zählen zu den Regiekosten aus der Sicht des Corporate-Identity-Ansatzes, da sie sich auf das Unternehmen als Gesamtheit beziehen. Marketing ist mehr als Werbung. Sie stellt das Vermarktungskonzept dar. Eine eigene Kostenstelle kann hilfreich sein. Das Marketingmix gibt an, welche Kommunikations- und Werbemittel am besten eingesetzt werden, um eine Veranstaltung erfolgreich zu vermarkten.

Marketingkosten sind alle Kosten, die mit der Vermarktung von Dienstleistungen und Produkten zu tun haben. Da die Höhe der Marketingkosten einen erheblichen Einfluß auf den Erfolg einer Bildungseinrichtung haben, sind sie sorgsam zu planen. Sie müssen in die Kostenrechnung einbezogen werden. Marketingkosten lassen sich unterscheiden:
- *Verwaltungsbezogene Marketingkosten*, z. B. Kosten des Marketingleiters, Kosten für Verkaufsplanung und -kontrolle.
- *Umsatzerzielende Marketingkosten*, z. B. Kosten für Werbung, Verkaufsförderung, Öffentlichkeitsarbeit, Außendienst, Broschüren etc.
- *Umsatzrealisierende Marketingkosten*, z. B. Kosten der Rechnungserstellung, der Verpackung, der Lieferung und Auftragsbearbeitung.

| 11. Unternehmerlohn bzw. -gewinn: | Summe: _____ DM |

Der Unternehmerlohn stellt kalkulatorische Kosten für die Leistungen eines Unternehmens dar. Seinem Ursprung nach gehört er zu den Zusatzkosten, die dadurch gekennzeichnet sind, daß ihnen keine Aufwendungen gegenüberstehen.

Bei Kapitalgesellschaften (z. B. GmbH) gehen die Gehälter der Geschäftsführer als Personalkosten in die Kostenrechnung ein. Hier entsteht kein Problem der Bewertung.

Bei Personengesellschaften oder Einzelunternehmen, die keine Gehälter zahlen, ist die Arbeitsleistung als kalkulatorische Kosten zu bewerten. Der in der Kostenrechnung angesetzte Unternehmerlohn sollte dem Entgelt entsprechen, das der jeweilige Unternehmer bei gleicher Arbeitsleistung – incl. Sozialabgaben – in einer vergleichbaren Einrichtung erhalten würde.

Kosten: kalkulatorische Kosten; Kosten für das unternehmerische Risiko; Verzinsung des Eigenkapitals;

Berechnung: Faktor x Zeit

12. Steuern und Abgaben: Summe: _____ DM

Steuern sind öffentliche Abgaben, die von staatlichen Stellen erhoben und in der Regel vom Finanzamt eingezogen werden. Sie stellen keine Gegenleistung für eine besondere Leistung dar; ihre Leistungspflicht wird per Gesetz bestimmt.

3.3.5 Kennzahlen zur Kostendisposition

Kennzahlen sind hilfreich, um die Kosten verschiedener Maßnahmen miteinander zu vergleichen. Es lassen sich folgende Kennzahlen ermitteln:

Teilnehmer-Stunden-Satz =	$\dfrac{\text{Maßnahme-Gesamtbetrag in DM}}{\text{Unterrichts-Std. X Teilnehmerzahl}}$
Teilnehmer-Kosten-Satz = (gesamt)	$\dfrac{\text{Maßnahme-Gesamtbetrag in DM}}{\text{Teilnehmerzahl}}$
Teilnehmer-Kosten-Satz = (monatlich)	$\dfrac{\text{Maßnahme-Gesamtbetrag in DM}}{\text{Teilnehmerzahl x Monate}}$
Umsatz pro Geschäftseinheit =	$\dfrac{\text{Anzahl Teilnehmer x Teilnehmer-Stunden-Satz} * \text{Zeit}}{\text{Zeit (Tage, Monate)}}$

Der Vergleich der **Kennzahlen,** zum Beispiel mit anderen Instituten oder Fachbereichen, kann Aufschluß über den Umsatz, die Kosten pro Stunde, Kosten für einen Teilnehmer gesamt bzw. im Monat geben. Mit Hilfe von Kennzahlen sind Betriebs- und Branchenvergleiche möglich. Benchmarking wird sich in der Weiterbildung in den nächsten Jahren verstärkt durchsetzen. Insbesondere der Teilnehmer-Stunden-Satz ist eine Kostengröße bei Verhandlungen mit der Arbeitsverwaltung. Interne Richtwertetabellen auf Seiten der Bundesanstalt für Arbeit spielen eine nicht unerhebliche Rolle bei der Bewertung von Lehrgangskosten. Bei der Ermittlung des Umsatzes kann als Faustregel die Multiplikation der Teilnehmer mit den tatsächlichen Teilnehmer-Stunden-Sätzen gelten. Wenn die effektiven Kosten den Umsatz in einer Zeitperiode übersteigen, ist Handlungsbedarf angesagt.

3.3.5.1 Haushaltsplan für ein Geschäftsjahr

Die Zusammenfassung der Einzelrechnungen zu Fachbereichen und Geschäftseinheiten ergibt den Finanzplan. Die **Struktur einer Jahresaufstellung** könnte wie folgt aussehen.

| Summierte Grunddaten aller Seminare, Lehrgänge... Summe: _____ DM |

Kenndaten:
- Seminar: _____
- Teilnehmerzahl im Monat: _____
- Räume: _____
- Mitarbeiter: _____

Einnahme gesamt	Januar	Februar	März...
Seminar-/Lehrgangserlöse			
Sonstige Erlöse			
Summe: Gesamterlös			
Kosten			
Gehälter			
Lehrkräfte			
Raumkosten			
Abschreibungen			
Leasing			
Material			
Lehr-/Lernmittel			
Konzeptkosten			
Prüfungskosten			
Regiekosten			
Deckungsbeitrag I			
Unternehmergewinn			
Deckungsbeitrag II			
Steuern			
Gewinn/Verlust			

3.3.5.2 Finanzbedarf und Umsatzentwicklung für eine Bildungseinrichtung

Für die laufende Finanzierung ist die Jahresplanung Basis. Aus den Einnahmen und Ausgaben ergeben sich die Soll-Ist-Zahlen. Die Einnahmen im Verhältnis zu den Ausgaben machen den **Kapitalbedarf für den laufenden Geschäftsbetrieb** aus.

Ein fiktiver **Soll-Ist-Wert-Vergleich** der **Jahresrechnung** der *Seminar-GmbH* zeigt, wie sich die Soll-Werte zu den Ist-Werten in 1996 verhalten. Die *Seminar-GmbH* hat zwei Fachbereiche. Das Einnahme-Soll beträgt 2,615.Mio DM, die variablen Ausgaben 1,826 Mio. DM zuzüglich 0,480 Mio. DM Personalkosten und 0,240

Der Prozeß des strategischen Managements

Mio. DM Gemeinkosten. Das angestrebte Ergebnis in 1996 beläuft sich auf 69 000 DM. Anhand von monatlichen Soll-Werten ist eine relativ leichte Überprüfung des tatsächlichen Geschäftsverlaufs möglich. Die monatlichen Ist-Einnahmen und Ist-Ausgaben verdeutlichen diese Entwicklung. Bereits im Juni wird ein Ergebnis von 302 900 DM erzielt. Die monatlichen Ist-Durchschnittswerte lassen erkennen, daß nicht nur die monatlichen Einnahmen – 0,248 Mio. DM zu 0,218 Mio. DM – überschritten werden, sondern auch die Ausgaben – 0,135 Mio. DM zu 0, 138.4 Mio. DM – unterschritten werden. Tatsächlich sind die Ist-Einnahmen höher als die Soll-Einnahmen und die Ist-Ausgaben niedriger als die Soll-Ausgaben.

Würde sich bei der Umsatzentwicklung ein einmaliger Fehlbedarf ergeben, müßte dieser finanziert werden. Die Art und Weise der Finanzierung ist von der Ursache abhängig. Wäre der Betrag gering, könnte das Girokonto kurzfristig überzogen werden, wozu am besten verbilligte Kreditkonditionen ausgehandelt werden.

Mit Hilfe ähnlicher Soll-Ist-Vergleiche auf der Basis der tatsächlichen Einnahmen/Ausgaben läßt sich der laufende Finanzbedarf feststellen. Zugleich gibt die Tabelle die **Umsatzentwicklung** der *Seminar-GmbH* an:

Jahresrechnung/Umsatzentwicklung *Seminar-GmbH*

Fiktiver Soll-Ist-Wert-Vergleich:
Einnahmen/Ausgaben einer Bildungseinrichtung in DM

	Soll	Einnahmen (geplant)	Ausgaben (variable)	Ausgaben (Personal)	Ausgaben (Gemeinkosten)	Ergebnis
Fachbereich A		1 650 000	1 250 000	270 000	135 000	–5 000
Fachbereich B		965 000	576 000	210 000	105 000	74 000
Gesamt		2 615 000	1 826 000	480 000	240 000	69 000
Durchschnittliche mtl. Werte	Soll 1996	218 000	153 000	40 000	20 000	

	Ist 1996	Einnahmen kumuliert	Ausgaben kumuliert	Personal kumuliert	Gemeinkosten kumuliert	Ergebnis kumuliert
		Ist	Ist	Ist	Ist	Ist
Fachbereiche A+B	Januar	210 300	110 700	40 000	20 000	39 600
	Februar	470 550	168 700	80 000	40 000	181 850
	März	694 900	428 700	120 000	60 000	86 200
	April	1 031 100	587 500	160 000	80 000	203 600
	Mai	1 242 200	757 500	200 000	100 000	184 700
	Juni	1 492 800	829 900	240 000	120 000	302 900
Durchschnittliche mtl. Werte	Ist 1996	248 000	138 400	40 000	20 000	

Strategisches Management in der Weiterbildung

Die Frage, ob sich diese Entwicklung fortsetzen wird, können nur die Tagungsmanager beantworten, da sie die genauen Marktbedingungen kennen. Zudem müßte ein Rechnungsabschluß erstellt werden, der feststellt, inwieweit alle Verbindlichkeiten und Forderungen zum Zeitpunkt Juni geleistet wurden. Zudem kann das Tagungsgeschäft durch Ferienzeiten in der zweiten Jahreshälfte und durch Ausfälle noch deutliche »Einbrüche« bekommen, so daß das Ergebnis am Jahresende anders aussehen kann.

Das entwickelte Instrumentarium der Finanz- und Betriebswirtschaft kann hier nicht weiter dargestellt werden. Bei der Betrachtung des Managementprozesses in der Weiterbildung geht es darum, die strategiewirksamen Ansätze der Portfolio-Analyse zur Kenntnis zu nehmen.

3.3.5.3 Portfolio-Matrix

Der **Erfahrungsansatz in der Portfolio-Strategie** ist eine denk- und kommunikationstechnische Hilfe. Um einen Überblick über die strategische Ausgangsposition einer Geschäftseinheit (SGB) bzw. eines Fachbereichs zu erhalten, könnte eine Analyse hinsichtlich der Dimensionen durchgeführt werden:

- Marktwachstum (MA)
- relativer Marktanteil (RMA)

Kombination	Bezeichnung	Normstrategie
MW und RMA hoch	Star-Produkte	MA halten, leicht ausbauen
MW und RMA niedrig	Problem-Produkte	MA stark senken, verkaufen
MW niedrig, RMA hoch	Cash-Kühe	MA halten, leicht senken
MW hoch, RMA niedrig	Nachwuchs-Produkte	MA deutlich steigern

Ziel der **Portfolio-Matrix** ist die Bewertung der strategischen Geschäftseinheiten nach ihrer Leistungsfähigkeit. Wenn sich bestimmte Kurse in einer Regionalgesellschaft als Spitzenprodukte erweisen, ist eine Adaption in anderen Bereichen angezeigt. Sind Cash-Seminare vorhanden, so können sie neue Produkte finanzieren. Problematische Veranstaltungen müssen auf ihren strategischen Wert hin für die Bildungseinrichtung bewertet werden. Ziel muß es sein, ein ausgewogenes Budget pro Einheit zu erreichen. Keine Geschäftseinheit darf längere Zeit Verluste machen.

Durch Kombination der beiden Dimensionen ergeben sich folgende Besetzungen:

		Marktwachstum (MW)		
		Hoch	Niedrig	
RMA	Hoch	**Stars** Einnahmen : ++ Ausgaben : - - Cash Flow : 0	**Cash-Kühe** Einnahmen : +++ Ausgaben : - Cash Flow : ++	
	Niedrig	**Nachwuchs** Einnahmen : + Ausgaben : - - Cash Flow : -	**Probleme** Einnahmen : + Ausgaben : - Cash Flow : 0	

(Dunst 1979, S. 96, in: Staehle 1989, S. 605)

3.3.5.4 SGB-Raster

Neben dieser **Vier-Felder-Matrix** spielt in der Praxis der Unternehmensberatung von *McKinsey* eine entwickelte **Neun-Felder-Matrix** eine bedeutende Rolle. Zusätzlich werden die Dimensionen **Branchenattraktivität** und **Geschäftsfeldstärke** analysiert. Dieses Instrument dürfte nur bei den großen Bildungseinrichtungen eine Rolle spielen, die sich mit ihren Gesellschaften in verschiedenen Branchen, Region bzw. europäischen Ländern bewegen.

Bei dem neunzelligen SGB-Raster sind folgende Einzelheiten zu beachten:

- Die **vertikale Achse** stellt die »**Attraktivität**« des Branchenbereichs der Weiterbildung dar, ein Wert, der aus Faktoren wie Marktwachstumsrate, Marktgröße, Gewinnspanne; Wettbewerbsintensität, zyklischen und saisonalen Schwankungen und Kosteneinsparungen errechnet wird. Das Ergebnis schreibt den SGB einen hohen, mittleren oder niedrigen Gesamtattraktivitätswert zu.

- Die **horizontale Achse** repräsentiert die **Wettbewerbsstärke** des SGB, d. h. seine Fähigkeit in seiner Branche zu konkurrieren. In jeder Branche gibt es Grundvoraussetzungen, die erfüllt werden müssen. Gewichtet werden Faktoren wie: relativer Marktanteil, Preisvorteile, Produktqualität, Kunden-/Marktkenntnis, Verkaufswirksamkeit, geographische Lage.

Das **SGB-Raster** wurde bei *General Electric* angewendet und läßt sich wie folgt darstellen:

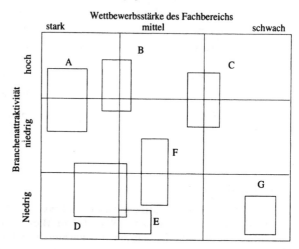

(vgl. Kotler 1989, S. 82)

- Das Raster ist in **drei Zonen** aufgeteilt. Oben links sind jene Fachbereiche zu finden, die einen hohen Attraktivitätswert aufweisen und deren Wettbewerbsstärke hoch ist. Investitionen sind interessant. Von unten links nach rechts oben erstrecken sich jene Fachbereiche, die mittlere Werte aufweisen. Hier kann der Marktanteil erhalten bleiben. Die drei Zellen unten rechts sind Bereiche mit niedrigen Attraktivitätswerten. Ein Unternehmen sollte erwägen, diese Bereiche abzuschöpfen bzw. auslaufen zu lassen.

- Die Rechtecke stellen die einzelnen Fachbereiche dar. Die Größe der Rechtecke steht im proportionalen Verhältnis zum Marktanteil. Ein kleines Rechteck mit einem kleinen Anteil bedeutet einen kleinen Marktanteil in einem kleinen Marktsegment. So ist beispielsweise G ein Bereich mit sehr kleinem Marktanteil, er befindet sich in einer ziemlich großen Branche mit niedrigem Attraktivitätswert. Dort hat das Unternehmen eine schwache Marktposition.

- Von diesem Raster ausgehend, kann eine Zukunftsprojektion angestellt werden, in der die hauptsächlichen Probleme und Chancen erkannt werden. Die

Strategische Konsequenzen

Analyse des Rasters kann Auskunft geben über zukunftsträchtige Investitionsgruppen:

a) Veranstaltungen mit hoher Wachstumsrate, die mögliche Investitionen rechtfertigen: Lehrgänge in EDV (Anwendersoftware), neuen Technologien (Lasertechnik, Informations- und Kommunikationstechniken), Weiterbildung in Technologiezentren, Institute für Management etc.;

b) Veranstaltungen bei denen ständige Investitionen in der Form der Ersatz- und Neubeschaffung angebracht sind – Stand der Technologie sichern – EDV-Anwendungen, Software, moderne Lehr-/Lernmittel, Medien etc.;

c) Veranstaltungen die mit einer geringen Investition lebensfähig gehalten werden können, z. B. Tagesseminare;

d) Neuprodukte, die einen hohen Forschungs- und Entwicklungsaufwand und hohe Neuinvestitionen erfordern, könnten als Modellprojekte initiiert werden; Aufbau von neuen Fachbereichen, Aufbau von Weiterbildungs- und Forschungseinrichtungen.

Die Berechnung und Gewichtung der Fachbereiche muß in der Praxis anhand der zur Verfügung stehenden Daten ermittelt werden; als wichtig wird hier der strategische Ansatz zur Bewertung des Weiterbildungsgeschäfts angesehen.

3.4 Strategische Konsequenzen

Um strategische Konsequenzen aus den finanzwirtschaftlichen Analysen zu ziehen, müssen alle Aktivitäten bewertet werden. Jeder Fachbereich bzw. jede Geschäftseinheit wird in **Relation von Wettbewerbsstärke** und **Attraktivität des Investitionsbereichs** gesetzt. Daraus ergeben sich Werte, die für Entscheidungen wichtig werden. Es lassen sich vier Handlungsstrategien unterscheiden. Das Management kann Veranstaltungen:

> **aufbauen >< erhalten ><abschöpfen >< abbauen**

Aufbauen ist jene Strategie, die bei Kursen auf eine verbesserte Marktposition zielt. Dabei kann auch kurzfristig ein schwacher Ertrag in Kauf genommen werden. Sie eignet sich besonders gut für solche Kurse, die sich mit einem niedrigen Marktanteil in schnell wachsenden Märkten befinden.

Erhalten ist jene Strategie, die gut laufende Kurse pflegt, um weiterhin einen großen und positiven Cash flow zu erzielen. Es sind die Renner, bei denen Wartelisten angelegt werden müssen.

Abschöpfen ist jene Strategie, die kurzfristig zu einer Erhöhung des Cash flow beitragen kann. Das kann auch ohne Rücksicht auf langfristige Wirkung erfolgen. Sie ist geeignet für schwache Kurse mit einer ungewissen Zukunft.

Abbauen ist jene Strategie, die auf das Absetzen von Kursen zielt. Die bei schwierigen Veranstaltungen gebundenen Ressourcen können anderweitig effizienter eingesetzt werden. Es sind jene Kurse, die aus betriebswirtschaftlichen Gründen (nicht von den Inhalten her) zu den Problemgruppen zählen. Besondere Vorsicht ist angebracht bei Kursen, die zwar schwierig sind, aber für das Image der Institution einen Vorteil bringen.

Wie im Einzelfall über die Strategien entschieden wird, sollte eine Frage des intensiven **Informations- und Entscheidungsaustauschs** zwischen der Geschäftsführung und den Fachbereichsleitern sein. Je weniger die im operativen Geschäft Tätigen in die Entscheidungsprozesse einbezogen sind, um so »widerwilliger« werden insbesondere schwierige Entscheidungen umgesetzt werden.

Die Analyse auf der Basis des Portfolio-Ansatzes führt zur Offenlegung einer Vielzahl von Fakten. In der Praxis geht es darum, **praktikable Kriterien** zu finden, die Grundlage für Entscheidungsprozesse sein können. Dabei dürfen Zahlen kein Dogma werden, denn jeder Praktiker weiß, daß ein »momentan schwaches« Gebiet in der Zukunft ein Wachstumsmarkt werden kann. Das Urteil darüber verlangt aussagefähige Fakten und ein unternehmerisches »Gespür« für den Markt. Dies überzeugend und mit Daten belegen zu können, ist nicht einfach. Sind die Entscheidungen jedoch gefallen, haben alle Führungskräfte diese Beschlüsse mit zu tragen und auszuführen. Der Erfolg des strategischen Weiterbildungsmanagements stützt sich auf die Ganzheitlichkeit des Unternehmenskonzepts.

4 OPERATIVES MANAGEMENT IN DER WEITERBILDUNG

4.1	**Modell der kommunikativen Arbeitssituation (KAS)**	148
4.1.1	Kommunikatives Management	149
4.1.2	Typische kommunikative Arbeitssituationen	150
4.1.3	Gesprächsdialektik	157
4.2	**Bezugsrahmen für das operative Weiterbildungsmanagement**	158
4.2.1	Strukturvariable: Organisation und Qualifikationen	160
4.2.2	Kommunikationsvariable: Planung und Kompetenzen	161
4.2.3	Der didaktische Arbeitsprozeß	164
4.3	**Strategie der Konzept- und Produktentwicklung**	164
4.3.1	Akquisition und Innovation	165
4.3.2	Hürden der Konzeptentwicklung	167
4.3.3	Produktmanagement und Investitionsentscheidung	168
4.3.4	Ideenfindung	171
4.3.5	Vorauswahl	173
4.3.6	Produkt- und Marktplazierung	173
4.3.7	Entwicklung einer Marktstrategie	174
4.4	**Verfahren der Bedarfsermittlung**	177
4.4.1	Nachfrage- und Angebotsorientierung	177
4.4.2	Bedürfnisse und Bedarf	179
4.4.3	Erhebungsmethoden	179
4.4.4	Instrumente betrieblicher Bedarfsermittlung	180
4.4.5	Vier-Phasen-Modell der Bedarfsermittlung	182
4.5	**Anforderungen an Bildungsveranstaltungen**	185
4.6	**Das didaktische Gerüst von Bildungsveranstaltungen**	192
4.6.1	Didaktische Reduktion und Rekonstruktion	193
4.6.2	Lernbegriffe in der Weiterbildung	194
4.6.3	Das multifaktorielle Bedingungsgefüge des Lehrens und Lernens	196
4.6.3.1	Das 4-L-Strukturmodell der Lehr-Lernsituation	198
4.6.3.2	Die Lernenden	200
4.6.3.3	Die Lehrenden	202
4.6.3.4	Die Lerngruppe	204
4.6.3.5	Lehr- und Lerninhalte	208
4.7	**Didaktische Planung: Die Ausgangslage**	210
4.7.1	Spannungsfaktoren	211
4.7.2	Motivationsansätze	212

4.7.3	Erwartungen	219
4.7.4	Erfahrungen	222
4.7.5	Vorkenntnisse	227
4.8	**Didaktische Planung: Interaktionsvorgänge**	**229**
4.8.1	Sprachliche Verständigung	231
4.8.2	Führungs- und Arbeitsstile	232
4.8.3	Teilnehmerrollen	235
4.8.4	Methodisch-didaktisches Handeln	237
4.9	**Didaktische Planung: Endverhalten**	**241**
4.10	**Das Konzept des Weiterbildungsprogramms**	**248**
4.10.1	Ein Programmbeispiel	249
4.11	**Betriebsorganisation in Weiterbildungseinrichtungen**	**253**
4.11.1	Organisationsmodelle in der Weiterbildung	255
4.11.2	Reorganisation und Netzwerkstrukturen	258
4.11.3	Organisationsstrukturen	261
4.11.4	Auslastung der Betriebsstätte	265

4.1 Modell der kommunikativen Arbeitssituation (KAS)

Das **operative Management** definiert sich aus dem alltäglichen Bildungsgeschäft. Veranstaltungen müssen konzipiert, organisiert und durchgeführt werden. Dies soll als integraler Bestandteil der didaktischen Planung und Organisation beschrieben werden. In der Operationalität von »erwachsenemgerechten Unterricht« liegt die Stärke professionell entwickelter Konzepte. In diesem kommunikativen Entstehungsprozeß muß ein Gerüst von vorbereitenden und kontrollierenden Aufgaben und Reflexionen in das Institutionengefüge einbezogen werden. Im operativen Geschäft geht es um die alltägliche Praxis, die durch professionelles Handeln in eine effektive Zeit- und Organisationsstruktur zu bringen ist.

Weiterbildungsmanager müssen ihren Blick für die **Passung der Arbeitsebenen** schärfen. Dazu soll zuerst das Modell der kommunikativen Arbeitssituationen vorgestellt werden. Im Arbeitsalltag gibt es typische Situationen, in denen kommuniziert werden muß, um Weiterbildungsveranstaltungen zu realisieren. Das geschieht in einem Bezugsrahmen, der wesentlich durch die Strukturvariablen Organisation und Planung charakterisiert ist. Schließlich werden die Arbeitsebenen der didaktischen Planung beschrieben: Konzept- und Produktentwicklung, Bedarfsermittlung, Anforderungsprofile, das didaktische Planungsgerüst und seine Elemente. Das Konzept eines Weiterbildungsprogramms und Organisationsmodelle in der Weiterbildung geben einen Einblick in das operative Bildungsmanagement.

Modell der kommunikativen Arbeitssituation (KAS)

Der Ansatz des kommunikativen Managements greift auf das **Modell der kommunikativen Arbeitssituation** zurück. Dieses ist im Rahmen von Erkundungsstudien an der Westfälischen Wilhelms Universität Münster Ende der 70er Jahre entwickelt worden *(Weinberg/Merk, Erkundungsseminar 1979).* Als Ergebnis von Mitarbeiterbefragungen in Weiterbildungseinrichtungen – mit Hilfe strukturierter Referentenleitfäden – wurde festgestellt, daß Bildungsveranstaltungen nicht dadurch entstehen, daß an einzelnen Arbeitsplätzen Tätigkeiten ausgeführt werden, sondern dadurch, daß alle notwendigen Aufgaben in gezielter und abgestimmter Kommunikation stattfinden. Diese Kommunikation ist nicht selbstverständlich, denn in ihr liegt begründet, ob eine Einrichtung mehr oder weniger erfolgreich ist. Die Art und Weise der Kommunikation entscheidet über die Stellung im Bildungsmarkt.

Es läßt sich sagen, daß ein Weiterbildungsprogramm in der Form einer größeren Anzahl von Kursen und Bildungsveranstaltungen dadurch entsteht, daß die verantwortlichen Bildungsmacher konzeptionelle Vorstellungen entwickeln, die Überlegungen ihrer Denkarbeit im Team kommunizieren, um die Ergebnisse dann operativ umzusetzen. Kommunikatives Management ist pädagogische Praxis. Der Erfolg der Organisationsarbeit zeigt sich in der Struktur eines Angebots, das nicht nur konzeptionell überzeugt, sondern gleichzeitig handwerklich und optisch gut gestaltet wird. Die Prämisse lautet also, daß Organisations- und Planungsprozesse in der Weiterbildung nur durch effektive Kommunikation bewältigt werden können. In diesem Sinne ist kommunikatives Management pädagogische Praxis.

4.1.1 Kommunikatives Management

Im **Prozeß der Verberuflichung** pädagogischer Tätigkeiten haben sich in der Weiterbildung typische Arbeitsstrukturen herausgebildet. Erfolgreiches Weiterbildungsmanagement muß den besonderen Charakter von kommunikativen Arbeitssituationen (KAS) berücksichtigen. Deren Grundlage ist das Gespräch, die Beratung und das konsequente Handeln im Team. Die Tätigkeit von pädagogischen Mitarbeitern vollzieht sich in kommunikativen Arbeitssituationen *(vgl. Kapitel 1.3.2).* Pädagogische Praxis ist Kommunikation, Gedankenarbeit, Entscheidungsfindung, Planung, Organisation, Motivation und Schreibtischarbeit. Der kommunikative Prozeß des konzeptionellen Planungshandelns zeichnet sich durch die Aufgabenstruktur und die Verantwortungsbereiche der Stelleninhaber aus. Im Berufsalltag ist Höchstleistung dann möglich, wenn die Beteiligten optimal zusammenarbeiten. So einfach dies klingt, so oft scheitern Organisationen und Personen an diesem Kriterium. Selbst wenn die formale Organisation gut getrimmt ist, spielen in der Kommunikation zwischenmenschliche Faktoren eine nicht zu unterschätzende Rolle. Sie können zu regelrechten Barrieren werden, wenn zum Beispiel:

Operatives Management in der Weiterbildung

- persönliche Animositäten vorherrschen,
- Karrieristen sich gegenseitig blocken,
- Kooperation und Koordination aus Eigeninteressen verhindert wird,
- die »falschen« Personen miteinander reden müssen,
- Absprachen zwar bestätigt, aber unterlaufen werden,
- Alleingänge am Team vorbei versucht werden.

Organisationen beschäftigen sich dann mit sich selber, die Kreativität und Motivation bleibt auf der Strecke. Nach einiger Zeit verlassen die fähigen Mitarbeiter das kommunikationsfeindliche Terrain.

Eine Besonderheit der Weiterbildung besteht darin, daß die Erbringung der Dienstleistung »Lehren und Lernen« zu großen Teilen unter den »kritischen« Blicken der Teilnehmer stattfindet. Lehr-/Lernprozesse beruhen nun einmal auf der **direkten Kommunikation** zwischen Lehrenden und Lernenden. In einer Veranstaltung haben die Teilnehmer direkten Einfluß auf das Geschehen. Sie geben immer Äußerungen des Zuspruchs, der Gleichgültigkeit oder des Unmuts kund. Selbst wenn die Lernbedingungen optimal sind, ist es möglich, daß Teilnehmer unzufrieden sind, weil sie persönliche Schwierigkeiten mit dem Lernen haben, dies aber der Einrichtung anlasten möchten. Das kann unbewußt erfolgen, aber auch bewußte Abwehrhaltungen sind zu beobachten. Dann kommt es auf die Fähigkeit der Lehrenden und der Institution an, angemessen zu kommunizieren. In der Weiterbildung beruht der Erfolg auf der Gestaltung des kommunikativen Arbeits- und Lehrhandelns.

4.1.2 Typische kommunikative Arbeitssituationen

Die Arbeitsplätze hauptberuflicher pädagogischer Mitarbeiter zeigen eine typische Formation. Um Bildungsveranstaltung konzipieren und organisieren zu können, müssen Mitarbeiter mit bestimmten Personen und Einrichtungen verhandeln. Daraus ergeben sich einige typische Arbeitskonstellationen. Sie sollen als kommunikative Arbeitssituationen beschrieben werden.

Kommunikative Arbeitssituationen

Referentengespräche
Team- und Mitarbeitergespräche
Teilnehmergespräche
Gespräche mit Auftraggebern

Modell der kommunikativen Arbeitssituation (KAS)

1. KAS: Referentengespräche

Zum wichtigsten und schwierigen Geschäft von Bildungsmanagern gehört das Gespräch mit den Referenten. Gute Kursleiter sind häufig ausgebucht. Sie dennoch zu gewinnen verlangt eine individuelle Beziehung aufzunehmen, so daß sie gern in die Bildungseinrichtung kommen. Darüber hinaus ist selbstverständlich auch das Honorar und die Wahrscheinlichkeit der tatsächlichen Durchführung einer Veranstaltung von besonderer Wichtigkeit. Gespräche mit Dozenten sind **Personalgespräche.** Aus Sicht der Bildungseinrichtung geht es um die Vergabe eines Auftrages, der ein bestimmtes Finanzvolumen umfaßt. Einen Bildungsauftrag zu vergeben bedeutet, damit im Bildungsmarkt mit anderen zu konkurrieren. Einen Referenten zu engagieren, ist eine inhaltliche und finanzielle Entscheidung. Sie hat investiven Charakter. Der Referent ist der Erfolgsfaktor für ein Bildungsinstitut. Entsprechend kritisch sollte das Auswahlverfahren sein.

Referenten, Kursleiter, Trainer oder Dozenten bringen die **Inhalte** in die Weiterbildung. Mit ihnen steht und fällt die Konzeption des Bildungsangebots. Referenten haben einen Ruf und sollten damit für das Image einer Institution bürgen. Die Dozenten müssen mit ihrer fachlichen Qualifikation und ihren persönlichen Kompetenzen die **Qualitätsstandards** der Einrichtung repräsentieren. Diese einzuschätzen ist vor allem bei neuen Kursleitern nur in intensiven Gesprächen möglich. Dabei verstehen erfolgreiche Kursleiter das Hinterfragen ihres Angebots und ebenso kritische Fragen gegenüber ihrer Person nicht als Mißtrauen. Sie interpretieren dies als Ausdruck des Anspruchs einer Bildungseinrichtung, nur diejenigen Dozenten engagieren zu wollen, die zu ihr passen. Dasselbe sollte auch für Dozenten im Hinblick auf die von ihnen ausgewählte Einrichtung gelten. Insofern gibt es eine beidseitige Interessenverknüpfung.

Die **Auswahl** von Dozenten ist unter dem Aspekt der Profilierung des Bildungsunternehmens wichtig. Um ein erkennbares Marktprofil zu gewinnen, müssen Dozenten gefunden werden, die mit den Zielen der Institution nicht nur oberflächlich übereinstimmen, sondern die Unternehmensziele teilen. Dazu ist ein intensiver Informations- und Erfahrungsaustausch zwischen Referent und Fachbereichsleiter der Einrichtung notwendig.

Dozenten sind die **potentiellen Innovationsträger.** Sie zu finden, auszuwählen und zu engagieren ist eine ständige Personalaufgabe. Fachbereiche, die mit bewährten Dozenten ein Standardprogramm durchführen, können einen hohen Qualitätsstandard erreichen. Gleichzeitig müssen sie darauf bedacht sein, nicht zu »veralten«. Die Gewinnung neuer Dozenten, die Markttrends und neues Know-how produzieren und transportieren können, gehört zu den Aufgaben des Produktmanagements. Dabei gilt es auch Neues und Experimente zu wagen. Das zeichnet innovative Einrichtungen aus.

Vor allem pädagogische Mitarbeiter kennen das Problem, daß Dozenten exzellente Fachleute auf ihrem Gebiet sind, jedoch mit der Lehre »so« ihre Schwierigkeiten haben. Ihr **methodisch-didaktisches Know-how** ist nicht so ausgebildet,

Operatives Management in der Weiterbildung

daß es den Anforderungen einer entwickelten Seminarpraxis gerecht würde. Im Wettbewerb kann immer seltener akzeptiert werden, daß Fachleute nur ihr Fach präsentieren. Die Lernenden wollen auch unterhalten werden. Da die Methodik & Didaktik lernbar ist, und der Pool von professionellen Dozenten wächst, steigen die Anforderungen an Referenten. Bei den Profis macht das Lernen Spaß. Ein Faktor, den Bildungseinrichtungen berücksichtigen sollten.

Bei der Auswahl von Dozenten gilt es zu unterscheiden zwischen denjenigen, denen die Lehre liegt und jenen, die gute Konzepte schreiben können. Im Glücksfall trifft beides zu. In der Seminarpraxis entscheidet nicht, was ein Dozent als sogenannte Kapazität auf seinem Gebiet veröffentlicht hat, sondern nur, wie er es umsetzt. Über die Anerkennung der Leistung entscheiden die Teilnehmer. Sie beurteilen das Angebot nach subjektiven und sachlichen Aspekten. Darauf muß jeder Dozent vorbereitet sein. Die **Rückkopplung:** Kursleiter – Teilnehmer – Fachbereichsleiter sollte zum Standardrepertoire von Referentengespräche gemacht werden. Der Erfolg eines Dozenten mißt sich am **Lernerfolg der Teilnehmer** und deren Zufriedenheit.

2. KAS: Team- und Mitarbeitergespräche

Die Mitarbeiter sind das für den Erfolg einer Einrichtung entscheidende Potential. Team- und Mitarbeitergespräche müssen zusammenhangstiftend sein. Zwischen Geschäftsführung und Mitarbeitern muß es einen ständigen **Informationsaustausch** geben. Dieser muß sach- und personenbezogen organisiert sein. Der sachliche Aspekt erstreckte sich auf den funktionellen Zusammenhang der verschiedenen Stelleninhaber und Teams. Der Personenaspekt erkennt die Mitarbeiter als individuelle Erfolgsfaktoren an. Bei einem guten Betriebsklima wird der Gesamtprozeß der Kursorganisation auf einfache Art und Weise transparent. Die Bildungseinrichtung wird zum Netzwerk des Informationsaustauschs. Mitarbeiterbeteiligung ist dann mehr als nur Kosmetik, weil engagierte Fach- und Führungskräfte nicht nur wissen, in welche Richtung sich eine Einrichtung entwickelt; sie sind an der Richtunggebung beteiligt, denn sie müssen das Bildungsgeschäft vorantreiben. Team- und Mitarbeiterbesprechungen stellen das Podium dar, auf dem die Mitarbeiter informiert, Inhalte beraten und die Erfolge gemeinsam gefeiert werden. Je intensiver und besser die Zusammenarbeit der Mitarbeiter wird, um so größer wird die Konflikt- und Durchsetzungsfähigkeit einer Einrichtung.

Team- und Mitarbeitergespräche sind das **Rückgrat der Koordination.** Koordination ist ein organisatorisches Instrument, um Einzelaktivitäten auf die Organisationsziele des Unternehmens zu trimmen. Koordinationsbedarf besteht immer dann, wenn die Aktivitäten eines Fachbereichs diejenigen anderer beeinflussen. Zwischen Fachbereichen bestehen vielfältige Zusammenhänge. Ausgetauscht werden müssen aber nur die wirklich wichtigen Sachverhalte. Wenn ein innerbetrieblicher Wettbewerb erwünscht ist, darf dieser nicht auf Kosten anderer Abteilungen gehen. Das würde die Gesamtinteressen des Unternehmens beeinträchtigen. Die Fähigkeit von Fachbereichsleitern besteht auch darin, mit unterschiedlichen Interessen abwägend umzugehen.

Teambesprechungen sollten regelmäßig stattfinden. **Kontinuität** stärkt die Effizienz. Dabei darf dieses Instrument aber nicht überstrapaziert werden. Es muß nicht ständig alles »zerredet« werden. Teams sollten ein Gefühl füreinander entwickeln. Erst dann können sie **Stärken und Schwächen** richtig einschätzen. Hieran sollten vor allem Führungskräfte denken, die in Mitarbeiterbesprechungen die inhaltlichen Fragen des Geschäfts »offen« diskutieren sollten. In der Praxis sind offene Aussprachen selten. Sie sind für alle Beteiligten mit einigen Risiken verbunden. Deshalb sollten in Teamgesprächen die kritischen Themen sensibel zur Diskussion gestellt werden. Eine gute Gesprächsvorbereitung versteht sich bei professionellen Bildungsmachern von selbst.

Bei **Planungen,** die kontrovers verlaufen oder deren Realisierung schwierig ist, sollte eine **vorläufige Übereinkunft** erzielt werden, damit die Zielrichtung den **Gesamtinteressen der Einrichtung** entspricht. Leider sind gegenläufige Entwicklungen nicht immer auszuschließen, wie sie nicht im vorhinein zu erkennen sind. Bei neuen und kontroversen Projekten bedarf es nicht nur einer optimalen Abstimmung, sondern der Rückversicherung durch das Team. Wenn ein Team eine Idee realisieren will, ist die Erfolgswahrscheinlichkeit größer, als es eine einzelne Person bewerkstelligen kann. Um weitgehende Übereinstimmung zu erreichen, ist ein Arbeitsklima zu erzeugen, in dem nicht nur »vorbehaltlos« Meinungen geäußert werden können, sondern auch bei kontroversen Projekten eine »Mitträgerschaft« erreicht werden kann. Dies scheint vor allem für gestandene Organisationen sehr schwierig zu sein, weil eingefahrene Wege verlassen werden müßten.

Wenn neue Mitarbeiter als **Querdenker** in eine Einrichtung geholt werden, sind Konflikte vorprogrammiert. Sollen die Neuen erfolgreich werden, müssen sie durch die Geschäftsführung mit wichtigen Informationen »versorgt« werden, andernfalls dauert es nicht lange, bis selbst gute Nachwuchskräfte »lahmgelegt« werden. Die Integration in ein Team muß jeder Neue durch eigene Leistung erreichen. Für eine Bildungseinrichtung heißt das, festzustellen, inwieweit der oder die Neue lernfähig ist – oder nur vorgibt, es zu sein. Wer viel von seinen Mitarbeitern verlangt, muß sie entsprechend fördern und beteiligen.

3. KAS: Teilnehmergespräche
Eine Einrichtung, die ihre Teilnehmer nicht kennt, fischt im Trüben. Viele Bildungsstätten haben die **Teilnehmerorientierung** und in der letzten Zeit die **Kundenorientierung** zwar auf ihre Fahnen geschrieben, in der Bildungspraxis findet sie jedoch wenig Beachtung. Wer meint, Teilnehmerorientierung könne sich auf die zu Beginn von Kursen üblichen Fragen nach der Erwartungshaltung beschränken, ist blauäugig. Es ist zu kurz gegriffen anzunehmen, Nachfrageorientierung bestünde beispielsweise in der Abfrage von wünschenswerten Kursthemen.

Operatives Management in der Weiterbildung

Mit den Teilnehmern zu **sprechen** und auf sie zu **hören,** ist für erfolgreiche Einrichtungen eine Selbstverständlichkeit. Aus der Nähe zu ihren Kunden ziehen sie diejenigen Vorteile, die ihnen die Marktführerschaft einbringt. Wer mit den Teilnehmern spricht, kann deren Wünsche in die Produkt- und Serviceverbesserung umsetzen. Wenn eine Bildungsstätte allein die täglichen Telefonanrufe ihrer Kunden auswerten würde, würde sie ihren Service wesentlich verbessern können. Jedoch erst die systematische Kundenerfassung und -befragung bringt professionell verwertbares Wissen. Insbesondere die Beratung der Teilnehmer bringt die Nähe, die Lernende von Veranstaltern erwarten. Teilnehmerberatung ist Teil der Weiterbildungsberatung, sie kann für hervorragende Produktideen sorgen.

Teilnehmerberatung ist mehr als nur die Informationsvermittlung, wann und wo das eigene Institut ein Seminar anbietet. Eigenwerbung ist legitim, jedoch erst der Hinweis auf Mitbewerber demonstriert die Souveränität, die seriöse Bildungsanbieter brauchen. Das individuelle Teilnehmergespräch sollte darauf gerichtet sein, die Lernbedürfnisse zu erkunden. In den Gesprächen geht es darum, die Lerninteressen zu konkretisieren, sie herauszuarbeiten und dann die besten Bildungswege aufzuzeigen.

Teilnehmergespräche beziehen sich auf:

- die **Beratung** bei der Auswahl von Lehrgängen und Seminaren in Kenntnis persönlicher und beruflicher Daten eines Teilnehmers,
- die **Information** über die Anforderungen und Zulassungsvoraussetzungen verschiedener Bildungsgänge und Prüfungen,
- die **Benennung** geeigneter Veranstaltungen und Bildungsinstitute.

Die Vorstellungen von einer **kooperativen Lehrgangsplanung** sind unterschiedlich weit verbreitet. Seminare und Lehrgänge direkt mit Teilnehmern zu konzipieren ist noch relativ selten. Seltenheitswert haben auch Forschungs- und Entwicklungsprogramme, die zusammen mit Teilnehmern realisiert werden. Das ist insofern verständlich, als Teilnehmer zwar die Subjekte der Weiterbildung sind, aber nicht die Profis für Konzeption und Produktentwicklung. Andererseits ist die Nichtbeteiligung problematisch, weil die Lerninhalte an den Teilnehmern vorbeigehen können. Die Art und Weise der Teilnehmerbeteiligung muß in jeder Einrichtung erprobt werden. Wenn es institutionelle Formen der (unmittelbaren) Zusammenarbeit von Teilnehmern, Auftraggebern und Veranstaltern gibt, ist die Nähe zu den Kunden optimal gelöst. Das kann in Arbeits- und Gesprächskreisen, aber auch in Projektgruppen geschehen, in die Teilnehmer als Fachleute eingeladen bzw. hinzugezogen werden:

- Teilnehmer – Gesprächskreise
- Arbeitskreise in Fachbereichen
- Projektgruppen zu Themen
- Pilotprojekte mit Teilnehmerbeteiligung
- Teilnehmer – Beirat

Modell der kommunikativen Arbeitssituation (KAS)

4. KAS: Gespräche mit Auftraggebern
Gespräche mit Auftraggebern sind eine besondere Form der kommunikativen Arbeitssituation. Von ihrem Charakter her handelt es sich um **Verkaufsgespräche**. Auftraggeber finanzieren die Bildungsmaßnahmen und sichern die Existenz einer Einrichtung. Es lassen sich private und öffentliche Auftraggeber unterscheiden *(vgl. auch Kapitel 2.3.5;3.8.3)*. Das sind zum einen die Teilnehmer selbst, zum anderen, als wesentliche Gruppe, die institutionellen Auftraggeber wie Betriebe, Arbeitsämter, Berufsförderungsdienst etc. Sie haben existentielle Bedeutung für eine Bildungseinrichtung.

Das Ziel der Gespräche mit Auftraggebern ist treffend gekennzeichnet, wenn der **Vertragsabschluß**

a) über die Durchführung einer Bildungsmaßnahme und
b) über die Teilnahme an einem Kurs

in den Mittelpunkt gestellt wird. Das heißt, Gespräche mit Auftraggebern sind Verkaufsgespräche, die den Vertragsabschluß zum Ziel haben. Bei Verkaufsgesprächen in der Weiterbildung muß die Initiative von der Bildungseinrichtung ausgehen. Die Einrichtung muß ihr Interesse, Bildungsangebote im Markt zu plazieren, aktiv vorantreiben. Erst wenn sich Institute einen Namen gemacht haben, besteht die Wahrscheinlichkeit, daß Auftraggeber um ihre Mitarbeit bitten. Die Charakteristik der Auftraggeber unterscheidet:

a) **institutionelle Auftraggeber**
sind Verhandlungspartner, die private bzw. öffentliche Interessen vertreten:

- Unternehmen, die betriebliche Bildungsmaßnahmen durch externe Berater oder Trainer durchführen lassen wollen;

- die Arbeitsverwaltung als größter Auftraggeber in der Weiterbildung; jedes Arbeitsamt schreibt Auftragsmaßnahmen aus; bei sogenannten freien Maßnahmen ist eine finanzielle Beteiligung gemäß Arbeitsförderungsgesetz (AFG) möglich;

- der Berufsförderungsdienst der Bundeswehr und andere Institutionen des Bundes, der Länder oder der Europäischen Union, die Bildungsmaßnahmen und Projekte fördern;

b) Teilnehmer als **nicht-institutionelle Auftraggeber**

- Teilnehmer, die öffentliche oder betriebliche Förderung erhalten;

- Teilnehmer, die privat zahlen;

- immer sollten Teilnehmer als private Kunden wahrgenommen werden.

Sind **Teilnehmer** die Auftraggeber, so verschwimmt oft die Grenze zwischen Beratungs- und Verkaufsgespräch. In der Kommunikation sollte dennoch zwischen Beratung und Verkauf unterschieden werden. Das ist insofern von Relevanz, damit sich der Kunden nicht übervorteilt fühlt. Nach einer eingehenden Information sollte sich jeder Kunde für oder gegen ein Bildungsangebot entscheiden können. Erst dann kommt die Frage, ob er einen Kurs in der eigenen Einrichtung oder anderswo belegen will. Hier das richtige Augenmaß zu finden ist erforderlich, weil die Teilnehmer anspruchsvoller geworden sind. Sie haben die Wahl und treffen die Entscheidung.

In Gesprächen mit **institutionellen Auftraggebern** sollte eine Bildungseinrichtung deutlich machen, daß sie durch ihre Professionalität und ihr Know-how der bessere Partner ist. Das kann dadurch geschehen, daß sie

- als anerkannte Einrichtung auf Erfahrungen und Erfolge hinweisen kann,
- die richtigen Bildungskonzepte hat oder entwickeln kann,
- verhandlungssicher und durchsetzungsfähig ist,
- durch Qualität und ein gutes Mitarbeiterteam bei vielen Kunden Vertrauen erworben hat,
- einen vernünftigen Marktpreis macht,
- sich im Bildungsmarkt angemessen präsentiert.

Gespräche mit Auftraggebern kommen zustande, weil sie die Angebote einer Bildungseinrichtung benötigen. Sie suchen nach **Problemlösungen,** die sie mit den eigenen Mitarbeitern und deren Know-how nicht erzeugen können. In der Wirtschaft wird immer häufiger gefragt, ob es erfolgversprechender ist, eine Leistung selbst zu erbringen oder sie extern zu beschaffen. Nach dem Motto make or buy. Externe Beratungs- und Bildungsunternehmen werden dann eingeschaltet, wenn sie auf einem bestimmten Fachgebiet ausgewiesen sind. Insbesondere große Unternehmen haben das Auswahlverfahren von Beratern, Trainern und Bildungseinrichtungen systematisiert. Sie machen sich im Vorfeld ein genaues Bild, auf welchem Gebiet eine Einrichtung stark ist. Das kann auf dem Feld der strategischen Planung, des Management, der Kundenakquisition, der EDV oder des Controllings der Fall sein. Dann müssen die Bildungs- und Beratungseinrichtungen zeigen, daß sie effizienter sind als andere.

Inhalt von Verkaufsgesprächen sind alle Leistungen, die eine Bildungseinrichtung anzubieten hat.

- Seminare, Lehrgänge, Trainings
- neue Bildungskonzepte
- maßgeschneiderte Schulungen
- Mitarbeiterbetreuung
- Skripten/Konzepte
- Betriebs- und Personalberatung
- Prozeßbegleitung

Die **Gesprächsvorbereitung** ist eine wichtige Sache. Wenn mit Auftraggebern verhandelt wird, sind die Gesprächspartner meist Führungskräfte mit Entscheidungsbefugnissen. Mögliche Fragen und Probleme müssen deshalb schon im

Modell der kommunikativen Arbeitssituation (KAS)

Vorfeld ausgeleuchtet werden. Sicherheit ist immer mit Selbstsicherheit verbunden; sie strahlt aus. Fachliche Kenntnisse sind genauso unabdingbar wie erwachsenenpädagogisches Wissen. Deshalb ist es angebracht, die verschiedenen Sachkompetenzen durch Führungskräfte zu repräsentieren und sie an den Gesprächen teilnehmen zu lassen. In Präsentationen könnte a) ein gewünschtes Konzept vorgestellt und b) die Produktpalette der Einrichtung dargestellt werden. Dabei sollten Gespräche mit Auftraggebern vor allem im Hinblick auf ihre psychologische Wirkung bedacht werden. Zu viel und »zu dick« aufgetragen kann genauso verkehrt sein, wie »zu schmalspurig«. Jeder Auftraggeber will überzeugt, immer umworben werden. Er will sicher sein, den besten Partner für sein Anliegen zu engagieren. Das hat viel damit zu tun, daß der Auftraggeber selber die Verantwortung im eigenen Haus dafür übernimmt, daß das zu lösende Problem schnell und effizient gelöst wird. Er trägt für seinen Zuständigkeitsbereich die Verantwortung. Flops kann er sich Berufsalltag ebenso wenig leisten, wie eine Bildungseinrichtung.

In **Akquisitionsgesprächen** geht es um die Glaubwürdigkeit und um die Leistungsfähigkeit einer Bildungseinrichtung. **Vertragsverhandlungen** regeln die Austauschbeziehungen und rechtlichen Grundlagen, die für eine ausgewogene Geschäftsbeziehung förderlich sind. Nur wenn beide Vertragsseiten (Bildungseinrichtung und Auftraggeber) zufrieden sind, kann eine zukunftsträchtige Geschäftsbeziehung beginnen. Ein Vertragsabschluß ist ein Teilerfolg. Erfolgreich wird die kommunikative Arbeitssituation erst dann, wenn aus Kunden Dauerkunden werden. Dauerhafte Geschäftsbeziehungen bringen am meisten ein.

4.1.3 Gesprächsdialektik

Die **Gestaltung der Kommunikation** ist für Bildungseinrichtungen von entscheidender Bedeutung für ihre Austauschbeziehungen. Kommunikation geschieht als verbaler und nonverbaler Informationsaustausch. Ziel von Planungs-, Organisations- und Lehr-Lernprozessen ist die Verständigung. Dies geschieht in der Regel durch überzeugende Argumente, die, wenn sie ausgetauscht sind, bewertet werden müssen, um in Praxis umgesetzt werden zu können. Nicht alle Gespräche verfolgen das Ziel der Verständigung. Gespräche haben unterschiedliche Charaktere. Entscheidend für den **Gesprächsverlauf** und damit seine Struktur ist die verfolgte Absicht. *Rupert Lay* klassifiziert:

- Im **Gespräch** – geht es um den Partner.
- In der **Diskussion** – geht es um die Sache.
- In der **Debatte** – geht es um den Sieg.
- Im **Interview** – geht es um Sie.
- In der **Rede** – geht es ums Überzeugen.
- Im **Lehr-/Lerngespräch** – geht es um die Vermittlung.

Die Charakteristik von **Gesprächstypen** bezieht sich auf den Inhalt.

- Das **Informationsgespräch** dient der einseitigen, beidseitigen oder mehrseitigen Information. Ausgetauscht werden Meinungen, Ansichten, Fakten, Daten etc.

- Das **Kontaktgespräch** dient der Aufnahme von Beziehungen und damit dem (ersten) Kennenlernen. Ausgetauscht wird Persönlichkeit, Gefühl, Sachlichkeit etc.

- Das **Vorstellungsgespräch** dient dem Kennenlernen. Ausgetauscht werden Vorstellungen, Interessen, Eignungen, Neigungen etc.

- Das **Beratungsgespräch** dient der persönlichen oder institutionellen Information und Entscheidungsfindung; Beratung bezieht sich auf die individuelle oder betriebliche Situation der Betroffenen indem diese interpretiert wird. Ausgetauscht werden Informationen, Erwartungen, Erfahrungen, Analysen etc.

- Das **Verkaufsgespräch** dient der Motivation des Kunden (Teilnehmer, Auftraggeber) zum Kauf einer Dienstleitung oder Produkts. Ausgetauscht werden Waren (Service, Produkt) gegen Geld.

- Das **Lehr-Lerngespräch** dient der Vermittlung von Know-how. Wissen und Können muß methodisch-didaktisch aufbereitet werden, damit es in die Vorstellungswelten der Lernenden transferiert werden kann. Ausgetauscht wird Wissen und Können, Theorie und Praxis; Erfahrung und Abstraktes. Typisch ist, daß der Lernende aktiv mitwirken muß, damit es gelingt.

Die Gesprächstypen sind in der Praxis nicht immer eindeutig voneinander zu trennen. Mitunter wandelt sich im Verlauf eines Gesprächs der Typus. Der Charakter von Gesprächen sollte nach Möglichkeit klar definiert werden, damit alle Beteiligten ähnliche Erwartungen haben. Das erhöht die Aussicht, zumindest Zufriedenheit über den Gesprächsverlauf zu erzeugen. Erfolgreich sind Gespräche dann, wenn sie die in sie gesetzten Ziele erreichen. Andernfalls laufen die unterschiedlichen Interessen der Gesprächsteilnehmer ins Leere *(vgl. Lay 1976, S. 99)*.

4.2 Bezugsrahmen für das operative Weiterbildungsmanagement

Jede Einrichtung bildet ihre **typischen Verkehrsformen** aus. Die Weiterbildung ist durch kommunikative Strukturen gekennzeichnet. Als Vermittlungsinstanz von Know-how sollte sie eine Vorreiterrolle einnehmen. Dazu muß sie äußerst anpassungsfähig sein. Sie muß trotz enormer Flexibilität eine hohe Zielgenauigkeit erreichen. Der Grad der Zielerreichung wird dabei zum einen durch die selbstgesteckten Unternehmensziele der Einrichtungen definiert, wesentlich mehr aber durch den Bildungsmarkt, der das Spektrum der erfolgreichen Tätigkeit bestimmt. Die Marktfähigkeit hat viel mit der Marktgängigkeit der Bildungsangebote zu tun und damit, welchen Bezugsrahmen sich Bildungseinrichtungen wählen.

Wer sich als Einrichtung auf dieses komplexe Ganze orientieren will, und wer auf seine empfindlichen Stellen Einfluß nehmen will, braucht einen Rahmen, auf den er sich bezieht. Jede Einrichtung braucht ein **Zielsystem.** Hierfür bietet sich eine Modellvorstellung von *Peters* und *Waterman* an, die sie den **Renewal-Faktor** (Erneuerungsfaktor) genannt haben. Im Mittelpunkt des funktionalen Bezugsrahmens steht die Frage, wie Fähigkeitsbündel, also professionelles Know-how aufgebaut werden kann. Diese Frage ist vor allem für Weiterbildungseinrichtungen wichtig, denn davon leben sie. Obwohl das im Folgenden vorgestellte **Erneuerungsmodell** relativ unverbindlich bleibt, liegt der Erfolg dieser *McKinsey-Konzeption* darin begründet, daß anhand des »7-S – Strukturmodells« (S = Struktur) und »7-C« (C = Communication) Schwachstellen in der Betriebsorganisation systematisch aufgedeckt werden können. Der 7-S und 7-C Bezugsrahmen ist zeitlich von den Autoren nacheinander entwickelt worden. Dabei ging es ihnen vor allem um die Abstimmung von Organisations- und Planungsprozesse mit den Unternehmenszielen.

Der Erneuerungsring zielt *(vgl. Waterman 1988, S. 80)* auf den Aufbau von Qualifikationen und Kompetenzen sowie deren Verbesserung.

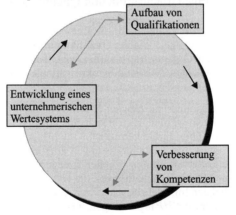

In der Umsetzung der Betriebsorganisation geht es um die Strukturmerkmale **Organisation** und **Planung.**

Operatives Management in der Weiterbildung

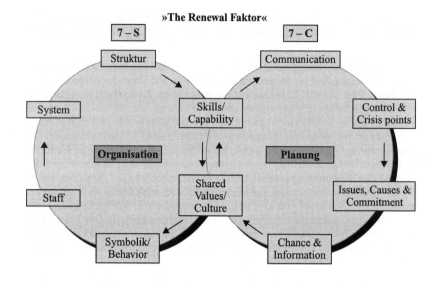

4.2.1 Strukturvariable: Organisation und Qualifikationen

Im Mittelpunkt des Bezugsrahmens für die Entwicklung von Organisationsfähigkeiten steht die abhängige Variable: **Qualifikation (Skills S)**. Dem liegt die Idee zugrunde, daß eine Organisation in ihrer Gesamtheit so zu organisieren sei, daß hinsichtlich irgendeines Ziels jede Strukturvariable »S« von den anderen unterstützt wird.

»**Beispiel:** Im Trainingsraum von *Hewlett-Packard* soll das Prinzip des Bezugsrahmens veranschaulicht werden. Es traf sich eine Gruppe von Ingenieuren zu einem Brainstorming über all die kennzeichnenden Eigenschaften des Unternehmen, die den innovativen Pionierleistungen zugrunde lagen. Sie konnten mindestens einige Dutzende Posten in jeder Kategorie nennen. Als nächstes nahmen sie sich die Marketing-Qualität vor, die erst am Anfang ihrer Entwicklung stand. Dazu fiel den Ingenieuren schon weit weniger ein. Die Botschaft war deutlich: Das Marketing bei *HP* lag im Argen, weil die dafür erforderliche Infrastruktur noch völlig unzureichend war.«*(Waterman 1978)*

Die einzelnen **Faktoren** sollen kurz skizziert werden:

»**Struktur:** Organisationsschema, Arbeitsplatzbeschreibung und dergleichen. Arten der Darstellung, wer wem Bericht erstattet und wie die Aufgaben verteilt und integriert werden.

Systeme: Die formalen und nicht formalen Prozesse und Ströme innerhalb einer

Organisation. Wie die Dinge Tag für Tag erledigt werden. Die gesamte Bandbreite: von Systemen zur Leistungssteigerung bis zu Produktionssystemen, Systemen der Buchhaltung, der Qualitätskontrolle und der Leistungsbewertung. Die Liste ist damit nicht abgeschlossen.

Symbolisches Verhalten: Normalerweise wird dies mit dem Wort »Stil« beschrieben. Es ist die Dimension der Aufmerksamkeit. Es ist der greifbare Beweis dafür, was das Management für wichtig hält; insbesondere, wie es durch nonverbale Kommunikation dargestellt wird; wie die Manager ihre Zeit verbringen, welche Ergebnisse sie belohnen und wie sie in Krisensituationen reagieren.

Stab: (Mitarbeiter) Die Struktur der Belegschaft und ihre demographischen Merkmale. Ihre Erfahrung, ihre Schul- und Fachausbildung. Die Abstimmung, wieweit die zu erledigenden Arbeiten und die Fähigkeiten derjenigen, die diese Arbeitsplätze ausfüllen, einander entsprechen.

Shared Values: (geteilte Werte) Wofür das Unternehmen steht – ausdrücklich und implizit, gut und schlecht. Worauf ein Unternehmen stolz ist oder gerne stolz wäre. Gemeinsame Werte gehen über schlichte Zielfeststellungen hinaus, können sie aber einschließen. Wie sich ein Unternehmen in rauhen Zeiten verhält, mag ein guter Indikator für das Wertesystem sein.

Strategie: Eng definiert, der Plan eines Unternehmens für die Zuweisung von Ressourcen und die Erreichung eines haltbaren Wettbewerbsvorteils. Nachstehend wird diese Definition noch ausgeführt. Die strategische Dimension wird zum Rahmenwerk eigener Rechtfertigung.«*(Waterman 1988, S. 72 ff.)*

Im Sinne des 7-S-Bezugsrahmens ist die Fähigkeit, die der Organisation fehlt, betrieblichen Details zuzuordnen, damit sie aufgebaut werden kann. Auf der anderen Seite des Rahmens ist es selbstverständlich, daß zur Planung Kommunikation, Entscheidung, Kontrolle und intelligente Methoden gehören. Ein Plan, der von jedermann uneingeschränkt akzeptiert würde, scheint das Letzte zu sein, was Planung leisten kann. Es geht vielmehr um die Zielperspektiven. Strategische Planung ist eine äußerst komplexe Angelegenheit. Der Zusammenhang darf bei Detaillösungen nicht aus den Augen verloren werden. Das Dilemma besteht darin, komplexe Gefüge zu zerlegen, ohne die Gesamtheit aus den Augen zu verlieren.

4.2.2 Kommunikationsvariable: Planung und Kompetenzen

Im Mittelpunkt stehen **capabilities** – also Fähigkeiten; sie werden wesentlich durch die Kommunikationsvariable bestimmt:
Als abhängige Variable hat **capabilities** eine enge Beziehung zu skills. Der Zweck von **Planung** besteht wie der Zweck der **Organisation** darin, ohne Unter-

laß **Qualifikationen und Kompetenzen aufzubauen.** Damit wird das geschaffen, was Personalfachleute ausgeprägte Kompetenz oder haltbare Wettbewerbsvorteile nennen. Um am unteren Rand der Skala die organisatorische Entropie zu bekämpfen, hat Planung dafür zu sorgen, jene Mehrzwecktätigkeit aufzubauen, die auch Strategie genannt wird.

»Communication: Das Leben in den Organisationen dreht sich im Ganzen darum, Aufgaben aufzuteilen – wir erinnern uns an *Adam Smith'* Begriff der Arbeitsteilung? – und dann wieder zu integrieren. Planung als Kommunikation ist eine starke Kraft der Integration. Die Leute können Pläne benutzen, um einander wissen zu lassen, was sie zu tun beabsichtigen. Auf diese Weise weiß Herr »Rechte Hand«, was Herr »Linke Hand« im Sinne hat. Bestehen potentielle Probleme, können sie sich ihnen eher nähern; und wenn eine Möglichkeit für nützliche Koordination besteht, können sie diese eher umsetzen. Planung als Kommunikation ermöglicht es der großen Organisation, sich mit komplizierten Fragen der Integration zu befassen, ohne zu der gefürchteten Matrix-Struktur Zuflucht nehmen zu müssen. Für kleine Organisationen liegt der Wert der Planung als Kommunikation darin, daß sie die Mitarbeiter zwingt, sich klar zu äußern; in kleinen Organisationen wird gute Kommunikation leichter möglich, weil jeder jeden kennt und die Manager einander ständig sehen. Das hilft in vielen Fragen, ist aber keine Gewähr dafür, daß über wirklich knifflige Dinge gesprochen wird.

Chance und Information: Eigentlich ist es überflüssig, diese Variablen zu erwähnen, aber sicherheitshalber sei noch einmal darauf hingewiesen. Der Faktor »Chance und Information« aus dem Planungsatom entspricht derselben Strategie-Idee wie der informierte Opportunismus. Chance und Information erinnern den Manager daran, daß einige der größten strategischen Entscheidungen, die er trifft, nicht vorherzusehen sind. Manager, die die herausragende Rolle der Chance erkannt haben, betrachten Prognosen zu Recht mit Argwohn; ihre eigenen Pläne machen sie nicht blind gegenüber Gelegenheiten. Dieser Faktor ist wenig oder gar nicht zu beeinflussen; erinnern wir uns an den stochastischen Schock, der sich nur mit Hilfe von erstklassiger Information richtig bewerten läßt. Sie allein kann deutlich machen, wann es gilt, sich zu ducken, und wann es angesagt ist, sein Glück zu versuchen.« Es liegt im unternehmerischen Handeln, eine Chance zu nutzen oder sie verstreichen zu lassen.

»Causes, Commitment, and the Issues (Anliegen, Engagement und die Fragen): Planung kann eine Art Trockenübung sein, garniert mit ermüdenden Zahlenfolgen, wenn sie sich nicht auf ein System stützt, das regelmäßig die wichtigen Fragen streift, Prioritäten setzt und daraus Anliegen destilliert, für die sich die Leute engagieren können. Obwohl die Fragen Gegenstand von Analysen sind, sind sie selten deren Quelle. Sie ergeben sich vielmehr aus dem subjektiven, informierten, aber manchmal offenbar oder scheinbar schiefen Urteil der Unternehmensführer. Aus einem institutionalisierten, aber beweglichen Fragenkatalog kann hier ein wichtiges innovatives Instrumentarium geschöpft werden: das der Anliegen und des Engagements. Die Liste der Fragen und Anliegen muß flexibel sein, um auf die sich ändernde Umwelt reagieren zu können. Wer für Planung zuständig ist, sollte als »Tabubrecher« auftreten. Es ist seine Aufgabe, sicherzustellen, daß die wichtigen Fragen erörtert werden und Antworten ausgearbeitet werden.

Crisis Points (Kritische Punkte): Durch Planung erhält man die Sicherheit, daß ein Unternehmen wirtschaftlich gesund in die Zukunft geht. Aber Planung kann mehr: Eine Szenenfolge von »Was wäre, wenn...« Konstellationen kann helfen, Krisen ebenso wie gewöhnliche Gelegenheiten durchzuspielen. Mit Hilfe eines Computers kann man bestehende Trends innerhalb einer Branche für die nächsten drei, fünf oder zehn Jahre hoch rechnen. Ist das Ergebnis akzeptabel? Das ist es fast nie. Wenn man alle Variablen des Modells einander immer wieder neu zuordnet, erhält man gewöhnlich eine Antwort auf die Frage, warum das Ergebnis nicht zufriedenstellend ist. Man entdeckt die kritischen Punkte und kann nun Fragen stellen. Allmählich werden die Probleme eingekreist, mit Hilfe einer Richtungsänderung kann das Unternehmen der Krise ausweichen. Die Krise birgt durchaus revolutionäre Momente, aber sie ist unangenehm, und man denkt dabei allzuviel ans Überleben.

Control (Kontrolle): Wie die Aufstellung eines Haushaltsplans ist langfristiges Planen teilweise ein kongeniales Kontrollverfahren. An Innovation orientierte Unternehmer fordern ihre Manager auf, sich für ein fünf Jahre voraus liegendes Ziel bezüglich Wachstum, Erträge oder Marktanteile einzusetzen. Angesichts der Ungewißheiten von Prognosen weiß niemand sicher, was so weit in der Zukunft geschehen wird. Aber sowohl Unternehmer als auch Manager müssen immer wieder folgenden Dialog führen: »Um das Unternehmen die nächsten fünf Jahre bei guter Gesundheit zu halten, brauchen wir meiner Meinung nach dies und das. Stimmen sie mir zu? Was brauchen wir, um dahin zu kommen? In innovativen Unternehmen gilt Zahlenprognosen ein gesundes Mißtrauen. Das Management erhält sich seine Flexibilität, indem es alljährlich das Fünfjahresziel überprüft und neu steckt. Dieser Teil der Planung ist eine Form kongenialer Kontrolle.« Wir sollten nur in Geschäfte investieren, die unsere Zukunft nähren; und unser Bestes tun, um gute Renditen auf das eingesetzte Eigenkapital zu erzielen.

Culture (Wertesystem): Es hat eine ähnliche Bedeutung wie die geteilten Werte im 7-S-Bezugsrahmen. Viele Unternehmen setzen ihre Planung so ein, daß sie jene Aspekte in ihrem Wertesystem verstärken, für die sie sich aktiv engagieren. Das alljährlich wiederkehrende Ritual der langfristigen Planung ist ein »hübscher« Anlaß, nur gemeinsam ein neues Wertesystem, neue Visionen und übergreifende Ziele zu formulieren.«*(Waterman 1988, S. 75 ff.)*

Die **Komplexität des Bezugsrahmens** verdeutlicht, wie schwer es ist, Qualifikationen und Kompetenzen in einem Unternehmen zu erzeugen. Das Bedeutsame an diesem Bezugsrahmen ist, daß er dazu auffordert, das unternehmerische und das multifaktorielle Bedingungsgefüge in seinen beeinflußbaren Abhängigkeiten zum Thema der didaktischen Planung in Bildungseinrichtungen zu machen. Er sagt nichts darüber aus, wie und in welchen Dimensionen eine Erneuerung stattfinden soll oder kann. Es ist als Analyseinstrument brauchbar. Das Weiterbildungsmanagement muß die richtigen Entscheidungen in eigener Verantwortung und mit Weitsicht treffen.

4.2.3 Der didaktische Arbeitsprozeß

Bei jedem Versuch der systematischen Beschreibung des **didaktischen Arbeitsprozesses** ist zu entscheiden, wie weit der Rahmen des Bedingungsgefüges gesteckt werden soll. Das Selbstverständnis des Weiterbildungsmanagements ist definiert durch die Kommunikation nach innen und außen. Es wird in kommunikativen Arbeitssituationen gehandelt. Weiterbildung definiert sich als organisiertes Lehren und Lernen; eine Institution muß eine Strategie entwickeln, den Weiterbildungsbedarf erkunden, Seminare und Lehrgänge in einem Weiterbildungsprogramm veröffentlichen und sich damit im Weiterbildungsmarkt präsentieren. Jede Einrichtung muß ein Bildungskonzept entwickeln, das als Ausdruck der bestimmenden Organisations- und Menschenbilder gewertet werden kann. Dadurch erlangt ein Bildungsanbieter ein Profil nach außen und wie nach innen.

Der **didaktische Planungsprozeß** soll in folgendem Kapitel auf den Ebenen beschrieben werden:

- Konzept- und Produktentwicklung
- Bedarfsermittlung
- Anforderungen an Bildungsveranstaltungen
- Das didaktische Gerüst bei Bildungsveranstaltungen
- Weiterbildungsprogramm
- Betriebsorganisation in Weiterbildungseinrichtungen

4.3 Strategie der Konzept- und Produktentwicklung

Die **Strategie der Konzept- und Produktentwicklung** hat die Frage nach neuen Bildungsveranstaltungen zu beantworten. Dabei ergänzen sich die beiden Begriffe Konzept und Produkt insofern, als es beim Konzept mehr um das Theoretische, noch nicht in der Praxis Erprobte geht, während dann von Produkt gesprochen werden soll, wenn es sich um eine marktfähige Veranstaltung handelt, die durchgeführt werden kann.

Einfach wäre es für eine Bildungseinrichtung, wenn die Lehrenden die Konzepte selbst erstellen und »mitbringen« würden. Ist die Fortschreibung von Standardmaßnahmen und beruflichen Umschulungen noch relativ einfach, so stellt

Strategie der Konzept- und Produktentwicklung

sich die Neukonzeptentwicklung meist als aufwendig und kostspielig dar. Für eine Ausbildung zur Floristin, zum Werkzeugmechaniker oder zur Bürokauffrau mag es ausreichen, die Inhalte der geregelten Berufsordnungen einer verkürzten Weiterbildung anzupassen. Das ist zu wenig bei Konzepten, die auf neue Arbeitsplatzanforderungen oder individuelle Lernbedürfnisse zugeschnitten sein müssen. **Aktualität und Erfahrungsbezug** sind Kriterien für die Konstruktion von Bildungsmaßnahmen. Trainings für Fach- und Führungskräfte, Angelernte, Jugendliche oder Frauen setzen differenzierte Analysen zur Curriculumentwicklung voraus. Sie müssen die Teilnehmerinteressen genauso zur Kenntnis nehmen wie fachwissenschaftliche Ansprüche. Die Produkt- und Konzeptentwicklung hat Aussagen zu den Rahmenbedingungen und zu den wesentlichen Inhalten des Lehr- und Lernprozesses zu machen.

Ein qualifiziertes Bildungskonzept ist erst dann akzeptabel, wenn

- es den neuesten Stand des verfügbaren Know-hows repräsentiert,
- es auf die zu erwartenden Lernbedürfnisse und Lernprobleme der Zielgruppe eingeht,
- es Lösungswege für die didaktisch-methodische Konstruktion des Lehr-/Lernprozesses aufzeigt.

Ein **Lehrplan** enthält ein inhaltlich und zeitliches Raster. Er definiert die Inhalte ausführlich und bringt sie in eine methodisch-didaktische Struktur, denn die Schrittfolge ist beim Lernen nicht beliebig. Das gilt für umfangreiche Kurse ebenso wie für Tagesseminare, deren Effizienz darin liegt, Informationen in komprimierter und anspruchsvoller Form zu vermitteln.

4.3.1 Akquisition und Innovation

Bildungsunternehmen müssen im Wettbewerb ständig neue Konzepte entwikkeln. Im Rahmen der permanenten Marktbeobachtung sind frühzeitig konkrete Schritte zur Ersatz- und Neukonzeptentwicklung zu unternehmen. Es besteht grundsätzlich eine **Planungslücke** zwischen erwünschtem und erwartetem Umsatzwachstum. Hierauf kann mit zwei Strategien reagiert werden:

Akquisition und Innovation

Akquisition bedeutet Kundenwerbung; sie gehört zum Alltag einer jeden Bildungseinrichtung. Teilnehmer müssen informiert, beraten und überzeugt werden. Auftraggeber sind an maßgeschneiderten Konzepten interessiert; Angebote müssen entwickelt und präsentiert werden. Über die Konditionen der Durchführung ist zu verhandeln. Akquisition heißt, Teilnehmer und Auftraggeber zu werben. Das sollte mit dem Ziel geschehen, aus Kunden Dauerkunden zu machen.

Operatives Management in der Weiterbildung

Zur Akquisition gehören marktfähige Bildungskonzepte. Diese kann eine Einrichtung durch **Innovationen** erlangen. Darunter werden neue Verfahren, Produkte und Dienstleistungen verstanden. Innovationen lassen sich erreichen:

- durch **interne** Erarbeitung von Neuerungen und Konzepten, insbesondere mit Hilfe von Produktmanagern, Forschungs- und Entwicklungsstäben, Fachbereichsleitern, Dozenten;

- durch Erwerb **extern** erzeugter Konzepte oder Lizenzen, insbesondere von Beratern und Lehrenden, Instituten bzw. Forschungseinrichtungen; durch Kooperation mit innovativen Teams.

In Bildungseinrichtungen ist die Kombination beider Wachstumsstrategien – Akquisition und Innovation – üblich. Eine Reihe neuer Konzepte kann aus der Kenntnis der Produkte und Dienstleistungen von Mitbewerbern adaptiert werden. Dabei kann der Terminus **Neuprodukt** so verstanden werden, daß damit Konzepte, Produktmodifikationen sowie »wirklich« neue Veranstaltungen gemeint sind. Der Begriff »neu« definiert sich in Bezug auf den Markt: a) aus Sicht des Unternehmens, b) aus Sicht des Teilnehmers. Ein Konzept muß in jedem Fall für den Auftraggeber bzw. die Teilnehmer neu sein, damit sie es akzeptieren. So können sich Konzepte, die auf regionalen Märkten noch nicht angeboten werden, als neue Produkte herausstellen. Da alle Produkte und Dienstleistungen im Markt einen Diffusionsprozeß durchlaufen, können Bildungseinrichtungen diesen für sich nutzen. Mit Hilfe des Franchising, wie z. B. der »Studienkreis« oder »Inlingua«, lassen sich Bildungskonzepte auch bundesweit vermarkten. Dabei macht sich Schnelligkeit bezahlt.

In der Weiterbildung wird die **Konzeptentwicklung** immer noch **nicht systematisch** betrieben. Einrichtungen, die das aus strategischen Gründen wollen, müssen bereit sein, hierfür Ressourcen bereitzustellen. Wirklich neue Konzepte bleiben dann auch kein »Einzelfall«, sie setzen sich überregional durch. Ideen, wie der Qualitätszirkel, das Transfertraining, die Lernstatt, Mindmapping, NLP (Neuro Linguistische Programmierung), Multimedia oder standardisierte Zertifikatskurse erreichen einen hohen Verbreitungsgrad. Insgesamt gesehen wird jedoch die Neukonzeptentwicklung schwieriger, weil die führenden Bildungsanbieter fast gleichzeitig auf Marktveränderungen reagieren. Waren vor einigen Jahren EDV-Grundkurse hoch angesehen, so ist nunmehr die neueste Anwendersoftware gefragt und natürlich alles, was mit Multimedia zusammenhängt. Im Bereich der Umweltbildung hat das Konzept des »Abfallberaters« seinen Zenit bereits überschritten. Der »Technische Redakteur«, der »EDV-Organisator« oder der »Fachberater für Finanzdienstleistungen« werden forciert. CBT – Computer Based Training kann ein interessanter Markt werden. Die Dynamik im Markt der Weiterbildung unterscheidet sich kaum mehr von anderen Wirtschaftsbranchen.

Die **Neukonzeptentwicklung** muß sich aus den Inhalten und der Nachfrage definieren. Das ist im Hinblick auf die Qualität und Fachlichkeit unabdingbar. Häufig fehlt jedoch auch der explizite Bezug auf die **zielgruppenspezifische Anwendung**. Wenn die Teilnehmer erst gar nicht kommen oder wegbleiben, müssen Fehler bei der Konzeptentwicklung angenommen werden. Wenn neue Konzepte entwickelt werden, geht es nicht um viel bedrucktes Papier. Es geht um ein Konzept und die Konstruktion eines Lehr- und Lernarrangements, in dem steht, wie einer vorher definierten Zielgruppe ein bestimmtes Know-how erfolgreich vermittelt werden kann. Diese Annahme ist wichtig, weil das Lernen eine individuelle Anstrengung verlangt, die nur gelingt, wenn das Anspruchsniveau des Lehrplans und Teilnehmerpotentials ausbalanciert wird. Bildungskonzepte, die das Wissen und Können der Teilnehmer berücksichtigen, daran anschließen und es weiterführen, können erfolgreich sein. Konzepte, die sich nicht auf die Teilnehmer einlassen, verstoßen gegen einfache lernwissenschaftliche und psychologische Regeln. Dann wird nicht gelernt; vielmehr besteht die Gefahr, daß die Menschen ihre Motivation und Lernbereitschaft verlieren. Anders ist es kaum zu erklären, warum dem Lernen in unserer Gesellschaft immer noch mit so viel Skepsis entgegengetreten wird.

4.3.2 Hürden der Konzeptentwicklung

Bevor der **Prozeß von der Idee zum Produkt** beschrieben wird, soll ausführlicher auf die Hürden der Konzeptentwicklung eingegangen werden. Das ist wichtig, weil in unserer Kultur fast jede neue Idee zuerst mit **Widerständen** oder mit Ordnungsverfügungen zu kämpfen hat. Typisch dafür ist, daß es in Deutschland bereits das erste Gesetz auf der Welt zur Regelung von Multimedia gibt, obwohl wir noch gar nicht wissen, wohin die Reise der Informationsgesellschaft geht. Es gilt Hürden zu überwinden, erst dann können Interessenten und Multiplikatoren für neue Ideen gefunden werden. Dann bedarf es in der Vielfalt der Informationsflut einer zielgruppengerechten Ansprache. Wenn das gelingt, bestehen gute Marktchancen. Mögliche Probleme des Entwicklungsprozesses seien skizziert:

- Mangel an wirklich »guten« Ideen,
- fragmentierte Märkte – Zerstückelung und Segmentierung,
- unüberwindbare bildungspolitische und staatliche Vorgaben,
- zu hohe Kosten der Neuproduktentwicklung,
- vergleichsweise einfache Adaption durch Mitbewerber,
- Kapitalknappheit bei Forschungs- und Entwicklungsaufträgen,
- kurze Produkt-Lebens-Zyklen.

Ein typisches Dilemma im Bildungsmarkt besteht darin, neue Produkte entwickeln zu müssen, obwohl die Aussichten auf eine alleinige Nutzung gering sind. Es ist heute kaum mehr eine Schwierigkeit, Bildungskonzepte nachzuahmen. Das darf nicht dazu führen, daß neue Konzepte nur eine marginale Bedeutung erlangen. Vielmehr ist der Bedarf an **maßgeschneiderten Konzepten**, die z. B. zur Problemlösung betrieblicher Qualifizierungsnotwendigkeiten beitragen, groß. Jeder Personalleiter könnte Beispiele für den erfolgreichen Einsatz von Schulungskonzepten nennen. Im Zeichen von lean management, lean production oder Reengineering kann es gehen um:

- die Einführung neuer Maschinen und Technologien;
- Reduzierung von Fehlzeiten;
- Verbesserung der Teamarbeit;
- Verstärkung der Leistungsmotivation;
- Führungskräftetraining oder Kommunikationstraining;
- Qualitätssicherung;
- das Lernen lernen.

Damit typische Fehler vermieden werden, sollte die professionelle Konzeptentwicklung bekannte **Ursachen für Produktmißerfolge** meiden *(vgl. Kotler 1989, S. 322):*

- ein Manager auf hoher Ebene forciert die Realisierung einer seiner **Lieblingsideen** – trotz mangelnder Erfolgssicherheit;

- die **Betriebsorganisation** ist zur Bearbeitung von Ideen und Neuprodukten nicht bzw. wenig leistungsfähig; keine geeigneten Fachkräfte, fehlende Beurteilungskriterien, schlechtes Auswahlverfahren, unzureichende Koordination der Fachabteilungen;

- mangelhafte Beurteilung der **Marktgröße;** ungenügende Prognosen, leistungsschwache Produkt-/Marketing-Forschung;

- Schwächen im **Marketing,** wie z. B. ungenaue Plazierung, nicht angepaßte Segmentierung, zu niedriges Budget, zu hohe Preise;

- das Produkt hebt sich nicht genug von anderen ab; es bietet keine nennenswerten Vorteile, es ist kein **Markenartikel;**

- schlechtes **Produktdesign;** Veranstaltungen präsentieren sich unattraktiv, werden nicht in das richtige Licht gerückt, stehen in keinem Zusammenhang;

- unerwartet hohe **Produktentwicklungskosten;** das geplante Konzept findet keine Zustimmung; Testläufe müssen wiederholt werden;

- unerwartet **intensive Reaktionen** der Konkurrenz; Mitbewerber adaptieren das Konzept sofort.

4.3.3 Produktmanagement und Investitionsentscheidung

Ein Bildungsangebot zu realisieren bedeutet, ein Konzept auszuarbeiten, dafür zu werben und es unter Wettbewerbsbedingungen zu vertreiben. Das **Spitzenmanagement** trägt dabei die Verantwortung für die Qualität der Konzeptent-

Strategie der Konzept- und Produktentwicklung

wicklung. Ein einsamer Produktspezialist ist zu wenig, alle Fach- und Führungskräfte in Bildungseinrichtungen müssen sich hiermit mental befassen. Zur Produktentwicklung bedarf es dann sicherlich eines speziellen Auftrags. Notwendig ist eine Entscheidung im Rahmen der Wachstumsstrategie. Erst dann kann festgelegt werden, in welchen Bereichen Konzepte entwickelt und umgesetzt werden sollen. Es wäre falsch, einen Produktmanager an einer vielversprechenden Idee zur Lasertechnologie arbeiten zu lassen, wenn nicht vorher die Entscheidung gefallen wäre, zum gegebenen Zeitpunkt in entsprechende Geräte zu investieren.

Die Kosten der Konzept- und Produktentwicklung sind als **Investitionen** *(vgl. Kapitel 3.8. Grundbegriff der Finanzwirtschaft)* zu betrachten. Deshalb handelt es sich hierbei um Entscheidungen von besonderer Tragweite. Sie werden in der Hoffnung verausgabt, mit dem eingesetzten Kapital einen Mehrwert zu erzielen. Investitionen sind demzufolge keine Kosten im Sinne eines verlorenen Aufwands, sondern eine Kapitalbindung für die Zukunft *(vgl. Swoboda/Blohm/ Zechner/Steiner 1983)*. Bei Investitionen in die Produktentwicklung muß die Höhe des Kapitalbedarfs in ein Verhältnis zum Gewinn gesetzt werden. Insgesamt darf die Investitionssumme die Kapitalkraft einer Einrichtung nicht überschreiten. Investitionen rechnen sich dann, wenn die damit realisierten Bildungskonzepte ihre Absatzmärkte finden. Der Gewinn bzw. Verlust ist das zu entscheidende Risiko. In Bildungseinrichtungen muß insofern ein Umdenken stattfinden, als viele glauben, Konzepte könnten nebenbei entstehen. Ohne nennenswerte Investitionen im Bereich der Konzeptentwicklung werden Bildungseinrichtungen dem Wettbewerb nicht standhalten können.

Bei Investitionsentscheidungen muß bedacht werden, daß die Einführung neuer Produkte in den Weiterbildungsmarkt mit Ausfällen zu rechnen hat. Nicht jeder Kurs wird so angenommen, wie es sich die Konzeptentwickler vorgestellt haben. Eine fiktive **Ideen-Ausscheidungskurve** kann diesen Tatbestand verdeutlichen:

Operatives Management in der Weiterbildung

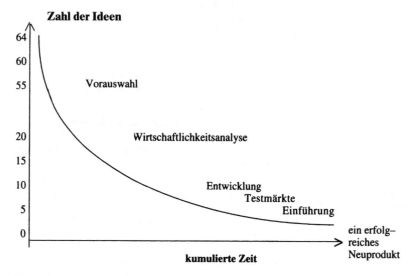

(Booz, Allen & Hamilton 1968)

Beispiel: Es wird angenommen, daß von 64 Ideen ein Viertel so interessant ist, daß sie getestet werden sollten. Davon ist vielleicht nur die Hälfte als Konzept entwicklungsfähig. Im Testmarketing scheiden noch einmal einige aus, so daß möglicherweise eine Handvoll Produkte es wert sind, vermarktet zu werden. Wird eine Idee mit 1 000 DM bewertet, so könnte das Testen eines Konzepts leicht mit 20 000 DM veranschlagt werden. Bis zur Marktreife kann ein ausgearbeitetes Bildungskonzept mehrere Hunderttausend Mark kosten.

Ergebnisse von Forschungs- und Entwicklungsabteilungen sind immer mit einem relativ hohen **Unsicherheitsfaktor** versehen. Deshalb sind organisatorische Vorkehrungen zur Reduzierung von Unsicherheit nötig. Aus der Fülle möglicher Neuprodukte muß eine Auswahl im Hinblick auf die höchste Erfolgswahrscheinlichkeit getroffen werden. Das Management muß aktiv unterstützen. Ein stufenweises Auswahlverfahren erscheint angemessen:

Strategie der Konzept- und Produktentwicklung

Ideenfindung

Pretest von Konzepten

Produktentwicklung

Testmarketing

Markteinführung

4.3.4 Ideenfindung

Ideen sind die **Basis für Bildungskonzepte.** In der Praxis werden Ideen auf vielfältige Art und Weise hervorgebracht. Einige Institute beobachten ihre Mitbewerber genau, andere unternehmen mehr oder minder anspruchsvolle Suchanstrengungen, nur wenige entwickeln ihre Konzepte systematisch. Marktforschung ist im Bildungsbereich noch unterentwickelt. Die wichtigsten Quellen für neue Produktideen sind:

- Teilnehmer
- Auftraggeber
- Dozenten, Trainer
- Ausbilder
- Mitbewerber, Konkurrenten
- Mitarbeiter
- Mitglieder der Unternehmensspitze
- Wissenschaftler
- Unternehmensberater

Wer auf die **Teilnehmer** hört, erfährt, was die Kunden wollen. Jedes Marketingkonzept einer Bildungseinrichtung sollte seinen Ausgangspunkt bei den Lernbedürfnissen und Wünschen der Teilnehmer nehmen. Darüber hinaus ist der enge und gute Kontakt zu den **Auftraggebern** (Betrieben, Arbeitsverwaltung etc.) unerläßlich. Sie können deutlich machen, in welchen Bereichen neue Konzepte erwartet werden. Je besser die »Innenansichten der Kunden« bekannt sind, um so genauer können Angebote konzipiert werden. Im Wettbewerb um Marktanteile geben die Auftraggeber die entscheidenden Hinweise; sie definieren, welche Produkte sie wünschen.

Wer die **Dozenten** und **Ausbilder** in den Ideenfindungsprozeß einbezieht, bekommt von den Experten die entscheidenden Informationen für Produktänderungen und Neuprodukte. Die Rückkopplung zu den Kursleitern ermöglicht es dem Management, das Know-how der Lehrenden zu nutzen. Eine Leistungssteigerung wird dann möglich, wenn die Mitarbeiter erkennen, daß ihr Wissen und Können gefragt ist. Sie fühlen sich anerkannt und werden dadurch motiviert.

Konkurrenten haben in der Regel die Nase vorn. Sie kennen ihren Markt genau. Frühzeitig ist festzustellen, welche Konzepte bei den Mitbewerbern in der Entwicklung sind. Eine Übernahme ist im Einzelfall zu erwägen. Einen wirksamen Produktschutz gibt es nicht. Einige Wachstumsstrategien beruhen auf Nachahmung und Verbesserung bereits bekannter Konzepte. Die Weiterbildungsprogramme und Seminarankündigungen der Mitbewerber sollten zur Standardlektüre von Fachbereichsleitern gehören.

Die **Mitglieder der Unternehmensleitung** sowie die Mitarbeiter sollten regelmäßig nach ihren Produktideen befragt werden. Ihr Sachverstand und ihre Marktkenntnis können als wichtige Ideenquelle gelten. Sie sind Experten und könnten gegebenenfalls selbst die Verantwortung für das Vorantreiben von Konzeptinnovationen übernehmen.

Die Schlagworte des **Wissens- und Technologietransfers** signalisieren die Wichtigkeit des in Universitäten und Forschungseinrichtungen produzierten Wissens. **Wissenschaftler** werden für weite Bereiche der Weiterbildung die zukünftigen Ideenträger sein. Ihr Wissen muß mit den Mitteln des Weiterbildungsmanagements für die Bildungspraxis nutzbar gemacht werden. Im Prinzip gibt es kein Thema, das nicht in der Weiterbildung angeboten werden könnte.

Unternehmensberater sehen in der Weiterbildung ein expansives Betätigungsfeld. Was aus der Sicht eines Beraters interessant sein kann, muß nicht für ein Bildungsinstitut von Interesse sein. Die entscheidende Frage ist, ob das spezifische Know-how eines Beraters für ein Seminar gut ist. Hier sollten im eigenen Interesse sehr kritische und enge Maßstäbe angelegt werden. Unternehmensberater ernennen sich selbst. Es gibt keine anerkannten Selektionsmechanismen. Die Qualitätsmaßstäbe sind fließend. Dennoch bieten Unternehmensberater einen wichtigen Pool für neue Ideen. Die Entwicklung vom Management zum Coaching wird von Unternehmensberatern vollzogen. Dies könnte ein interessantes Feld für neue Bildungsangebote sein. Beratung ist ein neues Geschäftsfeld für Bildungseinrichtungen.

Die Quellen für Ideen sind unbegrenzt: Agenturen, Anwälte, Fachzeitschriften, Programme, Medien, Meditation, Werbung usw.

4.3.5 Vorauswahl

Rezeptologien verschweigen, daß die Realisierung von Ideen Fähigkeitsbündel voraussetzt. Wirklich gute Konzepte kommen zustande, wenn Ideen mit dem optimalen Einsatz an Know-how umgesetzt werden. Das gelingt nicht auf Anhieb, sondern durch Auswahl und Bewertung. Zuerst sind Fehlerquellen auszuschließen; dann ist eine **Vorauswahl** zu treffen. Bewertungsmaßstäbe dürfen weder eine zu hohe drop out Rate erzeugen, noch dürfen sie zu wenig qualitätsbezogen sein. Mit der Entscheidung für eine Idee, werden Ressourcen gebunden. Wenn unausgereifte Ideen weiterentwickelt werden, kann das zum Zeitpunkt x das Aus für ein Konzept bedeuten. Betriebswirtschaftlich lassen sich problematische Ideen in drei Kategorien einteilen: absolute **Versager, Teilversager** und **relative Versager**. Ein absoluter Versager deckt noch nicht einmal die variablen Kosten; ein Teilversager nur einen Teil der variablen und fixen Kosten; ein relativer Versager bringt zwar Gewinne, die jedoch unter dem durchschnittlichen Ertragsniveau des Unternehmens liegen.

Ideen, die bei einer **Vorauswahl** nicht durchfallen, müssen zu einem reifen Kurskonzept weiterentwickelt werden. Dabei sollte zwischen der **Produktidee,** dem **Produktkonzept** und einem **Produktimage** unterschieden werden. Die Produktidee beschreibt das wünschenswerte Konzept objektiv. Das Produktkonzept bündelt die theoretischen Vorstellungen auf die Bedürfnisse, die Teilnehmer und Kunden von dem Produkt haben. Das Produktimage ist schließlich die subjektive Vorstellung, die sich Teilnehmer und Auftraggeber von dem fertigen Produkt machen. Unter diesem Gesichtspunkt werden im Bildungsmarkt nicht Ideen verkauft, sondern Produkte. Sie sollen Antworten auf die Fragen der Teilnehmer geben. Sie müssen den Vorstellungen der Auftraggeber entsprechen. Maßgeschneiderte Konzepte passen sich betrieblichen Erfordernissen ebenso an wie den Mitarbeiterwünschen. Ein Rhetorikseminar für Führungskräfte muß nicht nur von der Konzeption her auf Führungskräfte zugeschnitten sein, auch die Beispiele müssen aus der Praxis der Zielgruppe stammen.

4.3.6 Produkt- und Marktplazierung

Jedes **Konzept** muß auf den Charakter seines Produktfeldes eingehen. Bei der Fülle gleichgerichteter Bildungsangebote und dem Mangel an Transparenz, bedarf es einer klaren Positionierung im Wettbewerbsfeld. Von besonderem Wert ist die gezielte Plazierung eines Angebots im Markt. Das **Produktplazierungsdiagramm,** das nach den Kriterien »Preis« und »Schnelligkeit« ausgerichtet ist, zeigt mögliche Einführungsstrategien auf.

Operatives Management in der Weiterbildung

Produktplazierungsdiagramm

```
                    Teuer                              hoher Preis
                                                       pro Kurseinheit
   Rhetorik  •
   Topmanager
                                                              Marke
                   Wirt-   •                                  A  •
                   schafts-           Marke
                   rhetorik           B  •
 langsam                                                                    hoch
    •                                                                        
   Sprachkurse     Rhetorik
   für Aus-        AZUBIS                              Marke
   siedler         •                                   C  •

                    Billig                             niedriger Preis
                                                       pro Kurseinheit
```

(vgl. Kotler 1989, S. 334)

Das Diagramm verdeutlicht, wie unterschiedliche Produkte in den vier **Marktfeldern** mit unterschiedlichen Merkmalen angeboten werden. Von der Annahme ausgehend, daß der Preis und die Kontinuität für die Teilnehmer wichtig sind, muß die Bildungseinrichtung entscheiden, wie das neue Konzept entlang der Dimensionen plaziert werden soll. Die Reduzierung auf vier wesentliche Marktkriterien – die auch anders gewählt werden können – dient dazu, die Produkteigenschaften unmißverständlich festzulegen. Wichtig bei der Einführung neuer Produkte ist die deutliche Unterscheidung zwischen den Konzepten. Bei Neuprodukten sind Einführungsstrategien zu entwickeln, damit Klarheit über die eigenen Produkte und die der Mitbewerber besteht. In einem Vorauswahlverfahren könnte eine Präsentation eines Konzepts vor Experten hilfreich sein. Nach der Methode der »conjoint analysis«*(Kotler 1989, S. 336)* kann eine Anzahl von Variationen vorgestellt werden, die auf unterschiedlichem Niveau und in verschiedenen Marktfeldern angesiedelt sind. »Prototypen« können in der Weiterbildung Grundlage für marktfähige Bildungskonzepte sein.

4.3.7 Entwicklung einer Marktstrategie

Jedes neue Konzept bedarf der Einführung in den Bildungsmarkt. Nicht wenige Bildungsinstitute lehnen sich zufrieden zurück, wenn ein Konzept vorliegt. Sie versäumen es, dies zu einem reifen Produkt auszuarbeiten und gezielt im Markt zu plazieren. Deshalb muß die **Konzeptentwicklung** immer mit einer **Marketingstrategie** verbunden sein.

Strategie der Konzept- und Produktentwicklung

Bildungsprogramme lassen erkennen, wie Veranstaltungen vermarktet werden. Dabei gilt, daß jede einzelne Veranstaltung genauso intensiv beworben werden muß, wie das Gesamtprogramm einer Bildungseinrichtung. Entscheidend ist die Idee zu einem Bildungskonzept, das vermarktet werden kann. Als Bildungsmanager gilt es den **Ideenpool,** den die Bildungsprogramme der Mitbewerber kostenfrei liefern, anzuzapfen. Einige Originaltitel zur Erläuterung:

- Grundseminar Einkauf – Was der (junge) Einkäufer wissen muß?
- Ideen als Wettbewerbsvorsprung – Erfolgreiche Kreativitätstechniken
- Internet – Information und Kommunikation
- Exel 5.0 – Grundstufe Kleingruppentraining
- Gestalte Deinen Tanz
- Ausbildung Clown Theater 1997
- Entdecke Deine Farben – Welcher Typ bist Du?
- Erfolgreich kommunizieren im Privatleben und im Beruf
- Vorbereitung auf die Fortbildungsprüfung »Personalfachkaufmann/-frau«
- Organisationstechniken und Zeitmanagement im Sekretariat
- Strategische Unternehmensführung

Wer Ideen sucht, sollte Veranstaltungen, Bildungsprogramme, Förderprogramme etc. analysieren.

Wie eine große Bildungseinrichtung ihr Programm vermarktet, zeigt das **Fallbeispiel:** Die *AKAD Akademikergesellschaft für Erwachsenenfortbildung* verfolgt konsequent das Konzept, bundesweiten Bekanntheitsgrad zu erlangen. Sie schaltet große Zeitungsanzeigen:

»*AKAD*-Wissen ist Schlüsselwissen. Der sicherste Weg zum Erfolg ist die persönliche Weiterbildung – Im privaten und im beruflichen Bereich. Denn mit dem richtigen Wissen öffnen sich Ihnen Türen, die anderen verschlossen bleiben. Zum Beispiel wenn Sie sich im ausgeübten Beruf höher qualifizieren oder sich als nicht ausgebildete Fachkraft nachqualifizieren möchten. Für höhere Fach- und Branchenprüfungen vermittelt Ihnen *AKAD* Business hier das passende Schlüsselwissen: *zeitgemäß, praxisorientiert, individuell, konzentriert.* Bei *AKAD,* der führenden privaten Bildungsinstitution für Berufstätige, studieren Sie im Methodenverbund von Fernstudium und Seminaren berufsbegleitend und können so Ihr neues Wissen täglich anwenden.

Operatives Management in der Weiterbildung

AKAD öffnet Türen

Vorteil: Ihr Studium mit *AKAD:*
1. Berufsbegleitend
2. Ortsunabhängig
3. Zeitflexibel
4. Erfolgsorientiert
5. Praxisnah

Vertrauen:
Ihre Sicherheit mit *AKAD:*
1. Staatlich anerkannte Abschlüsse der Industrie- und Handelskammer (IHK)
2. Über 6000 Studenten erfolgreich zum IHK-Abschluß geführt
3. 90 % Erfolgsquote
4. Nachgewiesen erfolgssichere Studien
5. Regionalzentren in Ihrer Nähe in Berlin, Düsseldorf, Frankfurt, Hamburg, Lahr, Leipzig, München und Rendsburg
6. Hohe Akzeptanz in Wirtschaft und Verwaltung

Fokus
Ideale Unterrichtsmethode für Berufstätige. Studienbeginn jederzeit! Sie studieren ortunabhängig, zeitflexibel und erfolgssicher nach der bewährten *AKAD*-Methode: dem perfektionierten Verbund von Fernstudium mit Präsenzseminaren, die auf den individuellen Kenntnisstand abgestimmt sind.

Ziel – Die Abschlüsse der *AKAD:*
Abschluß für Generalisten
- Wirtschaftsassistent/in IHK
- Gepr. Bilanzbuchhalter/in IHK
- Gepr. Wirtschaftsinformatiker/in IHK

Höhere Fachprüfungen
- Fachkaufmann/-frau IHK
- Marketing, Außenwirtschaft, Personalwesen, DV-Organisation, Geschäfts- und Finanzbuchführung

Höhere Branchenprüfungen
- Handelsfachwirt/in IHK
- Gepr. Industriefachwirt/in IHK

Plus – weitere Bildungsangebote:
AKAD Hochschule für Berufstätige
AKAD Lingua (Sprachdiplome, Staatl. Gepr. Übersetzer/in)
AKAD Abitur
AKAD Forum (Sprach- und Weiterbildung)

Dialog
Info-Line 0711/814950, Fax: 0711/8179750, *AKAD* Online: http://www.a-kad.de oder Coupon an: *AKAD*, Postfach, 70466 Stuttgart.

(Anzeige in Handelsblatt K 6, Nr. 97, 23./24. 5. 1997)

An dieser Anzeige wird das Konzept des *AKAD*-**Fernstudiums,** verbunden mit Präsenzphasen sowie einer bundesweiten Vermarktungsstrategie erkennbar. Ausgefeilt ist nicht nur die Werbesprache, sondern auch der Bezug auf die IHK-Prüfungen. Sie stehen quasi als Referenz für Qualität und Didaktik.

Eine **Marktstrategie** könnte folgende Perspektiven zum Ziel haben:

a) Bestimmung der Größe und Struktur des **Zielmarktes;** Festlegen der intendierten Plazierung der neuen Konzepte am Markt im Hinblick auf **Umsatz, Marktanteil** und **Gewinn.**

b) Bestimmung des geplanten **Preises,** der **Distributionsstrategie** und des **Marketingbudget.**

c) Beschreibung der geplanten **Umsatz- und Gewinnziele.**

(vgl. hierzu Kapitel 3.6)

4.4 Verfahren der Bedarfsermittlung

Konzepte der Weiterbildung sollten vom **Ansatz der Bedarfsermittlung** aus entwickelt werden. Das ist sinnvoll, damit für die Maßnahmen eine nachfrageorientierte Perspektive eröffnet wird. In der Praxis der Weiterbildungsplanung ist Bedarfsermittlung kein Neuland mehr; sie vollzieht sich aber eher unsystematisch und beiläufig. Dort, wo Bedarfsermittlung als Bestandteil der Konzept- und Produktentwicklung verstanden wird, nimmt sie einen exponierten Platz ein. *(vgl. auch Gerhard 1991)*

4.4.1 Nachfrage- und Angebotsorientierung

Die Ermittlung des Bedarfs stößt auf eine Reihe von **Schwierigkeiten**. Es gilt als sicher, daß der Weiterbildungsbedarf in den nächsten Jahren weiter wachsen wird. In welchen Marktsegmenten und unter welchen Bedingungen dies geschieht, muß im einzelnen erkundet werden.

Während die **Angebotsstrategie** ein Konzept auf der Grundlage der Bedürfnisse entwickelt, versucht die **Nachfragestrategie** zuerst den tatsächlichen Bedarf festzustellen. Diese Unterscheidung der Begriffe hat vor allem in der bildungspolitischen Diskussion legitimatorischen Charakter. Während viele Volkshochschulen explizit eine angebotsorientierte Strategie verfolgen, um den Menschen zu zeigen, was machbar ist, wird in der beruflichen Bildung überwiegend nachfrageorientiert vorgegangen. Es wird angeboten, was nachgefragt wird. Sieht man genau hin, so wird jedoch in der Bildungspraxis zumeist pragmatisch entschieden. Die Momente überschneiden sich. Eine aktive Produktentwicklung wird mit qualitativen Maßnahmen sowohl angebots- wie nachfrageorientiert agieren.

Die **Bedarfsbeziehung** kann zwischen der Angebots- und Nachfrageorientierung unterscheiden:

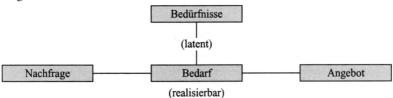

Operatives Management in der Weiterbildung

Möglichkeiten der Bedarfsanalyse

Ermittlung der Anforderungen des jeweiligen Arbeitsplatzes (Soll)	Feststellung des Qualifikationsniveaus des Stelleninhabers (Ist)
Ermittlung der Anforderungen der jeweiligen Arbeitsplätze, die von den Änderungen/Investitionen etc. betroffen werden (Soll)	Feststellung des Qualifikationsniveaus des vorgesehenen Stelleninhabers (Ist)
Prognose der zukünftigen Anforderungsmuster je Tätigkeitsfeld	Prognose der zukünftigen Qualifikationsentwicklung der eigenen Mitarbeiter/ der zukünftigen Mitarbeiter
Stellenbeschreibungen Qualifikations-/Anforderungsprofile Potentialanalyse der Mitarbeiter Analysen der Marktentwicklung	Mitarbeiterbeurteilungen/ Fähigkeitsprofile Prognose des zukünftigen Personalbedarfs (Aufgabeninhalte, Arbeitsplätze, Tätigkeitsfelder, Funktionsbereiche) Analysen der Qualifikationsentwicklung

Formulare (Soll-Ist-Abgleich) – Vorgesetztenbefragung – Mitarbeiterbefragung
qualitative Gesprächsleitfäden – Gutachten

Analysen von neuen Anforderungsmustern:

neue Märkte, neue Technologien, neue Führungssysteme (abgeflachte Hierarchien), neue Organisationsformen, Arbeitsmarktveränderungen, Schulentwicklung, Berufswahlverhalten, Anspruchsniveau der Mitarbeiter ...

Ermittlung der Qualifikationslücke – Qualifikationsbedarf
Hilfsmittel: Soll-Ist-Vergleich

Vergleich von prognostizierten
Fähigkeitspotentialen und Anforderungsmustern

Bewertung und Auswahl von Entwicklungsmaßnahmen

4.4.2 Bedürfnisse und Bedarf

Die **betriebswirtschaftliche Unterscheidung** zwischen Bedarf und Bedürfnissen ist bei der Entwicklungsplanung von Interesse. Es wird davon ausgegangen, daß Erwachsene ein Bedürfnis zu Lernen haben. Es ist unbegrenzt, unterschiedlich und wandelbar; von verschiedenen Bedingungen abhängig und mehr oder minder dringlich. Bedarf im wirtschaftlichen Sinne ist nur der Teil der Bedürfnisse, den Erwachsene mit den ihnen zur Verfügung stehenden sachlichen und finanziellen Mitteln befriedigen können.

Bedürfnisse lassen sich auch als **latenter Bedarf** definieren. Mit dieser Abgrenzung wird Bedarf für das Management instrumentell faßbar. Wie konkret Bildungsbedarf ist, ist eine Frage der Bewertung. In einem Produktionsunternehmen ist ein Personalbedarfsplan in seinen quantitativen und qualitativen Dimensionen aus den Unternehmenszielen abzuleiten. *Reimann (1991)* hat für die betriebliche Bedarfsanalyse drei Ebenen vorgeschlagen, die auf unterschiedliche **Zeithorizonte** abstellen:

- Gegenwartsbezogene Bedarfsanalyse in Bezug auf eine Qualifikationslücke:
- Vorausschauende Bedarfsanalyse in Bezug auf geplante technische und organisatorische betriebliche Änderungen:
- Prognostische Bedarfsanalyse in Bezug auf Veränderungen bei der Qualifikationsentwicklung.

4.4.3 Erhebungsmethoden

Der Bedarf ist in der Weiterbildung keine absolute, sondern eine relative Größe. Um die Beschaffenheit des latenten bzw. tatsächlichen Bedarfs festzustellen, sind empirische und kommunikative Verfahren anwendbar: Es kann zwischen **Analyse- und Erhebungsverfahren** unterschieden werden. Während es sich bei der Analyse zumeist um die Sichtung und Auswertung von Sekundärdaten handelt, kann mit den Methoden der Sozialforschung neues Wissen über den Weiterbildungsbedarf erhoben werden. Die folgende Auflistung vermittelt einen Überblick; die Beschreibung der Instrumente und Methoden kann im Rahmen dieses Handbuchs nicht geleistet werden.

Analyseverfahren	Erhebungsverfahren
Sichtung und Auswertung von:	**Methoden der Sozialforschung:**
• Zeitschriften	• Vorbereitungsgespräche
• Fachzeitschriften	• strukturierte Expertengespräche
• Visuellen Medien	• schriftliche Befragungen
• Forschungsliteratur	• mündliche Befragungen
• **Internet**	(Betriebe, Zielgruppen, Teilnehmer, Dozenten Fachleute, etc.)
• Weiterbildungsprogramme	
• Seminardaten	• Teilnehmerbeobachtung
• Statistiken	• Branchenspezifische empirische Erhebungen
• Teilnehmerangaben	
• Stellenausschreibungen	
• Tätigkeitsprofile	
• Qualifikationsanforderungen	

(vgl. Gerhard 1991)

4.4.4 Instrumente betrieblicher Bedarfsermittlung

Die **Weiterbildungsbedarfsermittlung** spielt insbesondere in der betrieblichen Qualifizierung eine wichtige Rolle. Nachfrageorientierte Weiterbildung nimmt die konkreten Anforderungen, die Arbeitsplätze an Mitarbeiter stellen, zum Ausgangspunkt der Weiterbildungsentwicklungsplanung. Dies ist um so wichtiger, je mehr Ressourcen von Seiten eines Unternehmens und der Mitarbeiter für die Weiterbildung ergebnisorientiert eingesetzt werden.

Am Beispiel des **Weiterbildungskonzepts der AEG** *(AEG 07/89)* soll aufgezeigt werden, wie eine bedarfsorientierte und zugleich auf den Mitarbeiter bezogene Weiterbildung professionell umgesetzt wird. Beide Aspekte: die **Bedarfs-** und die **Mitarbeiterorientierung** ergänzen sich im Bildungsprozeß. Weil sie unmittelbar mit dem Betriebsgeschehen verbunden werden, erhalten sie im Rahmen der Unternehmensentwicklung einen hohen Stellenwert:

• Die Ziele der Weiterbildungsbedarfsermittlung werden durch die Geschäftsleitung definiert.
• Der Qualifikationsbedarf wird erfaßt.
• Die Mitarbeiterqualifikationen werden ermittelt.
• Der Qualifizierungsbedarf wird konkret festgelegt.

Unter **Qualifikationsbedarf** wird die Summe aller für die Erstellung der betrieblichen Leistung erforderlichen Qualifikationen seitens der Mitarbeiter verstan-

Verfahren der Bedarfsermittlung

den. **Qualifizierungsbedarf** ist die Summe aller aus der Gegenüberstellung von Soll- und Ist-Qualifikationen entstandenen Defizite.

Die Bedarfsermittlung ist in den **betrieblichen Zusammenhang** eingebunden. Das Schaubild macht deutlich, daß die Mitarbeiter, die Arbeitsplätze und die betrieblichen Ziele die entscheidenden Ausgangsgrößen für die Bedarfsermittlung darstellen. Der betriebliche Weiterbildungsbedarf wird durch Vergleich der subjektiven Bedingungen des Mitarbeiters mit den objektiven Erfordernissen des Betriebes und seiner Ziele ermittelt.

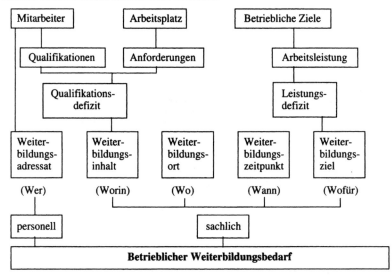

Zu den Ermittlungsmethoden:
Das Bildungswesen von AEG unterscheidet zwischen direkten und indirekten **Ermittlungsmethoden.** Ziel der direkten Methoden ist die umfassende Analyse des derzeitigen und zukünftigen Qualifizierungsbedarfs. Dazu gehören Arbeitsplatzanalysen, Anforderungsprofile, Mitarbeiterbeurteilungen und Potentialanalysen. Mit den indirekten Erhebungsmethoden werden betriebliche Kennziffern, Betriebsstatistiken, Revisionsberichte, gesetzliche Bestimmungen und ähnliche mittelbare Aussagen im Hinblick auf das Wofür und Warum von Qualifikationsmaßnahmen ausgewertet. Die Bedarfsermittlung will wissen:

Wer? – betroffener Mitarbeiter/Zielgruppe?	Wofür? – betriebliche Ziele?
Was? – Inhalte?	Wann? – zeitliche Lage?

4.4.5 Vier-Phasen-Modell der Bedarfsermittlung

Die Ermittlung des Bildungsbedarfs erfolgt anhand eines **Vier-Phasen-Modells.** Im ersten Schritt werden die Ziele der Qualifizierung bestimmt. Die Schritte zwei und drei befassen sich mit dem Qualifikations- und Qualifizierungsbedarf. Anschließend wird der Bedarf für das Unternehmen quantifiziert:

Schritt der Bedarfsermittlung

1. Zielbestimmung für die Qualifizierung	Interview mit Leitung der operativen Einheit	Problemorientierung	Aussage zu: Veränderungen - der Marktsituation - in der Fertigung neuer Verfahren, Techniken und Produkte
2. Erfassung des Qualifikationsbedarfs	Interview mit Abteilungsleiter	Einbeziehung der Führungskräfte in die themenbezogene Ermittlung der gegenwärtigen und zukunftsorientierten personellen Voraussetzungen	Aussagen zu gegenwärtigen und zukunftsorientierten Arbeitsplatzanforderungen, zu Themenschwerpunkten der Weiterbildung
3. Erfassung des Qualifikationsstandes	Abstimmung mit Personalleiter	Einbeziehung der Personalleiter und Abteilungsleiter zur Erfassung von Qualifikationsdaten	Aussage zu: - formaler Qualifikation - durchlaufenen WB-Maßnahmen - Arbeitsplatzanforderungen - Vertretungsverhältnisse
4. Festlegung des Qualifizierungsbedarfs	Ermittlung des quantitativen Bedarfs	Ermittlung des Qualifikationsbedarfs nach Themenschwerpunkten	Aussage zu: - speziellen Themen - Zielgruppe - Anzahl der Adressaten - Lernniveau - Termin

Phase 1 bestimmt die Ziele der Qualifizierung:
Die Voraussetzung dazu muß durch die **Willenserklärung** der operativen Leitung sichergestellt sein. Die *AEG* formuliert folgende Leitfragen – Textauszug:

Leitfragen für die Gespräche mit der Geschäftsleitung:

1. Geben Sie einen Überblick über die wichtigsten derzeitigen und zukünftigen Entwicklungen unserer operativen Einheit, die Auswirkungen auf unsere Mitarbeiter haben.

Verfahren der Bedarfsermittlung

2. Werden durch Veränderungen unseres Geschäfts-/Fachbereichs bzw. Vertriebsniederlassung neue Aufgabenfelder hinzukommen bzw. werden bisherige Aufgabenfelder wegfallen?

3. Sind durch Veränderungen andere Anforderungen an Technik und/oder Mitarbeiter zu erwarten?

4. Zu welchen Veränderungen der betrieblichen Bildungsarbeit kann es infolge der genannten Entwicklungen kommen?

5. Glauben Sie, daß aufgrund der vorhandenen Mitarbeiterstruktur die von Ihnen beschriebenen Aufgaben erfüllt werden können? Wenn nein, nennen Sie anhand ihrer Erfahrungen die Aufgabenbereiche, die
   a) in der Vergangenheit aufgrund fehlender oder unzureichender Qualifikation zu unbefriedigenden Ergebnissen kamen,
   b) zukünftig infolge von Veränderungen ein Defizit hinsichtlich der vorhandenen Qualifikationen erwarten lassen.

6. Welche personalpolitischen Schwerpunkte werden Sie setzen, um die genannten Ziele und Aufgaben zu erfüllen?

7. Bis wann erwarten Sie eine erste Abschätzung des zeitlichen und finanziellen Aufwands?

Phase 2 erfaßt den Qualifikationsbedarf:
Ausgangspunkt sind die **Arbeitsplatzanforderungen.** In der mittelfristigen Planung wird zwischen den gegenwärtigen und zukünftigen Anforderungen unterschieden. Es wird versucht, die Anforderungsprofile im Hinblick auf

- fachliche Anforderungen,
- physische und psychische Anforderungen,
- Anforderungen, die durch Einbindung in umfangreichere Arbeitszusammenhänge entstehen,
- arbeitsorganisatorische Anforderungen,
- Entscheidungsspielräume/Verantwortungsgrade, zu beschreiben.

Leitfragen:
1. Welche Aufgaben sind heute und künftig in Ihrer Abteilung zu bewältigen? Beschreiben Sie Art und Struktur und geben Sie die Schwerpunkte unter Berücksichtigung der Aussagen Ihrer operativen Leitung an.

2. Welche fachlichen Anforderungen werden heute und in Zukunft an Ihre Mitarbeiter gestellt? Nennen Sie die zur Erfüllung dieser Aufgaben erforderlichen Qualifikationen.

3. Stellen die arbeitsorganisatorischen Voraussetzungen (Schicht-, Einzel-, Gruppenarbeit, wechselnde Arbeitsaufgaben) besondere Anforderungen an

die Fähigkeit zur Zusammenarbeit, die Selbständigkeit, die Anpassungsfähigkeit?
4. Welche psychischen Anforderungen gibt es?
5. Sind arbeitsplatzspezifische psychische Belastungen zu erwarten? Wenn ja, welcher Art?
6. Welche Kompetenzen bestehen im Bereich der Sachmittel und/oder Personen?
7. Sind übergreifende Kenntnisse über Produkte, Arbeitsstrukturen und -abläufe erforderlich? Wenn ja, in welchem Umfang?«

Phase 3 erfaßt den Qualifikationsstand:
Die genaue Kenntnis der Qualifikationsstruktur ist Voraussetzung, um Aussagen zum **Qualifizierungsbedarf** machen zu können. Ermittelt werden müssen:
- Aufgaben/Arbeitsgebiete,
- formale Bildungsabschlüsse,
- Verweildauer in der derzeitigen Funktion,
- Alter.

Leitfragen:
1. Wie gliedert sich Ihre Mitarbeiterstruktur, geordnet nach Aufgaben und formalen Bildungsabschlüssen?
2. Wie lange üben Ihre Mitarbeiter ihre derzeitige Aufgabe aus, und wie ist die Altersstruktur?
3. Welche Qualifikationen sind vorhanden, bezogen auf die gestellten Aufgaben?
4. Inwieweit können Qualifikationen und/oder Berufserfahrung Grundlage für sich verändernde Arbeitsplatzanforderungen sein?
5. Sind Hemmnisse oder Probleme in der qualifikatorischen Entwicklung des/der Mitarbeiter zu erwarten? Trifft das eher auf Qualifikationsdefizite bei den bestehenden oder den zukünftigen Arbeitsaufgaben zu?
6. Haben sie Ihre Mitarbeiter durch Qualifizierungsmaßnahmen auf diese Anforderungen vorbereitet? Welche Auswirkungen hatte dies auf die Weiterentwicklung der Mitarbeiter und auf die Erledigung ihrer Aufgaben?
7. Welche Weiterbildungsmaßnahmen für Ihre Mitarbeiter sind für die nahe Zukunft geplant? Welche Zielsetzungen werden damit verfolgt?«

Phase 4 legt den Qualifizierungsbedarf fest:
Anhand dieser Bestandsaufnahme und einem **Soll-Ist-Vergleich** wird der Bedarf an Weiterbildung festgestellt. Alle beteiligten Personen müssen den

Bedarf im Einzelfall mitbestimmen. Das geschieht anhand der nachgenannten Merkmale:

Zielgruppe/Mitarbeiter >< Wer? Ziele >< Wofür? Inhalte >< Was Zeitpunkt – Wann?

Die erforderlichen Qualifizierungsmaßnahmen werden durch **interne und externe Weiterbildungsangebote** befriedigt. Wie und in welchem Umfange das geschieht, ist eine unternehmerische Entscheidung. Darüber wird mit den Beteiligten Einvernehmen hergestellt, so daß die Personal- und Bildungsabteilung für deren Realisierung sorgen kann. Insbesondere ist der Erfolg der Bildungsmaßnahmen rückzukoppeln. **Lernerfolgsbeurteilungen** haben ihren festen Platz. Prüfungen, Zertifikate und Teilnahmebescheinigungen können zur Personalakte genommen werden. Sie geben Aufschluß über den individuellen Erfolg; sie dienen den Aufstiegsinteressen der Mitarbeiter. Seminarberichte von Referenten und Teilnehmern können auch über den weiteren Qualifizierungsbedarf informieren. *(siehe auch Kapitel 5.7.)*

Je umfangreicher die betriebsbedingten Qualifizierungsmaßnahmen werden, um so professioneller muß das Personal- und Bildungswesen organisiert sein. Innerbetriebliche Transparenz ist die Voraussetzung für eine erfolgreiche Bedarfsermittlung. In den Unternehmen werden immer mehr Personal- und Bildungsdateien als computergestützte Informationssysteme entwickelt. Sie effektivieren die Bestandserfassung, sie ermöglichen einen schnellen Soll-Ist-Vergleich; Weiterbildungs-Verwaltungs-Systeme informieren als Auskunftsysteme über Seminare, Veranstalter und Mitarbeiterdaten (Teilnehmer). Statistische Auswertungen können den Erfolg quantifizieren.

(vgl. AEG Zentrales Bildungswesen: Instrumente der Weiterbildung. Frankfurt 07/89)

4.5 Anforderungen an Bildungsveranstaltungen

Die **Ziele der didaktischen Planung** müssen im Arbeitsalltag umgesetzt werden können. Das hört sich einfach an, ist in Wirklichkeit jedoch ein sehr komplexer und teilweise schwieriger Prozeß. Strategien und Ideen bleiben solange Theorie, bis sie realisiert werden. Erst dann erweist es sich, ob die konzeptionellen Überlegungen richtig waren. Bleiben die Teilnehmer aus, sind Fehler gemacht worden. Immer mehr Weiterbildungsteilnehmer erfahren, daß das erstbeste Angebot nicht das beste Angebot ist. Zudem kommt es immer häufiger vor, daß gleiche Bildungsveranstaltungen von verschiedenen Institutionen angeboten werden. Im Wettbewerb konkurrieren Angebote und Einrichtungen miteinander. Dort, wo Wettbewerb herrscht, steigen die Anforderungen. Diese als ständige Herausforderung zu begreifen, wird im Bildungsmarkt immer selbstverständlicher. Nach dem Motto: »Wer die Wahl hat, hat mehr Chancen«, können sich die Teilnehmer aus dem vielfältigen Angebot die Veranstaltungen mit den besten Konditionen aussuchen. Dazu haben sich im Laufe der letzten Jahre Standards herausgebildet. Damit Kurse marktfähig sind, müssen sie Mindestanforderungen erfüllen.

Der folgende **Kriterienkatalog** gibt Hinweise auf wichtige und kritische Punkte der Konzeptentwicklung und Produktrealisierung.

1. Image als Bildungsanbieter
2. Der Titel eines Seminars muß ansprechen
3. Kundennutzen und das Ziel eines Seminars
4. Zielgruppe, Lerngruppe
5. Kursleiter, Dozenten, Trainer
6. Termine, Dauer, Zeiten,
7. Tagungsort, Räume, Service
8. Seminarentgelt, Teilnehmergebühren, Nebenkosten
9. Methodik und Didaktik
10. Methodenspektrum

1. Image als Bildungsanbieter
Das **Image** ist ein Charakterbild. Es gibt eine unüberschaubare Anzahl von Bildungsanbietern mit wohlklingenden Namen. Ob ihre Versprechen zutreffen, ist im Einzelfall kritisch zu prüfen. Ein wichtiges Kriterium für Professionalität ist die Art und Weise der Präsentation des Angebots. Ein Hochglanzcover sagt etwas über den Anspruch aus, der jedoch dahinter zurückbleiben kann. Viel aussagekräftiger kann ein Kursprogramm sein, in dem das Selbstverständnis des Instituts dargestellt wird. Noch besser sind Referenzen. Wer Bildung als Markenprodukt anbietet, legt Wert auf Qualität und Kontinuität. Eine Einrichtung erreicht ihr gutes Image nur durch hervorragende Leistung. Sie muß die Fragen beantworten:

- Für wen wird das Angebot gemacht? Wer soll erreicht werden? Welche Qualitätsmaßstäbe sind anzulegen, damit die Zielgruppe angesprochen wird? Was ist die Botschaft? Wie wollen wir wahrgenommen werden? Wie soll das Image sein? *(vgl. hierzu Kapitel 5.2)*

2. Der Titel eines Seminars muß ansprechen
Das Image und die Markenbildung beginnt beim Firmennamen. Der **Titel** eines Seminars muß ansprechen. Seminartitel und Namen sind wie Markenzeichen. Fast jeder, der die Buchstaben »BMW« hört, denkt an das Auto einer bestimmten Firma. Die Buchstabenkombination reicht aus, um sich ein Bild zu machen. Nicht wesentlich anders sollte es sich bei der Titelgestaltung eines Seminars verhalten. Auch bei den Worten »NLP«, »Rhetorik« oder »Word 6.0« hat jeder bestimmte Assoziationen. Dieses Wahrnehmungsphänomen läßt sich nutzen,

um zu werben. »NLP« sagt nur Insidern etwas. Wer ein produktbezogenes Training durchführen will, kann mit »Word 6.0« seine Zielgruppe erreichen. »Rhetorik« allein ist dagegen wenig aussagefähig. Der Titel muß zum Thema passen. Zum Beispiel: »Rhetorik für Stellenbewerber«. Die Formulierung des Titels ist das entscheidende Signal für Kunden, sich mit einem Bildungsangebot näher zu beschäftigen. Persönliche Formulierungen: »Wie überzeuge ich richtig?«, sind dabei ansprechender als eine sachliche oder wissenschaftliche Sprache. Der Seminartitel sollte den Kern der Veranstaltung treffen. Dann fühlen sich die Teilnehmer angesprochen. *(vgl. hierzu Kapitel 5.3)*

- Welche Titel sprechen Sie an? Bei der Analyse von Seminarankündigungen fällt auf, viele Titel sind lieblos und schlecht entworfen. Andere passen nicht zu den Inhalten. Vorsicht ist bei gelungenen Titeln geboten, die mehr versprechen als sie halten können. Ein Aufmacher kann andere Inhalte assoziieren als die Veranstaltung hergibt. Wichtig sind deshalb Untertitel und ausführliche Inhaltsbeschreibungen.

3. Kundennutzen und das Ziel eines Seminars

Bildungsangebote sollten den **Kundennutzen** herausstellen. Das geschieht häufig in der Form von Lernzielen, die in einer Unterrichtseinheit erreicht werden sollen. In der Weiterbildung gibt es viele Bildungsangebote, die nicht erkennen lassen, welches Ziel sie verfolgen. Wer das Seminarziel nicht angibt, kann folgenlos reden. Eine gute Seminarankündigung macht deutlich, was im Kurs erreicht werden kann. Sie wird angeben, welche Ergebnisse erzielt werden können, mit welchen Methoden gearbeitet wird und was dabei herauskommen soll. Erfolgreiche Seminarausschreibungen geben an, was sie erreichen wollen.

- Welchen praktischen oder auch theoretischen Nutzen soll ein Bildungsangebot vermitteln? Aus dem Nutzen bzw. den Zielen läßt sich die Handlungsrelevanz ableiten. Vorsicht ist bei »großen Zielen« geboten. Deren Verwirklichung steht meist nur auf dem Papier. Ziele müssen so formuliert werden, daß sie in der zur Verfügung stehenden Zeit erreichbar sind. Wer über das Ziel hinausschießt, darf sich nicht wundern, wenn die Teilnehmer Schwierigkeiten machen.

4. Zielgruppe, Lerngruppe

Haben Sie auch schon einmal gefragt: »Was soll ich in diesem Seminar?« Wissen Sie noch, warum Sie sich fragten? Für den Erfolg einer Veranstaltung ist die **zielgruppenspezifische Ansprache** wichtig. Die Homogenität bzw. die Heterogenität einer Lerngruppe trägt entscheidend zum Erfolg des Lehrens und Lernens bei. Die Zusammensetzung des Teilnehmerkreises entscheidet mit über die Qualität der möglichen Lernanstrengungen. Bei vergleichbaren Wissensbeständen der Teilnehmer kann davon ausgegangen werden, daß jeder weiß – selbst wenn komplexe Sachverhalte thematisiert werden –, worüber gesprochen wird. Es ist eine sachliche und argumentative Auseinandersetzung möglich. Bei großen Ungleichgewichten besteht dagegen ein erheblicher Anpassungsdruck an Teile der Lerngruppe.

Natürlich kann auch eine heterogene **Zielgruppe** bewußt angesprochen werden. Beispielsweise, wenn kontroverse oder vielfältige Erfahrungen in eine Veranstaltung einbezogen werden sollen. Die Präzisierung der Zielgruppe ist in jeder Seminarankündigung ein unabdingbares Muß. Es macht einen Unterschied, ob »Rhetorik« mit verhandlungssicheren Managern oder Nachwuchskräften trainiert werden soll. *(vgl. hierzu Kapitel 2.3.5)*

Je genauer die Zielgruppe definiert wird, um so besser wird ins Schwarze getroffen. Das ist meistens gar nicht einfach! Wer Seminare anbieten will, muß sein methodisch-didaktisches Konzept erkennen lassen.

* Welche Zielgruppe und welches Marktsegment soll angesprochen werden? Wichtig ist es, daß der Leser als Außenstehender ein Profil erkennen kann. Das sollte eingängig und kompetent sein. Hierfür gibt es genügend Beispiele von Trainingsakademien, Sozialpädagogischen Bildungswerken, Kulturinstituten oder erfolgreichen Unternehmensberatern.

5. Kursleiter, Dozenten, Trainer

Mit den **Dozenten** kommen die **Inhalte** in die Veranstaltungen. Dabei ist das fachliche und methodisch-didaktisch Know-how von entscheidender Bedeutung. Damit sind praktische und/oder wissenschaftliche Qualifikationen ebenso gemeint wie personale Kompetenzen. Jeder Dozent sollte sein Fachgebiet beherrschen und die Teilnehmer motivieren können. Bildungsmanager müssen beurteilen lernen, was einen gelungenen Vortrag von einem »Flop« unterscheidet. Warum kommt der eine Dozent gut an, ein anderer nicht? Woran liegt es, daß Sie einigen zuhören und bei anderen gelangweilt auf die Uhr schauen?

Wer Kurse anbietet, sollte in der Seminarankündigung die wichtigsten **Angaben zur Person** machen: Namen, Titel, Funktion und Qualifikation, Referenzen zur Beurteilung des Angebots. Es ist nicht ratsam, Veranstaltungen mit NN zu kennzeichnen. Der Platzhalter gibt vor, was nicht ist. Nicht Versprechungen zählen, sondern das, was der Dozent wirklich kann. Zudem sollten Dozenten prüfen, ob ihnen das Lehren wirklich Spaß macht. Festzustellen, wo die eigenen Stärken und Schwächen liegen, sollte selbstverständlich sein. Dozenten sollten aus ihren Stärken handeln.

Unfruchtbar ist die Frage um Titel oder die Auseinandersetzung um »Theoretiker« oder »Praktiker«. Vielmehr ist das Seminarziel interessant. Der richtige Mix ist ausschlaggebend. Was Theoretiker erarbeiten, gewinnt durch die Ausführungen des Praktikers an Konkretheit. Die Praxis gewinnt hingegen, wenn sie reflektiert und in einen konzeptionellen Zusammenhang gestellt wird.

Anforderungen an Bildungsveranstaltungen

6. Termine, Dauer, Zeiten
Üblicherweise werden **Termine** im Geschäftsleben eingehalten. Nur im Einzelfall sind Absagen erlaubt. Die Durchführung insbesondere von offenen Seminaren stößt dabei immer häufiger auf Probleme, weil mit einem zu beobachtenden durchschnittlichen Teilnehmerrückgang pro Veranstaltung das Zustandekommen immer schwieriger zu sichern ist. In Ausschreibungen können Angaben zum Anmeldeschluß und dem Umgang mit Wartelisten hilfreich sein.

Manchmal ist es schon ärgerlich, wenn Seminare mehrmals abgesagt werden müssen. Weil Veranstaltungen immer langfristiger geplant werden, ist ein Ausweichen auf neue Termine kaum mehr möglich. Zudem bergen Terminverschiebungen immer das Risiko, Kunden zu verlieren. Teilnehmer, die andere zuverlässige und kompetente Institute kennenlernen, sind für die eigene Einrichtung meist verloren.

Genaue Zeitangaben zum Tagungsverlauf sind wichtig. Dies nicht nur um Störungen im Seminar zu vermeiden, sondern auch, um Angebote auf ihre Stringenz hin zu prüfen. Die Zeitplanung muß mit den Zielen und dem pädagogischen Anspruch der Vermittlung des zu Lernenden in einem ausgewogenen Zusammenhang stehen. »Lernstörungen« sollten erlaubt sein.

- Da Zeit knapp ist, sollten sich Veranstaltungen dem geänderten Zeitverhalten der Teilnehmer anpassen. Stellen Sie fest, wann Sie Ihre Kunden am besten erreichen können. Zu welcher Zeit haben Sie die höchste Teilnahmefrequenz? Mit der Diskussion um die Arbeitszeitflexibilisierung könnte die Zeit für Weiterbildung eine neue Qualität gewinnen.

7. Tagungsort, Räume, Service
Wer heute nicht an einem attraktiven **Tagungsort**, in schöner Umgebung und in einem erstklassigen Hotel Angebote macht, verkennt die Zeichen der Zeit. Es ist nicht nur gut zu wissen, wo ein Seminar stattfindet – verständliche und lesbare Anfahrtskizze eingeschlossen –, sondern auch, wie die Infrastruktur und das Klima eines Hauses beschaffen sind.

Die Seminar- und Lehrgangsräume müssen ruhig sein, groß, gut beleuchtet, klimatisiert und motivieren. Die Seminartechnik muß im entscheidenden Moment funktionieren. Der Service sollte ansprechend sein. Unbequeme Stühle, laute Geräusche, starke Gerüche, unfreundlicher Empfang führen zur Verärgerung der Teilnehmer. Das Essen muß gut sein.

- Ort, Räume und Service sollten der Art einer Veranstaltung angemessen sein. Qualitätsmaßstäbe, die an Führungskräftetrainings gelegt werden, sollten für alle Veranstaltungen gelten – jeweils auf dem richtigen Niveau. Legen Sie die Kriterien für Ihre Veranstaltungen fest.

Operatives Management in der Weiterbildung

8. Seminarentgelte, Teilnehmergebühr, Nebenkosten
Das **Preis-Leistungsverhältnis** muß stimmen. Das zu beurteilen ist oft sehr schwer. Dienstleistungen werden im voraus bezahlt, deshalb ist darauf zu achten, bei Seminaren nicht die »Katze im Sack« zu kaufen. Da bei Dienstleistungen die Leistungserbringung im Wechselspiel mit dem Kunden erfolgt, wird die Frage nach der Angemessenheit des Entgelts in hohem Maße subjektiv beantwortet. Der Zusammenhang zwischen teurem Seminar und hoher Qualität ist nicht zwingend. Eine gewisse Unsicherheit besteht bei Instituten, die sich noch keinen Namen gemacht haben. Im Bildungsmarkt lohnen sich Preisvergleiche. In den letzten Jahren sind einige Seminarführer herausgegeben worden, die einen Inhalts- und teilweise auch Preisvergleich ermöglichen. Wie hoch der Preis auch immer sein mag, er ist zu hoch, wenn die Qualität nicht stimmt.

Als Kunde hat jeder ein Recht auf vollständige Preisangaben. Dazu gehören: Lehrgangsgebühren, Lehr-/Lernmittel, Fahrtkosten, Unterkunft, Materialien, besonderer Service, Mehrwertsteuer, Stornogebühren, sonstige Kosten. Auf Kosten, die nicht vereinbart sind, muß sich niemand einlassen. Auf schriftliche Teilnahme- und Zahlungsbedingungen sollte jeder Teilnehmer bestehen. Sie können im »Kleingedruckten« für Teilnehmer unangemessene Bedingungen enthalten.

9. Methodik und Didaktik
Bis heute haben **erwachsenenpädagogische Erkenntnisse** nur zu Bruchteilen Einzug in den Bildungsmarkt gefunden. Das ist einerseits verständlich, da pädagogische Forderungen erhebliche Mehrkosten verursachen könnten – andererseits auch unverständlich, da sie die Lerneffizienz steigern würden. Es wäre interessant herauszufinden, unter welchen Bedingungen sich ein bestimmtes pädagogisches Arrangement dennoch rechnen würde. Das ist um so erstaunlicher, als das Lehren und Lernen mit Erwachsenen nicht schulischen Vorstellungen des Lernens folgt. Die Methodik und Didaktik sollte auf Erwachsene gerichtet sein, die Berufs- und Lebenserfahrung haben. Sie wollen nicht belehrt werden. Das methodisch-didaktische Arrangement sollte das Wissen und Können der Lernenden zum Ausgangspunkt nehmen. Das Anspruchsniveau muß stimmen.

Methoden sind Mittel zum Zweck. Ihr Einsatz muß sich aus der Seminarkonzeption ergeben. Mit ihrer Hilfe werden Inhalte transparent. Theoretisches wird erfahrbar. Praktisches kann geübt und trainiert werden. Wenn in Bildungsprogammen die Methodik des Lehrens und Lernens deutlich wird, ist das ein Zeichen für die Wahl aktiver Lernformen. Geeignete Methoden regen zur Eigenaktivität an und initiieren Lernprozesse.

10. Methodenspektrum
Mit Methoden sollten Bildungsmanager umgehen lernen. Methoden sind lernfördernd. Dozenten sollten beim Lehren verschiedene Methoden einsetzen, sie befördern das Denken.

Anforderungen an Bildungsveranstaltungen

Methoden

- **Vortrag** – zur sachlichen Informationsvermittlung
- **Lehrgespräch** – zum systematischen Informationsaustausch
- **Projekttraining** – Lernen mit konkreten Aufgaben und Zielen
- **Referat/Kurzreferat** – präsentieren geordneter Gedanken zu einem Thema
- **Fallstudie** – aufbereitetes Praxisbeispiel, das bearbeitet wird
- **Film-/Video** – Einsatz zur: Impulsgebung, Diskussion, Unterhaltung
- **CD-ROM** – Lernprogramme, Informationen aller Art
- **Mindmapping** – Kreativmethode, um Gedanken optisch darzustellen
- **TAA** – Transaktionsanalyse, psychologische Methode
- **Training on the job** – Lernen am Arbeitsplatz
- **Moderation** – Gespräch, Arbeitskreis, Gruppe führen
- **Gruppenarbeit** – Themen gemeinschaftlich erarbeiten
- **Einzelübung** – Thema selbständig ohne fremde Unterstützung erarbeiten
- **Assessment-Center** – Systematisches (Bewerber)Auswahlverfahren
- **Qualitätszirkel** – Arbeitsgruppe zur Bearbeitung von Qualitätszielen
- **TZI** – Themen-Zentrierte-Interaktion, psychologische Methode
- **Team-Teaching** – Lehren im Team mit zwei und mehr Dozenten
- **NLQ** – Neurolinguistische-Programmierung, Lernmethode

Trainingsmedien

Setzen Sie Medien ein...
- Flip-Chart/Schreibwand
- Pinwand
- Overheadprojektor
- Dia-/Filmprojektor
- Sofortbildkamera
- Videografie
- Cassettenrecorder
- Trainertelefon/portable Anlage
- Audio-/Videografie
- CD-ROM

Transfermethodik

Sichern Sie den Lernerfolg durch...
- **Vorinformationen (Feedforward),** damit sich die Teilnehmer auf das, was sie erwartet, einstellen können.
- **Rückmeldung (Feedback),** damit Sie wissen, was die Teilnehmer von dem Angebot halten.
- **Beratung/Einzelgespräche,** damit der individuelle Lernerfolg erhöht wird und Teilnehmer nicht die falschen Seminare besuchen.
- **Zwischenbilanzen,** damit Veränderungen während der Lernphase möglich werden.
- **Seminarkritik,** damit transparent wird, was gut ankommt und was nicht gefällt.
- **Erfolgsauswertung (Evaluation),** damit deutlich wird, was den Erfolg ausmacht und warum Probleme aufgetreten sind.
- **Nachbereitung,** damit ein Seminar zukünftig besser gestaltet werden kann.

4.6 Das didaktische Gerüst von Bildungsveranstaltungen

Lehren und Lernen findet in der Weiterbildung in einem **offenen Geschehenszusammenhang** statt. Lernen ist eine individuelle Leistung, die nur dann gelingt, wenn das Lernarrangement in seinen Bedingungen ausbalanciert ist. Bei der Vielfalt der Angebote und Anbieter müssen die Bildungseinrichtungen die Teilnehmer und Auftraggeber umwerben. Veranstaltungen müssen so motivieren, daß die Teilnehmer gerne lernen. Das Produktmanagement hat bei der Planung und Organisation von Bildungsmaßnahmen das **multifaktorielle Bedingungsgefüge der Lehr-/Lernsituation** in ihr Kalkül einzubeziehen.

Zwischen Lehren und Lernen besteht ein **struktureller Zusammenhang:** die Reichweite des unterrichtlichen Arrangements sollte so nah wie möglich an die erwachsenen Lerner heranreichen. Ist dies nicht der Fall, können sich typische Störerscheinungen beim Lehren zeigen. Die Teilnehmer werden unkonzentriert, sie langweilen sich, sie üben vermehrt Kritik und schließlich verlassen sie den Kurs. Erst wenn es einen Zusammenhang zwischen den Interessen, Erfahrungen und Erwartungen der Teilnehmer sowie den Inhalten und Lehrenden gibt, kann sich eine funktionale **Adäquatheit** der Denk- und Handlungsdimensionen im Lehren und Lernen ergeben.

Die funktionale Absicht kann mit dem **Situationsbegriff** erfaßt werden. Die Lehr-Lernsituation läßt sich ganzheitlich vorstellen. Mit der Veränderung eines Moments verändert sich folglich der Gesamtzusammenhang einer Situation. Diese Vorstellung ist für Lernprozesse wichtig, weil Menschen miteinander handeln, die voll Dynamik, Energie und Eigensinn sind. In der Lehr-/Lernsituation wirken die Außenbedingungen ebenso auf das Verhalten der Betroffenen, wie die Personeneigenschaften auf die vorgegebenen Bedingungen. Professionelle Lehrtätigkeit zeichnet sich dadurch aus, daß das Gefüge der Lehr-/Lernsituation ausbalanciert wird. Dies ist möglich, weil Verhalten antizipiert und beeinflußt werden kann. In diesem Sinne wendet *Lewin (1969)* den Situationsbegriff in seiner funktionalen Wechselwirkung von Situationsbedingungen und menschlichem Verhalten zu einer gesetzmäßigen Aussage:

»Ist V das Verhalten oder sonst irgend eine Art psychischen Geschehens und S die Gesamtsituation einschließlich der Person, so ist V als eine Funktion von S darstellbar«:

$$V = f(S)$$

Verhalten = Gesamtsituation & Person

Dux (1982, S. 257) hat diesen Sachverhalt präzisiert:

»Wenn $X(1), X(2) \ldots X(n)$ vorliegen, ist das ein Grund für $M(1)$, das Gebaren $g(1)$ zu zeigen. Sprachlich läßt sich das ebenso in Konditional- wie in Kausalsätzen festhalten. Dieser Umstand wird im Sozialverkehr zur Regel- und Normbildung genutzt: A kann damit rechnen, daß beim Vorliegen von X(1), X(2)-X(n) B in bestimmter Weise handelt. B kann damit rechnen, daß A weiß, er, B, werde sich so verhalten. Bei Umständen, die B berücksichtigen kann, aber nicht zwingend muß, kann A überdies die Berücksichtigung dieser Umstände von B anfordern.« Bei der Organisation und Planung mit Auftraggebern und Teilnehmern ist dieser Zusammenhang ständig präsent. In Gesprächen wird versucht, den Partner einzuschätzen; Äußerungen im Unterricht werden auf ihren Zusammenhang hin interpretiert. Bei Verhandlungen wird für den Fall X ein bestimmtes Verhalten verabredet. Das operative Handeln muß sich auf die Situationsbedingungen der Weiterbildung einlassen. In diesem Sinne ist der Begriff der Lehr-Lernsituation ein **integrativer Ansatz**. Im Begriff der Gesamtsituation sind sowohl aktuelle Geschehenszusammenhänge als auch repräsentierte Erfahrungs- und Erwartungshorizonte der Teilnehmer aufzunehmen. *(vgl. Merk 1989, S. 33 ff.)*

4.6.1 Didaktische Reduktion und Rekonstruktion

Nicht selten ist im operativen Geschäft das Erwachsenenlernen vom herrschenden Konkretismus überschattet, der entscheidende Wirkungsmomente nicht mehr reflektiert.»Betriebsblindheit« ist weit verbreitet. Es gilt Veränderungsmöglichkeiten zu erkennen, die das Alltagsgeschäft effektivieren, indem die **Feldstruktur des Lehrens und Lernens** in ihren Wirkungsdimensionen besser wahrgenommen wird.

Lehrplanung vollzieht sich in einem Spannungsverhältnis von Anforderungen und Begrenzungen. Die **Lehr-/Lernsituation** wird durch die **Ausgangslage** und das zu erwartende **Endverhalten** der Teilnehmer begrenzt. Damit gehören neben den unmittelbaren Interaktionen in einer Veranstaltung auch die Voraussetzungen und die Wirkungen des Lerngeschehens zu den Feldfaktoren, die in die konzeptionellen Überlegungen einzubeziehen sind. Insbesondere nimmt die **Zeit-Stoff-Relation** eine Schlüsselstellung bei der Lehrplanung ein. Lernökonomische Überlegungen sind in der Bildungspraxis unumgänglich. Sie sind Prämissen, die die Struktur des zu Lernenden mit den Bedingungsfaktoren der Lerner, der Lerngruppe sowie den Lehrenden in eine effektive Beziehung bringen will.

Die Theorie der **didaktischen Reduktion und Rekonstruktion** *(Weinberg 1971, S. 203)* stellt den Lehr-Lernprozeß als Vermittlungsprozeß dar. Die Fülle des Wissens muß auf das Wesentliche reduziert und für die Zielgruppe so rekonstruiert werden, daß die Teilnehmer die Sachverhalte verstehen. In diesem Transformationsprozeß muß zwischen der Ausgangslage des Lernprozesses und dem angestrebten Endverhalten vermittelt werden. Bei jedem Seminar gehört es zur Hauptaufgabe der Lehrplanung, Konsequenzen aus der Diskrepanz zwischen dem Lernenswerten und der begrenzten Aufnahmekapazität der Lernenden zu ziehen. Weniger ist häufig mehr.

Die Qualität der didaktischen Reduktion liegt also darin, daß der Informationsgehalt in Veranstaltungen nicht etwas Fragmentarisches bleibt, sondern die Inhalte mit den gesteckten Zielen übereinstimmen. Von Lernerfolg kann erst dann gesprochen werden, wenn die Informationen die Entscheidungsfähigkeit der Lernenden erhöhen, das neue Wissen und Können situationsgerecht genutzt werden kann.

Planungsgesichtspunkte müssen zwei Arbeitsgänge begründen und präzisieren:

- die **Reduktion des Wissensstoffes** auf das Wesentliche,
- die **Rekonstruktion des Wesentlichen** in ein der Lerngruppe angemessenes didaktisch-methodisches Arrangement.

Es muß eine **Passung** zwischen der Sachstruktur der Information und dem Aufnahmevermögen der Teilnehmer hergestellt werden. Dies kann mit Hilfe lernwissenschaftlicher Erkenntnisse erfolgen. Sie machen Aussagen zu der effektiven Anordnung von Inhalten und den Lernaufgaben. Der deutliche Hinweis darauf erscheint angesichts der Tatsache notwendig, daß jeder selbsternannte Unternehmensberater heute meint, er sei der »geborene« Trainer. Der sich immer häufiger findende instrumentelle Lernbegriff hebt in seiner Oberflächlichkeit lediglich auf eine formale Organisationsebene ab. Sie besteht darin, daß Seminare reibungslos abzulaufen haben. Dadurch wird aber noch kein Lernprozeß eingeleitet. Wer die Vorstellung hegt, Informationsdarstellung – mit möglichst vielen Folien und Statistiken – bedeute schon Lernen, erfaßt nur jenen kleinen Teil des Lernprozesses, der sich auf die Informationsdarbietung beschränkt.

4.6.2 Lernbegriffe in der Weiterbildung

In der Weiterbildung wird von **verschiedenen Lernbegriffen** ausgegangen. Die Unterschiedlichkeit der Vorstellungen resultiert aus den jeweils untersuchten Lernprozesse bzw. daraus, in welchen Verhaltens- und Erlebnisbereichen gelernt wird. Dementsprechend wird das Lehren und Lernen unterschiedlich begründet und durchgeführt. Die Lernforschung erkannte die ältere Auffassung vom Lernen als einer absichtsvollen, gedächtnismäßigen Einprägung eines Lehrstoffes als zu eng. Eine pädagogisch orientierte Zentrierung auf den kognitiven Bereich, auf Merk-, Denk- und Erkenntnisvorgänge hat in neueren Auffassungen einer umfassenden Begriffsbestimmung des Lernens als **»erfahrungsbedingte Erlebens- und Verhaltensänderung«** Platz gemacht. *(vgl. Löwe 1971, S. 33; Brandenburg 1974, S. 13)* Der Lernbegriff muß mit den Möglichkeiten des multimedialen Lernens und mittels Internet erneut erweitert werden *(vgl. Meder 1996).*

In vorwiegend psychologischen **Lerntheorien** wird das »Wie« des Lernens unterschiedlich begründet. *Harke (1977, S. 4f.)* faßt zusammen:

Didaktisches Gerüst von Bildungsveranstaltungen

Das Lernen durch »räumlich-zeitliche Verknüpfung von Reizen« und Wiederholung wird von den **Assoziationstheorien** (Kontiguitätstheorien) betont. Bekannt ist z. B. die Vergessens- bzw. Behaltenskurve von *Ebbinghaus* als wichtiges Ergebnis seiner Gedächtnisversuche zum Einfluß unterschiedlicher Lernbedingungen wie Lernzeit, Wiederholungen, Lernintervalle.

Als Lernen durch »Versuch und Irrtum« oder »Lernen am Erfolg« werden Verhaltensänderungen von den behavioristischen **S – R – Theorien** (Reiz-Reaktions-Theorien) erklärt, (z. B. *Thorndike, Hull, Skinner*). Der Erfolg (etwa Belohnung, Lob) wirkt als Bekräftigung bzw. positive Verstärkung des gezeigten Verhaltens. Als wichtige Lernvoraussetzung erwiesen sich die Stärke der Motivation bzw. der Triebe oder Bedürfnisse und die z. T. damit zusammenhängende Aktivität und Selbständigkeit.

Das Lernen durch »kognitive Organisation« oder »Einsicht« wird von **kognitiven Lerntheorien** (Gestalttheorie, *Tolmans* Orientierungstheorie, u. a.) herausgestellt, etwa beim plötzlichen Erkennen von Bedeutungen oder Beziehungen oder beim Problemlösen. Die individuellen Voraussetzungen (Vorkenntnisse, kognitive Struktur) bilden wichtige Lernbedingungen.

Als eine »Abfolge äußerer und innerer (interiorisierter) Handlungen« wird Lernen in der Theorie der **»etappenweisen Bildung geistiger Operationen«** von *Galperin* aufgefaßt. Betont wird die Bedeutung der Wechselwirkung von Subjekt und sozialer Umwelt, der Tätigkeit (Aktivität) des Lernenden und der unterschiedlichen individuellen Orientierungsgrundlagen über die Lernaufgabe. Bestimmte Parallelen finden sich in der entwicklungspsychologischen Intelligenztheorie von *Piaget* und den Arbeiten *Aeblis*, die Lernen als den Aufbau zunehmend komplexerer logischer Strukturen, Handlungen und Operationen bestimmen.

Als »Imitations- oder Modellernen« beschreibt *Bandura* in seiner Theorie **sozialen Lernens** die Nachahmung bei anderen beobachteter, erfolgreicher Verhaltensweisen. Die Eigenschaften des Modells, (z. B. Sozialprestige, Macht, Freundlichkeit), sein Erfolg sowie Einstellung und Verhaltensrepertoire des Beobachters sind wichtige Lerndeterminanten.

Eine Art »Integrationsmodell« der verschiedenen im kognitiven, intellektuellen Bereich geltenden Lernprinzipien bildet die **Taxonomie der Arten des Lernens** von *Gagne (1969)*. Lernarten werden nach zunehmender Komplexität geordnet, von der einfachsten (Signallernen) bis zu den schwierigsten (Lernen von Begriffen, Regeln oder Problemlösen). Die Beherrschung der vorgängigen Lernarten ist eine notwendige innere Voraussetzung des Lernenden für den Erwerb höherer Lernarten; die Anwendung lerntheoretischer Prinzipien (z. B. Wiederholung, Verstärkung) ist notwendige äußere Bedingung der Lernsituation. Mit der Betonung der Lernbedingungen oder Lernvoraussetzungen wird ein für den Erfolg von Lernprozessen und die Entstehung von Lernproblemen sehr wichtiger Umstand angesprochen, dem wegen der großen Heterogenität und stärkeren Individualität der Lernenden in der Erwachsenenbildung große Bedeutung zukommt. *(Harke 1977, S. 5–6)*

Meder 1996 weist in seinen Untersuchungen zur **»multimedialen Kommunikation«** insbesondere darauf hin, daß durch die neuen Möglichkeiten der Informationsdarbietung und deren Verarbeitung – dem Internet oder einer CD-ROM – das assoziative Denken und Lernen unterstützt wird. Erfolgt das Lesen eines Buches linear, so ermöglicht das »surfen« im Internet oder auf einer CD-ROM die Verknüpfung assoziativer Ketten. Die neuen – virtuellen – Medien unterstützen den realen Denkprozeß beim Lernen in weitaus höherem Maße, als alle bisherigen Medien.

Lernprozesse lassen sich als Prozesse **individueller Auseinandersetzung** mit der Lebens- und Berufswelt begreifen. In der Weiterbildung finden sie in organisierter Form statt. Der sich jeweils individuell vollziehende Lernprozeß wird durch die soziale Gruppe angestoßen und beeinflußt. Es findet gleichzeitig **soziales Lernen** statt. Sich auseinandersetzen bedeutet, neues Wissen zu erkennen und neues Know-how anzueignen. Lernen ist geradezu eine besondere Form menschlicher »Aneignung« und »Enteignung«, weil neues Wissen erarbeitet werden muß und überholtes Verhalten verändert werden kann. Wer mit liebgewordenen Gewohnheiten – trotz besseren Wissens – nicht brechen will, hat das Prinzip des Lernens nicht begriffen. Lernfähigkeit weist darauf hin, daß Energien freigesetzt werden können. Lernen vollzieht sich also nicht reibungslos und nicht problemlos. Lernen ist ein anstrengender Prozeß, der nur gelingt, wenn das Individuum dazu bereit ist und nicht durch seine Umwelt am Lernen gehindert wird. Es gibt lernfördernde und lernhemmende Umwelten.

Neben dem organisierten Lehren und Lernen in der Weiterbildung, gewinnt das selbstgesteuerte, **selbstorganisierte Lernen** an Bedeutung. Die organisatorischen und personalen Veränderungen in den Unternehmen und in der Gesellschaft führen zu mehr Dezentralisierung und Selbstverantwortung. Mit neuen Ansprüchen an Lerninhalte und -methoden verändern sich ebenso die Lernformen, wird das selbstgesteuerte, selbstorganisierte Lernen zunehmen. In diesem Zusammenhang sind auch Einsatzmöglichkeiten moderner multimedialer Lehrmittel zu diskutieren. Das geschah beispielsweise auf dem »Zukunftsforum Kompetenzentwicklung« 1997 in Berlin. (vgl. *BMBW* Lernen für den Wandel – Wandel im Lernen)

Die Weiterbildung sollte Lernprozesse anstoßen und darauf ihr didaktischmethodisches Arrangement richten. Der Kern des Vermittlungsprozesses ist strukturell ähnlich, trotz jeweils unterschiedlicher inhaltlicher und institutioneller Bedingungen von Tagesseminaren, Trainings oder Umschulungsmaßnahmen. Die Instrumente der didaktischen Reduktion und Rekonstruktion sind lernwirksam zu koordinieren.

4.6.3 Das multifaktorielle Bedingungsgefüge des Lehrens und Lernens

Das **multifaktorielle Bedingungsgefüge** zeigt die Lehr-/Lernsituation in einer komplexen Struktur. Die Seminar- und Lehrgangsplanung muß ihren Blick für die Lernsituation schärfen und die wichtigsten Bedingungsfaktoren erkennen. Dies ist nur innerhalb eines Systemdenkens möglich. Die Beschreibung des Bedingungsgefüges lehnt sich an die zukunftsweisende Arbeit von *Tietgens* und *Weinberg* an, die *1971* unter dem Titel »**Erwachsene im Feld des Lehrens und Lernens**« herausgegeben wurde. In diesem Handbuch werden von ihnen entwickelte Schaubilder in ihrer Struktur übernommen und unter operativen

Didaktisches Gerüst von Bildungsveranstaltungen

Gesichtspunkten neu interpretiert. Das multifaktorielle Bedingungsgefüge beschreibt die Lehr-Lernsituation auf vier Ebenen:

- die Ausgangslage *(vgl. Kapitel 4.6)*,
- die Wirkungsfaktoren der Interaktionssituation *(vgl. Kapitel 4.7)*,
- die Planungsgesichtspunkte *(vgl. Kapitel 4.9, 4.10, 5.5)* sowie
- das Endverhalten *(vgl. Kapitel 4.8)*.

Die pädagogische **Ausgangslage** wird durch Spannungsfaktoren definiert. Zum Lernen bedarf es einer positiven Erwartungshaltung, die Motivation, Erfahrungen, Erwartungen sowie die Vorkenntnisse der Teilnehmer müssen berücksichtigt werden.

Die **Wirkungsfaktoren** lassen sich als **4-L-Strukturmodell** beschreiben. Im Interaktionsprozeß des Lehrens und Lernens wirken zusammen: **Lehrende, Lernende, das zu Lernende, die Lerngruppe.**

Die **Planungsgesichtpunkte** weisen auf Bedingungen der Didaktik und Lernpsychologie hin, die berücksichtigt werden müssen, um einen optimalen Lerntransfer sicherstellen zu können. Das **Endverhalten** ist die Zielperspektive, auf die hin das Lehr-Lern-Arrangement zu planen und organisieren ist. Von besonderer Bedeutung hat sich die Zielbeschreibung in der Form von Lernzielen erwiesen. Die Lernzielkontrolle setzt operationalisierbare Ziele voraus.

Übersicht Lehr-/Lernsituation

Ausgangslage	Spannungs-faktoren	Motivation	Erfahrung	Erwartung	Vorleistung
	– Zielspannungslage – Anspruchsniveau – Binnenkonflikte	– exogene und endogene – bewußte und unbewußte – spezielle und allgemeine	– Lernerfahrung – Phasenerfahrung – Lebenserfahrung	– allgemeine Vorstellungen – gezielte Ansprüche – Verarbeitungsfähigkeit	– Vorkenntnisse – Aufnahmefähigkeit

Wirkungs-faktoren	Lerner	Lehrende	Das zu Lernende		Interaktions-vorgänge
	– Altersgruppen – Status – Aufgabeneinstellung – Lernverhalten	– Biographische Daten – Aufgabenverständnis – Lehrverhalten	– Funktionsziele – Leistungsformen – Sachstruktur		– Gruppenprozeß – Sprachliche Verständigung – Arbeits- und Führungsstil – Kontaktformen

Operatives Management in der Weiterbildung

Planungs-gesichtspunkte	Öffentliche	Psychologische Didaktik	Vermittlungs-verfahren	Arbeitsmittel
	– Zeit-Stoffrelation – Reduktionsstufen – Maßstäbe und Mittel der Auswahl – Transfer	– Ansatzpunkte – Aufbaukriterien	– Verarbeitungshilfen – Relation der Eignung	– Funktionen – Arten – Kontextmodelle
Endverhalten	Lernzielebenen	Wissenserwerb	Kontrollformen	Anwendung
	Richt-, Grob- und Fernziele	kurzfristig/ langfristig	Leistungsmessung/ Handlungskompetenzen	im veränderten sozialen Kontext

(vgl. Tietgens/Weinberg 1971, S. 36 f.)

4.6.3.1 Das 4-L-Strukturmodell der Lehr-Lernsituation

Die kleinste operative Einheit in der Weiterbildung ist die Lehr-/Lernsituation. Alles, was im operativen Management geplant und ausgeführt wird, ist auf dieses Geschehen gerichtet. Die Lehr-/Lernsituation ist von der **Interdependenz** zwischen den **Lehrenden, Lernenden,** der **Lerngruppe** und **dem zu Lernenden** bestimmt. Die 4-L's sollen die Assoziationsfähigkeit anregen:

Didaktisches Gerüst von Bildungsveranstaltungen

- Der Begriff des **Lehrenden** ist nicht so zu verstehen, als handele es sich nur um einen »Vortragenden«. In der Weiterbildung sind Dozenten in der Regel Fachleute, Praktiker, Ausbilder, Lehrer und auch Teams, die in die Vermittlungsprozesse eingebunden sind.

- **Lernende** sind nicht mit Schülern gleichzusetzen. Erwachsene verfügen über Berufs- und Lebenserfahrung. Sie bewegen sich im Alltag. Sie bringen Vorkenntnisse mit und können zum Teil den gleichen und auch einen höheren Wissensstand wie die Dozenten haben. Was sie suchen, sind neue Informationen, systematische Überblicke oder den Erfahrungsaustausch mit Fachkollegen.

- **Die Lerngruppe** spielt bei jeder Veranstaltung eine besondere Rolle. Immer kommen Menschen mit bestimmten Fähigkeiten zusammen. Sie können sich gegenseitig fördern, wie behindern. Die Homogenität bzw. Heterogenität einer Gruppe trägt dazu bei, ob ein geplanter Lernablauf wie gewünscht vollzogen werden kann. Von der Gruppendynamik hängt es ab, ob und wie die Seminarziele erreicht werden.

- **Das zu Lernende** bzw. das zu vermittelnde Wissen und Können zeigt eine eigene Struktur. Das Wesentliche muß vom Unwesentlichen unterschieden werden. Die Abgrenzung und Einbeziehung ist immer eine Gradwanderung, weil das Wissen der potentiellen Teilnehmer von den Organisatoren eingeschätzt werden muß. Die Vermittlung von Wissen hat spezielle Didaktiken – z. B. Didaktik der Wirtschaftslehre, hervorgebracht, weil die Bedingungen des Lehr-/Lerngegenstandes einer fachlichen und damit eigenen Systematik folgt. Es leuchtet jedem ein, daß Erwachsene anders lernen als Kinder; mathematische Aufgaben anders strukturiert werden müssen als soziologische Sachverhalte; Inhalte in Managementtrainings sich von historischen Vorgängen unterscheiden. Die Inhalte des Lehrens und Lernens müssen auf die jeweilige Zielgruppe bezogen sein.

4.6.3.2 Die Lernenden

Die Lernenden sind die **Subjekte der Weiterbildung.** Sie sind so verschieden, wie Menschen verschieden sein können. Dennoch sind Annahmen über das Lernverhalten als Bedingung des Lehr-/Lernprozesses angebracht. Die typischen **Merkmale von Lernenden** müssen erfaßt werden, damit sie bei der Konstruktion von Veranstaltungen berücksichtigt werden können.

In traditionellen Vorstellungen spielt das **Lebensalter** die entscheidende Rolle bei Lernprozessen. Seit Lernen als lebenslange Aufgabe begriffen wird, befindet sich diese Meinung in der Veränderung. Die Lernfähigkeit kann nicht allein als altersspezifische Problemlage dargestellt werden. Die Lernfähigkeit nimmt nicht »automatisch« mit dem Älterwerden ab, vielmehr verändert sich die Art und Weise, wie Menschen mit Situationen und Problemen umgehen. Dazu trägt die berufliche und persönliche Lebenslage wesentlich bei. Es macht einen Unterschied, ob geistig anspruchsvolle Tätigkeiten ausgeübt werden oder Routine den Alltag prägt.

Der **Status** der Lernenden spiegelt das Selbstverständnis und die Art und Weise wider, wie Menschen sich weiterbilden. Fach- und Führungskräfte nehmen signifikant häufiger an Seminaren teil als bildungsferne Gruppen. Manager leben in einem anderen beruflichen und sozialen Umfeld als Facharbeiter. Dementsprechend ist zum Beispiel die Kommunikationsfähigkeit oder die Lern- und Leistungsmotivation unterschiedlich ausgeprägt. Darauf ist bei der Konzeption von Bildungsangeboten einzugehen. Das geschieht im didaktischen Planungsprozeß, in dem versucht werden muß, die Eigenschaften einer Lern- bzw. Zielgruppe in ihrem Kern zu erfassen.

Didaktisches Gerüst von Bildungsveranstaltungen

Allgemeine Merkmale, die Lernende auszeichnen

Voraussetzungen	Kennzeichen
Altersgruppe	
Heranwachsende	Rollenwechsel, Veränderung der
Erwachsene	Aufgabensituation
Ältere Erwachsene	Differenzierung oder Erstarrung
Status	
Selbsteinschätzung	Schichtspezifische Sichtweise
Lernrelevante	Art von Ausbildung, Arbeitsplatz
Faktoren	und Funktion
Umgangsgruppe	Kommunikationsgrenzen
Aufgabeneinstellung	Lern- und Leistungsmotivierung
	Planungsverhalten
Lehrverhalten	
Ansprechbarkeit	Offenheit und Aufnahmebereitschaft
Lerntechnik	Form der Informationsaneignung und
	-verarbeitung
Lerntypen	Umgang mit dem zu Lernenden

(vgl. Tietgens/Weinberg 1971, S. 112)

Eine **Lerngruppe** läßt sich nach Alter, Status, Lerntypus, individuellem Lernverhalten der Lehrenden beurteilen. Lerngruppen haben ein »Lernklima«, das empfunden und gedeutet werden muß, um mit den Lernenden in eine fruchtbare Kommunikation eintreten zu können. Die Typologie der Weiterbildungsangebote *(vgl. Kap. 2.3.2)* gibt beispielhaft zielgruppenspezifische Kriterien im Hinblick auf »Inhalte« (des zu Lernenden) und »Tätigkeiten« (in der Arbeitswelt) an. So ist davon auszugehen, daß Vertriebsleiter oder Journalisten über mehr Selbstbewußtsein und Lebensgewandtheit verfügen als andere Berufsgruppen. Sie lernen anders als z. B. Berufsrückkehrerinnen. Das muß sich in den Bildungsangeboten konzeptionell niederschlagen. Der soziale Status gibt über mögliche Sichtweisen und Wertvorstellungen von Teilnehmern Auskunft *(vgl. Erpenbeck/Weinberg 1993)*. Zu den lernrelevanten Faktoren gehören die Schul- und Berufsausbildung, die Art der Tätigkeit ebenso wie die berufliche Funktion oder der Familienstand. Damit sind Einsichten – und nicht selten auch Vorurteile – verbunden, wie die Teilnehmer in Lehr-/Lernsituationen voraussichtlich kommunizieren und interagieren werden. Hierarchie- und tätigkeitsorientierte Klassifizierungen lassen erkennen, daß Lernende mit Aufgaben und Problemen in unterschiedlicher Art und Weise umgehen. Offenheit und Aufnahmebereitschaft ermöglichen es, neue Formen der Informationsaneignung und Verarbeitung zu erproben. Das **Lernenkönnen** wird eine existenziell immer bedeutsamere Fähigkeit. Es zeichnet sich als zentrale Kulturfähigkeit in der Informationsgesellschaft aus.

Operatives Management in der Weiterbildung

Die Lehrenden können damit rechnen, daß Lernende **typische Lernverhalten** zeigen. Das **Lehrverhalten** kann im Telefonmarketing für Sekretärinnen auf Offenheit und Aufnahmebereitschaft setzen; während Lehrende mit benachteiligten Jugendlichen zu Beginn mit erheblichen Widerständen zu kämpfen haben, bevor sie beruflich relevantes Wissen vermitteln können. In der Erwachsenenpädagogik ist bekannt, daß die schulische und berufliche Vorbildung in erheblichen Maße auf den Lerntrainingszustand einwirkt. Lernen will geübt werden.

So lassen sich zwei Lerntypen unterscheiden, die einen lernen, »weil es ihnen Freude macht« – charakteristisch als positiv vorausschauende Menschen gekennzeichnet –, während die anderen lernen, »weil sie sich gezwungen sehen« – negativ verharrende Menschen. Derartige Einstellungen geben situationsunabhängige Denk- und Verhaltensmuster an. Um Lehr-/Lernsituationen gut strukturieren zu können, sollten so viele Lernvoraussetzungen wie möglich bekannt sein. Die Inhalte sollten optimal aufbereitet werden. Das ist im Einzelfall schwierig. Je besser es aber gelingt, an die Wissensbestände der Lernenden anzuknüpfen, um so erfolgreicher werden Veranstaltungen. Die Prinzipien des Anschlußlernens sollten berücksichtigt werden.

4.6.3.3 Die Lehrenden

Zur Typik der Erwachsenenbildung gehört es, daß in ihr sowohl **hauptberuflich** als auch **nebenberuflich** tätige Mitarbeiter lehren. Der Weiterbildungslehrer ist noch ein relativ junger Beruf. Seine Existenz verdankt er der Expansion des Weiterbildungsmarktes, in dem hauptberufliche Lehrkräfte ausgelastet werden können. Der weitaus größere Teil der Weiterbildung wird jedoch durch nebenberufliche Dozenten abgedeckt. Dabei ist das individuelle Aufgabenverständnis der Lehrenden für den Lehr-/Lernprozeß wesentlich. Es ergibt sich
a) aus der Funktion und Bedeutung, die der Lehrtätigkeit beigemessen wird und
b) aus den Anforderungen, die eine Bildungseinrichtung an ihre Lehrenden stellt.

Der **Qualifikationserwerb** für Dozenten in der Weiterbildung ist nicht durch staatliche Verordnungen geregelt. Darin unterscheidet sich die Weiterbildung deutlich vom Schulbereich. Es gibt keine geschützten **Berufsbezeichnungen** und eindeutigen Ausbildungswege: Weiterbildner, Managementtrainer, Praktiker, Theoretiker, Führungskräfte oder Ausbilder sind Lehrende. Die zentrale Frage ist, über welche Qualifikationen und Erfahrungen jemand verfügen sollte, der als Seminarleiter oder Trainer tätig ist. Seriöse Institute verlangen von ihren Mitarbeitern vor allem fachliche Kompetenz und berufliche Erfahrung. Niemand, der nicht z. B. selbst einige Jahre im Außendienst tätig war, sollte als Verkaufstrainer engagiert werden. Ein Managementtrainer wird erst dann glaubwürdig, wenn er Führungsverantwortung für Mitarbeiter nachweisen kann. Erst dann weiß er, wovon er redet. Genauso bedeutsam sind wissenschaftliche Qualifikationen, die auf ein systematisches und fundiertes akademisches Wissen verweisen. Ausbildung und Berufserfahrung geben Auskunft über biographische Daten und die zu vermutenden Wissensbestände des Lehrenden.

Didaktisches Gerüst von Bildungsveranstaltungen

Die **Anforderungen** an die erwachsenenpädagogischen und methodisch-didaktischen Fähigkeiten müßten für ein professionelles Bildungsmanagement unabdingbar sein. Nicht jeder Fachspezialist ist auch ein »guter« Lehrer. Methodik und Didaktik hat wenig mit Intuition zu tun, sondern mehr mit der Systematik von Lernprozessen und deren Umsetzung. Lehrqualifikationen wie: Fachkompetenz, Sozial- und Methodenkompetenz sowie Vermittlungsfähigkeiten, ermöglichen es Lehrenden, in unterschiedlichen Situationen adäquat zu agieren.

Lehrende sollten an einem »**Trainingsgerüst**« interessiert sein, das die vorbereitende und kontrollierende Reflexion der Lehrplanung und Lernorganisation ermöglicht. Lehrplanung und Organisation müssen definieren, was erreicht werden soll und vor allem, wie es erreicht werden kann. Die Synopse gibt Stichworte, zu denen sich Lehrende verhalten müssen. Die Punkte können hier nicht im einzelnen erläutert werden.

Qualifikationen und Kompetenzen von Lehrenden

Biografische Daten	Qualifikationen
Alter	Fachkompetenz
Status	Sozialkompetenz
Generationszugehörigkeit	Methodenkompetenz
	Vermittlungsfähigkeiten
Aufgabenverständnis	Lehrverhalten
Motivation	Präferenz für Vermittlungsformen
Konzeption der Weiterbildung	Verarbeitungsgrad
Rollenbewußtsein	Kontaktformen

(vgl. Tietgens/Weinberg 1971, S. 128; in veränderter Form)

Lehrende, die sich einer **curricularen Denkweise** bedienen, werden systematisch und rationell die folgenden Fragen beantworten können:

- Für welche Situation besteht ein Lernbedarf?
- Welche Ziele und Zwecke müssen erfüllt werden?
- Welche Qualifikationen und Kompetenzen werden dafür benötigt?
- Welche Bildungsinhalte und Lerngegenstände sind notwendig, um die angestrebten Ziele zu erreichen?
- Woran läßt sich erkennen, daß das, was gelernt werden soll, auch tatsächlich gelernt wird?

4.6.3.4 Die Lerngruppe

Das organisierte Lernen findet in der Weiterbildung in Gruppen statt. **Die Lerngruppe** spielt eine besondere Rolle. Immer kommen Menschen mit bestimmten Fähigkeiten und Weltbildern zusammen. Sie können sich gegenseitig fördern wie behindern. Typisch ist nicht das individuelle, sondern das **soziale Lernen.** In der organisierten Weiterbildung werden Zielgruppen angesprochen. Auf die Zusammensetzung sollte jeder Veranstalter so weit wie möglich Einfluß nehmen. Dies gelingt über Seminarankündigungen oder Zulassungsvoraussetzungen.

Zum Lernen ist eine besondere **Gruppendynamik** anzustreben. Sie muß sich mit den Zielen und Interessen der Teilnehmer vereinbaren lassen. In jeder Lerngruppe vollzieht sich eine eigene Dynamik, die auf die Ziele hin intendiert werden kann. Lehrende haben den Gruppenprozeß so zu steuern, daß die Lernziele erreicht werden können. Dabei wird in der psychologischen Literatur der Begriff Gruppendynamik als eine besondere Art der Therapie verstanden. Dieser Begriff ist hier nicht gemeint. In Lehr-Lernprozessen wird das Gruppenverhalten stark durch die Erwartungshaltungen und das Selbstverständnis der Teilnehmer beeinflußt. Diese Dynamik entspricht dem Phänomen der **Rollenerwartung.** Jeder Teilnehmer ist Inhaber einer Position und Mitglied einer sozialen Gruppe, die eigene Überzeugungen, Lebensstile, Werte und Normen ausgebildet hat. Das Rollenset kann verdeutlichen, in welchem Beziehungsgeflecht sich Erwachsene bewegen:

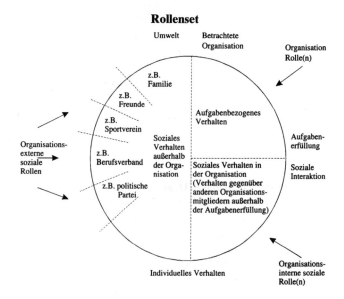

(vgl. Kiesker/Kubicek 1983, S. 398)

Didaktisches Gerüst von Bildungsveranstaltungen

Das **Rollenset** beschreibt eine Vielzahl von Orientierungen. Das aufgabenbezogene Verhalten wird durch externe soziale Rollen genauso geprägt, wie durch die soziale Interaktion in einer Gruppe. Wenn Freunde einen Lehrgang besuchen, ist damit zu rechnen, daß sie sich gegenseitig unterstützen; vielleicht verhalten sie sich gegenüber anderen Gruppenmitgliedern betont reserviert, weil sie genügend Selbstbestätigung finden; andere Mitglieder kann dies stören und Anlaß zu Konflikten sein. Das individuelle Verhalten wird von einer Vielzahl von Umwelteinflüssen geprägt. Das Rollenset verweist auf Verhaltensweisen der Lernenden, die im Lehren und Lernen ausbalanciert werden müssen. In jeder Gruppe sind eine Vielzahl von Rollen (multiple roles) verteilt, auf die sich Lehrende einstellen müssen. Der adäquate Umgang mit den individuellen Ausprägungen der erwachsenen Lerner ist auf die Ziele von Veranstaltungen hin zu orientieren.

In Lerngruppen können unterschiedliche **Ziele** verfolgt werden. Sie dienen zum Beispiel:
- der Informationsvermittlung,
- dem Erfahrungsaustausch,
- dem Training,
- der Umschulung (berufsverändernd),
- der Anpassungsfortbildung,
- der Aufstiegsbildung
- der Persönlichkeitsentfaltung

Die jeweiligen Ziele und der Zweck müssen bei der Ansprache von Teilnehmern berücksichtigt werden. Die **Zielgruppenbeschreibung** entscheidet über die Zusammensetzung einer Lerngruppe. Dadurch werden Weichen für Einzel- oder Gruppenaufgaben gestellt. Die Wahl der **Kontaktformen** muß festlegen, welche Methoden zur Bearbeitung von Themen gewählt werden. Verfahren der Gruppenbildung müssen vereinbart werden. Es ist zu klären, wer eine Gruppe führt, wie die Arbeitsergebnisse präsentiert werden sollen. Welche Zeit für Gruppenarbeit zur Verfügung steht. Lerngruppen entwickeln eine eigene Dynamik.

Die Entwicklung von Lerngruppen kann gefördert werden, wenn bestimmte Fakten Berücksichtigung finden. Der **Zusammenhalt** von Gruppen ist für den Lernerfolg von großer Wichtigkeit. Deshalb ist in der Weiterbildung alles zu vermeiden, was zu unproduktiven Gruppenkonflikten führt.

Zusammenhalt von Lerngruppen: Kohäsion

Kohäsionsfördernd	Kohäsionshemmend
Häufigkeit der Interaktion	Gruppengröße
Attraktivität und Homogenität	Einzelkämpfer
Intergruppen – Wettbewerb	individuelle Leistungsbewertung
Einigkeit über Gruppenziele	Intragruppen – Wettbewerb
Erfolg und Anerkennung	Zielkonflikte
	Mißerfolge

(vgl. Staehle 1989, S. 258)

Kohäsion ist vor allem in Lerngruppen von längerer Dauer (z. B. Umschulung, Meisterausbildung, Trainings) von Bedeutung, weil die Stärken und Schwächen der Teilnehmer im Laufe der Zeit aufgedeckt werden und (offen) aufeinandertreffen können. Der Zusammenhalt in einer Lerngruppe kann sowohl lernfördernd wie lernhemmend wirken. Kohäsion hat Konsequenzen für die psychische Befindlichkeit der Mitglieder, sie wirkt sich auf das Leistungsverhalten aus.

Erfolgreiche Gruppenarbeit ist an besondere Bedingungen gebunden. Die **Lerngruppeneffektivität** ergibt sich aus dem Zusammenwirken von unabhängigen, intervenierenden und abhängigen Variablen. Die Zufriedenheit der Mitglieder und die Produktivität einer Lerngruppe stellen sich als das Zusammenspiel unabhängiger Variablen: wie Gruppengröße, Persönlichkeitsmerkmale, funktionale Stellung der Gruppe oder der Art der Aufgaben sowie intervenierender Variablen, wie Führungsstil des Dozenten oder Möglichkeiten der Beteiligung am Unterricht dar.

Didaktisches Gerüst von Bildungsveranstaltungen

Lerngruppeneffektivität
Unabhängige Variablen

Struktur-Variablen	Umwelt-Variablen	Aufgaben-Variablen
Gruppengröße	Umgebung der Gruppe	Art der Aufgaben
Heterogenität der Mitglieder	Funktionale Stellung der Gruppe in der Organisation	Schwierigkeiten der Aufgabe
Persönlichkeits-Merkmale der Mitglieder	Beziehungen zu anderen Gruppen in der Organisation	Restriktionen (z. B. zur Verfügung stehende Zeit)
Kommunikationsbeziehungen		

Intervenierende Variable

Führungsstil

Aufgabenmotivation

Freundschaftsbeziehung

Ausmaß der Beteiligung einzelner Mitglieder

Abhängige Variable

Produktivität der Lerngruppe

Zufriedenheit der Mitglieder

(vgl. Krech/Crutchfield/Ballachey 1962, S. 457)

Künzel/Böse (1995) haben in ihrem Buch »Werbung für Weiterbildung« Zielgruppen sehr anschaulich aus der Perspektiv der Werbung für Lerngruppen beschrieben. Bei der Zielgruppe »Senioren« lautet der Ansatz: »*Weiterbildung. Der Weg in ein schöneres Alter*«. Die Zielgruppe Arbeitslose soll mit dem Slogan »*Weiterbildung. Jeder hat das Recht, was Sinnvolles zu tun.*«, geworben werden. Die Zielgruppe der Familienfrauen soll mit dem Satz: »*Was gestern noch fernlag.*« aktiviert werden. Bei der Erfassung von Ziel- bzw. Lerngruppen sind die jeweiligen Motivationsmuster der Betroffenen zu eruieren.

4.6.3.5 Lehr- und Lerninhalte

Bei den **Lehr- und Lerninhalten** handelt es sich um das zu vermittelnde Wissen und Können. Es zeigt eine eigene Struktur. Bei der Auswahl muß das Wesentliche vom Unwesentlichen unterschieden werden. Die Abgrenzung und Einbeziehung ist immer eine Gradwanderung, weil das Wissen der potentiellen Teilnehmer von den Organisatoren eingeschätzt werden muß. Das zu Lernende bezeichnet die Inhalte des Vermittlungsprozesses. Es schließt die Vermittlung von Faktenwissen, wie das Training von Verhaltensweisen oder das Theaterspielen als Lernformen der Erwachsenenbildung ein. Bestimmte Inhalte erfordern spezifische Fachdidaktiken, die den Zugang zu dem Wissen und Können erschließen. Bei der Entwicklung von Fachdidaktiken werden die für ein Thema relevanten Inhalte erarbeitet und die Methoden ihrer Vermittlung ausgewählt.

Planungsgesichtspunkte haben insbesondere antizipatorischen Wert. Zur Hauptaufgabe der **Lehrplanung** gehört es, bedachte Folgerungen aus der Diskrepanz zwischen dem Lernenswerten und der begrenzten Aufnahmekapazität der Teilnehmer zu ziehen. Didaktische Überlegungen können dazu beitragen, den Vermittlungsprozeß zu effektivieren. Lautet ein Lernziel beispielsweise »Verbesserung der Lernfähigkeit von Sachbearbeitern«, dann könnten sich die Maßstäbe und Mittel der Auswahl auf folgende Kriterien beziehen:

Anforderungskriterien

an den Lerner/die Lerngruppe	an das zu Lernende

Voraussetzungen im Hinblick auf:
• Vorkenntnisse
  (z. B. Schule, Beruf, Erfahrung)
• Affinität zur Lernaufgabe
  (z. B. berufliche Aufgabe, persönliche Hobbys)
• Lerntrainingszustand
  (z. B. Hauptschüler, Abiturient, Führungskraft)
• Verknüpfungsfähigkeit
  (z. B. vorgängige Erfahrungen vorhanden, gleiche Wirtschaftsbranche, Abteilungswissen)
	Anforderungsstruktur im Hinblick auf:
	• Informationsumfang
	  (z. B. Leistungsniveau, Grundkenntnisse, vertiefte Kenntnisse, Spezialwissen)
	• Leistungsformen
	  (z. B. Gruppenarbeit, Individualarbeit, Methodenkenntnisse wichtig)
	• Beziehungsdichte
	  (z. B. Ebenen des Denkens und Handelns, wissenschaftlich eingebunden, ausgeprägte Kundenkontakte)
	• Abstraktionsgrad
	  (z. B. einfach strukturiert, hoch komplex)

Die Anforderungskriterien benennen zentrale Determinanten. Die Maßstäbe für eine möglichst **lernwirksame Reduktion und Rekonstruktion** der Inhalte lassen sich aus Transfereffekten ableiten. Danach gilt, daß der Informationsgehalt des Gelernten um so größer wird, je besser es gelingt, an dem zu Lernenden:

Didaktisches Gerüst von Bildungsveranstaltungen

• Grundlegendes herauszuarbeiten,	• das Bedeutsame zu artikulieren und
• Beziehungen darzustellen,	• Medien einbeziehen zu können.

Interaktive Medien und die Aufbereitung des Lernstoffs tragen wesentlich zum Lernerfolg der Teilnehmern bei. Weitere Voraussetzungen, die das Lernen erleichtern sind:

- eine positive Grundeinstellung zu den Lerninhalten,
- die Kenntnis der persönlichen Lernmotive,
- der individuell gewählte Lernrhythmus.

Aus der Lernpsychologie ist bekannt, daß die Gestaltung von Lernsituationen erheblichen Einfluß auf das Lernen hat. Richtwerte verdeutlichen die **Lernkurve des Behaltens**

Menschen behalten:
- was sie hören,   zu 20 %
- was sie sehen,   zu 30 %
- was sie hören und sehen,   zu 40 %
- was sie sagen,   zu 70 %
- was sie selber tun,   zu 90 %

Der **Aufbau und die Reihenfolge der Lerninhalte** sollte mit dem Denk- und Handlungsvermögen der Teilnehmer korrespondieren. Bei der Wissens- und Fähigkeitssteigerung ist besonderer Wert darauf zu legen, daß die Beteiligungsformen dem erwachsenen Lerner ein aktives Tätigwerden ermöglichen *(vgl. psychologische Didaktik von Aebli 1963; Weinberg 1971, S.215)*. Da Erwachsene aufgrund ihres Alltags- und Berufsverständnisses in hohem Maße intuitiv Probleme und Aufgaben lösen, sind z.B. Fallbeispiele wesentlich einprägsamer als theoretische Darstellungen. Im Alltag findet selten eine wissenschaftliche, systematische Durchdringung von Problemen statt. Die Qualität der Aufgabenerfüllung hängt häufig von der »Tagesform« ab. Es wird situativ gehandelt, wodurch einerseits eine gewisse Flexibilität gegeben ist, andererseits jedoch die Effizienz von kontinuierlichen Prozesse nicht erreicht wird. Die Methoden-, Sozial- und Fachkompetenz ist möglicherweise zu oft vom alltäglichen Pragmatismus geprägt.

Es ist bekannt, daß Know-how unterschiedliche Abstraktionsgrade und **Lernschwierigkeiten** beinhaltet. Sachverhalte lassen sich mit unterschiedlicher Komplexität darstellen. Daraus resultieren in der Weiterbildung nicht selten Lernschwierigkeiten, die vermieden werden könnten. Lernprobleme haben eine eigene Struktur. Sie können sich auf das zu Lernende wie auf das Teilnehmerverhalten beziehen. Lernschwierigkeiten stellen Barrieren dar. Sie können unzufrieden machen und das Lernen behindern. Das kostet die Motivation. Mögliche Ursachen von Lernschwierigkeiten hat *Harke (1977, S. 69)* aufgezeigt:

Ursachen für Lernschwierigkeiten

• Informationen werden in zu kurzer Zeit dargeboten	– (Informationsfülle)
• bei den Teilnehmern wird zuviel vorausgesetzt	– (Relationsdichte)
• Sachverhalte werden zu kompliziert dargestellt	– (Abstraktionshöhe)
• die Einstellung der Teilnehmer zu den Inhalten und zum Unterricht läßt zu wünschen übrig	– (Motivationsschwierigkeiten)
• die Teilnehmer sind unkonzentriert, können nicht behalten	– (Konzentrationsprobleme, mangelnde Gedächtnisleistung)
• die letzte Lernphase lag viele Jahre zurück	– (Umstellungsschwierigkeiten)

Um Lernschwierigkeiten abzubauen, müssen sie in ihrer differenzierten Form wahrgenommen werden. Das ist manchmal nicht einfach, weil Teilnehmer sich meist nicht ohne weiteres offen dazu äußern. Um einen Teil von Schwierigkeiten zu vermeiden, sollten Inhalte medial dargeboten und mit unterschiedlichen Methoden erarbeitet werden *(vgl. Kapitel 4.3)*. Ist das zu Lernende nur unzureichend aufbereitet, sind Störungen die Folge. Die Teilnehmer bleiben weg; die Lerneffizienz leidet. Das Ansehen der Bildungseinrichtung steht auf dem Spiel.

4.7 Didaktische Planung: Die Ausgangslage

Die **Ausgangslage** des Lehrens und Lernens ist durch Spannungsfaktoren gekennzeichnet. Hierunter sollen die Zielspannungslage, das Anspruchsniveau und die Binnenkonflikte gefaßt werden:

- Das auslösende Moment für einen Lernprozeß kann eine **Zielspannungslage** sein. Der Wunsch, etwas zu wollen muß mit der Fähigkeit, es zu können in Beziehung gesetzt werden. Dabei handelt es sich um positive wie negative Diskrepanzerlebnisse. Erwachsene erkennen, daß sie neue Aufgaben nur dann bewältigen können, wenn sie sich neues Wissen aneignen. Weil das Neue und Unbekannte meist verunsichert, kommt es auf die Dosierung an. Ist ein Ziel unerreichbar, wird es genausowenig angegangen, als wenn es unbedeutend scheint. Die Schritte zur Zielerreichung müssen realisierbar sein. Erst Erfolge stärken den Willen, weiterlernen zu wollen. Verunsicherung und Überforderung bewirken häufig Lernabstinenz.

- Das **Anspruchsniveau** bezieht sich auf die Präzisierung der Lernziele, die sich an der Lernfähigkeit der Erwachsenen orientieren müssen. Die Ziele, die sich Teilnehmer setzen, erwachsen aus der Relation von Sachanforderungen und Selbsteinschätzung. Positive Lernerfahrungen lassen das Anspruchsniveau steigen, während lernhemmende und negative Lebensverhältnisse den Erwartungshorizont »auf Null« setzen. Damit gelernt werden kann, spricht

Didaktische Planung: Die Ausgangslage

Heckhausen von »**dosierter Diskrepanz**«. Er stellt den Grundsatz auf, daß es günstig sei, den »sachstrukturellen Entwicklungsstand in mäßiger Dosierung zu überfordern«*(vgl. Weinberg 1971, S. 40).* Ein mittlerer Schwierigkeitsgrad ist für normale Lerngruppen angemessen.

- Bei der Ausgangslage spielen auch **Binnenkonflikte** der Teilnehmer eine wichtige Rolle. Die soziale und psychische Stabilität der Teilnehmer ist unterschiedlich ausgeprägt. Skrupel und Selbstzufriedenheit, Veränderungswille und Beharrungstendenzen, Anstrengungsbereitschaft und Ermüdung sowie Impulsivität und Kontinuität können sich gegenüberstehen. Damit die Binnenkonflikte nicht die Überhand gewinnen, sollte das Lernarrangement darauf methodisch-didaktisch eingestellt sein.

Als eine der größten Hürden des Lernens, stellen sich immer wieder die Mentalitäten der Menschen heraus. Hierbei sind die Motivationen, Erfahrungen, Erwartungen sowie die Vorleistungen und Interessen der Teilnehmer ausschlaggebend. In unserer Kultur ist es weit verbreitet, daß Menschen meinen, sie könnten nicht lernen, obwohl sie es noch gar nicht richtig versucht haben. Im Lernprozeß muß eine ständige Rückkoppelung erfolgen, damit Lernbarrieren abgebaut werden. Lernprozesse müssen Erfolgserlebnisse vermitteln helfen.

4.7.1 Spannungsfaktoren

Die Lehr-/Lernsituation sollte so konstruiert sein, daß sie sich durch eine produktive Zielspannungslage auszeichnet. Lernangebote sind durchsichtig zu machen. Lernfortschritte sollten durch Feedback rückgekoppelt werden. Das Anspruchsniveau und auch das Lerntempo ist dem Potential der Teilnehmer anzupassen. Es kann schrittweise gesteigert werden, wenn die Lerngruppe mitzieht. Einen Einblick in Spannungsfaktoren gibt die Skizze.

Spannungsfaktoren		
Art des Spannungszustands	Lernhemmnisse	Didaktisch-methodische Konsequenzen
Zielspannungslage		
Diskrepanzerlebnis Wunsch und Können Sollen und Wollen	Verunsicherung und Lernabstinenz, Veränderung und Überforderung	Vertrauen schaffen, Lernangebote transparent machen, schrittweise Vorgehen
Anspruchsniveau		
Grad des Wollens und Könnens	Fehleinschätzung des eigenen Könnens und der Lernangebote	Präzisierung der Lernziele, Lernstufen bilden, Individuelle Förderung

Art des Spannungszustands	Lernhemmnisse	Didaktisch-methodische Konsequenzen
Binnenkonflikte		
Selbstbewußtsein versus Unsicherheit Veränderungswille versus Beharrungstendenzen	Mangelndes Selbstvertrauen, Übersteigertes Selbstbewußtsein, Überzogene Erwartungshaltung, Vorzeitige Enttäuschung	Regelmäßig rückkoppeln, Stellenwert des zu Lernenden bewußt machen, Zusammenhänge herstellen, Inhalte einordnen, Erfolge im Lernprozeß aufzeigen
Anstrengungsbereitschaft versus Ermüdung	Erlahmen der Lernenergien Bei zu großen Zeitspannen, Anfangsenergie ohne Beharrlichkeit, Betriebsame Oberflächlichkeit	Lernspaß vermitteln, Methoden einsetzen, Abwechslung in den Unterricht bringen

(vgl. Tietgens/Weinberg 1971, S. 45)

Lernwissenschaftliche Untersuchungen weisen auf die Bedeutung der Spannungsfaktoren – vor allem zu Beginn von Veranstaltungen hin. Der erste Eindruck prägt. Die **Einstiegsphase** hat weitreichende Konsequenzen für den Lernprozeß. In der **Anfangssituation** wird die Grundlage für das Anspruchsniveau gelegt. Dabei können die Anfangsschwierigkeiten bei einem Seminars durch eine Reihe von Verfahren und Methoden bewältigt werden. Wichtig ist es, die Teilnehmerwünsche, Erwartungen und auch Befürchtungen ernst zu nehmen und dies deutlich zu machen. Dadurch entsteht ein positives Lernklima.

4.7.2 Motivationsansätze

Zielorientiertes Handeln will motiviert sein. Die Motive stellen die **Beweggründe** des menschlichen Handelns dar. Motive geben ihm Richtung, Intensität und Inhalt. Das Lernen kann als eine besondere Art des Handelns verstanden werden. Hierbei strengen sich Menschen an, die etwas begreifen und erfahren wollen. Ihr Verhalten ist darauf gerichtet, sich mit ihrer Lebenswelt so auseinanderzusetzen, daß sie mit ihr umgehen lernen. Der Schlüssel für den Lernerfolg von Teilnehmern ist motivational bedingt. Wenn die Teilnehmer wissen, warum sie lernen, können sie dem Lernen eine Richtung geben. Gleichzeitig kann der Lernprozeß methodisch-didaktisch genau darauf abgestimmt werden. Das Lehren und Lernen wird erfolgreich.

Nun sind Motive weder gegenständlich noch eindimensional. Sie sind ein hypothetisches Konstrukt und können als intervenierende Variable zwischen situa-

tiv-personalen Bedingungen und beobachtbarem Verhalten angesiedelt werden. Um eine Vorstellung verschiedener Motivbündel zu erhalten, sollen einige bekannte Ansätze der **Motivationspsychologie** skizziert werden. Sie haben für das Lernen von Erwachsenen unterschiedliche Bedeutung:
- Bedürfnispyramide von *Maslow*,
- ERG-Ansatz von *Alderfer*,
- Zwei-Faktoren-Theorie von *Herzberg*,
- Leistungsmotivationstheorie von *McClelland/Atkinson*.

1. Bedürfnispyramide

Maslows Bedürfnispyramide *(1943, 1954)* ist von ihm zunächst nicht als Theorie der Motivation entwickelt worden. Seine Intention war auf die Wachstumsmöglichkeiten des Individuums und dessen Gestaltungsräume gerichtet. Er ging von der Annahme aus, daß der Mensch durch bestimmte Bedürfnisse motivierbar sei. Insbesondere unbefriedigte Bedürfnisse seien an der Entstehung von individuellen Spannungszuständen beteiligt. Sobald ein Bedürfnis befriedigt sei, würden auf höherer **Hierarchieebene** neue Bedürfnisse gesucht. *Maslows* Pyramide macht insbesondere deutlich, daß es eine Rangfolge von Bedürfnissen gibt, die aufgrund sozialer und individueller Selbstverwirklichungsenergien eine dynamische Tendenz annehmen. Menschen sind durch ihre Bedürfnisse motivierbar. Lernen steht in einem spezifischen Verhältnis zum Selbstverwirklichungsgrad der Individuen.

Bedürfnispyramide nach Maslow

Ebene der Selbstverwirklichung
- intellektuelle Befriedigung
- Verwirklichung persönlicher Fähigkeiten
- sich in seiner Arbeit verwirklichen

Ich-Ebene
- Prestige, Ansehen, Macht
- Profilierung und Anerkennung

Soziale Ebene
- Kontakte zu Menschen
- Freunde und Bekannte
- Bedürfnis nach Partnerschaft

Sicherheitsebene
- gesicherter Arbeitsplatz
- bestimmter Lebensstandard existenzielle Sicherung

Physiologische Ebene
- Nahrung, Wohnen, Leben, Arbeitsplatzgestaltung
- vernünftige Arbeitskleidung

2. ERG-Ansatz

Alderfer (1969, 1972) unterscheidet im Gegensatz zu *Maslow* drei Motivgruppen:

Existence:	Existenzbedürfnisse
Relatedness:	Beziehungsbedürfnisse
Growth:	Wachstumsbedürfnisse

Ein zentraler Unterschied besteht in der Auffassung, daß die Bedürfnisse nicht in hierarchischer Ordnung zueinander stehen. Damit trägt er der Erfahrung Rechnung, daß Menschen sehr unterschiedlich mit der Befriedigung ihrer

Bedürfnisse umgehen. Es gelte nicht nur die herkömmliche Frustrationshypothese, nach der unbefriedigte Bedürfnisse zu einer Reduktion der damit verbundenen Spannungen motivierten. Er geht davon aus, daß im Sinne der Frustrations-Regressions-Hypothese bei Nichtbefriedigung auch niedere Motivklassen dominieren können. Auch bereits befriedigte Bedürfnisse könnten nach wie vor Motivkraft erlangen. Damit ist das Modell bedeutend offener als das von *Maslow*.

3. Zwei-Faktoren-Theorie

Herzberg zeigt in der Zwei-Faktoren-Theorie auf, daß die Ursachen für Handeln mit den Faktoren: **Zufriedenheit** bzw. **Unzufriedenheit** in Zusammenhang gebracht werden müßten. Dabei kann die Gleichung Unzufriedenheit als Gegenteil von Zufriedenheit jedoch nicht aufgestellt werden. Das Gegenteil von Unzufriedenheit kann auch als Fehlen von Zufriedenheit, also als Gleichgültigkeit interpretiert werden. Er geht von der Annahme aus, daß positive Einstellungen (z. B. von Mitarbeitern) zur Arbeit andere Ursachen haben als negative. Die Tatsache, daß empirische Befunde nur selten dieselben Ursachen im Zusammenhang mit guten und schlechten Arbeitsergebnissen gezeigt haben, führt ihn zu der Vermutung, daß es zwei Klassen von Faktoren gebe:

Faktoren, die **Unzufriedenheit** verhindern, aber keine Zufriedenheit herstellen	**Hygienefaktoren der Unzufriedenheit,** wie einseitige Unternehmenspolitik, schwache Personalführung, geringe Entlohnung, schlechte Arbeitsbedingungen, unbefriedigende Lernarrangements
Faktoren, die **Zufriedenheit** herstellen können	**Motivatoren im Sinne von Zufriedenmachern,** wie Leistung belohnen, Anerkennung aussprechen, interessante Arbeitsinhalte, hohe Selbstverantwortung, Aufstieg erreichbar, Lernerfolge sichtbar.

Zur Veranschaulichung dieser Ergebnisse wird eine Untersuchung vorgestellt, in der die Einflußfaktoren Zufriedenheit/Unzufriedenheit in Bezug auf die Arbeitseinstellung von Mitarbeitern dargestellt werden. Es werden plausible Alltagserfahrungen dokumentiert, die auf die Lernmotivation einwirken.

Operatives Management in der Weiterbildung

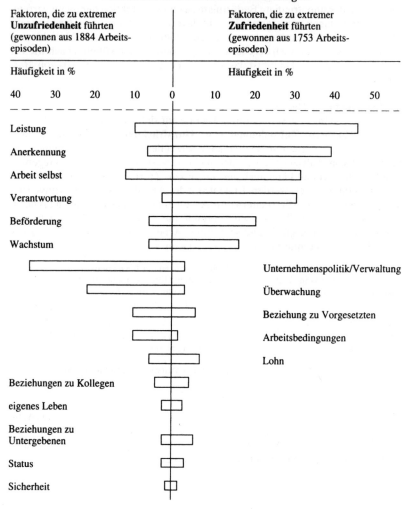

(Herzberg 1968, S. 57)

4. Leistungsmotivationstheorie

In der Leistungsmotivationstheorie von *McClelland/Atkinson* wird von der Annahme ausgegangen, daß die meisten menschlichen Bedürfnisse erlernt worden seien. Drei Schlüsselbedürfnisse seien im Grenzgebiet zwischen Bewußt-

Didaktische Planung: Die Ausgangslage

sein und Unterbewußtsein angesiedelt und durch Sozialisations-, Arbeits- und Berufserfahrung sowie die aktuelle Alltags- und Arbeitssituation geprägt. Zur Erklärung menschlicher Motivationen gehören demnach:

Leistungsstreben:	(need for achievement)
soziales Streben:	(need for affiliation)
Machtstreben:	(need for power)

Ausgehend von dem Grundbedürfnis durch Leistung Anerkennung und Belohnung zu erlangen, entwickelten *Atkinson/Heckhausen (1975/1980)* die Theorie der Leistungsmotivation. Das **Leistungsstreben** gilt als das mit Abstand bedeutendste Motiv. Hierunter ist eine relativ stabile Disposition zu verstehen, nach der Menschen nach Leistung und Erfolg streben. Das Streben ist auf konkrete Objekte und Ziele gerichtet. Empirisch ließen sich entsprechend Erfolgsmotivierte (Hoffnung auf Erfolg), die mittelschwere Aufgaben bevorzugten, und Mißerfolgsmotivierte (Furcht vor Mißerfolg), die sehr leichte oder aber sehr schwere Aufgaben auswählen würden, unterscheiden *(vgl. Staehle, S. 210)*.

Während über das **Machtstreben** als dem Streben nach Überlegenheit und Herrschaft nur wenige Untersuchungen vorliegen, ist das Streben nach **sozialen Kontakten** vielfach untersucht worden *(vgl. Staehle, S. 208)*. Die Leitmotive dürften im sozialen Zusammenleben der Menschen zu suchen sein. Das Aufwachsen in sozialen Gruppen schafft enge oder auch offene Beziehungen. Sozial verantwortliches Verhalten kann nur entstehen, wenn im sozialen Kontext genügend Korrektive bestehen, den Egoismus auszugleichen.

Das folgende Fallbeispiel zeigt **reale Motive** auf, die zur Teilnahme an einem Kontaktstudium: »Lernen im Betrieb«, eine Rolle gespielt haben. Es verdeutlicht, wie in der Weiterbildung die Motiverkundung vorangetrieben werden kann:

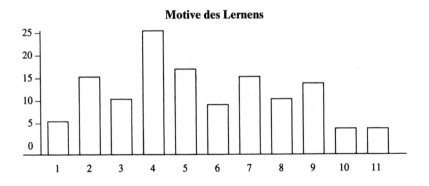

Operatives Management in der Weiterbildung

1 = um meine Arbeit interessanter zu erleben
2 = um selbständiger und kompetenter arbeiten zu können
3 = um meine berufliche Mobilität zu erhöhen
4 = um mehr über die theoretischen Hintergründe meiner Arbeit zu erfahren
5 = um mich auf künftige Anforderungen in meinem Tätigkeitsbereich vorzubereiten
6 = weil ich mir einen Vorteil für mein berufliches Weiterkommen erhoffe
7 = weil es ein Anreiz ist, wieder einmal etwas Neues zu lernen
8 = um mit Kollegen aus anderen Betrieben über meine Arbeit zu reden
9 = um mehr über das Umfeld meiner Tätigkeit zu erfahren
10 = um mit meinem Vorgesetzten besser über die Arbeit reden zu können
11 = um später mehr zu verdienen

(vgl. Esch u. a. 1990, S. 134)

Im Vordergrund steht der Wunsch, mehr über die theoretischen Hintergründe der eigenen Arbeit zu erfahren, um selbständiger und kompetenter arbeiten zu können. Der Anreiz, Neues im Kontaktstudium zu lernen, ist ein wesentlich stärkeres Motiv als die Hoffnung auf wirtschaftliche und soziale Vorteile. Hierin zeigt sich durchgängig die kompetenz- und neuigkeitsorientierte Einstellung der Teilnehmer zu Weiterbildungsangeboten *(Esch u. a. 1990, S. 134)*.

Übersicht über Motivansätze

Die vorgenannten Motivansätze können als **Inhaltstheorien** gekennzeichnet werden. Die Darstellung zeigt wichtige Motivklassen auf.

Motivansätze

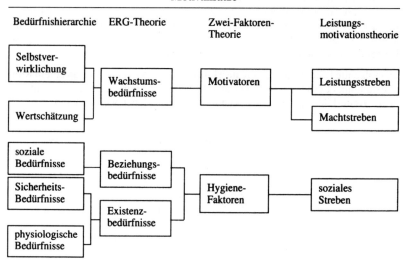

(Hellriegel/Slocum/Woodman 1986, S. 187)

Die Ansätze sollen Denkanstöße dafür geben, welches Motiv für ein bestimmtes Verhalten ursächlich sein könnte. Gründe, warum Teilnehmer in die Weiterbildung kommen, müssen immer konkret festgestellt werden. Grundsätzlich gilt, daß Erfolgserlebnisse die beste Motivation für den Lernerfolg sind. Lehrstrategien müssen einplanen, daß verschiedene Motive zusammenwirken. Hierbei sind Informations-, Kommunikations-, Kompensations- und Selbstverwirklichungsenergien von Bedeutung.

4.7.3 Erwartungen

Im Hinblick auf den didaktisch-methodischen Aufbau von Veranstaltungen ist auf die **Prozeßtheorien** der Motivation hinzuweisen. Hierzu zählen **Erwartungs-Wert-Theorien,** in deren Mittelpunkt der Begriff der **Erwartung** (expectencies) steht. Mit dem Erwartungsbegriff wird eine Zukunftsperspektive in die Motivationstheorien eingebracht.

Während behavioristische Motivationsansätze das Individuum weitgehend als »Black Box« betrachten und das Verhalten aus der S-R-Verknüpfung (Stimulus-Respons) erklären, setzen kognitive Ansätze ein aktives zukunftsorientiertes Individuum voraus. Menschen treffen aufgrund von Erwartungen bewußte Entscheidungen. Die heute in den modernen Prozeßtheorien verwandten Grundbegriffe, wie **Valenz** (Wertigkeit) und **Force** (Kraft), gehen auf die Arbeiten von *Lewin* zurück. In der von ihm entwickelten Feldtheorie lenkt er die Aufmerksamkeit für die Beweggründe des Verhaltens von Individuen auf Umwelteinflüsse. Im **Lebensraum** (Life Space) bestehen verhaltensrelevante Determinanten. Verhalten wird als psychologische Kraft bestimmt, die sich aus der Wechselwirkung von Situationsbedingungen und menschlichem Verhalten ergibt *(Lewin 1969; Merk 1989, S. 39)*.

Der Valenz-, Instrumentalitäts-, Erwartungsansatz (**VIE-Theorie**) von *Vroom* beruht auf einer **Weg-Zielperspektive.** Am Beispiel der Leistungsmotivation eines Individuums läßt sich zeigen, daß es ein situativ abhängiges Zweckmitteldenken gibt, in dessen Mittelpunkt die Begriffe Instrumentalität, Valenz und Erwartung stehen. Die Instrumentalität steht für die Erwartung, daß ein Ergebnis I eines bestimmten Verhaltens zur Erreichung des erwünschten Ziel-Ergebnisses II – führt. Mit hoher Wahrscheinlichkeit wird eine positive Erwartung, die angemessene Umweltbedingungen vorfindet, zu einem positiven Ergebnis gelangen.

Erwartungen haben unterschiedliche **Wertigkeiten** (Valenzen). Der Wert einer Handlung kann als Nutzen definiert werden. Wird beispielsweise von einer Informationsveranstaltung neues Wissen erwartet, so wird der Nutzen als hoch eingestuft. Wird diese Erwartung erfüllt, entsteht eine positive Einschätzung im Hinblick auf den Dozenten wie den Veranstalter. Je häufiger Erwartungen positiv erfüllt bzw. negativ beschieden werden, um so mehr tragen sie zur Konsistenz in der Erfahrungsbildung – mit positiver wie negativer Tendenz – bei. Die Erfüllung bzw. Nichterfüllung von Versprechen prägt Erwartungshaltungen.

Erwartungen beinhalten Vorstellungen über ihre Wahrscheinlichkeit. In der Literatur wird zwischen **Handlungs-Ergebnis-Erwartungen** unterschieden, die eher Ausfluß von Persönlichkeitsmerkmalen des Individuums selbst sein sollen und **Ergebnis-Folge-Erwartungen,** die eher durch äußere Rahmenbedingungen beeinflußt würden.

In der **Ausgangslage von Lernsituationen** sind die Vorstellungen und Ansprüche, die Lernende dem Seminargegenstand entgegenbringen, zu berücksichtigen. Die individuellen Bedürfnisse und Erwartungen äußern sich in den Einstellungen, die zum Lernen Anlaß geben. **Erwartungshaltungen** signalisieren einen Informations- und Wissensstand, der unterschiedliche Ansprüche zum Ausdruck bringt.

Das Schaubild: **Feld der Erwartungen – Erwartungs-Wert-Faktoren** skizziert Aspekte hemmender und fördernder Momente. Sie geben einen Eindruck davon, wie die Erwartungshaltung auf das Lernen in der Weiterbildung einwirken kann. Zwischen Erwartungen und Motiven besteht eine Wechselwirkung. Während Motive eher auf individuelle Tiefenschichten bezogen werden, gehören zu den Erwartungs-Wert-Faktoren der Teilnehmer auch vordergründige Anspruchshaltungen an die Lehrenden, die Lerngruppe sowie den Veranstalter. Die Lernenden haben Erwartungen bewußt und auch unbewußt aufgebaut, die sie befriedigt sehen wollen. Dazu gehört

- das Selbstverständnis von den eigenen Bedürfnissen,
- die Einstellung zu dem, was mit Bildung gemeint ist,
- die Assoziation, die mit der Institution verbunden ist, die ein Lernangebot macht,
- die Vorstellung darüber, was vom Lehrenden zu verlangen ist und wie der Lernerfolg am besten erreicht werden kann,
- der Stellenwert, der dem Lernen und den Aussagen beigemessen wird, die mit dem Lernangebot geliefert werden,
- der Anspruch, der an die äußeren Lernvoraussetzungen gestellt wird.

(Tietgens/Weinberg 1971, S. 68)

(Eine vollständige Interpretation aller Faktoren würde den Rahmen des Buches sprengen.)

Didaktische Planung: Die Ausgangslage

Feld der Erwartungen – Erwartungs-Wert-Faktoren

Faktoren	Hemmende Momente	Fördernde Momente
Bildungsvorgang	Milieuspezifische Unterschiede wirken sozialdifferenzierend; geringe Frustrationstoleranz	Kommunikationsfähigkeit ausprägen; Intellektuelles unterstützen
Bildungsintention	Extrinsisch: übersteigerte Anwendungsmacht, Aufstiegsanwendbarkeit	Intrinsisch: Horizonterweiterung Selbstsicherheit
Informationswert	Wissenschaftsgläubigkeit wie generelle Skepsis; Mangelnde Erfahrungsdifferenzierung	Sinn für die mittlere Reichweite
Institutionenbild	Nachhilfe- oder Elite-Institut;	Art des Dienstleistungsangebots;
Leistungsaspekt	Wollen und nicht Können: das unbekannte »Wie«	individuelle Anstrengung; soziale Förderung
Gesellschaftliche Norm	Weiterbildung als »Opfer«; Lernen als Ausnahmezustand	Weiterbildung als »Investition«; Lebenslanges Lernen als Modell der Selbstverwirklichung
Ansprüche und äußere Bedingungen	Art des Zugangs; hohe bzw. niedrige Eingangsvoraussetzung	erwachsenengemäße Rahmenbedingungen: Sprache, Lehrformen, Räumlichkeit etc.
Lehrgegenstand	Anwendbarkeit	Bedeutsamkeit
Lehrperson	Arroganz, Unnahbarkeit, falscher Umgang mit Lerntypus; fehlendes Sprechvermögen	Sachgerechtigkeit und Verständlichkeit; Fach- und Methodenkompetenz; Persönlichkeit
Arbeitsweise	abstrakt, lebensfern	einführend, schrittweise und dosierte Steigerung; Ziele offenlegen

(vgl. Tietgens/Weinberg 1971, S. 75)

Wenn Bildungseinrichtungen die Erwartungshaltungen ihrer Teilnehmer zu antizipieren und zu interpretieren versuchen, schaffen sie eine wichtige Voraussetzung auf dem Weg zur Kunden- bzw. Teilnehmerorientierung.

4.7.4 Erfahrungen

Der **Erfahrungsansatz** knüpft an die Erkenntnis an, daß dem Lernen im Erwachsenenalter eine schulische Sozialisation vorausgegangen ist. Die Art und Weise, wie Erwachsene lernen, ist von ihren Erfahrungen damit geprägt. Impuls und Richtung des Lernens werden in hohem Maße von vorausgegangenen Lebens- und Lernerfahrungen beeinflußt. **Erfahrung** wird als die vielfach gewendete und subjektive Verarbeitung von Erlebnissen des Alltags verstanden. Erfahrungen sind Vorstellungsbilder, die sich im Alltag, im Gespräch, im Streit, der Diskussion mit den Mitmenschen zu quasi feststehenden **Deutungsmustern der Wirklichkeit** verdichten. Subjektive Erfahrung steht für die Wirklichkeit schlechthin. Indem in sozialen Gruppen die Welt in ähnlicher Art und Weise erfahren wird, werden milieuspezifische Weltbilder ausgebildet. Die Lernvergangenheit der Teilnehmer in Schule, Ausbildung, Kinder- und Jugendgruppen, am Arbeitsplatz, in der Politik, in Frauengesprächskreisen etc. prägt das Weiterbildungsverhalten nachhaltig. So gibt es einen deutlichen Zusammenhang zwischen einem hohen Lerntrainingsstand von Führungskräften und einem niedrigen von ungelernten Arbeitern. In der Weiterbildung muß mit Lernerfahrungen gekämpft werden, die sich als Lernbarrieren herausstellen.

Alltägliches Denken und Handeln verfährt nach der Devise, »was ich nicht weiß, macht mich nicht heiß«. Das Denken und Handeln geht in der **Erfahrungslogik** vom Offensichtlichen aus. Die Welt wird so genommen, wie sie sich darstellt. Es wird jedoch immer deutlicher, daß es nicht ausreicht, Alltagserfahrungen zu machen, sondern sie lernend zu reflektieren. Wenn es richtig ist, daß eine **Umkehr der Erfahrungslogik** im Alltag stattfindet, reicht das Erfahrungslernen nicht mehr aus. Die Welt wird immer komplexer und das abstrakte Wissen auf der Ebene der Alltagserfahrung wird immer weniger sinnlich wahrnehmbar. In der Informationsfülle werden die Möglichkeiten der Veränderung nicht mehr erkannt. Der Blick für das erfolgreiche Lernen ist verstellt. Damit verschließt sich die bisherige erfahrungsbezogene Verarbeitung der erlebten Welt zunehmend. Sie reicht nicht mehr aus, die Probleme des komplexer werdenden Lebensraumes und der Berufswelt zu lösen. Wer die Lebenswelt so interpretiert, wie sie zu sein scheint, aber nicht, wie sie ist, wird sie verkürzt wahrnehmen und zu unzureichenden Lösungen kommen. Sie wird wahrgenommen aus dem Umgang mit ihr, was dasselbe ist, wie aus der Erfahrung von ihr. In diesem Nicht-Wahrhaben-Wollen liegt eine **Unschärferelation,** die folgenreich sein kann. Trotz der rasanten – globalen – Veränderungen bleibt die alltägliche Erfahrung in den »alten« Vorstellungswelten und Deutungsmustern von gestern gefangen.

Obwohl noch undeutlich ist, in welche Richtungen Veränderungen umschlagen werden, wird erkennbar, daß sich bisherige Lebensregeln völlig verändern. Was gestern noch galt, gilt heute nicht mehr viel, morgen führen die Erfahrungsmuster in die Leere. Die Irritationen und Irrationalitäten zeigen in der Industrie-

Didaktische Planung: Die Ausgangslage

und Informationsgesellschaft einen strukturellen Wandel, der das **Erfahrungslernen** von Grund auf verändern wird. Lernerfahrungen, Kindheitserfahrungen und Alltagserfahrungen erhalten insofern eine neue Bedeutung, als sie im Prozeß der Lebenserfahrung keine lebenslange Gültigkeit haben. Biographien sind immer weniger planbar; das Fachwissen einer Ausbildung ist nach 3–5 Jahren überholt; die Halbwertzeit des Wissens beträgt teilweise nur mehr einige Jahre. Lebenserfahrung wird komprimiert und kann Menschen in andere Welten »katapultieren«, in denen sie mit dem erworbenen Wissen und Können nicht mehr viel anfangen können. Der Erfahrungsbegriff verändert seinen Charakter. Menschen müssen lernen, Erfahrungen schneller zu machen und Probleme nicht mehr ausschließlich aus dem Gefühl bzw. der Erfahrung zu lösen, sondern durch effektive Verfahren der Problemlösung und durch Weiterlernen.

Die Entwicklung des Wissens unterliegt immer kürzeren Verfallzeiten. Neues Wissen steht sozusagen in proportionalem Verhältnis zum »veraltenden« Erfahrungswissen. *Nagel (1990, S. 32)* vermutet die Entwicklung des Wissens wie in der Abbildung dargestellt:

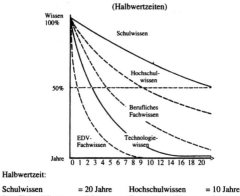

Halbwertzeit:			
Schulwissen	= 20 Jahre	Hochschulwissen	= 10 Jahre
Berufliches Wissen	= 5 Jahre	Technologie-Wissen	= 3 Jahre
EDV-Wissen	= 1 Jahr		

Die Didaktik hat plausible Wege einzuschlagen, um an die **Lerngewohnheiten** anschließen zu können. Blockaden dürfen nicht verfestigt werden. Die Lernenden sollen befähigt werden, selbständig Aufgaben zu lösen. In jeder Lehr-/Lernsituation muß situativ geklärt werden, wie die Lern- und Lebenserfahrungen der Teilnehmer vermutlich beschaffen sind und wie sie in den Lernprozeß einbezogen werden können. Positive Lernerfahrungen vermitteln generell Erfolgserlebnisse; es gilt die Formel: **Produktivität macht produktiv.** Jeder erwachsene Teilnehmer verfügt über Erfahrungen, die einen **individuellen Erfahrungswert** haben.

Erfahrungs-Wert-Faktoren

Erfahrungsbereiche	Erfahrungstypen	Hemmungsfaktoren	Förderungsfaktoren
Lernerfahrung	Lehrstilerlebnis, Anforderungserlebnis Erfolgs- und Versagenserlebnisse	Imitation, Konkurrenz, Blamage	Selbsttätigkeit, angstfreies Lernen, kooperativer Arbeitsstil
Frühkindheitserfahrung	direkter oder indirekter Erziehungsstil; Grad der Verbalität, Sprachumgang, Art der Lebenserwartung	Lernen auf Anweisung, Spracharmut, Begrenztheit der Lebensperspektiven	Vertrauen, soziale Geborgenheit, Phantasie, Sprachbewußtsein, Geduld beim Lernen, Lebensperspektive
Phasenerfahrung	Kindheitserfahrungen, Jugenderfahrungen, Berufserfahrungen, Studienerfahrungen	unbewältigte Vergangenheit, den Anforderungen ausweichen	gemachte Erfolgserlebnisse, aus Niederlagen gelernt
Lebenserfahrungen	kulturspezifisch, sozial, personenbezogen, geschlechtlich	Unverständnis in der Umwelt, mangelnde Ausbildung von Identität, Perspektivlosigkeit, Distanzlosigkeit, Erlebnisarmut	Angeregtheit, Reflexivität, Vergleichs- und Zuordnungsfähigkeit, Geborgenheit

(vgl. Tietgens/Weinberg 1971, S. 66)

Erfahrungen leiten in hohem Maße das Lernen. Sie sollten jedoch nicht als etwas **Gegenständliches** verstanden werden. Bei der täglichen Erlebnisverarbeitung kommt es wesentlich darauf an, in welcher Art und Weise diese stattfindet. In einem kreativen Team denkt und lernt es sich anders als in einem Büro, in dem Akten einstauben und das Denken auf den Feierabend gerichtet ist. Die Problematik des Lernens besteht vor allem darin, daß Menschen sich »ihre Erfahrung« nicht nehmen lassen wollen. Sie wird als Besitz angesehen, den es zu schützen gilt, gleich, ob er schützenswert ist. In der Welt »der kleinen Leute«, wie es heißt, wird in Schwarz-Weiß-Bildern wahrgenommen; die Komplexität der Wirklichkeit wird verkürzt. Das Lehren und Lernen muß auf solche vereinfachenden Weltbilder gefaßt sein. Wenn Seminare und Lehrgänge konzipiert werden, sollte ein unreflektierter Gebrauch des Erfahrungswissens vermieden werden. Er beruht darauf, die Welt so zu nehmen, wie sie zu sein scheint. Erlebnisse werden generalisiert. Die subjektive Erfahrung wird für das Ganze gehalten. Sie erliegt der Vorstellung, das Wirkliche genau zu kennen. Wer sich auf seine Erfahrung beruft, glaubt das Lernen nicht nötig zu haben.

Didaktische Planung: Die Ausgangslage

Arbeits- und Berufserfahrungen sind in der Erwachsenenbildung von besonderem Interesse, weil sie individuelle und sozialdifferenzierende Vorstellungen transportieren. Auf Seiten ungelernter Arbeiter oder bildungsferner Schichten führen sie zur Abstinenz gegenüber der Weiterbildung. Lernerfahrungen bei Führungskräften wirken meist stimulierend. Die berufliche Herkunft der Teilnehmer signalisiert deutliche Unterschiede im **Erfahrungswert** für die Weiterbildung. Wenn Lernen am Arbeitsplatz nicht notwendig erscheint und keinen Vorteil verspricht, wird es als überflüssig abgetan.

Dennoch ist die **Weiterbildungsbeteiligung** in den letzten Jahren beständig gestiegen. 1994 haben 42 % aller Deutschen im Alter von 19 bis 64 Jahren an Weiterbildung teilgenommen. Hochgerechnet sind dies rund 19,9 Mio. Menschen. Beim Vergleich der Weiterbildungsteilnahme zwischen Ost- und Westdeutschland hat es zwei bemerkenswerte Veränderungen gegeben:

- Die Deutschen in den alten Bundesländern haben sich 1994 wesentlich häufiger an Weiterbildung beteiligt als 1991. Die Gesamtteilnahmequote ist von 36 % auf 43 % angestiegen.

- Die Teilnahmequote der Deutschen in den neuen Bundesländern ist dagegen im Vergleich zu 1991 leicht gesunken. Während die ostdeutschen Bundesbürger 1991 etwas weiterbildungsaktiver als die Westdeutschen waren, zeigt sich 1994 das umgekehrte Bild.

Insbesondere statistische Daten zeigen auf, daß die Teilnehme an beruflicher Weiterbildung mit der Stellung und damit mit den Erfahrungen im Beruf zu tun hat.

Weiterbildungsbeteiligung

Teilnahmequote in Prozent	1979	1988	1994
Weiterbildung insgesamt			
Arbeiter	15	21	36
Angestellte	31	46	56
Beamte	45	57	65
Selbständige	21	42	52
Allgemeine Weiterbildung			
Arbeiter	9	12	19
Angestellte	20	27	33
Beamte	26	33	37
Selbständige	16	24	29
Berufliche Weiterbildung			
Arbeiter	8	12	22
Angestellte	18	29	38
Beamte	27	40	49
Selbständige	12	25	34

(aus: BMBF 1996, Berichtssystem Weiterbildung VI, S. 13, 37)

Operatives Management in der Weiterbildung

Die Weiterbildungsbeteiligung zeigt deutliche Unterschiede. So haben 1994 etwa zwei von drei Beamten, aber nur etwa jeder dritte Arbeiter an Weiterbildung teilgenommen. Innerhalb der Berufsstatusgruppen weichen die Daten erheblich voneinander ab. Vor dem Hintergrund der sich verändernden Qualifikationsanforderungen im Beschäftigungssystem ist die längerfristige Entwicklung der Weiterbildungsbeteiligung von besonderem Interesse.

Der **Grad der Weiterbildungsbeteiligung** steht in Zusammenhang mit den Lern- und Lebenserfahrungen der betroffenen Personengruppen. Diese Erfahrungen haben für die Planung und Durchführung von Bildungsveranstaltungen eine große Bedeutung. In einem »Lehrgang für Berufsrückkehrerinnen« spielen Erfahrungen aus der Kindererziehung, die Belastungen durch die Hausarbeit und den Beruf eine wesentlich andere Rolle, als für pädagogische Kräfte, die ein »Kontaktstudium zur Weiterbildung« oder ein »EDV-Seminar« besuchen. Während in der EDV-Veranstaltung insbesondere die Vorerfahrungen im Bezug auf den Umgang mit einem PC von Bedeutung sind, ist es im Kontaktstudium durchaus von Wichtigkeit, zu wissen, wie sich die Interessen im Hinblick auf die zu behandelnden Themen – aufgrund der beruflichen Vorerfahrungen –, darstellen.

Bei der didaktischen Planung müssen die **Erfahrungen** der Teilnehmer erkundet werden. Sie geben Hinweise, wie dem Anspruch auf Teilnehmerorientierung entsprochen werden kann. Das Schaubild *(Erfahrungsbedingte Lerninteressen)* zeigt unterschiedliche Interessen auf, die Teilnehmer in einer Eingangsbefragung zu einem Kontaktstudium »Lernen im Betrieb« geäußert haben. Bei 17 Statements waren jeweils drei Einschätzungen möglich. Die Gruppe der Pädagogen zeigte besonders starkes Interesse an der »Reflexion des eigenen Lehrverhaltens«, »der Erarbeitung von Lehrmethoden« sowie am Thema »Motivation und Interesse«.

Die Möglichkeiten der Kontaktaufnahme mit anderen Teilnehmern zum Zwecke des **Erfahrungsaustauschs** hat in vielen Weiterbildungsveranstaltungen einen hohen Stellenwert. Nicht selten werden Inhalte, die in relativer Distanz zu dem Erfahrungswissen der Teilnehmer stehen, nur deshalb als sehr theoretisch abgelehnt, weil es den Lehrenden nicht gelingt, eine Beziehung zu den Vorstellungswelten der Teilnehmer zu knüpfen. – In sogenannten langweiligen Veranstaltungen ist der Erfahrungsaustausch in der Pause oft das einzige, was Teilnehmer motiviert, zu bleiben.

Praxisnähe zeichnet sich unter anderem dadurch aus, das **Wesentliche der alltäglichen Erfahrung** treffend zu formulieren.

Didaktische Planung: Die Ausgangslage

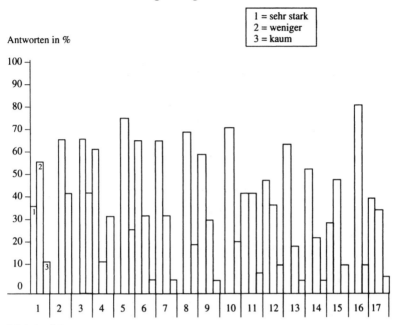

Inhaltsbereiche

1 = Der Betrieb als soziales Gebilde
2 = Arbeiten und Lernen im Betrieb
3 = Beschreibung und Kontrolle von Schlüsselqualifikationen
4 = Lernen von Gedächtnis
5 = Motivation und Interesse
6 = Soziales Lernen
7 = Ganzheitliches Lernen
8 = Lernen von Jugendlichen und Erwachsenen
9 = Lernzielbeschreibung und -kontrolle
10 = Erarbeitung von Lehrmethoden
11 = Medieneinsatz
12 = Kommunikationstheorien
13 = Gesprächsführung
14 = Gruppenkonflikte
15 = Führungsstile
16 = Reflexion des eigenen Lehrverhaltens
17 = Tests und andere Beurteilungsverfahren

(vgl. Esch u. a. 1990, S. 119 ff.)

4.7.5 Vorkenntnisse

Die **Vorkenntnisse der Teilnehmer** beziehen sich auf ihre fachlichen Qualifikationen und persönlichen Fähigkeiten. Die für das Lehren und Lernen benötigten Vorkenntnisse lassen sich durch entsprechende Zielgruppenbeschreibungen eingrenzen. Zulassungsvoraussetzungen beispielsweise in der beruflichen Bildung beziehen sich explizit auf Vorleistungen, die Teilnehmer mitbringen müssen, um erfolgreich zu sein.

Vorkenntnisse beziehen sich insbesondere auf das Vorwissen – in der Form von **Wissensbeständen**, **Auffassungsgabe** oder die **Verarbeitungsfähigkeit** bzw. den **Lerntrainingszustand** des Lernenden. Diese müssen in eine adäquate Beziehung zu den Inhalten gesetzt werden. Weiterbildner müßten ein Relationen-Denken entwickeln, das die Vorkenntnisse, die Lernfähigkeit sowie die Verarbeitungsfähigkeit als Kategorien des Lerntrainingszustandes bestimmen. Das Prinzip des Anschlußlernens greift die Teilnehmerorientierung auf, um den Lehr-/Lernprozeß optimal zu steuern. Bei der didaktischen Planung sollten die Vorkenntnisse zu erfassen gesucht werden. Die Synopse stellt einen Kriterienkatalog vor.

Vorleistungs-Wert-Faktoren

Arten	Zweck
Vorkenntnisse	
Spezielles Wissen – Allgemeines Wissen	Voraussetzungen für das neu zu Lernende Grundlage für besseres Weiterlernen
Lernfähigkeit	
Informationsbeachtung – Auffassungsgabe Lerntempo Gedächtnisleistung	Anregbarkeit Erkennen des zu Lernenden in seiner Eigenart Aneignung unter Zeitdruck Kurzfristige und langfristige Reproduzierbarkeit
Lerntrainingszustand	
Vergleichen	Erkennen von Proportionen, von Zugehörigem und Unvereinbarem, Relationen, Angemessenem, von Bedingungen und Folgen
Abstrahieren	Erfassen von Tendenzen, Typischem, Übergreifendem, Gesetzmäßigem
Anwenden	Erkennen der individuellen Bedeutsamkeit Übersetzen in neue, konkrete Situationen
Entscheidungskontrolle	Reflexion der Schlußfolgerungen und Handlungskonsequenzen

(vgl. Tietgens/Weinberg 1971, S. 81)

Lerneffizienz

Ein professionelles Bildungsmanagement erkundet die Bedingungen der Ausgangslage und läßt sie in die Veranstaltungskonzepte einfließen. Je genauer die Kenntnisse erhoben werden, um so besser lassen sich Veranstaltungsziele formulieren und realisieren. Dadurch zeichnen sich praxisnahe und effizient geplante Seminare aus. Die **Lerneffizienz** verlangt angemessene Bedingungen. Dazu gehört beispielsweise:

- Zum Lernen sollte eine **positive Bereitschaft** vorhanden sein. Sie wird durch »gute« Lernerfahrungen motiviert.
- Das Lernen muß einen **erkennbaren Nutzen** erbringen und anerkannt sein.
- Das Lernen muß **unmittelbar angestoßen** werden. Es muß in der Regel eine gewisse Trägheit überwunden werden, die als Diskrepanz zwischen Sein und Sollen bzw. Wollen und Können besteht.
- Das Lernen muß auf ein **Ziel** gerichtet sein. Je genauer der Zweck und das Ziel bestimmt sind, um so größer ist der Lernansporn.
- Das **Lernarrangement** muß auf die Teilnehmer zugeschnitten sein. Es sollte Neugier bzw. Interesse wecken. Lernen muß Spaß machen.
- Das Lernen sollte zu **Anstrengungen** herausfordern. Es muß erfahrbar werden, daß Aufgaben und Probleme gelöst werden können.
- Das Lernen sollte durch die **Lerngruppe** Unterstützung finden; Nörgler dürfen nicht Meinungsführer werden.
- Das Lernangebot muß auf die **Passung der 4-L's** zugeschnitten werden. Es sollte die Möglichkeit des stufenweisen Lernfortschritts bestehen.

4.8 Didaktische Planung: Interaktionsvorgänge

Organisierte Lernprozesse zeichnen sich als **gruppenzentrierte Interaktionsvorgänge** aus. Das Ziel des Gruppenprozesses ist auf neues Wissen bzw. die Erarbeitung neuer Handlungsweisen gerichtet. Wenn Lernprozesse als Interaktionsvorgänge verstanden werden, heißt das, sie als zweckgerichtete Austauschprozesse zu definieren. Von Lernen soll aber erst dann gesprochen werden, wenn die Beteiligten erfolgreich miteinander kommunizieren und im Endverhalten ein Lernerfolg erzielt wird. Das geschieht nicht durch eine bestimmte Form der Erfolgsfeststellung, vielmehr muß der Teilnehmer den Erfolg für sich selbst bestimmen.

Bildungsveranstaltungen lassen sich im Sinne der **Interaktionstheorie** als **Austauschprozesse** interpretieren *(vgl. Homanns 1968)*. Der Tauschprozeß des zwischenmenschlichen Verhaltens besteht in einem ständigen Geben und Nehmen. Grundsätzlich darf keiner der Beteiligten übervorteilt werden; optimal wäre eine »give-and-take-Situation«. Lernwissenschaftliche Aspekte lassen Interaktionen als **Transformationsvorgänge** erscheinen. In einer Lerngruppe findet eine Transformation von subjektiver Wirklichkeit und der Aneignung von Ausschnitten der objektiven Wirklichkeit statt. In diesem Sinne wird die Lehr-Lernsituation als kommunikative Interaktion zwischen Menschen verstanden, die im Verhältnis einer gegenseitigen Übersetzung ihrer Lebens- und Berufswirklichkeiten zueinander stehen. In der Interaktion treten, repräsentiert durch die

Sprache der teilnehmenden Personen – Lernende und Lehrende – die Lehrgegenstände als Ausschnitte von Wirklichkeit in Erscheinung. Die Lerninhalte stellen für die Lernenden eine Fremderfahrung dar, die im Lehr-Lernprozeß übersetzt und interpretiert werden muß, damit sie individuelles bzw. geistiges Eigentum werden kann.

Bildungsmanager sollten berücksichtigen, daß zumeist nur dann gelernt wird, wenn mit dem zu Lernenden eine Vorstellung vom **Nutzen** des erworbenen Wissens und Könnens verbunden ist. Nutzen definiert sich vor dem Hintergrund, wie das Gelernte in anderen Situationen, erfolgreich angewendet werden kann. Dabei ist den meisten Erwachsenen bewußt, daß Wissen und Können nicht im Verhältnis eins zu eins transferierbar ist.

Weiter setzt organisiertes Lernen **Anpassungsprozesse** der Beteiligten voraus. Im Alltag ist es üblich, Rollen einzunehmen. Die Rollentheorie kann als besonders leistungsfähiger Ansatz zur Erklärung dieser Interaktionsprozesse angesehen werden *(vgl. z. B. Darendorf 1959; Staehle 1990, S. 246)*. Danach läßt sich als Ergebnis sozialer Stratifikation (Schichtung) jedem Individuum in Gruppen einen Status zuschreiben. Während der Status das mehr oder weniger stabile, überdauernde Ansehen einer Position beschreibt, dient die Rolle dazu, das Verhalten des Positionsinhabers quasi in einem Soziogramm zu verorten. Rollen stellen **typische Verhaltensmuster** von Individuen in Situationen bzw. Gruppen dar. *Kisker* und *Kubitschek (1983 nach Staehle, S. 249)* beschreiben exemplarisch Verhaltensbereiche und Rollen von Individuen. Das Rollenset *(vgl. Kapitel 4.5.7)* definiert eine Vielzahl von Orientierungen, die Mitglieder einer Organisation einnehmen. Wenn Erwachsene mit dem Ziel, Lernen zu wollen zusammenkommen, müssen sie eine Situation vorfinden, die auf das Lernen vorbereitet. Beeinflussend wirken nicht nur der organisatorische Rahmen oder der reibungslose Ablauf, auf den Lernprozeß haben der Gruppenprozeß, die Art und Weise der sprachlichen Verständigung, Arbeits- und Führungsstile sowie Kontaktformen Einfluß. Diese werden bestimmt als:

Didaktische Planung: Interaktionsvorgänge

Interaktions-Wert-Faktoren

Aspekt	Akzente	Probleme	Aufgaben
Gruppenprozeß	Gruppendynamik	Einstellung zu Innovation, Autorität und alltäglichen Konventionen	Reaktion auf Gruppenprozeß als Lernhilfe, Erkennen der Verschränkung von sachbezogenem und affektivem Handeln, Reflexion auf Rollenverhalten und Verlaufsstruktur, angstfreies Lernen
Sprachliche Verständigung	Funktion der Sprache Artikulationsfähigkeit	Sprachrealismus, Mißverständnis der Aussagemodalitäten, Innersprachliche Mehrschichtigkeit	Reflexion des Sprachgebauchs, Übergangshilfe vom konkreten zum abstrakten Sprachgebrauch
Arbeits- und Führungsstil	Verhältnis von Teilnehmerorientierung, Sachbezogenheit, Lehrerzentrierung, Medienbestimmung	Selbsteinschätzung, Erwartungsdiskrepanz; Zeitfaktor	Produktive Lernorganisation durch mediengestützte Information, Besprechung der Verfahrensweisen, Steuerung durch stufenweise Lernanstöße, Unterscheidungshilfen und Absicherung des Lernerfolgs durch Übungen
Kontaktformen	Zwischenmenschliches Verhalten, Lernhilfen, Sanktionsformen	Egozentrik, Abstraktionsniveau, Reaktionen auf Kontaktversuche	Reversibilität der Umgangsformen, Entgegenkommende Sachlichkeit, Eingehen auf Schwierigkeiten, situationsgerechte Urteilsformen

(vgl. Tietgens/Weinberg 1971, S. 185)

4.8.1 Sprachliche Verständigung

Gelernt wird im Medium der Sprache. Erst Sprache ermöglicht es, sich in einem Beziehungs- und Handlungsgeflecht sozialer Wirklichkeit adäquat zu bewegen. Mit der Sprache läßt sich Wirklichkeit repräsentieren und bewußt machen. Durch Sprache kann Handeln reflexiv werden und Menschen können individuelle Autonomie durch die Möglichkeit zur **Rollendistanz** erlangen. Die Artikulationsfähigkeit im sprachlichen Verkehr nimmt für die Effektivität der Lehr- und Lernprozesse eine Schlüsselrolle ein. **Verständigungsschwierigkeiten** werden nicht selten auf ein eingeschränktes individuelles sprachliches Vermögen bezogen. Der entscheidende Mangel liegt aber weniger in der Begrenztheit der sprachlichen Mittel, als in dem Unvermögen, die Funktionen sprachlicher Aussagen richtig einzuschätzen. Die Leistung der sprachlichen Verständigung beruht darauf, daß die übermittelten Informationen in einen Erfahrungs- und Wirklichkeitszusammenhang integrierbar sein müssen. Die viel beklagte Distanz zwischen Theorie und Praxis liegt häufig darin begründet, daß die **Wirklichkeitsinterpretation** auf unterschiedlichen Reflexionsstufen beruht. Es wird auf verschiedenen Ebenen über dieselben Sachverhalte gesprochen – ohne sich verständlich machen zu können. Sprache, die als Medium der Wirklichkeitsinterpretation genutzt wird, prägt zugleich als Mittel des Lernens die Inhalte.

Verständigungsschwierigkeiten, die gern auf den Gebrauch von Fremdwörtern zurückgeführt werden, beruhen häufig auf objektiven Schwierigkeiten, die in den Sozial- und Lernvorstellungen der betroffenen Erwachsenen zu suchen sind.

Tietgens/Weinberg haben beim **Sprachverhalten** zwei **Lerntypen** entdeckt:

Typ A	Typ B
additiv – kasuistisch	sinnvorwegnehmend

Die Lernerfahrung des Typ A ist als begrenzt anzusehen. Es erfolgt ein eher **schrittweises Nachvollziehen,** ohne das Zusammengehörige bzw. das Unvereinbare zu erkennen. Die Wissensaneignung steht unter dem Druck, daß etwas sofort, genau und nur für einen bestimmten Zweck gewußt werden will. Das **additive Lernen** führt zur einfachen Situationsbewältigung, kaum jedoch zu abstraktem Orientierungswissen. Die Leistungsorientierung bleibt auf eine konkrete Aufgabenerfüllung bezogen.

Der Typ B ist treffend als **sinnvorwegnehmender Lerner** gekennzeichnet. Erlebnisse werden in ihrer komplexen Bedingtheit erkannt, Relationen erschlossen. Im Verlauf des Lernens findet ein Transformationsprozeß durch selbständige Aneignung und Verarbeitung statt. Erlebnisse werden zu reflektierter Erfahrung umgesetzt.

4.8.2 Führungs- und Arbeitsstile

Lehrende, die nicht gewillt oder fähig sind, sich mit dem eigenen **Arbeits- und Führungsstil** auf unterschiedliche Lerner einzustellen, sollten über die Ausübung ihres Berufes nachdenken. Das Verhältnis von Lehrverhalten und Lernerfolg ist recht komplexer Natur. Es gibt nicht einfach den richtigen Arbeits- und Führungsstil. Ein erfolgreicher Dozent ist derjenige, dem es gelingt, die situativen Einflußfaktoren realistisch einzuschätzen und sein Führungsverhalten darauf einzustellen. **Flexibilität des Lehrverhaltens** ist der Schlüssel zum Erfolg. Führen heißt: zur Selbständigkeit der Teilnehmer motivieren.

In Lehr-/Lernsituationen sind:

- Vorgaben notwendig, damit ein Lernprozeß in Gang kommt,
- Widerstände aufzulösen, um deutlich zu machen, worum es geht,
- Impulse zu geben, um den Lernverlauf zu unterstützen und Schwierigkeiten zu überwinden,
- Unterscheidungs- und Ordnungshilfen angebracht, um sicherzustellen, daß sach- und aufgabengerecht gelernt wird,
- Schwerpunkte zu setzen, um Transfermöglichkeiten sicherzustellen,
- Rückgriffe und Wiederholungen notwendig, um das Gelernte zu verdeutlichen und zu festigen.
- Führungsfähigkeiten gefragt, die nicht autoritär vorschreiben, sondern zur Selbständigkeit befähigen.

Aufgaben- und Beziehungsorientierung

Vertreter der *Ohio-Schule* haben auf die **Aufgaben- und Beziehungsorientierung im Führungsverhalten** aufmerksam gemacht. Beide Dimensionen können unabhängig voneinander verfolgt werden, aber auch gemeinsam. So kann eine hohe Beziehungsorientierung durchaus mit einer hohen Aufgabenerfüllung verbunden sein.

Aufgabe ← Kontinuum → Beziehung

Aufgaben- und Beziehungsorientierung bewegen sich in einem Kontinuum und beeinflussen sich gegenseitig.

Aufgabe und Beziehung tendieren unabhängig voneinander in verschiedene Richtungen.

Operatives Management in der Weiterbildung

Autoritärer und kooperierender Arbeits- und Führungsstil

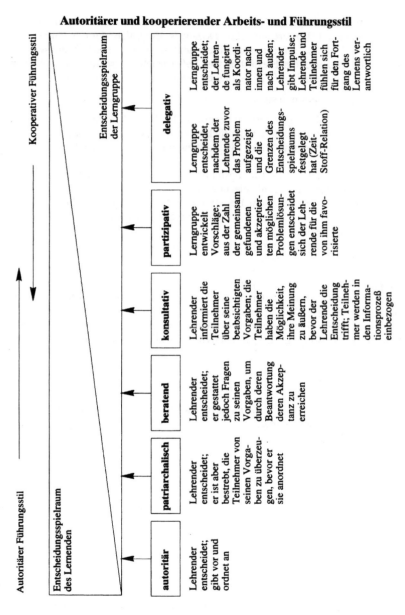

(vgl. Tannenberg/Schmidt 1958, S. 96 in abgewandelter Form)

Didaktische Planung: Interaktionsvorgänge

In beiden Modellen geht es um die Balance, die der Führungsstil auf die Verhaltensweisen der Gruppenmitglieder auslöst. Während Informationsveranstaltungen die Aufgabenorientierung betont und ihrer Systematik folgt, liegt bei Verhaltenstrainings das Schwergewicht auf der Logik zwischenmenschlicher Beziehungen.

Die Synopse des »Arbeits- und Führungsstils« zeigt das Spektrum des Handlungs- und Entscheidungsspielraums von Lehrenden und Lernenden auf. Zwischen einem autoritären und einem kooperativen Handeln zeigt sich die ganze Spannbreite menschlicher Verhaltensweisen. Die Abstufungen von autoritär bis delegativ verschieben die Führungsrolle des Handelnden vom Lehrenden auf die Gruppe. Bei schwachen Gruppen ist die Führungsaufgabe der Lehrenden mehr gefordert als bei Gruppen, die sich selbst zu steuern in der Lage sind. Das dürfte aber nur bei »eingefahrenen« Teams der Fall sein, bei dem die Gruppenmitglieder ihre Kompetenzen kennen und eigenverantwortlich einbringen. Wesentlich für erfolgreiche Arbeits- und Führungsstile ist ihre Ausgewogenheit im Hinblick auf die Akzeptanz der Inhalte sowie die Art und Weise der Überzeugungsarbeit.

4.8.3 Teilnehmerrollen

Bei der Betrachtung von **Teilnehmerrollen** kommt es darauf an, das Charakteristische einer Person bzw. Gruppe zu erfassen. In jeder Veranstaltung gibt es eine als typisch zu bezeichnende Rollenverteilung. In Lerngruppen kommen Menschen zusammen, die sich nach bestimmten Mustern zueinander verhalten. Betrachten wir die **Zielgruppe der Familienfrauen,** so haben sich stabile weibliche Rollenzuweisungen bei der Bildungsbeteiligung in den zurückliegenden Jahrzehnten mehr und mehr aufgeweicht. Qualifizierte Schulabschlüsse, Ausbildungs- und Studienerfahrungen sind selbstverständlich. Die Stellung der Frau hat sich nicht nur in der Gesellschaft, sondern insbesondere in der Weiterbildung verändert. Feministische Engagement und frauenspezifische Anliegen werden stärker in das Blickfeld gerückt. Weiterbildung hilft Frauen den Zugang zu gesellschaftlichen Ressourcen zu ebnen. Frauen gehen in der ihnen eigenen Art und Weise damit um. Wie der Verein »*Weiterbildung Ruhr e. V.*« *(vgl. Künzel/Böse 1995)* das in Werbeplakaten sieht, zeigen folgende Überschriften:

Haben Frauen heutzutage eigentlich bessere Aussichten?

Frauen müssen für ihr Recht auf Selbstverwirklichung nicht kämpfen. Nicht mehr.

Was Frauen gestern noch fernlag, bringen sie sich heute näher.

Wohl wissend, daß Rollen auch Klischees und Vorurteile vermitteln, müssen sich Lehrende Vorstellungen von den beteiligten Personen machen. In jeder

Gruppe finden sich Personen, denen in umgangssprachlich Form folgende **Merkmale** zugeschrieben werden können:

- **Meinungsführer** ergreifen schnell das Wort. Sie überzeugen mit ihren direkten Aktionen; sie versuchen die Diskussion an sich zu reißen; sie können die Ziele der Gruppe in das Gegenteil verkehren.

- **Sachverständige** sind Fachleute, die häufig erst dann antworten, wenn sie gefragt werden; so positiv das im einzelnen sein kann, um so lernhemmender ist es, wenn Experten alles besser wissen. Es ist wichtig, sie mit Sachargumenten in den Lernprozeß einzubeziehen, weil sie zur Qualitätssteigerung beitragen.

- **Autoritätspersonen** verfügen in der Regel qua Amt über einen hohen Status. Einige glauben aufgrund ihrer exponierten Stellung, von jedem und allem viel zu verstehen. Sie dominieren häufig aufgrund ihres Bekanntheitsgrades. Auf ihre Anwesenheit scheinen sich alle Beteiligten einzustellen; sie verfügen über Überzeugungskraft.

- Der **elegante Vielredner** hat auf jede Frage eine Antwort. Er hört sich gern reden, gleich, ob es wichtig ist oder nicht. Verläuft ein Lernprozeß zäh, kann ein Vielredner auflockernd wirken; er kann aber auch stören, wenn er das richtige Maß nicht trifft.

- Der **egozentrische Vorbeiredner** glaubt, er habe alle Antworten parat. Dabei merkt er nicht, daß er am Thema vorbeiredet. Handelt es sich noch um eine emotionale Person, kann diese eine Veranstaltung sprengen.

- Der **besonders Gründliche** will alles bis in das letzte Detail wissen. So genau er ist, so penetrant kann er mit seinen Fragen sein. Auch dort, wo es nichts mehr zu klären gibt, wirft er Probleme auf. Er wirft mehr Fragen auf als er lösen kann. In seiner Gründlichkeit übersieht er das Wesentliche.

- Die **Naiven** können Fragen stellen, die niemand beantwortet wissen möchte. In ihrer Einfältigkeit sind ihre Fragen anfangs originell; sie werden langweilig, wenn sie sich wiederholen. Zu langsames und einfaches Denken kann störend sein.

- Die **Humorvollen** sind sehr selten anzutreffen. Sie können eine Lerngruppe bereichern. Ist der Humor auch noch mit Intelligenz gekoppelt, macht es Spaß, zuzuhören. Schwierige Situationen vermögen sie angenehm zu entschärfen. Wenn der Humor zur Satire wird oder gar zynisch, kann für alle Beteiligten ein unangenehmes Klima entstehen.

- Der **Ablehnende** ist ein notorischer Schwarzmaler. Er verhindert eher das Lernen, als daß er fördernd wirkt. Wenn Kritik berechtigt ist, sollte sie in ihrer Sachlichkeit ernst genommen werden; ansonsten sollten seine Beiträge genau unter die Lupe genommen werden.

- Der **Schüchterne** braucht Ermunterung, sich zu beteiligen. Fragen sollten so gestellt werden, daß auch ihm eine Antwort möglich ist. Ist das Eis einmal gebrochen, kann er eine gute Stütze für die Lernarbeit darstellen.

Auf eine weitere Beschreibung der Charaktere soll verzichtet werden. Immer kommen Individuen mit ihren Eigenheiten, Reaktionsweisen und kulturell geprägten Alltagserfahrungen zusammen. Sie haben Verhaltensweisen und **Kontaktformen** ausgebildet, die durch den Lernprozeß zielgerichtet beeinflußt werden sollen. Die Art und Weise des Umgangs miteinander ermöglicht bzw. verhindert es, daß gelernt wird. Die Wahrscheinlichkeit des Lernens erhöht sich, wenn es gelingt, ein positives Lernklima zu erzeugen.

4.8.4 Methodisch-didaktisches Handeln

Damit die Interaktionsvorgänge im Lehr-/Lernprozeß gefördert werden, muß das Handeln der Dozenten **erwachsenenpädagogische Anforderungen** erfüllen. Diese rekurrieren aus den Bedingungen der Ausgangslage und ihren Implikationen, wesentlich jedoch aus dem methodisch-didaktischen Können des Lehrenden. Erwachsenenpädagogisches Handeln, das den Praxisbezug einlösen will, hat die Transformation von generellen Aussagen in konkrete Situationen zu leisten.

Professionelles Bildungsmanagement setzt auf Dozenten, die über methodisch-didaktisches Handlungswissen verfügen. In dem Konzept des »**situativen Lehrtrainings**« wird ein Instrumentarium aufgezeigt, das als Minimalbedingung für erfolgreiche Lehrtätigkeit gelten kann. *Clemens-Lodde/Jaus-Mager/Köhl (1978)* haben es aus der Notwendigkeit heraus entwickelt, fachlich versierte Dozenten und Ausbilder, die nicht über psychologisch-didaktische Vorkenntnisse verfügten, in möglichst kurzer Zeit für eine Lehrtätigkeit in der beruflichen Weiterbildung qualifizieren zu müssen.

Exkurs: Situatives Lehrtraining
Bevor Checklisten grundlegende methodisch-didaktische Aspekte der Unterrichtssituation skizzieren, soll auf das situative Lehrtraining als eine effektive Methode der Vermittlung von Unterrichtswissen aufmerksam gemacht werden. Es versteht sich als eine Weiterentwicklung des Microteaching *(vgl. Zirfreund 1966, Allen/Ryan 1969)*. Im Training werden nicht einzelne Lehrfertigkeiten trainiert, sondern Verhaltensweisen im Hinblick auf bedeutsam erscheinende Unterrichtssituationen. Das situative Lehrtraining geht vom Versuch einer systematischen Analyse des Lehrverhaltens aus. Gehandelt wird in Situationen unterschiedlicher Komplexitätsgrade. Es verlangt eine besondere Lehrmethode:

1. Die Trainingsteilnehmer erhalten eine kurze mündliche Einführung zum Stellenwert der betreffenden Situationen, beobachten und analysieren einen Modellfilm,

2. sie studieren die schriftlichen Trainingsunterlagen,
3. sie planen einen Lehrversuch anhand einer Aufstellung möglicher Verhaltensweisen,
4. sie führen in Kleingruppen ihre Lehrversuche durch, Trainingsteilnehmer fungieren wechselseitig als Schüler; die Versuche werden mit der Fernsehkamera aufgezeichnet,
5. das Lehrverhalten wird anhand von Videoaufzeichnungen analysiert, man diskutiert (und realisiert in nachfolgenden Versuchen) Verhaltensalternativen.

(Clemens-Lodde u. a. 1978, S. 13)

Es werden **Verhaltensweisen** trainiert, die sich speziell an der Lehrtätigkeit orientieren. Sie sind berufsfeld- und praxisbezogen. Im Rahmen des situativen Lehrtrainings hat das Modell- und Imitationslernen einen besonderen Stellenwert *(vgl. Bandura 1969)*. Modellernen umfaßt
a) den Prozeß der Beobachtung und Aufnahme des Modellverhaltens und
b) eine Imitation oder Reproduktion des betreffenden Verhaltens.

Ein Film dient als Einstiegsmedium, der eine gelungene wie eine inadäquate Lehrverhaltensweise demonstriert. Im Anschluß an den Modellfilm und dessen Analyse wird eine begrenzte Anzahl von Verhaltensweisen trainiert. Feedback ermöglicht eine sukzessive Verbesserung des Dozentenverhaltens.

Bausteine für Unterrichtssituationen
Das situative Lehrtraining unterscheidet **zentrale Bausteine für methodisch-didaktisches Handeln.** Sie sind für Dozenten und Ausbilder ohne Unterrichtserfahrung als Trainingseinheiten zu empfehlen. Zu jedem Thema sind Formblätter entstanden, die Aufschluß über alternative Verhaltensweisen geben. Siehe: *»Situatives Lehrtraining in der Erwachsenenbildung«, Clemens-Lodde u. a. 1978.*

Ein Formblatt wird exemplarisch dargestellt. Die anderen Themen werden aufgelistet.

Didaktische Planung: Interaktionsvorgänge

1. FORMBLATT ZUR PLANUNG DER UNTERRICHTSSITUATION
»Die Teilnehmer für einen Lerngegenstand motivieren«

Lernzieldefinition:

Mögliche Verhaltensweisen:

Geplant		Realisiert
·	1 die Ziele der Unterrichtseinheit vorstellen und besprechen	·
·	2 den Stellenwert des Lerngegenstandes verdeutlichen	·
·	3 Kenntnisse erfragen	·
·	4 an erarbeitete Kenntnisse erinnern	·
·	5 die Teilnehmer auffordern, zum Thema Fragen zu stellen	·
·	6 ein »brainstorming« durchführen	·
·	7 einen Überblick über den Lerngegenstand geben	·
·	8 mit den Teilnehmern das Vorgehen planen	·
·	9 mit einem Witz oder Gag beginnen	·
·	10 strittige Punkte oder Widersprüche herausstellen	·
·	11 an ein aktuelles Ereignis anknüpfen	·
·	....	
·	....	

Operatives Management in der Weiterbildung

ZUR PLANUNG VON UNTERRICHTSSITUATIONEN

»Verbale Informationsvermittlung«

»Erklären eines Sachverhalts an der Tafel«

»Informationsvermittlung mit Hilfe einer Demonstration«

»Informationsvermittlung mit Hilfe eines Films«

»Zum Üben anleiten«

»Gespräch zum Erfassen von Vorkenntnissen«

»Gespräch dessen Ergebnis weitgehend festgelegt ist«
(konvergierendes Gespräch)

»Gespräch dessen Ergebnis weitgehend offen ist«
(divergierendes Gespräch)

»Eingehen auf Teilnehmerbeiträge«

»Sich über den Lernfortschritt während des Unterrichts informieren«

»Verhalten in Konfliktsituationen«

Einschätzbogen zur Unterrichtssituation

»Kurzvortrag«

1. **Haltung**	2. **Blickkontakt**	3. **Gestik**
4. **Mimik**	5. **Lautstärke**	6. **Sprechtempo**
7. **Pauseneinsatz**	8. **Modulation/Stimmführung**	

Das vorgestellte Trainingsrepertoire kann zur professionellen Mitarbeiterfortbildung Anregungen geben.

4.9 Didaktische Planung: Endverhalten

Organisiertes Lehren und Lernen sollte zielgerichtet erfolgen. Prozeduren, die Ziele und das **Endverhalten** des Lehr-Lernprozesses feststellen, finden sich in der Weiterbildung in unterschiedlicher Form. Im Bereich abschlußbezogener Aus- und Weiterbildung gehören Klausuren, Tests sowie Abschlußprüfungen zum Bestandteil von Zertifikaten und Zeugnissen. Der Vorteil dieser Art der Ergebniskontrolle besteht darin, daß aus der Fülle des Unterrichtsstoffes eine festgelegte Stoffpräsenz nachgewiesen werden muß. Wie problematisch Prüfungen in der Weiterbildung auch sind, sie haben den Vorteil, in weiten Bereichen zur Standardisierung und damit zur systematischen Vermittlung von Inhaltsstoffen beizutragen. Gleichzeitig ist mit dieser Form der Prüfung des Endverhaltens eine Vorstellung vom Lernen verbunden, die nur für bestimmte Qualifizierungsbereiche anwendbar ist.

Der Erfolg von Weiterbildung in verhaltensbezogenen Trainings oder Informationsveranstaltungen wird jeweils anders festzustellen sein. Die **Leistungskontrolle** muß konsequent aus der Sicht des Lernenden rekonstruiert werden. Die Aufgabe der Organisatoren besteht demnach darin, Fähigkeitsprofile für die Erfüllung bestimmter Aufgaben zu präzisieren. Sie gilt es durch die Bestimmung der Lernziele zu erreichen. Lernziele lassen sich als Richt-, Grob- und Feinziele beschreiben. Die Ziele können formalisierte Fähigkeiten und Fertigkeiten darstellen. Ins Praktische gewendet bedeutet das, einen Katalog von Fähigkeiten aufzustellen, die in einer Maßnahme erlernt werden können. Das Endverhalten sollte in den Lernzielen antizipiert sein.

Ein einfaches Beispiel findet sich in der **programmierten Unterweisung**. Das Lernprogramm zu Word 5.0 ist nach diesem Prinzip aufgebaut:

Wer das gesamte Programm durcharbeitet, beherrscht die Textverarbeitung optimal.

Wer schon über Grundkenntnisse verfügt, braucht nur einzelne Lernbausteine aufzurufen. Er lernt bei Bedarf sukzessive.

Die Lernanweisung lautet beispielsweise:

»In dieser Lektion lernen Sie:
- Hilfeinformation zu einem Befehl oder Befehlsfeld anzufordern,
- Hilfeinformation über die zur Verfügung stehenden Themen im Register anzufordern,
- den Wiederaufnahmebefehl zu benutzen, um zu Ihrer Arbeit zurückzukehren.

Lektionsdauer ca. 4–6 Minuten«. *(vgl. Lernhilfe von WORD 5.0)*

Wer in dieser Form verfährt, erlernt die Handhabung des Programms zuverlässig. Bei genauer Durchführung der Anweisungen entspricht das Endverhalten den vorgegebenen Zielen.

Der **Zweck von Lernzielen,** Fähigkeitskatalogen bzw. Anforderungsprofilen ist auf einen optimalen Lernerfolg gerichtet. Der Aufwand lohnt sich dann, wenn das Gelernte auch Handlungskonsequenzen im Alltag nach sich ziehen soll. Bei vielen Veranstaltungen in der Weiterbildung wird das Endverhalten nicht überprüft. Eine abschließende Seminarkritik sollte heute zum Standardrepertoire gehören. Das ist nur eine Seite der Kontrolle des Endverhaltens.

Die Klage darüber, daß neues Wissen nur schwer in den Berufsalltag transferierbar sei, zeigt eine grundsätzliche Lernproblematik auf. Wenn der Nutzen von Tagesveranstaltungen auf wenige Prozent der eingesetzten Zeit sinkt, muß intensiv über effektivere Verfahren und Methoden des Lehrens und Lernens nachgedacht werden. Ein Beispiel dafür ist das Konzept des »**Transfertrainings**«; es favorisiert das systematische Lernen am Arbeitsplatz. Jeder Vorgesetzte soll pro Woche 15–30 Minuten mit seinen Mitarbeitern die Wochenziele und Aufgaben sowie deren Realisierung thematisieren. In dieser einfachen Idee, die systematisch auf ein ganzes Unternehmen bezogen wird, steckt ungeheure Energie, weil sie praktikabel ist und das Lernen fördert *(vgl. TAM 1990).*

Die didaktische Frage, die beim Lehren und Lernen zu klären ist, bezieht sich unter dem Gesichtspunkt des Endverhaltens auf den Zusammenhang zwischen den Lernzielen und dem nachweisbarem Verhalten. Von grundlegender Bedeutung ist die didaktisch-methodische Aufbereitung der Lernstoffe, sie muß darauf abstellen, daß die Anwendung und Weiterverarbeitung des Gelernten nicht dem Teilnehmer allein überlassen bleibt. **Wissenstransfer** ist zum Bestandteil der Lehr-/Lernsituation zu machen. Schaubilder, Folien, Unterlagen, interaktive Medien, Übungen und Fallbeispiele unterstützen diesen Prozeß. Die Anwendung von neuem Wissen in veränderte betriebliche oder soziale Kontexte stellt ein besonderes Transformationsproblem dar. Nicht allgemeine Statements helfen weiter, nur die Klärung im einzelnen. Erfolgreicher Transfer ist überall dort anzunehmen, wo es gelingt, das Lernen in eine Beziehung zu den Arbeits- und Lebensverhältnissen zu bringen. Lehr-/Lernsituationen, die das Ziel verfolgen, Wissen zu vermitteln und Verhalten zu verändern, müssen konzeptionell darauf angelegt sein. Trotz vieler Bemühungen ist das Wissen über den Wissenstransfer relativ gering.

Das Endverhalten des Lehrens und Lernens läßt sich mit **qualitativen und quantitativen Methoden** messen. Die Lernerfolgsbeurteilung ist kein Selbstzweck; ihr Sinn besteht in der Selbstkontrolle. Das gilt:

a) für Bildungsveranstalter und b) für Teilnehmer.

Mit der Lernerfolgsbeurteilung können verschiedene Absichten verfolgt werden. Sie sollten offengelegt werden, damit eine akzeptable Beurteilung erfolgen kann. Dazu bieten sich **Instrumente** an, wie:

Didaktische Planung: Endverhalten

- Test/Klausur/Prüfung
- Fallbeispiel/Präsentation
- Übung/Vorführung
- Abschlußgespräch
- Seminarbeurteilung
- Beobachtung

Der jeweilige Einsatz sollte von den Inhalten und Zielen bestimmt werden, für die sie benötigt werden. Was für abschlußbezogene Lehrgänge gilt, muß nicht für Trainings oder Managerseminare gelten. Jede Einrichtung sollte über ein Repertoire von Beurteilungsmethoden verfügen. Insbesondere muß eine Lernerfolgsbeurteilung Informationen über die Effektivität einer Maßnahme geben. Wenn Seminarbeurteilungen systematisch erstellt und ausgewertet werden, können sie ein genauer Gradmesser für die Leistungsfähigkeit von Referenten und Teilnehmer sowie die Qualität von Bildungsmaßnahmen werden. Hierzu einige Kriterien in Form von Checklisten (s. Seite 242 ff.):

Ein Seminarbericht sollte der **kritischen Reflexion** dienen. Er ist so zu konstruieren, daß die Durchführung von Bildungsveranstaltungen ständig verbessert werden kann. Auf einige Besonderheiten bei der innerbetrieblichen Erfolgsmessung von Qualifizierungsmaßnahmen soll noch hingewiesen werden. In der **betrieblichen Weiterbildung** muß insbesondere geprüft werden, inwieweit die Ergebnisse des Lernerfolgs eines Mitarbeiters den Vorgesetzten bekanntgemacht werden sollen. Was aus betriebswirtschaftlicher Sicht durchaus wünschenswert sein kann, ist aus pädagogischer Sicht problematisch, weil bestimmte Arten von Lernkontrollen einem angstfreien Lernen widersprechen. Um Vorgesetzte über eine Bildungsmaßnahme zu informieren, könnte ein zusammenfassender Seminarbericht geeigneter sein als Einzelbeurteilungen. Eine Bewertung durch den Referenten und Gespräche mit Mitarbeitern können oftmals bessere Aufschlüsse geben. Zur Beurteilung der Effizienz und Leistungsfähigkeit eines Bildungsveranstalters kann es interessant sein, die Teilnehmer um die Beurteilung der Veranstaltung und des Referenten zu bitten.

Operatives Management in der Weiterbildung

Checklisten für Seminarbeurteilungen

Seminarbeurteilung durch die Teilnehmer:

Seminar/Titel: ....

Veranstaltungsort: .... KennNr ....

Termin: .... Zeit: ....

Organisation des Seminars:

Bewertung / Note:

1 2 3 4 5

1. Wie beurteilen Sie die Einladung?
   - Informationsgehalt ....
   - Aufmachung ....
   - Anfahrtskizze ....

2. Welchen Eindruck macht

   das Hotel; ....

   die Räume; ....

   Hinweisschilder? ....

3. Wie war die Betreuung während des Seminars organisiert? ....

4. War die Teilnehmerzahl angemessen? ....

5. Wie beurteilen Sie die Dauer des Seminars? ....

6. Welche Möglichkeiten bestanden zur Zusammenarbeit mit anderen Teilnehmern? ....

7. Wie bewerten Sie die Organisation des Seminars? ....

8. Gab es Mängel? Welche?

....

Didaktische Planung: Endverhalten

Seminarinhalte:

1. Die Inhalte entsprachen der Ankündigung? ....

2. Die gewählten Themenschwerpunkte entsprachen meinen Erwartungen? ....

3. Wenn nein, welche Themenschwerpunkte wären für Sie von Interesse gewesen?

   ....

4. Stand die Behandlungsdauer der Themen in einem angemessenen Verhältnis zur Stoffmenge?

   ....

5. Das vermittelte Wissen war neu bzw. bekannt? ....

6. Halten Sie die Seminarinhalte für praxisrelevant? ....

Seminarbegleitmaterial:

7. Waren die Unterlagen für Sie hilfreich? ....

8. Werden Sie die Unterlagen zur Nachbereitung bzw. in Ihrem Beruf nutzen? ....

Methodik/Didaktik der Inhalte:

9. Wie war die Vortragsweise des Referenten? ....

10. Wie beurteilen Sie die
    Sachkompetenz des Referenten? ....

11. Wie war die Methoden-
    kompetenz des Referenten? ....

12. Konnten die Beispiele, Übungen
    und Gruppenarbeiten die
    Seminararbeit ünterstützen? ....

13. Wie waren die Diskussionsmöglich-
    keiten während des Seminars? ....

14. Wie beurteilen Sie das methodisch-
    didaktische Arrangement? ....

15. Können Sie die Methoden
    in der Praxis verwenden? ....

Lerntransfer:

1. Wie kann das erworbene Wissen und Können in Ihre
   Praxis umgesetzt werden?

   ....

2. Halten Sie eine Vertiefung des Wissens in einem
   Folgeseminar für wichtig?

   ....

3. Halten Sie eine Erweiterung der Themenschwerpunkte für
   wichtig? Welche?

   ....

4. Was hat Ihnen an dem Seminar besonders bzw. nicht
   gefallen?

   ....

Didaktische Planung: Endverhalten

Zur ständigen Leistungsverbesserung gehört das Erstellen von **Seminarberichten** durch die Dozenten. Sie sollen Aussagen zum Seminarverlauf und Lernerfolg machen:

Seminarbericht - aus der Sicht des Dozenten

Referent/Trainer: ....

Titel: .... KennNr ....

Ort: .... Zeit: ....

Seminarbericht:

1. Entsprach der Verlauf des Seminars Ihren Wünschen?

    Wenn nein, welche Themen
    - wurden nicht behandelt? ....
    - weniger ausführlich als geplant? ....
    - ausführlicher als geplant? ....
    - zusätzlich behandelt? ....

2. Wie waren die Teilnehmer über die Ziele des Seminars informiert?

    ....

3. Wie war die Erwartungshaltung der Teilnehmer?

    ....

4. Die Teilnehmer erachteten folgende Themenschwerpunkte als
    - besonders wichtig? ....
    - unwichtig? ....
    - praxisbezogen? ....
    - wenig praxisrelevant? ....

5. Wie war die Mitarbeit der Teilnehmer? Welche Initiative haben Sie ergriffen? Welche Fragestellungen bzw. Praxisprobleme haben Sie eingebracht?

    ....

Lernerfolg/Endverhalten:

1. Wie wurde der Lernerfolg ermittelt?

   ....

   Test?
   Übung?
   Fallbeispiele?
   Abschlußgespräch?

   Die Ergebnisse sind im einzelnen darzustellen:

   ....

2. Welchen Lernerfolg erzielte die Gruppe hinsichtlich der jeweiligen Lernziele?

   - Lernziel - 1: ....

   - Lernziel ... : ....

3. Wie beurteilen Sie die Unterschiede der Teilnehmer im Lernerfolg?

   ....

   Worauf sind sie zurückzuführen?

   ....

4. Bemerkungen zum Seminar; Vorschläge; Kritik;

   ....

4.10 Das Konzept des Weiterbildungsprogramms

Das Weiterbildungsprogramm ist das **Markenzeichen** eines Bildungsinstituts. Die Programmbroschüre ist selbst ein Markenprodukt, sie verkörpert das Image, das Konzept, die Qualität, das Angebot, die Leistungskraft, den Service des Bildungsunternehmens. Wie bei jedem Markenartikel, ist das Produktdesign mehr als nur die äußere Hülle. Es präsentiert die Bildungsstätte bei Teilnehmern, Auftraggebern und in der Öffentlichkeit. Wer ein Programmheft in die Hand nimmt, muß quasi fühlen, ob dort die richtigen Angebote enthalten sind.

Konzept des Weiterbildungsprogramms

Ein berufliches Bildungsinstitut präsentiert sein Angebot anders als ein Kulturprogramm. Der **Inhalt des Weiterbildungsprogramms** sollte Anspruch und Charakter der Einrichtung erkennen lassen. Nicht das Hochglanzcover ist entscheidend, sondern eine Broschüre mit erkennbarem Konzept, brauchbarer Produktlinie und hohem Wiedererkennungswert. Das Programm trägt zum Image bei und ist ein Aushängeschild. Sobald ein »Programmsignet« oder »Logo« mit einem Institut identifiziert wird, ist ein Teil des Marktes erobert. Ein solcher Erfolg resultiert selbstverständlich nicht allein aus dem Vorhandensein einer Image- oder Programmbroschüre, dafür muß die Qualität einer jeder Veranstaltungen bürgen.

4.10.1 Ein Programmbeispiel

Am Beispiel des »**BOW-Weiterbildungsprogramms**« (1996) soll die Konzeption einer Programmbroschüre skizziert werden. Das »Bildungswerk der ostwestfälisch-lippischen Wirtschaft – BOW e. V.«, Bielefeld, ist ein Zusammenschluß wirtschaftsnaher Einrichtungen und Bildungsträger, das in der Region unter einem gemeinsamen Dach berufliche Bildungsangebote von 23 Trägern und Bildungsstätten koordiniert. Betrug die Anzahl der Veranstaltungen 1990 noch etwa 500, so werden mittlerweile über 900 Veranstaltungen pro Halbjahr vermarktet. Damit ist das BOW der bedeutendste berufliche Anbieter der Region. Am BOW beteiligen sich die Industrie- und Handelskammern, die Handwerkskammer und Kreishandwerkerschaften, die Arbeitgeber- und Unternehmerverbände sowie namhafte gemeinnützige Bildungseinrichtungen der Wirtschaft. Es wird vom Grundsatz getragen, daß Weiterbildung für die Wirtschaft auch Sache der Wirtschaft sei. Das BOW hat sich zur Aufgabe gemacht, Transparenz im regionalen beruflichen Bildungsangebot zu erzeugen und für ein praxisnahes, ortsnahes und zukunftsorientiertes Angebot Sorge zu tragen. Es will zur flächendeckenden Informations- und Bildungsberatung, zur Bildungsberichterstattung beitragen sowie die Kooperation in der beruflichen Bildung fördern.

Operatives Management in der Weiterbildung

Das Bildungsangebot des BOW umfaßt vier Fachbereiche:

1 Unternehmensführung Betriebswirtschaft – Organisation	2 Technik Produktion – Umwelt
• Unternehmensführung	• Technische Sicherheit
• Existenzgründung	• Werkstoffe
• Mitarbeiterführung	• CIM – CAM – CAD
• Betriebswirtschaftliche Grundlagen	• CNC – Metall
• Organisation	• CNC – Holz/Kunststoff
• Informationsmanagement	• Qualitätssicherung
• Materialwirtschaft	• Robotertechnik
• Absatzwirtschaft	• Steuerungstechniken – Hydraulik/ Pneumatik
• Einzelhandel	• Steuerungstechniken – SPS
• Personalwesen	• Verbindungstechniken – Schweißen
• Wirtschaftsrhetorik	• Elektrotechnik – Elektronik – Nachrichtentechnik
• Finanzwesen	• Umweltschutz
• Außenwirtschaft – EU-Binnenmarkt	• Transport und Verkehr
• Arbeitstechniken	• Logistik
• Fremdsprachen für den Beruf	
3 EDV für kaufmännische und technische Berufe	4 Abschlußbezogene Aus- und Weiterbildung
• EDV-Grundlagen	• Meisterprüfungen im Handwerk
• EDV-Programmierung	• Meisterprüfungen in der Industrie
• EDV-Systemsoftware	• Betriebswirt – Handwerk – Industrie
• EDV-Anwendersoftware	• Fortbildungen im Handwerk
• EDV-Bürokommunikation	• Aus- und Fortbildung für kaufmännische Fachkräfte
	• Aus- und Fortbildung der Ausbilder
	• Überbetriebliche Ausbildung für Auszubildende

Darstellungskriterien

Ziel des 1989 entwickelten Weiterbildungsprogramms ist es, ein umfassendes und übersichtliches Gesamtprogramm für die Wirtschaft bereitzuhalten. Die Oberbegriffe sind in weitere Untertitel gegliedert, so daß ein schnelles Auffinden der Veranstaltungen möglich ist. Jede Veranstaltung wird nach dem gleichen Raster in Kurzform dargestellt:

- Titel
- Träger
- Ort
- Beginn
- Ende
- Uhrzeit
- Wochentag
- Unterrichtsstunden
- Preis
- Durchführungsart
- Kennummer

Konzept des Weiterbildungsprogramms

Konzept der BOW-Programmbroschüre
Die verbale und visuelle Konzeption zum Erscheinungsbild des BOW wurde von einer Werbeagentur erstellt. Es wurde ein LOGO für das BOW und sein Programm entwickelt.

Zielsetzung
Die Programmbroschüre »BOW-Gesamtprogramm« muß neben den ästhetischen und funktionellen Bereichen vor allem der Unternehmens-Philosophie des BOW gerecht werden. Inhalte und Ziele sind auf hohem Niveau mit größtmöglichem Kompetenzanspruch der Zielgruppe zu vermitteln. Eine Fülle von Informationen unterschiedlichster Art, ein vielfältiges Bildungsangebot verschiedener Veranstalter an mehreren Orten muß auf eine »Imageschiene« gebracht werden, die als durchgängiges Gestaltungsraster für alle Kommunikationsmittel des BOW geeignet ist.

PRAXISNAH • ORTSNAH • ZUKUNFTSORIENTIERT

BILDUNGSWERK DER OSTWESTFÄLISCHEN WIRTSCHAFT

Konzeption
Die berufliche Zukunft der Zielgruppe, der Anspruch auf Transparenz in der beruflichen Weiterbildung mit einem zielgruppenbezogenen, ortsnahen, aktuellen Angebot werden in der **Gestaltungskonzeption** zum Ausdruck gebracht.

Diese ist auf zwei Ebenen angelegt:

I = rational	II = emotional
Qualität der Ausbildung fachliche Kompetenz Aktualität Transparenz Logik Klarheit der Information = W i s s e n	Lernbereitschaft persönliche Zukunft Ortsnähe rasanter Zeitwandel Gefühl = w i s s e n w o l l e n

Es ist das Ziel der Gestaltungskonzeption, diese beiden Begriffspaare harmonisch miteinander zu verbinden.

A – Das Wissen
Das Abstrakte, Technikbetonte, die Logik lassen sich durch das Bild des klaren Kristalls ausdrücken und durch die kühle Farbe Blau. Blau wird zur Hauptfarbe, da es Wissenskühle, Eindeutigkeit und Klarheit symbolisiert und andererseits durch eine Aufrasterung zum Farbverlauf leicht, lebendig, erlebnishaft werden kann. Die Gesamtgestaltung kann diese Anmutung zusätzlich verstärken, indem sie diesen Farbverlauf in das Quadrat einbindet, sozusagen einen »Fenstereffekt« in die Zukunft schafft. Begriffe wie Optimismus, Sicherheit und Stärke lassen sich assoziieren.

B – Wissen wollen
Der Gefühlsbereich wird durch das aktive, aber auch warme, leuchtende Rot angesprochen. Die Signalfarbe Rot, in Verbindung mit Blau, bewirkt eine enorme Spannung. Wissen allein ist wie kaltes Glas – erst das Lernerlebnis läßt das Wissen zum funkelnden Kristall werden. Idealerweise verkörpert dieses Licht im Logo ja auch die im Osten aufgehende Sonne: Ostwestfalen.

Die Gestaltungssymbolik A + B wird zu einer harmonischen Gesamtkomposition zusammengefügt. *Hier* eine klare Gliederung und Informationsvermittlung durch ein Rastersystem, das eine bestimmte typographische Ordnung über alle Informationen und Kommunikationsmittel legt. Die ästhetisch wie funktionell sachlich wirkende Schrift (Helvetica) – eine sparsame eindeutige Farbgebung (Blau und Rot auf Weiß).

Dort eine den Gefühlsbereich ansprechende Verbildlichung einer fast surrealistischen Welt, in der die Wissenssymbole »leicht und fröhlich« erscheinen, durch Farbverläufe Spannung erzeugt wird, und die harten Konturen aufgeweicht werden.

Zusammen ergibt das eine für alle Kommunikationsmittel klare Harmonie, die durch Farben, Schrift und Bildsymbolik zum Ausdruck kommt und bei der Zielgruppe den Eindruck hoher Kompetenz der Anbieter unterstreicht.

Durch die unbeirrbare Wiederholung bestimmter Stilelemente wird ein unverwechselbares, eigenständiges Image und Profil aufgebaut.

Logogestaltung
Unter diesen Gesichtspunkten ist auch die endgültige Form des Logos weiter zu entwickeln. Hierzu bieten sich zwei Möglichkeiten:
1. Illustrative Form (plastisch + gläsern); viele der angesprochenen Funktionen lassen sich hier erfüllen.
2. Eine festere, nicht so spielerische Form läßt sich besser in das Gesamtgestaltungskonzept mit »plastischer« Symbolik (die Bausteine des Wissens) einbeziehen.

Durch eine plastische Prägung erhält das Logo zusätzlich ein ästhetisch anspruchsvolles, aufmerksamkeitsstarkes Erscheinungsbild.

Slogan
Ein Slogan sollte diese Inhalte zu dem Gesagten zusätzlich unterstützten, indem die Dimensionen Zeit und Zukunft zum Ausdruck kommen wie bei:

> PRAXISNAH – ORTSNAH – ZUKUNFTSORIENTIERT

(vgl. Klieber Marketing & Kommunikation. Steinhagen bei Bielefeld. 1989)

Die Programmkonzeption entspricht dem Anspruch der beruflichen Bildung in der Wirtschaft. Die positive und anhaltende Resonanz signalisiert den Programmverantwortlichen, daß ihr Konzept aufgeht. Erfolg ist jedoch kein Blitzlicht, sondern muß organisatorisch und personell abgesichert werden. Erst die Qualität der Angebote bringt den angestrebten Imageeffekt. Damit ist die Basis für eine Marktführerschaft gelegt, die in der Folgezeit systematisch ausgebaut wurde. Der Slogan des BOW: Weiterbildung mit System ist der praxiserprobte Weg in eine erfolgreiche Zukunft, ist inhaltlicher Anspruch und Programm zugleich.

4.11 Betriebsorganisation in Weiterbildungseinrichtungen

Die **Betriebsorganisation** ist das **operative Kernstück** für alle Aktivitäten einer Bildungseinrichtung. Ohne eine rationelle Organisation, die den Anforderungen des Marktes standhält, ist keine Einrichtung leistungsfähig. Die Dynamik der Wirtschaft und Gesellschaft muß in der **Betriebsorganisation** ihre Entsprechung finden, damit eine Einrichtung auf Dauer aktiv im Bildungsmarkt agieren kann. Obwohl viele Bildungsmanager um die Qualität ihres Know-hows wissen, scheint es insbesondere bei Bildungsbeauftragten und Personalleitern – in Betrieben – Defizite im Durchsetzungsvermögen gegenüber anderen Funktionsbereichen zu geben. Obwohl Anfang der 90er Jahre die Einsicht sich durchzusetzen begann, daß die Qualifikationen der Mitarbeiter die Qualität der Arbeit bestimmt und ebenso die Qualifikationen der Weiterbildner die Qualität der Weiterbildung, setzt sich im Zeichen von lean management eher der Stellenabbau durch, denn eine systematische Personalentwicklung. Wie dem auch sei, der Bedarf ist größer denn je zuvor. Die Profis der Weiterbildung haben es noch nicht überall erreicht, den Anspruch auf Bildung mit der Bildungswirklichkeit in Einklang zu bringen. Deshalb gibt es in der Betriebsorganisation oft Schwierigkeiten. Bildungsmanager müßten gerade dort überzeugen, wo es um strukturentscheidende Fakten geht. Der Nachholbedarf in der Weiterbildung ist unverkennbar.

Viele professionelle **Bildungseinrichtungen** verfügen seit Jahren über gut ausgestattete Zentren. Sie müssen wie Dienstleistungsunternehmen ständig in die technischen und personellen Veränderungen investieren. Neben der neuesten Technik muß die Anpassungs- und Leistungsfähigkeit der pädagogischen Mitarbeiter, deren Know-how und Kreativität das Ziel sein. Auch in der Weiterbildung kann die Qualifizierung der Mitarbeiter nicht nachträglich erfolgen. Wenn Weiterbildungseinrichtungen zukunftsweisendes Know-how vermitteln wollen, müssen sie selbst eine Vorreiterrolle einnehmen. Das Mindeste ist eine Parallelität der Investition in technische Anlagen und die Mitarbeiterqualifizierung. Bildungseinrichtungen sind heute gezwungen, auf diese Herausforderungen des Bildungsmarktes mit strategischem Weitblick zu reagieren. Vor dem Hintergrund der gegenwärtigen Sparmaßnahmen der öffentlichen Hand auf breiter Front, müssen sich viele Einrichtungen einer Reorganisation unterziehen, weil die aufgebauten betrieblichen Strukturen nicht mehr aufrechterhalten werden können. Sie müssen ihre Organisation flexibel halten. Nur das sichert ihnen Marktanteile.

Die Forderung nach **Integration personeller und technischer Planung** bereitet nicht nur einer Reihe mittelständischer Wirtschaftsunternehmen Schwierigkeiten, auch Bildungseinrichtungen dürften Probleme mit den hohen Investitionen für technische Anlagen und Gebäude haben. Angesichts der Komplexität und des rasanten Strukturwandels besteht die Gefahr, daß auch die Mitarbeiterbeschaffung ein Problem wird. Hochqualifizierte Mitarbeiter mit Erfahrungen des Bildungsmarktes sind kaum frei verfügbar. Hinzu kommt, daß der Weiterbildungssektor in Wirtschaftskreisen noch relativ profillos ist. Es bestehen erhebliche qualitative Defizite.

Bei der Frage, wie die Betriebsorganisation zukünftig optimal gestaltet werden kann, wird gern das Bildungscontrolling als Instrument angeboten. Diese Diskussion kann jedoch den Blick für das Wesentliche verstellen. Es kann nicht einfach um ein Mehr an »Kontrolle« gehen. Wenn Aufträge fehlen, nützen weder

Effizienz noch Wünsche. Es muß um die betriebliche Zielperspektive gehen, die Mitarbeitermotivation schafft und die Auftragsbücher füllt. In diesem Sinne verwalten **lernfähige Organisationen** ihr Personal nicht, sie schaffen Freiräume für kreative und selbständige Leistung. Innovative, selbständige und leistungsfähige Mitarbeiter sind daran interessiert, kompetent geführt, gefördert, entwickelt und motiviert zu werden. Mit diesen Vorstellungen ist die Weiterbildung nicht nur konfrontiert, sie muß sie als erste in den eigenen Reihen umzusetzen versuchen.

Weil die Anforderungen an Bildungsinstitutionen steigen, muß die Betriebsorganisation an **neue Maßstäbe** angepaßt werden. Nur »Hinterzimmer-Institute« beschränken sich darauf, Rezepte vermitteln zu wollen. Sie tragen jedoch nicht zur Lösung von Bildungsfragen bei. An Worthülsen und Pseudoinformationen fehlt es im Bildungsbereich nicht. Es reicht bei weitem nicht mehr aus, ein Thema zu formulieren, den Referenten per Telefon zu engagieren, einen Raum anzumieten und den Kurs »durchzuziehen«. **Professionalität** zeichnet sich durch Weiterbildner aus, die etwas vom Thema verstehen, die Inhalte einzuschätzen wissen, zukunftsweisende Anforderungen und Bedingungen formulieren können, über die technischen, räumlichen und organisatorischen Ressourcen verfügen und stringente Bildungskonzepte umzusetzen verstehen. Eine inhalts- und kundenorientierte Vorgehensweise hat einen anspruchsvollen Qualitätsmaßstab, der nur dann realisiert werden kann, wenn genügend Organisationswissen in einer Einrichtung vorhanden ist. Die Aufgabenintegration an multifunktionale Arbeitsplätze sowie die Autonomie und Verantwortungsfülle einzelner Arbeitsplätze verlangt die »lernfähige Organisation« – vor allem in der Weiterbildung.

4.11.1 Organisationsmodelle in der Weiterbildung

Kurt Lewin soll einmal gesagt haben:»One of the best ways to understand the world is to try to change it« *(vgl. Staehle 1989, S. 541).* Wenn Weiterbildung den Herausforderungen der Zukunft gewachsen sein will, muß sie eine **Organisationsvorstellung** entwickeln, die den Wandel zum Bestandteil der eigenen Organisation macht. Organisation könnte in Analogie zu anthropologischen Vorbildern in gewissen »**Lebensphasen**« gedacht werden. Historische Analysen über Aufstieg und Untergang von Organisationen bestätigen dies. *Lievegoed (1974),* einer der Gründer des *Niederländischen Pädagogischen Instituts (NPI),* ein führendes europäisches Institut für Organisationsentwicklung, unterscheidet **drei typische Entwicklungsphasen** im Leben einer Unternehmung:

a) Pionierphase
b) Phase der Differenzierung
c) Phase der Integration.

Das **1-Mann- bzw. Pionierinstitut** ist eng mit der Persönlichkeit des Gründers und Ideenträgers verbunden. Merkmale können sein:

- autoritäre Führung – ohne professionelles Management,
- direkte Kommunikation,
- personenbezogener Organisationsstil,
- improvisierende Arbeitsweise,
- familienbezogene Mitarbeiterführung,
- persönliche Auftragsabwicklung.

Probleme, die sich am Ende der Pionierphase ergeben sind:

- Größenwachstum (Umsatz, Mitarbeiter),
- Komplexität der Einrichtung,
- Marktunübersichtlichkeit,
- Überforderung des Pioniers.

Als Kennzeichen der zweiten Entwicklungsstufe ergeben sich zunehmende Differenzierungen. Das **Dreier-Team** unterscheidet Aufgaben-, Funktions- und Rollendifferenzierungen:

- zunehmende Standardisierung,
- vermehrte Spezialisierung auf Marktsegmente,
- notwendige Aufgabenverteilung und Koordination

Probleme, die sich am Ende der Differenzierungsphase ergeben:

- Überlastung aller Beteiligten,
- Formalisierung und Bürokratisierung,
- Kommunikationsbarrieren,
- mangelnde Motivation,
- begrenzte Märkte.

In der Phase der **Integration** kann ein Bildungsunternehmen unterschiedlich groß sein. Es finden sich neben mittelständischen Einrichtungen bundesweit operierende Bildungskonzerne. Beratungsgesellschaften, die den Markt des Trainings erobern, traditionelle Einrichtungen wie Bildungswerke der Wirtschaft, der Gewerkschaften oder die kommunalen Volkshochschulen. In der Organisationsentwicklung muß die Idee des Management in den Vordergrund rücken. Das Organisationsmodell rückt eine sogenannte Kleeblatt-Organisation in den Mittelpunkt.

Betriebsorganisation in Weiterbildungseinrichtungen

Kleeblatt-Organisation

1. Beziehungspflege	2. Prozeßsteuerung:
nach außen: Marketing, Öffentlichkeitsarbeit nach innen: Mitarbeiterbeziehungen, Führungsstil, Personalentwicklung	Zentrale Überwachung und Steuerung aller materiellen, finanziellen und informationellen Ströme, Entwicklung von integrierten sozio-technischen Systemen, horizontale Kooperation

Team-Entwicklung

3. Mittelverwaltung:	4. Informationsverarbeitung
Bereitstellen von materiellen und immateriellen Werten zur effizienten Beziehungspflege und Prozeßsteuerung	extern und intern: Sammlung, Aufbereitung Versorgung der Organisation mit allen benötigten Informationen.

Im Zentrum des Blattes befindet sich das Management als Team. Es ist für die Unternehmensführung und den Erfolg verantwortlich. Wer die Organisationsentwicklung als die Form des geplanten Wandels erfaßt, reorganisiert das Bildungsunternehmen beständig und paßt sich den Markterfordernissen permanent an. Im Grunde handelt es sich dann um ein **Transformations-** bzw. **Chance-Management**.

French/Bell (1984, S. 109) haben schematisch dargestellt, wie sich geplanter Wandel vollziehen könnte:

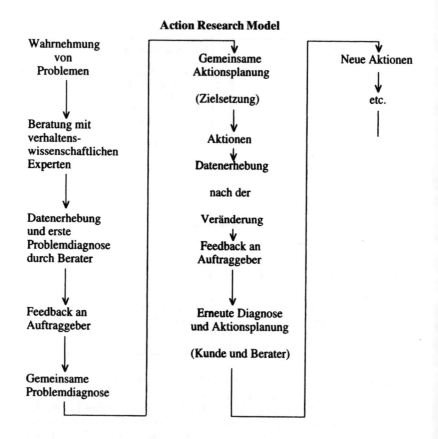

4.11.2 Reorganisation und Netzwerkstrukturen

Die wirtschaftliche Entwicklung in den neunziger Jahren hat vor dem Hintergrund der Diskussion um **lean management** insbesondere dazu geführt, die alten, meist hierarchischen Organisationsstrukturen zu hinterfragen. In einer Zeit, in der nicht mehr die »Großen« die »Kleinen« besiegen, sondern die »Schnellen« Wettbewerbsvorsprünge vor den »Langsamen« erzielen, reicht es nicht mehr aus, die Informationsverteilung von der Unternehmensspitze nach »unten« über viele Schnittstellen zu organisieren.

Die **Organisationsentwicklung** muß dafür sorgen, daß jedem Mitarbeiter umfassende Informationen zugänglich sind. Organisationsschemata der alten Art *(vgl. auch Kapitel 4.10.3)* greifen dabei meist zu kurz. Es muß in Unternehmen geradezu eine Umkehr der Informationspolitik erfolgen. Die Informationsbeschaffung ist nicht mehr (nur) eine »Bringschuld« der Geschäftsleitung, sie entwickelt sich zur »Holschuld« der Fach- und Führungskräfte. Von der Effektivität dieses Transformationsprozesses wird die Zukunft von Unternehmen bestimmt werden. Die Vernetzung der Kompetenzen der Organisationseinheiten sowie eines jeden Mitarbeiters ist das ausschlaggebende Moment für die Innovationsfähigkeit einer Einrichtung. Dabei lassen sich Bildungseinrichtungen als **wissensbasierte Systeme** verstehen, die ihre Organisationsstrukturen an die Veränderungsgeschwindigkeit des Wissens anpassen müßten. Als Vermittlungsagenturen von Wissen ist das derzeit nur mit dem Modell vernetzter Strukturen denkbar, denn alle bekannten hierarchischen Modelle sind für die innovative Zusammenfügung des verteilt vorhandenen Wissen viel zu langsam. »Blinde Flecken« müssen so schnell wie möglich besetzt werden. Nur dann können maßgeschneiderte Konzepte schneller entwickelt werden, als die Mitbewerber dazu im Stande sind.

In der aktuellen Diskussion werden verschiedene Reorganisationsansätze diskutiert. *Engelmann (1997)* stellt mit dem **»Business Process Reengineering«** (BSP) einen »Ansatz der Organizational Transformation« vor. Danach lassen sich die Veränderungen in der Organisation eines Unternehmens auf zwei Arten betrachten:

Organisationsentwicklung OE **Wandel 1. Ordnung**	**Organizational Transformation OT** **Wandel 2. Ordnung**
beschränkt auf einzelne Dimensionen beschränkt auf einzelne Ebenen quantitativer Wandel Wandel des Inhalts Kontinuität, gleiche Richtung inkremental logisch und rational ohne Paradigmawechsel	mehrdimensional umfaßt alle Ebenen qualitativer Wandel Wandel im Kontext Diskontinuität, neue Richtung revolutionär vermeintlich irrational, andere Rationalität mit Paradigmawechsel

Ziel der Reorganisation ist eine ganzheitliche und radikale Neugestaltung von Prozessen in Abhängigkeit der Umweltanforderungen. Typisch für dieses Vorgehen sind in der Regel tiefgreifende und weite, funktionsübergreifende Veränderungen. Für die Veränderungen ist ein umfassendes Konzept der Prozeßgestaltung erforderlich. Doch nur jene Projekte führen zu den erwarteten Leistungsverbesserungen, bei denen die Gestaltungsmaßnahmen sowohl konsequent als auch ganzheitlich verfolgt werden.

Entsprechende Gestaltungsempfehlungen müssen die Rahmenbedingungen und die innerbetrieblichen Prozesse berücksichtigen:

Operatives Management in der Weiterbildung

Umwelt und Strategie

- Die turbulente Umwelt wird als zukünftig vorherrschend bezeichnet. Sie hat im Vergleich zu einer statischen, sich kaum wandelnden Umwelt folgende Eigenschaften: dynamisch, sehr komplex, unsichere Entwicklung, zunehmende Verflechtungen und Abhängigkeiten der Umweltbereiche untereinander.

Marktsituation und Trendaussagen

- Der Kunde bestimmt den Absatzmarkt. Langfristig angelegte Massenproduktion (z. B. Standardseminare) sind Vergangenheit. Es muß dynamisch auf die Bedürfnisse und Erwartungen der Kunden eingegangen werden.

- Der Wettbewerb verschärft sich (Konkurrenzsituation). Gründe dafür sind Globalisierung, Internationalisierung, Arbeitslosigkeit, zunehmende Selbständigkeit von Einzelpersonen usw.

- Der Wandel vollzieht sich in immer kürzeren Zeitabständen (Marktveränderungen). Sinkende Produktlebenszeiten, kürzere Reaktionszeiten, steigende Komplexität.

Mitarbeiter

- Qualifizierte Mitarbeiter erwarten ein hohes Maß an Selbständigkeit. Sie verfügen über ein breites und tiefes Wissen. Sie sind offen für neue Erfahrungen. Ihre ausgeprägte Anpassungsbereitschaft verlangt ein ganzheitlich orientiertes Problemlösungsverhalten.

Organisationskultur

Vertrauenskultur	Mißtrauenskultur
offen und außenorientiert	geschlossen und binnenorientiert
änderungsfreundlich	änderungsfeindlich
basisorientiert	spitzenorientiert
subkulturell	einheitlich
entwicklungsorientiert	instrumentell geprägt
nutzenorientiert	kostenorientiert
leistungsorientiert	mitgliedschaftsorientiert
individuell	kollektiv

Struktur

- Gestaltungsempfehlungen richten sich in der Regel als erstes an die Organisationsstruktur. Um den neuen Anforderungen zu genügen, könnte eine Netzwerkorganisation gefunden werden, die im Gegensatz zu den herkömmlichen mechanistischen Schemata, flexibel, anpassungsfähig und schnell reagieren kann.

Widerstände

- Die Kritik gegen eine Netzwerkorganisation und der Widerstand sind oft massiv. Einige Gründe: 1. Ein neues Modell bedeutet starke Veränderungen der bestehenden Machtstrukturen. 2. Die Informationssysteme waren für hierarchisch-bürokratische Strukturen erdacht worden. 3. Die Investitionen in die herkömmlichen Informationssysteme sind enorm. Daher ist die Anschaffung einer flexibleren Technologie (z. B. Internet und Email für alle Mitarbeiter) meist nur langsam durchzusetzen.

Unternehmungsorganisation

- Ein Konzept vernetzter Prozeßgruppen betrifft das ganze Unternehmen. Netzwerkmodelle sind im Gegensatz zu den klassischen Organisationsmodellen wenig strukturiert und offen, so daß jeder mit jedem ohne Barrieren und Kompetenzstreitigkeiten kommunizieren kann.

4.11.3 Organisationsstrukturen

Der organisatorische Zustand von Einrichtungen wird in **Organigrammen** zu erfassen versucht. Sie dürfen jedoch nicht für die Wirklichkeit genommen werden. Diese formale Beschreibung der Unternehmensorganisation hat wenig mit den tatsächlichen Innovationsstrukturen zu tun. Eine bürokratisch verwaltete Bildungseinrichtung wird nicht schon allein deshalb zu einem kreativen Dienstleister, weil sie eine Stabsstelle für Produktentwicklung einrichtet. Kreatives Denken und Handeln läßt sich nicht in einem Organigramm erfassen. Innovation muß als Philosophie von allen Mitarbeitern mental begriffen und umgesetzt werden. So wichtig Organigramme sind, weil sie die **formale Struktur** darstellen, so wenig lassen sie erkennen, worauf die Fähigkeit beruht, das institutionelle Gefüge aktiv voranzutreiben. Sehr oft ist es die informelle Kommunikation, die ein Beziehungsgeflecht entstehen läßt, das die wirklich wichtigen Informationen transportiert.

Eine **effektive Organisationsstruktur** sollte es ermöglichen, in strukturierter Form über das Bildungsgeschäft nachzudenken. Zwischen Mitarbeitern und Abteilungen muß die Qualität der Bildungsarbeit und das Angebotsspektrum der Institution ständiges Thema sein. Dazu sind regelmäßig wiederkehrende Besprechungen genauso notwendig, wie informelle (persönliche) Informationswege. Dann entstehen emotional tragfähige Beziehungen, auf die sich die Beteiligten verlassen können. Unternehmen, die sich allein auf ihre formale Struktur verlassen wollen, werden nicht weit kommen. Organisationsstrukturen haben ihre Bedeutung in dem Gerüst, das sie zum Handeln bieten. Es muß strukturstiftend sein und Weisungsbefugnisse festlegen. Gegen diese sollte kein Mitarbeiter verstoßen, um die Organisation nicht zu gefährden. Jedoch ist genau hier der

Punkt, der ständig überprüft werden muß, damit Querdenker eine Chance haben. Die entscheidenden Energien und viele gute Ideen entstehen gerade dort, wo ungezwungen kommuniziert werden kann.

Am **Beispiel** des Organigramms einer größeren Bildungseinrichtung soll aufgezeigt werden, wie Einrichtungen organisiert sind. Das Aufbauorganigramm ist »klassisch« und läßt die Eigentumsstruktur und die regional-fachliche Gliederung erkennen. *(vgl. auch Kapitel 5.5 Planungs- und Organisationsmanagement)*

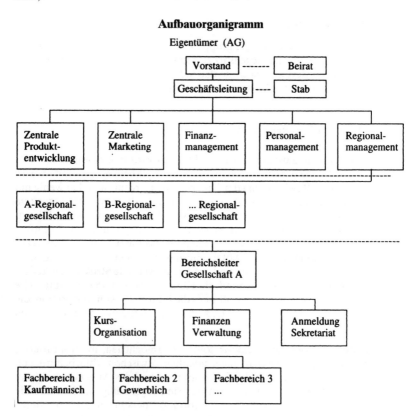

Der **Aufwand,** der mit der Planung und Organisation von Seminaren und Lehrgängen verbunden ist, ist einrichtungsspezifisch. In der Praxis sind verschiedene **Entscheidungs- und Ablaufmodelle** realisiert. Das »Wie« wird in hohem Maße vom Entwicklungsstand des Instituts bestimmt, der Art der zu organisierenden Veranstaltungen sowie der Größe der Bildungseinrichtung. Ein kleines spezialisiertes Institut kann unmittelbarer und flexibler auf Wünsche von Auftraggebern reagieren, als dies eine bundesweit operierende Organisation tun kann. So können die kommunalen Volkshochschulen, die jede für sich autonom sind, gemeinsame Standards nur auf dem Wege der freiwilligen Selbstbindung erreichen. Vergleichbares gilt für die regional agierenden Wirtschaftskammern, die z. B. bundesweite Abschlüsse über den DIHT bzw. ZWH abstimmen. Jede Betriebsorganisation hat deutlich unterscheidbare Strukturen ausgebildet.

Wie komplex die Wirklichkeit sein kann, zeigt das **Beispiel** des **Entscheidungs- und Ablaufmodells** für die Programmplanung der *VHS Dorsten (1979)*. Als kommunale Volkshochschule muß das Veranstaltungsprogramm nicht nur verwaltungsintern organisiert und abgestimmt werden, es muß zudem durch das Kommunalparlament demokratisch legitimiert werden.

Der **Entscheidungs- und Ablaufplan** stellt die Aufgaben von hauptberuflich pädagogischen Mitarbeitern in eine Beziehung zu den Maßnahmen, die von der Verwaltung und den anderen Entscheidungsträgern zu leisten sind. Deutlich wird der zeitliche Ablauf über das Planungshalbjahr des Programms und insbesondere die enge Anbindung der Organisation an die Genehmigung durch die kommunalen Ausschüsse und den Haushaltsplan. Das, was operativ umgesetzt werden soll, muß in jedem Fall ein halbes Jahr vorher geplant sein, finanziell kalkuliert und bildungspolitisch entschieden sein.

a) In dem Beispiel der **Volkshochschule** gehört dazu:
- die Auswertung des Programms als direkter Planungsschritt zur Neustrukturierung eines neuen Arbeitsplans,
- die aktuellen Bedarfsanalysen einschließlich der Feststellung der Teilnehmerbedürfnisse,
- Trendanalysen, Arbeitsmarkt- und Qualifikationsanalysen,
- Ansätze zur Teilnehmerbefragung, die zum festen Bestandteil der erfolgreichen Bildungsarbeit zählen.

Die Erstellung des Programms und die Abstimmung mit allen Verantwortlichen ist eine der zentralen Koordinationsaufgaben eines erfolgreichen Weiterbildungsmanagements.

b) Auf der Verwaltungsebene muß die inhaltlich/konzeptionelle Erstellung des Kursprogramms administrativ begleitet werden. Dazu gehört die Finanzplanung, Raumbelegung, das Anmeldeverfahren und auch die Vergabe der Druckaufträge für Plakate und Programmbroschüren. Zu den besonders wichtigen Tätigkeiten ist der Vertrieb (Marketing) des Programms zu rechnen. Wenn das Programm seine Zielgruppen nicht erreicht, ist es wertlos.

Das Schema verdeutlicht die Höhe des **Professionalisierungsgrades** im Bereich der Volkshochschulen. Das, was hier im Detail beschrieben wird, ist im Berufsalltag durch Routineaufträge längst nicht so schwierig, wie es den Anschein hat. Obwohl private Bildungsunternehmen diese Vorstellung der Abstimmung

Entscheidungs- und Ablaufmodell

Operatives Management in der Weiterbildung

ENTSCHEIDUNGS- UND ABLAUFMODELL FÜR DIE PROGRAMMPLANUNG DER VHS DORSTEN

Maßnahmen der Hauptamtlichen Pädagogischen Mitarbeiter	Maßnahmen der Verwaltung	Sonstige Aktivitäten

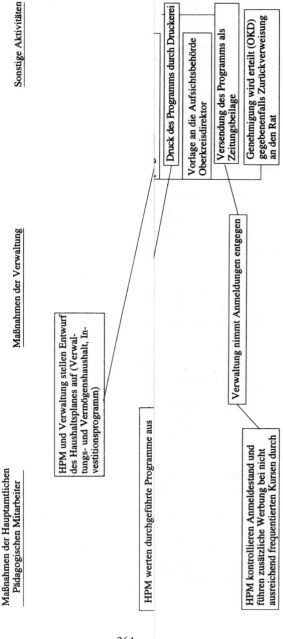

- HPM und Verwaltung stellen Entwurf des Haushaltsplanes auf (Verwaltungs- und Vermögenshaushalt, Investitionsprogramm)
- Druck des Programms durch Druckerei
- Vorlage an die Aufsichtsbehörde Oberkreisdirektor
- Versendung des Programms als Zeitungsbeilage
- Genehmigung wird erteilt (OKD) gegebenenfalls Zurückverweisung an den Rat
- Verwaltung nimmt Anmeldungen entgegen
- HPM werten durchgeführte Programme aus
- HPM kontrollieren Anmeldestand und führen zusätzliche Werbung bei nicht ausreichend frequentierten Kursen durch

schrecken mag, sollten insbesondere vergleichbar große Organisationen nicht vergessen, wie komplex ihre eigenen Entscheidungsprozesse sind und welche Legitimationsinstanzen in die Betriebsorganisation eingebaut sind.

4.11.4 Auslastung der Betriebsstätte

Die **Auslastung von Betriebsstätten** ist für viele Einrichtungen von besonderer Brisanz. Vor allem anerkannte und gute Bildungsstätten, die auf Kontinuität wert legen, stehen ständig vor der Aufgabe, die technischen und personellen Ressourcen optimal einsetzen zu müssen. Das ist nicht nur eine betriebswirtschaftliche Entscheidung, der Mitarbeitereinsatz ist in erster Linie eine pädagogische Auswahl. Welcher Mitarbeiter für eine Umschulungs- oder Fortbildungsmaßnahme zur Verfügung steht, muß geplant sein, damit die Teilnehmer die bestmögliche Ausbildung erhalten. Der Auslastungsgrad einer Einrichtung stellt sich praktisch als Ressourcenplanung dar. Einige bedingende Faktoren:

- Qualifikation der Ausbilder und Dozenten,
- sächliche Ausstattung der Betriebsstätte,
- Anzahl der Geräte und technische Qualität,
- vorhandene Räume,
- Parallelmaßnahmen.

Grobplanung der Betriebsauslastung

Ressourcen / Zeitraum	Januar	Februar	März	April	Mai ...
Kurs A	++++++++++++++++++++				
Kurs B		************************		******	***
Kurs C	xxxxxxxxxxxxxxxxxxxxxxxxxxxxx			xxxx	
Kurs D	yyyyyyyyyyyyyyyyyyyyyyyyyyyyyyyyyyyyyyyyyyyyyy				
Mitarbeiter A	++++++	************************			
Mitarbeiter B	xxxxxxxxxxxxxxxxx++++++			************	
Mitarbeiter C	xxxxx++++++++++++				
Mitarbeiter D	yyyyyyyyyyyyyyyyyyyyyyyyyyyyyyyyyyyyyyyyyyyyyy				
Maschinenraum A	++++++++++++++				
Maschinenraum B		yyyyyyyyyyy			
EDV-Raum C	**				
U-Raum 1	+++++ ++++++++++				
U-Raum 2	yyyyyyyy			yyyyyyyyyyyyyyyyyyyyyyyyyy	

Operatives Management in der Weiterbildung

An der schematischen Darstellung der **Betriebsauslastung** wird deutlich, daß sich Ressourcen überschneiden oder nicht vorhanden sind. Zum Zeitpunkt »x« steht zwar ein hauptberuflicher Ausbilder zur Verfügung, aber eine neue Maßnahme beginnt erst einen Monat später. Während dieser Zeit entstehen laufende Kosten (Fixkosten), die in der Betriebsabrechnung Eingang finden müssen. Im anderen Fall ist die Technik oder sind die Räume belegt. Eine optimale Auslastung muß sichergestellt werden. Kann das nicht geschehen, sind Verluste die Folge. Die Existenz der Bildungseinrichtung ist gefährdet. Handelt es sich um eine privat finanzierte Einrichtung, kann sie genauso wie jedes andere Unternehmens in Konkurs gehen.

5. FUNKTIONALES MANAGEMENTHANDELN IN DER WEITERBILDUNG

5.1	**Managementfunktionen**	268
5.2	**Corporate-Identity Management**	272
5.2.1	Kultur- und Innovationsmanagement	273
5.2.2	Unternehmensidentität	274
5.2.3	Wirtschaftlicher Erfolg	276
5.2.4	Kultur-Analysen	276
5.2.5	CI-Mix	279
5.2.6	Realisierung von Corporate-Identity	282
5.2.7	Entwicklungsstufen von Bildungsunternehmen	283
5.3	**Informations- und Kommunikationsmanagement**	285
5.3.1	Internet	285
5.3.2	Aufgaben des Managements	289
5.3.3	Kommunikationssituation	291
5.3.4	Kommunikationselemente	291
5.3.5	Kommunikations-Marketing	294
5.3.6	Zielgruppenbezogenes Marketing	297
5.3.6.1	Wer sind die Teilnehmer?	297
5.3.6.2	Welche Reaktion wird angestrebt?	301
5.3.6.3	Welche Botschaft ist zu entwickeln?	304
5.3.6.4	Medien, die in der Weiterbildung zum Einsatz kommen	306
5.4	**Entscheidungsmanagement**	308
5.4.1	Entscheidungskompetenzen in der Weiterbildung	308
5.4.2	Entscheidungsmodelle	300
5.4.3	Entscheidungsträger	310
5.4.4	Arten von Entscheidungen	311
5.4.5	Geschlossene und offene Entscheidungssysteme	313
5.4.6	Problemreduktion	315
5.4.7	Gegenstände von Entscheidungen	316
5.4.8	Phasen des Entscheidungsprozesses	317
5.4.9	Entscheidungsverfahren	317
5.4.10	Management-by-Konzepte	325
5.5	**Planungs- und Organisationsmanagement**	329
5.5.1	Effizienzkriterien	330
5.5.2	Strategische, operative, taktische Planung	331
5.5.3	Planungsvoraussetzungen und -instrumente	333

5.5.4	Organisationsentwicklung	335
5.5.5	Organisationsansätze	336
5.5.6	Profit-Center	343
5.5.7	Rechtliche Organisationsformen	344
5.5.8	Bürokommunikation	346
5.5.9	Organisatorische Gestaltung	349
5.5.10	Grundlagen lernfähiger Organisationen	350
5.5.11	Erfolgversprechende Organisationsregeln	354
5.6	**Motivations- und Lernmanagement**	**355**
5.6.1	Sozialisation und Lernen	356
5.6.2	Leistungsfähige Teams	357
5.6.3	Grenzen der Motivation	359
5.6.4	Mitarbeiter als Erfolgspotential	360
5.6.5	Personalmanagement	362
5.6.6	Gegenstände und Ziele der Personalentwicklung	365
5.6.7	Erklärungsansätze für Motivation und Lernen	366
5.7	**Bildungserfolgscontrolling**	**370**
5.7.1	Controlling	371
5.7.2	Evaluation und Wirkungskontrolle	373
5.7.3	Bildungserfolgscontrolling	375
5.7.4	Prinzipien der Kontrolle	376
5.7.5	Elemente des betrieblichen Bildungscontrollings	378
5.7.6	Beurteilungskriterien des Erfolgs	379
5.7.7	Bildungsbilanz – Input/Output-Rechnung	382
5.7.8	Kundennutzen und Wertvergleichs-Methode	384

5.1 Managementfunktionen

In der Betriebswirtschaft ist es üblich, den **Managementprozeß** aus einer strategischen und operativen Sichtweise zu betrachten. Das ist auch hier explizit in den Kapiteln drei und vier erfolgt. Darüber hinaus finden sich in der Managementliteratur spezielle Sichtweisen, zum Beispiel eine integrative, evolutionäre oder systemische. Um der Komplexität des Managementprozesses in der Weiterbildung näherzukommen, ist es das **Ziel** des fünften Kapitels, wichtige Funktionen – im Sinne von Einzelleistungen – des Entstehungsprozesses zu beschreiben. Dabei wird das Handeln des Bildungsmanagers quasi in Einzelteile zerlegt und analysiert. Es werden Entscheidungs-, Organisations- und Kommunikationsprozesse in ihrer Struktur beschrieben und auf das Handeln im Weiterbildungssektor bezogen. Indem das Managerhandeln in seinen Funktionen untersucht wird, werden Wissenselemente erkennbar, von denen Fachbereichs- oder Organisationsleiter, Berater, Planer und Geschäftsführer etwas verstehen müssen. Erfolgreich wird das Handeln in einer Bildungseinrichtungen dann, wenn es der Institution gelingt, die Einzelleistungen im Team systematisch und vorausschauend zu vernetzen.

Managementfunktionen

Die **Effizienz eingespielter Teams** beruht auf Verständigung und Abstimmung. Die Tätigkeit wird auf strategische Ziele gerichtet, die von den Mitgliedern einer Organisation geteilt werden müssen. Die Aufgabenerfüllung erfolgt in der Praxis meist pragmatisch und ist durch das funktionale Zusammenwirken aller Beteiligten bestimmt. Wenn die Ziele einer Einrichtung klar sind, muß das Handeln zwischen allen Beteiligten ausbalanciert werden. Im Handlungsvollzug muß das **Wie** vereinbart werden. Damit das gelingt, ist auch ein Minimum an emotionaler Übereinstimmung zwischen den Handelnden nötig. Dabei wird im Berufsalltag ständig geprüft, was machbar ist.

Jede Bildungseinrichtung muß die für sie erfolgreiche Strategie entwickeln; jedes Unternehmen tut gut daran, die eigenen **Menschen- und Organisationsbilder** zu pflegen. Dies gilt vor allem in der Weiterbildung, die es in den Lehr-/Lernprozessen mit den Menschen selber zu tun hat. Im Lehren und Lernen geht es um die Beeinflussung des Denkens und Handelns von »individuellen Köpfen«. Deshalb kann in der Betrachtungsweise des funktionalen Managements nicht eine Managementkonzeption als die allein richtige dargestellt werden. Das widerspräche auch den vielfältigen – und zum Teil sehr erfolgreichen – Unternehmensansätzen in der pluralen Struktur der Weiterbildung.

Die Ansatzpunkte für eine Vorwärtsstrategie könnten im Sinne der Systemtheorie von *Luhmann (1968, 1984)* dahingehend interpretiert werden, daß das funktionale Managementhandeln durch didaktische Planung die **Komplexität der Wirklichkeit** reduziert. Dadurch entsteht ein Ordnungsrahmen für das strategische und operative Handeln. Es ist wie bei einem erfahrenen Angler, der nicht erst darauf wartet, daß der Fisch an der Angel zappelt, sondern der beobachtet, wie sich der Fisch dem Köder nähert. Da er weiß, wie er mit der Angel umgehen muß, fängt er den Fisch. Übertragen auf innovative Unternehmen bedeutet das, sie machen keine unrealistischen Vorhersagen, sondern versuchen ihre Pläne so genau wie möglich der Wirklichkeit anzupassen. Wenn die Aufgabenerfüllung in einer Bildungseinrichtung mit Hilfe des funktionales Managementwissen optimiert wird, könnten die Mitarbeiter aus ihren Stärken heraus die Unternehmensziele anstreben. In diesem Kapitel sollen also die folgenden Managementfunktionen beschrieben werden:

Einzelleistungen des Managements
Corporate-Indentity-Management
Kommunikations- und Informationsmanagement
Entscheidungsmanagement
Planungs- und Organisationsmanagement
Lern- und Motivationsmanagement
Bildungserfolgscontrolling

5.1.1 Systemzusammenhänge

Erfolgreich werden Organisationen dann, wenn sich die Fach- und Führungskräfte selbst als Erfolgspotentiale begreifen. Mitarbeiter zur optimalen Leistung zu führen bedeutet, ihre Stärken zu fördern. Unter Wettbewerbsbedingungen lautet das anzustrebende Ziel, eine **Führungspositionen** im Bildungsmarkt zu erringen. Das gilt für eine Bildungseinrichtung, die sich ein Image aufbauen will genauso, wie für ein Modellprojekt, das innovativ sein soll. Ebenso akzeptabel ist der Anspruch von Teilnehmern, bestmöglich weitergebildet zu werden. Aus der Sicht des Management spielt es keine Rolle, ob Führungskräfte, Jugendliche oder Arbeitslose qualifiziert und trainiert werden. Es muß das Ziel sein, immer ist die bestmögliche Leistung zu erbringen. Das sichert die Führungsposition und den Erfolg.

Spitzenleistungen in der Weiterbildung zu erbringen ist keine leichte Aufgabe, zumal die Standards unterschiedlichen Wertsystemen entsprechen müssen. Fühlt sich die private Weiterbildung den Teilnehmern und dem Betriebsergebnis verpflichtet, so verfolgen staatliche Einrichtungen bildungspolitische Ziele. Professionelles Weiterbildungsmanagement orientiert sich vorrangig am Bildungsbedarf im Markt. In jedem Fall muß das Management den politischen Herausforderungen einer hoch entwickelten Wirtschaft und Gesellschaft standhalten. Damit das gelingt, hat die Aufgabenerfüllung funktionalen Ansprüchen zu genügen. Alte hierarchische Einflüsse verlieren an Bedeutung. Mit einer komplizierten Über- und Unterordnung bestimmter Tätigkeiten im Managementprozeß werden keine Probleme gelöst. Entscheidend ist das optimale Zusammenwirken im Team.

- Die Entwicklung von **Corporate-Identity** (Kap. 5.2) ist kein kosmetisches Facelifting. Es geht um ein ganzheitliches und identitätsstiftendes Konzept, das den Teilnehmern und Kunden genauso wie den Mitarbeitern Werte und Orientierung vermitteln muß. Werden dabei die Mitarbeiter als Erfolgspotentiale angesehen, kann in einem offenen Klima ein Wir-Gefühl entstehen, das Raum und Zeit für Innovationen läßt. Das muß in Bildungseinrichtungen sichergestellt werden, damit der Erneuerungsprozeß schnell genug verlaufen kann.

Neue **Ideen** entstehen täglich in der Weiterbildung. Kurse verändern ihre Inhalte, Berufsanforderungen verlangen neue Angebote. Vor wenigen Jahren gab es kein Superlearning und auch kein Internet. Manchmal sind es nur geringe Veränderungen, die ein Seminar vom »Flop« zum »Renner« werden lassen. Das **Innovationsmanagement** hat für neue Ideen zu sorgen. Angebote müssen zur Marktreife gebracht werden. Als marktfähige Produkte bzw. Dienstleistungen können sie Gewinn bringen. Heute entstehen Innovationen meist nur noch durch **systematische Marktbeobachtung** und Forschung. Neue Produkte sind das Ergebnis von Aufgeschlossenheit dem Wandel gegenüber und genauer Marktkenntnis. Vermittelt werden kann nur Know-how, das den

Managementfunktionen

Interessen der Nutzer und Anbieter entspricht. Dabei verlangt der Gedanke des Corporate Identity, daß die Angebote dem Image der eigenen Einrichtung entsprechen müssen.

- Weiterbildungskonzepte werden dann erfolgreich, wenn die handelnden Personen den Strang in eine Richtung ziehen. Dabei geht es um den Gleichklang in einem Beziehungsgeflecht, das in hohem Maße auf Kommunikation beruht. Die Art und Weise der Zusammenarbeit muß in Bildungseinrichtungen gestaltet werden. Es wäre verkürzt, anzunehmen, **Kommunikationsmanagement** (Kapitel 5.3) richte sich vorrangig auf die technische Gestaltung moderner Informationsmedien. Informations- und Kommunikationstechnologien sind nur Mittel zum Zweck, denn Kommunikation ist eine zwischenmenschliche Tätigkeit.
Die modernen Informations- und Kommunikationstechnologien, insbesondere das Internet und Intranet eröffnen der Weiterbildung ungeahnte Möglichkeiten. Kommunikation muß im Rahmen eines auf Effizienz bedachten **Informationsmanagements** (Kap. 5.3) optimal organisiert werden. Weil viele Systeme weder kompatibel noch ausgereift sind, noch einfach bedient werden können, müssen alle Mitarbeiter in ständige Lernprozesse einbezogen werden. Immer mehr gilt auch für die Weiterbildung selbst, nur wer schon heute mit den modernen und schnellen Medien arbeitet, wird auch in Zukunft Informationsvorsprünge nutzen können. Telekommunikation, Datenbanken und Computer sind unverzichtbar.

- Das **Entscheidungsmanagement** (Kap. 5.4) liefert den Rahmen für die Strukturierung von Handlungsalternativen. In jeder Situation gilt es, bessere Entscheidungen zu treffen. Zu den schwierigen Organisationsaufgaben gehört die Entwicklung einer Entscheidungsstruktur, die den Anforderungen einer innovativen und leistungsstarken Organisation gewachsen ist. Während hierarchische Entscheidungsmodelle durch Über- und Unterordnung zu Entscheidungen kommen, setzen Beteiligungsmodelle auf die Mitwirkung der Fach- und Führungskräfte. Das Arbeiten und die Entscheidungsfindung im Team ist gefragt. Innovative Strukturen erfordern einen partizipativen Informationsaustausch.

- Aufgabe des **Organisations- und Planungsmanagements** (Kap. 5.5) ist es, eine Betriebsstruktur zu konzipieren, mit der die Unternehmensziele umgesetzt werden können. In der Weiterbildung muß der Prozeß des didaktischen Planungshandelns darauf gerichtet werden, daß Seminare und Weiterbildungsmaßnahmen effektiv geplant und durchgeführt werden können. Das Management trägt mit der Organisationsentwicklung für die optimale Planungsstruktur Verantwortung. Entscheidend ist der möglichst reibungslose Ablauf im Arbeitsalltag. Dem Organisationsmanagement fällt die Aufgabe zu, die Planungs- und Organisationsmittel sicherzustellen.

- Der Mitarbeiterführung und -motivation wird in der Personalwirtschaft eine wichtige Rolle beigemessen. Im **Lern- und Motivationsmanagements** (Kap. 5.6) gilt es ein komplexes Verhältnis zu beleuchten: Motivation der Mitarbeiter in einer Bildungseinrichtung bedeutet immer auch Motivation der Kunden. Das Engagement der Führungskräfte und Lehrenden wirkt sich auf das Bildungsangebot aus. Aktive Dozenten können ihre Teilnehmer besser motivieren als andere. Andererseits wirkt es demotivierend, wenn Mitarbeiter oder Dozenten unausgeglichen sind. Es gibt einen Zusammenhang zwischen dem Verhalten der Fach- und Führungskräfte sowie dem der Teilnehmer einer Einrichtung. Die Gestaltung dieses Verhältnisses ist ein zentrale Aufgabe des Managements. Zufriedenheit und Erfolg stellen sich nicht schon mit dem Kauf eines Seminars ein. Sie können nur individuell durch Eigenleistung, das heißt Lernen, erfahren werden.

In lernfähigen Organisationen sind selbstmotivierte Leistungen und Aufgabenstellungen möglich. Motivationen liegen Lernleistungen zugrunde. Insbesondere das **Selbstmanagement** ist eine zukunftsweisende Fähigkeit, die im Interesse der eigenen Einrichtung gefördert werden muß. Dabei reichen materielle Werte für hochqualifizierte Mitarbeiter immer weniger aus. Die Arbeitsleistung kann auch durch angemessene Handlungsspielräume gesteigert werden. Lern- und Motivationsmaßnahmen müssen die Persönlichkeit ansprechen.

- **Kontroll- und Wirkungsmanagement** muß den Erfolg einer Einrichtung feststellen und sichern. Dabei ist Qualität in der Weiterbildung der Schlüssel zum Erfolg. Qualität spricht sich herum. Das Bildungscontrolling (Kap. 5.7) hat die Leistungserbringung auf einem hohen Qualitätsniveau zu gewährleisten. Im Rahmen der Qualitätskontrolle stehen alle Leistungserbringer auf dem Prüfstand. Während sich das Controlling auf die effiziente Betriebsorganisation bezieht, geht es im Wirkungsmanagement oder der Evaluation um den Erfolg des pädagogischen Prozesses. **Bildungserfolgscontrolling** will die pädagogischen und betriebswirtschaftlichen Komponenten verbinden. Seine Bedeutung nimmt in dem Maße zu, wie erkannt wird, daß Bildungsmaßnahmen investiven Charakter sowohl für das Individuum als auch für das Unternehmen haben.

5.2 Corporate-Identity Management

Corporate-Identity (CI) ist in erster Linie Kultur- und Innovationsmanagement. Corporate-Identity sollte als Bildungskonzept und damit als strategischer Ansatz verstanden werden. Die Notwendigkeit des CI-Managements in allen seinen Facetten hat handfeste Veränderungen im Markt, den Produkten, im Wertewandel und bei den Mitarbeitern zur Voraussetzung. Auf die neuen Lernbedürfnisse der Erwachsenen, die mit dem beschleunigten technischen, ökonomischen, ökologischen und soziokulturellen Wandel konfrontiert werden, hat

Corporate-Identity Management

die Weiterbildung neue Antworten zu finden. Eine erfolgreiche Bildungseinrichtung stellt sich auf die Veränderungen der Teilnehmerbedürfnisse mit seiner gesamten Organisation aktiv ein. CI ist nicht einfach eine Strategie, die sich das Management ausdenkt. CI ist Teil der Unternehmenskultur, aus der die Management-Aktivitäten erwachsen.

Den **rasanten Wandel** bewältigen diejenigen Einrichtungen am besten, die sich von starren und autoritären Führungssystemen und Verhaltensweisen abkehren. Jedoch nicht die Autorität steht zur Disposition, sondern autoritäres und dummes Gehabe. Leistungsorientierte, hochqualifizierte Fach- und Führungskräfte müssen gewonnen werden. Sie müssen von ihren Aufgaben überzeugt sein. Ohne die Einbindung ihres individuellen Engagements und die Ausbalancierung auf die Unternehmensinteressen werden Bildungsunternehmen im Wettbewerb auf der Strecke bleiben.

Zeugt das Entstehen immer neuer Bildungsinstitute von einer hohen Flexibilität, so führt die mangelnde **Profilbildung** der Trainer und Einrichtungen zu Unsicherheiten und Irritationen im Bildungsmarkt. Angebotsvielfalt und mangelnde Konturen erschweren ein Wiedererkennen. Kurze Kurszyklen machen die Kontinuität schwierig. Ohne ein eigenständiges Image, ohne gleichmäßig herausragende Leistungen steht der Erfolg von Bildungseinrichtungen auf dem Spiel.

5.2.1 Kultur- und Innovationsmanagement

Kultur- und Innovationsmanagement ist im Kern eine Corporate-Identity-Strategie und kein Ersatz für eine Unternehmens-Strategie. CI definiert die Erfolgsfaktoren und zeigt auf, wie die vorhandenen Fähigkeiten und Ressourcen effektiv und überzeugend genutzt werden können. Dabei sollten ganzheitliche und vernetzte Systeme angestrebt werden. Während die Unternehmensstrategie auf den Zusammenhang von Zweck, Zielen, Wachstumsstrategie sowie den Portfolio-Plan ausgerichtet ist, stellt die CI-Strategie auf die Werte und qualitativen Rahmenbedingungen ab.

Weiterbildungsveranstaltungen müssen aus einer **Unternehmensphilosophie** heraus konzipiert werden. Dabei läßt sich der Zusammenhang wie folgt skizzieren: Grundsätze und Leitlinien müssen entwickelt werden. Leitbilder und Ziele sind Vorgaben für das Signet/Logo. Daraus ergibt sich auch das Design, in dem eine Einrichtung im Markt auftritt. Die Verhaltensweisen der Mitarbeiter und die Art und Weise der Kommunikation sollten so weit wie möglich in sich konsistent sein. Die besondere Stärke und Einzigartigkeit eines Unternehmens muß hervorgehoben werden. Jede Einrichtung muß ein deutliches Profil gewinnen. Je attraktiver und durchgängiger die Unternehmensphilosophie sich im Design, der Kommunikation, den Produkten und dem Verhalten der Mitarbeiter ausdrückt, um so klarer können die Teilnehmer und Kunden die Konturen erfassen.

Der **CI-Zusammenhang** läßt sich wie folgt darstellen:

5.2.2 Unternehmensidentität

Der Schlüssel zum Erfolg liegt bei den Teilnehmern. **Nachfrageorientierung** ist die Kunst, die Lernbedürfnisse der Teilnehmer in den Bildungsangeboten zu antizipieren. Dazu ist Einfühlungsvermögen notwendig, weil Teilnehmer und Kunden nicht einfach rational agieren, sondern individuell aus ihren Lebenszusammenhängen heraus handeln. Teilnehmerorientierung hat seit Mitte der 70er Jahre Einzug in die Erwachsenenbildung gehalten. Sie bedient sich heute zunehmend professioneller Instrumente des Marketings und der Didaktik. Dies allein reicht immer weniger aus, weil viele Einrichtungen das Gleiche tun. In der Angebotsvielfalt ist die Gewinnung der Teilnehmer zu einer Sache der **Vertrauensbildung** geworden. Sie kann gelingen, wenn die Selbstdarstellung mit einem kundenorientierten Selbstverständnis korreliert. Vertrauensbildende Maßnahmen setzen insbesondere auf den **Dauerkunden.**

Die **Identifikation** mit einem Unternehmen resultiert aus zwei Entwicklungen.

- Sie entsteht aus der **Identität** sich als Individuum erleben zu können. Individuelle Identität bezieht sich auf die Einzigartigkeit und Einmaligkeit eines jeden Menschen. Identität beinhaltet die Fähigkeit, mit sich selbst gleich sein zu können. Damit einher geht Kontinuität im Denken, im Handeln sowie im Selbstbewußtsein.

- Sie entsteht aus der **sozialen Identität.** Sie bezieht sich auf die Zugehörigkeit des Individuums zu einer Familie, einer Gruppe von Menschen, einem Unternehmen. In sozialen Milieus, im Berufsalltag oder in Branchen – mit typisch ausgeprägten Verhaltensmustern – werden Maßstäbe für das erfolgreiche Handeln in Lebensbereichen gebildet.

Unternehmensidentität kann als Identität von Selbständigkeit und Branchenzugehörigkeit definiert werden. Beinhaltet die Unternehmertätigkeit einen hohen Grad an Selbständigkeit, Aktivität und Selbstverantwortung, so hat der Bildungsmarkt darüber hinaus eigene Spielregeln des Zusammenwirkens ausgebildet. Die Philosophie gemeinnütziger Tätigkeit steht der gewinnorientierten Tätigkeit im Grunde entgegen. Das Selbstverständnis von Einrichtungen unterscheidet sich dadurch erheblich. In jedem Fall sollten Bildungseinrichtungen auf die spezifischen Bedingungen ihres Marktbereichs achten. Insgesamt stellt der Bildungsmarkt den sozialen Raum dar, in dem die Einrichtungen ihre Identität finden müssen. Identität ist das Ergebnis von Akzeptanz und der Zugehörigkeit zu einer Kommunikationsgemeinschaft von Einrichtungen. Erfolgreiche Bildungseinrichtungen genießen Anerkennung bei ihren Teilnehmern und Kunden sowie den Mitbewerbern.

Identität und Image gehören eng zusammen. Die Identität eines Unternehmens wird von den Kunden und Teilnehmern nur selten bewußt analysiert. Sie wird im Umgang mit der Einrichtung, den Dozenten, den Mitarbeitern erlebt und empfunden. Je glaubwürdiger die Selbstdarstellung gelebt und empfunden werden kann, das heißt mit den Zielen und Qualitäten der Angebote übereinstimmt, um so vertrauensbildender wirkt sich das aus. Identität bezeichnet das Wir-Gefühl als erlebte Einheit. Sei das Image positiv oder in Teilabschnitten auch negativ besetzt, es gibt keine Einrichtung ohne Identität. Sie erstreckt sich auf das Selbstverständnis der Einrichtung, die Angebotsstruktur, die Mitarbeiter, das Engagement und die besondere Art und Weise, wie das Unternehmen im Markt agiert. Der rasante Wandel verlangt dabei einerseits Kontinuität, damit ein Image identifiziert werden kann, andererseits ständige Anpassung.

CI-Maßnahmen in der Weiterbildung müssen sich an die Teilnehmer und Kunden richten, die immer selbstbewußter und anspruchsvoller werden. Sie sagen deutlich und konkret, was sie Lernen wollen. Sie stellen Ansprüche an die Methoden; sie wollen beim Lernen Spaß haben. Teilnehmer von heute interessieren sich nicht mehr allein für einen Kurs. Sie wollen wissen, was das Institut darstellt. Die Erwartungshaltung gegenüber dem Bildungsträger prägt die Beurteilung über das Produkt entscheidend mit. Hierauf müssen sich die CI-Maßnahmen einlassen. Ein Management-Institut sollte sich anders präsentieren als eine Sprachenschule. Das Unternehmensprofil muß jene Identifikationsmöglichkeit schaffen, von dem sich die Teilnehmer angezogen fühlen. Die Wellenlänge muß stimmen. Sich Wohlfühlen hat nichts mit »Gefühlsduselei« zu tun, sondern mit dem Anspruch erwachsener Menschen, so Lernen zu wollen, wie es ihren Vorstellungen entspricht. Lernen wird als Medium der Qualifizierung und zugleich als Ausdruck der Selbstverwirklichung begriffen.

Dem **CI-Management** liegt eine ganzheitliche Sichtweise zugrunde. Im didaktischen Planungsprozeß ist das Alltags- und Berufswissen so umzusetzen, daß sich die Teilnehmer in den Kursen wiederfinden. Die Identifikation mit den Angeboten, den Inhalten, den Dozenten, also mit der Institution schafft jene Nähe, die im Weiterbildungsmarkt unerläßlicher wird. Konsequente Kundennähe beinhaltet nicht oberflächliche Kosmetik, sondern die Einbeziehung der Teilnehmererfahrungen und Bedürfnisse in das Produkt der Weiterbildung. Den Anschluß an das Erfahrungswissen der Teilnehmer zu suchen, ist nicht einfach ein Marketing-Gag. Das **Anschlußlernen** muß konstitutiv in der Konzeptentwicklung angelegt sein, weil Lernen ein Prozeß der Eigenaktivität und der subjektiven Anstrengung ist, die dem Teilnehmer kognitive und emotionale Energien abverlangt. Wenn es dem CI-Management gelingt, dieses kulturspezifische Wissen erfolgreich in die Konstruktion von Veranstaltungen einzubringen, ist ein hoher Professionalisierungsgrad im Bildungsmanagement erreicht.

5.2.3 Wirtschaftlicher Erfolg

CI-Maßnahmen müssen zur Steigerung der Effizienz beitragen. Wenn sie ein positives Klima schaffen, hat das **wirtschaftliche Konsequenzen.** Mit einem erfolgreichen firmenspezifischen Image wächst das Selbstvertrauen und kann die Nachfrage gesteigert werden. So, wie die Spitzenmodelle von BMW oder Mitsubishi als Technologie-Träger die neuen Ideen der Unternehmen verkörpern, sollte in der Weiterbildung die innovative Lösung in jedem Kurs repräsentiert sein. Innovative Lösungen finden sich gleichwohl im Detail wie im Gesamtprodukt. Das ist in der Weiterbildung noch keineswegs selbstverständlich. Nur eine Handvoll Institute kann für sich in Anspruch nehmen, Spitzenangebote zu machen. Im Gegensatz zu High-Tech-Produkten, die eine hohe Perfektion erreichen, steckt die professionelle Produktentwicklung in der Weiterbildung noch in den Kinderschuhen. Viele Bildungsangebote haben den Charakter des Beliebigen. Viele Angebote stellen Lehrbuchweisheiten vor und zeugen von wenig Praxisnähe. Nur das Beste an Leistung und Qualität darf dem Teilnehmer zugemutet werden. Erst daraus entstehen anerkannte **Markenprodukte.** Erst dann werden die Kunden bereit sein, in ihre eigene Bildung mehr Geld zu investieren.

Eine der wichtigsten Voraussetzungen des wirtschaftlichen Erfolgs von CI-Maßnahmen ist die **Aktivierung der Mitarbeiter.** Das firmenspezifische CI-Konzept muß jedem Beteiligten einsichtig vermitteln, wie er – ganz persönlich – zum Erfolg beitragen kann. In vielen Fällen jedoch werden die Mitarbeiter über betriebliche Probleme und neue Aufgaben nicht oder nur nebenbei informiert. Wer glaubt, das reiche aus, verkennt den Eigensinn der Menschen, die beteiligt sein wollen. Das läßt sich zur Stärkung einer Institution nutzen.

5.2.4 Kultur-Analysen

Ausgangspunkt neuer CI-Maßnahmen sollte die Analyse der aktuellen Unternehmenssituation sein. Die **Stärken** und **Schwächen** müssen erkannt werden. Daraus lassen sich neue Ziele ableiten. Aufgabe der Unternehmensführung ist es, einen Innovationsprozeß einzuleiten, der die Zukunft sichert. Um in der Sprache des CI zu bleiben, handelt es sich dabei um einen CI-Mix, bestehend aus Maßnahmen des Corporate-Communication, Corporate-Design und Corporate-Behavior *(vgl. Keller 1990, S. 38).*

Corporate-Identity Management

Aufschluß über ein **Stärken-Schwächen-Profil** kann die folgende Abbildung geben. Der Erfolg eines Unternehmens läßt sich als Summe der Qualität der Bildungsarbeit und der Stärke der vorhandenen Unternehmenskultur definieren. Die Leistungsfähigkeit pendelt dann zwischen den Poolen »gesund« und »krank«. Einrichtungen, die sich durch Wir-Gefühl, Kompetenz, Produktivität und Bewußtsein der Wettbewerbsfähigkeit auszeichnen, haben beste Chancen erfolgreich zu sein.

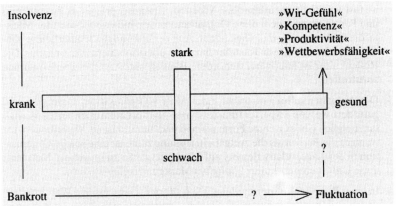

Eine positive **Unternehmenskultur** kann vieles leisten:

- Sie stützt die Identität, das **Wir-Gefühl,** das Selbstbewußtsein, die Berufsrollenidentifikation der Mitarbeiter. Sie gibt dem Handeln einen Sinn.

- Sie übermittelt die Außenstehenden konfliktfrei die **Kompetenz** des Unternehmens.

- Sie erhöht die **Produktivität,** weil die Mitglieder ihre Arbeitszeit nicht damit verbringen müssen, Konflikt-Vermeidungs-Strategien zu entwickeln.

- Die offene Kommunikation ist Grundvoraussetzung für neue Ideen, Kreativität, Innovationsfähigkeit und damit ein entscheidender Faktor der **Wettbewerbsfähigkeit.**

Interessant für die Analyse der Unternehmenskultur ist die **Kultur-Typologie** von *C. F. Handy.* Er unterscheidet vier Kultur-Typen, die unterschiedliche Verhaltensweisen betonen:

1. Die **Machtkultur** ist geprägt durch ein einziges Zentrum, einen Mittelpunkt, an dem sich alles ausrichtet. Sie hat die Form einer Spinnwebe, wobei eine

mächtige Person im Zentrum das gesamte Unternehmen kontrolliert. Es gibt wenig Regeln, wenig Bürokratie. Jeder versucht, so nahe wie möglich an das Zentrum zu gelangen, Macht zu erreichen und zu erhalten. Diese Kulturform findet man häufig bei inhabergeführten Unternehmen. Sie ist anfällig für Intrigen.

2. Die **Rollenkultur** ähnelt hingegen einem griechischen Tempel mit einem spitz zugehenden Dach. Die Säulen, die dieses Dach tragen, sind festgefügt durch Hierarchie, Status, Rechte, Pflichten, Vereinbarungen, Abmachungen und Reglements. Konflikte werden einvernehmlich geregelt, korrektes Verhalten ist fast wichtiger als effizientes Arbeiten. Ein ausgeprägter Bürokratismus und Formalismus macht diese Organisationsform inflexibel. Sie ist für Märkte, die in Bewegung sind, ungeeignet. Auf Veränderungen reagiert diese Kultur entweder mit einem Totstellreflex oder übertriebenem Aktionismus. Die Rollenkultur ist häufig bei Behörden, Banken und Automobilunternehmen anzutreffen.

3. Die **Aufgabenkultur** entspricht einer Matrix-Organisation. Gefordert und gefördert werden Expertentum, leistungs- und problemorientiertes Verhalten. Folglich gibt es wenige Formalismen und hierarchische Abstufungen. Da weniger die Person als die Aufgabenerfüllung zählt, ist eine solche Organisation in der Lage, relativ flexibel auf Marktereignisse zu reagieren. Man trifft diese Unternehmenskultur häufig bei Markenartikelherstellern.

4. In einer **Personenkultur** ist jeder ein Star für sich. Gemeinsame Wertanschauungen und Interessen halten die Organisation zusammen. Aber im Prinzip ist es das Individuum, das im Vordergrund steht. Diese Kulturform ist typisch für Beratungsunternehmen.

(vgl. Handy 1976, nach Keller 1990, S. 49 f.)

In der Bildungslandschaft finden sich die Kulturtypen in Mischformen wieder. In der Rollenkultur kann sehr wohl eine Machtkultur vorhanden sein, wenn Führungskräfte einen ausgeprägten individuellen Geltungsanspruch entfalten können. Die Leistungsfähigkeit eines Bildungsunternehmens wird sich darin zeigen, wie ausbalanciert die Parallelkulturen sind. Wenn sie sich gegenseitig blockieren, kann es zum Schaden der Einrichtung sein. Ergänzen sie sich, können sie leistungsfähig werden.

Bildungseinrichtungen sollten eine starke Handlungsorientierung entwickeln und ihr Dienstleistungsangebot mit einer Verkaufsmannschaft an die Teilnehmer herantragen. Teamgeist und inhaltliches Interesse an Inhalten sowie den Lehr- und Lernprozessen sichert langfristige Erfolge. Die Zugehörigkeit zu einem erfolgreichen Team ist ein wesentlicher Motivationsfaktor der Macher.

5.2.5 CI-Mix

CI-Mix wird hier als Gesamtheit der Maßnahmen verstanden, die sich als CI-Management darstellen. CI ist also weder allein eine Aufgabe des **Design,** noch der **Kommunikation** oder der **Verhaltensweisen** der Mitarbeiter. Ein anspruchsvolles Logo, eine exzellente Verpackung und die passende Werbung sind nicht genug, wenn das Verhalten der Mitarbeiter diesen Ansprüchen nicht genügt. Erst wenn alles zusammenpaßt, gewinnt das CI-Mix die richtige Power.

1. **Corporate-Design** ist zur Marktdurchdringung von immanenter Bedeutung. Ein Name, mit einem einprägsamen Logo verbunden, sorgt für einen hohen Wiedererkennungswert. Das Signet ist häufig der erste Impuls zur Wahrnehmung eines Instituts. Ein Logo muß so einfach und eindeutig sein, daß es jederzeit wiedererkannt wird. Es ist der **optische Impulsgeber** für die Kommunikation zwischen Unternehmen und Teilnehmer. Ein futuristisches Design vermittelt dem potentiellen Kunden einen anderen Anspruch, als ein konventionelles Namensschild. Klare Designaussagen bringen Wettbewerbsvorteile.
Ein Logo sollte als **Markenzeichen** angelegt sein. Es muß für das Image und die Qualität der Bildungsarbeit bürgen. Markenzeichen entstehen dann, wenn die Produktqualitäten mit den Werten des Erscheinungsbildes übereinstimmen. Eine Marke ist ein Name, der für eine klare und eindeutige Leistung steht. Markennamen müssen unverwechselbare Merkmale enthalten. Sie machen ein Produkt zu dem, was es ist. Wenn Markenname und Firmenname miteinander identifiziert werden, erreicht das CI-Design seine volle Wirkung.
Eine erfolgreiche Marke weckt beim Teilnehmer **Vertrauen in die Qualität.** Vertrauen beruht auf der Kenntnis guter Leistungen. Sie bewirken Anerkennung und die Einschätzung der Leistungsfähigkeit. Wer sich zu einem Kurs in der Weiterbildung entscheidet, zahlt in der Regel, bevor er eine Leistung erhält. Er kauft eine Erwartung. Erst wenn er teilgenommen hat, weiß er, ob das Seminar den Preis wert war. Der Name einer Bildungseinrichtung muß das Risiko einer Fehlentscheidung minimieren. Im Bildungsmarkt, der durch Intransparenz der Angebotsfülle gekennzeichnet ist, übernimmt die Marke bzw. das Image eines Instituts eine Orientierungsfunktion für den Entscheidungsprozeß. Sie gibt ein Versprechen auf die Qualität des Angebotes in materieller wie psychologischer Hinsicht ab. Vertrauen in eine Marke bedeutet zugleich, Vertrauen in ein Unternehmen.
Einem Bildungsunternehmen, dem es gelingt, ein Design in Form eines **Firmenzeichens** (Logo/Signet) zu etablieren, das für sich allein eine spezifische Assoziation auslöst, hat ein hohes Maß an Eigenständigkeit erreicht. Die Entwicklung eines unverwechselbaren Firmen-Designs ist ein geeignetes und notwendiges Instrument zur symbolischen Identitätsvermittlung und Wiedererkennung. Eine klare Design-Linie, die sich gleichbleibend durch eine Organisation zieht, stellt einen Kristallisationspunkt dar. Er erhöht nachgewiesener Maßen den Bekanntheitsgrad des Unternehmens und seiner Produkte.

Zeichen, Signets, Logos sind **Botschaften** und Hinweise auf eine Unternehmensidentität. Sie allein können jedoch nicht ihre kommunikative Wirkung entfalten. Symbole sollten mit verbalen Botschaften verbunden werden, die den Sinn der Zeichen unterstützen. Passende Angebote, Titel oder bekannte Dozenten können fördernd wirken. Das Logo sollte ein visuelles und verbales Ereignis darstellen.

2. **Corporate-Communication** ist der Ausdruck für eine ganzheitliche Kommunikationsarbeit einer Bildungseinrichtung. Sie zeichnet sich durch Produktinformation, Mitarbeiterinformation, PR-Arbeit, Werbung, Sponsoring und personale Kommunikation aus. Alle Maßnahmen sollten abgestimmt sein, damit Synergieeffekte entstehen und Einzelaktivitäten in das Gesamtbild des Unternehmens passen.

Das ist leichter gesagt als getan, denn jede **Information** besteht aus sachlichen und emotionalen Elementen. Sachlich sind die Angaben zu Namen, Daten, Dozenten, Ort, Produkteigenschaften etc.; diese Aussagen werden emotional »eingepackt« und als Botschaften mit Signalwirkung behandelt. Sie sollen Aufmerksamkeit erzeugen und das Image in Richtung Sympathie beeinflussen. Die Botschaft sollte die Ansprüche und Erwartungen der jeweiligen Teilnehmergruppe treffen. Die »Inszenierung und Thematisierung der Unternehmensidentität durch Corporate-Communication-Arbeit schafft eine solche gemeinsame Basis, die eine Fülle von Synergie-Potentialen bietet«*(Keller 1990, S. 62)*.

An erster Stelle sollte das **Firmenprofil** kommuniziert werden. Jedem Teilnehmer sollte klar sein, bei welcher Einrichtung er lernt. Das *Universitätsseminar der Wirtschaft* (USW) hat einen guten Ruf für Managementtrainings; *Berlitz* oder *Inlingua* stehen für Fremdsprachen; die *Industrie- und Handelskammern (IHK)* für eine wirtschaftsnahe Aus- und Weiterbildung; die *Volkshochschulen* haben als Einrichtungen der Erwachsenenbildung Breitenwirkung. Bei Botschaften dieser Art wird die Frage der Profilbildung erkennbar. Profilbildende Slogans sind immer noch selten; **Imageprofile** kaum greifbar. Die Einrichtungen der Weiterbildung haben es noch nicht vermocht, durchsetzungsfähige Botschaften zu kreieren, wie das in anderen Branchen gelungen ist. »Packen wir's an« (Esso); »Wenn's um Geld geht – Sparkasse«; »McDonalds ist einfach gut ...«.

3. Auch die Wirkungsrichtung des **Corporate-Behavior** hat sich nach den Unternehmenszielen zu richten. Durch die Kommunikation der Mitarbeiter mit Teilnehmern und Auftraggebern, also nach außen, entsteht eine Wechselwirkung aus individuellen Mitarbeiterverhalten und einer kundenspezifischen Erwartungshaltung. Entscheidend dabei ist das Mitarbeiterverhalten und der Grad der Identifikation mit der Einrichtung. Sich mit etwas identifizieren beinhaltet einen tiefen- und sozialpsychologischen Sachverhalt. Wenn sich Mitarbeiter mit einem Bildungsinstitut identifizieren sollen, müssen mindestens zwei Voraussetzungen erfüllt sein:

Corporate-Identity Management

- Die **Mitarbeiter** müssen eine prinzipielle Bereitschaft mitbringen, unternehmensspezifische Leitbilder, kulturelle Normen und Werte zu akzeptieren und sie als Orientierungshilfe für das eigene Verhalten zu nutzen.
- Das **Unternehmen** muß seinerseits in der Lage und bereit sein, das Mitarbeiterverhalten positiv zu unterstützen. Das Leistungsverhalten muß belohnt werden.

Im **Mannheimer CI-Test** werden »weiche« und »harte« Faktoren für die Identifikation von Verhaltensweisen erfaßt. Die Identifikationsfähigkeit kann durch die Bereitschaft festgestellt werden, sich mit Personen, Organisationen sowie dem eigenen Unternehmen zu identifizieren. Die Identifikation mit einer Bildungseinrichtung scheint nicht überall stark ausgeprägt zu sein. Sie hat mit inneren Distanzen und einem »Unwohlsein« oder gar »Mißtrauen« der Mitarbeiter zu kämpfen. Wenn CI erfolgreich sein soll, ist die Beeinflussung des Mitarbeiterverhaltens als innerbetrieblicher Lernprozeß unerläßlich. Bildungsmanager müssen die Mitarbeiter für die eigene Einrichtung gewinnen. Dafür müssen Sie Überzeugungsarbeit leisten.

Mannheimer CI-Test

Dimension	Subskalen
Identifikationsfähigkeit	Identifikationsbedürfnis (Empfinden, den eigenen Werten nah zu sein) Identifikationsbereitschaft (Aufgeschlossenheit und Lernbereitschaft, sich mit dem, was man tut, zu identifizieren) Identifikationsscheu (sich fremd fühlen; Distanz wahren, um nichts von sich aufgeben zu müssen)
Leistungsverhalten	Leistungsbereitschaft (Fähigkeit, sich einzubringen und Neues zu erlernen) Leistungsmotivation (Fähigkeit, sich fachlich und emotional auf Herausforderungen einzustellen bzw. Probleme lösen zu wollen)
Zufriedenheit	Arbeitszufriedenheit (Fähigkeit, sich auf betriebliche Bedingungen einzulassen; Fähigkeit, betriebliche Probleme zu verändern) Berufszufriedenheit (Vorstellung, das richtige zu tun)
Unternehmensstil	Informationsverhalten (Bereitschaft, das Wichtige von sich aus mitzuteilen) Führungsstil (Fähigkeit, die Mitarbeiter bei Entscheidungen und dem Erfolg zu beteiligen) Betriebsklima (Zustand, in dem Offenheit und Freude oder Druck und miese Stimmung erzeugt wird)
Leitbildfunktion	Wertschätzung des Unternehmens (Möglichkeit, stolz auf die Leistungen der eigenen Einrichtung zu sein)

(vgl. Keller 1990, S. 79)

Die Dimensionen beruhen auf unterschiedlichen theoretischen Sachverhalten. So kann beispielsweise die Identifikationsfähigkeit festgestellt werden durch die Bereitschaft, sich mit Personen, Organisationen sowie dem eigenen Unternehmen zu identifizieren. Wenn die Geschäftsführung und die Führungskräfte mit gutem Beispiel vorangehen, hat das Signalwirkung.

5.2.6 Realisierung von Corporate-Identity

Die Entwicklung eines **Identitäts-Konzepts** sollte als **Innovations- und Evolutionsprozeß** angelegt werden. Dazu bedarf es Mut, Geduld, Zeit, Engagement, Durchhaltevermögen und Kapital. Ein CI-Konzept kann niemandem »aufgenötigt« werden. Idendifikation ist ein individueller Aneignungsprozeß. Ein CI-Konzept sollte aus der genauen Kenntnis der Innenansichten eines Bildungsinstituts entwickelt werden. Dazu wird Wissen benötigt über:
- Ist-Zustand (Unternehmenskultur)
- Mitarbeiterverhalten
- Image im Innen- und Außenverhältnis
- Stärken- und Schwächeanalyse
- Kommunikationsverhalten
- Wirkung des Design

Voraussetzung zur Realisierung eines CI-Konzepts ist also 1. die genaue **Analyse** der Situation und 2. die **Entscheidung der Unternehmensleitung,** das Bildungsinstitut auf einen CI-Kurs führen zu wollen. 3. ist die CI-Entwicklung eine Aufgabe des gesamten Managements und der Mitarbeiter. Ausgangspunkt sind jene internen Bedingungen und mentalen Fähigkeiten, die den Erfolg einer Einrichtung ausschlaggebend geprägt haben. Funktionales Denken und pragmatisches Handeln müssen eingebunden werden in einen ganzheitlichen Prozeß der Unternehmensentwicklung. Das Handeln in Systemen setzt vernetztes Denken voraus. Mitarbeiter müssen motiviert und einbezogen werden, denn sie sind die Träger der CI-Strategie. CI ist keine Ersatz für gute Produkte. **CI ist eine Gesamtstrategie;** sie hat alle Erscheinungsformen und Aktivitäten im Zusammenhang mit der Unternehmensidentität zu bündeln.

Die **Kriterien** für ein Corporate-Identity-Konzept lassen sich mit *Keller* in der folgenden Übersicht zusammenfassen. Grundlage bildet die gelebte Kultur, in der sich die Kompetenz ausdrückt. Hieraus entsteht die Bildungseinrichtung oder eine Dienstleistung als Markenzeichen (Brands). Mit den Medien/Instrumenten muß die Botschaft in einer typischen Form übermittelt werden. Die geistige Wirkung wird durch die Art und Weise der Identifikation erzeugt. Corporate Behavior und Loyalität drücken sich im Verhalten aus. Das Image wird insbesondere auf psychologischer Ebene vermittelt. Schließlich ergibt sich hieraus der wirtschaftliche Erfolg im Bildungsmarkt. Wenn das, was gewollt wird, eintrifft, erzielt das Konzept seine optimale Wirkung.

Corporate-Identity-Konzept

- Grundlagen : Kultur, Kompetenz, Brands
- Medien/Instrumente : Design, Kommunikation
- kognitive Wirkung : interne und externe Identifikation
- Verhaltenswirkung : Corporate Behavior, Loyalität
- psychologisches Ergebnis : Corporate Image
- wirtschaftliches Ergebnis : Markterfolg
- Ziel : bestimmter Corporate-Identity-Effekt

(Keller 1990, S. 130; i. S. von Markenzeichen)

CI kann also als **strategisches Zentrum** begriffen werden. CI ist kein Allheilmittel. Vor Illusionen ist zu warnen.

5.2.7 Entwicklungsstufen von Bildungsunternehmen

Die gelebte Kultur eines Bildungsunternehmens entscheidet immer häufiger über die Wettbewerbsfähigkeit im Bildungsmarkt. Innere Struktur, Organisationsgrad und Stand der Personalentwicklung sind für die Effektivität von wesentlicher Bedeutung. Die Schnelligkeit, mit der sich Einrichtungen an die Markterfordernisse anpassen, sagt einiges über das Management aus. In einem von *Froemer (1991)* entwickelten Test zur **Ermittlung der Unternehmenskultur** werden sieben Faktoren verdichtet. Das Wissen über die Kulturstufen hat deskriptiven Wert.

Funktionales Managementhandeln in der Weiterbildung

Die **Kulturstufen** werden in vier Phasen gegliedert:

Faktor	Kultur 1 – vorgestern	Kultur 2 – gestern	Kultur 3 – heute	Kultur 4 – morgen
Alter des Unternehmens	älter als die Wirklichkeit	Wirklichkeit minus 3 Jahre	so alt wie die Mitarbeiter sich fühlen	hängt vom Markt ab
Organisationskultur	langsam gewachsenes Gestrüpp	Pyramide	Linien und Stäbe	Netzwerke
Steuerungssystem	endlose Konferenzen Selbstdarstellung aller gegen alle	Stellenbeschreibungen	Budget kann ausnahmsweise überschritten werden	Budget wird eingehalten
Führung	auf die lieben Mitarbeiter orientiert	funktionsorientiert	mittels Kaffeepausen	eigenschaftsorientiert
Interne Relation	altruistisch	normativ	die Sache geht vor	geschäftsmäßig
Interner Wettbewerb	jede Menge Titel und Privilegien	nach Loyalitäten	wird draußen am Markt ausgetragen	harter Wettbewerb zw. Einheiten
Informationsverarbeitung	'Monatspostbesprechung'	Schwarzes Brett	Terminal	Management by walking around
Motto	Interessant, das versuchen wir demnächst auch	Das muß erst einmal gründlich geprüft werden	einmal Ausprobieren?	Konsens und Test

(Froemer 1991, S. K 12)

Jede Bildungseinrichtung sollte bestimmen können, welche »Kulturstufe« sie erreicht hat. Dabei geht es natürlich nicht um eine deterministische Vorstellung. Die vier Stufen zeigen lediglich eine zeitliche Folge.

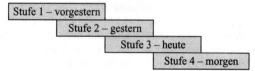

Interessant ist die Interpretation der **Kultur von morgen,** die auf Marktorientierung und Produktqualität setzt. In solchen Instituten entwickeln sich Innovationen und Kraftfelder. Dort denken und handeln Menschen, die etwas bewegen wollen. Personal- und Organisationsentwicklung werden zur strategischen Aufgabe. Führungskompetenz ist nötig, damit sich kein »Chaos« einschleicht. Insbesondere große Bildungseinrichtungen sollten mit dem Wettbewerb von qualifizierten Individualisten rechnen.

5.3 Informations- und Kommunikationsmanagement

In der **Informationsgesellschaft** wird Kommunikation zum alles entscheidenden Faktor. Hat die Microelektronik die Möglichkeiten der Informationsübertragung radikal verändert, so bricht mit **Internet** und **Multimedia** ein neues Zeitalter an. Die Integration von Sprache, Ton, Bild und Text ist machbar. Sprachmustererkennung ist eine Zauberformel der Zukunft. Das muß dazu führen, daß Bildungsmanager die Art und Weise ihres Handelns neu verorten. Das Internet mit allen seinen Möglichkeiten wird die Gesellschaft und alle Arbeitsplätze verändern. Damit einher muß die Veränderung der Betriebsorganisation gehen, um effiziente Kommunikationsformen entstehen zu lassen. Internet, Intranet, E-mail, CD-ROM, Telearbeitsplätze und Videokonferenzen halten als multimediale Anwendung nicht nur Einzug in die Bildungsangebote, sie müssen in den Bildungseinrichtungen selbst eingesetzt werden.

5.3.1 Internet

Mit dem **Internet** scheint eine fast »grenzenlose« Kommunikation machbar. Dabei wird die Informations- und Kommunikationstechnik mit ihren zahllosen Anwendungen die gesellschaftliche Zukunft und damit auch alle Arbeitsplätze grundlegend verändern. »Die Vernetzung erzeugt neue ökonomische Regeln. Wer sie nicht beachtet, geht unter«, schreibt die *Wirtschaftswoche* (Nr. 29/10. 7. 1997). Davon ist die gesamte Weiterbildung betroffen. Sie muß diese neuen Möglichkeiten der zwischenmenschlichen Kommunikation aktiv nutzen. Jedoch das Wie ist weitgehend offen.

»Noch gibt es den **Informationshighway** nicht«, sagt *Bill Gates (1997, S. 152)*. Das wird viele überraschen, die daran gewöhnt sind, daß vom Fernsprechnetz bis zum Internet alles als »Information Superhighway« oder Datenautobahn bezeichnet wird. Zwar versorgt das Internet bereits Millionen Menschen mit Informationen und Dienstleistungen verschiedenster Art, doch ein interaktives Breitbandnetz, das in der Lage wäre, alle Applikationen bis hin zum Video anzubieten, wird noch Jahre dauern. Rascher läßt sich die Hochgeschwindigkeits-Infrastruktur nicht schaffen.

Dennoch kann das **Internet** als Vorläufer jenes globalen Netzes betrachtet werden, das am Endpunkt der gegenwärtigen Entwicklung steht. Obwohl auch dann der Highway noch Internet heißen dürfte, wird es entscheidende Unterschiede zwischen dem heutigen Schmalbandnetz – auf dem das Internet derzeit läuft – und dem künftigen interaktiven Breitbandnetz – dem Highway – geben. Dabei wird der Ausbau der Infrastruktur ungeheure Investitionssummen verschlingen. Noch bis etwa 1995 bestanden große Zweifel, ob sich diese würden rechnen. Das hat sich geändert, weil die Durchsetzungskraft des Internet Millionen von PC-Benutzern zum Mitmachen motiviert hat. Die plötzliche Attraktivität des Internet hat eine Spirale in Gang gesetzt, die noch gewaltiger sein wird als die am Anfang der PC-Entwicklung. Mit jedem neuen Internet-Nutzer wird es lohnender, neue Inhalte anzubieten – und neue Inhalte locken ihrerseits mehr Nutzer ins Netz. Der unverhoffte Erfolg des Internet ist ein Ereignis, das alle zwingt, ihre Erwartungen an die Zukunft des Informations- und Kommunikationsmanagements zu überdenken.

Mit den neuen **Spielregeln der computerbasierten Marktwirtschaft** im Informationszeitalter müssen Beschäftigte und Unternehmen sich auf die neue Zeit einstellen. Sie müssen grundlegende Paradigmenwechsel akzeptieren, meint die Unternehmensberatung *Arthur D. Little* in der Studie »Innovationen und Arbeit für das Informationszeitalter«: Die Information wird zur bestimmenden Ressource. Die Technologie generiert den entscheidenden neuen Produktionsfaktor der digitalen Ära: das **vernetzte Wissen.** Es gesellt sich zu den klassischen Faktoren der Industriegesellschaft – Boden, Kapital und Arbeit – hinzu. Obwohl technischer Fortschritt und Know-how schon immer eine bedeutende Rolle in der Wirtschaft spielten, wird Information zum alles dominierenden Machtfaktor. Schon heute ist Know-how die einzige Quelle, um Wettbewerbsvorsprünge zu erlangen. Bei der zukünftigen Entwicklung stößt die Ressource Wissen auf eine fast unerschöpfliche Nachfrage. Weil Information zur Ressource Nr. 1 wird, heißt das Topprodukt der Informationsgesellschaft wissensbasierte Problemlösungen anzubieten.

Wenn das so ist, müssen die, die in Deutschland Weiterbildung anbieten, schneller werden. Beim **Wettbewerb des Wissens** geraten selbst die Staaten der Europäischen Union gegenüber den USA massiv ins Hintertreffen. Sie stehen vor einer Zerreißprobe und versuchen noch immer, dem Umbruch mit den nationalstaatlich ausgerichteten ökonomischen Regeln des Industriezeitalters beizukommen, während ihre eigene Informations- und Verkehrstechnik die Welt in ein globales Dorf verwandelt. Sie wollen nicht wahrhaben, daß der Standort mehr und mehr an Bedeutung verliert, Kapital mobil und weltweit verfügbar ist und körperliche Arbeit in Niedriglohnländern »billig wie Dreck« wird, wie der Münchner Sozialwissenschaftler *Horst Afheldt* die Entwicklung rüde kennzeichnet (*vgl. Wirtschaftswoche Nr. 29/10. 7. 97*).

Die Weiterbildung muß die **Informationsmöglichkeiten** erkennen, die sich mit den neuen Medien entwickeln. Schon heute ist der Geschäftsalltag global ausgerichtet. Der Handel definiert sich immer weniger über seinen geographischen Standort. Der Geschäftsverkehr des Kurierdienstes *DHL International* findet immer häufiger im Internet statt. *Patrick Lupo,* Chef des Kurierdienstes hat seine weltweit etwa 50 000 Mitarbeiter über eines der größten und leistungsfähigsten Kommunikationsnetze miteinander verbunden. Jeder weiß, was wo geschieht; selbst die Kunden können die Reise ihres Pakets auf der Internetseite von DHL detailliert verfolgen.

Der Wettbewerbsvorteil liegt im **vernetzten Wissen.** So ist es möglich, Angebote weltweit einzuholen. Per E-mail nachzufragen und problemlos über das Netz miteinander zu kommunizieren. Die Bestellung von Waren und Dienstleistungen erfolgt natürlich ebenso per »Mausklick« wie die Bezahlung über den eigenen Bankanschluß – rund um die Uhr, 24 Stunden am Tag. Das bereitet keine nennenswerten Schwierigkeiten mehr. Die steigende Zahl von Geschäften über Computernetze verändert aber nicht nur den Handel. Auch die Unternehmen und die Mitarbeiter selbst sind betroffen. Die Leistungen zu verbessern gelingt nur denjenigen, die sich fit halten und ständig trainieren. Darüber hinaus bleiben nur diejenigen konkurrenzfähig, die immer häufiger – zumindest zeitweise – auch mit ihren Mitbewerbern kooperieren können. Das wird am Beispiel des Sportartikelherstellers *Puma* deutlich, der Anfang der neunziger in großen Schwierigkeiten steckte. *Jochen Zeitz,* der Chef, verteilt seit 1993 Herstellung, Logistik und Vertrieb des Unternehmens auf mittlerweile 80 computervernetzte Unternehmen in aller Welt. Diese Unternehmen zeichnet aus, daß sie es besser und billiger können als andere.

Diese Beispiele lassen massive Einschnitte in die Arbeitswelt erkennen. Das westliche **Beschäftigungsmodell** wird umgekrempelt. »Abhängige Erwerbsarbeit wird zunehmend von Raum und Zeit abgekoppelt«, so *Werner Dostal* vom *Institut für Arbeitsmarkt- und Berufsforschung* in Nürnberg. Nach dem Modell der freiberuflichen und selbständigen Arbeit werden immer mehr Menschen in die Produktions- und Dienstleistungsprozesse eingebunden. Deshalb muß der Arbeitsbegriff neu definiert werden. Was in der Weiterbildung schon teilweise üblich ist, daß am Abend, Samstags und Sonntags trainiert und geschult wird, gilt für immer mehr Mitarbeiter. Sie müssen Abstand nehmen von der tariflich abgesicherten Fünf-Tage-Woche oder dem geregelten Acht-Stunden-Tag. Die Beschäftigungspyramide in der unangefochten Unternehmer, Handwerker und leitende Angestellte an der Spitze stehen, wird beherrscht werden von einem Heer von Freiberuflern und einem Sockelsatz an Arbeitslosen. Hierauf muß sich die Weiterbildung einstellen. Sie muß neue Wege der Komunikation und des Lernens finden.

Trotz Chaos und technischer Macken entwickelt sich das **World Wide Web (WWW)** zum Massenmedium. Schon kommunizieren Menschen über tausende von Kilometern hinweg miteinander, wechseln in sekundenschnelle von Web-Computer in Paris nach Tokio oder Gütersloh. Einige Jahre nach seiner Einführung ist das World Wide Web auf mehr als 100 Millionen Seiten angewachsen. In Deutschland ist fast jeder Zehnte zwischen 14 und 54 Jahren privat oder beruflich online, jeder Zweite ist an Internet »interessiert«, wie die ACTA-'97 Studie des *Instituts für Demoskopie Allensbach* ermittelte.

Für Bildungseinrichtungen dürfte es von einigem Interesse sein, was die Deutschen Surfer im WWW interessiert. Das WWW etabliert sich laut *Focus-Magazin 26/1997* als seriöses Medium. Das größte Interesse gilt qualitativ hochwertigen und aktuellen Informationen. Jüngere Surfer besuchen die Online-Welt häufiger aus Neugier oder zum Vergnügen. Im *Fokus* findet sich die folgende Grafik:

Was die Deutschen Surfer im WWW interessiert

Infos/Nachrichten abrufen	79,2
Unterhaltung	75,8
Software herunterladen	69,8
kommunizieren	60,4
Produktinformationen	58,5
Aus- und Weiterbildung	52,0
Online-Zeitschriften	49,3
berufliche Recherche	47,5
wissenschaftl. Recherche	41,1
Shopping	16,1

Die **Akzeptanz** des Internet und damit die Nutzung der Information hängt vom Wert ab, dem ihm die Kunden geben. Wie *Focus* in ausgewählten Web-Seiten zeigt, verändert das Internet bereits das Geschäftsleben. Für CDs etwa gibt es bereits weltweit denselben Preis. Wer will da noch den Aufschlag im deutschen Plattenladen zahlen, wenn er die neueste Scheibe der *Spice Girls* zum Originalpreis ordern kann? Trickreiche Technik und neue Nutzergruppen können die Cyberlandschaft in kürzester Zeit völlig umkrempeln. Die Marktforscher von *Jupiter Communications* gehen davon aus, daß sich 2002 rund 20 Millionen Kids im Netz tummeln.

Ob sie dort nur automatisierte Agenten oder auch klever gemachte Lehr-/Lernprogramme finden werden, hängt mit davon ab, wie die Bildungsmacher in Deutschland mit dem neuen Medium umgehen werden. Es bleibt zu hoffen, daß sich alle schneller als in der Vergangenheit auf die neuen Medien einstellen. Online-Angebote müssen besser, schneller und billiger sein als vergleichbare Dienste in der realen Welt. Doch vorerst bleiben weitgesteckte Ziele nach einer effektiven Nutzung des Internet oder auch des Intranet (Netzwerke innerhalb von Organisationen und Einrichtungen) vor allem in mittelständischen Betrieben unerfüllt. Vielfach kommt die Vernetzung nur langsam voran. Die Anwendung der Technologie bleibt hinter ihren Möglichkeiten, zur Verbesserung der Kommunikation beizutragen, zurück. Wird nur auf die neue Technik und Multimedia gesetzt und der Faktor Mensch verkannt, darf sich keiner wundern, wenn es nicht funktioniert.

Das Vordringen der Informations- und Kommunikationstechniken in nahezu alle Lebens- und Berufsbereiche hat zu einem enormen **Bedarf an Weiterbildung** geführt. Angebote zu Internet, Intranet und Multimedia oder computer based training (CBT) sind zu einem festen Bestandteil des Weiterbildungsangebots geworden. Seit Jahren entsteht ein neues Bildungsangebot, das eine große Nachfrage findet, wovon die Bildungsprogramme der Anbieter zeugen.

5.3.2 Aufgaben des Managements

Die **Aufgabe** des Bildungsmanagements, allen Beteiligten die richtigen Informationen zugänglich zu machen, gestaltet sich als zunehmend anspruchsvoller. Mit den neuen Medien entsteht eine höhere Komplexität, die beherrscht werden will. Gelingt dies nicht, sind die Probleme größer als zuvor. Das gilt insbesondere beim Einsatz in der Betriebsorganisation von Bildungseinrichtungen. Sind heute Büros ohne PC kaum mehr denkbar, so ist die Nutzung von Internet, E-mail oder gar Telearbeit noch keineswegs alltäglich. Auch der Einsatz sowie das Handling von Weiterbildungs-Verwaltungs-Systemen, die die Abwicklungsarbeit bei der Seminardurchführung erleichtern sollen, tragen nicht immer zur Freude der Mitarbeiter bei. Das Handling mag für Informatiker oder Programmierer eingängig sein, Anwender haben mit der vermeintlichen Logik oft ihre Probleme.

Auch der Einsatz von **Weiterbildungsdatenbanken** trifft auf eine relativ schwache Akzeptanz. Während die Datenbank KURS (Bundesanstalt für Arbeit) als größte Datenbank Deutschlands weitestgehend Arbeitsamtsmaßnahmen enthält, hat sich das WIS (Deutscher Industrie- und Handelstag) auf aktuelle Veranstaltungen konzentriert. Die Nutzung jedoch durch Personalleiter und Weiterbildner ist relativ bescheiden. Lieber scheinen viele in der unübersichtlichen Flut von Weiterbildungskatalogen zu »blättern«. Bei der Frage nach dem Warum, spielen mangelnde Information und Kostengründe eine wichtige Rolle. Einesteils sind die Informationsdienste nicht bekannt, weit mehr aber scheuen sich, für Bildung und Beratung Geld auszugeben. Das, was technisch sinnvoll und möglich ist, stößt in der Weiterbildung und im Personalbereich auf eine diffuse Haltung.

Der **Verbreitungsgrad** der EDV als Arbeitsmittel in Bildungseinrichtungen dürfte dem in anderen Branchen ähnlich sein. Es fällt aber auf, daß die EDV noch keinesfalls in ihren Möglichkeiten voll genutzt wird. Wenn der PC nicht gerade als bessere Schreibmaschine eingesetzt wird, so wird die Leistungsfähigkeit der PC-Anwendungen keineswegs ausgeschöpft. Oft werden Statistiken, Raumeinsatzpläne oder der Dozenteneinsatz noch per Hand erfaßt. Geschieht dies einerseits, weil die vorhandenen Anwenderprogramme nichts taugen, so liegt es andererseits an der »Behäbigkeit« handelnder Personen. Trotz vorhandener Möglichkeiten wird die Betriebsorganisation nicht oder nur teilweise optimiert. Manchmal scheint es, als würden Bildungseinrichtungen Know-how vermitteln, es aber selber nicht zur Kenntnis nehmen. Erst wenn »Insellösungen« an ihre Grenzen stoßen, werden sie aufgegeben, um dem Gedanken der Vernetzung Raum einzuräumen. Das jedoch geschieht mit viel zu viel Zeitverzögerung.

Das Informations- und Kommunikationsmanagement in Bildungseinrichtungen muß schneller handeln. Es müssen **vernetzte Konzepte** entwickelt werden, damit die Informationen direkter fließen können. Wenn es zu den Besonderheiten der Weiterbildung gehört, daß in kommunikativen Arbeitssituationen gehandelt wird, muß die Betriebsorganisation als Netzwerk organisiert werden. Dann kann Kommunikation als Informationsübertragung zwischen Organisationsmitgliedern begriffen werden, die die neuen Medien wie Internet, Intranet, E-mail und CBTs zu nutzen wissen. In diese Entwicklung gehört selbstverständlich auch die Schaffung von Telearbeitsplätzen.

Die Betriebsorganisation muß neu gestaltet werden. Die formellen und informellen **Prozeßabläufe** müssen um »virtuelle« Elemente ergänzt werden. Das wird zu Anfang durchaus Organisationsprobleme bereiten, denn auch heute funktioniert eine Einrichtung meist anders als es das Organigramm vorsieht. Mal werden Informationen aus technischen Gründen nicht übermittelt, viel häufiger ist aber die zwischenmenschliche Kommunikation gestört. Menschliche Befindlichkeiten stehen im Wege. Dann wird deutlich, daß die Informationsübermittlung zwar eine technische Basis hat, Kommunikation aber kein technisches Problem ist. »Sprache wird bewußt, wenn sie nicht ausreicht.« *(Schlutz 1984, S. 11)*

Damit ein reibungsloser Informations- und Kommunikationsprozeß organisiert werden kann, bietet es sich an, in **Kommunikationssituationen** zu denken. Die Vorstellung, was reibungslos ist, ist im Berufsalltag mehrdeutig und interpretierbar. Obwohl alle Mitarbeiter in einer Einrichtung informiert sein sollten, wissen einige immer früher Bescheid. Derjenige, der mehr weiß, wird im Wettbewerb seinen Informationsvorsprung zu nutzen wissen. Das anscheinend Selbstverständliche findet nur dann statt, wenn es organisiert wird. So banal es auch klingen mag, erfolgreiche berufliche Kommunikation beruht auf einfachen Regeln. Nach *Hrubi (1988)* gehört beispielsweise dazu,

- daß regelmäßig Arbeitsbesprechungen stattfinden, in denen das Wichtige thematisiert wird – und nicht nur eine »Selbstdarstellung« der Akteure erfolgt;

- daß Mitarbeiter weitergebildet und in Lernprozesse eingebunden werden;

- daß Gespräche protokolliert und Verhandlungen zielorientiert geführt werden;

- daß Gesprächsaufträge zeitnah erledigt werden und die beteiligten Mitarbeiter informiert werden;

- daß die Kommunikations- und Statusbeziehungen zwischen den Beteiligten geklärt werden.

Wichtige Informationen müssen in Gesprächen ausgelotet und auf verschiedenen Ebenen verbreitet werden. Weil es schon allein unter Karrierebedingungen ein Interesse gibt, **Informationsvorsprünge** für Eigeninteressen zu nutzen, sollte die Kommunikation im Unternehmen vernetzt sein.

5.3.3 Kommunikationssituation

Die Vorstellung, daß Kommunikation in Situationen stattfindet, bringt einen **Horizont und eine Zeitbegrenzung** mit sich. Die Elemente der Kommunikationssituation, wie Äußerungsabsicht, Adressat, Thema, Äußerungsmedium und materielle Umstände, grenzen die Aufgaben der sprachlichen Gestaltung ein. Je fremder, ferner oder neuer die konkrete Gestalt dieser Elemente erscheint, um so schwerer muß es dem Sprecher fallen, die Situation mit seinen bisherigen sprachlichen und sozialen Erfahrungen bewältigen zu können. Nur ist diese Struktur der Kommunikationssituation nicht etwas objektiv Gegebenes, sondern etwas, das sich subjektiv zu einer **Situationsdefinition** des Sprechers verdichtet.

Psychologisch gesehen stellt die **Situationsdefinition** eine Aktivierung von Schemata dar, mit deren Hilfe die Bedingungen der Situation klargemacht und das eigene Verhalten ihnen angepaßt werden können. Die Wahrnehmung der situativen Umstände ist in hohem Maße von Lebenserfahrungen abhängig. Die Situationsdefinition insgesamt ist nichts Statisches, sondern kann sich im Dialog verändern, auch aufgrund der Wahrnehmung des eigenen Sprechens und der darin erkennbaren Handlungsmöglichkeiten. *(vgl. Schlutz 1984, S. 35)*

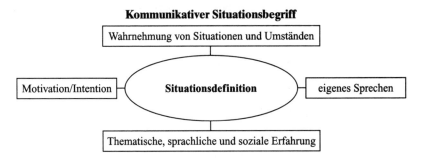

Werden Arbeits- und Berufssituationen aus der Sicht des kommunikativen Handelns der Akteure begriffen, lassen sich die Elemente genauer fassen.

5.3.4 Kommunikationselemente

Die Erfahrung lehrt, daß sich die Art und Weise der Kommunikation in Situationen rasch verändern kann. Gespräche öffnen sich, wenn Vertrautheit eintritt; gemeinsame Erfahrungen bringen Gesprächsstoff; Sympathie wirkt ebenso positiv, wie Antipathie Distanz erzeugt. Die **Kombination der Elemente** definiert den situativen Charakter. Insbesondere aus dem Informationswert und dem Kommunikationsverlauf ergeben sich dann der jeweilige Handlungsbedarf. Für das Management in der Weiterbildung besteht eine wesentliche Aufgabe darin, weiterbildungsrelevante Informationen zu beschaffen, sie auszuwerten und zu verbreiten. Entsprechend kommunikativ müssen Weiterbildungsmanager handeln, um ihre Angebote des »Lehrens und Lernens« zu vermarkten. Dabei ist es sinnvoll zwischen dem

| Informationsbedarf | und | Kommunikationsbedarf |

zu unterscheiden. Der **Informationsbedarf** kann als sachliche Information definiert werden, die zur Herstellung eines Produkts bzw. einer Dienstleistung dient. Der **Kommunikationsbedarf** bezieht sich auf die Art und Weise der Verbreitung. Dabei hat das persönliche Gespräch ganz andere Wirkungsmöglichkeiten wie zum Beispiel eine Email. Anders formuliert, es geht um die sachlogische und die emotionale Verarbeitung von Informationen.

Ein effizientes **Management-Informations-Systems** beschafft und verarbeitet Informationen systematisch. Dabei geht es um die

- Erforschung der Umwelt des Unternehmens – z. B. Mitbewerber, politische Situation
- ständige Beobachtung und Analyse des Marktes – z. B. Benchmarking
- Verbesserung und Neuentwicklung von Konzepten – z. B. Finanzberater, Telelearning
- Verdichtung von und die Versorgung mit laufenden Weiterbildungsdaten – z. B. Datenbanken
- Präsentation des Weiterbildungprogramms – z. B. als Broschüre oder im Internet
- Information im Innenverhältnis – z. B. Fixpunkte für Meetings

Die betriebliche **Kommunikationsaufgabe** ergibt sich aus dem Erfolgsmuster einer Einrichtung. Es muß Spielregeln geben, die dafür sorgen, daß neue Entwicklungen zu strategischen Perspektiven führen, die operativ umgesetzt werden können. Eine Bildungsstätte muß Botschaften kommunizieren, »die über die Existenz des Produkts, seine Merkmale, seinen Preis und die mit seinem Erwerb verbundenen Vorteile informieren«*(Kotler 1989, S. 487)*. Insofern hat jede Einrichtung unausweichlich Kommunikator und Absatzförderer zu sein.

Die wesentlichen **Kommunikationsentscheidungen** beziehen sich:

- auf das **Produkt** und seine Qualitäten (Konzept, Art der Veranstaltungen, Standard, Zertifikat, Name, Lerngarantien, Verwertbarkeit...),
- auf den **Ort** (regionales Angebot, Häufigkeit, Erreichbarkeit, Mitbewerber...),
- auf die **Absatzförderung** (Image des Trägers, Werbemaßnahmen, Beratungsleistung, Publicity...),

Informations- und Kommunikationsmanagement

- auf den **Preis** (Teilnehmergebühr, Kostenerstattung, Zuschüsse, Preisnachlässe, Zahlungsbedingungen...).

Nicht alles ist gleich wichtig. Dennoch müssen die Essentials übermittelt werden. Zur **Kommunikationspolitik** gehört es auch, absatzbezogene Instrumente wie Werbung, Sales Promotion oder Public Relations einzusetzen. Ihr konzentrierter Einsatz im Kommunikationsmix stellt die bewußte Gestaltung der marktbezogenen Informationen einer Einrichtung dar *(vgl. Hüppe 1983, S. 603)*.

1. Kommunikationsnetze

Wesentlich für den Erfolg der Kommunikation ist die **Vernetzung der Informationen** zu einer leistungsfähigen Struktur. Die Art von Kommunikationsnetzen hat auf die Leistung und Zufriedenheit der Mitglieder spezifische Wirkungen. Mögliche Netze:

Kommunikationsnetze

Beurteilungs-kriterien	Stern	Y	Kette	Kreis	Vollstruktur
Zentralisation	sehr hoch	hoch	mittel	niedrig	sehr niedrig
Kommunikationskanäle	sehr wenige	sehr wenige	mittel	viele	sehr viele
Führung	sehr hoch	hoch	mittel	niedrig	sehr niedrig
Gruppenzufriedenheit	niedrig	niedrig	mittel	mittel	hoch
individuelle Zufriedenheit	hoch	hoch	mittel	niedrig	sehr niedrig

(Hellriegel/Slocum 1976, S. 161, in: Staehle 1990, S. 280)

2. Kommunikationsprozeß

Der Kommunikationsprozeß läßt sich mit Fragen strukturieren:
1. Wer will kommunizieren?
2. Was soll besprochen werden?
3. Wie soll miteinander verhandelt werden?
4. Mit wem muß gesprochen werden?
5. Welche Wirkung soll das Gespräch bzw. die Kommunikation auslösen?

Das **nachrichtentechnische Kommunikationsmodell** definiert die Minimalvoraussetzungen für eine wirksame Kommunikation: sie besteht aus einem **Sender,**

der eine **Botschaft** durch ein **Medium** an einen **Empfänger** richtet, der seinerseits auf die Mitteilung reagiert. Für den Sender kommt es wesentlich darauf an, zu wissen, welchen Empfänger er erreichen will. Dazu wählt er das geeignete Medium aus. Sprachlich muß er seine Information so »verpacken«, daß sie überzeugt. Am Feedback ist der Erfolg meßbar.

Der **Regelkreis** beschreibt den Kommunikationsprozeß in seiner mechanischen Wirkung.

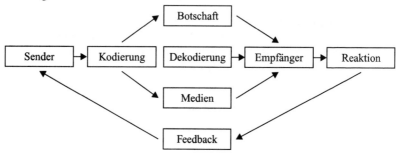

5.3.5 Kommunikations-Marketing

Die Kommunikationsaufgabe einer Bildungseinrichtung geht über das Verteilen des Weiterbildungsprogrammes weit hinaus. Ein wirksames **Kommunikations-Marketing** definiert eine Einrichtung in Bezug auf ihre Umwelt, die insbesondere durch die Kunden (reale und potentielle Teilnehmer sowie die Auftraggeber) bestimmt wird.

Die Kommunikation muß sich im Rahmen der Unternehmensphilosophie bewegen. Kommuniziert werden sollte in der Sprache der Zielgruppen, weil jeder Kunde persönlich angesprochen werden möchte. Eine kundenspezifische **Direktwerbung** kann Teilnehmer unmittelbar motivieren. Jeder Prospekt, jeder Brief, jedes Programm kann hierzu verwendet werden. Die Bedeutung des Themas, das Neue, die Vorzüge und der Kundennutzen sollten einsichtig gemacht werden. Je besser die Kommunikation zwischen Einrichtung und Teilnehmer gelingt, um so größer sind die Erfolgsaussichten. Kommunikation und Werbung sind ein fortwährender Prozeß, der nicht unterbrochen werden sollten.

Instrumente des Kommunikations-Marketings

- Der **persönliche Verkauf** von Weiterbildungsveranstaltungen findet durch Information und Beratung statt. In **Gesprächen** werden Teilnehmer informiert, über die Vor- und Nachteile von Seminaren unterrichtet und zum Zweck eines Vertragsabschlusses – positiv – zu beeinflussen versucht.

Informations- und Kommunikationsmanagement

- **Werbung** ist jede bezahlte Form nichtpersonaler Präsentation des Bildungsangebotes. Übermittelt wird eine unternehmens- bzw. einrichtungsbezogene Botschaft mit dem Ziel, daß potentielle Kunden Teilnehmer werden. Werbung muß eine Identifikation mit dem Angebot ermöglichen. Sie muß begreiflich machen, daß Lernen etwas mit Spaß, Befriedigung und Erfolg zu tun haben kann. Eine Veranstaltung muß Wünsche erfüllen können; Weiterbildung sollte begehrlich sein. *(vgl. Künzel, K./Böse, G.: Werbung für Weiterbildung. 1995)*

- Zur **Verkaufsförderung** gehören verschiedene kurzfristig wirkende Anreize, die darauf zielen, letzte Hemmnisse der potentiellen Teilnehmern auszuräumen. Kostenlose Besuche, Kursermäßigungen oder Werbespiele können zum Besuch einer Veranstaltung ermuntern.

- **Öffentlichkeitsarbeit/Publicity** ist die personale und nichtpersonale Informationen über die Bildungsarbeit. Im Mittelpunkt steht die Information über das Angebot und eine institutsbezogene Botschaft. Sie soll Aufmerksamkeit in Presse, Rundfunk oder Fernsehen stiften. Vorteilhaft ist es, wenn die im Prinzip kommerzielle Nachricht so informativ »verpackt« wird, daß die Medien sie kostenlos veröffentlichen. Bekannt dafür sind die alltäglichen Hinweise in den Tageszeitungen auf Weiterbildungsangebote. Am wichtigsten sind redaktionelle Beiträge. Pressearbeit, die einen inhaltlichen Anspruch hat, muß das Prinzip des lebenslangen Lernens ständig in der Öffentlichkeit bewegen.

- Jede Einrichtung sollte ein **Kommunikationsmix** ausarbeiten. Die Gestaltung erfolgt nach dem Mitteilungsbedarf, der nötig ist, um das Angebot optimal im Bildungsmarkt zu plazieren. Dazu ist ein Budget einzuplanen, das der Marktposition des Unternehmens entspricht. Für die Bewertung der Höhe und Verteilung des Budgets könnte das Modell der »Wirkungshierarchie« informativ sein. Eine bemerkenswerte Eigenschaft des Kommunikationsmix ist die Austauschbarkeit der Instrumente. So erreicht die eine Einrichtung ein vorgegebenes Umsatzvolumen mit höheren Ausgaben für Zeitungswerbung; ein privates Institut erreicht seine Kunden möglicherweise am besten mit verkaufsfördernden Maßnahmen.

- Einfluß auf die **Budgetzusammensetzung** des Kommunikationsmix haben:

  - **Art des Angebots** (z. B. für Führungskräfte im freien Markt; für Arbeitslose im geschlossenen Markt der Arbeitsverwaltung)

  - die **Kommunikationsaufgabe** (z. B. offene bundesweite Bekanntmachung oder gezielte Ansprache von Insidern)

  - das **Stadium des Produkt-Lebens-Zyklus** (z. B. neues Trainingskonzept oder bereits bewährte Standardmaßnahme)

  - die **gesamtwirtschaftlichen Aussichten** (z. B. Weiterbildungsboom auf vielen Feldern oder scharfe Konkurrenz in regionalen Märkten).

Funktionales Managementhandeln in der Weiterbildung

- Die **Effizienz** der eingesetzten Mittel (Kosteneffizienz) muß sich auf verschiedene Kaufbereitschaften der Teilnehmer einstellen. Das Budget sollte darauf abzielen, mit den Maßnahmen die Kaufbereitschaft im günstigsten Zeitpunkt zu beeinflussen. Entsprechend müßte sich ein Budget zusammensetzen.

Budgetzusammensetzung in Prozentanteilen

Persönlicher Verkauf/Beratung	30
Verkaufsfördernde Maßnahmen	20
Öffentlichkeitsarbeit/Publicity	15
Werbung und Werbemittel	35

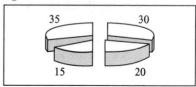

Die **Effizienz** von Werbemaßnahmen läßt sich beispielsweise mit Hilfe einer Teilnehmerbefragung feststellen. Aus den Antworten kann ermittelt werden, wie die Teilnehmer auf das Angebot aufmerksam geworden sind. Die Ergebnisse können Hinweise geben, welche Wirkung ein Direktmailing im Verhältnis zu einer Zeitungsanzeige hat.

Die Wirkungsweise des Kommunikationsmix läßt sich mit der Formel **AIDA** beschreiben.

A	I	D	A
Attention	**I**nterest	**D**esire	**A**ction
Bekanntmachung	Verständnis	Überzeugung	Entscheidung

Bekanntheitsgrad erhöhen: Für die Idee des lebenslangen Lernens muß viel intensiver geworben werden. Demjenigen, der nur wenig über Weiterbildung weiß, müssen die Möglichkeiten erschlossen werden. Nutzenargumente sind sehr wirkungsvoll. Eine Grundvoraussetzung für den Erfolg von Bildungseinrichtungen ist es, bekannter zu werden. Jede Institution muß werben. Sie muß über ihre Produkte und Dienstleistungen informieren.

Verständnis verbessern: Das Verständnis für Weiterbildung muß erhöht werden. Jeder Veranstaltungstitel muß eingängig sein. Er muß den Kunden möglichst konkret ansprechen. Das Angebot bzw. Produkt muß verständlich machen, was es will; je erklärungsbedürftiger eine Dienstleistung ist, um so differenzierter muß die Vermarktung erfolgen.

Überzeugen: Überzeugt werden kann nur derjenige, der aufgeschlossen ist, ein Angebot bzw. Produkt kennenzulernen. Überzeugen heißt, eine Identifikation mit dem Angebot herzustellen. Der potentielle Teilnehmer muß das Angebot in seinen Eigenschaften kennenlernen, um von der Qualität überzeugt werden zu können. Überzeugen heißt auch, das Interesse an einem Thema wachzuhalten, Zusatzinformationen zu geben und die Vorzüge sowie Begehrlichkeiten des Angebots damit zu steigern.

Entscheidung: Nur gut informierte Kunden werden sich für ein Bildungsangebot entscheiden. Die Informationen und der Kommunikationsmix sollten so zusammengestellt werden, daß Teilnehmer sich positiv entscheiden können. Der Entscheidungsprozeß selbst hat noch mehrere Stufen. Wenn die Entscheidung gefallen ist, sollte sie bestätigt werden. Der Service der Bildungseinrichtung kann die Entscheidung unterstützen. Jeder Teilnehmer möchte darin bestärkt werden, daß er eine gute Entscheidung getroffen hat.

5.3.6 Zielgruppenbezogenes Marketing

Die entscheidende Frage für eine Bildungseinrichtung bei der Ausarbeitung eines Marketingmix ist die nach den **Teilnehmer- bzw. Kundengruppen.** Nachfrageorientierte Weiterbildung sollte auf die Lernbedürfnisse **zielgruppenspezifisch** reagieren. Dabei ist zu fragen:

1. Wer sind die Teilnehmer?
2. Welche Reaktion wird angestrebt?
3. Welche Botschaft/Information soll übermittelt werden?
4. Welche Medien sollen eingesetzt werden?

5.3.6.1 Wer sind die Teilnehmer?

a) **Teilnehmeranalysen** gehören zum Standardrepertoire professioneller Einrichtungen. Die Kommunikations- und Informationsflüsse sind auf die potentiellen Zielgruppen auszurichten. Wer seine Teilnehmer kennt, weiß, wie er sie am besten ansprechen kann. Das Profil (Image) einer Bildungseinrichtung muß zu den **Zielgruppen** passen. Zielgruppenspezifische Abgrenzungen könnten sein:

- Führungskräfte in Groß-, Klein- oder Mittelbetrieben,
- Berufsgruppen wie Sekretärinnen, Techniker, Architekten,
- Ausbilder, Personalleiter, Psychologen, An- und Ungelernte,
- Personengruppen wie Jugendliche, Familien, ältere Mitbürger, Ausländer, Frauen, Arbeitslose,
- Branchen wie die Metallindustrie, Chemie, Baugewerbe oder Industrie, Handel, Handwerk,
- Berufsbereiche wie gewerblich-technische, kaufmännische, soziale Berufe.

b) Die **Botschaft,** also die Information an die jeweiligen Empfänger muß maßgeschneidert sein. Im Inhalt und in der Sprache sollte sie die Denk- und

Handlungsweisen der Betroffenen antizipieren. Die Botschaft muß die Menschen dort abholen, wo sie stehen. Das ist nur möglich, wenn genaue Vorstellungen von den Bedürfnissen und Interessen der Zielgruppe vorhanden sind.

Wenn Veranstaltungsinformationen auf fruchtbaren Boden fallen sollen, sind auch **sozialstatistische Daten** erforderlich:

- Bildungsgrad,
- Beruf und Position,
- Werthaltungen, Meinungen,
- Teilnehmerwünsche und -verhalten,
- Rollenverständnis,
- Mediengewohnheiten,
- Alter, Geschlecht, Familienstand
- Persönliche und berufliche Interessen
- Informationsgrad über das Thema

Mit Mitteln der Marktforschung kann in Erfahrung gebracht werden, über welches Know-how Teilnehmer verfügen, und welches Wissen **kritischer Bestandteil ihres Könnens** ist. Daraus lassen sich Zielperspektiven für neue Bildungsangebote entwickeln.

c) Aus Sicht des **zielgruppenspezifischen Marketings** ist die Fremdwahrnehmung der eigenen Bildungseinrichtung sehr wichtig. Dabei spielt das Image eine entscheidende Rolle. Jeder macht sich ein Bild von einer Einrichtung und dem, was sie kann bzw. wofür sie »gut« ist. Einer Einrichtung werden Fähigkeiten zugesprochen, die sie pflegen sollte. Dabei ist jedes Image durch den Status einer Einrichtung und die Art und Weise ihrer Kommunikation erworben. Je eindeutiger und einprägsamer eine (positive) Überzeugung vermittelt wird, um so größer sind die Chancen im Markt. Ein Marktführer erreicht viele in seinem Marktsegment; er kann aber auch viel verlieren, wenn er durch mangelnde Qualität seinen guten Ruf auf Spiel setzt. Die Bildung eines Images ist ein langwieriger Prozeß. Allein bekannt zu werden, kostet Zeit und Geld. Ad hoc Kampagnen bewirken nur Kurzzeiteffekte. Ein herausragendes Image wird durch Kontinuität und Qualität erzeugt.

Jede Bildungseinrichtung sollte sich über ihr Image Klarheit verschaffen. **Kommunikationsprofile** können helfen, darüber Informationen zu sammeln. Ein Profil kann als Ausgangswert für neue Kommunikationsziele gesetzt werden. Eine Methode zur Profilbestimmung stellt das **semantische Differential** *(vgl. Kotler 1989, S. 494)* dar.

Informations- und Kommunikationsmanagement

Profilskala für Bildungseinrichtungen

relativ günstige Merkmale	Skala	Relativ ungünstige Merkmale
Anerkannte Abschlüsse	1 __ 3 __ 6	nur trägerspezifische Bescheinigungen
Namhafte Dozenten	1 __ 3 __ 6	Unbekannte Dozenten
Qualifiziertes Weiterbildungsangebot	1 __ 3 __ 6	Weiterbildungsprogramm ohne Schwerpunkte
Alteingesessenes Institut	1 __ 3 __ 6	Neuling
Überregional tätig	1 __ 3 __ 6	Regional tätig
Aktuelle und innovative Themen	1 __ 3 __ 6	Standardprogramm ohne Neuerungen
Verbessert ständig sein Angebot	1 __ 3 __ 6	Nicht sehr progressiv
Zuverlässig	1 __ 3 __ 6	Unzuverlässig
Wächst schnell	1 __ 3 __ 6	Wächst nicht
Freundliche Beratung	1 __ 3 __ 6	Unfreundliche Beratung
Gutes Informationsmaterial	1 __ 3 __ 6	Kaum Informationsmaterial
Großes Unternehmen	1 __ 3 __ 6	Kleines Unternehmen
Massenbetrieb	1 __ 3 __ 6	Einzelveranstaltungen
auf Gewinn gerichtet	1 __ 3 __ 6	Gemeinnütziges Interesse

(Skala 1 günstig, 3 mittelmäßig, 6 ungünstig)

d) **Teilnehmer- und Adressatenforschung** ist in den meisten Bildungseinrichtungen noch nicht selbstverständlich, obwohl sie – wie das Beispiel zeigt, mithilfe der Skala relativ einfach – auch im Alltagsgeschäft durchgeführt werden könnte. Zielgruppenbezogene Daten über die Bildungsbeteiligung liegen nur auf einem relativ hohen Aggregationsniveau vor. Das Bundesministerium für Bildung führt regelmäßig repräsentative Untersuchungen durch. Im Vorwort zum *Berichtssystem Weiterbildung VI* 1996 werden Ergebnisse der Repräsentativbefragung zur Weiterbildungssituation in den alten und neuen Bundesländern vorgestellt. Es wird festgestellt: »Die Deutschen lernen so intensiv wie nie zuvor. Die seit 1979 in dreijährigem Abstand durchgeführte Repräsentativbefragung zum Weiterbildungsverhalten, deren Ergebnisse für das Jahr 1994 jetzt vorgestellt werden, bestätigen dies. Im Verlauf des Jahres 1994 nutzten 42 % der Deutschen im Alter von 19 bis 64 Jahren die Möglichkeiten zur Weiterbildung. Dies ist der höchste Stand seit Beginn der Befragungen. Auch im Vergleich zum letzten Erhebungszeitpunkt im Jahr 1991 ist die Teilnahme an Weiterbildung insgesamt deutlich – von 37 auf 42 % – angestiegen. Das zeigt: Die Menschen sind offen für das Neue und bereit, ihre Zukunftsgestaltung in die Hand zu nehmen.« *(Rüttgers, Bundesminister für Bildung, Wissenschaft, Forschung und Technologie)*

Es ist hinreichend bekannt, daß die **Teilnahme an Weiterbildung** entscheidend von soziodemographischen Merkmalen beeinflußt wird. Wichtige Einflußfaktoren außer der Geschlechtszugehörigkeit sind vor allem die Merkmale Alter, Qualifikation, Erwerbstätigkeit und berufliche Stellung. Generell bestehen dabei folgende Zusammenhänge:

- Jüngere **Personen** nehmen häufiger an Weiterbildungsveranstaltungen teil als ältere. Bundesweit liegt die Gesamtteilnehmerquote der unter 35jährigen im Jahre 1994 wesentlich höher als die der 50–60jährigen (49 % vs. 28 %); die Teilnahmequote der 35–49jährigen beträgt 47 % und liegt damit fast doppelt so hoch wie die der 19–34jährigen. Das Teilnahmeniveau im Westen liegt höher als im Osten. *(Berichtssystem S. 29)*

- Mit steigender **Schulbildung** nimmt auch die Teilnahmequote an Weiterbildung zu. Während von den Personen mit niedrigem schulischen Abschluß bundesweit 29 % an Weiterbildung teilgenommen haben, sind es bei denen mit höherem Abschluß 60 %. Die Personen mit mittlerem Abschluß liegen dazwischen. Die beschriebenen Unterschiede finden sich bei der allgemeinen und der beruflichen Weiterbildung. Der Ost-West-Vergleich zeigt, daß in den alten und neuen Bundesländern die Schulbildung ein zentraler Einflußfaktor für die Weiterbildungsbeteiligung ist. 1994 liegt die Gesamtteilnahmequote der Deutschen in den neuen Bundesländern in allen drei schulischen Qualifikationsgruppen niedriger als in den alten Ländern. *(Berichtssystem S. 31)*

- Auch nach der **beruflichen Stellung** sind deutliche Unterschiede erkennbar. So liegt 1994 die Weiterbildungsbeteiligung aller Berufsgruppen erheblich höher als 1979. Dies gilt für die berufliche und die allgemeine Weiterbildung. Auch die Teilnahmequote der Arbeiter, die 1985 bei der allgemeinen und beruflichen Weiterbildung den Stand von 1979 unterschritten hatte, ist seitdem kontinuierlich angestiegen.

- Innerhalb von **Berufsstatutsgruppen** bestehen ebenfalls erhebliche Unterschiede der Weiterbildungsbeteiligung. Dabei ist im allgemeinen die Tendenz zu erkennen, daß mit steigendem beruflichen Qualifikationsniveau die Teilnahme an Weiterbildung zunimmt. So haben sich z. B. 27 % der un- und angelernten Arbeiter im Jahre 1994 an Weiterbildung beteiligt, während es bei den Facharbeitern 41 % waren. Ausführende Angestellte haben wesentlich seltener an Weiterbildung teilgenommen als leitende Angestellte (39 % vs 67 %). Die statistischen Daten zeigen, daß immer noch die »grobe« Unterteilung in Arbeiter, Angestellte und Beamte mit der Weiterbildungsbeteiligung korrelliert. *(Berichtssystem S. 37)*

Die Kenntnis der Unterschiede im Weiterbildungverhalten sind bedeutsam, weil gerade Weiterbildung einen wichtigen Beitrag zum Abbau von **Bildungsdefiziten** leisten kann. Dies wird um so wichtiger, je lebensnotwendiger der Faktor des lebenslangen Lernens wird.

Soziale Faktoren der Weiterbildungsteilnahme

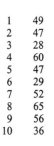
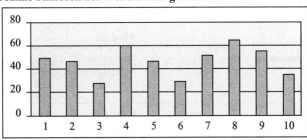

Alter	Schulbildung	Stellung im Beruf
1 = 19 bis unter 35 Jahre	4 = Abitur	7 = Selbständige
2 = 35 bis unter 50 Jahre	5 = Mittlere Reife	8 = Beamte
3 = 50 bis unter 65 Jahre	6 = Hauptschule	9 = Angestellte
		10 = Arbeiter

Die Statistik zeigt ein differenziertes Teilnehmerverhalten. Jedoch läßt sich daraus nicht ableiten, welche Themen bzw. Produkte von einzelnen Zielgruppen nachgefragt werden. Eine für Bildungsinstitutionen interessante Aussage wäre die Korrelation mit Themengebieten.

5.3.6.2 Welche Reaktion wird angestrebt?

Wer Weiterbildung anbietet, will **Teilnehmer gewinnen**. Ziel muß es dabei sein, Informationen so umfassend wie möglich zu übermitteln, damit sich Teilnehmer ihr eigenes Urteil über das Bildungsangebot bilden können. Dazu dienen Teilnehmerberatung, Informationsbroschüren, Seminarbeschreibungen. Seriöse Anbieter informieren nicht einseitig oder kurzsichtig, sie geben umfassende Beratung. Im Einzelfall kann es für eine Bildungseinrichtung besser sein, einem Teilnehmer abzuraten, als einen unzufriedenen Teilnehmer zu gewinnen. Unzufriedene Kunden sind schlechte Multiplikatoren. Sie können ein Image nachhaltig schädigen. Ein Teilnehmer, der den »falschen« Kurs besucht, wird sein Negativerlebnis eher der Einrichtung und weniger sich selber zuschreiben. Nur ein zufriedener Kunde dient einem Unternehmen.

Kunden müssen positiv beeinflußt werden. Möglichkeiten der Beeinflussung zeigt das **Reaktionshierarchie-Modell**. Es wird davon ausgegangen, daß jeder Teilnehmer vor einem Kursbesuch eine Reihe von Stadien durchläuft. Er will sein spezielles Informationsbedürfnis befriedigen. Darauf kann mit verschiedenen Modelle reagiert werden, die die Reaktionseffekte auf den Ebenen **Kognition, Affekte und Handeln** darstellen.

Reaktionshierarchie-Modell

Stadien	Modelle			
	AIDA-Modell	Wirkungshierarchie Modell	Innovations-Annahme-Prozeß Modell	Kommunikations-Modell
Kognitive Ebene	Aufmerksam werden	Kenntnisnehmen Kennenlernen	Kenntnisnehmen	Kontakt mit Botschaft Aufnahme und kognitive Reaktion
Affektive Ebene	Interessiert sein	Mögen Präferieren	Interessiert sein Bewerten	Attitüdenbildung Intention
Handlungsebene	Handeln	Überzeugtsein Kaufen	Versuchen Annehmen	Handlung

(vgl. Kotler 1989, S. 497)

Alle **Wirkungsmodelle** lassen den Kunden bzw. Teilnehmer ähnliche Stadien durchlaufen. Die Unterschiede zwischen den Modellen sind mehr semantischer Art. Es wird davon ausgegangen, daß der Teilnehmer

1. **aufmerksam** gemacht werden muß, um das Angebot wahrzunehmen;
2. **gefühlsmäßig** interessiert werden muß, um sich die Teilnahme zu wünschen;
3. **angestoßen** werden muß, um an der Veranstaltung teilzunehmen.

Erfahrungen zeigen, daß diese Reihenfolge nicht zwingend ist. Ein Überspringen von Stadien ist möglich. Um einen Informationsprozeß einleiten zu können, müssen Annahmen über den Zustand der Angesprochenen gemacht werden. Verschiedene **Zustand-Modelle** sind denkbar:

Als **Lernmodell** stellt *Kotler* die aufbauende Reihenfolge der Reaktionsstadien dar: Dem kognitiven Stadium (Stadium = K) folgt ein affektives Beteiligtsein, (Stadium = A) und schließlich der Handlungsvollzug (Stadium = H).

$$K \longrightarrow A \longrightarrow H$$

Kognition   Affekt   Handeln

Anwendungsbeispiel: Situationen, in denen Teilnehmer kognitiv wie emotional für das Lernen interessiert werden müssen. Ein Informations- und Beratungsprogramm müßte individuelle Möglichkeiten vorstellen und einsichtig machen. Teilnehmer müßten erfahren, wie neues Wissen erfolgreich angewendet werden kann. Sie brauchen persönliche Erfolgserlebnisse, damit sie für das Lernen motiviert werden. Das »Lernprogramm« sollte für Aufmerksamkeit sorgen, um Verständnis und Einsicht werben.

Dissonanz-Attributionsmodell

$$H \longrightarrow A \longrightarrow K$$

Handeln   Affekt   Kognition

Der Umgang mit einem Produkt verändert die affektive Beziehung und schließlich die Kognition. Teilnehmer nehmen das Lernen mit einem neuen Selbstverständnis wahr (Attributions- bzw. Selbstwahrnehmungstheorie).

Anwendungsbeispiel: Arbeitslose werden in Lehrgänge vermittelt. Sie lassen sich teilweise auf etwas ein, das sie im vorhinein nicht abzuschätzen vermögen. Dabei kommt es vor, daß die Teilnahme ein emotionales Wohlbefinden entstehen läßt; aus einer anfangs ablehnenden Lernhaltung kann eine positive Grundeinstellung zum Lernen entstehen. Teilnehmer begreifen, daß Lernangebote ihnen Nutzen können. Die Folge kann sein, daß Lernangebote zukünftig mit mehr Aufmerksamkeit wahrgenommen werden.

Low-Involvement-Modell

$$K \longrightarrow A \longrightarrow H$$

Kognition   Affekt   Handeln

Anwendungsbeispiel: *Krugman (1965)* postuliert diese Sequenz in Kaufsituationen, in denen ein potentieller Teilnehmer weder »stark beteiligt« ist, noch »fühlt« oder »erkennt«, welche wesentlichen Unterschiede (Lern)angebote mit sich bringen. Die Teilnahme an einem Kurs erfolgt nach dem Muster: »weil es halt sein muß«. Die Werbung kann oft nicht die normalen defensiven Warhrnehmungsschranken durchbrechen. Ein Kursbesuch erfolgt eher zufällig. Erst im Laufe der Zeit findet eine affektive Veränderung dem Lernen gegenüber statt. Aufgabe des Kommunikationsmanagement ist es, vor, während und nach dem Kursbesuch die positiven Effekte zu verstärken. *(vgl. Kotler 1989, S. 497 f.)*

Die **Herausforderung** für das Kommunikations- und Informationsmanagement besteht darin, eine Botschaft zu entwerfen, die in der Medienflut »dennoch« **Aufmerksamkeit weckt.** Es wäre von großem Vorteil, wenn die Mediengewohnheiten der Teilnehmer (einer Bildungseinrichtung) bekannt wären. Seminarprogramme, Broschüren und Einladungen könnten zielgerichteter und ohne große Streuverluste den Empfänger erreichen. Je genauer die Teilnehmeranalysen sind, um so höher dürfte die Erfolgsquote sein. Bei der Flut von Programmen schenkt der potentielle Teilnehmer zuerst solchen Botschaften Aufmerksamkeit, die ihm von der äußeren Aufmachung ins Auge fallen. Aufmerksamkeit erweist sich als Funktion:

1. der Zahl und Stärke der konkurrierenden Stimuli in der unmittelbaren Umgebung,
2. der persönlichen Eigenschaften des Empfängers,
3. der Gewohnheiten des Empfängers im Umgang mit Medien, und
4. des situativen Zusammenhangs.

Wer täglich mit hunderten von Werbebotschaften »bombardiert« wird, wird ein Bildungsprogramm nur dann beachten, wenn es ihn anspricht. *Schramm* und *Roberts (1971, S. 32)* bringen die Möglichkeit, Aufmerksamkeit zu wecken, auf folgende Formel:

Aufmerksamkeitsmodell

$$\text{Wahrscheinlichkeit aufmerksam zu werden} = \frac{\text{Wahrgenommene Belohnungsstärke} \;./.\; \text{Wahrgenommene Stärke der Bestrafung}}{\text{Wahrgenommener Energieaufwand}}$$

Die Formel läßt erkennen, warum eine **Schlagzeile** nicht nur kurz und einfach zu sein hat, sondern auch eine Belohnung im Austausch gegen eine relativ geringe Anstrengung versprechen sollte, wie nach dem Motto:

- So werden Sie Millionär... Erfolg durch Lernen... Superlearning, Lernen wie im Schlaf...

Schlagzeilen müssen nicht nur kurz, sondern auch verständlich sein. Ein Seminarangebot muß begehrenswert sein, neu, in Inhalt und Qualität mehr bieten als andere. Bei konsumorientierten Menschen müßte schon allein die Teilnahme an einem Kurs mit einem gewinnversprechenden Zertifikat belohnt werden – und nicht erst die reale Lernleistung.

5.3.6.3 Welche Botschaft ist zu entwickeln?

Jede Information soll den Empfänger ansprechen und eine angestrebte Reaktion hervorrufen. Inhalt, Struktur und Form müssen zusammenpassen:

Informations- und Kommunikationsmanagement

a) **Botschaftsinhalt:** Was soll ausgesagt werden?

- Der **Inhalt** bezieht sich auf das Thema. Jede Botschaft ist ein Appell, eine Idee oder ein Verkaufsargument. Die Botschaft muß implizit oder explizit den Grund angeben, warum der potentielle Teilnehmer dies oder jenes tun soll. Sie soll motivierende und identifizierende Aussagen enthalten. Botschaften appellieren an die Ratio, die Emotion oder die Moral.

- **Rationale Appelle** sind an das logische und einsichtige Interesse des Empfängers gerichtet. Eine Ausbildung zum Industriemeister oder eine Umschulung zum EDV-Organisator bringt nicht nur soziales Ansehen, sondern auch materielle Vorteile. Zudem ist es notwendig, sich im Wettbewerb auf dem Laufenden zu halten. Berufliche Weiterbildung setzt zu großen Teilen auf dieses Informationsmuster. Alles, was mit Beruf und Arbeit zu tun hat, wird als ernst, rational und wichtig erachtet. Es haben sich quasi rationale Stereotype entwickelt, die eine Botschaft transportieren muß, damit sie bei den Adressaten ankommt. Wer auf die Ratio setzt, spricht wissende Kunden an. Sie haben gelernt, Kursvergleiche anzustellen, kritisch die Inhalte zu hinterfragen, auch teure Angebote zu besuchen. Sie sind auf Preis-Leistungsvergleiche eingestellt.

- **Emotionale Appelle** zielen auf die Gefühle, die mit einem Produkt in Beziehung stehen. Werbewirksam sind positive Appelle. Es werden »Wunschträume« versprochen. Positive emotionale Appelle sprechen die Freude, den Erfolg, den Humor oder die Liebe an. Für positive Appelle spricht, daß Vorteile einsichtig sind. Sie stehen damit in enger Beziehung zu den elementaren Erziehungsmitteln der Belohnung. Für humorvolle Mitteilungen spricht, daß sie mehr Aufmerksamkeit erregen und die Kommunikationsquelle mit positiven Gefühlen und Sympathie besetzen. Sie motivieren aus einem positiv besetzten Kraftfeld.

- Botschaften, die **negative emotionale Appelle** verbreiten, sprechen die Furcht, Schuld oder Scham an:
  – Das lernst Du nie...
  – Wer nicht lernt, bleibt dumm...
  – Ohne Weiterbildung gibt es kein Weiterkommen...
  Appelle mit furchterregenden Inhalten haben unterschiedliche Reaktionsweisen zur Folge. Sind sie zu stark, schrecken sie ab; sind sie zu schwach, erzielen sie nicht den angestrebten Aufmerksamkeitseffekt. Wenn eine auf Furchterzeugung basierende Mitteilung wirken soll, muß das in der Botschaft gegeben Versprechen zur Abwendung des Negativen glaubwürdig sein und die Furcht dadurch reduzieren, daß der Gewinn alles aufwiegt. Andernfalls wird die Botschaft eine Drohung, die ignoriert oder verharmlost wird.

- **Moralische Appelle** sprechen die Sinne für das »Gute« oder das »Böse« im Menschen an. Sie werden benutzt, wenn das Gewissen angesprochen werden soll. Das soziale Gewissen wird angesprochen, wenn Weiterbildung Benachteiligte, den Umweltschutz oder Analphabeten zum Lernen **gewinnen** will. Inwieweit sich mit moralischen Appellen die Betroffenen selbst angesprochen fühlen, ist eine offene Frage. Moralische Appelle in der Weiterbildung und Leistungsgesellschaft sind besonders daraufhin zu prüfen, ob sie ihre beabsichtigte Wirkung erreichen.

b) Botschaftsstruktur – Wie soll etwas ausgesagt/erreicht werden?

- Die **Struktur der Botschaft** muß den potentiellen Teilnehmern verdeutlichen, wie sie zum Erfolg geführt werden. Der Aufforderungscharakter einer Mitteilung muß die Richtung der einzuschlagenden Handlung angeben. Teilnehmer brauchen Anstöße, um weiterzukommen. Ein Impuls kann Lernenergien freisetzten. Wesentlich für die Botschaftsstruktur sind die zu erwartenden Reaktionen. Dies ist eine Frage des **Schlußfolgerns.** Mitteilungen sollten deshalb nachvollziehbare Aussagen machen. Dazu sollte die Zielgruppe eindeutig umrissen sein.

- Mitteilungen können ein- und mehrseitig angelegt sein. Soll eine Streuwirkung erzielt werden, könnte eine einseitige Argumentation eine unnötige Einschränkung sein. Bei neuen Angeboten kann eine Aussage für einen zu kleinen Teilnehmerkreis Interessenten fernhalten. Mehrdeutigkeit kann den Zielmarkt vergrößern, aber auch völlig verwässern. Lieber eine kleine Gruppe gezielt ansprechen, als eine große gar nicht.

c) Die Botschaftsform – Wie soll die Information aussehen?

- Die **Botschaftsform** ist eine Frage der Darstellung. Professionelle Einrichtungen setzen wirksame Symbole und Medien ein. Ein Signet steht als Erkennungszeichen für ein Bildungsinstitut. Formelemente sind: Schlagzeile, Text, Abbildung, Farbe, Sprache, Design, Medien etc.. Bei persönlichen Mitteilungen stellen verbale und nonverbale Äußerungen, die Körpersprache oder Argumentationsweisen Möglichkeiten der Gestaltung von Botschaftsformen dar. Der Inhalt muß in jedem Fall mit dem Medium, das benutzt wird, in Übereinstimmung stehen.

5.3.6.4 Medien, die in der Weiterbildung zum Einsatz kommen

Zu den am meisten benutzten Medien in der Weiterbildung gehören:

- Programmheft
- Handzettel
- Imageprospekte
- Plakate

Informations- und Kommunikationsmanagement

- Werbeartikel wie Stifte, Aufkleber, Bottons
- Zeitungsartikel, Anzeigen
- Rundfunkwerbung
- Fernsehspot
- Internet/E-mail
- Broschüren
- Veranstaltungsankündigungen haben in der **Tagespresse** einen relativ hohen Verbreitungsgrad, obwohl die Darstellungsform oft nur Notizcharakter hat.
- Kommerzielle **Anzeigen** gewinnen immer mehr Raum. Wer für Lehrgänge wirbt, wirbt zugleich für das Bildungsinstitut. Teilnehmer werden mit dem Mittel der Anzeige angesprochen.
- Die **Programmbroschüre** ist das Standardmedium in der Weiterbildung. Sie ist der wichtigste Imageträger für eine Einrichtung.
- **Handzettel,** Plakate können unterstützend wirken; während Handzettel auf einen kurzfristigen zusätzlichen Hinweis zielen, sind Plakate auf einen längerfristigen Aufmerksamkeitseffekt angelegt.
- **Rundfunkwerbung** und **Fernsehspots** stehen am Anfang der Entwicklung. In Lokalradios sind sie schon häufiger zu hören. Der Wirkungsgrad dürfte jedoch noch sehr gering sein.
- Mit der Verbreitung des **Internet** wird der Verbreitungs- und Werbewirkungsgrad zunehmen. Da per **E-mail** Nachrichten abgesetzt und eingeholt werden können sowie sofort gebucht werden kann, wird ein zukunftsweisender Weg beschritten.
- **Broschüren** und **Imageprospekte** haben einen inhaltlichen Anspruch in bezug auf ein Fachthema bzw. die Einrichtung selbst. Sie sind für die Fachöffentlichkeit interessierende Informationsmittel. Die unmittelbare Teilnehmerwerbung ist damit kaum möglich. Sie erzielen eine langfristige Wirkung von hoher Qualität.
- **Werbeartikel** sind in ihrem Aufmerksamkeitscharakter nicht zu unterschätzen. Stifte, Schreibunterlagen, T-Shirt, Blöcke etc. erinnern ständig an das eine oder andere Institut.

Die Beeinflussung des Kunden durch Medien erfolgt direkt und auch indirekt. Die jeweilige Kommunikationsquelle soll einen Eindruck von der Glaubwürdigkeit und Kongruenz vermitteln. Ziel von Informations- und Kommunikationsmaßnahmen sollte es immer sein, zur Erhöhung der Vertrauenswürdigkeit der Einrichtung beitragen. Die Formelemente sollten sich aus dem CI-Konzept ergeben. Inhalt, Form und Struktur müssen eine Einheit bilden. Der Wirkungsgrad wird in hohem Maße von dem Wiedererkennungswert bestimmt. Erst wenn eine Bildungsstätte eine eigene »Handschrift« in seiner medialen Darstellung gewinnt, wird ein Bildungsangebot als Markenzeichen identifizierbar.

5.4 Entscheidungsmanagement

Das **Entscheidungsmanagement** ist in der Weiterbildung durch die Vielfalt und Pluralität der Bildungsträger geprägt. Sie sind verschiedenen Interessengruppen, Fachrichtungen und Denkschemata verpflichtet. Viele Mitarbeiter haben erst im praktischen Berufsalltag erkannt, mit welchen besonderen Bedingungen sie es im »gemischtwirtschaftlichen« Bildungsmarkt zu tun haben.

Der Entscheidungsraum ist durch institutionelle Bedingungen und persönliche Vorstellungen geprägt. **Hauptberufliche Funktionsinhaber** organisieren und planen, sie führen die Mitarbeiter und Dozenten, sie tragen für den Erfolg ihrer Einrichtung die Verantwortung. Dabei haben es sich interdisziplinär zusammengesetzte Teams zur Aufgabe gemacht, die Weiterbildungsangebote bestmöglich zu vermarkten.

Damit ein Bildungsangebot zustandekommen kann, müssen Entscheidungen für bestimmte Veranstaltungen getroffen werden. Einrichtungen, Geräte und Maschinen müssen bereitgestellt werden. Ein Bildungsprogramm ist zu erstellen und zu vermarkten. Ausbilder und Dozenten müssen erfolgreich unterrichten. Unter dem Titel der Professionalisierung wird über diese **dispositiven, organisatorisch-planerischen und lehrenden Tätigkeiten** seit Jahren nachgedacht. Es entstehen zunehmend mehr Arbeitsplätze, an denen die Funktionsinhaber typische Aufgaben zu erledigen und Entscheidungen zu treffen haben.

5.4.1 Entscheidungskompetenzen in der Weiterbildung

Die **Qualität von Entscheidungen** bestimmt den Erfolg von Organisationen und Personen. Entscheidungen sind darauf zu richten, daß sie die Qualität der Produkte und Dienstleistungen sichern und verbessern. Damit wird ein Anspruchsniveau für den Prozeß der Entscheidungsfindung postuliert, der weitreichende Konsequenzen für das Entscheidungsmanagement in der Weiterbildung hat. Entscheidungen in der Weiterbildung basieren wesentlich darauf, daß die Funktionsinhaber koordiniert zusammenarbeiten und getroffene Vereinbarungen einhalten. Deshalb ist in jeder Einrichtung zu fragen: Wer darf entscheiden? Was darf er entscheiden? An wen ist zu berichten?

Entscheidungskompetenzen in der Weiterbildung

Funktion	Aufgaben und Entscheidungskompetenz
Vorstand/ Träger/ Eigentümer	Repräsentant/Eigentümer der Institution; öffentliche und/oder private Sicherung der Einrichtung; Bestimmung der Ziele
Leiter der Institution/ Hauptgeschäftsführer/ Top Management	Gesamtverantwortung für die Institution; Umsetzung und Definition der Ziele und Aufgaben; Ausbau der Institution; Vertretung nach außen und innen
Geschäftsführer/ Bereichsleiter/ Verwaltungsleiter/ Referenten	Je nach Institutionentyp besteht eine Gesamt- bzw. Teilverantwortung für die Institution oder für Geschäftsbereiche; Optimale Abwicklung des Kursgeschehens; Beteiligung an der Fortentwicklung und Innovation der Institution; Betriebsorganisation, Betriebsführung; Mitarbeiterführung etc.
Fachbereichsleiter/ Produktmanager/ Marketingmanager	Planung, Organisation und Durchführung des Weiterbildungsangebots; fachliche Weiterentwicklung; Auswahl und Einsatz von Dozenten, Kursleitern und Honorarkräften; Weiterbildungsberatung etc.
Weiterbildungslehrer/ Kursleiter/ Honorardozenten	Haupt- oder nebenberuflich Lehrende in den Fachbereichen der Institution; Sicherung der Qualität durch Fachlichkeit; Einbringen des neuesten Know-hows
Sachbearbeiter/ Schreibkräfte	Ausführung der laufenden Aufgaben; Anmeldungen, Bestätigungen, Seminarorganisation; Buchführung und Verwaltung

Die **Entscheidungskompetenzen** sind an Aufgaben und die damit zusammenhängenden betriebliche Funktionen gebunden. Ein Funktionsinhaber benötigt so viel Entscheidungsspielraum, wie er braucht, um seine Aufgaben optimal erfüllen zu können. Entscheidungskompetenzen mögen den Geist einer hierarchischen Organisationsstruktur tragen, sie werden jedoch nicht außer Kraft gesetzt, wenn im Team gehandelt wird. Der Entstehungsprozeß verläuft gemeinschaftlicher. Es muß sichergestellt werden, daß entschieden wird.

5.4.2 Entscheidungsmodelle

Im Betriebsalltag gibt es unterschiedliche **Konstellationen,** in denen Entscheidungen zu treffen sind. Entscheidungsmodelle lassen sich nach ihren Merkmalen und der Art der Entscheidungen gliedern (*vgl. Braun 1983, S. 315*):

Entscheidungsmodelle

Merkmale	Arten der Entscheidungsmodelle
Entscheidungsprämissen	Geschlossene Entscheidung (ist eindeutig, läßt keine Zielalternativen zu) offene Entscheidung (ist eindeutig, läßt jedoch situativen Handlungsspielraum)
Entscheidungsträger	Individualentscheidung (Einzelperson qua Auftrag, Fachkompetenz, Funktion) Team-/Gruppenentscheidung (in Abstimmung mit den Gruppenmitgliedern) Organisationsentscheidung (institutionalisiert, durch betriebliche Entscheidungsträger bzw. Funktionsinhaber)
Entscheidungsziele	einvariable Entscheidung (läßt ein Ziel zu; nur »ja-Entscheidung«) mehrvariable Entscheidung a) läßt ein Ziel zu; ja/nein Entscheidung löst unterschiedliche Handlungen aus; b) läßt mehrere Weg zur Zielerreichung zu, d. h. gibt Varianten an
Wahrscheinlichkeit des Eintretens bestimmter Ereignisse	Entscheidung unter Sicherheit (Rahmenbedingungen sind sicher) Entscheidung unter Risiko (ist vom Zufall abhängig, stochastisch) Entscheidung unter Unsicherheit (Rahmenbedingungen bergen eine hohen Grad an Unsicherheit)
Zeitliche Gliederung	einstufige Entscheidung (zeitpunktbezogen, statisch) mehrstufige Entscheidung (im Zeitablauf gegliedert, dynamisch)

5.4.3 Entscheidungsträger

Entscheidungen werden von **Personen** getroffen, die in unterschiedlichem Maß den institutionellen Bedingungen verpflichtet sind. Wenn starke Persönlichkeiten die Geschäfte einer Einrichtung führen, finden ihre ausbalancierten Entscheidungen häufig Anerkennung. Die Entscheider sind sich ihrer Position bewußt und wachen darüber, daß Entscheidungen zustandekommen, die eine Mehrheit im Aufsichtsrat oder bei den Mitgliedern finden. Entscheidungen, die dem Wohl einer Einrichtung dienen, führen häufig gleichzeitig den Stelleninhaber zum Erfolg. Das macht das Motivationsgeheimnis von Entscheidungsträgern aus. Entscheidungen des Managements betreffen in der Regel die Organisation einer Einrichtung; sie treffen damit das »Rückgrat« und haben häufig existenzielle Bedeutung für eine Institution.

Entscheidungsmanagement

Individualentscheidungen, die qua Amt allein getroffen werden können, haben eine andere Qualität als Entscheidungen, die in Gruppen bzw. Teams herbeigeführt werden. Individualentscheidungen sind in den alleinigen Verantwortungsbereich des Entscheiders gestellt. Er muß die gesamte Verantwortung dafür tragen. Das bedeutet, die Konsequenzen des Handelns im positiven wie im negativen Sinn. Das Risiko wird nicht geteilt.

Bei **Teamentscheidungen** gibt es mehrere Möglichkeiten:

1. Entscheidungen werden als Gemeinschaftsentscheidung – einstimmig – getroffen und so von jedem Mitglied verantwortlich getragen;
2. Entscheidungen werden im Team vorbereitet und entschieden; die Geschäftsführung ist für die Ausführung verantwortlich;
3. Entscheidungen werden im Team vorbereitet und die Verantwortung wird allen Mitglieder – nach sachlichen Kriterien – übertragen;
4. Entscheidungen werden im Team vorbereitet und mit Mehrheitsentscheid durchgesetzt; die Verantwortung trägt die Mehrheit; die Geschäftsführung ist an die Entscheidungen der Mehrheit gebunden.

Teamentscheidungen tragen immer eine Kompromißstruktur in sich. Sie sind ausbalanciert, auch wenn sie extreme Positionen vertreten. Daß sie von einer Mehrheit getragen werden, macht ihre Stärke aus. Doch zugleich bergen Teamentscheidungen ein Risiko in sich. Sie sind prinzipiell nur so gut, wie das schwächste Mitglied. Andernfalls kämen sie nicht zustande. Damit optimale Entscheidungen gefällt werden, muß die Zusammensetzung von Teams und Arbeitsgruppen gut vorbereitet werden. Bei Teamentscheidungen spielt die Interpretation des Handlungsspielraums die bedeutende Rolle. Hier entscheidet es sich häufig, wie stark Persönlichkeiten sind und ob sie ihre Führungsverantwortung wahrzunehmen wissen.

5.4.4 Arten von Entscheidungen

Entscheidungsmanagement hat die **rationelle** und **systematische Entscheidung** zum Ziel. Die Betriebswirtschaft, die häufig als Entscheidungstheorie bezeichnet wird, hat eine Reihe von Modellen für die Bewertung der mit verschiedenen Entscheidungen verbunden Konsequenzen entworfen. Die Aufgabe des Entscheidungsmanagements ist die optimale Steuerung der Entscheidungsprozesse im Unternehmen. Das Ziel ist immer, die »beste« Entscheidung zu treffen:

- »Entscheidungen sind definiert als **Auswahl einer Alternative** aus einer Menge von möglichen Handlungsalternativen.«*(Laux/Liermann 1988, S. 95 ff.)*

Entscheidungsmanagement in der Weiterbildung hat zum Ziel, die Institution durch **ausgewogene Entscheidungen** im Weiterbildungsmarkt optimal zu positionieren. Wenn es um den Erfolgsweg geht, müssen Entscheidungen verschiedener Art getroffen werden. Entscheidungen gehen von unterschiedlichen Voraussetzungen aus. Im Prinzip steht dem **Rationalmodell** das **Intuitionsmodell** gegenüber. Während das Rationalmodell von der Möglichkeit des **vollständigen Wissens** ausgeht, greift das Intuitionsmodell auf die Kunst des **subjektiven Handelns** zurück. In der Weiterbildung dürfte davon auszugehen sein, daß Entscheidungen vielfach unter der Prämisse der unvollständigen Information getroffen werden müssen. Das liegt zu einem Großteil daran, daß Weiterbildung in einem offenen Geschehenszusammenhang agiert. Von daher kann das Ziel einer Entscheidungsstrategie lediglich sein, Entscheidungen so objektiv wie möglich und so sachkundig wie nötig zu treffen. Die Informationsflut im Weiterbildungsmarkt stellt jeden Entscheider vor Auswahlprobleme. Bei der Auswahl von Dozenten können Referenzen und Konzeptvorlagen die Erfolgswahrscheinlichkeit maximieren. »Handverlesene Dozenten« sichern ein qualitativ hochwertiges Angebot. Die Entscheidung für den Dozenten X oder Y erweist sich erst dann als gelungen, wenn die Veranstaltung erfolgreich durchgeführt ist. »Ein schlechter Tag« macht aus einem exzellenten Referenten einen durchschnittlichen Lehrer.

Das **Primat des Handeln**s fordert in der Bildungspraxis ständig Entscheidungen ab. Es muß deshalb sichergestellt werden, daß die Wirklichkeit vorher analysiert und im Hinblick auf die besonderen Bedingungen der Einrichtung interpretiert wird. Die Entscheidungen der Führungskräfte müssen das Unternehmenskonzept voranbringen. Flexibilität ist sowohl in der Form von aggressiver Entscheidungsdurchsetzung wie sensibler und vorausschauender Entscheidungsfindung gefragt. Der Umgang mit Kunden im Bildungsbereich setzt Fingerspitzengefühl voraus. Das heißt, Entscheidungen sollten gründlich vorbereitet werden. Die Innen- und Außenwirkung ist abzuschätzen. Dann sollte stringent gehandelt werden. *(vgl. Etzioni 1990, S. 21 ff.).*

Neben den Individualentscheidungen spielen die **Organisationsentscheidungen** eine herausragende Rolle. Sie beziehen sich weitgehend auf die Betriebsorganisation und damit auf die strukturellen Belange einer Einrichtung. Organisationsentscheidungen geben den Rahmen vor, in dem die Entscheidungen im Einzelfall getroffen werden können. Damit sind zwei Richtungen im Blickfeld:

a) nach innen mit Bezug auf die Betriebsorganisation und die Durchführung des Angebots,
b) nach außen, wer welche Entscheidungen qua Funktion innerhalb der Organisation treffen dar.

Organisationsentscheidungen spielen sich ein und leben davon, sich den veränderten Bedingungen flexibel anzupassen. So läßt sich der Abstimmungsprozeß bei der Durchführung einer Veranstaltung durch die Entscheidungsbefugnisse der tatsächlich Handelnden innerhalb der Institution regeln.

Entscheidungen sind fast immer **fehlerbehaftet.** Dies nach dem Motto, wo gehobelt wird, fallen Späne. Was eigentlich selbstverständlich ist, wird doch häufig verdrängt. Von **Mißmanagement** sollte jedoch erst dann gesprochen werden, wenn fehlerhafte Entscheidungen mit Regelmäßigkeit erfolgen. Kritisch sind vor allem jene Entscheidungen, die wider besseren Wissens getroffen werden. So abwegig dies klingen mag, es dürfte im Alltag doch häufiger vorkommen. Nicht selten geht es einfach darum, daß Entscheider Fehler nicht eingestehen wollen, um ihr Gesicht wahren zu können. Dann werden Entscheidungen und Standpunkte beibehalten, trotz besserer Informationen. Wird dies aufgedeckt, ist meist auch die Glaubwürdigkeit der Person angeschlagen.

5.4.5 Geschlossene und offene Entscheidungssysteme

Jede Entscheidung wird unter bestimmten Voraussetzungen getroffen. Wenn die Ziele und Normen für eine Entscheidung vorgegeben sind, kann von einem **geschlossenen Entscheidungssystem** gesprochen werden. Müssen Ziele und Aufgaben in Entscheidungsprozessen selbst noch definiert werden, liegt ein **offenes Entscheidungssystem** vor. Entscheidungen in geschlossenen Systemen können darüber hinaus als eindeutig angesehen werden. Sie sind nicht an Zielalternativen interessiert. In geschlossenen Systemen finden zumeist Optimierungsmodelle Anwendung. Sie beziehen sich auf standardisierbare Verfahren, um das beste Ergebnis des jeweiligen Entscheidungsproblems herbeizuführen. Auch offene Entscheidungen sind eindeutig, sie sind jedoch an Ziel- bzw. Handlungsalternativen interessiert. In offenen Entscheidungssituationen können heuristische Entscheidungsmodelle angewendet werden. Diese deskriptiven Verfahren bieten den Vorteil der flexiblen und komplexen Darstellung neuer Aufgaben.

In der Weiterbildung finden sich geschlossene wie offene Entscheidungsprämissen. Hierarchisch festgefügte Einrichtungen dürften in relativ hohem Maße Entscheidungen in einem **geschlossenen System** treffen. Ebenso können langjährig zusammenarbeitende Mitarbeitergruppen dann ein geschlossenes Entscheidungssystem bilden, wenn sie ihre »Öffnung« nach außen verlieren. Festgefügte und eingefahrende Denkschemata und Strukturen lassen den Charakter von geschlossenen Entscheidungsprämissen entstehen. Die Ziele für Entscheidungen liegen weitgehend fest. Das Entscheidungsmanagement benötigt nur mehr Lösungsmethoden, um eine optimale Aktion aus den vorgegebenen Ziele abzuleiten.

Schemata für Entscheidungsprämissen

Normatives Modell

• Faktische Entscheidungsprämissen	• Wertende Entscheidungsprämissen	• Methodische Entscheidungsprämissen
• Aktionen Rahmenbedingungen Ergebnisse	• Ziele	• Lösungsmethoden
• Entscheidungsfeld	• Zielfeld	• Methodenfeld

Deskriptives Modell

• Faktische Entscheidungsprämissen	• Wertende Entscheidungsprämissen	• Methodische Entscheidungsprämissen
• Lösungshypothesen	• Ziele	• Suchmethoden Strukturierungsmethoden Lösungsmethoden

(Pfohl/Braun 1981, S. 26, 81)

Optimierungsmodelle finden überall dort Anwendung, wo es um die Verbesserung von Routinen geht. Sie gehören zu jedem professionellen Arbeitshandeln. Sie sind das Ergebnis effektiver Systematisierungsprozesse. Optimierungsansätze stellen darauf ab, die Betriebsorganisation durch technische und sachliche Mittel zu vereinfachen und zu verbessern. Der Einsatz moderner Informations- und Kommunikationstechnologien führt im Dienstleistungsbereich zur Arbeitsverdichtung. Darüberhinaus wird erhebliches Einsparpotential zu erwarten sein, wenn die neuen Medien zum Einsatz kommen. Die Weiterbildung steht hier am Beginn einer rasanten Entwicklung. Beispiele für Optimierungsansätze finden sich im Finanzwesen ebenso wie im Lehrgangsbereich, z. B. durch CBT Computer Based Training. Auswertungen und Vergleiche von Teilnehmerdaten tragen erheblich zur Verbesserung der Entscheidungsfindung bei. Telearbeitsplätze und neue Kommunikationswege können den Geschäftsprozeß optimieren helfen.

Offene Modelle haben eine deskriptive Funktion. Gesucht werden Hypothesen, Ziele und Methoden, die der Organisation optimal dienen. Suchmethoden, Strukturierungsmodelle und Verfahren der Zielbestimmung finden in der deskriptiven Entscheidungstheorie Anwendung. Heuristisches Handeln findet in der Weiterbildung z. B. dann statt, wenn in Arbeitsgesprächen über den Ausbau des Marktanteils nachgedacht wird, oder wenn es darum geht, einen neuen Kurs zu konzipieren und ihn im Markt zu plazieren. In der deskriptiven Beschreibung der Marktvariablen werden Entscheidungsprämissen in ein Modell gebracht, das die Zustandssituation erklären soll und eine Vorhersage für dessen Erfolg wagt. Brainstormings, Expertenleitfäden oder Erhebungsbögen versuchen Informationen systematisch festzustellen, um gesicherte Daten für die Entscheidungsfindung zu erhalten.

5.4.6 Problemreduktion

Die Grundlage einer jeden Entscheidung sollte **Sachkenntnis** sein. Diese banale Feststellung wird in der Praxis nicht selten sträflich vernachlässigt. Vor allem dann, wenn in einer Einrichtung noch keine formalisierten Entscheidungs- und Organisationsstrukturen bestehen. Aber auch dann, wenn Entscheidungen unter Zeitdruck getroffen werden müssen. Dann können subjektive Meinungen bedeutsamer als fundierte Analysen oder sachliche Aspekte werden. Um Entscheidungen optimal treffen zu können, ist es wichtig, vorhandene Informationen zu interpretieren und sie zu bewerten. Dabei können **deduktive** wie **induktive Verfahren** Anwendung finden.

- Bei **deduktiven Verfahren** wird versucht, die Gesamtsituation zu beurteilen, um daraufhin Teilanalysen vornehmen zu können. Die Anwendung dieses Verfahrens ist beispielsweise dann möglich, wenn neue Förderrichtlinien erlassen werden, deren Auswirkungen auf die Situation einer Bildungsstätte untersucht werden sollen.

- Bei **induktiven Verfahren** wird von konkreten Fällen ausgegangen, um sie zu einem Gesamtbild zu verdichten. Dies wird ständig in den Bildungseinrichtungen praktiziert, bei denen die Angebote von Mitbewerbern genau beobachtet werden. Aus dem Werbeverhalten eines Konkurrenten können Marktstrategien erschlossen werden. Sie sollten mit der eigenen Strategie verglichen werden. So sollte ein Weiterbildungsträger spätestens dann Entscheidungen treffen, wenn er feststellt, daß seine Mitbewerber in dem gleichen Marktsegment Angebote unterbreiten, wie er selbst. Er kann dann nur noch entscheiden, ob er dies hinnehmen will, oder ob er das verlorene Terrain noch mit einer Vorwärtsstrategie zurückgewinnen kann.

In der Weiterbildungspraxis werden alle Formen der Entscheidungsfindung angewendet. Vermutlich dominiert jedoch ein **subjektives Entscheidungsverhalten,** das sich am Naheliegenden orientiert. Normalerweise werden nur wenige, teilweise sogar nur »eine« Lösungshypothese auf ihre Wirksamkeit geprüft. Es bildet sich »eine subjektive Meinung«, die zur präferierten Entscheidung wird. Weil es eingefahrene Bahnen gibt, beruft man sich gern auf sein Erfahrungswissen. Die Prüfung von Varianten bleibt aus. Hier neue Wege zu beschreiten erfordert für »querdenkende« Entscheidungsträger Mut und Durchsetzungsvermögen. Im Wettbewerb ist dies jedoch die einzige Vorwärtsstrategie, damit die Organisation lernfähig bleibt. Der Lohn kann die Erweiterung des Marktanteils bedeuten.

5.4.7 Gegenstände von Entscheidungen

Entscheidungen lassen sich unter verschiedenen Gesichtspunkten systematisieren. Hier sollen drei Bereiche vorgestellt werden:
1. Probleme und Aufgaben
2. Ziele und Richtung
3. Handlungsalternativen

1. Problem- und Aufgabenformulierung
Eine Entscheidung kann erst dann getroffen werden, wenn Klarheit über den Gegenstand bzw. Sachverhalt besteht. Eine **unsichere Situation** muß solange ausgeleuchtet werden, bis aus der Problemstellung eine lösbare Aufgabe formuliert werden kann. Ein Problem beschreibt einen Sachverhalt in allen seinen Varianten; eine Aufgabe definiert ihn nach Kriterien der Zweckmäßigkeit. Aufgaben sind lösbar.

Während es im wissenschaftlichen Bereich üblich ist, von Problem- oder Aufgabenstellungen zu sprechen, wird Bildungspraxis meist als Herausforderung definiert. Damit wird umschrieben, daß es sich um eine Aufgabe handelt, die zu lösen machbar erscheint. Herausforderungen stehen unter einer pragmatischen Prämisse. Sie müssen bewältigt werden. Sie zeigen eine positive Zielperspektive auf. Basis dafür ist der Ansatz des positiven Denkens.

2. Zielrichtung und Zielformulierung
Häufig ist die Zielperspektive umrissen; nicht jedoch der **Endzustand,** der erreicht werden soll. Ein **Zielsystem** umreißt die Bandbreite, innerhalb dessen eine Entscheidung getroffen werden kann. Dies reicht aus, um einen Entscheidungsprozeß in Gang zu bringen, nicht jedoch um die Aufgaben zielgerichtet zu lösen. Das Festlegen von **Grob-, Richt- und Feinzielen** stellt in der didaktischen Planung des Lehrens und Lernens eine wichtige Voraussetzung für die Zielerreichung dar. Ziele im einzelnen festlegen zu wollen, ist eine notwendige Bedingung für erfolgreiches Handeln.

3. Handlungsalternativen
Die Erfahrung lehrt, das komplexe Ziele kaum im Alleingang erreichbar sind. Direktgriffe schlagen häufig fehl. Die **Kompromisstruktur** von Entscheidungen sollte zur Kenntnis genommen werden, damit die Rahmenbedingungen des Handelns sichtbar werden. An Handlungsalternativen wird insbesondere dann

Entscheidungsmanagement

gedacht, wenn die Beteiligten es gewohnt sind, strategisch und taktisch zu denken. Nicht immer ist das erstbeste Ergebnis auch das beste Ergebnis. **Entscheidungsverfahren** dienen dem Auffinden »besserer« Alternativen. Es gilt, Entscheidungen so rationell wie möglich und so optimal wie nötig herbeizuführen.

5.4.8 Phasen des Entscheidungsprozesses

Im **Entscheidungsprozeß** muß sichergestellt sein, daß alle wesentlichen Fakten und alle wichtigen Entscheidungsträger beteiligt sind. Dies erfordert einen nicht zu unterschätzenden Abstimmungsbedarf. Das Grundmodell für Entscheidungen läßt sich als **Zeitablaufmodell** begreifen. Zeitmanagement ist ein bekanntes Verfahren, um innerhalb einer zur Verfügung stehenden Zeit ein Optimum an Leistung zu erbringen. Zeitmanagement gibt Notwendigkeiten an, nicht aber wie sie in der Realität vollzogen werden können. Jede Entscheidung braucht eine bestimmte Vorbereitungszeit. Fällt eine Entscheidung für die eine oder andere Handlungsalternative, so folgt der Entscheidung die Ausführung mit allen ihren Konsequenzen. Zum Schluß sollte jede Entscheidung auf ihren Erfolg kontrolliert werden (*vgl. auch Kapitel 5.7*).

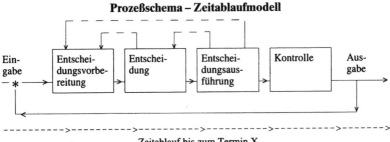

(vgl. Pfohl 1983, S. 319)

5.4.9 Entscheidungsverfahren

In jeder Institution haben sich spezifische Entscheidungsstrukturen herausgebildet. Zur Erleichterung der Erstellung von Situationsanalysen können eine Reihe von graphischen Analyseverfahren angewendet werden. Sie ermöglichen es, Entscheidungsstrukturen zu symbolisieren und optisch darzustellen.

Funktionales Managementhandeln in der Weiterbildung

1. Flußdiagramm

Das **Flußdiagramm** stellt **logische Abläufe** oder Verfahren visuell dar. Die verschiedenen Schritte sind als Kästchen dargestellt und nach der Flußsequenz miteinander verbunden. Im Mittelpunkt stehen **fundamentale Operationen,** die sich verzweigen, wenn an einem Punkt im logischen Ablauf eine Frage gestellt wird, die Alternativen aufweist. Außerdem besteht die Möglichkeit, Schleifen einzuplanen, wenn die Beantwortung einer Frage auf Daten zu einem früheren Zeitpunkt zurückgreift. Das Flußdiagramm – in einer anderen Darstellungsweise auch als Struktogramm bezeichnet –, bildet eine Grundlage für Computerprogramme. Es veranlaßt dazu, Lösungsvarianten mit ihren Konsequenzen in eindeutiger »Ja/Nein-Abfolge« aufzulisten. *(vgl. Kotler 1989, S. 654)*

Flußdiagramm

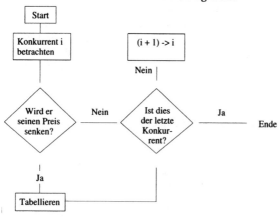

2. Netzplantechnik

Die **Netzplantechnik** ist ein Sammelbegriff für Verfahren zur Lösung von **Projektablaufproblemen.** Sie hilft eine komplexe Folge von Projekttätigkeiten zu planen, durchzuführen und zu kontrollieren. Die **Netzplantechnik (auch Ablaufdiagramm)** kann bei der Planung von Bildungsprogrammen Anwendung finden. In einem Netzplan werden die für die Durchführung notwendigen Teiloperationen mit ihren Verbindungen zu anderen Entscheidungen dargestellt. Fertiggestellte Operationen werden als Ergebnisse, z. B. als Kästchen symbolisiert. Die Pfeildarstellung erlaubt es, Abhängigkeiten sowohl zeitlich als auch inhaltlich zu verdeutlichen. Je ausgefeilter ein Netzplan entwickelt wird, um so genauer lassen sich Zeitdifferenzen und »kritische Wege« erfassen, die auf Schwachpunkte bei der Realisierung eines Projektes hinweisen. Ablaufdiagramme stellen eine Grundlage für die Zeitplanung und Kontrolle von Projekten dar. Netzpläne geben an, zu welchem Zeitpunkt welche Entscheidung zu treffen ist, damit Folgeentscheidungen möglich werden.

Entscheidungsmanagement

Netzplantechnik erfolgt in vier Stufen:

Stufen	Stufenziele
1. Strukturplan	übersichtliche Darstellung
2. Zeitplan	Minimierung und Termineinhaltung
3. Kapazitätsplan	Maximierung und Verbesserung der Qualität
4. Kosten- und Gewinnplan	Kostenminimierung/Gewinnmaximierung

Beispiel Programmplanung

	Strukturanalyse	Zeitanalyse	
Vorgang	Beschreibung	Folgetätigkeit	Wochen
A	Programmbesprechung	B	1.Woche
B	Erhebungsbögen an Fachleiter	C	2.Woche
C	Verhandlung mit Druckereien	D	2.u.3. Woche
D	Verhandlung mit Verwaltung	C,D,H	3.u.5. Woche
E	Verhandlung mit Agentur	D,C,H	3.u.5. Woche
F	Kurse erfassen	G	5. Woche
G	Diskette an Druckerei	I	7. Woche
H	Anzeigen einwerben	D	3. Woche
I	1.Korrekturlesen	J	9. Woche
J	2.Korrekturlesen	K	9. Woche
K	Auslieferung vorbereiten	L	10. Woche
L	Versandtaktion	M	10. Woche
M	Rückmeldungen auswerten	–	

Graphische Darstellung:

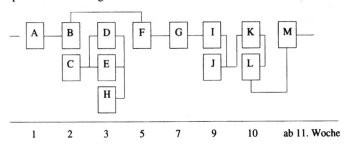

3. Kausalanalyse

Mit dem **Kausalanalyse-Diagramm** lassen sich **Einflußrichtungen,** die die Beziehungen mehrerer Variablen zueinander einnehmen, darstellen. Das Diagramm kann aufzeigen, daß ein Preis sowohl einen direkten (negativen) als auch einen indirekten (positiven) Einfluß auf eine Nachfrage haben kann. Der positive Einfluß eines hohen Preises auf die Nachfrage besteht z. B. darin, daß er dem Kunden nahelegt, ein Kaufobjekt (Seminar) sei von hoher Qualität. – Nicht dargestellt wird allerdings, daß die durch positive Einflüsse stimulierte Nachfrage ihrerseits die Höhe der Werbeausgaben sowie die Qualitätseinschätzung wiederum beeinflussen kann. Kausalanalyse-Diagramme verhelfen dazu, Wechselwirkungen von sich gegenseitig beeinflussenden Faktoren in ihrem positiven bzw. negativen Einfluß zu berücksichtigen. Bei der Aufstellung von Kausal-Gleichungen kann auch deutlich werden, daß bestimmte Variable unter Umständen die Struktur eines Sachverhalts nicht zu erfassen vermögen.

Kausalanalyse

Preis	(–)	Werbeausgaben
(+)		(+)
Qualitäts- einschätzung	(+) (+)	Nachfrage

(vgl. Kotler 1989, S. 654)

4. Entscheidungsbaum

Das **Entscheidungsbaum-Diagramm** ist ein geeignetes Instrument, um Entscheidungsalternativen und deren Konsequenzen darzustellen. Soll beispielsweise entschieden werden, ob der Preis für eine Weiterbildungsveranstaltung erhöht werden soll oder nicht, läßt sich mit Hilfe des Entscheidungsbaums der Gesamtzusammenhang darstellen. Die Konsequenzen von Entscheidungen werden z. B. dadurch beeinflußt, ob sich ein Bildungsinstitut in einer guten oder schlechten Lage befinden; in einer Zeit des Fachkräftemangels und Wirtschaftswachstums, in einer Region, in der die Institution Marktführer ist; in einem Fachgebiet mit vielen Mitbewerbern etc. In den Entscheidungsbaum lassen sich die jeweiligen Konsequenzen systematisch einbeziehen, indem weitere Verzweigungen angefügt werden:

Entscheidungsmanagement

Entscheidungsbaum

```
Preis ─┬─ erhöhen ─┬─ Hochkonjunktur ──┬── Konkurrent reagiert - Wie?
       │           │                    └── K. reagiert nicht
       │           │
       │           └─ Rezession ────────┬── Konkurrent reagiert - Wie?
       │                                └── K. reagiert nicht
       │
       └─ halten ──┬─ Hochjunktur ──────┬── Konkurrent reagiert - Wie?
                   │                    └── K. reagiert nicht
                   │
                   └─ Rezession ────────┬── Konkurrent reagiert - Wie?
                                        └── K. reagiert nicht
```

(vgl. Kotler 1989, S. 654; Vroom/Yetton 1973, S. 36)

5. Rückkoppelung

Das **Rückkoppelungs-Diagramm** (Feedback) dient dazu, Ergebnisse festzustellen und auszuwerten. Untersucht wird das Input-Output-Verhältnis. Als alltägliche Verfahren dieser Art können in der Weiterbildung Tests, Seminarkritiken, Auswertungsbögen oder die Beziehung von investiven Kosten zum Umsatz angesehen werden. Diese Art der Rückkoppelung darf nicht mit der Schleife im Flußdiagramm verwechselt werden. Nimmt man Feedback ernst, so ergeben sich im Verhaltensbereich mehr als einfache Ja/Nein-Beziehungen. Ein Beispiel aus dem Finanzwesen kann die Wechselbeziehung zwischen Umsatz, Gewinn, Kapazität und Marketing-Variablen aufzeigen: Eine zu geringe Nachfrage könnte ein Weiterbildungsunternehmen dazu veranlassen, Kapazitäten abzubauen. Gleichzeitig würde mit der Reduzierung des Umsatzes das zur Verfügung stehende Investitionsvolumen reduziert, was wiederum weitere Reduzierungen zur Folge hätte. Ein Ausweg könnte darin bestehen, durch Aufnahme von Fremdkapital neue Marktsegmente erschließen zu wollen. Damit sind für eine Einrichtung bestimmte Konsequenzen verbunden, die ein Rückkoppelungsmodell darstellen kann:

Funktionales Managementhandeln in der Weiterbildung

Rückkoppelungsmodell

(vgl. Kotler 1989, S. 654)

6. Nutzwertanalyse

Die **Nutzwertanalyse** erlaubt es, anhand mehrerer Kriterien und aufgrund subjektiver Wertvorstellungen eine Wahl unter verschiedenen komplexen Handlungsalternativen zu treffen. Ausgewählt wird diejenige Alternative mit dem höchsten Nutzwert. Die Schritte der Nutzwertanalyse lassen sich wie folgt skizzieren. Wie bei allen Verfahren müssen zuerst die Ziele definiert werden, die eine Entscheidung herbeiführen soll. Soll z. B. der Nutzwert für einen **optimalen Standort** zur Durchführung einer Veranstaltung ermittelt werden, könnten folgende Überlegungen in die Nutzwertberechnung einbezogen werden.

Die Schritt der Nutzwertanalyse:

(1) Ziele festlegen	z. B. Thema und Dozenten
(2) Unbedingte Optionen festlegen	z. B. Preis des Kurses nicht über 350,- DM je Teilnehmer und Tag
(3) Bedingte Optionen feststellen	z. B. Teilnehmerzahl
(4) Auswahlkriterien für Standorte	z. B. mögliche Standorte auflisten, Infrastruktur am Ort ermitteln, Einzugsbereich der Teilnehmer ermitteln, Räumlichkeiten begutachten, Dozenten um Einverständnis fragen.

Entscheidungsmanagement

Gewichten der Kriterien nach ihrer Wichtigkeit für die Institution		Variante Ort A x Faktor		Variante Ort B x Faktor		Variante Ort C x Faktor	
Kriterium	**Gewicht**	**Punkte**	**%**	**Punkte**	**%**	**Punkte**	**%**
Preis	20	1	20	1	20	2	40
Teilnehmerzahl	10	1	20	1	20	2	20
Standort	35	2	70	3	105	1	35
Einzugsbereich	15	1	15	2	30	3	45
Räumlichkeiten	15	2	30	3	45	1	15
Einverständnis	5	1	5	1	5	2	10
Nutzwerte			**150**		**215**		**165**

(Punk te: 1 = unwesentlich; 2 = wesentlich; 3 = sehr wesentlich)

Der Nutzwert legt eine Präferenz zur Entscheidung nahe. Die Entscheidung selbst muß aus der Gesamtheit der Situation getroffen werden.

7. Entscheidungstabellentechnik

Während die Nutzwertanalyse jede Alternative mit einem gewichteten Faktor bewertet, können Mithilfe der **Entscheidungstabellentechnik Regeln, Zusammenhänge und Abhängigkeiten** in schematischer Form dargestellt werden. Der Grundgedanke der Entscheidungstabelle besteht darin, Bedingungen und dazugehörende Maßnahmen einer zu lösenden Aufgabe einander in Tabellenform zuzuordnen. Die Anwendung einer Entscheidungstabelle findet in der Weiterbildung praktisch dann statt, wenn überprüft wird, ob ein z. B. Kurs ordnungsgemäß geplant und vorbereitet ist. Checklisten sind Entscheidungstabellen.

Entscheidungen/Aufgaben	Ja	Nein	Was ist zu tun	Termin setzen
• Alle Teilnehmer einladen	X			1.3.
• Alle Teilnehmer rückgemeldet		X	Nachfragen	20.3.
• Lehrgangsunterlagen zusammenstellen	X			21.3.
• Lehrgangsgebühren bezahlt		X	Mahnen	25.3.
• Dozent über Teilnehmerzahl informiert	X		Telefonieren	25.3.
• usw.				

Eine Entscheidungstabelle stellt ein alltägliches Hilfsmittel zur Optimierung von Entscheidungen dar. Hilfreich sind solche Tabellen auch dann, wenn Termine mit verschiedenen Entscheidungsträgern abgestimmt werden müssen.

8. ABC-Analyse

Die ABC-Analyse ist ein Verfahren zur Klassifikation von Entscheidungen. Verschiedene Bedingungen einer Entscheidung werden nach ihrer Bedeutung in A, B und C-Gruppen gegliedert. Beispielsweise könnte diese Methoden dazu dienen, eine Vorauswahl für die Besetzung einer Kursleiterstelle zu treffen. Das Anforderungsprofil der zu besetzenden Stelle ist nach A-, B- und C-Anforderungen zu definieren und mit den Bewerberprofilen zu vergleichen.

A-Anforderungen: unabdingbare fachliche Qualifikation und persönliche Kompetenz

B-Anforderungen: notwendige Zusatzqualifikationen, z. B. Fachkurse, Sprachkenntnisse

C-Anforderungen: wünschenswerte Kenntnisse, die für die betreffende Person sprechen

Die Beurteilung eines Bewerbers nach diesem Schema erlaubt es relativ schnell, Qualifikations- und Persönlichkeitsprofile herauszuarbeiten. Anhaltspunkte könnte folgender Kriterienkatalog geben. Für jeden Bewerber wird ein Bogen erstellt und durch ankreuzen bewertet:

Aspekte	Kurzbeschreibung – Profil	A	B	C
	Referent für Weiterbildung			
Bewerber/Name	Klaus Test			
Qualifikation		X		
Schulbildung/Abschluß		X		
Berufsausbildung/Abschluß			X	
Berufstätigkeit		X	X	
Fachqualifikation		X		
Methodenkompetenz		X	X	
Sozialkompetenz		X		
Zusatzqualifikationen				X
Lehrtätigkeit				X

Mit der ABC-Methode lassen sich auch Seminarangebote verschiedener Veranstalter nach einem zu entwickelnden Kriterienraster beurteilen.

Einschätzung der Entscheidungsverfahren
Alle Verfahren und Instrumente der Entscheidungsfindung können sensibilisieren. Der Vorteil von Diagrammen und mathematischen Methoden liegt in der Reduzierung auf das Wesentliche. Die jeweiligen Entscheidungsvarianten werden deutlich herausgearbeitet; man kann sich für das Optimum entscheiden. Es gibt keine eindeutigen Wege zu erfolgreichen Entscheidungen. Die Verfahren stellen Konstrukte dar, die in der Praxis der Bildungseinrichtungen Anwendung finden. Viele Entscheidungen werden in der Regel unter der Prämisse der unvollständigen Information getroffen. Unternehmerisches Handeln zeichnet sich dadurch aus, im richtigen Moment die richtige Entscheidung zu fällen.

5.4.10 Management-by-Konzepte

Management-by-Konzepte stellen komplexe Modellvorstellungen für Entscheidungssysteme dar. Insofern erlangen sie für das praktische Handeln von Managern eine Vorbildfunktion. Die Konzepte entwickeln eine komplexe Sollvorstellung darüber, wie das Management zentrale Führungs- und Entscheidungsaufgaben wahrnehmen könnte. Jederman weiß, daß solche Konzepte in der Praxis nie im Verhältnis eine zu eins umgesetzt werden können. Die Ziele geben jedoch Abstraktionsebenen an, mit deren Hilfe sich das pragmatische Handeln strukturieren läßt. Sie werden dort angewendet, wo sie einen Vorteil in der Leitung und Führung einer Einrichtung versprechen.

Management-by-Konzepte spielen in der Literatur eine nicht unwesentliche Rolle. *Staehle* weist auf den naheliegenden Verdacht hin, daß die Verwendung von Amerikanismen – Management by...- positive Assoziationen mit effizientem amerikanischen Management wecken soll. Im Gegensatz zur starken Verbreitung in der BRD werde in der US-amerikanischen Literatur allenfalls das Management by Objectives ausführlicher behandelt *(vgl. Staehle 1990, S. 798)*. Die Relativierung dieser Konzepte ist deshalb angebracht.

Funktionales Managementhandeln in der Weiterbildung

Ein **Überblick über wichtige Management-by-Konzepte** soll in Anlehnung an *Schierenbeck* hier in Kurzform erfolgen:

MbE **Management by Exception**	MbD **Management by Delegation**
Kurzdefinition: Führung durch Abweichungskontrolle und Eingriff im Ausnahmefall	**Kurzdefinition:** Führung durch Aufgabendelegation (Harzburger Modell: Führung im Mitarbeiterverhältnis)
Hauptziele: • Entlastung der Vorgesetzten von Routineaufgaben; Vermeidung von »Herzinfarkt-Management« • Systematisierung der Informationsflüsse und Regelung der Zuständigkeiten, so daß Störeinflüsse rasch behoben werden • Entscheidungen sollen an gewisse Richtlinien gebunden werden	**Hauptziele:** • Abbau von Hierarchie und autoritärem Führungsstil; Ansatz zur partizipativen Führung • Entlastung der Vorgesetzten • Förderung von Eigeninitiative, Leistungsmotivation und Verantwortungsbereitschaft • Entscheidungen sollen auf der Führungsebene getroffen werden, wo sie vom Sachverstand her am ehesten hingehören • Mitarbeiter sollen lernen, wie man eigenverantwortlich Entscheidungen trifft
Bewertung: • Kein eigenständiges Modell; lediglich generelles Prinzip • löst nur kleinen Teil der Management-Probleme; geht aber in andere Modelle ein	**Bewertung:** • als einfaches Prinzip allgemeingültig verwendbar, aber nur begrenzt wirksam • in Form des Harzburger Modells zwar leistungsfähiger, aber zu statisch und daher stark erweiterungsbedürftig • im Vergleich zum MbO bleibt vieles offen

Entscheidungsmanagement

MbO **Management by Objectives**	MbS **Management by Systems**
Kurzdefinition: Führung durch Zielvereinbarung	**Kurzdefinition:** Führung durch Systemsteuerung bzw. Führung mit Delegation und weitgehender Selbstregelung auf der Grundlage computergestützter Informations- und Steuerungssysteme
Hauptziele: • Entlastung der Führungsspitze • Förderung der Leistungsmotivation, Eigeninitiative, Verantwortungsbereitschaft und Selbstregelungsfähigkeit der Mitarbeiter • Partizipative Führung Identifikation der Mitarbeiter mit Unternehmenszielen • Mitarbeiter sollen ihr Handeln an klaren Zielen ausrichten, objektiv beurteilen, leistungsgerecht bezahlt und nach Fähigkeiten gefördert werden • Bessere Planung und Zielabstimmung, bessere Organisation • Systematische Berücksichtigung von Verbesserungsmöglichkeiten	**Hauptziele:** wie bei MbO, zusätzlich • Quasi-automatische Steuerung der Routine-Management-Prozesse durch Computereinsatz • Bessere Informationsversorgung aller Führungsebenen • Abteilungsübergreifende Wirkungen von Entscheidungen sollen schnell erkennbar • Beschleunigung aller Management-Prozesse
Bewertung: • Mehr als nur Schlagwort oder Prinzip • moderne, umfassende und am weitesten entwickelte Management-Konzeption • berücksichtigt den Stand moderner Führungstheorie und die zentrale Rolle der Ziele für die Steuerung sozialer Systeme	**Bewertung:** • heute nur »reale Utopie«, zeigt aber die Entwicklungsrichtung an • so wird im Prinzip die zukünftige Unternehmensführung aussehen, wobei MbE, MbD und MbO hierin integriert sind

Mbk **Management-by-Kultur**
Führung als kulturelle Steuerung und Kontrolle
Hauptziele:
• Steuerung durch Selbstmanagement und Teamarbeit
• Projektsteuerung unter Beachtung der Unternehmensziele
• Unternehmen wird als komplexes System, insbesondere kulturell definierter Normen, Werte, Erwartungen, Annahmen und Philosophien begriffen
• Leistungssteigerung und Verhaltenssteuerung unter Einbeziehung der Motive und Bedürfnisse der Mitarbeiter
• Beachtung der beruflichen und persönlichen Standards der Lebenswelt der Mitarbeiter
• Entwicklung eines Corporate-Identity-Konzepts (Corporate Kultur)
• Steuerung und Kontrolle durch Elemente der anderen Management-by-Konzepte

Ein **Management-by-Kultur-Konzept** sollte das Selbstverständnis der Unternehmenskultur focussieren. Dabei läßt sich sagen:

a) eine **Organisation hat eine Kultur** bedeutet: in der Sichtweise der Mitglieder werden die Aufgaben und die Art und Weise des konsistenten Handelns als Kultur erkannt. Die Unternehmenskultur erweist sich als ein funktionierendes Beziehungsgeflecht zwischen Führungssystem, Informationssystem und strategischer Orientierung. Das kulturelle Selbstverständnis erweist sich als beeinflussende Variable *(vgl. Heinen 1987, S. 43; Staehle 1990, S. 481 ff.)*;

b) eine **Organisation ist Kultur** bedeutet: die Organisation stellt eine Ideensystem dar, das in den Köpfen der Mitglieder existiert und als Ergebnis gemeinsam konstruierter Wirklichkeit erkannt wird. In diesem Sinne stellt Kultur jenen Teil der selektiven Ansichten der Wirklichkeit dar, die von einer Mehrheit geteilt und als grundlegend für die Zusammenarbeit in einer Einrichtung erachtet werden. Kultur wird als Bestandteil der Lebenswelt der Mitarbeiter begriffen, die wahrgenommen wird und die als gestaltete Umwelt verändert werden kann. Damit gewinnt Kultur eine Qualität, die ganzheitlich und vernetzt auf die übrigen Systemelemente einer Organisation wirkt. Management in diesem Sinne hat Entscheidungen aus einem kulturellen Kraftfeld zu begründen *(vgl. Meyer/Rowan 1977; Burell/Morgan 1979; Peters/Waterman 1982; Schmitz 1984).*

Aus Sicht des Entscheidungsmanagements stellen die Management-by-Konzepte **Modelle für Entscheidungsträger** dar, die zur Steuerung des Handelns Vorgaben liefern können. Die Konzepte versuchen Einrichtungen als mehr oder minder komplexe sozio-technische bzw. sozio-kulturelle Gebilde zu begreifen. Bildungseinrichtungen sollten in einer offenen Beziehung zu ihrer Umwelt agieren. Dies berücksichtigen Weiterbildungsmanager meistens dadurch, daß sie nach pragmatischen Grundsätzen entscheiden.

5.5 Planungs- und Organisationsmanagement

In der Weiterbildung bezieht sich das **Planungs- und Organisationsmanagement** auf das didaktische Handeln. Bei der Organisation des didaktischen Planungsprozesses geht es um jene Tätigkeiten, die notwendig sind, damit Bildungsveranstaltungen und Beratung angeboten werden kann und von den Kunden angenommen wird.

Grundfragen der **didaktischen Planung** sind:

- Wie kann das Kursangebot organisiert und strukturiert werden?
- Mit welchen Begründungen und Überlegungen kommt es zustande?
- Ob und Wie lernen Erwachsene? Mit welchen Lerndispositionen kommen sie in die Weiterbildung? Wozu ist das Wissen gut?
- Welche betrieblichen Bedingungen bestehen und sind nötig, um ein optimales Planungsergebnis zu erzielen?

Die Organisations- und Planungsprozesse in einem Bildungsunternehmen müssen sich auf die Besonderheiten des Dienstleistungsangebots »Lehren und Lernen« einlassen. Fragen der didaktischen Planung werden in der erwachsenenpädagogischen Literatur mit unterschiedlicher Intention behandelt. **Formale Beschreibungen** der Aufgabenbereiche und Tätigkeitsmerkmale liegen vor allem für den Bereich der Volkshochschulen vor. Sie orientieren sich am Abstraktionsgrad und der Darstellungsweise des öffentlichen Dienstes. Die pädagogische Organisations- und Lehrtätigkeit wird akzentuiert und dem Sekundarstufenlehrerkonzept zugegliedert. Das Planungshandeln wird in einen kommunalen Zusammenhang gestellt und als Verwaltungshandeln begründet. Nur teilweise wird die Nähe zum traditionellen Bürokratiemodell öffentlicher Verwaltungen in Frage gestellt. *(vgl. Weinberg 1990)*

Horst Siebert hat *1996* den aktuellen Stand des didaktischen Handelns in der Erwachsenenbildung aus konstruktivistischer Sicht dargestellt. Dabei bezieht er eine praxisbezogene Bilanz aus der didaktischen Forschung und aus Erfahrungen der Curriculumtheorie. Entsprechend weit wird das didaktische Handeln gespannt: von der Zielgruppen- und Teilnehmerorientierung, zur Lernzielformulierung und didaktischen Reduktion, zu Ankündigungstexten und Schlüsselqualifikationen. Ebenfalls wird im Kontext didaktischen Handelns das »Sokratische Gespräch, die Zukunftswerkstatt oder der Bildungsurlaub« thematisiert. So breit soll der Rahmen in diesem Kapitel nicht gesteckt werden, vorgestellt werden lediglich betriebswirtschaftlich orientierte Systemelemente.

5.5.1 Effizienzkriterien

Planungs- und Organisationsmanagement sollte in Weiterbildungseinrichtungen als ein **Instrument der Unternehmensführung** und Betriebsorganisation interpretiert werden. Es befaßt sich nicht einfach mit der Organisation irgendwelcher Kurse, sondern mit der permanenten Qualitätsverbesserung und Leistungssteigerung der Institution in ihrer Gesamtheit. Dabei bestimmten insbesondere Planungs- und Organisationsprozesse darüber, ob den Veranstaltungen und damit der Bildungseinrichtung der Markterfolg sicher ist. Zur Aufgabe der Unternehmensplanung gehört die Sicherung des Unternehmensbestandes und der Zukunft. Dabei sollte der Planungsprozeß als **integriertes Systemkonzept** angelegt werden und sich an Effizienzkriterien messen lassen. Diese muß jede Einrichtung für sich definieren. Was als effizient angesehen werden kann, zeigt folgende Synopse:

Effizienzkriterien
Auf der Basis der Funktionen Zeit und Hierarchie

Zeit	kurzfristig	mittelfristig	langfristig
Effizienzkriterien	Produktivität/ Zufriedenheit	Flexibilität/ Entwicklungsfähigkeit	Überleben
Planungsaktivität	operative Planung	taktische Planung	strategische Planung
Führungsebene	untere	mittlere	obere

(vgl. Staehle/Grabatin 1979, S. 91)

Obwohl sich die **Leistungsfähigkeit dieses Systemkonzepts** auf die Fähigkeit einzelner Teilkonzepte beschränkt, gibt es eine Vorstellung von der notwendigen Vernetzung, die aus dem Anspruch strategischer Planung erwächst. Bei zunehmendem Wettbewerb ist die strategische mit der operativen Planung abzustimmen. Während die **operative Planung** das unmittelbare Kursgeschäft optimal organisieren muß, verfolgt die **taktische Planung** primär die Horizonterweiterung. Bei der **strategischen Planung** rückt die Zukunft der Institution in den Vordergrund. Marktsegmente müssen ständig neu erschlossen werden.

Planung kann als geistiger Prozeß verstanden werden, die bekannten und unbekannten Strukturen der Bedarfsfelder zu erkunden. Der Begriff der **Organisation** zielt darauf ab, daß Planung auch mit effektiven Mitteln umgesetzt wird. Die Organisationsentwicklung hat die innerbetrieblichen Arbeitsabläufe ständig an den Erfordernissen des Marktes auszurichten. Dies hat mit Einsatz der neuesten Technologien und Systeme zu erfolgen. Hierbei hat insbesondere die Diskussion um lean management, lean production, Reengenierung und vor allem um Gruppenarbeitskonzepte die Arbeitsorganisation entscheidend verändert. Ehemals schwerfällige Einrichtungen sind marktaktiv und schlank geworden. Aufgabe vom Planung ist das systematische Vorausdenken erstrebenswerter Ziele und Situationen. Ein Institutionenszenario könnte ein solches Planungsziel für Bildungseinrichtungen sein.

Unternehmensplanung in der Weiterbildung befaßt sich mit den institutionellen Bedingungen, die hergestellt werden müssen, um Zukunftsmärkte zu erobern. Planungsbedürftig sind unter Wettbewerbsbedingungen alle betrieblichen Ressourcen: Konzept- und Produktentwicklung, Bedarfsermittlung, Seminar- und Lehrgangsorganisation, Mitarbeitereinsatz, Investitionen, Ausstattungen, Kooperationen, neue Märkte. Im Planungsprozeß geht es um die Organisation des Kursgeschehens und die Aufstellung des Weiterbildungsprogramms. Teilnehmeranalysen haben einen ähnlich optimierenden Stellenwert wie Kosten-Nutzen-Analysen oder Bedarfsanalysen. Bildungscontrolling wird immer wichtiger, um vom Ergebnis her die Planungs- und Organisationsprozesse zu optimieren. Planung findet dort seine Grenzen, wo um der Planung Willen geplant wird. Sie darf nicht so weit gehen, daß am Ende zwar alle Planungsdaten und betriebswirtschaftlichen Kennzahlen vorliegen, das eigentliche Bildungsgeschäft aber auf der Strecke geblieben ist. Planung hat auch nicht die Funktion administrativen Selbstbeschäftigung. Vorrangig geht es in Bildungseinrichtungen um die Realisierung der alltäglichen Projekte und um innovative Projektionen sowie die Bündelung der betrieblichen Leistungspotentiale. Planung kann als zielgerichtete Organisations- und Systemgestaltung zur Erreichung der Unternehmensziele bestimmt werden.

5.5.2 Strategische, operative, taktische Planung

Im Zentrum **strategischer Planung** steht die Frage,»mit welchen Produkten das Unternehmen welche Märkte bedienen soll und aus welcher Wettbewerbsposition es dabei antritt« *(Malik/Helsing 1988, S. 171)*. Die Produkt-Markt-Matrix oder das Ansoff-Raster liefern wertvolle Hinweise über die Marktsegmentierung *(vgl. Kapitel 3.3)*. Im Planungsprozeß haben sich Weiterbildungseinrichtungen auf die besonderen Bedingungen des Bildungsmarktes einzustellen. Das Angebot sollte den veränderten Lernbedürfnisse der Teilnehmer entsprechen, die sich aus den technologischen, ökonomischen, ökologischen, sozialpsychologischen und auch historischen Entwicklungen und Veränderungen ergeben. Dabei reicht es nicht aus, der Entwicklung hinterherzulaufen. Innovative Bildungsangebote versuchen die Qualifikationsentwicklung zu antizipieren.

Strategie heißt, die Dynamik des Marktes ein Stück weit vorwegzunehmen, um an ihrer Veränderung beteiligt zu sein. Eine einfache Fortschreibung aus der Vergangenheit ist heute kaum mehr möglich. Was aus der Sicht **operativer Daten** als sinnvolles Handeln erscheinen mag, kann strategisch unhaltbar sein.

Operative Daten können in die Sackgasse führen. Waren beispielsweise viele Jahre Umschulungen im Holzbereich ein großes Marktsegment bei den Auftragsmaßnahmen der Arbeitsverwaltung, so wurden diese Kurse nach einer gewissen Sättigung nicht mehr ausgeschrieben. Vorhandene technische Einrichtungen waren überflüssig, Mitarbeiter mußten entlassen werden, die Institution mußte ihr Profil umstrukturieren – im Einzelfall gar schließen. Strategisch planen heißt: »Qualität und Dauerhaftigkeit gegenwärtiger Erfolgsfaktoren zu beurteilen und diese zu pflegen sowie die Voraussetzungen für zukünftige Erfolge zu schaffen« *(Malik/Helsing 1988, S. 181)*.

Strategische Planung hat insbesondere bei der Entwicklung in den Neuen Bundesländern Anfang der 90er Jahre eine große Bedeutung gespielt. Die Weiterbildung verzeichnete fundamentale Marktveränderungen. Auch derzeit gibt es große Marktverschiebungen, weil die Bundesanstalt für Arbeit vor dem Hintergrund der katastrophalen Haushaltslage des Bundes vor allem im Bereich der Fortbildung und Umschulung Mittelkürzungen hinnehmen muß, die so weit durchschlagen, daß einige Bildungsträger Konkurs anmelden müssen. Dennoch ist die Zukunft der Weiterbildung aus strategischer Sicht positiv einzuschätzen, denn der Bedarf an Qualifizierung und deren Veränderung wird weiterhin steigen. Die Notwendigkeit des lebenslangen Lernens muß in neue Bahnen gelenkt werden. Wer hierbei neue Strategien entwickelt, wird enorme Marktanteile gewinnen.

Taktik sollte nicht mit strategischer Planung gleichgesetzt werden. »Ein Schachzug, der den Bauern sichert, kann die Dame kosten«. Taktik kann als Elemente der strategischen Planung begriffen werden. Auch wenn es taktisch klug sein kann, einen bestimmten Schritt zu gehen, um dabei zu sein, darf das Ziel nicht aus den Augen verlieren. Generell wird Taktik als die Kunst der Anordnung und Aufstellung verstanden. Sie basiert auf einem berechnenden, zweckbestimmten Verhalten. Bildungseinrichtungen, die taktieren, versuchen eine Situation planmäßig und klug berechnend zu ihrem Vorteil zu nutzen. Es geht um die geschickte Positionierung einer Bildungseinrichtung im Markt.

Viele Einrichtungen scheinen unzureichend auf die Marktveränderungen vorbereitet zu sein. Nicht umsonst wird ständig Klage darüber geführt, daß viele **unseriöse Bildungsveranstalter** Angebote unterbreiten würden. Nicht selten soll damit von den eigenen Problemen abgelenkt werden. Das **fundamentale Planungsproblem** in der Weiterbildung besteht darin, daß sie in hohem Maße von politischen Entscheidungen öffentlicher Auftraggeber abhängig ist. Zudem ist im Bewußtsein der Bevölkerung noch lange nicht akzeptiert, daß jeder immer mehr für seine eigene Weiterqualifizierung verantwortlich ist. Was einschließt, persönlich dafür Geld auszugeben. Diese ungewisse Situation bringt große Planungsunsicherheiten mit sich.

5.5.3 Planungsvoraussetzungen und -instrumente

Planung und Organisation beginnen nur selten am **Punkt Null**. Das Rad muß nicht immer wieder neu erfunden werden. Häufig genügt es, wenn ein Grundangebot qualifiziert fortgeschrieben wird. Eine Vielzahl neuer Seminarkonzepte läßt sich nicht als Neuheit in dem Sinne verstehen, daß dort wirklich neue Wissenselemente vermitteln würden. Vielmehr findet eine Neukombination und Substitutionen vorhandenen Know-hows statt. Bestehende Konzepte werden kontinuierlich fortgeschrieben und dadurch auf ein neues Qualitätsniveau gehoben. Die Meisterausbildung in Industrie und Handwerk ist dafür ein typisches Beispiel: Das Meisterkonzept der Wirtschaftskammern ist hinreichend erprobt und anerkannt, die Inhalte müssen aber so angepaßt werden, daß der »Meister 2000« als Führungskraft anerkannt bleibt. Das bringt dort Probleme mit sich, wo Aufgaben durch Ingenieure oder Techniker substituiert werden können. Niemand darf ernsthaft annehmen, alte Konzepte könnten geradlinig fortgeschrieben werden. Insbesondere neue Konzepte für die Fort- und Weiterbildung von Ingenieuren und wissenschaftlich ausgebildeten Fach- und Führungskräften werden ein neues Bedarfsfeld. Es ist schon erstaunlich, warum so wenige Konzepte für die Weiterbildung von wissenschaftlich ausgebildeten Führungskräften vorliegen. Die **Neukonzeptentwicklung** liegt im Argen, weil sie aufwendig, kostenintensiv und noch nicht eindeutig konturierbar ist. Bildungsplanung muß davon ausgehen, daß Bildung virulent ist. Ein Lösungsweg könnte es sein, auf flexible, selbständig tätige Projektteams zu setzen.

Im Wettbewerb der Weiterbildung erobern immer häufiger Newcomer die Felder »altbewährter« Bildungseinrichtungen. Sie verstehen es insbesondere die Kostenspirale zu begrenzen. Obwohl es Jahre dauern kann, bis sich die »Neuen« durchsetzten, sie müssen genau beobachtet werden. Dies ist bei den Volkshochschulen zu beobachten, die mit kleinen Schritten den Markt der beruflichen Weiterbildung erobern. Dies wird bei den Hochschulen der Fall sein, wenn sie ihr Potential für die wissenschaftliche berufliche Weiterbildung erkennen und ein konsequentes Weiterbildungsmanagement betreiben. Dabei stellen die staatlichen und halbstaatlichen Einrichtungen für private Bildungsanbieter eine ernst zu nehmender Gefahr dar. Zur Sicherung der Erfolgspotentiale müssen die bestehenden Bildungseinrichtungen mehr denn je Analysen über die Entwicklung ihrer Zukunftsmärkte anstellen. Jede Einrichtung braucht für ihre Unternehmensplanung verläßliche Daten.

Planungsinstrumente
Instrumente, die im didaktischen Planungsprozeß eine wichtige Rolle spielen, können hier nur im Überblick genannt werden. Ein Teil der Instrumente ist im *Kapitel 4* beschrieben worden, so

- das Modell der kommunikativen Arbeitssituation,
- das 4-L-Strukturmodell und sein multifaktorielles Bedingungsgefüge,

- die situativen Erfahrungsansätze, (wie Erfahrungskurve, Produkt-Lebens-Zyklus, Markt-Anteils-Matrix, 7-S und 7-C Bezugsrahmen
- die Portfolio-Analyse,
- die Substitutionszeitkurve.

Die klassischen **sozialempirischen Instrumente** (Methoden) sind in der Weiterbildung weit verbreitet. Im Rahmen der Weiterbildungsforschung wurde ermittelt, welche Methoden Anwendung finden. Dabei ergab sich bei einer nicht repräsentativen Umfrage folgendes Bild:

Planungsmethoden	Nennungen
Fragebogenerhebung	115
Interview	94
Akten-/Dokumenten-/Quellen-/Inhaltsanalyse	76
Beobachtung	40
Sekundäranalyse von Daten	35
Test	18
Experiment/Simulation	12
Expertenbefragung	10
Vergleichend	7
Hermeneutisch/historisch kritisch	4
Aktionsforschung	7
Fallstudie	5
Gruppendiskussion	5
Arbeitsplatzanalyse	1
Sonstige	4

(vgl. Gerhard/Krüger/Sandbrink 1979, S. 43)

Die am meisten angewendeten Methoden der empirischen Sozialforschung sind die Fragebogenerhebung und das Interview. Wissenschaftlich qualifizierte Mitarbeiter dürften das Forschungsinstrumentarium und die Methoden anwenden können.

5.5.4 Organisationsentwicklung

Die **Organisationsentwicklung** hat in den letzten Jahren an Bedeutung zugenommen. Sie hat sich um die Lösung praktischer Gestaltungsprobleme der Einrichtungen in der Weiterbildung bemüht. Organisationsentwicklung ist ein längerfristig angelegter Veränderungsprozeß der Institution und der in ihr tätigen Mitarbeiter. Sie stellt die Form des geplanten Wandels dar. Mit der Organisationsentwicklung wird das **Ziel** verfolgt, die organisatorische Leistungsfähigkeit und die Qualität einer Institution zu verbessern. *(vgl. Olfert/Rahn 1996, S. 679)*

Das geht auf Dauer nicht ohne Theoriebildung, ganz in dem Sinne, wie *Lewin* es formuliert hat: Nichts ist so praktisch, wie eine gut Theorie. Die Feldtheorie von *Lewin,* die als Grundlage vieler **Veränderungsmodelle** gelten kann, verhilft mit der Sichtweise von »psychologischen Kräftefelder« dazu, Organisationen in ihren sozialen Situationen gegenüber ihren Änderungsbemühungen zu analysieren. Die **Force Field Analysis** (Kräftefeld-Analyse) kann aufzeigen, wie in jeder Situation Kräfte für und gegen den Wandel gerichtet sind. Die **driving forces** und die **restraining forces** befinden sich dann in einem Gleichgewichtszustand, wenn die Summe der akzelerierenden Kräfte gleich der Summe der retardierenden ist. Eine Organisation ist dann optimal angepaßt, wenn sie sich in einem Gleichgewichtszustand befindet:

Gleichgewicht

Akzelerierende Kräfte wirken beschleunigend	Retardierende Kräfte wirken verzögernd
Wandel in der Umwelt (externe Anlässe) z. B. neue Technologien	Widerstände bei Individuen z. B. Gewohnheiten, Angst, Sicherheitsstreben, Abhängigkeit
Wunsch nach Wandel in der Organisation (interne Anlässe) z. B. Humanisierung der Arbeit	Widerstände auf Organisationsebene, z. B. Kurzzeitorientierung, fehlende Ressourcen, Angst vor Unruhe

(vgl. Staehle 1990, S. 551)

Jede Organisation sollte, wenn sie auf Dauer überleben will, für ein Gleichgewicht zwischen den die Struktur stabilisierenden und den progressiven Kräften sorgen. Gelangen die retardierenden Kräfte ins Übergewicht, so ist der Widerstand gegenüber Wandlungsprozessen so stark, daß notwendige Veränderungen der Organisation unterbleiben. Das kann das Aus für eine Institution bedeuten. Überwiegen die progressiven Kräfte und führen zu einem permanenten Wandlungsprozeß, so ist das erst einmal positiv, weil die Einrichtung sich als zukunftsfähig erweist. Vorsicht ist geboten, wenn die Organisation und deren Mitarbeiter nicht zur Ruhe kommen und im Streß versagen. Anzustreben ist eine hohe Flexibilität bei der nötigen Kontinuität und Systemstabilität.

5.5.5 Organisationsansätze

Im Ansatz der **klassischen Organisationslehre** wird Organisation in Aufbau- und Ablauforganisation getrennt dargestellt.

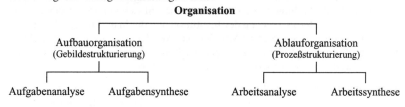

(vgl. Kosiol 1962, S. 240)

Organisatorisch wird zwischen der **Ablauf-** und **Aufbauorganisation** unterschieden. Die Ablauforganisation bezieht sich auf die raumzeitliche Strukturierung der Arbeitsvorgänge in dem sozio-technischen System Unternehmen; die Aufbauorganisation gliedert in bereichsspezifische Unternehmenseinheiten wie Abteilungen und Gruppen. Zu den immer wiederkehrenden Fragen des Organisationsmanagements gehört die Frage, wie die Unternehmensführung effiziente aufbauorganisatorische Lösungen für das Gesamtunternehmen finden kann.

Dieses formale Verständnis von Organisation ist weit verbreitet. Es findet in Organigrammen oder Telefonlisten seine Anwendung. Dennoch trägt es relativ wenig zur praktischen Organisationsarbeit bei. Die Schemata führen sogar zu einem Dilemma, weil sie den Gesamtprozeß »atomisieren«. Es findet eine nebeneinander stehende Sichtweise und keine integrierte statt. Der Zusammenhang bzw. die Ganzheitlichkeit muß nachträglich durch die einzelnen Mitarbeiter herbeigeführt werden.

Grundsätzlich muß eine **Organisationsstruktur** folgende Bedingungen berücksichtigen:

- **Horizontale Differenzierung** (Spezialisierung)
  nach Aufgabengliederung, Abteilungsgliederung

- **Vertikale Differenzierung** (Hierarchisierung)
  Kontrollspanne, Breite und Tiefe der Hierarchie,
  Einheit der Auftragserteilung, Dienstweg

- **Horizontale Integration** (Koordination)
  Komitees, Budgets, Pläne, Organisationsregeln

- **Integration des Personals in die Organisation** (Vernetzung)
  Personalzuordnung, Arbeitseinsatzplan, Arbeitsablaufplan.

Planungs- und Organisationsmanagement

Während **ingenieursmäßige Ansätze** sich in der Vergangenheit schwerpunktmäßig mit der Arbeitszerlegung und erst in neuester Zeit mit der Integration (CIM Computer Integrated Manufactoring) befassen, konzentrierten sich **sozial-psychologische Ansätze** auf Fragen der personalen Integration. Erst im Zuge der **modernen Ansätze** werden die Aspekte der System- und verhaltenswissenschaftlich-situativen Bedingungen als Organisationsprobleme erkannt und zu lösen versucht. *Lippert (1982, S. 172)* konstruiert zwei gleichwertige Organisationsstränge:

Organisationsstränge
Unternehmung

A 1	B 1
Unternehmensziele	Mitarbeiterziele
Organisation	Individuum
Stelle, Position	Persönlichkeit
Arbeitsplatzanforderungen	Bedürfnisse/Qualifikationen
A 2	B 2

Ergebnis

Inwieweit in der betrieblichen Realität die Mitarbeiterziele mit den Unternehmenszielen konform verlaufen können, ist eine offene Frage. Dabei erfüllt ein Unternehmen keinen Selbstzweck und ist auch nicht in erster Linie für die Mitarbeiter da. Ein Unternehmen existiert nur, weil es Bedürfnisse Dritter, also der Kunden erfüllt. Werden die Mitarbeiterziele den Kundenbedürfnissen angepaßt, kann es eine gute Symbiose geben. In jedem Fall sollte eine Bildungseinrichtung versuchen, die beruflichen Ziele ihrer Mitarbeiter so weit wie möglich zu beachten, damit der Einrichtung gute Fach- und Führungskräfte erhalten bleiben.

Organisationsstrukturen
In der Weiterbildung finden sich unterschiedliche Organisationsstrukturen. Neben Ein-Mann-Bildungs-/Beratungsunternehmen bis hin zur Holdingstruktur, mit mehreren Hundert Mitarbeitern, ist alles vertreten. Einige Strukturmodelle sollen dargestellt werden.

1. Makro-/Mikro-Struktur
Die **Makro-Struktur** bezieht sich auf die Unternehmensorganisation. Sie ist eher eine Konstante im Leben einer Einrichtung. Die **Mikro-Struktur** bezieht sich auf

die Arbeitsorganisation, die sich in Teilbereichen häufiger verändern muß, um den Marktgegebenheiten zu entsprechen.

Kriterien für Strukturmodelle:

- das **Verrichtungsmodell**
  (Funktionalorganisation nach Abteilungen und Ebenen)
- das **Objektmodell**
  (Geschäftsbereiche, Spartenorganisation, Produkte, Projekte, Kunden)
- das **Regionalmodell**
  (Gebiete, Länder, Geschäftsbereiche)

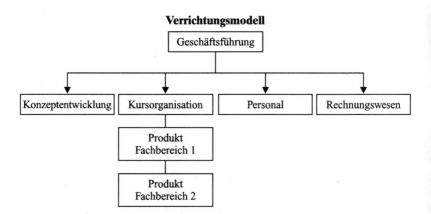

Im Verrichtungsmodell werden Stellen nach dem Prinzip der **Verrichtungszentralisation** gebildet. Typischerweise werden Abteilungen auf zwei Ebenen nach betrieblichen Funktionen wie Konzeptentwicklung, Organisation, Personal etc. geschaffen und auf einer dritten Ebene nach Fachbereichen gegliedert.

Planungs- und Organisationsmanagement

Objektmodell

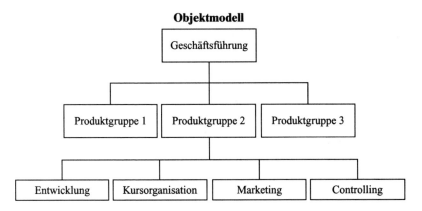

Im Objektmodell werden Stellen nach dem Prinzip der **Objektzentralisation** gebildet. Typischerweise werden Abteilungen auf der zweiten Ebene nach Produktgruppen (Fachbereichen, Projekten oder Zielgruppen) geschaffen. Auf der dritten Ebene nach Funktionen und Arbeitstätigkeiten.

Regionalmodell

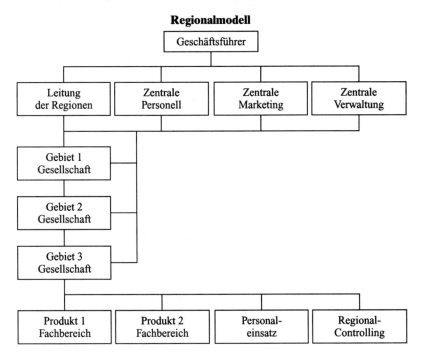

Dem **Regionalmodell** liegt die »**Raumzentralisation**« zugrunde. Es findet sich in (inter)national operierenden Bildungseinrichtungen, die als Folge der räumlichen Strategie der Expansion tätig sind. Das Regionalmodell erleichtert eine Anpassung an die jeweiligen Teilnehmerwünsche sowie die Entwicklung regionsspezifischer Produktstrategien. Sie entsprechen dem Anspruch des flächendeckenden Angebots in der Weiterbildung.

2. Mikro-Struktur

Mikro-Modelle strukturieren nach der **Arbeitsorganisation.** Die Tätigkeitsorganisation gliedert sich hierarchisch. In den letzten Jahren von Wichtigkeit sind vernetzte Strukturen. Die verschiedenen Modelle:

- **Linienorganisation**
  (Einheit der Leitung, Einheit des Auftragsempfangs)
- **Stab-Linien-Organisation**
  (Einheit der Leitung, Spezialisierung von Stäben auf Leitungshilfsfunktionen ohne Kompetenz gegenüber der Linie)
- **Funktionale Organisation**
  (Spezialisierung der Leitung, direkter Weg, Mehrfachunterstellung)
- **Matrix-Organisation**
  (Spezialisierung der Leitung nach Dimensionen, Gleichberechtigung der verschiedenen Dimensionen
- **Vernetzte Strukturen**
  (jeder soll mit jedem in Kommunikation stehen; Fachlichkeit geht vor Hierarchie; geeignet für kleine Gruppen und Teamarbeit)

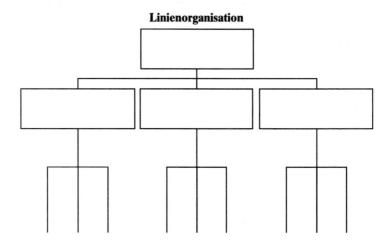

Linienorganisation

Eigenarten der Linienorganisation:

- gleichzeitig Dienstweg für Anordnung, Anrufung, Beschwerde, Information,
- Delegationsweg mit hierarchischem Denken
- keine Spezialisierung der Leitungsfunktionen

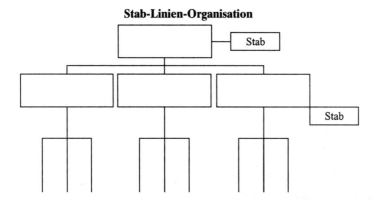

Eigenarten der Stab-Linen-Organisation:

- Funktionsaufteilung der Leitung nach Phasen des Willensbildungsprozesses
- Entscheidungskompetenz von Fachkompetenz getrennt
- Stab hat beratende, initiierende und auch kontrollierende Funktion, jedoch ohne Entscheidungsbefugnisse

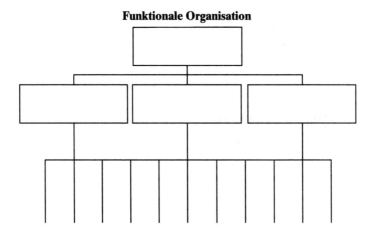

Eigenarten der funktionalen Organisation

- Job-Spezialisierung der Leitungskräfte
- Übereinstimmung von Fachkompetenz und Entscheidungskompetenz

Matrix-Organisation

Eigenarten der Matrix-Organisation

- keine hierarchische Differenzierung zwischen den verschiedenen Dimensionen
- systematische Regelung der Kompetenzkreuzungen
- Teamarbeit der Dimensionsleiter

(vgl. Staehle 1990, S. 668)

Netzwerk-Organisation

Es gibt verschiedene Netzstrukturen

Sternförmig im Ring
mit hoher Zentralisation

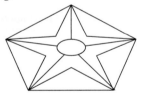

Vollstruktur, jeder mit jedem;
keine Zentralisation;
relativ hohe Selbststeuerung;

5.5.6 Profit Center

Die **Verrichtungsdezentralisation** findet sich im System der **föderativen Dezentralisation**. Selbständige Subsysteme der Unternehmung werden dann als **Profit Center** bezeichnet. An der Spitze eines Profit Center steht ein Manager oder ein Team von Managern, die die Einrichtung weitgehend eigenverantwortlich leiten. Das Profit Center Modell legt Wert auf die unternehmerische Selbständigkeit von Abteilungen bzw. Bereichen. Sie arbeiten als betriebswirtschaftlich selbständige Einheiten. Sie sind für ihr Betriebsergebnis verantwortlich. Ihnen ist es vom Grundsatz her freigestellt, wie sie ihren Gewinn erzielen. Bei der Konzeption des Profit Center wird jedoch davon ausgegangen, daß nicht die Maximierung des Gewinns – als absolute Größe –, oberstes Ziel der Einrichtung ist, sondern die Maximierung des **Return of Investment (ROI)**. Er drückt das Verhältnis von Gewinn zu investiertem Kapital aus.

Werden innerhalb eines Unternehmens auch Abteilungen als **Profit Center** geführt, bieten sie ihr Know-how als Dienstleistung zu Kostenpreisen im eigenen Unternehmen an. Der Vorteil liegt im innerbetrieblichen Wettbewerb; nur wenn die firmeneigene Abteilung genauso leistungsfähig ist, wie freie Anbieter, wird ihr Service in Anspruch genommen. Nachteile können dann entstehen, wenn Manager wegen kurzfristiger Gewinne auf Investitionen verzichten, die die Qualität der Einrichtung auf Dauer gefährden können.

Geschäftsbereichsorganisationen bieten Vor- und Nachteile. *Bühner (1987, S. 118 f.)* und *Staehle (1989, S. 693 ff.)* haben sie zusammengestellt:

Vorteile für eine nach Produkten und Märkten diversifizierte Unternehmung:

- Die Entscheidungsverantwortung für das operative Geschäft trägt die Bereichsleitung; diejenige für die Unternehmensstrategie trägt die Unternehmensleitung.
- Die Geschäftsbereichsleitung ist im Sinne eines Unternehmens in der Unternehmung für einen Produkt/Markt-Bereich eigenverantwortlich tätig.
- Ohne (große) Reorganisationsmaßnahmen ist die An- bzw. Ausgliederung von Geschäftsbereichen möglich.

Die Geschäftsbereichsorganisation mit den nach Produkt/Markt-Beziehungen organisierten autonomen Divisionen in Verbindung mit dem Profit-Center Konzept galt lange Zeit als ideale Lösung der Managerprobleme von Großunternehmen. In der Praxis zeigten sich aber auch gravierende **Mängel:**

- unzureichende organisationsweite Koordination (unerwünschte Suboptimierung),
- kurzfristige Gewinnorientierung (verhindert anfänglich kostenintensive Produkt- und Verfahrensinnovationen),
- Einseitige Ausrichtung auf eine Steuerungsgröße (Gewinn bzw. ROI – Return of Investment).

Durch die Entwicklung neuer strategischer und struktureller Ansätze, wie etwa die Portfolio-Management-Konzeption in Verbindung mit strategischen Geschäftseinheiten (SGB), sollen die genannten Nachteile überwunden werden. Obwohl in der Weiterbildung nur wenige Großunternehmen tätig sind, muß intensiv darüber nachgedacht werden, wie die Organisationsentwicklung in besonderen Marktsegmenten auf zukünftige (inter)nationale Marktveränderungen reagieren kann.

5.5.7 Rechtliche Organisationsformen

Jede Bildungseinrichtung hat eine **Rechtsform.** Sie ist rechtsfähig und damit hat sie Rechte und Pflichte. Die Rechtsform regelt die vertragliche Beziehungen. Die Rechtsfähigkeit steht natürlichen und juristischen Personen zu. Juristische Personen des Privatrechts sind eingetragene Vereine, die GmbH, die AG, die eingetragene Genossenschaft; juristische Personen des öffentlichen Rechts sind die Gebietskörperschaften, wie Gemeinden, Kreise, Länder, der Bund oder die Wirtschaftskammern.

Die **Rechtsform einer Bildungseinrichtung** schreibt die rechtlich verbindliche Grundlage für alle Handlungen mit Teilnehmern und Auftraggebern fest. Im Rechtscharakter drücken sich die Grundprinzipien und die Motive des Geschäftsgebahrens aus. Der Zweck eines Instituts sollte nicht »verwischt« werden. »Das deutsche Privatrecht wird vom Grundsatz der Privatautonomie beherrscht, deren wichtigste Ausprägungen die **Vertragsfreiheit,** die **Vereinigungsfreiheit** die **Eigentumsfreiheit** und die **Testierfreiheit** sind« *(Rehe 1983, S. 951).* Die Privatautonomie wird mittels des Rechtsgeschäfts verwirklicht, d. h. die Beteiligten können Willenserklärungen abgeben, die mit unterschiedlichen Rechten und Pflichten verbunden sind. Das wichtigste mehrseitige Rechtsgeschäft ist der Vertrag.

Alle Rechtsformen und ihre Merkmale gelten in dem gemischtwirtschaftlichen Markt der Weiterbildung ohne Einschränkungen. Auf Besonderheiten wird in der tabellarischen Darstellung eingegangen.

Planungs- und Organisationsmanagement

Rechtsbeziehungen in der Weiterbildung

1. Motiv: privatwirtschaftlich – auf Gewinn gerichtet

Unternehmens-/Rechtsform	Haftung/Risiko	Beispiele
Einzelunternehmen: Kaufmann	Unbeschränkt	Freiberufler
GbR: Gesellschaft bürgerlichen Rechts Einzel-/Mehrpersonenvertrag	Unbeschränkt (Verteilung auf die Beteiligten)	Unternehmensberater privates Bildungsinstitut
GmbH: Gesellschaft mit beschränkter Haftung Kapitalgesellschaft; Mindesthöhe des Eigenkapitals 50 000 DM Organe: Geschäftsführer, Gesellschafterversammlung	Beschränkte Haftung auf das Kapital; bei Krediten unbeschränkte bzw. beschränkte Haftung der Gesellschafter durch die Bank	Bildungsgesellschaft Konzerne Bildungsholding
AG: Aktiengesellschaft Kapitalgesellschaft; Mindesthöhe des Eigenkapitals 100 000 DM Organe: Vorstand, Aufsichtsrat, Hauptversammlung	Beschränkte Haftung Verlust der Aktien	Bildungswerke der Wirtschaft Profit Center
e. V.: eingetragener Verein auf privater Basis Mindestpersonen 7 Organe: Mitgliederversammlung Vorstand, Geschäftsführer	Unbeschränkte Haftung des Vorstandes	Bildungsabteilungen von Unternehmen

2. Motive: öffentlich rechtliche –, bildungs-, wirtschafts-, arbeitsmarkt- und sozialpolitische Interessen

Unternehmens-/Rechtsform	Haftung/Risiko	Beispiele
Körperschaft des öffentlichen Rechts Selbstverwaltung: gewählte Parlamente, Vollversammlungen Präsidien bzw. Vorstände	Haftung im Rahmen der Gesetze Verlustausgleich durch die öffentlichen Hände können nicht in Konkurs gehen	Volkshochschulen Kommunale Zweckverbände Industrie- und Handelskammern, Handwerkskammern Presse, Funk, Hochschulen, öffentlicher Dienst

3. Motive: Persönlich, Beruflich, Politisch, Kulturell, Pädagogisch, Sozial

Unternehmens-/Rechtsform	Haftung/Risiko	Beispiele
Eingetragener Verein e. V.: eingetragener Verein (gemeinnützig) Mindestpersonen 7 Organe: Mitgliederversammlung Vorstand, Geschäftsführer	Unbeschränkte Haftung bei Krediten ist in der Regel eine persönliche Bürgschaft erforderlich	gemeinnützige Bildungsinstitute: Bildungswerke der Wirtschaft, der Gewerkschaften, der Kirchen, der Sportverbände…
GGmbH: Gemeinnützige Gesellschaft mit beschränkter Haftung nicht auf Gewinn gerichtet	Beschränkte Haftung auf Kapitaleinlage	staatlich anerkannte Einrichtungen der Weiterbildung Bildungsinitiativen verschiedener Art
Stiftungen	Stiftungskapital	Berufliche Bildungsinstitute
		Beschäftigungsgesellschaften
		Stiftungen verschiedener Art

(vgl. auch Lück 1983, S. 952)

5.5.8 Bürokommunikation

Die Organisationsstruktur von Bildungseinrichtungen wird heute durch den konsequenten Einsatz von **Bürokommunikationsmittel** geprägt. Gehört der PC schon seit Jahren zur Grundausrüstung, so werden immer mehr Arbeitsplätze vernetzt und multimedial ausgestattet. Die Integration von Text, Bild und Sprache effektiviert die Arbeitsabläufe. Mit dem Einsatz netzwerkfähiger Weiterbildungs-Verwaltungs-Systeme wird die Arbeitsorganisation verdichtet. Die Kommunikationsmöglichkeiten erweitern sich durch Intranet (unternehmensinternes Netz) und Internet (weltweites Netz). Der Daten- und Informationsfluß wird quasi »unbegrenzt«.

EDV-gestützte Systeme der Bürokommunikation vernetzten die Arbeitsplätze, so daß ein ungehinderter Datenaustausch möglich wird. Voraussetzung für Bürokommmunikation ist neben leistungsfähiger Hardware eine intelligente Software, die den Anforderungen der unterschiedlichen Arbeitsplätze entspricht. Die Systeme müssen einen hohen Integrationsgrad entwickeln, um als

Planungs- und Organisationsmanagement

brauchbare Instrumente eingesetzt werden zu können. Dabei ist die Leistungsfähigkeit **integrierter Softwarepakete** heute schon so hoch, daß in der Regel nur Bausteine (Textverarbeitung, Datenbanken, Kalkulation, Kommunikation, Grafik etc.) aus den Paketen benutzt werden. Die anderen Anwendungen liegen häufig brach. Werden eigene Programme für die Erledigung von Aufgaben entwickelt, wird von **spezifischen Softwareanwendungen** gesprochen. Sie können eine effektive Büroorganisation abbilden. Inwieweit die Programme auch tatsächlich effektiv eingesetzt werden, ist eine Frage der Personalentwicklung und Weiterbildung der Mitarbeiter in den Bildungseinrichtungen. Hier gilt es noch weithin Defizite in der Qualifizierung festzustellen.

Andererseits versprechen glanzvolle Prospekte herrliche Zeiten mit anwenderbezogener **Verwaltungssoftware** für Bildungseinrichtungen. Doch Vorsicht ist angebracht. Nicht alle Programme sind auch wirklich modern, komfortabel, rationell und kostensparend. Viele Bildungseinrichtungen haben schon viel Lehrgeld für Computerprogramme gezahlt, weil die Prospektversprechen die Büroorganisation nicht vereinfachten oder die Mitarbeiter mit dem komplizierten Handling der Programme die Lust verloren. *Friedmann (GdWZ 6, 1995)* beschreibt die Entwicklung der EDV im *Bildungszentrum des Bayerischen Handels* als ein Drama in mehreren Aufzügen. Das ist offensichtlich eine verallgemeinerbare Erfahrung, denn der Autor dieses Buches war in ähnlicher Weise betroffen.

Bereits 1981 ist das **Bildungszentrum** mit einer Eigenentwicklung für die Anmeldung und Fakturierung sowie einfachen Listen und Statistiken angefangen. 1985 kam professionelle Hilfe durch ein Systemhaus hinzu. 1990 wurde die Eigenentwicklung ELUT (Elektronische Lehrgangs- und Teilnehmerverwaltung) eingeführt. Vernetzt wurden 20 Arbeitsplätze und die Textverarbeitung kam an jeden Arbeitsplatz. Der Abbruch erfolgte nach 1 1/2 Jahren, weil der Programmierer sich beruflich veränderte und die Weiterentwicklung des System nicht mehr sicher war. Durch diese Erfahrungen vermeintlich klug, wurde 1993 mit Hilfe eines externen DV-Beraters eine fertige Verwaltungssoftware gesucht und schließlich installiert. Da die Software in mehreren Bildungseinrichtungen eingeführt war, glaubte man sich auf der sicheren Seite. Fehlende Programmteile, so wurde versprochen, sollten bis zur Installation im Hause fertig sein. Doch bereits 1994 stellte sich die Arbeit mit dem neuen System als komplexer und schwieriger heraus, als alle erhofft hatten. Um den laufenden Betrieb überhaupt weiterführen zu können, wurde noch im gleichen Jahr »reumütig die Uhr wieder zurückgedreht« und auf das nicht vollständige, doch wenigstens funktionierende alte Programm ELUT zurückgestellt.

Fast schon typisch für die **EDV-Branche** ist, mehr zu versprechen, als sie halten kann. Die eigentlich fertige Software, so stellte sich heraus, war nicht fertig, sondern steckte in der Entwicklung und wurden erst im Echteinsatz vor Ort geprüft. Dann sind Fehler vorprogrammiert. Auch darf nicht davon ausgegangen werden, daß Programme, die in der einen Einrichtung laufen, den Anforderungen der eigenen Einrichtung gewachsen sind. Die Organisationsabläufe sind sehr verschieden und es ist genau zu überlegen, ob die Anpassung der Arbeitsabläufe an ein EDV-System wirklich eine Arbeitsvereinfachung ist. Die Wirklichkeit sieht häufiger anders aus, weil Programmierer den didaktischen Planungs- und Organisationsprozeß nicht durchschauen. Die Systemlogik entspricht nicht der Logik der Arbeitsabläufe. So ist eine Folge, daß das Angebot an Verwaltungssoftware unüberschaubar wird, und jede Einrichtung genau prüfen muß, was sinnvoll und effektiv ist.

Ohne auf die Qualität des einen oder anderen Programms eingehen zu können, soll hier beispielhaft ORBIS für Windows vorgestellt werden, daß die grundlegenden Systemelemente beinhaltet, die für die Organisation der Weiterbildung erforderlich sind.

ORBIS bildet die Vielzahl unterschiedlicher Tätigkeiten und Maßnahmen ab:

- Pflege von Teilnehmerdaten
- Konzipierung von Seminaren
- Auswahl und Verwaltung von Dozenten
- Koordination der Dozenten-, Stunden- und Raumplanung
- Bewältigung des Schriftverkehrs
  (Standardschreiben mit Anbindung an andere Textverarbeitungsprogramme
- Schreiben von Rechnungen
- Datenabgleich mit verschiedenen Abteilungen

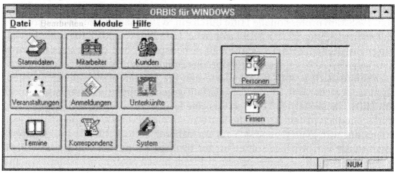

Die Basismaske zeigt die Module mit direktem Zugriff auf alle Funktionen. *(vgl. ORBIS 1995)*

Diese exemplarisch aufgezeigte PC-Lösung mit einem Weiterbildungs-Anwenderprogramm ist ein typisches Beispiel für ein Instrument der aktuellen Organisationsentwicklung in der Weiterbildung. Eine ausführliche Übersicht über EDV-Programme findet sich im *ISIS PC Report (2/1996)*. Er stellt »Software für Personal Computer & PC-Netzwerke, Angebotsprofile, Firmenprofile« vor.

Planungs- und Organisationsmanagement

Die **Betriebsorganisation** in der Weiterbildung hat sich den neuen Möglichkeiten der Informations- und Kommunikationstechnik anzupassen. Wenn in einem System die Integration von Daten möglich ist, muß die traditionelle Organisation diese neuen Arbeitsmittel konsequent einsetzen und die Arbeitsabläufe umstellen. Nur dann sind Kostenvorteile zu erzielen. Dabei macht sich in der Regel ein hoher Schulungsaufwand zu Beginn einer Investition auf Dauer bezahlt. Immer mehr Bildungseinrichtungen setzen auf vernetzte Bürokommunikation.

5.5.9 Organisatorische Gestaltung

Es gibt nicht einfach die »beste« Organisationsform, sondern immer nur eine optimale. Optimal heißt, auf eine Institution und ihre jeweiligen Ziele bezogen. Eine **optimale Planungsorganisation** reduziert Friktionen auf ein Minimum. Sie unterstützt die Stärken und vermeidet gravierende Fehler. Organisationsmanagement muß auf die organisatorische Gestaltung vernetzter Prozesse im Unternehmen adäquate Antworten finden. Es ist eine reibungslose und effektive Informations- und Kommunikationsstruktur zu installieren, die auf neue Aufgaben innovativ Antworten geben kann. *Thom* hat für die organisatorische Gestaltung von mehrdimensionalen Problemen das folgende Modell entwickelt *(Grochla 1982, S. 13; nach Thom 1988, S. 324):*

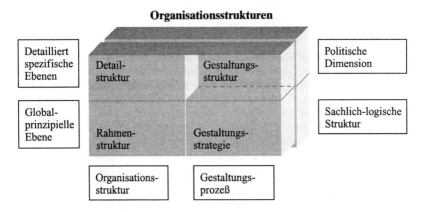

In der Abbildung wird die organisatorische Gestaltung als mehrdimensionales Problem definiert. **Prozesse des Organisierens** lassen sich auf verschiedenen Ebenen in unterscheidbare Handlungsdimensionen einteilen. In einem Phasenmodell beschreibt *Grochla* acht logische Abschnitte – eine zeitliche Abfolge ist nicht zwingend.

Phasenmodell:
1. Problemerkennung
2. Initiierung und Förderung der Gestaltung
3. Aufnahme und Analyse des Problemfeldes
4. Problemdiagnose (Ursachenermittlung und Vorgabe von Gestaltungszielen
5. Generierung von Gestaltungsalternativen
6. Bewertung und Auswahl der Gestaltungsalternativen
7. Einführung und Durchsetzung der gewählten Alternativen
8. Kontrolle und Weiterentwicklung der eingeführten Organisation

Während das **Phasenmodell** auf eine logische Reihenfolge von Gestaltungsprozessen abstellt, versucht das mehrdimensionale Modell von *Thom* auf die **Ebenen von Organisationsstrukturen** einzugehen, die sich auf verschiedenen Handlungsdimensionen bewegen. Damit korrespondiert es inhaltlich stark mit dem Modell der didaktischen Handlungsebenen, wie es in *Kapitel 2.5.1* vorgestellt wird.

Auf die Weiterbildung übertragen bedeutet das, **Organisationsstrukturen** von ihren Zielen her zu konstruieren. Das operative Geschäft der Akquisition von Teilnehmern, Auftraggebern und Dozenten sowie die Prozesse der Innovation finden in der Regel auf einer sachlich-logischen Ebene statt. Die Absicherung des Bildungsgeschäfts im regionalen Interessengeflecht ist ein sehr politisches Agieren bei Verbänden, in Arbeitskreisen, in der Arbeitsverwaltung oder bei wirtschaftlich einflußreichen Personenkreisen. Dabei geht es in der Regel um die Gestaltung »akzeptabler« Rahmenbedingungen, die der Institution das »Überleben im Wettbewerb« sichert. Lobby spielt im Bildungsgeschäft eine nicht zu unterschätzende Rolle. Jede Einrichtung braucht Referenzen.

Der **Innovations- und Gestaltungsprozeß** muß durch die Organisation abgesichert werden. Wenn sich ein Bildungsunternehmen um eine mehrjährige Umschulungsmaßnahme bewirbt, muß sie innerhalb kürzester Zeit (von der Ausschreibung bis zur Auftragsvergabe) die Durchführung der Maßnahme gewährleisten können. Die Organisationsstruktur muß stimmen. Investive Mittel für neue Maschinen – in Höhe von einigen hunderttausend Mark –, müssen abgerufen werden können. Ausbilder haben zur Verfügung zu stehen. Die Verwaltung und der sozialpädagogische Dienst müssen die Maßnahme abwickeln können. Erfolgreiche Bildungsorganisationen erweisen sich als komplexe Systeme.

5.5.10 Grundlagen lernfähiger Organisationen

Die Diskussion um die **lernfähige Organisation** ist in den letzten Jahren intensiver geführt worden. Das für die Organisationsentwicklung Neue ist der Aspekt, daß eine lernfähige Organisation nur auf der Basis lernfähiger Mitarbeiter

Planungs- und Organisationsmanagement

erfolgreich sein kann. Meist jedoch wird im Betriebsalltag der Zusammenhang zwischen Weiterbildung und Unternehmensentwicklung erst bewußt, wenn es Schwierigkeiten gibt. So fällt einer Führungskraft auf, daß Mitarbeiter die ihnen übertragenen Aufgaben nicht lösen können. Dann wird oft hektisch gehandelt. Ob und wie es gelingt, den Schaden so gering wie möglich zu halten, ist eine Frage der betrieblichen Situation. Eine typische Ausrede ist, wir sind flexibel und können kurzfristig handeln. Die Erfahrungen wettbewerbsstarker Bildungseinrichtungen zeigen jedoch, das hat wenig mit Professionalität und Effizienz zu tun.

Versteht sich die Weiterbildung selbst als eine **vermittelnde Instanz,** dann nimmt sie eine Schrittmacherrolle für die Organisationsentwicklung ein. Der betriebliche Erfolg hängt dann davon ab, wie es gelingt, den Zusammenhang zwischen dem »lernenden Mitarbeiter« und der »lernenden Organisation« herzustellen. Jedoch das allein macht noch keine lernende Organisation aus. In das Organisationgefüge müssen Elemente eingezogen werden, die Flexibilität, Schnelligkeit, Veränderungsbereitschaft und den Innovationswillen befördern können. Dazu ist nicht nur ein offenes Betriebsklima erforderlich, die Art und Weise der Zusammenarbeit und die Kommunikation müssen systematisch auf Zukunft »getrimmt« werden.

Schon seit Mitte der siebziger Jahre befassen sich Wissenschaftler mit Untersuchungen von Organisationen in stagnierenden Märkten. Dabei wird Stillstand in der Marktwirtschaft mit Untergang definiert. Wer das verhindern will, muß sich als lernfähig erweisen. Das Neue muß antizipiert und adaptiert werden. Dazu bedarf es einer Organisationsstruktur, die sich dem Neuen gegenüber aufgeschlossen zeigt. Das schließt ein, dem Zufall eine Chance zu geben. Die Bildungseinrichtung muß vernetzt werden. Die Mannschaft muß sich als Team verstehen lernen. **Lernfähigkeit** ist die Voraussetzung für Wandel.

Die Begriffe der »**Palast- und Zeltorganisation**« (*Hedberg 1984, S. 28; Kaspar 1988, S. 355*) machen deutlich, welche Auswirkungen Organisationsstrukturen auf das Verhalten der Mitarbeiter haben. Während die **Zelttheorie** als sehr lernfähig einzustufen ist, steht die **Palastorganisation** eher für wandlungsunfähigen, hierarchische Gebilde.

Funktionales Managementhandeln in der Weiterbildung

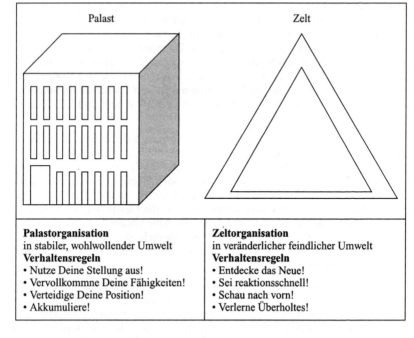

Palastorganisation in stabiler, wohlwollender Umwelt **Verhaltensregeln** • Nutze Deine Stellung aus! • Vervollkommne Deine Fähigkeiten! • Verteidige Deine Position! • Akkumuliere!	Zeltorganisation in veränderlicher feindlicher Umwelt **Verhaltensregeln** • Entdecke das Neue! • Sei reaktionsschnell! • Schau nach vorn! • Verlerne Überholtes!

Palastorganisationen entwickeln sich in relativ stabilen und wachsenden Märkten. Das, was traditionell vom Planungsmanagement empfohlen wurde, kommt bei Stagnation ins Schwanken. Dann können Bürokratien nicht mehr flexibel genug mit den rasanten Veränderungen im Bildungsmarkt umgehen:

- Ihre Strukturen sind zu spezialisiert.
- Die Zielvorstellungen sind auf andere Ziele gerichtet.
- Die Autoritätsstrukturen sind etabliert und kaum zu verändern.
- Der Integrationsprozeß des Neuen ist starr geworden.

Routinehandeln tritt an die Stelle von selbständiger Aufgabenerfüllung. Die Handlungsabläufe erstarren. Alles geht seinen geordneten Gang. Weil die Trägheit zu hoch ist, merkt kaum jemand, wie der Markt schwindet. Das Erwachen kommt zu spät. Eine Umstellung mit der »altbewährten« Mannschaft ist dann meistens nicht mehr möglich. Die Organisation hat ihre Lernfähigkeit eingebüßt. Soll sie dennoch gehalten werden, sind die Prozesse für alle Beteiligten schmerzlich.

Demgegenüber besitzt die **Zeltorganisation** Vorteile. Obwohl sie von den »Palästen« als eher nachteilig angesehen wurde, paßt sie sich den veränderten Verhältnissen relativ schnell an. Ein Zelt läßt sich an einem anderen Ort schnell aufbauen. Der Vorwurf, aktionistisch zu handeln, läßt sich ertragen, wenn der Dienstleistungsgedanke oberstes Prinzip ist. Die Befriedigung der Kunden- und Teilnehmerbedürfnisse hat oberste Priorität. Auf Perfektionismus wird zugunsten von Flexibilität, Kommunikationsfähigkeit und unkonventionellem Handeln verzichtet. Fehler sind immer möglich, doch sie als solche offen benennen zu können, macht die Souveränität einer starken Organisation aus. Eine Zeltorganisation setzt auf:

- Qualität
- Kreativität
- Direktheit
- Initiative
- unbestimmte Rollendefinitionen
- offene Diskussion und Kommunikation

In jedem Fall muß **Qualität** oberstes Prinzip haben. Das gerade deshalb, weil unkonventionell gehandelt wird. Auf einen Auftrag zu verzichten, weil das Know-how kurzfristig nicht zu beschaffen ist, trennt den Professionellen vom Semiprofi. Die Rückkoppelung von Organisationssystem und Organisationsmitgliedern durch relativ offene Beziehungsmuster schafft Handlungsspielräume für innovative Lösungen. Dementsprechend bewegt sich der **Lerngedanke** im Spannungsfeld von Sicherheit und Entwicklung. *Kasper (1984, S. 369)* zeigt diese Charakteristik auf:

Sicherheit			Entwicklung	
• Erstarrung • Versteinerung • »sozialer Tod«	• Tradition • Bewahrung • Ordnung • Berechenbarkeit	V E R S U S	• Innovation • Veränderung • Unordnung • Unsicherheit	• Chaos • Orientierungslosigkeit • »sozialer Tod«

Organisationen müssen das Spektrum zwischen Sicherheit und Entwicklung ausbalancieren. Ambivalentes Verhalten kann nicht als Normalfall akzeptiert werden. Anzustreben ist eine **Strategie,** die durch systematische Kommunikation einen permanenten Transformationsprozeß der Wirklichkeitsverarbeitung ermöglicht. Wenn der Strukturzusammenhang der Transformation von subjektiver Wirklichkeit und ständiger Aneignung von Ausschnitten der objektiven Wirklichkeit praktische Bedeutung erlangen soll, heißt das für die Weiterbildung, das pädagogische Handeln der Bildungsmacher in den Mittelpunkt zu stellen.

5.5.11 Erfolgversprechende Organisationsregeln

Kasper (1988, S. 378) hat Verhaltensregeln für Manager beschrieben und typische Fehler aufgedeckt. **Lernfähige Organisationen** versuchen demgegenüber ein vernetztes Problemverständnis zu entwickeln. Die Herausforderungen werden dadurch zu lösen versucht, das sie Probleme auf unterschiedlichen Ebenen und Mithilfe verschiedener Handlungsalternativen beleuchten.

Denkfehler im Umgang mit komplexen Problemsituationen	Die Schritte ganzheitlichen Problemlösens
1. Denkfehler Probleme sind objektiv gegeben und müssen nur noch klar formuliert werden.	**Abgrenzung des Problems** Die Situation ist aus verschiedenen Blickwinkeln zu definieren. Problemintegration und ganzheitliche Abgrenzung.
2. Denkfehler Jedes Problem ist die direkte Konsequenz einer Ursache.	**Ermittlung der Vernetzung** Zwischen den Elementen einer Problemsituation sind die Beziehungen zu erfassen und in ihrer Wirkung zu analysieren.
3. Denkfehler Um eine Situation zu verstehen, genügt eine »Photographie« des Ist-Zustandes.	**Erfassung der Dynamik** Die zeitlichen Aspekte der einzelnen Beziehungen und einer Situation als Ganzes sind zu ermitteln. Gleichzeitig ist die Bedeutung der Beziehungen zu erfassen.
4. Denkfehler Verhalten ist prognostizierbar, notwendig ist nur ausreichende Information.	**Interpretation der Verhaltensmöglichkeiten** Künftige Entwicklungspfade sind zu erarbeiten und in ihren Möglichkeiten zu simulieren.
5. Denkfehler Problemsituationen lassen sich beherrschen, es ist lediglich eine Frage des Aufwandes.	**Bestimmung der Lenkungsmöglichkeiten** Die lenkbaren, nicht lenkbaren und zu überwachenden Aspekte einer Situation sind in einem Lenkungsmodell abzubilden.
6. Denkfehler Ein »Macher« kann jede Problemlösung in der Praxis durchsetzen.	**Gestaltung der Lenkungseingriffe** Entsprechend systematischer Regeln sind die Lenkungsgriffe so zu bestimmen, daß situationsgerecht und mit optimalem Wirkungsgrad eingegriffen werden kann.
7. Denkfehler Mit der Einführung einer Lösung kann das Problem endgültig ad acta gelegt werden.	**Weiterentwicklung der Problemlösung** Veränderungen in einer Situation sind in Form lernfähiger Lösungen vorwegzunehmen.

5.6 Motivations- und Lernmanagement

Motivations- und Lernmanagement ist **Sinn-Management** mit dem Ziel, die Erfolgserwartung einer Einrichtung zu erhöhen und die Leistungsfähigkeit der Mitarbeiter zu steigern. Dabei nimmt die Auffassung, daß Organisationen lernfähig sein sollen, ihren Ausgangspunkt in der These, daß die Organisationsmitglieder mit ihrem fachlichen Know-how und ihren sozialen Beziehungsmustern in das Organisationssystem der Weiterbildung einzubeziehen sind. Organisationssysteme werden nicht nur als sozio-technische, sondern gleichzeitig als soziokulturelle Systeme begriffen, in denen Menschen mit dem Ziel zusammenarbeiten, Weiterbildung optimal zu organisieren. Um diesen Prozeß zu gewährleisten, gehört es zu den ständigen Aufgaben der Führungskräfte »Sinn-Management« *(Kaspar 1984, S. 374)* zu betreiben. Dies kann dadurch erfolgen, daß ein möglichst hohes Maß an Übereinstimmung der Basisüberzeugungen der Mitarbeiter mit den tragenden Werten der Unternehmenspolitik zu vereinbaren versucht wird. Dies darf nicht mißverstanden werden. Die Absicht des Sinn-Managements zielt nicht darauf, alle Mitarbeiter auf eindimensionale Ziele einer Organisation »einschwören« zu wollen. Das wäre in autoritären Systemen möglich, nicht jedoch in Dienstleistungsorganisationen, die Menschen mit ihrem Eigensinn und in ihrer Individualität akzeptieren. Dennoch geht es in einer Bildungseinrichtung um die Herstellung einer »Sinngemeinschaft«. Beim »Lehren und Lernen« handelt es sich um eine Gestaltungsmaßnahmen, in denen Elemente der Selbstorganisation eine hohe Rolle spielen. Dafür benötigen die disponierende und lehrende Mitarbeiter Handlungsspielräume. Insbesondere bei pädagogischer Tätigkeit bedarf es der subjektiven Interpretations- und Deutungsprozesse. Führungskräfte, Lehrende und Lernende müssen in der organisierten Weiterbildung ihre Identität entwickeln können. Das Verhalten von sozialen Systemen kann genausowenig auf eindimensionale Organisationsbestimmungen reduziert werden, wie selbstbewußte und leistungsstarke Mitarbeiter. Der lernfähige und kritische Mitarbeiter ist für die Einrichtungen der Weiterbildung auf Dauer der leistungsfähigere. Die Leistungen sind in dem Maße, wie Erfolgserwartungen realistisch definiert werden, steigerungsfähig.

Motivations- und Lernmanagement hat die Organisations- und Personalentwicklung in einen neuen Zusammenhang zu bringen:

Organisationentwicklung		Personalentwicklung
lernfähige Organisation	**Motivation**	Lernfähige Mitarbeiter
bezieht sich primär auf die Organisationsstrukturen	Beweggründe	bezieht sich primär auf der Mitarbeiter

Im Zentrum des **Lernmanagements** steht die Motivation der Mitarbeiter. Deshalb muß es zwischen der Organisations- und Personalentwicklung zu Abstimmungen kommen. Damit Erfolgspotentiale freigesetzt werden können, sind die Mitarbeiter frühzeitig in betriebliche Umstrukturierungsmaßnahmen einzubeziehen. Ihr Sachverstand kann zum Erfolg von Projekten wesentlich beitragen. Bei Investitionsentscheidungen sollte frühzeitig über den Bedarf an Qualifikation nachgedacht werden, der dazu erforderlich ist, die neuen Einrichtungen, Systeme oder Maßnahmen zu realisieren. So bereitwillig Mitarbeiter sein können, so schwer tun sie sich, wenn sie nicht informiert werden. Besonders motivationsfördernd ist es, wenn Mitarbeiter ihre berufliche Karriere mit der Entwicklung einer Institution verbinden können. Dann können die Stärken in Teams gebündelt werden.

5.6.1 Sozialisation und Lernen

Typisch für Prozesse in Organisationen ist die Anpassung ihrer Mitglieder an bestehende Wertvorstellungen und standardisierte Verhaltensweisen. Verhalten wird durch vorhandene Deutungsmuster, durch **Einbindungsstrategien** und die Art und Weise wie Ausbildungen und Tätigkeitsmerkmale von Berufen konstituiert sind, geprägt. **Sozialisation** wird bestimmt durch den Prozeß der Einbindung und Aneignung von Werten, Normen und Verhaltensweisen einer Gruppe von Menschen, die in gleichen oder ähnlichen Lebenswelten – wie Familie, Schule, Arbeit und Beruf handeln. Die **berufliche Sozialisation** kann als typischer Lernprozeß begriffen werden, der nicht nur Sozialisation für den Beruf ist, sondern gleichzeitig Sozialisation durch den Beruf. Berufliche Lernprozesse beziehen sich auf die individuelle und soziale Prägung sowie auf die dabei entstehenden Handlungsmuster. *(vgl. Kohli 1984, S. 124 ff.)*

Sozialisationsprozesse finden in der Weiterbildung dadurch statt, daß in den **Austauschprozessen des Lehrens und Lernens** die Codes von Wissen, Können und Wertvorstellungen bewegt und transferiert werden. Das Kultursystem der organisierten Weiterbildung gibt ein Raster vor, das die Wahrnehmung von Wirklichkeit präferiert. Nach dem Muster der Stabilisierung der subjektiven Identität, wird Wirklichkeit in der Organisationsumwelt gedeutet. Nur die Fähigkeit zur Rollendistanz ermöglicht es den Personen, die rasanten Veränderungen in der Moderne durch subjektive Bedeutungszuweisungen, also durch die Neukonstruktion von Wirklichkeit zu ertragen.

Mitarbeiter sollten systematisch eingebunden werden, um über **Identifikationsprozesse** die subjektive Leistungsfähigkeit in den Dienst der Einrichtung stellen zu können. Typisch für systematische Prozesse sind z. B. Nachwuchskräfteentwicklung, Praktika, Trainee, Einarbeitung, Prozeßbegleitung. Dabei handelt es sich um eine Einflußnahme der vorhandenen Organisationsmitglieder auf das Denken und Handeln der (neuen) Mitglieder. Zugleich erfolgt eine Rückkoppelung, die ihrerseits das Denken und Handeln der anderen beeinflußt. Jede Institution setzt – nötigenfalls auf dem Wege des Anordnungsverfahrens – ihr

Grundverständnis durch. Dies ist im Normalfall kein Prozeß der einseitigen Anpassung, sondern ein Vorgang, indem das Selbstverständnis der Einrichtung mit dem der Mitglieder abgeglichen und internalisiert wird. Die Anpassung von beiden Seiten hat dort Grenzen, wo die – stillschweigenden oder offen eingeforderten – Übereinkünfte innerhalb einer Organisation überschritten werden. Nur starke Persönlichkeiten können Normen und Werte einer Einrichtung in ihrem Sinne entscheidend beeinflussen.

Weil Sozialisation, Organisationskultur und Einbindungsstrategien tendenziell mehr die **Trägheit von Organisationen** als deren Lernfähigkeit fördern, müßten Einrichtungen und Personen bereit sein, ihr Wissen in Frage zu stellen. Sie müßten bereit sein Bisheriges verlernen zu wollen. Festgefahrene Strukturen existierender Organisationen verhindern prinzipiell organisationales und individuelles Lernen sowie das dazugehörende Verlernen *(Wolff 1982, S. 166; Kaspar 1988, S. 359)*. Lern- und Motivationsmanagement hat auf die Trägheit des Lernens einzuwirken, indem ein lernanregendes Klima geschaffen wird. Institutionen und Mitarbeiter müssen verhindern, daß die Umweltveränderungen so schnell kommen, daß sie »Kopf und Kragen« kosten können.

Es spricht einiges dafür, daß akzeptierte Managernormen, die im **konsistenten Handeln** von »gradlinigen Machern« gesehen werden, bei innovativem Handeln uneffektiv sein können. Empirische Befunde belegen, daß erfolgreiche Führungskräfte bemerkenswert inkonsistent, es läßt sich auch sagen, »flexibel« handeln. **Flexibilität** hat das Moment des Lernens als permanente Suchbewegung noch nicht aufgegeben. Lernen ist die Strategie, die Neues entdeckt. Indem Ideen umgesetzt werden und Erfolg bringen, wird die Motivation bewegt, weiterzumachen. Um Lernen zu können und motiviert zu sein, muß das Selbstvertrauen in die eigenen Fähigkeiten so groß sein, daß das Vertrauen in die alte Führungsstruktur tendenziell verloren geht, und die Überzeugung entsteht, es besser machen zu können. Nachwuchsmanager haben in der Regel nachzuweisen, daß ihre neuen Handlungsweisen und Zielperspektiven erfolgreicher sind, als die Alten. *(vgl. Livingston 1990; Brandes 1980)*

5.6.2 Leistungsfähige Teams

»Je mehr der Chef erwartet, um so mehr leisten die Mitarbeiter« *(Livingston 1991, S. 90 ff.)*. Auf diese Formel gebracht, beschreibt *Livingston* das **»Pygmalion Gesetz der Motivation«.** Der starke Einfluß, den die Erwartungen einer Person auf das Verhalten einer anderen ausübt, müßte in den Einrichtungen der Weiterbildung viel ernster genommen werden. Es scheint, als sei das Gewicht der Leistungserwartungen auf Seiten der Führungskräfte für das Abschneiden einzelner Personen und Teams weithin unverstanden. Was Manager von ihren »Untergebenen« erwarten und die Art, wie sie selbst Führungskräfte behandeln, bestimmt weitgehend deren Leistung und Karrierefortschritt:

Funktionales Managementhandeln in der Weiterbildung

- Ein Vorzugsmerkmal hervorragender Manager ist ihre Fähigkeit, hohe Leistungserwartungen aufzubauen, denen die Untergebenen dann gerecht werden.
- Weniger tüchtigen Managern hingegen gelingt es nicht, vergleichbare Erwartungen zu entwickeln und folglich nimmt die Produktivität ihrer Untergebenen Schaden.
- Viel häufiger als vermutet scheinen Untergebene genau das zu tun, was ihrer Ansicht nach von ihnen erwartet wird. Und im Ergebnis bringen diese dann weniger zustande als ihnen möglich wäre.

(Livingston 1990, S. 91)

Wie Manager sich zu ihren Mitarbeitern verhalten, wird unterschwellig davon beeinflußt, was sie von ihnen erwarten. Manche Führungskräfte behandeln ihre Mitarbeiter auf eine Art und Weise, die sie entweder zu überragenden Leistungen anspornt oder aber deprimiert. Zuwendung oder Kälte sind jeweils auf ihre Art und Weise ansteckend. In der Weiterbildung ist es wichtig, **leistungsfähige Teams** aus Spitzenkräften zusammenzustellen, die dann überragende Ergebnisse erbringen können. Wie Untersuchungen *(Oberland, Metropolitan Life Insurance Company 1961)* belegen, wäre es dazu notwendig,

a) ihnen ihre Leistungsziele aufzugeben,
b) ihnen deutlich zu machen, daß die Teamzusammensetzung nur aus den Besten besteht,
c) sie am Erfolg zu beteiligen.

Als besonders interessant stellte sich bei **experimentellen Untersuchungen** heraus, daß insbesondere eine als Durchschnitt gekennzeichnete Gruppe, mit einem unvorhergesehen Ergebnis überraschte. Das war darauf zurückzuführen, daß das Selbstbild der Leiterin dieser Gruppe es nicht erlaubte, sich als Durchschnitt zu sehen. Aufgrund ihrer überragenden Leistungen und Anforderungen, die sie an ihre Gruppe stellte, ergab sich die höchste Produktivitätsrate. Eine realistische Folgerung ist: werden Mitarbeiter nur als Durchschnitt eingeschätzt, werden ihre Leistungen in der Regel nur durchschnittlich sein. Der Einfluß, den die Erwartungen ausüben, entspricht dem Gesetz der **Self-Fullfilling Prophecies.** Werden Mitarbeiter als Elite behandelt, dann versuchen sie diesem Bild gerecht zu werden und das zu tun, was ihrer Meinung nach zum Spitzenmanager gehört. Werden Mitarbeiter mit bescheidenen Leistungen so behandelt, als hätten sie niemals die mindeste Aussicht auf Erfolg, dann entwickeln sich diese negativen Erwartungen entsprechend. Erfolglose Manager und Mitarbeiter können nur schwer ihr Bild von sich und ihre Selbstachtung bewahren. In Reaktion auf niedrige Erwartungen versuchen sie üblicherweise ihrem Ego dadurch nicht weiter zu schaden, indem sie Situationen ausweichen, die sie an ihre Leistungsgrenzen führen. Sie verringern ihren Erwartungshorizont und damit ihr Leistungsvermögen. Die innere Kündigung steht am Ende einer Kette von subjektiv erlebten Mißerfolgen.

Motivations- und Lernmanagement

Es sollte nicht der Eindruck entstehen, daß allein die Erwartung »Berge versetzen« könnte. Nur wenn das Leistungspotential bei Führungskräften und Mitarbeitern auch tatsächlich vorhanden ist, ist Leistungssteigerung durch das Mittel der **Erwartungs-Motivation** zu erreichen. Führungskräfte können Mitarbeiter nicht einfach motivieren, indem sie verbal aufgemuntert werden. Auch bleibt es nicht verborgen, wenn Manager ihren Mitarbeitern wenig zutrauen. Es gibt eine menschliche Sensibilität, die darin besteht, daß sich Gefühle mitteilen. Die psychische Sensibilität von Mitarbeitern sollte nicht unterschätzt werden. »Gleichgültigkeit bei einem Vorgesetzten signalisiert jedem Mitarbeiter: Ich mache mir nicht viele Gedanken um Sie« *(Livingston 1990, S. 94)*. Führungskräfte sollten viel häufiger prüfen, ob sie positive Leistungen auch eindeutig genug »belohnt« haben. Der Schlüssel zu großer Leistungskraft liegt weniger in der Art, wie eine Organisation aufgebaut ist, als darin, wie die Mitarbeiter behandelt und geführt werden.

5.6.3 Grenzen der Motivation

Der Motivation stehen die Realitäten gegenüber, denen sie gewachsen sein soll. Jeder Motivation liegen Lernleistungen der Betroffenen zugrunde. Unrealistische Erwartungen können sich nicht in Leistung niederschlagen. Auch reicht die Macht des positiven Denkens allein nicht aus, hohe Ziele zu erfüllen. Das Motivations- und Leistungsniveau muß in einem angemessenen Verhältnis zueinander stehen. *McClelland u. a. (1953)* stellen die Beziehung zwischen Motivation und erwartetem Erfolg entlang einer glockenförmigen Kurve dar:

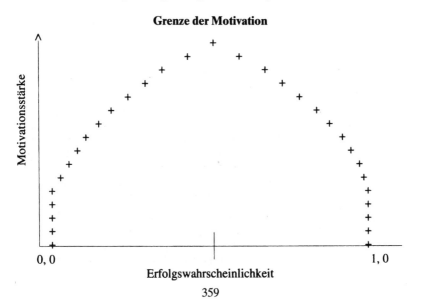

Motivation und Erfolgsgrad steigen solange gemeinsam an, bis der erwartete Erfolg »halbwegs« (zur Hälfte) wahrscheinlich ist. Danach beginnt die Wirkung der Motivation nachzulassen, obwohl die Erfolgswahrscheinlichkeit zunimmt. Ein Grund dafür ist, daß die Motivation und das daraus folgende Ergebnis nicht weiter stimuliert werden. Dies ist wahrscheinlich, wenn

a) das Ziel faktisch erreichbar ist oder
b) das Ziel verfehlt wird.

Leistungserwartungen müssen ausbalanciert sein. Sie dürfen weder über- noch unterfordern. Wenn Manager ihre Mitarbeiter zermürben wollen, geben sie ihnen unrealisierbare Aufgaben. Wollen sie hingegen motivieren, werden Ziele gesteckt und gemeinsam angestrebt. Erfolge sollten gefeiert werden.

5.6.4 Mitarbeiter als Erfolgspotential

Das **Geheimnis des Motivationsmanagement** findet sich in den Köpfen der Führungskräfte, die sich selbst als Erfolgspotentiale betrachten. Indem sie Erfolge erzeugen, führen sie sich, die Mitarbeiter und das Team zum Erfolg. Überlegene Manager haben großes Vertrauen in ihre eigenen Fähigkeiten und sie sind gewillt, das Potential ihrer Mitarbeiter zu entwickeln. Sie sind die besten Ausbilder, wenn sie ihre Mitarbeiter auf ein hohes Leistungsniveau trimmen und sie stimulieren, mehr zu lernen. Zweifeln sie, dann sind die Ergebnisse entsprechend. Die Erfolgsbilanz überlegener Chefs liegt im Vertrauen in die eigenen Fähigkeiten und das ihrer Mitarbeiter. Werden diese Erwartungen enttäuscht, besteht die Möglichkeit des Scheitern. Motivationsmanagement hat genauso Einfluß auf die Gestaltung von Arbeitsbedingungen zu nehmen, wie durch Überzeugungsarbeit auf die Mitarbeiter selbst. *(Rosenstiel, L. v. 1988, S. 214 ff.)*

Soll **Mitarbeitermotivation** groß geschrieben werden, geht es nicht um die Beeinflussung einer Zustandgröße. Stimuliert werden muß die Erwartung. Wer hochqualifizierte Mitarbeiter beschäftigt, muß sie systematisch qualifizieren. Anders sind keine Leistungssteigerungen zu erwarten. Dies gilt insbesondere für Weiterbildungseinrichtungen, die ihre Mitarbeiter anhalten müßte, sich permanent auf dem Laufenden zu halten. Wenn die Mitarbeiter in der Weiterbildung erkennen, daß sie für die Institution genauso wichtig sind, wie die Teilnehmer, dann lassen sie sich auch für mehr Leistung gewinnen. *Pichler* schreibt: »Wer die Menschen nicht für sich gewinnt, kann ein Unternehmen in den achtziger und neunziger Jahren nicht mehr führen.« *(1985, S. 317)*

Motivations- und Lernmanagement werden häufig als getrennte Angelegenheiten betrachtet. Das ist insofern problematisch, als motiviertem Handeln eine Lernleistung zugrundeliegt, die nicht von den spezifischen Beweggründen des Tuns getrennt werden kann. Motivation bezieht sich auf die Aktivierung und

Auswahl von Handlungen, geht aber nicht explizit darauf ein, wie die Fähigkeiten und Fertigkeiten erworben werden, um diese Handlung auszuführen zu können. Manager, die nach den Gründen erfolgreichen Verhaltens fragen, wollen die Implikationen des Lernprozesses kennenlernen, um ihn beeinflussen zu können.

Lernmanagement wird weithin als **Qualifizierungsmanagement** im Rahmen von Personalentwicklung und Weiterbildung verstanden. Indem das Verhältnis von »lernfähiger Organisation« zum »lernfähigen Mitarbeiter« bestimmt wird, rückt der Managementansatz aus einer personenzentrierten Perspektive der Individualpsychologie – und aus dem personalwirtschaftlichen Ansatz –, hin zu einer lern- und verhaltenswissenschaftlichen Sichtweise. Die Managementperspektive für die Zukunft der Weiterbildung ist das lebenslange Lernen. Das Paradigma »motivierten Handelns« ist dahingehend zu erweitern, daß die Arbeitsplätze – und erst recht die in der Weiterbildung – Phasen der systematischen Qualifizierung zum Bestandteil haben müssen. Wenn der Arbeitsplatz gleichzeitig Lernplatz wird, ist viel gewonnen.

Nachwuchsförderung

Der Schlüssel für eine berufliche **Karriere** ist das Einstiegsniveau. Voraussetzungen sind schulische und/oder wissenschaftliche Leistungen, eine Berufsausbildung und Berufserfahrungen. Trainee- und Nachwuchsförderprogramme in Industrie und Handel bereiten neue Mitarbeiter auf ihre Aufgaben im Unternehmens vor. Sie bieten gute Startchancen. Für herausragende Karrieren sind die ersten Jahre besonders wichtig. Von enormen Einfluß sind Managererwartungen, die junge Menschen in das Berufsleben einführen. In dem Maße, wie Nachwuchskräfte mit ihren Aufgaben wachsen, wächst auch das Selbstbild und die Erfahrung, Projekte erfolgreich managen zu können. In einer Studie von *AT & T* konnte bei 49 Hochschulabsolventen gezeigt werden, daß »Korrelationen zwischen dem, was das Unternehmen im ersten Jahr von einem Beschäftigten verlangt und dem, was dieser in den nächsten fünf Jahren vollbringt, zu zwingend war, um ignoriert werden zu können« *(Berlew/Hall 1966, S. 221; Livingston 1990, S. 96).*

Zum Angelpunkt für eine positive Arbeitseinstellung und die Befähigung zum beruflichen Erfolg, wird die **erste Berufserfahrung.** Das, was ein Unternehmen bereit ist, in eine Ausbildung zu investieren, wird sich um ein Vielfaches bezahlt machen, wenn die Rahmenbedingungen Erfolg ermöglichen. Erwartungen, die sich als Self-Fullfiling Prophecies erweisen sollen, müssen aus mehr bestehen als nur aus positivem Denken. Der Führungsnachwuchs, insbesondere in der Weiterbildung, müßte wesentlich mehr gefördert werden. Das fachliche Knowhow des didaktischen Managements sollte ebenso vermittelt werden, wie individuelle Verhaltensweisen trainiert werden können. Vor allem auf Sachbearbeiterebene hat es die Weiterbildung bisher nicht geschafft, Qualifikationsprofile für typische Aufgabenfelder zu bündeln. Das Berufsbild des Aus- und Weiterbildungskaufmanns/der -frau steht noch aus.

5.6.5 Personalmanagement

Das **Personalmanagement** ändert sein Gesicht, es hat immer weniger mit der Personalverwaltung zu tun. Selbstverständlich sind und bleiben die Lohn- und Gehaltspolitik, die Gestaltung von Arbeitsbedingungen oder die Sozialleistungen Grundbestandteile von Beschäftigungsverhältnissen. Es ist mittlerweile unbestritten, daß die Personalentwicklung zum innovativen Kern des Personalmanagement zählt. Dabei ist das Verhältnis von Fähigkeit und Motivation von besonderem Interesse, weil die Leistungsfähigkeit eine daraus resultierende Größe ist. Das Personalmanagement hat folglich alles zu tun, um diese zu stärken. In der Praxis besteht eine multiplikative Verknüpfung der beiden Variablen »Fähigkeiten« und »Motivation«. *Vroom (1964, S. 203 ff.)* und *Schranz (1978, S. 82 ff.)* stellen die Gleichung auf

Leistung = f (Fähigkeit X Motivation)

Leistung wird als Funktion der Fähigkeit multipliziert mit dem Grad der Motivation interpretiert. Die **Verhaltensgleichung** läßt sich graphisch darstellen *(vgl. Staehle 1990, S. 753):*

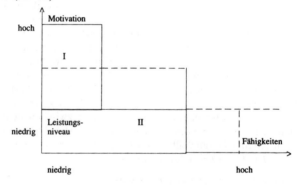

Ein bestimmtes Leistungsniveau wird bei Person **I** durch eine sehr hohe Motivation – bei mittleren Fähigkeiten – und bei Person **II** durch sehr hohe Fähigkeiten – bei mittlerer Motivation – erreicht. Die Gestaltungsmaßnahmen für das Management werden damit einsichtig. Ein Mitarbeiter muß mehr motiviert, die andere besser qualifiziert werden.

Im Zentrum von **Personalentwicklungsmaßnahmen** sollte ein differenziertes Lern- und Motivationsverständnis stehen. Eine Voraussetzung für Erfolg ist ein positives Zusammenspiel zwischen einer motivierten Person und einer offenen Situation. *(vgl. Graumann 1919 nach Rosenstiel S. 249)* Arbeitssituationen sind demnach Konstellationen, in denen eine Leistung in Abhängigkeit von Motiva-

Motivations- und Lernmanagement

tion und Fähigkeiten erbracht wird. Personalentwicklungsmaßnahmen können folglich in unterschiedlicher Art und Weise auf das Leistungsverhalten einwirken. *Lewin* zeigt **Dispositionen des Leistungsverhaltens** in der Beziehung von Person und Umwelt auf *(vgl. Staehle 1990, S. 753)*.

	Bemühungen, Intentionen, Anstrengung
Person	Fähigkeiten, Fertigkeiten
	Rollenwahrnehmung
Leistungsverhalten	Wissen, Können
	Aufgabenschwierigkeit
Umwelt	Technologie, Qualität der technischen Möglichkeiten
	Umstände, Situationen, Zufall, Glück

Heute gilt es als unbestritten, daß der Erfolg von Unternehmen immer mehr von den Human Ressourcen bestimmt wird. Die Mitarbeiter als Erfolgsfaktoren anzusehen, erweist sich als ein strategischer Faktor. Lern- und Motivationsmanagement ist zu großen Teilen **Human-Ressource-Management (HRM)**. Insbesondere beim strategischen Personalmanagement treffen bislang in Theorie und Praxis getrennt behandelte Problembereiche aufeinander *(Staehle 1990, S. 730)*:

- die marktorientierte, strategische **Unternehmungsplanung** und die
- ressourcenorientierte **Personalplanung**

Die schwergewichtige **Fokussierung** der strategischen Planung auf die »Produkt/Markt-Kombination« als alleinigem Erfolgspotential (strategisches Marketing) verhinderte lange Zeit, die anderen internen Ressourcen eines Unternehmens, wie das Personal, ebenfalls als strategische Erfolgsfaktoren zu bestimmen. Erst die Hinwendung der strategischen Planung zum strategischen Management erlaubte die Betrachtungsweise, daß Personalentwicklung, insbesondere in Dienstleistungsbereichen, zu einem der wichtigsten Faktor wird. In der Weiterbildung steht die lehrende, trainierende, beratende und organisierende Persönlichkeit zur Disposition. Die Weiterbildung hat die Chance, in der noch jungen Entwicklung des Personalmanagements konzeptionelle Lösungen anzubieten *(vgl. Nagel 1990)*. Hier hat insbesondere *Nagel (1995)* mit einem Trainingskonzept »Der interne Managementberater« einen erfolgversprechenden Weg beschritten.

Insbesondere jedoch stößt das HMR-Konzept auf Widerstand. In der Diskussion wird das **Ökonomiemodell,** das Mitarbeiter als Inputfaktor bewertet, teilweise abgelehnt. Es wird argumentiert, Menschen würden sich fundamental von anderen Inputfaktoren unterscheiden *(vgl. Marr 1986)*. Verkannt wird dabei häufig, daß gerade eine betriebswirtschaftliche Bewertung den Mitarbeiter als eine strategische Größe anerkennen kann. Selbstverständlich haben Mitarbeiter im Gegensatz zu Betriebsmitteln, Finanzen oder Informationen keinen Objektcharakter. Solange sie in der Kostenrechnung jedoch nur als **Kostenverursacher** angesehen werden, werden Aus- und Weiterbildung als vermeidbare Kosten betrachtet. Personalmanagement sollte also die Tatsache, daß in einer marktvermittelten Welt Investitionen die Wettbewerbsstärke einer Einrichtung ausmachen, den Ökonomieansatz positiv wenden und dem Faktor Bildung jenen Stellenwert beimessen, der ihm in den nächsten Jahren gebührt.

Wenn Bildungsunternehmen in das Know-how ihrer Mitarbeiter investieren, haben beide etwas davon: das Unternehmen und die Mitarbeiter. **Mitarbeiter-Portfolios** können quantifizieren helfen. *Fopp (1982, S. 344)* unterscheidet nach der Leistungsfähigkeit und dem Potential der Mitarbeiter.

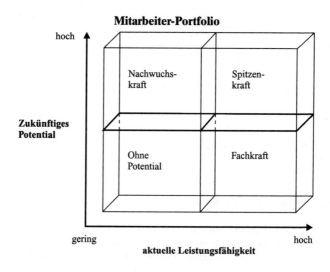

Charakteristika

Nachwuchskraft	Systematische Einführung in die Praxis der Bildungseinrichtung im Sinne von job enlagement, gezielte Fachschulung (Mitarbeiter aufbauen)
Spitzenkraft	Beförderung einplanen – im Sinne von job rotation den Erfahrungshintergrund verbreitern (Verantwortungsbereiche ausbauen)
Fachkraft	Vorhandene Fähigkeiten voll ausnutzen und überlegen, ob Führungsschulung angebracht ist (Leistungskraft ernten)
Ohne Potential	Arbeitsplatzwechsel einleiten, gegebenenfalls Kündigung veranlassen (Mitarbeiter abbauen)

Motivations- und Lernmanagement

Das Motivations- und Lernmanagement kann erheblichen Einfluß auf die **Gestaltung menschlicher Arbeitsbedingungen** nehmen. Dennoch ist nicht absehbar, daß der homo oeconomicus in der Personalwirtschaft überwunden wird. Das Menschenbild vom leistungsfähigen Mitarbeiter wird noch weitgehend dadurch beherrscht, ihn kontrollieren zu wollen. Das Moment der Selbststeuerung und des Selbstmanagements ist noch unterentwickelt. Das hat viel mit gegenseitiger Wahrnehmung zu tun; die einen geben keine Möglichkeiten, die anderen nehmen sie selbst dann nicht an, wenn sie vorhanden sind.

5.6.6 Gegenstände und Ziele der Personalentwicklung

Personalentwicklung hat das **Ziel,** die fachlichen Qualifikationen und personalen Kompetenzen der Mitarbeiter wettbewerbsfähig zu halten. Dabei sollte differenziert werden: HMR-Konzepte unterscheiden zwischen Zielen der Unternehmung und denen der Mitarbeiter. Dies deshalb, weil Mitarbeiter auch dann abhängig Beschäftigte bleiben, wenn sie im Interesse einer Einrichtung weitgehend unternehmerisch tätig sind. In der Berufspraxis findet häufig eine Interessenabwägung statt; dies vor allem bei Führungskräften, die den Status »leitender Angestellter« haben. Der Umstand unterschiedlicher Interessen hat dazu geführt, daß der Organisations- und Personalentwicklung unterschiedliche Ziele zugeschrieben werden. Wenn Einrichtungen erfolgreich sein wollen, sollten sie diesen Dualismus – der nicht selten auch von Betriebs- und Personalräten eingefordert wird –, zu überwinden suchen.

Wettbewerbsfähig werden Bildungseinrichtungen dann, wenn sie sich auf **marktfähige** und **faktische Ziele** konzentrieren.

Ziele der Personalentwicklung

1. Erhöhung der Wettbewerbsfähigkeit der Bildungseinrichtung
Senkung der Mitarbeiterfluktuation,
Konkurrenzvorteile auf dem Arbeitsmarkt,
Anpassung an neue/veränderte Anforderungen.

2. Erhöhung der Flexibilität
Teamarbeit, flexiblere Organisationseinheiten,
Innovationsfähigkeit der Mitarbeiter erweitern,
Einsatzmöglichkeiten der Mitarbeiter durch Mehrfachqualifikation erhöhen.

3. Erhöhung und Verbesserung der Motivation und Integration
Verbesserung der Arbeitsmotivation, der Zufriedenheit und des Organisationsklimas,
Förderung der Identifikation mit den Unternehmenszielen und der Integration der Mitarbeiter in die Unternehmung.

4. Sicherung eines qualifizierten Mitarbeiterstammes
Anhebung des Niveaus der Eingangsqualifikation,
Nachwuchssicherung,
Verbesserung der Qualifikation zur kompetenten Aufgabenerfüllung,
Erhöhung des Qualifikationspotentials.

5. Berücksichtigung individueller und bildungspolitischer Ansprüche
bessere Bezahlung,
Erhöhung der sozialen Sicherheit,
Realisierung von Chancengleichheit,
Erhöhung von Durchlässigkeit und Mobilität.

(vgl. Staehle 1990, S. 805 f.; Gabele 1983, S. 113 f.; Conradi 1983, S. 4 ff.; Weber, W. 1985)

5.6.7 Erklärungsansätze für Motivation und Lernen

Der Erfolg der Personalentwicklung beruht auf komplexen Prozessen. Ihnen liegen unterschiedliche Motivations- und Lernarrangements zugrunde. Die im Folgenden dargestellten Erklärungsansätze versuchen lern- und motivationspsychologische Sachverhalte zu erläutern. Sie stellen spezifische Ausschnitte der Wirklichkeit in den Vordergrund. *(vgl. hierzu auch Kapitel 3)*

Kennzeichnung	Managementansatz	Anwendungsbereich
Privatwirtschaftlich	Führung als persönliche Steuerung und Kontrolle	Der Unternehmer als Eigentümer übt durch unmittelbares Eingreifen die Kontrolle über den Betrieb und die Mitarbeiter aus. Seine persönliche Leistungsorientierung hat direkten Einfluß auf das Betriebsergebnis.
Sentific Management (wissenschaftliche Betriebsführung)	Führung als technische Steuerung und Kontrolle – Taylor 1911	Durch systematische Zerlegung des Arbeitsprozesses werden Produktivitätssteigerungen erbracht; durch Übernahme der Kontrolle des Arbeitsvollzugs wird die Leistung erhöht. Die wissenschaftliche Betriebsführung legt die Steuerung des Unternehmens in die Hand des Managements. Der Ansatz unterstellt eine Interessengleichheit von Arbeitgeber und Arbeitnehmer. Es wird die Gleichung aufgestellt: bessere Arbeitsbedingungen und Löhne schaffen mehr Motivation

Motivations- und Lernmanagement

Kennzeichnung	Managementansatz	Anwendungsbereich
Arbeitspsychologie Psychotechnik	Führung als instrumentell-psychologische Steuerung und Kontrolle – Münsterberg 1912	Es geht um die psychologische Anpassung des Arbeitnehmers an die Bedingungen des Arbeitsprozesses. Ergonomie verbessert die Arbeitsgestaltung; Eingliederung der Arbeitnehmer in den Arbeitsvollzug durch Anlernen und Einüben; Arbeitnehmer werden als lebendige Produktionsfaktoren angesehen, deren Leistungspotential es zu effektivieren gilt.
Bürokratieansatz Administratives Management	Administrative Steuerung und Kontrolle – Fayol 1916 – Weber, M. 1921	Das Büro/die Verwaltung wird als Fortsetzung der Werkbank begriffen. Fayol definiert Prinzipien zur Organisation des Managements von Industrieunternehmen: Arbeitsteilung, Autorität, Disziplin, Einheit der Auftragserteilung, Einheit der Leitung, Unterordnung des Sonderinteresses, Entlohnung, Zentralisation, Gesamtheit, Rangordnung, Billigkeit, Stabilität des Personals, Gemeinschaftsgeist. Fayol kann als Begründer der Managementlehre gelten. Max Weber beschreibt die »bürokratische Herrschaft« als Form legale Herrschaft. Der Angestellte habe zu funktionieren; er soll vorgegebene Ziele und Anordnungen ausführen. Das mechanische Menschenbild des »Ausführenden« stößt an die Grenzen dynamischer Organisationen.
Human Relation Konzept	Führung als Sozialtechnologie Hawthorne Effekt – Roethlisberger etc. 1924	Zwischenmenschliche Beziehungen haben Auswirkungen auf die Arbeitsleistung. Nicht nur der Lohn, sondern auch soziale Anerkennung tragen zur Arbeitszufriedenheit und Produktivität bei. Soziale Beziehungen werden als Faktoren betrieblicher Steuerungssysteme erkannt. Im Hawthorn-Effekt wird erkannt, daß Zuwendung und Beachtung positive Auswirkungen auf die Leistungsmotivation der Mitarbeiter haben kann.

Funktionales Managementhandeln in der Weiterbildung

Kennzeichnung	Managementansatz	Anwendungsbereich
Human Ressource Modelle	Führung durch motivationale Steuerung und Kontrolle – Sander 1988	Die motivationale Steuerung verknüpft die Befriedigung der Bedürfnisse mit der Aufgabenerfüllung. Vorgesetzte sollen direkt führen und motivieren. Der Vorgesetzte als Ausbilder; Belohnungen sollen die Leistung fördern; Nachwuchskräfte brauchen Anreize durch Aufstieg.
Humanistische Psychologie	Führung durch motivationale Steuerung und Kontrolle – Maslow 1943 – McGregor 1960	Maslows Bedürfnispyramide. Arbeitsmotivation wird als Folge der Befriedigung des Bedürfnisses nach Selbstverwirklichung definiert. McGregor geht von einer dualistischen Arbeitsverhaltenstheorie aus: Es gebe (x-, y-Typen) wobei nur y-Verhalten reifer, mündiger Kooperation zu echter Arbeitsmotivation führe.
Zwei-Faktoren-Theorie der Arbeitszufriedenheit	Führung als motivationale Steuerung und Kontrolle – Herzberg 1959	Arbeitszufriedenheit wirkt auf die Produktivität. Produktivität wird durch Hygiene-Faktoren (Bezahlung, Beziehung zu Vorgesetzten, Status) und Motivatoren (Selbstbestätigung, Leistungserfolg, Anerkennung, Arbeitsaufgabe, Arbeitsinhalte) beeinflußt.
Kognitive Erwartungs Wert Modelle	Führung als motivationale Steuerung und Kontrolle	Die Stärke eine Handlung auszuüben wird durch Valenzen (V) eines Handlungsereignisses sowie durch die Wahrscheinlichkeit (W) des Ereigniseintritts bestimmt: Der positive oder negative Aufforderungscharakter von Ereignissen ist abhängig von der Valenz der Folgen der Handlungsergebnisse und deren Intensität. Positive Erwartungen wirken fördernd; negative Erwartungen verzögern.
Leistungsmotivation auf feldtheoretischer Grundlage	Führung und Kontrolle aufgrund lerntheoretischer Positionen der Erwachsenenbildung – Lewin 1951 – Atkinson 1975	Nach Lewin kann Verhalten als eine Resultante des Zusammenwirkens von Person und Umwelt definiert werden: $G = f(V)$ Leistungsverhalten wird als Funktion der Situationsvariablen angesehen. Im Zentrum stehen Erfolg

Motivations- und Lernmanagement

Kennzeichnung	Managementansatz	Anwendungsbereich
		und Mißerfolg. Leistungsverhalten wird definiert als »Prädisposition nach Erfolg zu streben sowie als Fähigkeit, für eine erbrachte Leistung Stolz zu erleben«. Ein Merkmal sind Emotionen, die bei Auseinandersetzungen Bestand haben. Leistungsstarke Persönlichkeiten setzen sich eigene Ziele.
Humanisierungsdebatte	Führung durch Selbststeuerung und Kontrolle	Gestaltung der individuellen sowie gruppenbezogenen Arbeitsaufgaben ist wichtig. Es werden Modelle der Arbeitsgestaltung entworfen, weil Fluktuationsraten von Mitarbeitern in der Zeit der Hochkonjunktur (1960 – 1970 in der BRD) unkalkulierbar wurden. Neue Arbeitsformen werden erprobt: Job enlargement (Erweiterung), Job enrichment (Bereicherung), Job Rotation (Wechsel), Teilautonome Gruppen.
Kognitive Lerntheorien	Führung durch Selbststeuerung Soziale Lerntheorien und Lernen am Vorbild Modell-/Beobachtungs-Lernen – Bandura 1977	Lernen als Basis des Leistungsverhalten. Gefragt wird nach der Wirksamkeit des Handelns. Lernen durch Tun und Beobachtung. Banduras soziale Lerntheorie steht für stellvertretendes Lernen aus der Beobachtung sowie aus Imitationsversuchen. Verhalten wird als Funktion von Person und Umwelt definiert. **Umweltparadigma:** Umwelteinflüsse verändern das Verhalten $V = f(U)$ – Verhalten ist eine Funktion der Umwelt. **Personales Paradigma:** Verhalten bestimmt die Umwelt $U = f(V)$ – Umwelt wird durch persönliches Verhalten bestimmt.
Organisations-kultureller Ansatz	Führung als kulturelle Steuerung und Kontrolle – Peters/Waterman 1982, 1988	Konstruktion beruflicher Lebens- und Sinnwelten, d. h. die berufliche Wirklichkeit der Mitarbeiter so zu konstruieren, daß die Erfüllung der Unternehmensziele sich aus dem Kulturverständnis der Beteiligten ergibt. Die Unternehmenskultur wird in ihrer Ganzheit zum Kern unterschiedlicher Vor-

Kennzeichnung	Managementansatz	Anwendungsbereich
		wärtsstrategien. Das Unternehmen und die Mitarbeiter müssen sich als »lernfähig« erweisen. Durch Transformation der individuellen und objektiven Wirklichkeit wird die Unternehmenskultur als erfolgsorientierte und innovative Institution zu realisieren versucht.
Antizipatorisches und innovatives Modell	Führung durch OE und PE: lernfähige Organisation und lernfähige Mitarbeiter – Schmitz 1982, – Merk 1989	Die Weiterbildung wird als spezifischer Typus »beruflich-pädagogischer« Interaktion verstanden. Weiterbildung als Lernprozeß steht außerhalb der unmittelbaren Berufsarbeit (Alltagspraxis). Berufsbegleitende Kurse und Vollzeitmaßnahmen entwickeln eine eigene Dynamik. Weiterbildung bezieht sich intentional auf die objektive Wirklichkeit und transformiert diese in subjektive Bedeutungszusammenhängen der Lernenden. Das ist ein kommunikativer Prozeß der lernenden Auseinandersetzung. Institutionen der Weiterbildung sind als lernfähige Organisation mit lernfähigen Mitarbeitern zu konstituieren. In kommunikativen Arbeitssituationen wird das Dienstleistungsprodukt: Lehren und Lernen erzeugt.

5.7 Bildungserfolgscontrolling

In der Diskussion um die **Erfolgsmessung** von Weiterbildung werden unterschiedliche Maßstäbe angelegt. Jeder kennt den Seminarbogen, der am Ende einer Veranstaltung mit der Bitte ausgehändigt wird, eine persönliche Einschätzung abzugeben *(vgl. Kapitel 4.9.1)*. Geht es vordergründig darum, ein Seminar oder einen Lehrgang zu bewerten, so beinhaltet dieser Vorgang den umfassenden Anspruch des Bildungserfolgscontrolling. Was so einfach und oft schnell angekreuzt wird, ist von der Planung, Durchführung bis zur Sicherung der Finanzmittel ein komplexes Ganzes.

Typisch für das **Kontroll- und Wirkungsmanagement** in der Weiterbildung ist, daß es von betriebswirtschaftlichen und pädagogischen Ansätzen aus betrachtet

Bildungserfolgscontrolling

wird. In der Betriebswirtschaft wird dann von Controlling gesprochen, wenn es um Steuerungs- und Kontrollfunktionen der Überwachung und Anpassung aller organisatorischen Aktivitäten des Unternehmens geht. In der Weiterbildung wird von Evaluation und Wirkungskontrolle gesprochen, die sich auf die Einschätzung des pädagogischen Prozesses bezieht. Es könnte sinnvoll sein, dann vom Bildungserfolgscontrolling zu sprechen, wenn der betriebswirtschaftliche und pädagogische Zusammenhang betrachtet werden soll. Dann sind die Entwicklungsstränge zu beleuchten:

- **Controlling bezieht sich auf die Erfolgsmessung der Betriebsorganisation.**
- **Evaluation bezieht sich auf die Wirkung des pädagogischen Prozesses.**
- **Bildungserfolgscontrolling bezeichnet den Gesamtprozeß des Wirkungsmanagements.**

5.7.1 Controlling

Der **Controllinggedanke** geht auf die Zeit der industriellen Revolution in den USA zurück, als eine finanzwirtschaftliche Überwachung der Unternehmung angesichts zunehmender Kapitalkonzentration und Fixkostenbelastung notwendig wurde. Die **Kennzahlenanalyse,** die auch heute noch zentrales Instrument des Controllings ist, wurde zur Investitions- und Finanzanalyse sowie zur Analyse des gesamten Betriebsgeschehen ausgebaut. Mit der zunehmenden Professionalisierung des Controlling-Berufsstandes entstanden selbständige Controlling-Abteilungen, die auch heute noch überwiegend mit den zentralen Aufgaben des Rechnungswesens, der Planung und des Berichtswesen befaßt sind. *(vgl. Horvath/Gaydoul 1978; Staehle 1990, S. 623)* Controlling wird als Prozeß der **Verknüpfung von Planung und Kontrolle** definiert, damit eine Prozeßsteuerung erfolgen kann. Auf den Prozeß in der Weiterbildung übertragen bedeutet das:

Funktionales Managementhandeln in der Weiterbildung

Planung und Kontrolle

P l a n u n g	1	Aufstellen von Teilplänen (Seminare, Lehrgänge, Fachbereiche)
	2	Abstimmen der Teilpläne (Fachbereiche, Geschäftsfelder, Weiterbildungsprogramm)
	3	Umwandlung der Plandaten in numerische Ausdrücke und deren Bewertung (Marktpreise, innerbetriebliche Verrechnungspreise, Sollzahlen nach Verwaltungsvorschriften)
K o n t r o l l e	4	Vorgabe von wertmäßigen Plandaten (Budget)
	5	Bereitstellen von Vergleichsmaßstäben (Daten aus früheren Planperioden, Daten aus vergleichbaren Einrichtungen – Benchmarking – Marktanalysen)
	6	Laufende Ist-Daten Erfassung
	7	Abweichungsanalyse
	8	Information und Einleitung von Korrekturmaßnahmen

(vgl. Siegwart/Menzel 1978; Pfohl 1981; Serfling 1983; Horvath 1986)

Die Kontrolle erfolgt meist durch den Abgleich von Soll-Ist-Daten. Abhängig vom Managementkonzept hat das unterschiedliche Handlungskonsequenzen zur Folge. Wird beispielsweise das Konzept des **Management by Exception** angewendet, muß bei bedeutenden Abweichungen sofort in den Planungsprozeß eingegriffen werden. Dies setzt voraus, daß

a) Standardkennzahlen und vertretbare Abweichungen für Fachbereiche (z. B. Mindestteilnehmerzahlen, Produktgruppen etc.) erstellt sind,
b) festgelegt ist, wann eine außergewöhnliche Abweichung gemeldet wird (z. B. Beschwerden von Teilnehmern),
c) festgelegt ist, welche Stelle bei welcher Art von Abweichung informiert wird (z. B. Fachbereichsleiter, Geschäftsführer),
d) sicher ist, daß eine alternative Entscheidung zur Abkehr des Schadens getroffen werden kann.

Typische **betriebswirtschaftliche Kennzahlen** aus Bildungseinrichtungen sind bereits im *Kapitel 3.8.6* vorgestellt worden. An sie soll hier nur kurz erinnert werden:

Teilnehmer-Stunden-Satz =	Maßnahme-Gesamtbetrag in DM / Unterrichts-Std. X Teilnehmerzahl
Teilnehmer-Kosten-Satz = (gesamt)	Maßnahme-Gesamtbetrag in DM / Teilnehmerzahl
Teilnehmer-Kosten-Satz = (monatlich)	Maßnahme-Gesamtbetrag in DM / Teilnehmerzahl x Monate
Umsatz pro Geschäftseinheit =	Anzahl Teilnehmer x Teilnehmer-Stunden-Satz * Zeit / Zeit (Tage, Monate)

5.7.2 Evaluation und Wirkungskontrolle

Die **Evaluation** befaßt sich mit der Bewertung des pädagogischen Prozesses. Sie bezieht sich in der Weiterbildung auf die Beurteilung von Lehrplänen, Unterrichtsprogrammen und deren Durchführung. Da es das Ziel von organisierten Lernprozessen ist, Veränderungen im Denken und Handeln herbeizuführen, bezieht sich die Wirkungskontrolle auf die Bemessung dieser Werte. Pädagogisch relevante Wirkungen lassen sich als Verhaltensänderungen definieren, die durch den Lehr-/Lernprozeß zustandegekommen sind.

Bei der Evaluation und Wirkungskontrolle soll also ermittelt werden, ob die in den Projekt- bzw. Lehrplänen angestrebten Ziele erreicht werden. Gemessen werden kann beispielsweise die Veränderung des Leistungsverhaltens zu Beginn und am Ende einer Qualifizierungsmaßnahme. Indem einzelne Variablen gemessen und rekonstruiert werden, kann das Ausmaß der Wirkung des Lehrprozesses festgestellt werden. Die Evaluation sollte auf den Ablauf von Maßnahmen Einfluß nehmen, damit es zu einer Optimierung bzw. Revision kommen kann. Wird ein Lehrplan aufgrund neuer Einsichten verändert, wird von Curriculumrevision gesprochen. Dabei ist fast alles veränderbar:

Organisation	Ziele	Inhalte	Methoden	Kontext

In diesem Sinne sind Wirkungskontrollen integraler Bestandteil evaluativer Maßnahmen.

Das **zunehmende Interesse** am Bildungscontrolling kann als Ausdruck der betrieblichen Weiterbildungsnotwendigkeiten gesehen werden. Sie erwachsen aus dem Anspruch nach mehr Effizienz und nehmen mit dem Professionalisierungsgrad in der Weiterbildung zu. Dieser besteht darin, daß die Qualifizierung der Mitarbeiter in der Wirtschaft a) immer dringender wird (z. B. Wissensverfall, Wettbewerb) und b) pädagogische Maßnahmen verstärkt Kosten-Nutzen-Kalkülen standhalten müssen. Damit steht die Wirkung von Bildungsmaßnahmen zur Disposition. Während in der abschlußbezogenen Aus- und Fortbildung die Leistungskontrolle durch **Prüfungen** und **Zertifikate** gesichert wird, gibt es in weiten Bereichen des Trainings und der offenen Erwachsenenbildung kaum standardisierte Kontrollinstrumente. Hier finden oft nur persönliche Einschätzungen durch die Betroffenen statt.

Nicht unerwähnt bleiben soll, daß es gegen eine systematische Überprüfung des Lernerfolgs in der Erwachsenenbildung durchaus **Hemmnisse** gab und gibt. Erfolgsmessungen werden mit dem Hinweis abgelehnt, daß die Sinnbestimmung des Bildungsprozesses durch Verschulung, Verplanung und Überorganisation in Gefahr geraten könne *(vgl. Brandenburg 1974, S. 82)*. Viele Einwände konnten in der Curriculumdiskussion der letzten Jahre ausgeräumt werden. So steht heute einer Erfolgsmessung – in der dem jeweiligen Fachgebiet angemessenen Art und Weise –, meist nichts mehr im Wege. Im Gegenteil, das gesamte Kursgeschehen müßte auf den Prüfstand.

Vor allem in der **Bildungspraxis** liegt die systematische Anwendung evaluativer Instrumente im Argen. Sie werden meist nur in Modellprojekten angewendet. In Bildungseinrichtungen findet Evaluation praxisnah statt. Betriebswirtschaftliche Kennziffern werden genauso regelmäßig festgestellt wie am Ende eines Kurses die Teilnehmer nach ihrer Einschätzung befragt werden. Fragebogen zur »Seminarkritik« können, wenn sie systematisch und standardisiert angewendet werden, auf einfache Art und Weise aussagefähige Daten über das Bildungsgeschäft liefern. Der besonderen Pflege bedürfen Instrumente wie die Nachbesprechung mit Organisatoren, Dozenten oder Teilnehmern. Wegen des Aufwandes finden sie seltener statt. Der wohl noch häufigste Fall ist jedoch, daß Auswertungen nur sporadisch erfolgen.

Evaluationskonzepte lassen sich als pädagogische Verfahren der Kontrolle der Lehr- und Lernleistung bestimmen. *Gerl (1983)* unterscheidet nach:

- **Inputevaluation**
  Wirkungskontrolle bei Aufnahme des Lernprozesses: z. B. durch Vortest, Vorbedingungen, Zugangsvoraussetzungen.

- **Outputevaluation**
  Kontrolle des Lernergebnisses sowie des heimlichen Lehrplans: z. B. durch Tests, Arbeitsproben.

- **Produktevaluation**
  Produktkontrollen können nach klassischen Leistungsprüfungen festgestellt werden: z. B. Benotung, Klausuren, Bewertungsbögen.

- **Prozeßevaluation**
  ermöglicht es im laufenden Geschehen des Lehrens und Lernens – speziell bei Störungen –, einzugreifen: z. B. teilnehmende Beobachtung, Soziogramme.

- **Kontextevaluation**
  überprüft die institutionellen, räumlichen, finanziellen und auch zeitlichen Rahmenbedingungen; sie ist eng mit dem traditionellen Controlling verbunden.

Ein anderes Gliederungsschema stellt *Jagenlauf (1984)* vor. Er gliedert die **Formen der Wirkungskontrollen** nach

- **Ist-Kontrollen**
  bei denen Differenzen im Verhaltensbereich nach der Vorgabe eines Standards festgestellt werden. Methode: Teilnehmende Beobachtung; Rollenspiel, Fragebogen

- **Effektivitätskontrollen**
bei denen im Verhaltensbereich Soll-Ist-Vergleiche vorgenommen werden, um den Grad der Übereinstimmung auf eine entsprechende Effektivität, z. B. einer Lehrmethode festzustellen. Methode: Testverfahren, Stichproben
- **Effizienzkontrollen**
bei denen der gesamte (personale, zeitliche, ökonomische) Aufwand für die pädagogische Tätigkeit zum Ertrag in eine Beziehung gesetzt wird. Methode: Beurteilungsbögen; Bilanzen

Die Forderung nach **Transparenz des Lehr-/Lernprozesses** wird durch die Wirkungskontrolle dann optimal erfüllt, wenn sie prozeßbegleitend ist. Dann kann bei Abweichungen in das Kursgeschehen eingegriffen werden. Hierbei kann der Grad der Passung zwischen Teilnehmererwartungen und -motivation einerseits und Kurszielen andererseits überprüft und entsprechend angenähert werden. *(vgl. Löwe 1970)*

5.7.3 Bildungserfolgscontrolling

Unter **Bildungserfolgscontrolling** sollen Verfahren und Methoden des Controlling sowie die der Evaluation gefaßt werden. Dies erscheint wichtig, weil Qualifizierungsprozesse in der Weiterbildung immer weniger von den betriebswirtschaftlichen Ressourcen abzukoppeln sind. Zudem sollte dem Tatbestand Rechnung getragen werden, daß die Effizienz von Bildungsveranstaltungen in einem lernökonomischen Interesse steht. Ein verbessertes Management kann zu einer Verdichtung und damit Verbesserung von Lehr-/Lernprozessen beitragen.

Je mehr sich die Weiterbildung aus einer gewissen Unverbindlichkeit der Angebote löst, um so zentraler wird die Frage nach der Bestimmung des Gegenstandes des **Bildungserfolgscontrollings.** Darunter soll ein **betriebswirtschaftlich-pädagogischer Ansatz** verstanden werden, der den Faktor Bildung unter Qualitäts- und Erfolgsgesichtspunkte stellt. Das wird deshalb interessant, weil immer mehr Finanzmittel für Trainings und Kurse ausgegeben werden – aber kaum Mittel dafür bereitgestellt werden, die den Erfolg messen. *Eichenberger* stellt plakativ fest: »Billions on training, but not one cent for evaluation« *(1990, S. 35 ff.)*.

Während auf betriebsorganisatorischer Ebene traditionelle Methoden des Controllings in den Bildungseinrichtungen Anwendung finden, hat die Evaluierung von Bildungsmaßnahmen Erfolgsmaßstäbe zu entwickeln und deren Einhaltung zu garantieren. Der Begriff Evaluation beinhaltet in seiner anglo-amerikanischen Bedeutung der **»Wertbeimessung«** mehr als nur eine betriebswirtschaftliche Kontrolle. Erfolgscontrolling sollte als Instrument des Managements in die Unternehmenskultur eingepaßt sein. Es muß mehr sein als »Erbsenzählerei«. Es will mehr Partizipation, Motivation, mehr Selbststeuerung und Effizienz im Dialog mit den am Lehr-/Lernprozeß Beteiligten.

Bildungserfolgscontrolling versteht sich also als Instrument zur positiven Steuerung und Unterstützung des Erfolgs von Personalarbeit und Bildungsmaßnahmen. Es ist eine »bimentale Angelegenheit«, weil falsch verstandenes Kostendenken im Personal- und Bildungsbereich eher zu schleichendem Leistungsverfall und zur inneren Kündigung führen kann, als zur Motivation qualifizierter Mitarbeiter. Dies wird beispielsweise daran deutlich, daß bei der Einführung von Stellenbeschreibungen, die einer systematischen Arbeit zugrundeliegen sollten, dann mit Akzeptanzproblemen bei den Mitarbeitern zu rechnen ist, wenn sie annehmen müssen, mehr als zuvor kontrolliert zu werden. Im Zeichen von Teamarbeit und Selbstorganisation muß Akzeptanz erzeugt werden, die der Leistungsförderung und Qualifizierung dient.

Erfolgscontrolling ist dann wirksam, wenn eine Bildungseinrichtung und die Teilnehmer etwas davon haben. Wie wichtig Erfolgsfeststellungen sein können, zeigt sich beispielsweise bei Bildungsmaßnahmen, die unter Teilnehmerschwund leiden. Dann kann Bildungserfolgscontrolling zur Ursachenfindung beitragen. Wenn allerdings erwartete Qualitätsansprüche nicht erfüllt werden, sollte sich niemand wundern, wenn Probleme entstehen *(vgl. Schröder 1979; Landsberg 1990).*

5.7.4 Prinzipien der Kontrolle

Controlling bildet als innerbetriebliches **Planungs-, Informations- und Kontrollsystem** die Nahtstelle zwischen strategischer und operativer Planung. Als kontinuierlicher Prozeß angelegt, leitet es Lernprozesse ein. Traditionell ist dieser Prozeß als **Feedback-Kontrolle** weit verbreitet. Sie leidet jedoch darunter, daß Fehlentwicklungen immer erst »ex post« erkannt werden können. Aus diesem Grund wird in jüngerer Zeit auf die »ex ante« oder **Feedforward-Kontrolle** Wert gelegt. *(vgl. Luthans/Kreitner 1985, S. 94 ff.):*

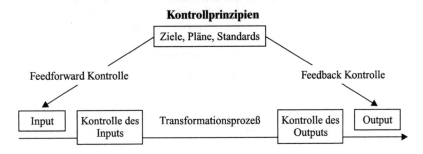

Jede **Leistungsmessung** braucht Kriterien. Das Erarbeiten von Qualitätsstandards – z. B. DIN ISO 9001 – ist in der Betriebsorganisation sowohl ein betriebs-

Bildungserfolgscontrolling

wirtschaftliches Problem als auch eine pädagogische Herausforderung. Betriebswirtschaftliche Kennzahlen können genauso sensibel sein, wie menschliche Verhaltensänderungen. Das Erstaunliche an Zahlen und auch an Bildungsveranstaltungen ist, daß sie meist erst im Nachhinein der Bewertung zugänglich sind. Die zwei wichtigsten Bewertungsprinzipien sollen ausführlicher vorgestellt werden. Das **Feedback-Controlling** mißt – wie ein Thermostat – das Bildungsgeschehen mit einem Effektor, einem Detektor und einem Sensor.

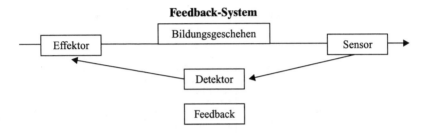

In **Feedbackverfahren** wird die Abweichung vom vorgegebenen »Richtwert« gemessen. Wenn es sich um Budgets handelt, ist dies mit Hilfe finanzwirtschaftlicher Kennzahlen möglich. Ein im Soll zum Zeitpunkt X festgelegter Betrag Y wird gemessen und deren Differenz Z wird dargestellt. Die Interpretation, ob das Ergebnis positiv oder negativ ist, muß das Management vornehmen. Damit entspricht das Feedback-Prinzip der nachträglichen Abweichungskontrolle.

Demgegenüber bedeutet das **Feedforward-Controlling** antizipierende Steuerung. Es wird versucht, so weit wie möglich im Vorfeld Planungsdaten und Informationen zu erheben. Dadurch läßt sich ein Teil der Feedback-Steuerung ersetzen. Ziel ist es, eine Abweichung erst gar nicht eintreten zu lassen.

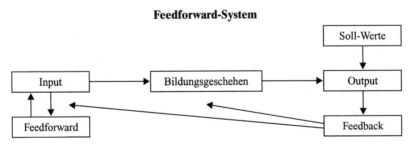

Beispiele für präventive Kontrollverfahren sind im Personalbereich zum Beispiel Einstellungstests. Bei Weiterbildungsmaßnahmen zählen dazu Zulassungsvoraussetzungen und Zielprojektionen *(vgl. Landsberg 1990).*

5.7.5 Elemente des betrieblichen Bildungscontrollings

In der betrieblichen Weiterbildung werden professionelle Methoden der Personalarbeit angewendet. Sie stellen Maßstäbe auf, die als Voraussetzung für das Bildungserfolgscontrolling angesehen werden können. In einer komplexen Übersicht haben *Wunderer* und *Sailer* die Elemente kategorisiert.

Elemente des Personalcontrolling

	Kosten-Controlling	Wirtschaftlichkeits-Controlling	Erfolgs-Controlling
Aufgaben	Information über Entwicklung und Struktur der Personalkosten, Kostenentwicklung und Kostenstruktur in der Personalabteilung, Finanzwirtschaftliche Planung und Kontrolle der Personalkosten	Überwachung, Analyse und Optimierung des Ressourceneinsatzes für personalwirtschaftliche Aktivitäten und Prozesse; (Vermeidung von Ressourcenverschwendung), Analyse des Rationalisierungspotentials	1. Ökonomische Rechtfertigung der Personalarbeit (bzw. einzelner Prozesse) durch Ermittlung ihres Beitrages zum Unternehmenserfolg (Rentabilität) 2. Definition von Erfolgsmaßstäben für die Personalarbeit
Planungsgrößen	Summen der Personalkostenarten je Planungsperiode (Kostenarten – Budgets) Summen der Kostenarten in der Personalabteilung (Kostenstellen – Budgets) je Planungsperiode	Soll-Kosten pro personalwirtschaftlichen Prozeß; Vorgabezeiten pro Aktivität z. B. Bewertung, Freistellungskosten pro Kündigung, Ausbildungskosten pro Stellenbesetzung	Arbeitsproduktivität (direkt) Indikatorwert (indirekt) – Fluktuationsraten – Fehlzeitenraten – Fehlerquoten – Kundenreklamationen – Nacharbeiten – Beschwerden – Ergebnis von Leistungstests – Ergebnis von Befragungen
Sichtweise der Personalarbeit	Personal als Kostenfaktor Personalabteilung als Kostenstelle	Personalarbeit als innerbetriebliche Servicefunktion	Personalarbeit als Investitionsbereich; Human Ressourcen sind Kapital
Erfolgskriterien	Einhaltung des Budgets Beitrag zum finanzwirtschaftlichen Gleichgewicht	Minimierung des Ressourceneinsatzes für personalwirtschaftliche Prozesse	Optimierung der Rentabilität der Investitionen in die Personalarbeit (z. B. Ersparnis) durch verringerte Fluktuationsquote in % Kosten eines Anreizsystems

Bildungserfolgscontrolling

	Kosten-Controlling	Wirtschaftlichkeits-Controlling	Erfolgs-Controlling
Periode	Budgetierungszeitraum (Monat, Jahr)	Entsprechend den Abrechnungszeiträumen der Kostenrechnung	Abhängig von den Wirkungsverzögerungen (langfristige Perspektive)
Erfolgsfaktoren	Arbeitsmarkt (Lohn-/Gehaltsniveau) Gesetzgebung (Sozialabgaben) Prognostizierbarkeit von Löhnen, Gehältern, Sozialabgaben	Nutzung der Rationalisierungsmöglichkeiten für personalwirtschaftliche Prozesse	Leistungspotential Leistungsmotivation Arbeitssituation
Auswertungen	Budgets, kostenanalytische Auswertungen Abweichungsanalysen (Preis- und Mengenabweichungen)	Kalkulation (Kostenträgerrechnung) der Soll-Kosten sowie Ist-Abrechnung pro Prozeß	Personalstatistik (Indikatorwerte) Arbeitsproduktivitätskennziffern
Datenerfassungsinstrumente	Lohn- und Gehaltsverrechnung, Kostenrechnung, Finanzbuchhaltung	Instrumente der Organisationsanalyse (z. B. Multi-Moment-Verfahren) – Zeitaufzeichnungen Rechnungswesen mit Kontierungsrichtlinien	Personalinformationssystem
Datenqualität Meßskalen	Monetäre Daten (Kardinalskalen)	Monetäre Daten (Kardinalskalen) (Kosten/Prozeß) Zeiteinsatz (Intervallskalen)	Kardinalskalen (z. B. durchschnittliche Absenzeiten) Intervallskalen (z. B. Ergebnisse von Leistungstests) Rangskalen (z. B. bei Befragungen nach Arbeitszufriedenheit)

(Wunderer/Sailer 1988)

5.7.6 Beurteilungskriterien des Erfolgs

Das Spektrum zur **Beurteilung von Bildungserfolg** ist breit. Neben vielen Faktoren, die einer Überprüfung wert sind, sollen hier vier zentrale Merkmale nach *Kirkpatrick (1959)* hervorgehoben werden:

Funktionales Managementhandeln in der Weiterbildung

1. Reaktion
Gegenstand der Evaluation ist die Erfassung und Beurteilung der »**Meinungen**«, die Teilnehmer bei der Durchführung einer Bildungsmaßnahme äußern. Abgefragt werden können:

- Erwartungshaltung
- Vorbereitung
- sozialstatistische Angaben
- Einschätzung des Referenten
- Beurteilung von Ort, Raum und Zeit
- Lehr-/Lernmittel,
- Methodik/Didaktik
- neues Wissen

In einem Teil der Bildungseinrichtungen werden **Erhebungen** systematisch durchgeführt. So kann durch regelmäßige Teilnehmerbefragung gut festgestellt werden, wie leistungsfähig Dozenten sind, wie sich die Zielgruppenstruktur entwickelt, welche Themen von aktueller Bedeutung sind usw. Weiterreichende Schlüsse müssen durch qualitative Maßnahmen, z. B. Expertengespräche oder Interviewleitfäden, erhoben werden.

2. Lern-Transfer
Im Rahmen von Evaluation ist die Erfassung und Beurteilung der **vermittelten Inhalte** zu erheben. Es muß festgestellt werden, ob das zu Lernende mit dem tatsächlich Gelernten identisch ist. Um Indizien über den Wissenstransfer zu erhalten, werden häufig Tests und Fragbogen, z. B. multiple choice, eingesetzt. Sie messen das zum Zeitpunkt des Tests »abfragbare« Wissen relativ gut. Mit Hilfe qualitativer sozialwissenschaftlicher Methoden – wie Beobachtung, Experiment, Expertenbefragungen –, lassen sich Erklärungsvariablen erfassen. Dennoch sind bis heute viele Fragen des Lerntransfers ungeklärt.

3. Verhaltensänderung/Umsetzung
Sollen **Verhaltensänderungen** untersucht werden, so sind Methoden aus der Psychologie, Sozialpsychologie, Gruppendynamik, Soziometrie und Pädagogik anwendbar. Da es sich beim Lernen um ein multifaktorielles Bedingungsgefüge handelt *(vgl. Kapitel 4)*, sind Feststellungen über die ursächlichen Auslöser von Verhaltensänderungen nur schwer als direktes Ergebnis eines Faktors zu identifizieren. Die Erhebung aller Variablen ist in Bildungsmaßnahmen nicht möglich, deshalb setzen sich eher einfache Standardmethoden durchgesetzt.

4. Ergebnisveränderung – ökonomischer Nutzen
Controlling hat den Erfolg des betriebswirtschaftlichen Nutzens und/oder der voraussichtlichen Ergebnisverbesserung festzustellen. Dafür sind die **Kriterien** der »Effektivität« und »Rentabilität« bedeutsam. *Eichenberger* schlägt zur Fest-

Bildungserfolgscontrolling

stellung der Nutzenveränderung sowohl die ex ante wie die es post Instrumente vor. Fragen, die es zu beantworten gilt:

Ex ante
Wie kann die Bildungsmaßnahme zum Erfolg geführt werden?

Wofür und wie hoch dürfen die Investitionskosten sein? Wo soll der Grenzwert liegen?

Wieviel Prozent soll die Bildungsquote betragen – gemessen an der Lohn-/Gehaltssumme des Unternehmens? Welche Anreize gibt es für bildungsferne Gruppen?

Ex post
Wie hoch ist die Bildungsquote real?

Weshalb sind bestimmte Bildungsmaßnahmen so erfolgreich und andere nicht?

Warum wird das vermittelte Know how nicht angewendet?

Welche Verhaltensänderungen führen konkret zur Leistungssteigerung?

Warum haben Teile der Zielgruppe die Bildungsmaßnahme nicht angenommen?

Warum ist ein Top-Seminar für Führungskräfte, das optimal vorbereitet war, schief gelaufen?

Was hätte besser gemacht werden können?

Qualitative und quantitative Kriterien

a) qualitative Kriterien
technisch, ökonomisch, juristisch, politisch, soziologisch, psychologisch, pädagogisch

(Teilnehmererwartung, Lern-/Arbeitszufriedenheit, Methodik/Didaktik, Organisation, Durchführung von Soll-Ist-Vergleichen zum Lernerfolg etc.)

Im Arbeitsalltag müssen beispielsweise Erklärungen für einen zu hohen **Teilnehmerschwund** festgestellt werden: *Schröder (1979)* weist auf Ursachen hin:

- Teilnehmerfluktuation,
- Schulbildung, Berufsstellung und soziale Schichtzugehörigkeit der Dableiber und Wegbleiber,
- Das Alter der Dableiber und Wegbleiber,
- Kursorganisation,
- Teilnahmemotiv und Kursabbruch,
- Kurskritik und Kursabbruch.

b) quantitative Kriterien

nicht monetär		Monetär
Zeit	Unterrichtsstunden/ Personentage	Umsatz
Umfang	Anzahl Teilnehmer	Kosten/Leistungen
Ort	Lernorte	Gewinn
Häufigkeit	Stundenverteilung	Rentabilität
Art	Aus-/Weiterbildung	
Abschluß	Art, Durchfallquote	
Struktur	Teilnehmer, Zielgruppe	

Die Vielzahl der Kriterien macht eine Zielplanung notwendig. Dabei sind auch die Kriterien für die Erfassung und Steuerung festzulegen.

5.7.7 Bildungsbilanz – Input/Output-Rechnung

Betriebswirtschaftliche Daten messen die Effizienz des Verhältnisses von Aufwand zu Ertrag. Im gemischtwirtschaftlichen Markt der Weiterbildung ist die Bewertung der Ergebnisse von den jeweiligen institutionellen Zwecken (private Gewinnziele, politische Ziele, pädagogische Ziele etc.) abhängig zu machen. Die Aufstellung finanzwirtschaftlicher Pläne muß auf die Bedingungen jeder Einrichtung zugeschnitten sein *(vgl. hierzu Kapitel 3)*. *Eichenberger* stellt eine **Bildungsbilanz** im Sinne einer Input/Output-Zurechnung auf, die im Rahmen von **betrieblichen Bildungsmaßnahmen** Anwendung finden könnte. Im ersten Verfahrensschritt werden die Inputgrößen, im zweiten die Outputgrößen errechnet:

Bildungserfolgscontrolling

Inputgrößen

Bildungstypen	Bildung global		
Bildungsart	Bildungsarbeit in DM		
Summen	**Intern**	**Extern**	**Σ Summe**
Input Personentage			
Verrechnete Preise der Σ der Bildungsmaßnahmen			
Σ aller Spesen			
Σ Gehaltsanteil der Bildungszeitdauer			
Σ Opportunitätskosten aus entgangener Arbeit			
Σ Total			
Σ Nutzen aus anderen Gründen...			
Σ Input total			

Die Inputgrößen errechnen sich aus den betrieblichen Kosten für Personal- und Bildungsmaßnahmen. In der Kostenrechnung von Unternehmen empfiehlt sich die Einführung eigener Kostenstellen. Wichtig ist, daß der **Aufwand für Bildungsmaßnahmen als Investition** begriffen wird und in der Bilanz des Unternehmens als solche ausgewiesen wird. Betriebliche Bildungsmaßnahmen haben immer weniger den Charakter von Sozialleistungen.

Outputgrößen

Bildungstypen	Bildung global		
Bildungsart	Bildungsarbeit in DM		
Summen	**Intern**	**Extern**	**Σ Summe**
Input Personentage			
Summe total – Input			
Arbeitsstellenbezogener Nutzen Σ in DM			
Nutzen aus Kontakten in DM Σ in DM			
Nutzen aus erhöhter Arbeitsleistung Σ in DM			
Nutzen aus geringerer Fluktuation Σ in DM			
Σ Total Output			
Bildungserfolg – Σ in DM			

Die **Bewertung der Outputgrößen** bedarf der innerbetrieblichen Konkretisierung. Die angegebenen Kriterien sind auf die spezifischen betrieblichen Belange zuzuschneiden. Für jede Bildungsmaßnahme gibt es gute Gründe, warum sie durchgeführt wird. Diese Gründe sind festzustellen, zu kategorisieren und als Nutzen-Faktoren in der Bilanz aufzunehmen. Dennoch wird gerade hieran die Problematik der Bewertung von Bildungsmaßnahmen deutlich. Wenn z.B. betriebswirtschaftlich nachgewiesen werden könnte, daß durch Bildungsmaßnahmen die Fluktuationsrate um einige Prozent der Lohnkosten gesenkt werden könnte, könnte der Aufwand zum Ertrag in ein positives Verhältnis gesetzt werden. Bildung ist ein qualitativer Faktor, der durch Bewertungsverfahren zu ermitteln ist. Erst dann kann Weiterbildung als Summe des Nutzenoutput in ein Verhältnis zur Summe der Bildungseinheiten gestellt werden. Die monetäre Beurteilung der Bildungsarbeit ist aus unternehmerischer Sicht von wesentlicher Bedeutung. In der betrieblichen Weiterbildung ist dies erst unzureichend gelungen.

5.7.8 Kundennutzen und Wertvergleichs-Methode

Soll das Bildungserfolgscontrolling an Bedeutung gewinnen, muß nach dem **Kundennutzen** gefragt werden. Entscheidend ist, wie bei einer Dienstleistung der »Mehrwert« definiert wird. Das soll an einem Fallbeispiel erläutert werden: Teilnehmer wollen informiert und beraten werden. Im Beratungsgespräch kommt es darauf an, zu klären, ob eine bestimmte Veranstaltung als geeignet angesehen werden kann. Jeder falsch informierte Teilnehmer wird seinen Mißerfolg multiplizieren. Dann kann die pädagogische Tätigkeit des Beratens den Teilnehmer als Kunden abschrecken. Das Betriebsergebnis wird beeinflußt. Deshalb kann es hilfreich sein, – basierend auf dem Feedforward Prinzip – überzeugende Argumentationsketten aufzustellen.

Fallbeispiel: Wertvergleichs-Methode
Mit Hilfe der **Wertvergleichs-Methode** *(Nagel 1995)* lassen sich Bildungsmaßnahmen qualitativ und quantitativ bewerten: Das Unternehmung X beauftragt die *Seminar-GmbH,* einen Kurs zum Thema **»Zeitmanagement«** durchzuführen. An der zweitägigen Veranstaltung sollen 25 Teilnehmern beteiligt werden. Mit der Wertvergleichs-Methode soll der Nutzen festgestellt werden. Der Dozent ermittelt zusammen mit dem Personalentwickler die konkreten Zeiteinsparungsmöglichkeiten. Die Bewertung erfolgt nach einer Punkteskala von 1 (geringe Bedeutung) bis 5 (hohe Bedeutung).

Unter quantitativem Aspekt kommt dem effektiven Besprechen (4) die größte Zeitersparnis zu. Der rationelle Schriftverkehr (3) und das rationelle Lesen (3) werden ebenfalls als wichtig eingestuft. Das rationelle Telefonieren (2) ist, wenn richtig »vorgedacht« (3) wird, dann nur eine logische Folge im Handeln. Der durchschnittliche Wert der quantitativen Merkmale wird mit 15:5= **3** bewertet.

Bildungserfolgscontrolling

quantitative Merkmale

Kriterien	Bewertungsskala
1. rationelles Telefonieren	(2 Punkte)
2. rationelles Lesen	(3 Punkte)
3. »Vordenken« können	(3 Punkte)
4. effektive Besprechungen	(4 Punkte)
5. rationeller Schriftverkehr	(3 Punkte)

Es wird angenommen, das Seminar führe zu einer täglichen Zeitersparnis von 12 Minuten. Das würde in einer Woche eine Stunde Zeitersparnis ausmachen. In einem Jahr würden 40 Arbeitsstunden eingespart werden können. Die Arbeitsstunde soll mit 75,– DM Kosten (einschl. Lohnnebenkosten) angesetzt werden. Somit ergeben sich pro Mitarbeiter 3 000,– DM Ersparnis. Bei 25 Seminarteilnehmern käme die Summe von 75 000,– DM zusammen. Selbst bei Abstrichen – wegen des Langzeiteffekts –, bleibt eine reale Zeitersparnis.

Neben dem zeitlichen Effekt, soll das Zeitmanagement-Seminar auch zu qualitativen Ergebnissen führen. Die qualitativen Kriterien lassen sich wie folgt bestimmen:

qualitative Merkmale

Kriterien	Bewertungsskala
1. weniger Störungen	(4 Punkte)
2. koordinierte Zusammenarbeit	(4 Punkte)
3. bessere Prozeßorganisation	(5 Punkte)
4. höherer Zielerreichungsgrad	(2 Punkte)
5. Priorisierung der Aufgaben	(4 Punkte)

Das Seminar soll zu einer besseren Prozeßorganisation (5) führen. Von gleich hohem Wert ist die Fähigkeit, Aufgaben zu priorisieren, besser zusammenzuarbeiten und zu lernen, weniger zu stören (je 4). Der höhere Zielerreichungsgrad (2) ist dann wiederum ein Ausfluß der anderen Faktoren. Der durchschnittliche Wert der qualitativen Merkmale wird mit 17:5 = **3,4** ermittelt.

Bei der Bewertung der qualitativen Aspekte kann nicht einfach eine quantitative Zeitersparnis zugrundegelegt werden. Jedoch ließe sich der quantitative Effekt ins Verhältnis zu den qualitativen Merkmalen setzen. Das kann mit Hilfe der Bewertungsskala erfolgen. Im vorliegenden Beispiel ergeben die durchschnittlichen Wert a) quantitative Kriterien 3,0 und b) die fünf qualitativen Kriterien eine Bewertung von 3,4. Wird die Bewertung von 3,0 mit den durch Kosteneinsparungen erzielten Nutzen von DM 75 000,– gleichgesetzt, dann ließe sich für die qualitativen Nutzenelemente ein Wert von 85 000,– DM zugrunde legen.

Der Kostenersparnis müssen die Investitionskosten des Seminars gegenübergestellt werden. Die belaufen sich bei 25 Teilnehmern, à 16 Arbeitsstunden Ausfall, à 75,– DM auf 30 000,– DM; zuzüglich Seminarkosten pro Tag und Teilnehmer 500,– DM macht 25 000,– DM. Mit 55 000,– DM sind die Kosten weit geringer als der zu erwartende Nutzen des Bildungsangebots.

Diese Art des Kostendenkens mag problematisch erscheinen. Aus Sicht des Bildungserfolgscontrollings stellt es aber den Versuch dar, den **Erfolgsgedanken** konsequent herauszuarbeiten. Andere Bewertungsmodelle – vor allem für den Freizeitbereich oder die kulturelle Bildung – müssen noch entwickelt werden. Wie immer die Argumentationskette aufgebaut wird, ob auf »Kostenargumenten«, »Lustargumenten« oder »Lernargumenten«, was als Erfolg gelten soll, müssen die Beteiligten letztlich einvernehmlich definieren.

Bildungserfolgscontrolling hat die Verbesserung der Bildungsarbeit zum Ziel. Das gelingt dann, wenn die betriebswirtschaftliche und die pädagogische Seite des Controllings systematisch und konzeptionell in den Rahmen von Unternehmenskonzepten eingebunden werden. Weil eine tief eingeprägte Verhaltensregel heißt: Vertrauen ist gut, Kontrolle ist besser, wird Kontrolle in der Regel als ein negatives Instrument angesehen. Wenn jedoch Controlling als Bindeglied zwischen Planung und Wirkungskontrolle eingesetzt wird, scheint es Entwicklungspotentiale freisetzen zu können.

6. WIRTSCHAFTSBRANCHE WEITERBILDUNG

6.1	**Weiterbildung als Wirtschaftsfaktor**	388
6.1.1	Trends im Marktbereich berufliche/betriebliche Weiterbildung	392
6.1.2	Marktdaten zur betrieblichen Weiterbildung	395
6.1.2.1	Marktvolumen	395
6.1.2.2	Weiterbildungsformen	397
6.1.2.3	Bildungsanbieter	398
6.2	**Weiterbildung als Wettbewerbsfaktor**	399
6.2.1	Weiterbildung und Unternehmenserfolg	400
6.2.2	Selbstverständnis und Rahmenbedingungen von KMU	401
6.2.3	Folgerungen für beschäftigungssichernde Bildungsmaßnahmen	403
6.2.4	Ambivalenz von Weiterbildung	405
6.3	**Weiterbildung als Arbeitsmarktfaktor**	407
6.3.1	Erklärungsansätze	407
6.3.2	Zielgruppenbezogene Qualifizierung	410
6.4	**Weiterbildung als Infrastrukturfaktor**	415
6.4.1	Standortfragen	416
6.4.2	Regionale Weiterbildungsstruktur	417
6.4.3	Internationale Entwicklungen	418
6.5	**Weiterbildung als Bildungsfaktor**	419
6.5.1	Die strukturelle Perspektive	420
6.5.2	Prozessuale Bildungsvorgänge	422
6.5.3	Bildung als lebensweltbezogener Erkenntnisprozeß	422
6.5.4	Grenzsituationen	425
6.6	**Perspektiven für das Bildungsmanagement**	426
6.6.1	Kompetenzentwicklung für das Weiterbildungsmanagement	427
6.6.2	Bildungsmanagement: Perspektive für Freiberufler und Bildungsunternehmer	429
6.6.3	Von der Idee des selbständigen Bildungsmanagers	430

6.1 Weiterbildung als Wirtschaftsfaktor

Der Weiterbildungssektor hat alle Kennzeichen einer zukunftsträchtigen **Wirtschaftsbranche**. Obwohl es bisher nicht üblich, die Weiterbildung als Branche zu betrachten, ist das konsequent, wenn vom Marktmodell ausgegangen wird. Im Weiterbildungssektor werden mittlerweile Dienstleistungen und Produkte in einem Umfang verkauft, der wirtschaftlich nicht mehr zu vernachlässigen ist. Die Weiterbildung ist nicht mehr nur eine abhängige Vermittlungsinstanz, sie entwickelt zunehmend eine eigene Marktdynamik. In diesem Wirtschaftssektor sind viele Tausend Mitarbeiter beschäftigt. Angebot und Nachfrage beherrschen das Geschehen. Hinzu kommt, daß anders als das staatlich organisierte und finanzierte Bildungssystem, die Weiterbildung in hohem Maße privat getragen wird. Während vor allem im öffentlichen Bildungssystem ein Rückgang der politischen Verantwortung zu verzeichnen ist und die Bildungsausgaben auf das Niveau der 70er Jahre – gemessen am Bruttosozialprodukt – gesunken sind, finden sich im Tagungsmarkt, dem Gesundheitsbereich und insbesondere im beruflichen Sektor gute Zukunftsaussichten für professionelle Weiterbildner.

Aus Sicht des **Weiterbildungsmanagements** handelt es sich um einen Markt, in dem etwa 80 Milliarden Mark jährlich umgesetzt werden – je nachdem, welche Marktsektoren der Bildung zugerechnet werden. Im Minimum sind es immer noch 40 Milliarden Mark. Zudem hat die Weiterbildung alle Kennzeichen einer prosperierenden Wirtschaftsbranche. Das ist gut, denn wie sollte der gesellschaftliche und wirtschaftliche Strukturwandel sonst erfolgreich bewältigt werden. Erstaunlich ist nur, daß dies in der Öffentlichkeit, in Wirtschaft, Politik und Verwaltung mehr hingenommen wird, als bewußt wahrgenommen wird. Der Transformationsprozeß und damit die Weiterbildung steht nicht an vorderer Stelle. Wenn von Weiterbildung gesprochen wird, haben selbst Wirtschaftsführer kaum eine Vorstellung von ihrer Bedeutung und vom Marktvolumen dieser Branche.

In **volkswirtschaftlicher Betrachtung** kann die Weiterbildung mit anderen Sektoren durchaus mithalten. Je schneller dies erkannt wird, um so wahrscheinlicher ist es, daß es akzeptabel scheint, die Weiterbildung als eine investive Größe zu betrachten. Wird dies in Teilbereichen der Wirtschaft erkannt, so fehlt das Verständnis dafür in andern Bereichen völlig. Generell gilt, daß jede Mark, die in die Kompetenzentwicklung der Bevölkerung investiert wird, besser angelegt ist als die Zahlung von Sozialhilfe oder Arbeitslosengeld. Viele Modellprojekte haben dies mittlerweile gezeigt. Die – relativ geringen – Mehraufwendungen für Fortbildung, Umschulung und Trainings machen sich um ein Vielfaches bezahlt. Wird hier nicht bald etwas geschehen, kann es zu einer tiefgreifenden »Lähmung« breiter Bevölkerungsgruppen kommen. Diese werden nie mehr in Arbeitsprozesse zu integrieren sein. Das »abwartende« Klima in Deutschland muß aufgebrochen werden. Je mehr Menschen und insbesondere Jugendliche perspektivlos »herumsitzen«, um so größer werden die Zukunftsprobleme.

Weiterbildung als Wirtschaftsfaktor

Die Weiterbildung befindet sich, wie kaum ein anderer **Wirtschaftszweig,** in einem Spannungsfeld von politischen und wirtschaftlichen Interessen. Die verschiedenen Anforderungen, die gleichzeitig an die Weiterbildung gestellt werden, stehen nicht selten im Widerspruch zueinander. In keiner anderen Branche sind die Marktverzerrungen so groß wie hier. Staatliche, gemeinnützige und private Einrichtungen stehen in einem Wettbewerb, der beispiellos ist. In welcher Branche müssen private Einrichtungen gegen staatlich subventionierte Träger antreten? Weil das so ist, hat sich ein **plurales System** von Anbietern entwickelt. Sie versuchen mit ihren Bildungsangeboten auf die unterschiedlichen Lernbedürfnisse der Nachfrager und Interessen der Auftraggeber angemessen zu reagieren. Die Dienstleistung Weiterbildung ist einem hohen **Wettbewerbsdruck** ausgesetzt. Vor diesem Hintergrund wird der Erfolg des Weiterbildungsmanagements davon beeinflußt, wie es den Akteuren in den einzelnen Marktsegmenten gelingt, mit den vorherrschenden Begründungsmustern für Aus- und Weiterbildung umzugehen.

Will die Weiterbildung den **Know-how-Transfer** befördern, muß sie die Marktsektoren auf ihr Potential hin untersuchen. Die Grenzen und Möglichkeiten der verschiedenen Bereiche müßten festgestellt werden. Die Ergebnisse gilt es praktisch umzusetzen. Das bedeutet für Bildungseinrichtungen, unternehmerisch tätig zu sein, die bildungs- und wirtschaftspolitischen Rahmenbedingungen zu verändern suchen und die Professionalisierung voranzutreiben. Auf dem Weg ins 21. Jahrhundert braucht die Weiterbildung Perspektiven. Mit Hilfe einer Faktorenanalyse sollen in diesem Kapitel beeinflussende Faktoren der Branche Weiterbildung dargestellt werden.

Weiterbildung wird zum **Wirtschaftsfaktor,**

weil ihr Beitrag zum Bruttosozialprodukt nennenswert größer wird;

Weiterbildung wird zum **Wettbewerbsfaktor,**

weil die besser qualifizierten Mitarbeiter zur unternehmerischen Vorwärtsstrategie beitragen;

Weiterbildung wird zum **Arbeitsmarktfaktor,**

weil sie zur Qualifizierung und Bewegung der Arbeitslosen beiträgt;

Weiterbildung wird zum **Infrastrukturfaktor,**

weil qualifizierte und flexible Mitarbeiter kaum Randzonen bevorzugen;

> Weiterbildung wird zum **Bildungsfaktor,**

weil antizipatorische Lehr- und Lernprozesse die personale Zukunft sichern.

Das **Erfolgspotential** in der Weiterbildungsgesellschaft sind Unternehmen, die mit motivierten, qualifizierten, leistungs- und lernfähigen Mitarbeitern die nationale und internationale Wettbewerbsfähigkeit der Wirtschaft und damit die Grundlage der Gesellschaft sichern. Das ist jedoch nur zu bewältigen, wenn die berufliche Weiterbildung ebenso forciert wird, wie die soziale, politische und kulturelle Erwachsenenbildung. Berufliche Qualifikationen sind nicht tragfähig ohne personale Kompetenzen.

Schon 1990 wurde ein **Nachholbedarf** an Weiterbildung deutlich: »Eine Untersuchung der englischen *Foundation für Management Education* bei führenden europäischen Unternehmen ergab, daß Weiterbildung in allen Unternehmen hohe Priorität genießt. In Prozenten des Bruttosozialprodukts gemessen, nimmt Dänemark bei den Bildungsaufwendungen den ersten Platz ein, gefolgt von den USA und Schweden. Als erstes deutschsprachiges Land findet sich Österreich auf dem vierten Platz, gefolgt von der Schweiz. Deutschland nimmt den neunten Rang ein« *(Mahari/Schade 1990, S. 29)*. Die Position für Deutschland hat sich nicht verbessert. Der Wandel von der Industriegesellschaft zur Informationsgesellschaft schreitet schleppend voran. Weder haben alle deutschen Schulen einen Anschluß ans Internet – weil die öffentlichen Kassen leer sind oder nur für andere Dinge Geld vorhanden ist – noch kann die Studienquote (www.bbsmoers.nw.schule.de) – Anzahl der Studierenden an der Bevölkerung – mit anderen Ländern mithalten. Auch der energische Tritt auf die Kostenbremse in der beruflichen Weiterbildung und der Personalentwicklung führt sowohl in den Betrieben als auch in der Fortbildung und Umschulung zu kontraproduktiven Verwerfungen. *Graf, J./Bußmann, N. (1996):* »Nicht selten wurden die Budgets für langfristig angelegte Management-Development-Programme eingefroren. Die geradezu groteske Vorstellung, die Entwicklung von Führungskräften für ein paar Jahre unterbrechen und dann gegebenenfalls wieder aufnehmen zu können, wirft ein bezeichnendes Bild auf das unterentwickelte Verständnis, das die verantwortlichen Entscheidungsträger in Unternehmen wie Verwaltungen dem Thema Weiterbildung und Qualifizierung entgegenbringen.«

Das Bild läßt sich mit **Zahlen** belegen, die einen Trend erkennen lassen. Der Überblick zeigt die Bildungs- und Wissenschaftsausgaben der öffentlichen Hand und der Privatwirtschaft nach Aufgabenbereichen gegliedert – in Mrd. DM – gemessen am Bruttosozialprodukt (BS):

Weiterbildung als Wirtschaftsfaktor

Überblick Grund- und Strukturdaten

Aufgabenbereiche	Früheres Bundesgebiet				Deutschland			
	1980 in Mrd. DM	1980 in % am BS	1990 in Mrd. DM	1990 in % am BS	1992 in Mrd. DM	1992 in % am BS	1995 in Mrd. DM	1995 in % am BS
Elementarbereich und *Jugendbildung*	3,6	0,24	6,0	0,25	13,7	0,45	18,3	0,53
Öffentliche *Schulen*	43,8	2,98	52,7	2,17	74,9	2,44	85,0	2,46
Hochschulen	17,8	1,21	30,4	1,25	41,1	1,34	48,0	1,39
Fördermaßnahmen + Bafög	6,2	0,42	5,2	0,21	8,0	0,26	6,9	0,2
Öffentliche *Weiterbildung*	2,3	0,16	3,2	0,13	4,3	0,14	4,7	0,14
Bundesanstalt für Arbeit	4,6	0,31	14,4	0,59	27,7	0,52	21,4	0,62
Berufsbildung[1] *Weiterbildung*[2] in der Wirtschaft	15,5	1,05	49,3	2,03	65,1 36,5	2,12 1,19	69,7 39,9	2,02 1,15
Forschung und Entwicklung	20,3	1,38	43,8	1,81	48,6	1,58	49,5	1,43

1) Quelle: BIBB/1991: Kosten und Nutzen der betrieblichen Berufsausbildung. Hochrechnung: Anzahl der Lehrlinge (ohne öffentlicher Dienst) x Nettokosten pro Lehrling und Jahr.
2) Quelle: Institut der deutschen Wirtschaft; Erhebung der Kosten der privaten Wirtschaft für betriebliche Weiterbildung im Jahr 1992 (36,5 Mrd. DM). Fortschreibung der Weiterbildungskosten unter Zugrundelegung des Preisindex des privaten Verbrauchs (1992 = 4 %, 1993 = 4 %, 1994 = 2,8 %, 1995 = 2 %).
3) Aus: Grund- und Strukturdaten 1996/97 des Bundesministerium für Bildung, Wissenschaft, Forschung und Technologie. Bonn 1996, S. 330 ff.

Die Interpretation der Daten zeigt, wie sich die Relationen für Aus- und Weiterbildung sowie die Forschung verschlechtert hat. Je schneller das **Wissen** veraltert, um so weniger Geld wird gemessen am Bruttosozialprodukt ausgeben. Auf zwei Daten sei besonders hingewiesen:

- Die Ausgaben für die öffentlich finanzierte Weiterbildung waren 1980 höher als 1990 und 1995!
- Die Wirtschaft gab 1990 mehr Geld für Weiterbildung aus als 1995!

6.1.1 Trends im Marktbereich berufliche/betriebliche Weiterbildung

Dennoch bleibt vielen Bildungseinrichtungen im **Weiterbildungsmarkt** in Deutschland keine andere Chance, als dynamisch und sensibel auf den industriellen und gesellschaftlichen Strukturwandel zu reagieren *(vgl. auch Seipel 1994)*. Hat es in der Weiterbildung seit vielen Jahren ein auf und ab gegeben, so ist die derzeitige Marktdynamik neu. Weder das Berufsbild des Weiterbildners, noch die Institutsgröße, noch Preise, Seminarthemen oder Seminardauer bleiben statisch. Viele Bildungseinrichtungen, die in den beiden letzten Jahrzehnten entstanden sind, müssen aus wirtschaftlichen Gründen aufgeben. Die Weiterbildung hängt am »Tropf der Zeit«. Sie folgt ihm und manchmal schafft sie es, den Trend selbst zu beeinflussen. Der Weiterbildungsbereich hat sich weiter segmentiert. Hierzu in Stichworten wichtige Einzelergebnisse *(vgl. Merk 1997, S. 137 ff.):*

- Die **Teilnehmerzahlen** pro Institut und pro Seminar nehmen ab. Das hängt einerseits mit der sinkenden Zahl der Erwerbspersonen zusammen und zum anderen damit, daß die Teilnehmer und Firmen stärker prüfen, bevor sie einen Mitarbeiter für den Besuch einer Veranstaltung freistellen und eine Teilnahmegebühr zahlen. Fach- und Führungskräfte haben einfach viel weniger Zeit als früher. Die Arbeit verdichtet sich zunehmend.

- Der **Weiterbildungsmarkt** Ost und West zeigt erhebliche Unterschiede. Im Osten gibt es prozentual gesehen erheblich weniger Weiterbildungsangebote für Führungskräfte als im Westen.

- Der **Weiterbildner** muß immer häufiger Schnittstellenfunktionen wahrnehmen. Dadurch verändert sich das ausgeprägte Bild des Trainers, der zum Prozeßbegleiter wird. Dabei ist ein Prozeßbegleiter ein Bildungsmanager mit Beraterfunktion, der mit seinen Kompetenzen auf die Unternehmensentwicklung Einfluß nimmt. Um das zu können, muß der Weiterbildner insbesondere über Fachkompetenz verfügen, die mit Sozial- und Methodenkompetenz gepaart ist. Weiterbildner sind in der Mehrzahl Praktiker mit Berufserfahrung, gefolgt von Professoren, Trainern, Psychologen, Pädagogen, Ingenieuren, etc.

- In den letzten Jahren ist ein deutlicher Trend hin zu **Inhouse-Seminaren** und zu maßgescheiderten Konzepten feststellbar. Dabei hängt es vom Seminarthema und der Unternehmensgröße ab, ob die Trainings firmenintern oder extern veranstaltet werden.

- Der Spezialisierungsgrad der Trainer und Dozenten erhöht sich. **Spezialisten** gehen viel stärker in die Tiefe. Trainer, die meinen »alles« anbieten zu können, werden nicht mehr ernst genommen. Bei der Angebotsunterbreitung spielt neben der inhaltlichen Kompetenz auch die Aufmachung (Layout) eine wichtige Rolle.

- Den Bildungsanbietern und Trainer wird immer klarer, daß sie ihre Produkte und Dienstleistungen nur mit einem erhöhten Aufwand an Werbung vermarkten können. Die Bedeutung des **Marketings** nimmt zu.
- Der Vergleich der wichtigsten **Seminarthemen** ergibt kein eindeutiges Ergebnis. 1993 war übereinstimmend in mehreren Studien das Jahr des Verkaufstrainings. Die Trendanalyse des Seminaranbieters »*Training aktuell*« stellt eine Hitliste für 1994 und 1995 auf (*vgl. Seminare '96 und '97*):

Hitliste 1994		**Hitliste 1995**		
Position		Position		
1	Menschenführung	1	Menschenführung	↔
2	Verkauf/Marketing	2	Verkauf/Marketing	↔
3	Unternehmenskultur	3	Allgemeines Management	↑
4	Allgemeines Management	4	Rhetorik/Kommunikation	↑
5	Rhetorik/Kommunikation/Interaktion	5	Produkt-/Qualitätsmanagement	↑
6	Persönlichkeitsentwicklung, Selbsterkenntnis	6	EDV	↑
7	Produkt- und Qualitätsmanagement	7	Zeit- und Selbstmanagement	↑
8	Personalmanagement	8	Persönlichkeitsentwicklung	↓
9	Umweltschutz	9	Personalmanagement	↓
10	Train the Trainer	10	BWL/Rechnungswesen	↑

- Im Vergleich der letzten Jahre zu 1994 ist der Themenbereich: **Zeitmanagement/ Persönliche Arbeitstechniken** rückläufig. Von 1994 zu 1995 jedoch wieder ansteigend.
- **Menschenführung und Unternehmenskultur** ist ein Thema der Zukunft. Wertbildende Prozesse in den Unternehmen gewinnen an Bedeutung. Offensichtlich hat die Rezession der letzten Jahre verschiedene Reaktionen in den Betrieben ausgelöst. Anfang der 90er Jahre klang die Zeit, da Weiterbildung auch als Happening, Action oder Entertainment begriffen wurde aus. '92/'93 war die Zeit der »harten« Seminarthemen, die sofortigen Erfolg versprechen mußten. Verhaltens- und Verkaufstrainings hatten Konjunktur. Der Spaß, zu

lernen, hörte mit dem wirtschaftlichen Einbruch auf. In der Notlage besannen sich die Unternehmen auf das Verkaufen, auf Kostensenkung und Personaleinsparung. Zugleich wurde die Angst wach, die Rezession nicht überleben zu können. Die Diskussion um schlanke Prozesse, Reengineering, Total Quality Management kamen in Gang. Prozeßorientierte Organisations- und Managementmodelle – meist ohne Personalentwicklungsmodelle – setzten sich in den Köpfen der Manager durch.

- In den nächsten Jahren wird es an die konsequente Umsetzung des Knowhows in den Betrieben gehen. Diese dauert meist viel länger, weil die Mitarbeiter nicht so schnell lernen können, wie es wünschenswert wäre. In der Erkenntnis, daß die Globalisierung der Märkte den Wettbewerb weiter steigern wird, stellt sich für viele die **Sinnfrage**. In welchen gemeinsamen Werten soll das Unternehmen verwurzelt bleiben?

- Auf dem Weg zur **Kundenorientierung** werden Dienstleistungen und Produkte mit dem Kunden entwickelt. Das arbeitsplatznahe Lernen, firmeninterne Seminare, individualisierte Weiterbildung hat Zukunft. Wertbildende Prozesse sind weiche Themen, die der Feinabstimmung mit den Teilnehmern bedürfen.

- Allgemeine **Managementthemen** gewinnen an Bedeutung. Das Management soll Hilfestellung geben, wie Prozesse gesteuert und Organisationen besser geführt werden können.

- Die **Ergebnis- und Erfolgsorientierung**, also der Wirkungsgrad von Weiterbildung muß immer klarer nachgewiesen werden. Entsprechende Instrumente zur Erfolgsmessung sind zu entwickeln. Teilnehmer brauchen anerkannte Zertifikate. Die Zertifizierung der Bildungseinrichtungen nach DIN-ISO 9000 ff wird zum Muß.

- Weiterbildung ist in der Dienstleistungsgesellschaft selbst eine **Dienstleistung.** Dienstleistungen zeichnen sich dadurch aus, daß sie im Unterschied zu Sachgütern an Personen gebunden sind. Die Bildungsangebote müssen weiter individualisiert werden. Die Arbeitnehmer brauchen zukunftsfähige Qualifikationen. Darüber hinaus hat die berufliche Weiterbildung die Aufgabe, durch Qualifizierungsmaßnahmen die Wettbewerbsfähigkeit der Betriebe zu stärken. Weiterbildung muß die Unternehmen auf die Auswirkungen der Dienstleistungs- und Informationsgesellschaft vorbereiten. Dazu gehört es auch, daß sich die Bildungseinrichtungen selber den neuen Herausforderungen stellen. Sie müssen sich zu **lernfähigen Organisationen** entwickeln.

6.1.2 Marktdaten zur betrieblichen Weiterbildung

6.1.2.1 Marktvolumen

Die schwierige wirtschaftliche Lage hat sich in den meisten **Bildungsbudgets** bemerkbar gemacht. Eine Reihe von Unternehmen haben ihre Budgets eingefroren, andere haben sie reduziert. Ergebnisse aus einer europaweiten Untersuchung zur Weiterbildung im Rahmen des *FORCE* geben für 1993 ein Umsatzvolumen von 24,691 Mrd. Mark in Deutschland an. Demgegenüber kam die Weiterbildungserhebung des *Instituts der Deutschen Wirtschaft (IW)* für 1992 auf 36,5 Mrd. Mark. Die Differenzen sind durch die unterschiedlichen Ansätze und die Unsicherheitsfaktoren der Hochrechnungen gegeben. Berechnungen von Durchschnittszahlen ergeben folgendes Bild:

- Im Durchschnitt wurden zwischen 1 924 DM (alte Bundesländer) und 2 957 DM (neue Bundesländer) je Mitarbeiter und Unternehmen ausgegeben;

- Der Durchschnitt in den alten Bundesländern liegt bei 3 081 DM/Teilnehmer; in den neuen Bundesländer 2 220 DM/Teilnehmer.

- Banken und Versicherungen wenden am meisten mit 5 203 DM/Mitarbeiter auf.

- Die Kosten pro Weiterbildungsstunde betragen in den alten Bundesländern 91 DM/Teilnehmer, 49 DM/Teilnehmer neue Bundesländer; Durchschnitt 84 DM/Teilnehmer.

- Die Verteilung der Kosten pro Teilnehmer nach Unternehmensgröße ergibt zwischen 10 und 999 Beschäftigten keinen eindeutigen Trend. Die Kosten bewegen sich zwischen 2 330 DM und 2 772 DM.

- Lediglich in Unternehmen über 1000 Beschäftigte steigen die Durchschnittskosten auf 3 234 DM/Teilnehmer an.

Aufwendungen an Weiterbildung pro Teilnehmer in verschiedenen Branchen

1	Maschinenbau	5 283 DM
2	Kreditinstitute	3 120 DM
3	Energie und Wasser	3 165 DM
4	Metalle und Metallprodukte	2 605 DM
5	Versicherungswesen	2 520 DM
6	Papier und Druck	2 472 DM
7	Transportmittelindustrie	2 315 DM
8	Großhandel	2 292 DM
9	Chemische Industrie	2 213 DM
10	Hotel-, Gastgewerbe	2 109 DM
11	Lebensmittelindustrie	2 052 DM
12	Textilindustrie	1 938 DM
13	Baugewerbe	1 934 DM
14	Einzelhandel	1 493 DM
15	Bergbau und Bau, Steine, Erden	1 247 DM

(aus: FORCE 1995 – europäische Datenbasis und differiert deshalb mit Daten allein aus Deutschland)

Wirtschaftsbranche Weiterbildung

Die Tabelle gibt einen guten Überblick, in welchen Branchen Weiterbildung einen hohen bzw. einen niedrigen Stellenwert hat.

- Die **Zukunftsaussichten** des deutschen Marktes für berufliche Weiterbildung werden von 40 % aller befragten Anbieter als positiv angesehen (*vgl. Institut für Weltwirtschaft*). Die Einschätzung der kleinen Unternehmen ist insgesamt allerdings weniger optimistisch als die der größeren und insbesondere der mittelgroßen Unternehmen.

- Der **Stellenwert** der Weiterbildung im Betrieb wird wesentlich durch die Größe bestimmt. Großbetriebe sehen Weiterbildung ausnahmslos als unverzichtbares Instrument der Personalentwicklung an; Klein- und Mittelbetriebe betrachten Weiterbildung eher als Mittel zur Aufarbeitung von Qualifikationsdefiziten und weniger als Zukunftsinvestition.

- Die **Beschäftigten** selbst messen der Weiterbildung eine wichtige Rolle zu. Als mit Abstand die wichtigste Form des Kenntniserwerbs gilt das Selbstlernen am Arbeitsplatz, gefolgt von der beruflichen Erstausbildung.

- Eine systematische **Bedarfsermittlung** findet überwiegend nur in Großbetrieben statt. Ansätze im Mittelstand werden erkennbar. Obwohl rund 70 % der Beschäftigten der Meinung sind, die Ermittlung des Weiterbildungsbedarfs müsse eine gemeinsame Aufgabe zwischen Betrieb und Mitarbeitern sein, sieht nur knapp die Hälfte die eigenen Vorstellungen realisiert.

- *Daten* über den Umfang der **Weiterbildungsaktivitäten** werden in der Regel nur in Großbetrieben erfaßt. Dies aber auch nicht vollständig. Ein Gesamtbild der betrieblichen Weiterbildung läßt sich so kaum ermitteln.

- Arbeitsbezogene Rahmenbedingungen haben Einfluß auf die Teilnahme an Weiterbildung. **Weiterbildungsfördernde Faktoren** sind neue Arbeitsanforderungen, neue Maschinen/Anlagen, insbesondere computergesteuerte Arbeitsmittel sowie abwechslungsreiche Tätigkeiten.

- Mit Weiterbildung wird die Hoffnung auf beruflichen **Aufstieg** verbunden. Personen mit unterdurchschnittlichem Weiterbildungsinteresse sehen hier keinen Zusammenhang.

- Experten aus Großbetrieben weisen Vorgesetzten im Sinne einer **Multiplikatorenfunktion** eine Schlüsselrolle für Veränderungen im Unternehmen zu, die durch Weiterbildung begleitet werden könne.

- Arbeitsplatzbezogenes, **praxisnahes Training** wird in Verbindung mit maßgeschneiderten Weiterbildungsmaßnahmen ausgebaut werden.

- Der Trend beim Lehren geht zum **Team-Teaching** und einer verstärkten Einbeziehung des betrieblichen Umfeldes.

- Vor allem für Führungskräfte wird angesichts einer immer weiterreichenden

Internationalisierung die Notwendigkeit eines **interkulturellen Lernens** gesehen. Ob es derzeit erfolgversprechend ist, mit den Begriffen »interkulturell« oder »multikulturell« zu werben, sei dahingestellt; bei einigen konservativen Entscheidern lösen diese Begriffe eher Ablehnung aus.

6.1.2.2 Weiterbildungsformen

- Drei Fünftel aller Unternehmen in Deutschland bieten ihren Beschäftigten Lehrgänge, Kurse oder Seminare an, also die **klassische Form** der betrieblichen Weiterbildung.

- Über vier Fünftel wenden **andere Formen** der Weiterbildung an, wie z. B. Informationsveranstaltungen, arbeitsplatznahe Weiterbildung und selbstgesteuertes Lernen.

- Bei den **arbeitsplatznahen** Formen der Weiterbildung dominiert die »Unterweisung durch Vorgesetzte« (Coaching u. ä.) und die Einarbeitung in ihren verschiedenen Formen; wenig verbreitet sind Qualitätszirkel und Job-Rotation.

- Bei den arbeitsplatznahen Formen der Weiterbildung und dem **selbstgesteuerten Lernen** ergibt sich ein differenziertes Bild. Insbesondere die neueren Formen des arbeitsplatznahen Lernens finden – wenn überhaupt – fast ausschließlich in Großunternehmen statt.

- Arbeitsplatznahe Formen der Weiterbildung werden insgesamt in 56,1 % der Unternehmen angewendet (*vgl. Berufsbildungsbericht 1995*). Dazu gehören:

Unterweisung durch Vorgesetzte (Coaching)	41,4 %
Einarbeitung der Mitarbeiter	4,9 %
Einarbeitung bei technisch-organisatorischen Umstellungen	29,9 %
Austauschprogramme	3,8 %
Lernstatt	2,2 %
Qualitätszirkel	4,8 %
Selbstorganisiertes Lernen	17,2 %

Das **Bildungswahlverhalten** verändert den Markt immer nachhaltiger. Die traditionellen Konturen im Bildungswesen lösen sich auf. Der Differenzierungsgrad nimmt zu. Damit erweitert sich der Markt tendenziell für Bildungsprodukte und Dienstleistungen.

In der Konsequenz dürfte vor allem Bildung als Teil staatlicher Daseinsvorsorge unter Druck geraten. Bildungsausgaben werden sich immer weniger allein mit bildungspolitischen Argumenten rechtfertigen lassen. Sie werden sich über die Öffnung auch staatlich organisierter (Teil)Märkte vermehrt der Konkurrenz privater Anbieter – nach den Bedingungen marktwirtschaftlicher Mechanismen und neuer Verfahren des Qualitätsmanagements und der Leistungskontrolle – stellen müssen *(vgl. Feuchthofen 1995).*

6.1.2.3 Bildungsanbieter

Deutlich an den skizzierten Zahlen wird, daß die Weiterbildung nicht nur ein Teil des dynamischen **Wirtschaftsprozesses** ist, sie wird selbst dynamisch. Es gibt viele Anbieter bzw. im Wettbewerb stehende Einrichtungen. Die »Einzelkämpfer« und Kleinanbieter dominieren. »66,2 Prozent der Seminaranbieter haben weniger als sechs feste Mitarbeiter, 14,2 Prozent haben zwischen 6 und 10 feste Mitarbeiter. Die übrigen knapp 20 Prozent teilen sich Unternehmen mit einem festen Mitarbeiterstab von mehr als 10 Personen. Gegenüber der von *Training aktuell* durchgeführten Untersuchung »Weiterbildungsszene Deutschland« aus dem Jahre 1994 ist damit sogar noch eine deutliche Zunahme der Seminarunternehmen mit 1 bis 5 Mitarbeitern (Marktanteil 1994 58 Prozent) zu Lasten der größeren Anbieter und Institute zu verzeichnen, deren Marktanteil rückläufig ist oder zumindest stagniert.«

1 – 5 feste Mitarbeiter	66,2 %
6 – 10 feste Mitarbeiter	14,2 %
11 – 25 feste Mitarbeiter	8,9 %
26 – 50 feste Mitarbeiter	5,0 %
Über 50 feste Mitarbeiter	4,8 %
Keine Angaben	0,9 %

(Aus: Graf: Trendanalyse: Quo vadis, Weiterbildung? 1996)

Die Bedeutung der Weiterbildung wird in dem Maße zunehmen, indem es ihr gelingt, den **Erneuerungsfaktor** in die Wirtschaft und Gesellschaft zu befördern. Permanente Erneuerung ist die Herausforderung für eine soziale Marktwirtschaft, die Wachstum und Stabilität zur Selbsterhaltung produzieren muß. Jedoch hat Weiterbildung auch eine Korrektivfunktion dahingehend zu wirken, das Wirtschaftswachstum nicht um seiner selbst Willen erzeugt wird. Quantität allein ist selbstzerstörerisch *(vgl. Zinn 1980).* Nur qualitatives Wachstum ist auch ökologisch vertretbar.

6.2 Weiterbildung als Wettbewerbsfaktor

Die **Marktwirtschaft ist eine Wettbewerbswirtschaft.** In der Welt des marktvermittelten Individualismus erhält sich das Gemeinwesen durch den Wettbewerb der Individuen wie durch den Wettbewerb der Unternehmen. Die Balance in dieser auf Konkurrenz angelegten Wirtschaftsweise halten soziale Systeme, die es verhindern müssen, daß Individuen und soziale Gruppen ins Bodenlose fallen. Das Bildungssystem muß gewährleisten, daß alle dem Konkurrenzkampf standhalten können. Es muß die Ungleichheiten so weit wie möglich abbauen, damit vielfältige Potentiale freigesetzt werden können.

Sich dem Wettbewerb stellen heißt, ein Know-how zu entwickeln, das den Anforderungen von Wirtschaft und Gesellschaft auf Dauer gewachsen bleibt. Dabei wird ein **Anspruchsniveau** produziert, das von der Globalisierung der Märkte bestimmt wird. Diesem Anspruchsniveau können nur die Lernfähigen standhalten. Dazu gehört eine Leistungsfähigkeit, die sich auf dem neuesten Stand der Entwicklung halten muß und ebenso eine hohe Qualifikation und Kompetenz, die Selbstbewußtsein durch Erfolg kennt. Wer sich heute im Markt behaupten will, muß beweglich genug sein, um auf die rasanten Veränderungen rasch und positiv zu antworten. Aber erst die Kreativität der Innovation ermöglicht es, Schrittmacher und Marktführer zu werden. Sich dem Wettbewerb stellen bedeutet immer mehr, Spitzenleistungen zu erbringen. Das gilt insbesondere für die Weiterbildung.

Die Bestimmung der **Weiterbildung als Wettbewerbfaktor** ist eng mit dem des Wirtschaftsfaktors verbunden. Die Internationalisierung der Märkte ist heute nicht mehr dem Zufall zu überlassen. Die Leistungsfähigkeit der Unternehmen und Mitarbeiter ist durch systematische Qualifizierungsmaßnahmen zu flankieren. Spitzenleistungen können nur durch Spitzenqualifikationen erzeugt werden. Die Qualitätssteigerung des Produktionsfaktors Kapital ist nicht ohne die gleichwertige Qualitätssteigerung des Produktionsfaktors Arbeit und Information zu erbringen. Die Human Ressourcen werden immer bedeutsamer, weil die Utopie vom »Ende unqualifizierter Arbeit« für immer mehr Arbeitsplätze in Sicht ist.

Im Wettbewerb spielt der **Kostenfaktor** zwar eine entscheidende Rolle, er tritt jedoch dann zurück, wenn die Mitarbeiter ihn erarbeiten. Deshalb finden hochqualifizierte Mitarbeiter nicht nur vernünftige Arbeitsbedingungen vor, sie gehören auch zu den am besten bezahlten Arbeitskräften. Die Kosten können in den Marktpreisen dann aufgefangen werden, wenn die Arbeitsproduktivität steigt und die Qualität der Güter und Dienstleistungen eine Nachfrage findet. Die technische wie die ökonomische Erneuerung setzt folglich leistungs- und lernfähige Menschen und Organisationen voraus. Wer sich dem Anspruchsniveau stellt, muß professionell sein. Dies gilt vor allem für die Weiterbildung, wenn sie dazu beitragen will, die Leistungs- und Lernfähigkeit zu erhöhen.

Wenn sie das erreicht, wird sie zum integralen Bestandteil der Wettbewerbswirtschaft werden.

6.2.1 Weiterbildung und Unternehmenserfolg

Die Weiterbildung braucht auf dem Weg ins 21. Jahrhundert einen **Entwicklungsschub**. Ein erster Schritt ist gemacht, indem erkannt wird, daß Kompetenzen der Schlüssel für die Zukunft unseres Landes sind. Auch setzen sich seit Anfang der 90er Jahre Begriffe wie »Weiterbildungsmanagement«, »Management-Weiterbildung«, »Personalentwicklung« und »Kompetenzentwicklung« durch. Dennoch erkennt nur eine kleine Zahl von Betrieben und Politikern, welche Bedeutung der bisher als »weich« eingestufte Faktor Weiterbildung gewinnt. Er wird nicht nur »härter«, seine Wichtigkeit wächst in der Wertschöpfungskette zum Unternehmenserfolg. Welche Vorteile und Defizite vor allem bei mittelständischen Unternehmen bestehen, zeigt eine Untersuchung, die im Rahmen eines EU-Projektes »Arbeitsplatzorientierte Beratung und Qualifizierung in vernetzten Organisations- und Produktionsstrukturen« von *Merk/Müller-Siebers 1996* durchgeführt wurde.

Wird der Zusammenhang zwischen **Weiterbildung und Unternehmenserfolg** untersucht, zeigt sich, daß die Mitarbeiter die Erfolgspotentiale des Unternehmens sind. Sie benötigen Kompetenzen, die ein definierbares Know-how darstellen. Es ist eingebunden in betriebliche Zusammenhänge, von Technologieentwicklung ebenso beeinflußt wie von der Produktentwicklung, Flexibilisierung der Märkte, dem ökologischem und sozialen Wandel des Unternehmens sowie den persönlichen Ambitionen der Mitarbeiter.

Die **Reaktionsmuster** von kleinen und mittleren Unternehmen (KMU) mit der Kunden- und Mitarbeiterorientierung umzugehen, weisen auf wichtige Aspekte in der Bewältigung des technischen und organisatorischen Wandels hin. Stellvertretend für verschiedene Managementkonzepte steht das Total Quality Management (TQM), das strikte Ausrichtung des Unternehmens an den Kundenwünschen und die Mitgestaltung der Prozesse durch die Mitarbeiter propagiert. Neben einem erheblichen fachlichen Know-how sind dafür Schlüsselqualifikationen wie »unternehmerisches Denken und Handeln«, »Problemlösungsfähigkeit«, »Kooperations- und Teamfähigkeit«, Kommunikationsstärke« etc. erforderlich. Als Vision entstehen vernetzte Strukturen, in denen sich die Unternehmen auf ihre Kernkompetenzen zentrieren und jeder Mitarbeiter an der laufenden Verbesserung von Produkten und Prozessen mitarbeitet.

Diese Vision ist allerdings nicht immer in **strategischen Plänen** der Unternehmen niedergelegt. Während ein Teil der KMU bewußt auf eine langfristige Planung verzichtet, um flexibel auf Marktveränderungen reagieren zu können, reichen bei den anderen die vorhandenen Personalressourcen kaum aus, eine brauchbare Unternehmensplanung durchführen zu können. Wollen Weiterbildungsträger hier unterstützend wirken, müssen sie ihr traditionelles Selbstverständnis ändern. Sie müssen sich vom reinen Schulungsanbieter zum kompetenten Partner in einem Unternehmensnetzwerk entwickeln. Sie sollten in der Lage sein, nicht nur den Qualifikationsbedarf zu erheben, sondern auch den Unternehmen beratend und vermittelnd zur Seite zu stehen. Gleichzeitig müssen die Einrichtungen zu qualifizierten Beratern für die Arbeitnehmern werden, die sich in den vernetzten Organisationsstrukturen der Unternehmen um ihre Qualifizierung selbst kümmern.

6.2.2 Selbstverständnis und Rahmenbedingungen von KMU

Der grundlegende **Zusammenhang** zwischen Unternehmenserfolg, Kundenorientierung, organisatorischer Weiterentwicklung und Mitarbeiterqualifikation ist den meisten Führungskräften bewußt. Daß dennoch nur wenige Klein- und Mittelunternehmen über detailliert ausgearbeitete Organisations- und Personalentwicklungspläne verfügen, erklärt sich aus dem Selbstverständnis und den Rahmenbedingungen von KMU:

1. Klein- und Mittelunternehmen sehen **Flexibilität** als ihren größten Wettbewerbsvorteil an. Kurzfristiges Umsteuern bei veränderten Angebots- und Nachfragebedingungen ist Beleg für ihre Kundenorientierung und ihre flexible Organisation. Eine langfristige Planung mit starren Vorgaben würde offensichtlich mit ihrem bisher erfolgreichen Managementstil kollidieren.

2. Im Gegensatz dazu sind in KMU keine formulierten **Pläne** zur Steuerung und Kontrolle der Geschäftsführung durch die Kapitaleigner notwendig. In den typischen Rechtsformen von KMU wird die Geschäftsführung meist von den Eigentümern selbst wahrgenommen. Alle Planungs-, Steuerungs- und Kontrollprozesse werden von wenigen Geschäftsführern getragen und machen aufwendige Planungen und kontrollierende Soll-Ist-Vergleiche überflüssig.

3. Durch die starke personale und **zentralistische Ausrichtung** auf den oder die Eigentümer wird das Managementsystem in hohem Maße von persönlichen Fähigkeiten und Einstellungen einzelner Personen bestimmt. Wird deren Handeln durch Tradition oder das Festhalten an Bewährtem geprägt, bleibt wenig Raum für eine Neugestaltung von Unternehmensstrukturen und die bewußte Planung des Wandels.

4. Tiefgreifende Einschnitte in die Organisations- und Produktionsstruktur erfordern häufig erhebliche Investitionen. Sie können leicht die **Kapitalkraft** von Klein- und Mittelunternehmen überfordern und sind damit von diesen nicht realistisch planbar.

5. Unter dem Druck des Wettbewerbs ist die **Personaldecke** sehr dünn geworden. Es wurde, im Einklang mit der aktuellen »Verschlankungsdiskussion«, meist der indirekte Bereich abgebaut. Dadurch fehlen aber die notwendigen Personalressourcen und das notwendige Know-how für die Planung. Dies ist sicherlich eine Ursache für das Unbehagen, das einige Führungskräfte in KMU artikulieren: Mit den vorhandenen wenigen Ressourcen scheinen die Dynamik und die Komplexität der Unternehmensumwelt und des Wettbewerbs kaum noch zu bewältigen. Den notwendigen Aufbau von Humankapital läßt aber andererseits der zunehmende Kostendruck nicht zu.

6. Vielen KMU fehlen **Frühwarn- und Informationssysteme,** die Grundlage für eine langfristige Planung bilden und Anstöße für die organisatorische Weiterentwicklung geben.

Zukunftsweisende **Managementkonzepte** wie innerbetrieblich »vernetzte Organisations- und Produktionsstrukturen« mögen dennoch eingeführt werden, weil sie als probates Mittel der Problembewältigung gelten. Sie sind in mittelständischen Unternehmen aber nur teilweise das Ergebnis einer unternehmerischen Vision oder einer nüchternen langfristigen Planung. Sie entstehen viel häufiger und eher kurzfristig aus einem massiven innerbetrieblichen Problemdruck oder aus einer bedrohlichen Wettbewerbssituation. Wird hingegen der Organisationstypus einer langfristigen **Kooperationen** von Unternehmen untersucht, dann ist er nach Aussagen der am Projekt beteiligten Unternehmen häufig das – zufällige – Ergebnis eines organisierten Kontakts auf Messen, Tagungen, Schulungen etc.

Für eine systematische und längerfristige Personalentwicklung wirkt eine fehlende strategische Planung blockierend. Ihr fehlt das **Zielsystem,** auf das sie ausgerichtet werden kann: Einzelne Weiterbildungsmaßnahmen sind nur dann attraktiv, wenn ein bestehender oder kurzfristig absehbarer Problemdruck beseitigt wird. Wenn zusätzlich die Furcht besteht, daß qualifizierte Mitarbeiter von größeren Unternehmen abgeworben werden und bei Qualifikationsmaßnahmen die Kosten-Nutzen-Relation nicht stimmt, kommen Abwehrhaltungen ins Spiel. Vor diesem Hintergrund wird die Zurückhaltung bei der strategischen Mitarbeiterentwicklung verständlich und konsequent.

Bei den KMU ließen sich unterschiedliche **Stadien der Personalentwicklung** und unterschiedliche **Motive** für die Weiterbildung ausmachen:

- Es gibt Unternehmen, die im Bereich Personalentwicklung bereits **aktiv** sind (14,9 % der projektbeteiligten Unternehmen). Personalentwicklung wird jedoch bei ihnen nicht systematisch betrieben. Die Firmen sehen häufig Defizite in ihrer Organisation, die sie mit Hilfe des Projekts beheben wollen.

- Ein großer Teil der Unternehmen (53,7 %) ist von der Notwendigkeit der Personalentwicklung **überzeugt,** betreibt noch keine aktive Personalentwicklung. Unter diese Gruppe fallen z. B. Unternehmen, die gerade nach DIN EN

9000 zertifiziert worden sind oder sich im Zertifizierungsprozeß befinden. Diese Unternehmen erwarten vom Projekt konkrete Unterstützung bei der Einführung der Personalentwicklung.

- Einige Unternehmen (1,5 %) waren zwar am **Anfang,** »Feuer und Flamme« für die Projektziele. Ihr Engagement ließ aber spürbar nach, als Arbeit in die Personalentwicklung investiert werden sollte. Diese Unternehmen setzen ihre Prioritäten lieber in anderen Bereichen.

- Fast ein Viertel der beteiligten Unternehmen (23,9 %) zeigen zwar ein gewisses Interesse, sind aber von der Notwendigkeit, Personalentwicklung in ihrem Betrieb einzuführen, noch **nicht überzeugt.** Nach ihren Aussagen fehlte ihnen bisher die Anregung oder der Druck, im PE-Bereich aktiv zu werden.

- Ganz wenige Unternehmen (3 %) stehen dem Thema **indifferent** gegenüber. Sie konnten nur mühsam von einer Projektteilnahme überzeugt werden. Sie verhalten sich nach dem Motto »Mal sehen, was dabei kommt«.

- Drei Prozent nehmen die Gelegenheit der »kostenlosen Schulung« eines mit öffentlichen Mitteln geförderten Programms wahr, stehen aber einer systematischen Personalentwicklung **skeptisch** gegenüber.

6.2.3 Folgerungen für beschäftigungssichernde Bildungsmaßnahmen

Aus der teilweise anzutreffenden Zurückhaltung gegenüber langfristiger strategischer Personalentwicklung ergeben sich Konsequenzen für **beschäftigungssichernde Bildungsmaßnahmen.** Sie können bei wenig formalisierten langfristigen Unternehmenskonzepten nur begrenzt einen Beitrag zur Sicherung bestehender Arbeitsverhältnisse in KMU leisten. Sie müssen zwangsläufig auf eine vermutete neuartige Unternehmensorganisation ausgerichtet sein und qualifizieren so eher für ein Beschäftigungssystem, das sich in einem unternehmensübergreifenden Konsens und beeinflußt von Großunternehmen abzeichnet. Auch die wissenschaftliche Forschung leistet nur wenig Hilfe bei der Formulierung von speziellen Qualifikationsprofilen für Klein- und Mittelunternehmen. Ein umfassendes betriebswirtschaftliches Lehrgebäude, das sich speziell mit den Bedingungen von KMU beschäftigt, existiert nur in Ansätzen.

Ein fehlendes **unternehmensspezifisches Zielsystem** für Qualifizierungsmaßnahmen hat erhebliche Auswirkungen auf eine beschäftigungssichernde Personalentwicklung: Sie kann nur bedingt in den Unternehmen selbst ansetzen. Denn betriebliche Weiterbildung wird von KMU zwar als Motivations- und Belohnungsinstrument eingesetzt, sie leitet sich aber nicht bei allen aus ihrer langfristigen Existenzsicherungsaufgabe ab. Weiterbildung hat deshalb in den meisten KMU nicht die gleiche Bedeutung wie in Großunternehmen. Sie wird beispielsweise in Krisenzeiten reduziert und im Aufschwung forciert. Wenn aber kein elementarer Nutzen für das Unternehmen absehbar ist, dann müssen Zuständigkeit und Verantwortlichkeit für die Weiterbildung von den betroffenen Mitarbeiter selbst übernommen werden. Dann wird Personalentwicklung in hohem Maße zur individuellen Aufgabe.

Unterstützung sollte von der Politik und den Weiterbildungsinstitutionen kommen. Denn nur wenige Mitarbeiter sind in der Lage, die technische und ökonomische Entwicklung zu überschauen und die notwendigen Folgerungen für die eigene Qualifikation zu ziehen. Durch die Konzentration von Fördermaßnahmen auf den einzelnen Arbeitnehmer, die »bei knappen Kassen« zwangsläufig zur Reduzierung von Fördermaßnahmen für Mitarbeiter einzelner Betriebe führt, werden zwar nicht unbedingt bestehende Arbeitsverhältnisse gesichert, aber doch die überbetrieblichen Beschäftigungschancen der jetzt selbst verantwortlichen Mitarbeiter erhöht.

Bei einer eher individuellen Ausrichtung und einer **Entkoppelung** von aktuellen betrieblichen Problemstellungen müssen viele Bildungsmaßnahmen aus dem betrieblichen Alltag herausgenommen werden. Sie sollten außerhalb der Arbeitszeiten stattfinden und können auch nicht arbeitsplatznah als Lernstatt gestaltet sein.

Durch die individuelle Verantwortung für den Aufbau beschäftigungssichernder Kompetenzen verändert sich der thematische Schwerpunkt in Weiterbildungsmaßnahmen: Sie müssen fachliche Elemente in einen Kontext kleiden, der den Teilnehmern auch überbetrieblich verwertbare Schlüsselqualifikationen vermittelt. Daneben müssen die Maßnahmen so attraktiv gestaltet werden, daß auch Freizeit dafür geopfert wird.

Primäre **Aufgabe der Träger** beruflicher Weiterbildung ist, neben der auch weiterhin erforderlichen kurzfristigen Fortbildung, die Bereitstellung entsprechender Maßnahmen, die erkennbare Entwicklungstendenzen thematisieren und auf die Motive der Arbeitnehmer zugeschnitten sind. Diese Aufgabenstellung erfordert erhebliches strategisches Know-how und kann qualifiziert nur durch die Spezialisierung auf Branchen, Verfahren oder Lösungen bewältigt werden. Dadurch wandelt sich das Selbstverständnis und die Stellung der Weiterbildungsträger. Sie sind nicht nur Lieferanten, die auf Anforderung eine spezielle Dienstleistung anbieten. Sie werden vielmehr zu anerkannten Beratern und Spezialisten in einem stabilen Unternehmensnetz, das durch die Konzentration auf die Kernkompetenzen der einzelnen Partner gekennzeichnet ist.

Die **Individualisierung von Weiterbildung** ist also zu fordern, wenn langfristig die Beschäftigung von Mitarbeitern aus KMU gefordert werden soll. Diese Forderung steht übrigens im Einklang mit der Entwicklung von Schlüsselqualifikationen, zu denen u. a. ein eigenverantwortliches und selbständiges Handeln der Arbeitnehmer gehören. Wenn Beschäftigungssicherung aber darüber hinaus meint, bestehende Arbeitsverhältnisse mittels Weiterbildung in KMU zu erhalten, dann muß im Wesentlichen eine systematische und strategisch ausgerichtete Organisations- und Personalentwicklung in KMU eingeführt oder ausgebaut werden. Hauptziel ist dann allerdings die Stärkung der Wettbewerbsfähigkeit des Unternehmens bei Erhalt seiner Flexibilität und unter Berücksichtigung seiner begrenzten Ressourcen. Beschäftigungssicherung wird zum nachrangigen Ziel.

Das Einführen einer **strategischen Planung** kann im Allgemeinen nur mit erheblicher externer Unterstützung durchgeführt werden. Im Rahmen des beschriebenen EU-Projekts wurde die Unterstützung von den Bildungsträgern bereitgestellt. Ein Leitfaden zur Personalentwicklung in kleinen und mittleren Unternehmen wurde erarbeitet, um als Steuerungsinstrument zu dienen *(vgl. Merk/ Müller-Siebers 1996)*. Was eine Unterstützung und Anregung von Seiten der Bildungsträger bewirken kann, soll ein Beispiel aus dem Projekt zeigen: Durch langjährige Kenntnis der Unternehmensstrukturen und enge persönliche Beziehungen gelang es einem Berater, Qualitätszirkel in zwei Unternehmen einzuführen. Die Unternehmen hatten erhebliche Vorbehalte (»...uns bleibt ja meistens keine Zeit, neben unserem Tagesgeschäft über solche Dinge nachzudenken«), aber nach massiver Unterstützung und ersten Erfolgen dominierte die Aufgeschlossenheit (»...uns fehlen vielleicht nur ein paar Anstöße von außen, weil wir durch unsere tägliche Arbeit hier ein bißchen betriebsblind geworden sind«). Die extern angeregte organisatorische Weiterentwicklung wurde möglich, weil Unternehmen und Berater langjährig miteinander verbunden waren, der Berater über die notwendige Glaubwürdigkeit verfügte und seine langjährige Betriebskenntnis eine kostengünstige Beratung ermöglichte.

Insgesamt fordert die beschäftigungssichernde Weiterbildung in KMU Ansätze, die erheblich von den Konzepten der Großunternehmen abweichen. Im Sinne einer Bildungspartnerschaft, die als Ausprägung eines Unternehmensnetzes anzusehen ist, müssen Arbeitnehmer, KMU und Weiterbildungsträger langfristig zusammenarbeiten. Für Personalentwicklung sind also nicht nur KMU verantwortlich. Auch die Arbeitnehmer tragen ein hohes Maß an Eigenverantwortung. Die Bildungsträger müssen sich zu anerkannten Partnern in diesem Netzwerk etablieren.

6.2.4 Ambivalenz von Weiterbildung

Bildung kann positive wie negative **Wirkungen** haben, je nach Interpretation und Sichtweise der Betroffenen. Weiterbildung ist virulent, weil das Moment des Lernens immer das Neue und Unbekannte enthält. Innovationen zeichnen sich gerade dadurch aus, daß sie etwas an sich haben, daß es vorher noch nicht gab. Deshalb sind die Erkenntnisse von den Besitzern so begehrt, von den Konkurrenten so gefürchtet. Weiterbildung, die Förderung der Lern- und Innovationsfähigkeit zum Ziel hat, will Neues erzeugen helfen. Querdenker sind nicht nur unbequem, sie stoßen in der Regel auf jene Schwachstellen, über die nur ungern nachgedacht wird.

Positive und **negative Aspekte** der Weiterbildung aus unternehmerischer Sicht sind:

- Durch Weiterbildung können Arbeitnehmer kurzfristig an einen Betrieb gebunden werden; bleiben die Weiterbildungsbemühungen für den Arbeitnehmer jedoch mittelfristig ohne Gegenleistung, kann das negative Folgen für den Betrieb haben. Weiterbildung setzt den Betrieb potentiell unter einen **Honorierungs-** und **Aufstiegsdruck**.

- Durch Weiterbildung kann der Veränderungsdruck, der durch technischen, organisatorischen und sozialen Wandel entsteht, abgefangen werden. Bildungsprozesse können Unsicherheiten und **Akzeptanzprobleme** abbauen. Folgen den Bildungsbemühungen keine betrieblichen Veränderungen, so können ebenso Probleme entstehen, die sich z. B. in Unzufriedenheit äußern. Wissende Mitarbeiter lassen sich nicht ruhig halten. Aber genau darin liegt zugleich die Chance zur Leistungssteigerung.

- Durch Weiterbildung können **soziale Ungleichheiten** verstärkt wie abgebaut werden. Fach- und Führungskräfte nehmen Weiterbildung signifikant stärker in Anspruch als an- und ungelernte Kräfte. Als größtes Problem dürfte sich jedoch die mangelnde Flexibilität und Fähigkeit der »Nichtqualifizierten« erweisen. Qualifizierungsmaßnahmen sollten die breite Masse der Mitarbeiter erreichen, damit betriebliche Gefälle abgebaut werden.

Die Vor- und Nachteile von Weiterbildung werden unterschiedlich wahrgenommen. Häufig bestimmt das Gefühl; ein Einzelfall wird schnell verallgemeinert. Solange der Bildungserfolg undeutlich bleibt, werden die Unsicherheiten bestehen bleiben. Unbestritten ist jedoch, daß zukünftig das Lernen am Arbeitsplatz unabdingbar wird, soll die betriebliche Effizienz gesteigert werden. Der jeweilige Zusammenhang zwischen betrieblicher Arbeitsorganisation und Qualifizierungsmaßnahmen ist herauszuarbeiten. Darin liegt die Chance für ein professionelles Personal- und Bildungsmanagement. Da die betriebliche Aus- und Weiterbildung relativ unabhängig von der allgemeinen Arbeitsmarkt- und Konjunkturentwicklung agiert, kann sie eine produktive Dynamik entwickeln, die sich als wettbewerbsfördernd erweist. Insbesondere ermöglicht es die Weiterbildung, die Mitarbeiter auf unternehmerische Ziele vorzubereiten und diejenigen Kompetenzen zu erzeugen, die auch eine loyale Kooperation im Betrieb gewährleisten. *(vgl. Sauter 1984, S. 203)*

6.3 Weiterbildung als Arbeitsmarktfaktor

Der Arbeitsmarkt bildet die **Schnittstelle** zwischen Bildungs- und Beschäftigungssystem. Dabei ist der Übergang von der Schule in die betriebliche Ausbildung für viele junge Erwachsene die erstmalige Berührung mit der Arbeits- und Berufswelt. In der Zukunft werden für immer mehr Erwachsene mehrere Berufswechsel in ihrem Leben die Regel sein. Arbeitsplatz- und Berufswechsel werden nur mit zusätzlicher Qualifizierung erfolgreich verlaufen können. Biographien sind immer weniger geradlinig und planbar. Das zentrale Problem des Arbeitsmarktes ist die permanente Unausgewogenheit von offenen Stellen zu arbeitslosen Nachfragern. Arbeitslosigkeit wird nur dann beendet, wenn die betrieblichen Anforderungsprofile mit dem Know-how des Bewerbers in seinen fachlichen und persönlichen Dimensionen übereinstimmen.

Arbeitsmarktorientierte Weiterbildung hat in erster Linie die Qualifizierung von Arbeitslosen zum Ziel. Im Interesse der Vermeidung von Arbeitslosigkeit bedürfte es vorbeugend auch der Qualifizierung jener Personengruppen, die von Arbeitslosigkeit bedroht sind. Weiterbildung, die auf den Arbeitsmarkt gerichtet ist, ist zugleich Beschäftigungs- und Wirtschaftspolitik, weil sie aktiv in das Verhältnis des Bildungs- und Beschäftigungssystems eingreift.

6.3.1 Erklärungsansätze

Weiterbildung ist als Instrument der Qualifizierung Arbeitsloser und von Arbeitslosigkeit bedrohter Personen akzeptiert. Mit der Abkehr vom traditionellen Bildungsbegriff und der Hinwendung zu einem **bildungsökonomischen Qualifikationsbegriff** vollzog sich in den 70er und 80er Jahren eine starke Expansion und Bedeutungssteigerung der beruflichen Weiterbildung. In den programmatischen Erklärungen der Bildungsträger wird dies vor allem auf die technischen und ökonomischen Veränderungen in der modernen Industrie- und Informationsgesellschaft zurückgeführt. Der technisch-ökonomische Fortschritt wird zum dominierenden **Erklärungsmuster** für eine Arbeitsmarkt- und Bildungspolitik, die Weiterbildung als ein Mittel zur effizienten Lösung von Veränderungsproblemen ansieht.

Mit der öffentlichen Anerkennung ging die finanzielle Förderung – vor allem durch die Bundesanstalt für Arbeit – einher. Parallel dazu wurde die berufsbegleitende Weiterbildung stärker propagiert, die im Interesse der Anpassungs- und Aufstiegsfortbildung ebenfalls zum Funktionswandel der Erwachsenenbildung beitrug. Mitte der 80er Jahre wurde eine **Qualifizierungsoffensive** ausgerufen. Gleichzeitig vollzog sich in den Inhalten der Weiterbildung ein Bedeutungswandel. Obwohl Weiterbildung mit technisch-ökonomischen Veränderungen begründet wurde, nahm der Anteil bei der Vermittlung von Wertvorstellungen und sozialen Kompetenzen zu. Insbesondere die berufsbezogene Weiterbildung erkannte, wie bedeutsam es ist, die fachlichen Inhalte mit der Organisations-

und Personalentwicklung zu verbinden, damit die Mitarbeiter den rasanten betrieblichen Veränderungen individuell folgen konnten. Weiterbildung erlangte damit eine **Sozialisationsfunktion.** Berufliche Sozialisation ist als Prozeß des Aufbaus und der Veränderung von Verhalten zu erkennen, der durch Qualifizierungsmaßnahmen initiiert und gesteuert werden kann.

Die aktuelle Entwicklung der **Fortbildung und Umschulung** ist vor allem vor dem Hintergrund steigender Arbeitslosigkeit bei gleichzeitig steigender Produktivität und geringerer Mitarbeiterzahl in den Unternehmen geprägt. Mit über 4,3 Millionen Arbeitslosen ist ein Höchststand erreicht. Dabei ist die Perspektive in den neuen Ländern (Arbeitslosenquote durchschnittlich über 15 %) noch wesentliche ungünstiger als in den alten Ländern (Arbeitslosenquote durchschnittlich über 10 %). Mit der Entwicklung von lean production und lean management wächst die Zahl der Arbeitslosen, ohne den konkurrenzfähigen Unternehmen zu schaden. Es findet eine Entkoppelung von Wachstum und Beschäftigung statt.

Zugleich wächst mit den geburtenstarken Jahrgängen das Problem, Jugendlichen duale Ausbildungsplätze in der Wirtschaft zur Verfügung zu stellen. Arbeitslosigkeit und Kurzarbeit wird für viele Millionen Menschen am Ausgangspunkt und Endpunkt ihrer persönlichen und beruflichen Entwicklung stehen. Eine Vorstellung, die nicht nur schwer zu ertragen ist, sondern auch den gesellschaftlichen Zusammenhalt auf Dauer sprengen kann.

Bei dem Versuch, die Weiterbildung für Arbeitslose zu klassifizieren, lassen sich **Weiterbildungsfunktionen** identifizieren:

- berufsbezogene
- adaptive
- regulative
- kultur- und bewußtseinsverändernde
- existenzgründende

1. Die aus den funktionalen Anforderungen des Arbeitsmarktes direkt ableitbaren Lernprozesse im Sinne einer »**adaptiven Weiterbildung**« beziehen sich in der Regel auf eine relativ begrenzte Anzahl von Anlässen und Adressatengruppen, wie etwa auf die arbeitsplatzspezifischen Defizite bei Neueinstellungen, die Vermittlung von Spezialqualifikationen und den organisatorischen Informationstransfer von Wissen bei technisch-organisatorischen Umstellungen im Betrieb.

2. Die den beruflichen Aufstieg fördernde »**berufsbezogene Weiterbildung**« ist im Rahmen personalpolitischer Strategien wichtig, um Motivationsanreize für die innerbetriebliche Konkurrenz um Aufstiegspositionen zu bieten und zugleich die Statusverteilung in der innerbetrieblichen Hierarchie zu legitimieren. Angesichts der begrenzten Anzahl von Aufstiegspositionen stößt die Weiterbildung in dieser Funktion, insbesondere in Zeiten rezessiver Arbeits-

markttendenzen, rasch an ihre Grenzen, da sich der erfolgreiche Aufstieg durch Weiterbildung nur noch selten praktisch bestätigen läßt.

3. Im Rahmen der betrieblichen Weiterbildung tritt die »**regulative Weiterbildung**« immer stärker in den Vordergrund, deren Funktion vor allem in der Bewältigung von Legitimationsproblemen in der betrieblichen Kooperation zu sehen ist. Den Adressaten, insbesondere den Führungskräften des unteren und des mittleren Managements sowie Betriebs- und Personalräten, die das Hauptkontingent der Teilnehmer betrieblicher Weiterbildung stellen, werden primär Rechtsnormen, Sozialtechniken sowie psychologisches und sozialwissenschaftliches Orientierungswissen vermittelt. Mit den im Zuge des Ausbaus der betrieblichen Weiterbildung wachsenden Kontrollchancen der Unternehmen erhält die Weiterbildung zunehmend den Charakter von Sozialisationsprozessen: Zu ihren explizit vertretenen Zielen gehören in erster Linie die soziale Integration und die Veränderung der normativen Orientierungen dieser Gruppen sowie die Änderung persönlicher Einstellungen und Verhaltensweisen.« *(Sauter 1984, S. 203 f.)*

4. Mit der Vereinigung Deutschlands kann ein vierter Typ identifiziert werden, der als **kultur- und bewußtseinsverändernde Weiterbildung** bezeichnet werden könnte. In den Maßnahmen der Weiterbildung wird auf allen Ebenen das Muster des unternehmerischen und marktwirtschaftlichen Denkens zu vermitteln versucht. Eine Wirtschaft, die auf Wettbewerb und permanente Veränderung angelegt ist, ist nur dann »aggressiv« genug, wenn die Menschen das Bild der auf Leistungs- und Lernfähigkeit beruhenden Individualkarriere begreifen und internalisieren. Der theoretische Bezugsrahmen findet sich sowohl in legitimatorischen als auch in kulturspezifischen Erklärungsmustern. *(vgl. Erpenbeck/Weinberg 1993)*

5. Seit einigen Jahren spielt vor allem in Nordrhein-Westfalen das Thema Existenzgründung ein herausragende Rolle, weil erkannt wird, daß ein Großteil der Arbeitslosen nie mehr in reguläre Arbeitsverhältnisse wird vermittelt werden können. Mit der Existenzgründungsinitiative »GO« will die Landesregierung NRW die Existenzgründung landesweit und speziell von Arbeitslosen fördern. Ihnen soll der Einstieg in eine freiberufliche bzw. selbständige Existenz ermöglicht werden.

Mit diesen Typen werden **Leitbilder** für die Beziehungen zwischen Wirtschaft, Arbeitsmarkt und Weiterbildung skizziert, die insbesondere die staatliche Arbeitsmarktpolitik sowie die betriebliche Personal- und Beschäftigungspolitik bestimmen. Die Ziele der Arbeitsmarkt- und Qualifizierungspolitik sind der beruflichen Fortbildung, der beruflichen Umschulung, der betrieblichen Einarbeitung und der Existenzgründung verpflichtet. Weiterbildung dient also:

- dem Abbau und der Vermeidung von Arbeitslosigkeit,
- der Verhinderung von beruflichem Abstieg durch frühzeitige Anpassungsqualifizierung,

- der Förderung von beruflicher Mobilität und Flexibilität,
- dem Umbau der »Kommandowirtschaft« in eine soziale Marktwirtschaft,
- der Existenzgründung.

6.3.2 Zielgruppenbezogene Qualifizierung

Weiterbildung in Relation zum Arbeitsmarkt ist Qualifizierungspolitik, die zielgruppenorientiert angelegt ist. Zielgruppen der Weiterbildung, die aus arbeitsmarkt-, sozial- und wirtschaftspolitischen Gesichtspunkten qualifiziert werden, können in Anlehnung an das *Mittelfristige Entwicklungskonzept für Ostwestfalen-Lippe (1990)* wie folgt dargestellt werden:

• Fach- und Führungskräfte	• Frauen
• Jugendliche	• Un- und Angelernte
• Aussiedler	• Langzeitarbeitslose

1. Qualifizierung von Fach- und Führungskräften
Fach- und Führungskräfte sind eine der wichtigsten zu qualifizierenden Zielgruppen. Zukünftig wird es immer weniger ausreichen, ausschließlich auf aktuelle Qualifizierungslücken abgestimmte Weiterbildungsmaßnahmen zu entwickeln. Vorausschauende und auf Innovation angelegte Qualifizierung wird unerläßlich. Die Qualifizierung von Fachkräften dient sowohl der **Anpassungs-** wie der **Aufstiegsweiterbildung.** Schlüsselqualifikationen *(Mertens 1988)* bilden neben den Fachqualifikationen die Grundlage für berufliche und persönliche Erfolge. Während die Vermittlung von Führungsgrundlagen durchaus in offenen Seminaren erfolgen kann, besteht ein immenses betriebliches Interesse, die Unternehmensgrundwerte und Führungsgrundsätze intern zu vermitteln. Neben die berufliche Erstausbildung tritt mit wachsender Bedeutung die betriebliche Fort- und Weiterbildung. Im Rahmen betrieblicher Qualifizierungsmaßnahmen muß dem wachsenden Bedarf an hochspezialisierten Fach- und Führungskräften Rechnung getragen werden. *(Herzig 1990)*

Um die Wettbewerbsfähigkeit, vor allem von **Klein- und Mittelbetrieben** zu fördern, ist ein regionales, differenziertes und vielseitiges Bildungsangebot erforderlich. Ein nachfrageorientiertes Bildungsangebot sollte eine enge und freiwillige Zusammenarbeit zwischen Bildungsträgern und Betrieben hergestellt. Unterstützung und Beratung ist in der unübersichtlich gewordenen Weiterbildungslandschaft vor allem für kleinere Unternehmen erforderlich. Eine Erhöhung der Markttransparenz auch für größere Unternehmen, z. B. durch den Ausbau von Informationssystemen oder Bildungspartnerschaften, ist wünschenswert.

2. Qualifizierung von Frauen

Konzepte zur Qualifizierung von Frauen sollten sowohl Ansätze und Möglichkeiten betrieblicher wie außerbetrieblicher **Frauenförderung** einbeziehen, um Frauen die gewünschte gleichberechtigte Teilhabe an der Erwerbsarbeit zu ermöglichen und ihre Qualifizierungs- und Leistungspotentiale zu nutzen. Im Bereich der Erstausbildung und Weiterbildung sind frauenspezifische Hemmnisse soweit wie möglich abzubauen. In schulischen und außerschulischen Berufsorientierungsmaßnahmen müßten Schülerinnen sich frühzeitig über das Spektrum der Berufe informieren können (z. B. Betriebspraktika, Probierwerkstätten). Ein Teil betrieblicher Personalpolitik ist darauf zu richten, Mädchen auch für die Ausbildung im gewerblich-technischen Bereich zu gewinnen. Insbesondere müßte das Berufswahlverhalten auf das breite Spektrum aller Berufe orientiert werden. Personalpolitische Konzepte sollten die Förderung und die berufliche Aus- und Weiterbildung von Frauen betonen. Dabei treten vor allem drei Handlungsfelder in den Vordergrund:

- Maßnahmen der Vereinbarkeit von Beruf und Familie,
- Maßnahmen zur Förderung des beruflichen Aufstiegs,
- Maßnahmen zur Förderung des beruflichen Wiedereinstiegs.

Vor besonderen Problemen stehen **Berufsrückkehrerinnen,** denen der berufliche Wiedereinstieg durch differenzierte Qualifikationskonzepte ermöglicht werden muß. Zu nennen sind Motivations- und Orientierungsmaßnahmen sowie Umschulungs- und Weiterbildungsmaßnahmen. Um Frauen adäquate Qualifikationen und Berufe zu erschließen, ist die Entwicklung eines regional differenzierten und – so weit wie möglich abgestimmten Qualifizierungskonzepts erwünscht. Dabei sollte die zeitliche und organisatorische Ausgestaltung der Maßnahmen auf die besonderen Lebensumstände von Frauen Rücksicht nehmen.

Notwendige Maßnahmen:

- Entwicklung und Erprobung frauenspezifischer Qualifizierungsangebote im Rahmen von Modellprojekten;
- Einrichtung und Ausbau von Weiterbildungsberatungsangeboten für Frauen;
- Eine Qualifizierungsoffensive zum Thema betriebliche Frauenförderung.

(vgl. Buddemeier 1990)

3. Qualifizierung von Jugendlichen

Leitlinie von Wirtschaft und Politik sollte es sein, möglichst allen **Jugendlichen** einen **qualifizierten Schul- und Berufsabschluß** zu ermöglichen. Ebenso muß mehr denn je die Fähigkeit zum lebenslangen Lernen vermittelt werden. Um Jugendlichen einen erfolgreichen Einstieg in das duale Ausbildungssystem mit der Perspektive einer dauerhaften qualifizierten Beschäftigung zu eröffnen, bedarf es vor allem der Bereitstellung ausreichender Ausbildungsplätze. Angesichts der demographisch bedingten auseinandergehenden Schere zwischen Ausbildungsplatzangebot und Bewerbernachfrage, sieht die Zukunft für einen Teil der Jugendlichen nicht gut aus. Bis zum Jahr 2005 wird die Zahl der jugendlichen Bewerber steigen. Inwieweit die Zahl der betrieblichen Ausbildungsplätze mithalten kann, ist derzeit offen. Entscheidend wird es sein, daß allen Jugendlichen in geeigneten Bildungsmaßnahmen der Einstieg in das Berufsleben ermöglicht wird. Dazu muß sich das Verhalten der Jugendlichen und ihrer Eltern jedoch wandeln und realistische Perspektiven ins Auge fassen.

Das **Berufswahlverhalten** sollte dahingehend beeinflußt werden, daß eklatante Ungleichgewichte in der Wahl der Berufe, die mit den tatsächlichen beruflichen Perspektiven nicht übereinstimmen, abgebaut werden. So bleibt unverständlich, warum mehr Jugendliche lieber »aussichtslose« kaufmännische Berufe bevorzugen, während zukunftssichere gewerblich-technische Ausbildungsplätze unbesetzt bleiben.

Das **Spektrum** bestehender Ausbildungsberufe soll durch neue Ausbildungsangebote ergänzt werden. Hierbei geht es vorrangig um Berufe, die auf neue Tätigkeiten in Wirtschaft und Verwaltung vorbereiten, wie zum Beispiel die neuen Informations- und Telekommunikationsberufe (I+T-Berufe) oder die neuen Medienberufe. Ihr Anteil vermag jedoch nur eine begrenzte Zahl von Jugendlichen aufzunehmen.

In jedem Fall muß die **Gruppe der Jugendlichen** bei der Formulierung von Qualifizierungsstrategien differenziert betrachtet werden. Wenn auch die Angebots-Nachfrage-Relation bei Ausbildungsplätzen verbessert werden kann, werden viele Jugendliche aufgrund fehlender Schulabschlüsse und persönlicher Defizite keinen Ausbildungsplatz erhalten. Insbesondere benachteiligte Jugendliche müßten durch ein differenziertes und angemessenes Instrumentarium der Förderung dazu gebracht werden, im Rahmen des dualen Ausbildungssystems einen qualifizierten Ausbildungsabschluß zu erwerben. In der Praxis haben sich Sprach- und Stützkurse, Berufsvorbereitungsmaßnahmen und ausbildungsbegleitende Hilfen bewährt. Um aus diesem Personenkreis zukünftig Facharbeiter zu gewinnen, sollten die vielseitigen Möglichkeiten von betrieblichen sowie über- und außerbetrieblicher Ausbildungsstätten genutzt werden. *(vgl. Wagner 1990; Merk 1989)*

4. Qualifizierung von Un- und Angelernten

Kennzeichnend für die inhomogene Gruppe der **Un- und Angelernten** ist die fehlende oder unzureichende Berufsqualifikation. Aus diesem Grund sind sie überproportional von Arbeitslosigkeit betroffen. Die Planung und Gestaltung der beruflichen Qualifizierung muß zielgruppenbezogen und problemorientiert ansetzen. Auf betrieblicher Ebene sollten Qualifizierungsangebote bereitgestellt und die Beschäftigten zur Teilnahme motiviert werden. In der außerbetrieblichen Qualifizierung müßten die Chancen für den Wiedereintritt in die Arbeit durch berufliche Bildung verbessert werden. Die Qualifikationserfordernisse und die akuten Beschäftigungsprobleme stellen besondere Anforderungen an die Gestaltung der beruflichen Weiterbildung:

- Das betriebliche Weiterbildungsangebot für ungelernte Mitarbeiter sollte gezielt verbreitet werden und mit einem Qualifizierungszuwachs verbunden sein.

- Durch berufliche Aus- und Weiterbildung sollten verstärkte Anstrengungen unternommen werden, um Arbeitslosigkeit abzubauen.

- Den sich abzeichnenden Beschäftigungsrisiken soll durch betriebliche und außerbetriebliche Qualifizierungsangebote vorgebeugt werden.

- Es bedarf differenzierter Analysen und darauf aufbauender neuer Konzepte für die Qualifizierung der Zielgruppe der Un- und Angelernten. Die Bildungsmaßnahmen sollten inhaltlich breit und zeitlich von angemessener Dauer angelegt sein.

- Zielgruppenadäquate Qualifizierungsbausteine sollten zu »Qualifizierungsketten« verbunden werden, um eine schrittweise Höherqualifizierung zum Facharbeiter zu ermöglichen.

- Um bestehende Zugangs- und Förderungshemmnisse zur beruflichen Weiterbildung abzubauen, wird angeregt, auf eine Reform verschiedener Förderprogramme sowie des Arbeitsförderungsgesetzes (AFG) hinzuwirken. Eine Koordination der Arbeitsmarktakteure und ein »Förderungsnetzwerk« wird perspektivisch als wichtig angesehen. *(Neu/Domnik 1990)*

Wird jedoch die **aktuelle Arbeitsmarktpolitik** der Bundesanstalt für Arbeit betrachtet, so ist nicht zu erkennen, daß weder arbeitsmarkt- und noch wirtschaftspolitische Ziele umgesetzt werden. Von einer aktiven Arbeitsmarkt- und Beschäftigungspolitik kann angesichts der Kürzungen und des kurzfristigen Handelns der Arbeitsämter nicht mehr die Rede sein. Seitdem die Arbeitsämter Ausgaben im Rahmen ihrer Budgetzuweisungen tätigen müssen, und die Zahlung von Arbeitslosengeld Vorrang vor Weiterbildung hat, können weder Arbeitslose noch Bildungsträger das Handeln einschätzen. Damit ist ein völlig unzureichender Zustand erreicht.

5. Qualifizierung von Aussiedlern
Die Bedeutung der Qualifizierung von **Aussiedlern** ist in den letzten Jahren rückläufig. Je nach regionaler Verteilung ist die Problematik und der Schulungsaufwand unterschiedlich stark ausgeprägt. Waren die Vermittlungsmöglichkeiten von Aussiedlern in den Jahren guter Konjunktur noch befriedigend, so hat sich die Situation grundlegend verschlechtert. Die Bereitschaft der Unternehmen, Aussiedler beruflich zu integrieren hat sich normalisiert, nachdem sie frü-

her deutlich größer war. Gründe, die einer beruflichen Integration bei Aussiedlern entgegenstehen, sind meist mangelnde Kenntnisse in der deutschen Sprache sowie mangelnde berufliche Fähigkeiten in modernen Techniken und Arbeitsabläufen.

Bildungsmaßnahmen tragen wesentlich zur Integration der Aussiedler bei. Um die **Sprachbarriere** zu überwinden, werden über die Arbeitsämter seit Jahren Sprachlehrgänge durchgeführt. Praktische Erfahrungen haben dazu geführt, daß Deutschunterricht mit der Vermittlung von fachsprachlichen Begriffen und Zusammenhängen in verschiedenen Berufsbereichen verbunden wird. Aussiedler mit Grundkenntnissen in der deutschen Sprache sollten vorrangig die Möglichkeit haben, an sogenannten Kombimaßnahmen teilzunehmen. Die Verbindung von Sprachausbildung mit beruflicher Bildung hat den Vorzug, daß die Teilnehmer frühzeitig die beruflichen Anforderungen kennenlernen und sich daran orientieren können.

Für Aussiedler steht darüber hinaus ein differenziertes Angebot an Anpassungs-, Weiterbildungs- und Umschulungsmaßnahmen zur Verfügung. Angeboten werden Maßnahmen im gewerblich-technischen Bereich, in kaufmännischen sowie in sozialen und hauswirtschaftlichen Berufen. *(vgl. Klein/Hiltl 1990)*

Besondere Probleme bereitet die berufliche Integration von **Aussiedlerinnen.** Es müssen weitere Anstrengungen unternommen werden, insbesondere für die vielen noch arbeitslosen Aussiedlerinnen entsprechende Bildungsangebote zu unterbreiten, um die Arbeitslosigkeit noch zielgerichteter beenden zu können. In Zukunft wird es darauf ankommen, ob und in welchem Umfang Betriebe bereit sein werden, Frauen, die nur Teilzeitarbeit ausüben wollen – und können –, Beschäftigungsmöglichkeiten anzubieten. Insbesondere sollte überprüft werden, ob Aussiedlerinnen eine Arbeitsbereitschaft nur im Interesse des Bezugs von Leistungen vorgeben, oder ob sie real im Arbeitsmarkt gegeben ist.

6. Qualifizierung von Langzeitarbeitslosen

Der Abbau von **Langzeitarbeitslosigkeit** stellt in der Arbeitsmarktpolitik eine zentrale Strategie dar. Dabei handelt es sich immer mehr um eine sozialpolitische Aufgabe, weil viele Arbeitslose mittlerweile in den Sozialhilfebezug »abgerutscht« sind. Neben den Instrumenten der Weiterbildung und Umschulung sind vor allem motivationsfördernde und die Persönlichkeit stabilisierende Maßnahmen erforderlich.

- Damit sich der Block an Langzeitarbeitslosen nicht weiter verhärten kann, sollten sowohl im Beschäftigungssystem als auch im Bildungsbereich neue Wege der Qualifizierung erprobt werden.

- Die oft deutliche Ferne zum Lernen und die Abneigung gegen Weiterbildungsveranstaltungen sollte durch geeignete Bildungsmaßnahmen aufzubrechen versucht werden. Dazu gehören: Integrationsmaßnahmen, durch die über ein Betriebspraktikum die Einmündung ins Arbeitsleben unterstützt wird sowie mehrmonatige Beschäftigung in speziellen Werkstatt für Langzeitarbeitslose. Beschäftigung dient der Stabilisierung der Persönlichkeit, fördert die Arbeitsmotivation und kann berufliche Kenntnisse auffrischen.

- Beschäftigungsinitiativen, die mit Bildungsmaßnahmen gekoppelt sind, können zum Abbau von Langzeitarbeitslosigkeit und Sozialhilfeempfängern beitragen. Hier gibt es erfolgreiche Projekte, so zum Beispiel die REGE, Regionale Personalentwicklungsgesellschaft mbH, Bielefeld.

- Eingliederungsmaßnahmen sollten mehr als bisher mit Qualifizierungselementen angereichert werden.

- Betriebe, Unternehmen und Verwaltungen sollten in größerem Umfang bereit sein, Langzeitarbeitslose unter Inanspruchnahme von Einarbeitungszuschüssen einzustellen.

Weiterbildung wird zum Arbeitsmarktfaktor, weil sie zur Qualifizierung und Flexibilisierung, das heißt zur »Umwälzung« der Arbeitslosen beiträgt. Erfahrungen mit der Qualifizierungsoffensive zeigen, wie erfolgreich das Instrument der Weiterbildung angewendet werden kann. Die permanente Qualifizierung der Gruppen des Arbeitsmarktes muß mit dem Ziel erfolgen, ihre Leistungs- und Lernfähigkeit zu erhalten. Andernfalls werden sie den Anforderungen moderner Arbeitsplätze nicht mehr standhalten.

6.4 Weiterbildung als Infrastrukturfaktor

Die **Infrastruktur** zeichnet sich durch die Gesamtheit der Gegebenheiten aus, die der Wirtschaft und Gesellschaft einer Region als Grundlage ihrer Aktivitäten zur Verfügung stehen. Bestandteile der infrastrukturellen Ausstattung sind z. B. die Verkehrsinfrastruktur, Energie, Wasser, Ver- und Entsorgung, industriell und gewerblich genutzte Flächen, Schulen, Bildungs- und Forschungseinrichtungen, Freizeit und Sporteinrichtungen; schließlich kommunale, regionale und branchenspezifische Institutionen. Aus der Perspektive der Weiterbildung vor allem das Arbeitskräfte- und Bevölkerungspotential.

Unter **infrastrukturellen Gesichtspunkten** hat die Weiterbildung in der Vergangenheit kaum eine zentrale Rolle gespielt. Dies wird sich in dem Maße ändern, indem sich das System der Aus- und Weiterbildung als leistungsstarke Humanressource erweist und die Fähigkeit einer Region zur Teilnahme am Innovationsprozeß beeinflußt. Weiterbildung wird zum Standortfaktor, weil Unternehmen und qualifizierte Mitarbeiter »attraktive« Regionen bevorzugen, die im Bildungs- und Forschungsbereich mehr zu bieten haben als eine »Volkshochschule«. In immer mehr Gemeinden arbeiten Wirtschaftsförderungsämter und Bildungseinrichtungen zusammen.

Bildungsmanagement hat in der Zukunft die **endogenen Kräfte** (Unternehmen, Führungskräfte, Erholung, Bildung oder Forschung) einer Region zu stützen und zur schnellen Adaption von Innovationen (neue Produkte, neue Verfahren, neue Bildungsveranstaltungen) beizutragen. Dann werden diejenigen Regionen Führungspositionen einnehmen, die den Verlust alter Märkte entweder durch den Aufbau neuer Marktpotentiale und/oder durch technologischen Wandel bei den Produktionsverfahren kompensieren können *(vgl. Innovationsorientierte Regionalpolitik, 1980).* Insbesondere der Wissens- und Technologietransfer muß eine zukunftsträchtige Maßnahme werden, durch die ein professionelles Bildungs- und Wirtschaftsförderungsmanagement umgesetzt wird.

6.4.1 Standortfragen

Die **Standortfrage** eines Unternehmens ist in hohem Maße eine Infrastrukturfrage. Ein Betrieb wird sich dort ansiedeln, wo es attraktive und effiziente Partner, Verkehrswege, Wirtschaftszweige, Arbeitskräfte, Bildungs- und Freizeitangebote gibt. Dabei ist in den letzten Jahren verstärkt zu beobachten, daß Betriebsverlagerungen und Neugründungen in Osteuropa an Attraktivität gewinnen, weil der Kostenfaktor im internationalen Wettbewerb keine andere Wahl läßt. Darüber hinaus läßt sich als Hypothese zur Erklärung standörtlich bedingter Unterschiede feststellen:»daß Standorte mit hoher Konzentration und Diversifikation wirtschaftlicher Aktivitäten ceteris paribus mehr Neuerungschancen bieten als Standorte mit geringem Konzentrations- und Diversifikationsgrad wirtschaftlicher Aktivitäten. Dieser räumliche Bias des Neuerungsprozesses betrifft kleine Unternehmen stärker als große (Mehr-Betriebs)- Unternehmen und komplexe Innovationen.« *(Innovationsorientierte Regionalpolitik 1980, S. 10; Internationale Arbeitsteilung, 1978)*

Bei kleinen Unternehmen in peripheren Gebieten scheint ein generelles **Defizit an hochqualifizierten Mitarbeitern** sowie an neuesten Informationen zu bestehen. Ursächlich dafür ist ein regional unterschiedliches Arbeitskräfteangebot anzusehen sowie eine regional differierende Nachfrage – dieser Unternehmen – nach Humankapital und Informationen. In Industrieregionen werden in der Regel mehr berufliche Aufstiegs- und Veränderungsmöglichkeiten geboten. Das fördert die Konzentration und steigert das Image einer Stadt. Das geht zu Lasten randständiger Regionen, die ein angebotsbedingtes Defizit an hochqualifiziertem Personal zeigen. Das bedeutet z. B. für Unternehmen in einkommensschwachen Regionen, daß sie üblicherweise für hochqualifiziertes Personal, das sie aus den Ballungsgebieten anziehen wollen, höhere Gehälter – insbesondere für akademisch ausgebildete Mitarbeiter –, bezahlen müssen, als Unternehmen in den Verdichtungsräumen. Betriebe in randständigen Regionen müssen für ihre Führungskräfte mehr tun als andere.

6.4.2 Regionale Weiterbildungsstruktur

Weiterbildung erlangt um so mehr an Bedeutung, je mehr sie auf leistungsfähige Träger, hochwertige Angebote, freiwillige Kooperationen, eine flächendeckende Beratung und ihren positiven Beitrag zum strukturellen Wandel nachweisen kann. In der Unübersichtlichkeit des gemischtwirtschaftlichen Marktes müssen starke Weiterbildungsverbünde dafür sorgen, daß eine qualitativ hochwertige Bildungsarbeit sichergestellt bleibt. Die Anbieter von Weiterbildung haben unter regionalem Aspekt für **Transparenz im Weiterbildungsmarkt** zu sorgen. Zusammenarbeit zwischen den relevanten Kräften einer Region, also Bildungsträgern, Unternehmen, Gewerkschaften, Kammern, Verbänden, Arbeitsverwaltung, Kommunal- und Regierungspolitik wird wichtiger. Weiterbildung ist flächendeckend anzubieten, damit bestehende regionale Unterschiede so weit wie nötig abgebaut werden können. Ortsnähe ist ein Argument für Standortvorteile einer Region. Damit ist natürlich nichts darüber ausgesagt, wie die Zusammenarbeit erfolgen kann und sollte. Das ist deshalb kaum möglich, weil regionale Besonderheiten große Unterschiede ausweisen.

Zu einem wichtigen Merkmal von Standortfragen gehört ein **Positivimage.** Erst die Attraktivität einer Stadt bzw. Region schafft einen überregionalen Bekanntheitsgrad. Die Ausgestaltung des Positivimages ist für Firmenansiedlungen interessant. Die Realität zeigt hier ganz deutlich, daß die meisten Regionen jedoch über ein Nichtimage verfügen. Einige tun sich sogar mit einem Negativimage hervor. Nur wenige Zentren sind mit ihrer Leistungskraft und Attraktivität überregional bekannt.

Regionalpolitisch wird die Leistungsfähigkeit der Aus- und Weiterbildungseinrichtungen als **Imagefaktor** noch kaum genutzt. Die Weiterbildung muß ihren Wert in den Vordergrund des Interesses stellen. Eine aktive Bildungs- und Wirtschaftspolitik wird auf die Verteilung der Ressourcen für die Qualifizierung der Menschen Einfluß zu gewinnen versuchen. Gleichzeitig sollte vermieden werden, daß einseitig ausgerichtete Interessen dominieren. Investitionen in das Humankapital sind auf breiter Basis unumgänglich.

Kein Unternehmen läßt sich in einem **unattraktiven Raum** nieder. Soll Weiterbildung zum positiv wirkenden regionalen Strukturwandel beitragen, ist zu versuchen, renommierte Bildungseinrichtung anzusiedeln oder aufzubauen. Es wird sich als eine erfolgversprechende Strategie erweisen, wenn Bildungs- und Forschungsinstitute zur Stärkung regionaler Standortvorteile beitragen. Wenn die Bildungs- und Wirtschaftspolitik die Weiterbildung vernachlässigt, schwächt sie einen der zukunftsträchtigen regionalen Faktoren.

6.4.3 Internationale Entwicklungen

Wichtige Erfolge eines Landes – und einer Region – werden vom nationalen System der Innovation, der **Technologie und Wirtschaftskultur** bestimmt. Ein Highlight im *Handelsblatt (Nr. 225–25. 11. 89, S. 22)* unterstreicht diese Ansicht: »Mit Qualität, Flexibilität, kurzen F & E-Zeiten und Global Marketing stach Japan die Konkurrenz aus.« Die infrastrukturellen Unterschiede zwischen den USA, Japan und Europa – und selbst innerhalb eines Landes, weichen stark voneinander ab. Positive Effekte sind nicht bzw. kaum transferierbar. Obwohl die BRD im Zentrum Europas – und seit der Vereinigung mit Ostdeutschland –, einen optimalen Standort hat, ist absehbar, daß sich traditionelle Kräfteverhältnisse verschieben werden. Der Binnenmarkt läßt alte Zentren peripher werden. Es werden neue prosperierende Regionen – vor allem im Osten – entstehen. Dabei müssen die Zusammenhänge zwischen regionaler Wirtschaftspolitik und Qualifikationsniveau der Bevölkerung deutlicher als bisher erkannt und herausgestellt werden. Aus- und Weiterbildung wird ernster genommen werden müssen, weil sie zum existentiellen Bestandteil von qualifizierten Arbeitsplätzen wird. Die Förderung von Qualifikationen, Innovationen und Technologieentwicklung sollten ineinandergreifen. Wenn Regionen keine aktive Bildungspolitik im Sinne von Standortpolitik betreiben, werden sie das Nachsehen haben.

Wenn die Bundesrepublik das **Markenzeichen Qualified in Germany** im internationalen Vergleich einsetzt und die Weiterbildung, wie andere Beratungs- und Dienstleistungsbereiche verstärkt professionell gemanagt werden, wird dies das Humankapital einen wichtigen Schritt voranbringen. Die Qualifizierung von Fach- und Führungskräften ist offenkundig nicht mehr eine Frage von Gutdünken, sondern wird zu einem notwendigen Faktor von Regional- und Strukturpolitik. Weiterbildung wird zum Infrastruktur- und Imagefaktor, weil qualifizierte und flexible Mitarbeiter kaum Randzonen bevorzugen.

Weil die Standortfrage eines Unternehmens in hohem Maße von **regional- und infrastrukturrelevanten Faktoren** beeinflußt wird, spielen Transportwege und Absatzmärkte eine ebenso wichtige Rolle wie erschlossene Industriestandorte und das Know-how einer Region. In einem durchaus umstrittenen Gutachten stellt *Klönne* politische Strategien zweier Regionen im Vergleich ihrer Technikansiedlung gegenüber. Deutlich werden Unterschiede bei der Ansiedlung von »Institutionen regionaler Technikförderung«, die selbst bei ähnlich aufgebauten »Systemen« (Einrichtungen) erhebliche Unterschiede zeigen. Dabei beziehen sich die Unterschiede zum einen auf das Leistungsspektrum von einzelnen Organisationen, zum anderen auf die Kooperations- oder Konfliktintensitäten von verschiedenen Organisationen untereinander«. *(Klönne/Borowczak/Voelzkow 13. 12. 88):*

In dem Gutachten werden das östliche Ruhrgebiet und Ostwestfalen-Lippe Ende der 80er Jahre verglichen. Dabei nimmt im Leistungsvergleich die Universität Dortmund fast den Charakter einer Technischen Universität an, während sich die Universitäten in Ostwestfalen-Lippe durch eine »eher ungünstige, vergleichsweise wenig transferrelevante Fächerstruktur« kennzeichnen. Größere Unterschiede werden ferner in den Kooperationsbeziehungen festgestellt: »Während in Ostwestfalen-Lippe die verschiedenen Akteure eher neben- oder gar gegeneinander arbeiten, wird im östlichen Ruhrgebiet eine koordinierte Aktion deutlich«. Ohne hier auf den Realitätsgehalt bzw. die politische Motivation der Beteiligten eingehen zu wollen, wird erkennbar, daß a) insbesondere technikfördernde Infrastrukturen und b) regionale Kooperationsbeziehungen zwischen den Politik- und Wirtschaftsakteuren dazu beitragen können, daß Regionen als attraktiv gelten oder auch nicht.

Der regionalpolitische Umgang mit **Weiterbildung, Technologieförderung und Innovationsberatung** erweist sich als markanter Unterschied zwischen Regionen. Bildungs- und Beschäftigungsförderung ist Wirtschaftsförderung, die für eine Region um so effektiver eingesetzt werden kann, je eindeutiger sich das Angebot an Weiterbildung profiliert. Regionen, die für sich das Markenzeichen Qualified in Germany aktivieren können, erlangen Standortvorteile.

6.5 Weiterbildung als Bildungsfaktor

Weiterbildung ist ein **Bildungsfaktor.** Der *Deutsche Ausschuß für das Erziehungs- und Bildungswesen* hat 1960 formuliert: »Gebildet im Sinne der Erwachsenenbildung wird jeder, der in der ständigen Bemühung lebt, sich selbst, die Gesellschaft und die Welt zu verstehen und diesem Verständnis gemäß zu handeln« *(1960, S. 20).* Bemerkenswert ist, daß der Begriff der Bildung überhaupt noch definiert wird, während in späteren Dokumenten Bildung nur noch als Anhängsel von »Erwachsenen« oder »Weiter« erscheint.

Bildung ist kein **Wert** an sich. Um in der modernen Welt von heute leben zu können, bedarf es eines komplexen Know-hows. Heute spielen die großen bürgerlichen Bildungsideale – die den Begriff von Bildung wesentlich geprägt haben –, eine andere Funktion als zur Zeit ihrer Entstehung. In der Moderne ist keine Person mehr überlebensfähig ohne eine stabile Identität und Individualität. Die Ausformung von kultureller Vielfalt ist Ausdruck von Freiheit und Pluralität individueller Köpfe, die in den sozialen Welten einer marktvermittelten Gesellschaft so leben müssen, wie sie leben können. Daß sie so leben dürfen, wie sie wollen, ist Anspruch und Realität eines demokratischen Gemeinwesens. Bildung ist ein Menschenrecht.

Bildung als Prozeß zu begreifen verlangt, daß Gleichgewicht von Verstehen und Handeln anzuerkennen. Bildung könnte bedeuten, »sich mit seiner Bezugsgruppe und anderen Gruppen der Gesellschaft darüber auseinanderzusetzen, wie man heute und morgen leben, insbesondere überleben und gerecht leben will, und sich wechselseitig auf Konsequenzen zu verpflichten, die den Erwerb von Kenntnissen und Fähigkeiten und ein entsprechendes Handeln einschließen« *(Schlutz 1984, S. 16f.)*. Ein so gefaßter Begriff von Bildung stößt jedoch an die **Grenzen der Verständigung,** die Grenze der Sprache ist. Sprache wird dort bewußt erlebt, wo sie nicht ausreicht und Argumente keine Rolle mehr spielen. Die Hoffnungen auf Selbstentfaltung des Menschen und auf »öffentliche Verständigung«, die die Aufklärung mit dem Bildungsbegriff geweckt hat, sind in der politischen Entwicklung seit dem 19. Jahrhundert vielfach enttäuscht worden. Wurde Bildung einerseits zum Besitzstand und Privileg überhöht, so verblaßt sie heute zu einem Anspruch, der kaum mehr einzufordern gewagt wird. In der Massengesellschaft gibt es keinen Anspruch mehr auf Bildung. In Massenuniversitäten wird wissenschaftliches Wissen vermittelt; das ist häufig zu wenig, um als Bildung akzeptiert werden zu können. Und was heißt schon Bildung in der Informationsüberflutung, in der es nur **Teil- oder Gemeinschaftsöffentlichkeiten** (von Experten oder Gruppen) gibt, die zu einer auf Argumenten beruhenden Verständigung fähig sind. Wenn Weiterbildung zu einem Bildungsfaktor werden soll, sollte sie einen Beitrag zur Verständigung leisten. Es wäre schon viel damit gewonnen, wenn sie die Möglichkeiten des Know-hows erwachsener Menschen erweitern könnte, dann würde sie die Grenzen der Bildung erweitern und damit zur Verständigung beitragen. *(Fleischer 1987; Schlutz 1984, S. 186)*

6.5.1 Die strukturelle Perspektive

Aus der **Sicht des Individuums** gibt es viele Gründe, sich weiterzubilden. Die Motive, die dem Lernbedürfnis Impulse geben, werden erklärlich, wenn sie aus der Gesamtheit der die Lebenswelt bestimmenden Beziehungs- und Bedingungsfaktoren begriffen werden. Die individuelle und soziale Lage, und das bei jedem Individuum unterschiedlich ausgeprägte Selbstbewußtseins, läßt Lernen möglich werden. So hat Weiterbildung für Führungskräfte eine andere bildende Funktion als für Jugendliche oder Frauen. Die Bedeutung der Weiterbildung wird bestimmt durch den Beitrag, den sie zur Lösung von Lebensfragen leistet kann.

Wenn **Weiterbildung als Bildungsfaktor** beschrieben wird, so kann dies aus dem Ansatz einer Erwachsenenbildung erfolgen, die als Transformation der subjektiven Wirklichkeit mit den objektiven Bedingungen des Alltagslebens begriffen wird *(Schmitz 1984)*. Die Transformation subjektiver Wirklichkeit im Erwachsenenalter muß, um den Erfolg lebenspraktischen Handeln zu sichern, zwei Bedingungen erfüllen:

1. Individuen sollten diejenigen für ihr situationsadäquates Handeln geforderten Regeln erkennen, damit sie ihnen zur Lösung von Handlungsproblemen dienen können;

2. Individuen sollten die Bedeutungszusammenhänge ihres jeweiligen situativen Kontextes in den Bestand subjektiv verfügbaren Alltagswissens einarbeiten.

Dieser Prozeß ist nicht nur ein Sichhineinleben in neue, von außen vorgegebene Rollen (Anforderungen), sondern ist ein **biografischer Vorgang,** der vom einzelnen immer die Anstrengung fordert, eine seine Identität sichernde lebensgeschichtliche Kontinuität herzustellen. Dafür ist es von ausschlaggebender Bedeutung, inwieweit es gelingt, die subjektive Wirklichkeit in einem konsistenten Gefüge von Deutungen zusammenzufassen und es mit dem früheren, gegenwärtigen und künftigen Handeln zu verbinden. Das Know-how muß individuell als sinnvoll begriffen werden, damit es Bestandteil der Identität werden kann. Weil das so ist, liegt es nahe, daß Erwachsene versuchen ihre Vorstellungen von sich und der Welt konsistent zu halten, damit sie sich darin zurechtfinden können. Entsprechend schwer fällt es ihnen, mit Fremdem oder mit Brüchen in der Wirklichkeit umzugehen. Sie weichen gern jenen (Lern-)Situationen aus, die sie veranlassen könnten, eingeübte Wirklichkeitsinterpretationen aufzugeben. Angst verhindert Lernen.

In einer offenen Gesellschaft bereitet das Ausweichen keine großen Schwierigkeit. Das ist insofern fatal, weil in der Weiterbildungsgesellschaft **Lernen für die Menschen existenziell** wird. Individuen müssen in ihren Lebensentwürfen die rasanten Veränderungen der objektiven Wirklichkeit verarbeiten und so weit antizipieren, daß sie damit leben können. Die Veränderung der subjektiven Wirklichkeit hat handfeste Veränderungen in den Lebensbedingungen zur Ursache und zur Folge. Tiefgreifende lebensgeschichtliche Diskontinuitäten, wie berufliche Mobilität und Flexibilität, ständiger Konkurrenzkampf, Arbeitslosigkeit, Familienkrisen, Innovationssprünge, Technologieentwicklung etc. erfordern den Erwerb von instrumentellem Handlungswissen und gleichzeitig von sinnstiftendem Identitätswissen.

Handlungssubjekte können sich in den **gesellschaftlichen Rollen** nur dann problemlos bewegen, wenn ihnen jene Sinnstrukturen vertraut sind, in denen andere und sie selber die Angemessenheit des praktischen Handelns beurteilen. Ein Auto sicher fahren kann nur derjenige, der das Fahrzeug instrumentell beherrscht und die Regeln des Straßenverkehrs akzeptiert; beruflich und persönlich erfolgreich werden kann derjenige, der mit einer verwertbaren Qualifikation die Möglichkeiten der Marktwirtschaft anwendet; wer die sozialen und kulturellen Auslegungsmuster einer Kommunikationsgemeinschaft kennt, kann sich aufgrund dieser ungeschriebenen Normen bei verschiedenen gesellschaftlichen Anlässen Geltung verschaffen; er kann sie aber auch offen ablehnen, weil er etwas anderes will. Hilflosigkeit von Personen wird regelmäßig dann offensichtlich, wenn sie zwar instrumentelle Regeln des Alltags- oder Berufshandelns kennen, nicht aber den kommunikativen Hintergrund der Regelinterpretation erworben haben. Bildung hat also damit zu tun, in welcher Art und Weise Wissen und Kultur erworben wurde und in welchen Handlungskontexten es angewendet werden kann und muß.

6.5.2 Prozessuale Bildungsvorgänge

Bildung vollzieht sich als **lebenslanger Prozeß.** Dabei handelt es sich um Interaktions- und Austauschvorgänge, in denen lebenspraktische Erkenntnisse gewonnen werden. Das subjektive Wirklichkeitsverständnis kann als Resultat einer sich ausbalancierenden Beziehung innerhalb der individuellen Persönlichkeit zwischen dem **I** und dem **Me,** wie es *Berger* und *Luckmann* aus der *Meadschen* Sozialpsychologie entnommen haben, verstanden werden. »Das I ist die naturhafte Instanz menschlicher Existenz, von der die Verhaltensimpulse des Handelns, einschließlich jeglicher Kreativität und Spontaneität, ausgehen. Das Me als Resultat der Sozialisationsprozesse und als Summe der darin subjektiv in der Übernahme von Verhaltenserwartungen Anderer übernommener Regeln und Interpretationen sinnhaften Handelns ist vernunftmäßige Bewertungsinstanz, von der die aus dem I entspringenden Verhaltensimpulse kanalisiert und auf ihre Angemessenheit und sachliche Richtigkeit von Handeln beurteilt werden. Das Me als Instanz der Vernunft umgibt sozusagen die biologisch verwurzelte Substanz des I wie ein aufmerksamer Beobachter. An dieser Beziehung zwischen I und Me ist unter einer pädagogischen Fragestellung von Interesse, das *Mead* diese Dialektik nicht als eine schicksalhafte, unwiderrufliche Repression des biologischen Antriebspotentials interpretiert. *Mead* sieht im Me eine ständige aufklärbare und zur Selbstaufklärung fähige Instanz, die in der Lage ist, über die Angemessenheit von Verhaltensnormen mit anderen argumentierend und selbstreflektierend umzugehen, um so auch zu neuen Arrangements sozialer Erwartungen zu kommen, in denen sich das Antriebspotential bedürfnisgerechter realisieren läßt *(vgl. Joas 1980).* Diese *Meadsche* Perspektive einer stets aufklärbaren Beziehung zwischen I und Me ist Basis der zahlreichen Identitätstheorien, die auf diesen Grundannahmen aufbauen *(vgl. Berger/Luckmann 1971; Goffman 1967; Oevermann 1979; Turner 1975, 1978; Schmitz 1984, S. 111 f.).*

6.5.3 Bildung als lebensweltbezogener Erkenntnisprozeß

Für **Bildungsprozesse in der Weiterbildung** kann als konstitutiv angenommen werden, daß sie in eigens dafür organisierten Lehr-/Lernsituationen stattfinden. Die organisierte Distanz von Lehr-/Lernsituationen zu den Alltagssituationen ermöglicht es, sowohl thematisch – auf ein Fachthema bezogen – zu lernen, wie selbstbezogen – auf die Selbsterfahrung der Teilnehmer bezogen – zu lernen. Weiterbildungsmanagement ist in diesem Zusammenhang vor allem als eine Aktivität anzusehen, in der es darum geht, Lerngruppen zusammenzuführen, in denen es thematisch

- zum einen um »sekundärgruppenhafte Beziehungen« gehen kann, wie man sie beispielsweise in Zertifikatskursen antrifft, in denen vorgegebenes Spezial- und Fachwissen vermittelt wird,

- zum anderen um »Selbsterfahrungsgruppen«, die großteils eine bewußte themenfreie Kommunikation anstreben, was sicherlich als Antwort auf die wachsende Arbeitsteilung von Wissen zu verstehen ist.

Wird der **Austausch- und Transformationsvorgang** genauer betrachtet, ist erkennbar, daß ganz unterschiedliche Bildungsprozesse möglich werden. In Anlehnung an die dargestellten prozessualen Bildungsvorgänge lassen sich mit *Schmitz (1984, S. 115)* fünf Typen bilden:

(1) **Rollenhandeln in Sekundärgruppen**
Hierbei handelt es sich um spezifische Interaktionen zwischen dem Me und den Gruppenstrukturen. Sie bilden das vorwiegende Muster formaler Lernprozesse, zum Beispiel in Fachklassen, Trainings, in der beruflichen Weiterbildung. Ausgetauscht wird das Wissen um Fakten, Normen und Werte. Die objektive Wirklichkeit wird über Typisierungen und Strukturen zu erschließen versucht. Durch Übernahme von Verhaltenserwartungen anderer Gruppenmitglieder wird das Handlungssubjekt zum kooperativen Umgang mit der Gruppe befähigt. Spielregeln werden zur Kenntnis genommen. Formale Lerngruppen erfüllen eine Übersetzungsfunktion und sind so vielfach Instanz einer Fremdwahrnehmung.

(2) **Wissenserwerb durch Medien**
Dieser kommt im Austausch zwischen den Wissensbeständen des Me und den abstrakten Zonen gesellschaftlicher Wirklichkeit zustande. Dies sind Lernprozesse, die relativ frei sind von unmittelbarer Face-to-face-Interaktion. So zum Beispiel durch nichtpersonale Medien (Zeitungen, Fernsehen, Bücher). Aber auch große Informationsveranstaltungen sind Austauschbeziehungen, in denen ein Vortragender sich hinter das als Fremderfahrung zu vermittelnde Wissen zurückzieht und seine eigene Person nicht mehr zum Gegenstand der pädagogischen Interaktion macht, also lediglich als monologisierender Experte handelt. Solche Lernprozesse reichen weit in das pädagogische Geschehen der Weiterbildung.

(3) **Selbstreflexion und Selbstmanagement**
Reflexionsprozesse über die eigene Identität sind als Austauschbeziehungen zwischen dem I und dem Me zu begreifen. Dieser innere Dialog mit der eigenen Person stellt die Möglichkeit der Selbsterfahrung in Aussicht. Er kann als Grundlage dafür angesehen werden, daß das Individuum sich seiner Leistungspotentiale vergewissert, die Energien bündelt und den Lebensweg aktiv voranbringt. Selbstmanagement kann als eine moderne Form der Reproduktion in einer marktvermittelten Welt angesehen werden.

Wird der Prozeß der Selbstreflexion als therapeutischer Prozeß begriffen, so hat er eher die Bedeutung einer Reorganisation der »inneren Realität«, die neu interpretiert werden muß, weil sie sich als nicht mehr konsistent herausstellt. Therapeutische Prozesse sind von pädagogischen Bildungsprozessen insofern abzugrenzen, als in ihnen eine Neuinterpretation des Selbst stattfindet. Dabei findet keine Aneignung der äußeren Realität (objektiven Wirklichkeit), sondern die Reorganisation der inneren Realität statt.

Austauschprozesse zwischen subjektiver und objektiver Wirklichkeit

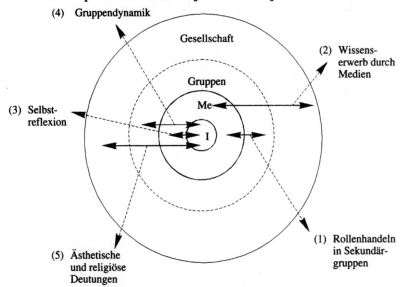

(4) Gruppendynamik
In jeder Lernsituation werden die subjektiven Gefühle des einzelnen insofern berührt, als seine Verhaltensweisen mit denen der Anderen in einer Beziehung zueinander stehen. Dies geschieht besonders dann, wenn in Interaktionen Gefühle, Wünsche und Vertrauenswürdiges aufgedeckt wird. In der Interpretation der Beziehungen der Gruppenmitglieder zueinander wird Vertrautheit und auch Distanz aufgebaut. Die Gruppe wird zu einer Instanz, mittels deren das einzelne Handlungssubjekt erfährt, wie die in seinem Me abgespeicherten Selbstinterpretationen von den Anderen – als Repräsentanten der objektiven Wirklichkeit – wahrgenommen werden. Die Gruppendynamik ist ein in jeder Lerngruppe stattfindender Prozeß. Wird sie mit dem Anspruch des Austausch der Beziehungen der Gruppenmitglieder untereinander betrieben, wird eine besondere Form der Repräsentanz der objektiven Wirklichkeit (Feedback) durch Gruppenmitglieder

ermöglicht. Solange sich Gruppendynamik nicht als therapeutischer Prozeß versteht, geht es um den Austausch dessen, was ist. *(vgl. Bödiker/Lange 1975)*

(5) Ästhetische und religiöse Deutungen
Hierbei handelt es sich um Austauschbeziehungen zwischen dem I und abstrakten gesellschaftlichen bzw. kulturellen Symbolsystemen. Dieser Austausch zwischen der subjektiven Intimsphäre und generalisierten Symbolsystemen ist ein wesentlicher Bestandteil religiöser, ästhetischer und kultureller Betätigung. Derartige Deutungsmuster durchziehen das Alltagsleben und sind Bestandteile von Lernprozessen. *(vgl. Levi-Strauss 1980)*

Selbstverständlich sind Interaktionen in der Regel durch mehrere nur analytisch zu trennende Merkmale gekennzeichnet. Unter dem Aspekt der Bildung bietet diese Typisierung eine ansatzweise Operationalisierung einer theoretischen Sicht, deren konkreter Nutzen für das Management darin liegt, daß sie innerhalb von Interaktionsbeobachtungen perspektivische Ausrichtungen für die Protokollierung und Interpretation von pädagogischen Interaktionen liefert. Sie tragen zu Effektivierung von Bildungsprozessen bei. *(vgl. Schmitz 1984, S. 113 ff.)*

6.5.4 Grenzsituationen

Erwachsenenbildung findet dort seine Grenzen, wo »**Grenzsituationen**« zum Maßstab des Lehrens und Lernens werden sollen *(vgl. v. Werder 1980)*. Grenzsituationen lassen sich dadurch definieren, daß sie als Schicksalsschläge hereinbrechen. Hierauf kann sich das Bildungsmanagement nur bedingt einlassen. Es kann sich nicht aus Lernprozessen definieren, die aufgrund einer plötzlichen Erkrankung, Verlust der Heimat oder des Lebenspartners entstehen. Bildungsprozesse des erwachsenen Handlungssubjekts, die radikal mit biographischen Lebensentwürfen brechen, können häufig nur in therapeutische Prozessen gelingen, die von der professionellen Einsicht in die psychologischen Bedingungsfaktoren solcher Identitätskrisen geleitet werden. Weiterbildung grenzt sich also dort ab, wo Bildung als Versprechen einer umfassenden Lebenshilfe angesehen wird, deren Ansprüche erwachsenenpädagogisches Handeln nicht gerecht werden kann.

Wenn Bildung als **Erkenntnisprozeß** begriffen wird, der sich aus der Lebenswelt der Menschen ergibt, handelt es sich um antizipatorische Lehr- und Lernprozesse, die dazu beitragen können, daß Zukunft entsteht. In der Fähigkeit zu bedeutungsbezogener Wahrnehmung zeigen sich Menschen als soziale Lebewesen. Sie erlangen die Fähigkeit zur Selbstbestimmung, die sich im Alltagsleben erhalten muß. Indem Menschen das Vermögen erwerben, ihr Leben und damit sich selbst zum Subjekt der Erkenntnis zu machen, können sie im Prozeß der Reflexion Selbsterkenntnis und Erkenntnis der Welt gewinnen. Das Individuum kann Subjekt seines Erlebens, seiner Wahrnehmungen und Aktionen, wie seiner

Initiativen und Ideen sein. Indem der Mensch sich in seiner Existenz erkennt, ist ihm die Bestimmung seiner Bestimmung aufgegeben *(vgl. Plessner 1982).* Qualifikationen und Kompetenzen bleiben formal, wenn sich das Individuum und damit das Subjekt der Lehr- und Lernprozesse nicht mit ihnen identifizieren kann. **Weiterbildung wirkt dann persönlichkeitsbildend, wenn das lebensbegleitende Lernen die personale Zukunft sichert.**

6.6 Perspektiven für das Bildungsmanagement

Abschließend sollen vor dem Hintergrund der beschriebenen Entwicklungslinien in der Weiterbildungsbrache einige Folgerungen für die **Professionalisierung** des Bildungsmanagements gezogen werden. Dabei bezieht sich »Professionalisierung auf den Prozeß der Spezialisierung und Verwissenschaftlichung von Berufspositionen aufgrund gestiegener Anforderungen an das für die Aufgabenerfüllung erforderliche Fachwissen, verbunden mit einer Höherqualifizierung der Berufsausbildung, der Einrichtung formalisierter Studiengänge, einer Kontrolle der Berufsqualifikation und des Berufszugangs durch Fachprüfungen, der Organisation der Berufsangehörigen in besonderen Berufsverbänden, der Kodifizierung und beruflichen Autonomie sowie einer Steigerung von Berufsprestige und -einkommen.« *(Büschges 1973, S. 523)*

Der Professionalisierung geht ein Prozeß der **Verberuflichung** voraus. Dafür charakteristisch ist die Geschichte des Lehrerberufs, Animateurs, Ausbilders und schließlich des Bildungsmanagers. Aus einer ursprünglich nebenberuflichen pädagogischen und sozialen Tätigkeit erwächst ein Vollzeitberuf mit typischen Konturen.

Von derartigen Prozessen sind insbesondere die **Mitarbeiter** in den Einrichtungen betroffen, weil sie den sich verändernden Anforderungen und Herausforderungen gewachsen sein müssen. Das muß die Mitarbeiter und Einrichtungen veranlassen, mehr für die Kompetenzentwicklung zu tun. Die Idee von der lernfähigen Einrichtung muß mit dem lernfähigen Mitarbeiter in Einklang gebracht werden. Deshalb muß ein wichtiges Ziel auf die Entwicklung von kommunikativen, integrativen, visionären, strategischen und konfliktlösenden Fähigkeiten gerichtet sein. Damit wird ein Anspruchsniveau charakterisiert, das auf unterschiedlichen Gebieten und in verschiedenen Berufen Eingang gefunden hat.

Für das Weiterbildungsmanagement wird es insbesondere darauf ankommen, die Integration **betriebs- und erziehungswissenschaftlicher Paradigmen** voranzutreiben. Die Unterschiede sind nicht unerheblich: Während die Betriebswirtschaft auf das ökonomische Prinzip – und dem damit im Zusammenhang stehenden Portfolio-Ansatz setzt, orientiert sich die Erziehungswissenschaft vorrangig auf humanistische Vorstellungen. Als Manko beider Sichtweisen kann festgestellt werden, daß sich die einen kaum eine Vorstellung davon machen, wie Men-

Perspektiven für das Bildungsmanagement

schen lernen und in pädagogischen Prozessen motiviert werden müssen; während die anderen kaum etwas davon erfahren, wie unternehmerisches Handeln institutionelle Bedingungen bestimmt, damit organisierte Weiterbildung überhaupt stattfinden kann.»Pädagogen« müßten also begreifen lernen, daß ohne Betriebswirtschaft und Kostenrechnung keine organisierte Bildung möglich ist, wie »Kaufleute« begreifen müßten, das Lehr- und Lernprozesse didaktische Vorgänge sind, die in ihrem Kern keinen Kostenkalkülen gehorchen.

6.6.1 Kompetenzentwicklung für das Weiterbildungsmanagement

Die **Qualifizierung des Personals** ist eine Strategie, die sich im Wechselverhältnis zur Institutionalisierung befindet. Erfolgreiche Institutionen suchen gut ausgebildete Mitarbeiter. Hochqualifizierte Führungskräfte ihrerseits suchen anerkannte Einrichtungen. Finden beide zusammen, ist es für die Qualität der Bildung von Vorteil. Ein Ergebnis von Professionalisierungsprozessen ist die quantitative Zunahme von Arbeitsplätzen für wissenschaftlich pädagogisches Personal sowie die Differenzierung der Arbeitsplatzanforderungen. Dabei ist in der Erwachsenen-/Weiterbildung die Zielrichtung der Qualifizierung durchaus umstritten. *Koring (1990) stellt fünf Positionen in der Debatte zusammen:*

- Professionalität als »**situative Kompetenz**«. *Tietgens* meint damit eine Form des Könnens, Wissens und der Zuständigkeit, die auf eine konkrete Praxis bezogen ist. *(1988, S. 37)*

- Professionalität in Bezug auf eine von allen »akzeptierte und praktizierte **Bezugswissenschaft** die handlungsleitend ist und identitätsstiftende Funktion übernimmt. Dies wäre ein wichtiges Kernstück, um einen Beruf als Profession zu identifizieren .... Erwachsenenpädagogik ist aber nicht die allen gemeinsame Bezugswissenschaft«. *(Gieseke 1988, S. 11)*

- Professionalisierung durch Herausbilden eines positiven **Selbstkonzepts** von Pädagogen. *Schäffter:* »Nur wenn die Bildungspraktiker selbst von dem fachlichen Wert ihrer Arbeit überzeugt sind, ... wird ihre öffentliche Bedeutung nicht mehr primär daran gemessen, inwieweit sich Bildungstätigkeit für alle möglichen Interessen funktionalisieren läßt« *(1988, S. 79)*. Dieser Ansatz basiert auf der Klärung von »tätigkeitsfeldspezifischen Kompetenzen«, die sich auf die »Beschreibung alltäglicher Fähigkeiten beziehen«. *(S. 81)*

- Professionalität wird aus der **Praktikerperspektive** abgeleitet. *Wilbert* thematisiert inhaltlich den Überschneidungsbereich der Erwachsenenbildung zur Politik. Er leitet aus (s)einer praktischen Betroffenheit den Reflexionsbedarf ab, der sich aufgrund von Reglementierungen bei der Programmplanung etc. ergebe; »Rezeptbedürfnis und ein universeller Orientierungsbedarf gehen in eins. Erklärt sich möglicherweise aus dieser ambivalenten Bedarfslage die Wissenschaftsfeindlichkeit der Praktiker?« *(Koring 1990, S. 14)*

Wirtschaftsbranche Weiterbildung

Dieses Bild in der wissenschaftlichen Diskussion wirft sicherlich eine Fülle weiterer Fragen auf. Dennoch haben sich konturierte und **typische Arbeitsplätze** im Weiterbildungssektor ausgebildet, auf die hin qualifiziert werden kann. So sind zu nennen:

- **Ausbilder** (Ausbildung von gewerblichen, kaufmännischen und sonstigen Auszubildenden; Qualifizierung betrieblicher Fachkräfte auf Facharbeiter-/ Kaufleuteniveau; gleiches gilt für soziale und pädagogische Berufe, steuerberatende Berufe oder Gesundheitsberufe).

- **Bildungsmanager** (Ausbildungsleiter, Betriebspädagogen, Leiter des betrieblichen Bildungswesens mit dispositiven, planerischen, koordinierenden und konzeptionellen Aufgaben).

- **Weiterbildner** (makrodidaktische Planungs- und Managementaufgaben, Organisation des betrieblichen Bildungswesens mit haupt- und nebenberuflichen Mitarbeitern).

- **Personalentwickler und Personalleiter** (diese Berufsgruppe ist in Großunternehmen im betrieblichen Management etabliert; ihre Aufgabe ist der Einsatz der Mitarbeiter und die Erschließung des Kompetenzpotentials).

- **Pädagogische Mitarbeiter**/Fachbereichsleiter (didaktische Planung und Organisation von Veranstaltungen in der Weiterbildung).

- **Trainer**/Weiterbildungslehrer/Kursleiter/Dozenten (haupt- und nebenberufliche Fachlehrer).

- **Bildungsberater**/Unternehmensberater/Prozeßbegleiter (Informationsvermittler, Berater, Coach, Supervisor von Teilnehmern und Unternehmern).

- **Bildungsreferenten,** wissenschaftliche Mitarbeiter (Analyse des Bildungs- und Wirtschaftssystems, Umsetzung von bildungspolitischen Interessen der Institutionen).

- **Geschäftsführer/Leiter von Bildungseinrichtungen** (Ausbau und Gewährleistung von privaten, gemeinnützigen, verbandlichen, kommunalen, kirchlichen, etc. Bildungseinrichtungen).

Alle Tätigkeiten finden sich in Bildungseinrichtungen teilweise mit einer spezifischen Schwerpunktsetzung, so daß Überschneidungen in den Aufgaben bei den verschiedenen Berufsbezeichnungen real sind.

Eine wissenschaftliche Ausbildung bzw. ein Aufbau- und **Kontaktstudium** »Weiterbildungsmanagement«, wie es beispielsweise an der Technischen Universität Berlin von *Döring* organisiert wird (*vgl. Klimsa 1991*), kann für Nachwuchskräfte als Zugangsvoraussetzung für die Weiterbildung sehr hilfreich sein. Wichtig erscheint es, die Ausbildung berufsfeldbezogen zu studieren. Anzustreben ist eine wissenschaftliche Berufsausbildung.

Perspektiven für das Bildungsmanagement

Ist bisher nur von der Professionalisierung der Führungskräfte gesprochen worden, so ist es an der Zeit, die **Sachbearbeiterebene** in Bildungseinrichtungen erheblich stärker zu qualifizieren, als es in der Vergangenheit üblich war. Sie sind es in der Regel, die unmittelbare Kundennähe haben. Ihre Aufgabe ist es, die Dienstleistung Weiterbildung so reibungslos und angenehm wie eben möglich erbringen zu können. Hierbei ist vorstellbar, ein Berufsbild für »**Kaufleute Aus- und Weiterbildung**« in den nächsten Jahren entstehen zu lassen. Das wäre ein konsequenter Schritt zu mehr Qualität und Professionalität im Alltagsgeschäft. Die Rahmenbedingungen dazu sind derzeit günstig, weil es ein bildungspolitisches Interesse gibt, neue Ausbildungsberufe zu konzipieren und neue Ausbildungsbetriebe zu akquirieren.

6.6.2 Bildungsmanagement: Perspektive für Freiberufler und Bildungsunternehmer

Das Bildungsmanagement ist eine Perspektive für Freiberufler und Bildungsunternehmen. Es lassen sich drei **Zielperspektiven beruflichen Handelns** unterscheiden:

a) eine berufliche **Tätigkeit als Arbeitnehmer,** z. B. als pädagogischer Mitarbeiter, Bildungsreferent, Bildungsmanager etc.

b) eine selbständige/**unternehmerische Tätigkeit,** z. B. als freiberuflicher Kursleiter, Trainer, Berater oder Geschäftsführer etc.

c) eine selbständige **Tätigkeit als Unternehmer,** z. B. durch die Gründung und den Betrieb einer Bildungs-, Beratungs-, Tagungseinrichtung, eines Lehrmittelverlages oder Tagungshotels.

Der entscheidende **Unterschied** zwischen einer angestellten Mitarbeit in einer Bildungseinrichtung und einer selbständigen Tätigkeit liegt in der Art und Weise des beruflichen Handelns begründet.

Am Anfang einer unternehmerischen Tätigkeit steht die **Idee der Selbständigkeit.** Sie muß gut durchdacht und mental begriffen werden. Auf eine freiberufliche und unternehmerische Tätigkeit muß sich jeder fachlich und persönlich mindestens genauso gut vorbereiten, wie auf eine Arbeitnehmertätigkeit. Das Ziel, sich selbständig zu machen, ist doppelsinnig. Fast jeder denkt zuerst an die **Selbständigkeit als Unternehmer.** Erst der zweite Blick ist auf die **Idee der Selbstverwirklichung** gerichtet.

Der **Start** in eine selbständige Existenz könnte schrittweise erfolgen: Zuerst könnte eine Idee als Kursleiter oder Trainer realisiert werden. Vielleicht starten der eine oder die andere als pädagogische(r) Mitarbeiter/in und macht Erfahrungen als angestellte Führungskraft. In der Praxis werden Bildungsprojekte entwickelt und Ideen realisiert. Mit der Zeit kann jeder sein eigener Manager werden. Das langfristige Ziel könnte der Aufbau eines Bildungsunternehmens sein. Als Inhaber eines Bildungsinstituts oder einer EDV-Trainingsgesellschaft ist der Bildungsmanager im wahrsten Sinne des Wortes Unternehmer. Dafür könnte sich das Engagement lohnen. *(vgl. Merk 1997)*

6.6.3 Von der Idee des selbständigen Bildungsmanagers

In der Vorstellung der meisten **Hochschulabsolventen** und insbesondere von Sozial- und Geisteswissenschaftlern korrespondiert das Studienziel mit einer beruflichen Tätigkeit als Pädagoge, Soziologe, Politologe oder beispielsweise als Geograph. Wer sich mit der Wirklichkeit in Wirtschaft, Verwaltung oder Bildung auseinandersetzt weiß, daß berufliche Arbeit auf unterschiedlichen Ebenen, in bestimmten Formen und mit verschiedenen Freiheitsgraden im Handeln verbunden ist. Wer sagt, er oder sie sei als Pädagoge/in tätig, hat damit noch nicht gesagt, auf welcher beruflichen Ebene das fachliche Können ausgeübt wird und wie selbständig die Arbeit gestaltet werden kann.

Die Idee der Selbständigkeit hat viele Facetten. In erziehungswissenschaftlicher Sicht bezieht sich der Begriff Selbständigkeit auf **Fähigkeitspotentiale.** Unter betriebswirtschaftlichem Aspekt wird die Selbständigkeit assoziativ eng mit dem Begriff des **Unternehmers** verbunden. Diese Gedanken sollen ausführlicher behandelt werden, weil dadurch die Idee von der Selbständigkeit wesentliche Impulse erfährt.

Im **erziehungswissenschaftlichen** Bereich wird Selbständigkeit als Fähigkeit begriffen, Kinder, Jugendliche und Erwachsene als befähigt anzusehen, Aufgaben und Probleme in der ihnen eigenen Art und Weise selbständig zu bewältigen. Bedeutet das in der Kinder- und Jugendschule meist noch, etwas ohne die Hilfe der Erwachsenen tun zu können, so wandelt sich der Bedeutungsgehalt des Begriffs im Erwachsenenalter. Selbständigkeit bezieht sich auf das Fähigkeitspotential, eigenständig und selbstbewußt Herausforderungen wahrzunehmen, sie anzunehmen und auftretende Probleme lernend lösen zu können. Die Fähigkeit zum lebenslangen Lernen ist der Inbegriff der Selbständigkeit.

In intentionaler Absicht wird der Begriff der Selbständigkeit gern mit dem der **Selbstverwirklichung** verknüpft. Sie bezieht sich auf den Anspruch des Individuums, sich als soziales Lebewesen in der Gesellschaft so verwirklichen zu können, wie es ihm persönlich möglich ist. Die Grenzen der Selbstverwirklichung werden an den Begrenzungen der Gesellschaft festgemacht. Dabei gilt im pädagogischen Bereich das Ziel der Selbstverwirklichung als ein alles überragendes Kriterium. Deshalb kann es das Interesse an einer freiberuflichen und unternehmerischen Tätigkeit enorm beflügeln.

Daß **Studium** bereitet auf anspruchsvolle Fach- und Führungsaufgaben in Wirtschaft, Verwaltung, Politik und für Pädagogen im Bildungsbereich – mit seinen unterschiedlichen Feldern wie Kindergarten, Schule, Hochschule, Jugendbildung, Ausbildung, Weiterbildung und Wirtschaft – vor. Das akademische Wissen erlaubt es den meisten Studierenden, sich in komplexe berufliche Situationen einzuarbeiten und die Herausforderungen des Berufsalltags erfolgreich zu bewältigen. Das geschieht in Unternehmen und Einrichtungen auf unterschiedlichen Handlungsebenen, womit bestimmte Entscheidungskompetenzen verbunden sind. Während Kursleiter oder Trainer noch unmittelbar pädagogisch Handeln und eine mittlere Position in Einrichtungen einnehmen, üben Produktmanager, Bereichsleiter und Geschäftsführer im Bildungssektor eine überwiegend konzipierende, organisierende und dispositive Tätigkeit aus.

In **betriebswirtschaftlicher** Sicht wird die Selbständigkeit eng mit der Unternehmertätigkeit verbunden. Geschäftsführer haben Arbeitgeberfunktionen wahrzunehmen und kommen damit den selbständig Tätigen sehr nahe. In ihrer Funktion als leitende Angestellte üben sie Arbeitgeberaufgaben aus. Sie sind weisungsbefugt, sie können Aufgaben anordnen, Mitarbeiter einstellen und auch entlassen. Mit dieser Entscheidungskompetenz ist der Auftrag verbunden, die Interessen der Einrichtung erfolgreich zu realisieren. Damit der Entscheider handeln kann, hat er in der Regel den Handlungsspielraum, den er braucht, um die gesteckten Ziele durchsetzen zu können. Obwohl die Ziele in modernen Unternehmen in Teams entwickelt, diskutiert und meist abgewogen werden, bleibt dem Inhaber oder Unternehmer in seiner Funktion als Eigentümer das Weisungsrecht. Die heute vor allem in mittleren und großen Unternehmen handelnden Manager arbeiten im Auftrag der Eigentümer. Sie müssen die Interessen des Inhabers und der Aktionäre (bei Kapitalgesellschaften) wahrnehmen. Je besser sie die Unternehmensziele erreichen, um so erfolgreicher handeln sie. Der Grad der Selbständigkeit kann in Freiheitsgraden der selbstbestimmten beruflichen Tätigkeit definiert werden.

Demgegenüber erbringt ein **Arbeitnehmer** bei einem Arbeitgeber aufgrund eines Arbeitsvertrages eine »fremdbestimmte« Arbeitsleistung. Dafür erhält er eine seiner Leistung bezahlte Vergütung. Sie wird von der Leistungsbereitschaft und der Leistungsfähigkeit des Mitarbeiters beeinflußt. Nach *Olfert/Rahn (1996, S. 71)* lassen sich personengebundene (inneren) Leistungsfaktoren wie Initiative, Motivation, Selbstverpflichtung, Ausbildung, physische und psychische Elemente wie Gesundheit, Belastbarkeit, Anpassungs- und Durchsetzungsfähigkeit sowie die (äußeren) Faktoren der Arbeitssituation unterscheiden. Die Arbeitssituation definiert die Arbeitsaufgaben sowie den Leistungsumfang. Der Arbeitsplatz ist in Gruppenstrukturen eingebunden. Mit dem Betriebsklima verbindet sich die Unternehmenssituation, die Auftragslage, die Ertragskraft und auch der Stand der Technik. Die Einbettung des Unternehmens – zum Beispiel einer Bildungseinrichtung – in die wirtschaftliche Konjunktur, den Wettbewerb, die Kundenanforderungen und den gewerkschaftlichen Organisationsgrad, also in die Wirtschaftsgesellschaft, hat mittelbare Auswirkungen auf die Tätigkeit als abhängig Beschäftigter.

Sollte das **Berufsziel** auf die Ausübung der Tätigkeit als Arbeitnehmer gerichtet sein, so ist damit sowohl etwas über den Inhalt der Arbeit als auch über die Art und Weise der Aufgabenerfüllung ausgesagt. Der sogenannten fremdbestimmten Arbeit als Arbeitnehmer steht die selbständige Tätigkeit als Unternehmer quasi gegenüber. Auf dem Weg dorthin, kann das Modell der **freiberuflichen Tätigkeit** ein Übergangsstadium einnehmen. Die freien Berufe, zu denen beispielsweise die Tätigkeiten des Arztes, Rechtsanwalts, Psychologen oder des Pädagogen gehören, können frei ausgeübt werden. Solange keine gewerbsmäßige Tätigkeit – in der Regel Verkauf oder Vermietung von materiellen Produkten – ausgeübt wird, sondern zum Beispiel eine Kursleitertätigkeit, ist das ohne die Anmeldung eines »Gewerbes« für jeden möglich. Jeder Pädagoge kann eine Dienstleistung anbieten, wenn er dafür Kunden findet, die ihn bezahlen. Er muß eine Einnahmen- und Ausgabenrechnung durchführen und dem Finanzamt eine Steuererklärung abliefern.

Die Merkmale **»freier Mitarbeiter«** und **»Arbeitnehmer«** ergeben folgende Unterschiede:

Freier Mitarbeiter ist, wer	Arbeitnehmer ist, wer:
• eine konkrete Aufgabe zu erledigen hat, • frei entscheiden kann, ob er einen Auftrag übernimmt, • die Erledigung der Aufgabe frei gestalten kann, • den Umfang seiner Arbeitszeit frei bestimmen und festigen kann, • organisatorisch nicht in den Betrieb des Auftraggebers integriert ist, • einen Pauschalpreis abrechnet, • allein oder mit eigenem Personal arbeitet, • finanzielle Ausfälle bei Urlaub und Krankheit selbst tragen muß.	• nicht frei ist, Arbeitsaufträge abzulehnen, • ein Arbeitszeitsoll zu festgelegten Zeiten erfüllen muß, • in Telefonlisten, Organigrammen sowie im Post- und Infoverteiler auftaucht, • bei einzelnen Arbeitsschritten kontrolliert wird, • Arbeitsmittel des Arbeitgebers nutzt, • Sonderleistungen wie Weihnachtsgeld oder verbilligtes Kantinenessen bekommt, • in der Regel nur für einen Arbeitgeber tätig sein darf, • mit Arbeitnehmern desselben Arbeitgebers zusammenarbeitet.

In den letzten Jahren ist die Zahl **freiberuflich Tätiger** steigend. Insbesondere der Weiterbildungs- und Tagungsmarkt ist dafür ein weites Feld. Je mehr Hochschulabsolventen diesen Weg einschlagen, um so mehr Freiberufler gibt es – auch solche, die Standesordnungen oder Berufsrecht unterliegen und die sich zunehmendem Wettbewerb ausgesetzt sehen *(Bischoff 1995)*.

Die aktuelle Welle der **Existenzgründungen** kann als Ausfluß der Entwicklung angesehen werden, daß nicht mehr jeder Hochschulabsolvent eine feste Anstellung finden wird. Verschärfend kommt hinzu, daß freigesetzte Fach- und Führungskräfte – die noch viel zu jung sind, um in Pension zu gehen – als Unternehmensberater selbständig werden. Viele bieten ihr Know-how im Bildungsmarkt an. Ein großer Teil arbeitet allein, andere haben sich in lockeren Teams zusammengefunden. Sie arbeiten auf eigene Rechnung und eigenes Risiko. Dabei haben nur diejenigen Erfolg, die den Anforderungen der Kunden entsprechen können. Die freiberufliche Tätigkeit kann als Position »dazwischen« charakterisiert werden: Freiberufler üben sowohl Arbeitnehmer- wie Unternehmeraufgaben aus.

Die Selbständigkeit als Inhaber eines Bildungsunternehmens beinhaltet eine besondere Qualität. Eigentümer einer Bildungseinrichtung zu sein und sie zu führen, heißt, als Unternehmer mit einer Anzahl von Mitarbeitern tätig zu sein. Ein **Unternehmen führen** bedeutet, eine planmäßig organisierte Betriebswirtschaft zu managen, in der Dienstleistungen oder Produkte entwickelt und vermarktet werden *(Olfert/Rahn 1996, S. 916)*. Beispiele für **Dienstleistungen** sind: Seminare, Lehrgänge, Tagungen, Beratungen; **Produkte** sind: Broschüren, Bücher, Software, Materialien, etc. Als Unternehmer können Sie ganzheitlich handeln. Sie müssen alles konzipieren, die Vermarktung organisieren, die Leistungen real erbringen und den Erfolg messen. Unternehmerisches Handeln ist wirtschaftliches Handeln.

Bildungsmanager und **Tagungsunternehmer** handeln folglich in einer institutionellen Struktur. Sie haben die Aufgabe, die Unternehmensziele zu definieren und eine Einrichtung zum Erfolg zu führen. Die Führung kann sich auf die gesamte Institution und auch auf Teilbereiche – wie Gruppen, Fachbereiche oder Abteilungen – beziehen. Dabei sollte nicht jede Art des betrieblichen Handelns als managen bezeichnet werden, weil der in Mode gekommene Managementbegriff nicht für einfache Verwaltungs- oder Organisationsaufgaben angemessen ist. Managen ist eine Führungsaufgabe. Dabei entscheidet die fachliche Qualifikation und die persönliche Kompetenz darüber, wie erfolgreich geführt wird.

LITERATURVERZEICHNIS

Abels, E.: Das Berufsbild des Trainers. In: Seminare '97. Das Jahrbuch der Management-Weiterbildung 1997. Bonn 1996
Aebli, H.: Grundformen des Lernens. Stuttgart 1963. 8. Aufl. 1974
Aebli, H.: Psychologische Didaktik. Stuttgart. 5. Aufl. 1973
AEG Zentrales Bildungswesen: Instrumente der Weiterbildung. Frankfurt 07/89
Aktion: Interne Weiterbildung. Titel einer Umfrage zur Qualifikation von Weiterbildnern. München 1990
Albach, H./Freund, W.: Generationswechsel und Unternehmenskontinuität – Chancen, Risiken, Maßnahmen. Gütersloh 1989
Alderfer, C. P.: An empirical test of a new theory of human needs. In: OBHP 4/1969, S. 142–175
Alderfer, C. P.: Existence, relatedness and growth. Human needs in organisational settings. New York/London 1972
Allen, D. W./Ryan, K. A.: Microteaching. Reading, Maas. 1969
Ansoff, H. I.: Implanting strategic management. Englewood Cliffs, N. J. 1984
Ansoff, H. I.: Strategic Management. London 1979
Arbeitsgemeinschaft Qualifikations-Entwicklungs-Management: Kompetenzentwicklung '96. Strukturwandel und Trends in der betrieblichen Weiterbildung. Münster/New York/München/Berlin 1996
Atkinson, J. W.: Einführung in die Motivationspsychologie. Stuttgart 1975
AUE – Arbeitskreis Universitäre Erwachsenenbildung e. V.: »Einrichtungen und Beauftragte für Weiterbildung an Hochschulen. Organisations- und Programmstruktur, Zielsetzung und Arbeitsschwerpunkte«. Hannover Beiträge 1988, No. 21
AUE – Arbeitskreis Universitärer Erwachsenenbildung e. V.: »Studienmöglichkeiten der Erwachsenenpädagogik an den Hochschulen der Bundesrepublik Deutschland und West-Berlins.« Fachprofile Erwachsenenbildung III. Hannover Beiträge 1980, No. 20

Bader, R.: Berufliche Weiterbildung im dualen System. Grundzüge einer kommunalen Konzeption für die berufliche Weiterbildung im Rahmen eines dualen Systems. In: Die berufsbildende Schule. Zeitschrift des Bundesverbandes der Lehrer an berufsbildenden Schulen. Wolfenbüttel November 1990
Bandura, A.: Lernen am Modell. Ansätze zu einer sozial-kognitiven Lerntheorie. Stuttgart 1976
Bandura, A.: Principles of Behavior Modification. New York 1969
Bandura, A.: Social learning. Theory. Englewood Cliffs. N. J. 1977. Deutsch: Sozial-kognitive Lerntheorie. 1. Aufl. Stuttgart 1979
Bartsch, J./Fischer, G.: Optische Betriebswirtschaftslehre. Heft 6. 20 Schaubilder zur betrieblichen Finanzwirtschaft. Herne/Berlin 1978
Baur, F.: Innovation durch Mikroelektronik. In: Zeitungskolleg. Deutsches Institut für Fernstudien an der Universität Tübingen 1980, S. 15
Beck, U.: Risikogesellschaft. Auf dem Weg in eine andere Moderne. Frankfurt/M. 1986

Literaturverzeichnis

Beinke, L./Arabin, L./Weinberg, J. (HG): Zukunftsaufgabe Weiterbildung. Schriftenreihe der Bundeszentrale für politische Bildung. Band 169, Bonn 1980

Berger, P. L./Luckmann, Th.: Die gesellschaftliche Konstruktion der Wirklichkeit. Eine Theorie der Wissenssoziologie. Frankfurt 1980

Berger, R./Arnold-Gertoberens, M.: Der Seminarführer 1990/1991. Das aktuelle Angebot für Führungskräfte. München 1989

Bergerst, M.: »Bildungsmanagement« oder Megadidaktik? In: Beiheft zum Report: Qualifizierung des Personals in der Erwachsenenbildung. Frankfurt/M. 1996, S. 162

Bericht der Mikat-Kommission Berichtsteil d II. Enquete-Kommission »Zukünftige Bildungspolitik – Bildung 2000«. In: Landesinstitut für Schule und Weiterbildung. Abt. Weiterbildung. (HG): Informationen Weiterbildung in NW. Soest 5/1989.

Berichtssystem Weiterbildung VI – Erste Ergebnisse der Repräsentativbefragung zur Weiterbildungssituation in den alten und neuen Bundesländern. bmb+f Bundesministerium für Bildung, Wissenschaft, Forschung und Technologie. Bonn 1996

Berlew, D. E./Hall, D. T.: The Socialization of Managers, In: Administrative Science Quarterly, Sept. 1966

Beruf Manager. In: Harvard Manager. Hamburg IV. Quartal 1990-4, S. 86–98

Berufsbildungsbericht 1995. Bundesministerium für Bildung, Wissenschaft, Forschung und Technologie. Bad Honnef 1995

Bildungswerk der ostwestfälischen Wirtschaft – BOW e. V.: Leistungsbilanz zur beruflichen Bildung in Ostwestfalen-Lippe – Bielefeld 1991; 1996

Bildungswerk der ostwestfälischen Wirtschaft – BOW e. V.: Weiterbildungsprogramme II/ 1990; I/1991; I/1997. Bielefeld

Bischoff, S.: Zukunftsmodell »Freier Beruf«. Qualifikation in Erfolg umsetzen. Stuttgart, 1. Aufl. 1995

Blanchard, K./Johnson, S.: Der Minuten Manager. Reinbeck bei Hamburg Aufl. 1988 – Original 1982: The One Minute Manager

Blask, F.: Allein wären sie erfolgreich, als Paar sind sie unschlagbar. In: Wiener. München 11/1989

BMBW – Grund- und Strukturdaten 1990/91. Bundesministers für Bildung und Wissenschaft. Bonn Nov. 1990, S. 258

BMBW – Kuwan, H.: Berichtssystem Weiterbildungsverhalten 1988. Repräsentative Untersuchung zur Entwicklung der Weiterbildungsbeteiligung 1970 – 1988. Bonn 1989. HG: Bundesminister für Bildung und Wissenschaft

Bödiker, M.-L./Lange, W.: Gruppendynamische Trainingsformen. Techniken, Fallbeispiele, Auswirkungen im kritischen Überblick. Reinbeck 1975

Booz, Allen & Hamilton Inc.: Management of New Produkts, 4. Aufl. New York 1968, S. 9; nach Kotler 1990, S. 323

BOW – Bildungswerk der ostwestfälisch-lippischen Wirtschaft. Zwischenbericht: Arbeitsplatzorientierte Beratung und Qualifizierung in vernetzten Organisations- und Produktionsstrukturen. Bielefeld 1996

Bower, G. H./Hilgard, E. R.: Theorien des Lernens I und II. Stuttgart 1.–5. Aufl. 1983

Brandenburg, A. G.: Der Lernerfolg im Erwachsenenalter. Ergebnisse psychologischer, soziologischer und didaktischer Forschung. Göttingen 1974

Brandes, H.: Flexibilität und Qualifikation. Darmstadt 1980

Braun, G. E.: Entscheidungsmodelle. 1983, S. 315. In: Lück, W. (Hg.): Lexikon der Betriebswirtschaftslehre. Landsberg/Lech 1983

Braverman, H.: Die Arbeit im modernen Produktionsprozeß. Frankfurt/New York 1977

Buddemeier, I.: Qualifizierung von Frauen. Unveröffentlichtes Manuskript für den Arbeitskreis Qualifizierung. Bielefeld 1990

Literaturverzeichnis

Bühner, R.: Betriebswirtschaftliche Organisationslehre, 3. Aufl. München/Wien 1987
Bühner, R.: Strategisches Personalmanagement für neue Produktionstechnologie. In: BFuP 3/1987, S. 249–265
Bullinger, H. – J.: Fraunhofer-Institut für Arbeitswissenschaft und Organisation. In: Der Seminarführer 1990/91. München, S. 7
Bund-Länder-Kommission für Bildungsplanung 1973. Bildungsgesamtplan Stuttgart 1973, Bd. 1
Burrell, G./Morgan, G.: Sociological paradigms an organisational analysis. London 1979

Cannain/Pieniak/Voigt: B + I Projektplanung. Ideen realisieren. Interessen finden. Taktisch richtig vorgehen. Ideen überzeugend anbieten. Reinbeck bei Hamburg 1977
Child, J.: Organization – A guide to problems an practice. London etc. 1977, 2. Aufl. 1984
CISS: Handbuch zum Schulungs-Informations-System SIS. CISS GmbH, Bonn 1990
Clemens-Lodde, B./Jaus-Mager, I./Köhl, K.: Situatives Lehrtraining in der Erwachsenenbildung. Braunschweig 1978
Conradi, W.: Personalentwicklung. Stuttgart 1983
Control Data GmbH (1988) in: Mahari/Schade: Jahrbuch der Weiterbildung Seminare '91. Hamburg 1990

Dale Carnegie Training: Der Dale Carnegie Kurs. Prospekt Hamburg 1991
Darendorf, R.: Homo Sociologicus: Ein Versuch zur Geschichte, Bedeutung und Kritik der Kategorie der sozialen Rolle. Köln/Opladen 1959
Dedrichs-Kunstmann, K./Faulstich, P./Tippelt, R. (Hg.): Qualifizierung des Personals in der Erwachsenenbildung. Dokumentation der Jahrestagung 1995 der Kommission Erwachsenenbildung der Deutschen Gesellschaft für Erziehungswissenschaft. Frankfurt/M. 1996
Deming, W. E.: Out of the Crisis. 2. Aufl. Cambridge/Mass./USA 1986
Der Deutscher Ausschuß für das Erziehungs- und Bildungswesen: Zur Situation und Aufgabe der deutschen Erwachsenenbildung. Stuttgart 1960
Deutsche Bank AG: Demographie und Wirtschaftsdynamik – Vor einer Gründerwelle in der Bundesrepublik Deutschland. Volkswirtschaftliche Abt. Frankfurt/M.: Deutsche Bank Bulletin – September 1988. Verantwortlich: Walter, N.
Deutscher Bildungsrat (Hg.): Strukturplan für das Bildungswesen. Stuttgart 1970
DIHT-Stellungnahme zum Beschluß der Kommission für die Bildungspolitik beim Parteivorstand der SPD. In: Berufsbildung Weiterbildung Bildungspolitik 1988/89. DIHT Bonn 1989, S. 163
Döring, K. W.: Das Studium Weiterbildungsmanagement. Eine Einführung aus dem Studienführer. Institut für Kommunikationswissenschaft, Medienwissenschaft und Musikwissenschaft an der Technischen Universität Berlin. Internet Text 1997
Dunst, K. H.: Portfolio Management: Konzeption für die strategische Unternehmensplanung. Berlin/New York 1979, 2. Aufl. 1983 S. 96, in: Staehle 1989, S. 605
Dux, G.: Die Logik der Weltbilder. Sinnstrukturen im Wandel der Geschichte. Frankfurt/M. 1982
Dybowski, G./Thomssen, W.: Praxis der Weiterbildung. Untersuchungen über Voraussetzungen und Bedingungen der Weiterbildung von betrieblichen Interessenvertretern. Berlin 1976

Literaturverzeichnis

Effects of Mass Communication 1971, S. 32
Eichenberger, P. C.: Millionen für Bildung – Pfennige für Evaluation. In: Personalwirtschaft 3/1990. Zeitschrift für erfolgreiches Personalmanagement, S. 35 ff.
Engelmann, T.: Business Process Reengineering, Grundlagen – Gestaltungsempfehlungen – Vorgehensmodell. 1997. Aus: Internet www.brptheor.htm
Erpenbeck, J./Weinberg, J.: Menschenbild und Menschenbildung. Bildungstheoretische Konsequenzen der unterschiedlichen Menschenbilder in der ehemaligen DDR und in der heutigen Bundesrepublik. Münster/New York 1993
Esch, D./Glathe, Chr./Schneider, K./Wenzel, H.: Das Kontaktstudium »Lernen im Betrieb«. In: Schriftenreihe des Ministerium für Wissenschaft und Kunst Baden-Württemberg zur Bildungsforschung, Bildungsplanung, Bildungspolitik. Nr. 53. Villingen-Schwenningen 1990
Etzioni, A.: Entscheiden in einer unübersichtlichen Welt. In: Harvard manager Hamburg 1 – 1990, S. 21 ff.

FAA Aktuell: Gesellschaft für berufliche Bildung. Hamburg April/Mai 1991
Faulstich, P.: Qualifizierung des Personal in der Erwachsenenbildung. In: Dedrichs-Kunstmann, K. u. a. s. o.
Faulstich, P.: Qualifizierung des Personals in der Erwachsenenbildung. In: Beiheft zum Report. Dokumentation der Jahrestagung 1995 der Kommission Erwachsenenbildung der Deutschen Gesellschaft für Erziehungswissenschaft. Frankfurt/M. 1996
Faulstich, P.: Wo bleibt die wissenschaftliche Weiterbildung? Zwischen Bildungsmärkten und staatlichen Qualifikationsprogrammen. In: Faulstich, P. (Hg.): Wo bleibt die wissenschaftliche Weiterbildung. Hannover 1989
Fayol, H.: Administration industrielle et generale. Paris 1916; deutsch: Allgemeine und industrielle Verwaltung, München/Berlin 1929
Feigenbaum, A. V.: Total Quality Developments into the 1990's – an international Perspektive. In: EQQC (Hg.): Qualität – Herausforderung und Chance. München 1987
Feuchthofen, J. E.: Ist Bildung noch zu bezahlen? – Zum Märktewandel in der Bildungslandschaft. In: BWP Berufsbildung in Wissenschaft und Praxis. Zeitschrift des BiBB, Berlin 4/95
Flechsig, K.-H./Haller, H.-D.: Einführung in didaktisches Handeln. Stuttgart 1975
Fleischer, H.: Ethik ohne Imperativ. Zur Kritik des moralischen Bewußtseins. Frankfurt/M. 1987
Fopp, L.: Mitarbeiter-Portfolio: Mehr als nur ein Gedankenspiel. In: Pers. 8/1982, S. 333–336
FORCE Weiterbildung in Europa. Kosten der betrieblichen Weiterbildung in Deutschland. Ergebnisse und kritische Anmerkungen. Hg.: Grünewald, U./Moraal, D.: BiBB Bundesinstitut für Berufsbildung, Berlin 1995
Ford, H.: Mein Leben und Werk. Leipzig 1923
Frankfurter Zeitung: »Wenig Neues in der Weiterbildung«. Personalentwicklung: Überbetriebliche Management-Bildung. Frankfurt 10. 4. 89 von Stiefel, R. Th.
Franz, F.: Berufliche Qualifizierung als Instrument der Wirtschaftsförderung. Heft 5/1988 BWP, Berlin
French, W. L./Bell, C. H. jr.: Organization development. 3. Aufl. 1984. Englewood Cliffs, N. J. 1. Aufl. 1973; deutsch: Organisationsentwicklung. 2. Aufl. Bern/Stuttgart 1982
Frey, D./Irle, M.: Theorien der Sozialpsychologie. Gruppen- und Lerntheorien. Bd. II, Bern u. a. 1985
Friedmann, M.: Anwenderbezogene Verwaltungssoftware für eine Bildungseinrichtung –

ein Drama in mehreren Aufzügen. In: Grundlagen der Weiterbildung GdWZ, Neuwied, 6/1995
Froemer, F.: Führungskräfte sollten Konsequenzen aus der Kulturstufe ihres Unternehmens ziehen. In: Handelsblatt Karriere Nr. 15 v. 5./6. 4. 1991, S. K 12

Gabele, E.: Betriebliche Bildungsinhalte im Spiegel akuter inner- und außerbetrieblicher Veränderungen. In: Weber, W. (Hg.) 1983, S. 111–119
Gaerner direkt GmbH und Co KG. Gesellschaft für Direktmarketing. Handbuch 7. Beratung, Training und Weiterbildung. Berater, Trainer, Institute, Veranstalter. Hamm 1989/ 90, 3. Auflage.
Gagne, R. M.: Die Bedingungen des menschlichen Lernens. Hannover 1969
Garvin, D. A.: Die acht Dimensionen der Produktqualität. In: Harvard Manager, 10. Jg. (1988), Nr. 3, S. 66–74
Gates, B.: Der Weg nach vorn. Die Zukunft der Informationsgesellschaft. München 1997
Gäweiler, A.: Portfolio-Management. In: ZfO 4. S. 183–190, 1980
Gäweiler, A.: Unternehmensplanung. Bearb. und erg. v. M. Schwaninger. Vorwort Malik, F. Frankfurt/New York 1986
Gäweiler, A.: Unternehmenssicherung und strategische Planung. In: ZfB 6: S. 362–379
Geißler, H.: Bildungsmanagement: Ein konzeptioneller Aufriß. In: ders. (Hg.). Bildungsmanagement. Frankfurt/M. 1994, S. 14
Gerhard, R./Krüger, W./Sandbrink, D.: Analyse der Weiterbildungsforschung in der Bundesrepublik Deutschland 1973 bis 1977. In: Siebert (Hg.): Taschenbuch der Weiterbildungsforschung. Baltmannsweiler 1979
Gerhard, R.: 17 Methoden und Verfahren der zur Bedarfsermittlung – eine Handreichung. Unveröffentlichtes Manuskript Bielefeld – AUE 1991
Gerl, H.: Evaluation in Lernsituationen. In: Gerl, H./Pehl, K.: Evaluation in der Erwachsenenbildung. Bad Heilbrunn 1983, S. 15 ff.
Gernert, W.: Das Recht der Erwachsenenbildung als Weiterbildung. München 1975
Geyer, G.: Das Beratungs- und Verkaufsgespräch in Banken. Bankleistungen erfolgreich verkaufen. 2. Aufl. Wiesbaden 1985
Goebel, P.: Gründer sind lieber kleiner Herr als großer Knecht. Unternehmerische Kreativität. Handelsblatt Nr. 94 v.17./18. 5. 1991, S. D 3
Goffman, E.: Forms of Talk. Oxford 1981
Graeßner, G./Lischka, I.: Weiterbildung an Hochschulen in Deutschland. Ergebnisse einer Gesamterhebung. Beiträge 33 der Schriftenreihe des AUE Arbeitskreis Universitäre Erwachsenenbildung e. V. Bielefeld 1996
Graumann, C. F.: Einführung in die Psychologie. Bd. 1: Motivation. Bern u. a. 1969
Grochla, E.: Grundlagen der organisatorischen Gestaltung. Stuttgart 1982
Gutenberg, E.: Grundlagen der Betriebswirtschaftslehre. Dritter Band: Die Finanzen. 6. Aufl. Berlin/Heidelberg/New York 1973

Hamacher, P.: Entwicklungsplanung für Weiterbildung. Braunschweig 1976
Hamacher, P.: Weiterbildungsentwicklungsplanung. Fernuniversität Hagen 1978
Handelsblatt Karriere Nr. 5 v. 27./28. 1. 89: Führungskräftefortbildung: Marktschreier dürfen seriöse Anbieter nicht verdrängen. Gespräch mit dem Vorsitzenden des Wuppertaler Kreises
Handelsblatt Karriere: »Programmschnellschuß aus Bad Harzburg verspricht noch keine inhaltliche Sanierung«. Nr. 44, 27./28. 10. 1989, Seite K 3

Literaturverzeichnis

Handelsblatt v. 12. 6. 1990: Weiterbildung: Die Wirtschaft ist bei weitem der größte Finanzier

Handelsblatt Verlagsgruppe: Jahrbuch der Weiterbildung 1991; 1996. Managerweiterbildung – Weiterbildungsmanagement. (Hg.): Schwuchow, K./Gutmann, J., Düsseldorf 1990; 1996

Handelsblatt Karriere Nr. 20 v. 12./13. 05. 1989

Handy, C. B.: Understanding Organisation. 1976

Hans-Böckler-Stiftung: Pressemitteilung vom 17. 07. 1989. BM zur Studie: Die vergessenen Ungelernten – 2,5 Millionen ohne Ausbildung bis zum Jahr 2000. In: CEDEFOP NEWS NO. 4/ August 1989

Harke, D.: Lernprobleme in der beruflichen Erwachsenenbildung. Bundesinstitut für Berufsbildungsforschung. Berlin 1977

Hartge, T.: Multimedia hilft den Lernerfolg sichern. Der Computer als Trainer – Nur maßgeschneiderte Software macht sich bezahlt. In: Handelsblatt Karriere Internet-Service v. 20. 9. 1996

Heckhausen, H.: Motivation und Handeln. Berlin/Heidelberg/ New York 1980

Hedberg, B.: Organizations as Tents – Über die Schwierigkeiten, Organisationsstrukturen flexibel zu gestalten. In: Zukunftsorientierte Unternehmenspolitik. Konzeptionen, Erfahrungen und Reflexionen zur Personal- und Organisationsentwicklung. Hg.: Hinterhuber, H.: St. Laske. Freiburg i. B. 1984, S. 13–47

Heider, F.: The psychology of interpersonal relations. New York 1958; deutsch: Psychologie der interpersonalen Beziehungen. Stuttgart 1977

Heinen, E. u. a.: Unternehmenskultur. München/Wien 1987

Hellriegel, D./Slocum, J. W: Organizational behavior, St. Paul etc. 1976 mit Woodmann, R. W. 4. Aufl. 1986

Henderson, B. D.: Die Erfahrungskurve in der Unternehmensstrategie. Frankfurt/New York 1974

Herzberg, F./Mausner, B./Snydermann, B. B.: The motivation to work. New York etc. 1959, 2. Aufl. 1967

Herzberg, F.: One more time: How do you motivat employees? in HBR 1968, S. 53–62

Herzig, V: Konzept eines PE-Systems in der Praxis – dargestellt am Beispiel Weidmüller GmbH & Co., Detmold. Unveröffentlichtes Manuskript. Detmold 1991

Herzig, V: Qualifizierung von Führungs- und Fachkräften. Unveröffentlichtes Manuskript für den Arbeitskreis Qualifizierung. Bielefeld 1990

Hofmann, H./v. Rosenstiel, L. (Hg.): Funktionale Managementlehre. Berlin u. a. 1988

Hofmann, M: Einführende und grundsätzliche Überlegungen zum funktionalen Management. In: Hofmann, M./Rosenstiel, L. v. (HG): Funktionale Managementlehre. Berlin etc. 1988

Höhler, G.: Die Zukunftsgesellschaft. Düsseldorf/Wien 1986

Höhler, G.: Handelsblatt Nr. 159, 18./19. 08. 1989

Homanns: Interaktionstheorie. 1968 nach Schmitz, E. (1984)

Hopp, K.: Bürokommunikation ohne großen Aufwand. In: Computerland Magazin. Nr. 10, 1991, S. 41

Horvarth, P./Gaydoul, P.: Bestandsaufnahme zur Controllingpraxis in deutschen Unternehmen. In: DB 42/1978, S. 1989 – 1999

Horvarth, P.: Controlling. München 1979, 2. Aufl. 1986

Hrubi, F. R.: Kommunikationsmanagement. 1988, S. 71 ff. In: Hofmann, M. u. a. (Hg): Funktionale Managementlehre

Hüppe, B.: Kommunikationspolitik. 1983 In: Lück, W. (Hg.): Lexikon der Betriebswirtschaftslehre

Literaturverzeichnis

IAB Institut für Arbeitsmarkt- und Berufsforschung der Bundesanstalt für Arbeit. Prognos AG. Hofer, P./Weidig, I./Wolff, H.: Arbeitslandschaft bis 2010 nach Umfang und Tätigkeitsprofilen. Textband und Anlageband. Nürnberg 1989
Industrie- und Handelskammer Ostwestfalen zu Bielefeld (IHK) (Hg.): Weiterbildungsatlas Ostwestfalen. Bielefeld 1989. Redaktion: Merk, R. (sowie unveröffentlichtes Datenmaterial)
Informations- und Kommunikationstechnologien in der Weiterbildung. Materialien zum Bericht der Kommission des Kultusministers NW. Landesinstitut für Schule und Weiterbildung. Soest 1989
Innovationsorientierte Regionalpolitik. Schriftenreihe Raumordnung des Bundesministers für Raumordnung, Bauwesen und Städtebau. BMBau RS II 4. Bonn 1980
Internationale Arbeitsteilung und Raumentwicklung in der Bundesrepublik Deutschland. Szenarien zur Regionalpolitik. Schriftenreihe Raumordnung des Bundesministers für Raumordnung, Bauwesen und Städtebau. BMBau RS II 6. Bonn 1978
Ishihawa, K.: How to apply Company-Wide Quality Control in foreign Countries. In: Quality Progress (QP), September 1989, S. 70–74
ISIS PC-Report 2/1996. Hg.: Nomina Gesellschaft für Wirtschafts- und Verwaltungsregister mbH, München, Hansastr. 28

Jagenlauf, M.: Evaluation – Wirkungskontrolle. In: Schmitz, E./Tietgens, H. (Hg.): Enzyklopädie Erziehungswissenschaft. Bd. 11 Erwachsenenbildung. Stuttgart 1984
Joas, H.: Rollen und Interaktionstheorien in der Sozialisationsforschung. Weinheim/Basel 1980, S 147 ff.
Jochimsen, R.: Die Bedeutung beruflicher Qualifizierung im Rahmen der regionalen Strukturpolitik. In: Report 24 Literatur- und Forschungsreport Weiterbildung, Dezember 1989., S. 140

Kamiske, G. F./Brauer, J.-P.: Qualitätsmanagement von A bis Z. Erläuterungen moderner Begriffe des Qualitätsmanagements. München/Wien, 2. Aufl. 1995
Kaspar, H.: Die Prozeßorientierung in der Organisationslehre. Ein Beitrag zum Organisationsmanagement. In: Hofmann, W. u. a. (Hg.): Funktionale Managementlehre. Berlin etc. 1988, S. 353 ff.
Kaufmännische Betriebswirtschaftslehre. Hauptausgabe. Fachbuchreihe für wirtschaftliche Bildung. Wuppertal, 16. Aufl. 1983
Keller, I.: Das CI-Dilemma. Abschied von falschen Illusionen. Wiesbaden 1990
Kern, H./Schumann, M.: Das Ende der Arbeitsteilung? München 3. Aufl. 1984/86
Kern, H./Schumann, M.: Industriearbeit und Arbeiterbewußtsein. Frankfurt/M. 1970
Kiesker, A./Kubicek, H.: Organisation. Berlin/New York 1976, 2. Aufl. 1983
Kirkpatrick (1959) In: Eichenberger, P. C.: Personalwirtschaft 3/1990, S. 35 ff.
Klein, H./Hiltel: Qualifizierung von Aussiedlern. Unveröffentlichtes Manuskript für den Arbeitskreis Qualifizierung. Bielefeld 1990
Klieber Marketing & Kommunikation: BOW-Programmkonzeption. Werbeagentur. Steinhagen Bielefeld 1989
Klönne/Borowczak, W./Voelzkow, H.: Strategien regionaler Technikansiedlung. Sotech v. 13.12.88
Knöchel, W./Trier, M.: Erwerb sozialer Kompetenz. Bedingung für qualifiziertes berufliches und außerberufliches Handeln. In: QUEM Bulletin. Berufliche Kompetenzentwicklung. Berlin Dez. 1996

Literaturverzeichnis

Kohli, M.: Erwachsenensozialisation. In: Schmitz, E./Tietgens, H. (Hg.): Enzyklopädie Erziehungswissenschaft. Bd. 11 Erwachsenenbildung. Stuttgart 1984, S. 124–142
Koontz, H./O'Donnell, C.: Management: A System an contingency analysis of managerial functions. 1955. New York, 8. Aufl. 1984
Kosiol, E.: Organisation der Unternehmung. Wiesbaden 1962. 2. Aufl. 1976
Kotler, P.: Marketing-Management. Analyse, Planung und Kontrolle. Einmalige und limitierte Sonderausgabe der 4., völlig neubearbeiteten Auflage. Stuttgart 1989
Krech, D./Crutchfield, R. S./Ballachey, E. L.: Individual in society. Tokyo etc. 1962
Krugmann, H.: The Impact of Television Advertising: Learning without Involvement. Public Opinion Quarterly. 1965, S. 349–356
Kuhlwein, E.: Im Blickpunkt: Weiterbildungspolitik und europäischer Binnenmarkt. Grundlagen der Weiterbildung. Heft 1, 1990
Künzel, K./Böse, G.: Werbung für Weiterbildung. Motivationsstrategien für lebenslanges Lernen. Luchterhand Neuwied/Kriftel/Berlin 1995
Kuratorium der deutschen Wirtschaft für Berufsbildung: Zukunftsaufgabe Berufliche Weiterbildung. Grundpositionen der Wirtschaft. Bonn 1990
Kurs Direkt: Online – Datenbank; Institut der deutschen Wirtschaft Köln, Postfach 510669, 50942 Köln

Landsberg, G. v.: Weiterbildungscontrolling. In: Schlaffke, W./Weiß (Hg.): Tendenzen betrieblicher Weiterbildung. Aufgaben für Forschung und Praxis. Köln 1990, S. 353
Langen, H.: Cash flow. In: Lexikon der Betriebswirtschaftslehre (Hg.): Lück, W. Landsberg/Lech 1983, S. 219
Laszlo, E.: Warum Evolutionäres Management? In: Lehmann, R. G.: Weiterbildung und Management. Planung, Praxis, Methoden, Medien. Landsberg/Lech 1994
Laux/Liermann 1988, S. 95 ff.: Entscheidungsmanagement. In: Hofmann, M. u. a. (Hg.): Funktionale Managementlehre
Lay, R.: Dialektik für Manager. Einübung in die Kunst des Überzeugens. München 1976
Levi-Strauss, C.: Mythos und Bedeutung. Frankfurt/M. 1980
Levitt, T.: Marketing Myopia. Harvard Business Review. Sept.-Nov. 1965, S. 26–44, S. 173–181
Levitt, T.: The Marketing Mode. Pathways to Corporate Growth. New York 1969, S. 7–8
Lewin, K.: Field theory in social sciences. London, Tavistok 1951; deutsch: Feldtheorie in den Sozialwissenschaften. Bern 1963
Lewin, K.: Grundzüge der topologischen Psychologie. Bern/Stuttgart 1969
Lievegoed, B. C. J.: Organisationen im Wandel. Bern/Stuttgart 1974
Literatur- und Forschungsreport Weiterbildung. Halbjahreszeitschrift erscheint seit 1978. Dokumentiert wird die aktuelle Debatte in der Erwachsenenbildung. Herausgebende Institution: Das Deutsche Institut für Erwachsenenbildung (DIE), Frankfurt/M.
Livingston, J. S.: Motivation: Pygmalions Gesetz. In: Harvardmanager 1 – 1990, S. 90 ff.
Loomba, N. P.: Management – a quantitative perspective. New York/London 1978
Löwe, H.: Einführung in die Lernpsychologie des Erwachsenenalters. Berlin 1970
Lück, W. (Hg.): Lexikon der Betriebswirtschaftslehre. Landsberg/Lech, 1. Aufl. 1983
Luhmann, N.: Funktionen und Folgen formaler Organisation. Berlin 1964
Luhmann, N.: Soziale Systeme – Grundriß einer allgemeinen Theorie. Frankfurt/M. 1984
Luhmann, N.: Zweckbegriff und Systemrationalität. Tübingen 1968
Luthans, F./Kreitner, R.: Organisational behavior modification and beyhond. An operant and social learning approach. 2. Aufl. Glenview/London 1985

Literaturverzeichnis

Mahari, J. I./Schade, M.: Das Jahrbuch der Weiterbildung Seminarführer '91 m managermagazin. Hamburg 2. Aufl. 1990
Malik, F./Helsing, S.: Planungsmanagement. In: Hofmann, H. u. a. (Hg.): Funktionale Managementlehre. Berlin etc. 1988
Management Wissen 1991. Nr. 2, S. 95 f: Raumforderungen. Wie Seminarveranstalter in die Infrastruktur beurteilen.
Managermagazin 5/1991: Viel Geld für nichts. Karriere + Wissen. Weiterbildung I – III. Hamburg 1991, S. 226 ff.
Markowitz, H. M.: Portfolio selection. Efficient diversifications of investments. New York 1959
Marr, R.: Strategisches Personalmanagement – des Kaisers neue Kleider? In: Management Forum. Bd. 6, 1986, S. 13–23
Maslow, A. H.: A theory of human motivation. In PR 1943, S. 370–396
Maslow, A. H.: Motivation and personality. New York etc. 1954; deutsch: Motivation und Persönlichkeit. Olten/Freiburg i. Br. 1977
Mayntz, R.: Soziologie der Organisation. Reinbeck bei Hamburg 1963
Mayo, G. E.: Industrial Research. Harvard Uni 1926
McClelland, D. C./Atkinson, J. W./Clark, R. A./Lowell, E. L.: The achievement. New York 1953
McGregor, D.: The human side of enterprise. New York 1960; deutsch: Der Mensch im Unternehmen. Düsseldorf, 3. Aufl. 1973
Mead, G. H.: Geist, Identität und Gesellschaft. Frankfurt 1973
Meder, N./Flechsig, K.-H.: Wissensorganisation. Gesellschaft für didaktisches Design. Bielefeld 1996.
Meder, N.: Multimedia in der Ausbildung von Pädagogen und Pädagoginnen. Vortrag auf der Jahrestagung der DGfE, Halle 1996
Merk, R./Müller-Siebers, K.: Arbeitsplatzorientierte Beratung und Qualifizierung in vernetzten Organisations- und Produktionsstrukturen. Zwischenbericht. Bildungswerk der ostwestfälisch-lippischen Wirtschaft – BOW. e. V., Bielefeld 1996
Merk, R.: Anschlußlernen im Prozeß der Arbeit. Didaktisches Konzept zur Lerntheorie des Arbeitshandelns. Bielefeld 1994 (unveröffentlichtes Skript)
Merk, R.: Ideen realisieren – Rezepte, wofür es keine Rezepte gibt? In: Report 24. Literatur- und Forschungsreport Weiterbildung. Thema: Rezepte in der Weiterbildung. HG: Nuissl, E./Siebert, H./Weinberg, J., Münster, Dezember 1989
Merk, R.: Lehren, Lernen und Verständigung. Erwachsenenbildung mit benachteiligten Jugendlichen als Lehr- und Lernprozeß antizipatorischer Sozialisation. Bielefeld 1989
Merk, R.: PädagogInnen machen sich selbständig. Bildungsmarkt der Zukunft. Anregungen zur Existenzgründung. Luchterhand Neuwied 1997. Kapitel 7: Zukunftsperspektiven. Die Aussichten des Bildungsmarktes erkunden.
Merk, R.: Weiterbildungsmanagement für die 90er Jahre in unternehmerischen Zusammenhängen. In: Lehmann, R. G.: Weiterbildung und Management: Planung, Praxis, Methoden, Medien. 1994
Mertens, D.: Das Konzept der Schlüsselqualifikationen als Flexibilisierungsinstrument. In: Siebert, H./Weinberg, J. (Hg.): Literatur- und Forschungsreport Weiterbildung. Münster 2/1988
Mertens, D.: Schlüsselqualifikationen. Thesen zur Schulung für eine moderne Gesellschaft. In: Institut für Arbeitsmarkt- und Berufsforschung (Hg). Mitteilungen aus der Arbeitsmarkt- und Berufsforschung. H. 7, H. 1, Nürnberg 1974
Meyer, A./Mattmüller, R.: Marketing. In: Corsten, H./Reiß, M. (Hg.): Betriebswirtschaftslehre. München/Wien 1994

Meyer, J. W./Rowan, B.: Institutionalized organizations. Formal structure as a myth an ceremony. In: AJS 83/1977, S. 340–363
Miles, R. E.: Theories of management. New York etc. 1975
Minister für Wirtschaft, Mittelstand und Technologie – Pressemitteilung – vom 10. 10. 1989. Düsseldorf
Mintzberg, H.: Strategie als Handwerk. Von den Grenzen formaler Planung. Harvardmanager Hamburg I. 1988.
Mintzberg, H.: The natur of managerial work. New York 1973
Mintzberg, H.: Zwischen Fakt und Fiktion – der schwierige Beruf Manager. In: Harvardmanager Hamburg IV. 1990, S. 86–98
Moreno, J. L.: Who shall survive? Washington, D. C. (1934); deutsch: Die Grundlagen der Soziometrie. Köln/Opladen 1954, 3. Aufl. 1974
Münsterberg, H.: Psychologie und Wirtschaftsleben. Leipzig 1912

Nagel, K.: Erfolg durch effizientes Arbeiten, Entscheiden, Vermitteln und Lernen. München 3. Aufl. 1988, S. 50 ff.
Nagel, K.: Praktische Unternehmensführung. Analysen, Instrumente, Methoden. mi verlag moderne industrie, Landsberg/Lech 1995 – hierzu wird der Interne Management-Berater als Training bundesweit von den Industrie- und Handelskammern durchgeführt.
Nagel, K.: Weiterbildung als strategischer Erfolgsfaktor. Der Weg zum unternehmerisch denkenden Mitarbeiter. Landsberg/Lech 1990
Neu, K.-H./Domnik, H.: Qualifizierung von un- und angelernten Arbeitnehmern. Unveröffentlichtes Manuskript für den Arbeitskreis Qualifizierung. Bielefeld 1990

Oevermann, U.: Ansätze zu einer soziologischen Sozialisationstheorie und ihre Konsequenzen für die allgemeine soziologische Analyse. In: Köln. Z. f. Soziologie und Sozialpsychologie, Sonderheft 21, 1979. S. 143 ff.
Oevermann, U.: Professionalisierung und Professionalisierbarkeit pädagogischen Handelns. Referat im Institut für Sozialpädagogik und Erwachsenenbildung der FU, Mimeo, Berlin 1981.
Olfert, K./Rahn, H.-J. (Hg.): Lexikon der Betriebswirtschaftslehre. Ludwigshafen 1996
Olfert, K.: Personalwirtschaft. Kompendium der praktischen Betriebswirtschaft. Ludwigshafen 1985
ORBIS für Windows. Weiterbildung im Aufwind. Organisation mit ORBIS für Windos. Hg.: Dr. Materna GmbH, Dortmund 1995

Peacock, R.: Ein Qualitätspreis für Europa. In: Qualität und Zuverlässigkeit (QZ), 37. Jg. 1992, Nr. 9, S. 525–528
Peccei, A. (Hg.): Club of Rome. Bericht für die achtziger Jahre. Zukunftschance Lernen. Wien etc. 1979, 1. Aufl. 1980
Peters, T. J./Waterman jun., R. H.: Auf der Suche nach Spitzenleistungen. Was man von den bestgeführten US-Unternehmen lernen kann. Landsberg/Lech 10. Aufl. 1984
Pfohl, H.-Chr./Braun, G. E.: Entscheidungstheorie, Normative und deskriptive Grundlagen des Entscheidens. Landsberg am Lech 1981, S. 26, 81. In: Lück (Hg.): Lexikon der Betriebswirtschaftslehre. 1983, S. 319
Pichler, O.: Der Wertewandel und seine Konsequenzen für Unternehmen. In: Krise und

Literaturverzeichnis

Krisenbewältigung. Sozial- und wirtschaftswissenschaftliche Beiträge zur Krisenforschung. Holzmüller, W. J./Schwarzer, S. (Hg.). Wien 1985
Picht, G./Edding, F. u. a. (Hg.): Leitlinien der Erwachsenenbildung. Braunschweig 1972
Plessner, H.: Mit anderen Augen. Aspekte einer philosophischen Anthropologie. Stuttgart 1982

QUEM-Bulletin: Weiterbildung in der Transformation von Peter Meyer-Dohm. Berlin 1/ 1997

REFA-Verband für Arbeitsstudien und Betriebsorganisation. Bildungsprogramm. Bielefeld 1990
Reimann, H.: Bedarfsanalyse/Bedarfsermittlung. In: Unveröffentlichtes Manuskript. Hettich & Co. KG. Kirchlengern 1991
Reinhardt, R./Schweiker, U.: Lernfähige Organisationen: System ohne Grenzen? Theoretische Rahmenbedingungen und praktische Konsequenzen. In: Geißler, H. (Hg.): Organisationslernen und Weiterbildung. Die strategische Antwort auf die Herausforderungen der Zukunft. Neuwied, Kriftel, Berlin 1995
Rentrop, N.: Die Geschäftsidee. Unternehmenskonzept 23. Seminarveranstalter. Bonn 1980
Report 25/1990: Professionalisierung – Professionalität – Humor und Erwachsenenbildung. In: Literatur- und Forschungsreport Weiterbildung; (Hg.): Nussil, E./Siebert, H./Weinberg, J./ Tietgens, H., Juni 1990
Rosenstiel, L. v.: Motivationsmanagement. In: Hofmann, M. u. a.: Funktionale Managementlehre. Berlin etc. 1988, S. 214 ff.
Rumpelhardt, M.: Das Know-how durch Einbringung des Wissens in ein Expertensystem sichern. Handelsblatt Nr. 51 vom 13. 03. 1990

Sander, K.: Strukturen der Führung von Mitarbeitern. Steuerung und Kontrolle beruflicher Arbeit. In: Hofmann, M./Rosenstiel v., L. (HG): Funktionale Managementlehre. Berlin etc. 1988, S. 38 ff.
Sass, J. u. a.: Weiterbildung und betriebliche Arbeitskräftepolitik. Köln/Frankfurt/M. 1974
Sauter, E./Harke, D.: Qualität und Wirtschaftlichkeit beruflicher Weiterbildung. Bericht über ein Projekt zur Festlegung und Sicherung der Qualität von Bildungsmaßnahmen der Arbeitsämter. In: Berichte zur beruflichen Bildung. Bundesinstitut für Berufsbildung. Berlin 1988, Heft 99
Sauter, E.: Erwachsenenbildung in Relation zum Arbeitsmarkt. In: Enzyklopädie Erziehungswissenschaft. (Hg.): Schmitz, E. u. a. Stuttgart 1984, S. 187 ff.
Schanz, G.: Verhalten in Wirtschaftsorganisationen. München 1978, S. 82 ff.
Schlaffke, W./Weiß, R.: Ergebnisse des Instituts der deutschen Wirtschaft: Pressekonferenz am 4. 10. 1989. Erste Ergebnisse der Repräsentativuntersuchung: Kosten und Strukturen der betrieblichen Weiterbildung
Schlaffke, W./Weiß, R.: Tendenzen betrieblicher Weiterbildung. Aufgaben für Forschung und Praxis. Köln 1990
Schlutz, E.: Sprache, Bildung und Verständigung. Bad Heilbrunn 1984
Schmidt, R./Weinberg, J.: Weiterbildung als Lernhandeln; Untersuchungen zur didaktischen Begründung und Realisierung eines Seminarmodells für die Weiterbildung von betrieblichen Interessenvertretern. Münster 1978

Literaturverzeichnis

Schmitz, E./Tietgens, H. (Hg.): Enzyklopädie Erziehungswissenschaft. Bd. 11. Erwachsenenbildung. Stuttgart 1984

Schmitz, E.: Antizipatorische Sozialisation. Bildungsinteresse und Statusübergänge. In: H. Becker u. a.: Wissenschaftliche Perspektiven zur Erwachsenenbildung. Braunschweig 1982

Schmitz, E.: Erwachsenenbildung als lebensweltbezogener Erkenntnisprozeß. In: Enzyklopädie Erziehungswissenschaft. Handbuch Bd. 11, Stuttgart 1984

Schoenfeld, H.- M.: Betriebswirtschaftslehre im angloamerikanischen Raum. In: Grochla/ Wittmann (Hg.) HWB, Stuttgart 1984

Schramm, W./Roberts, D. F. (Hg.): The Process and Effects of Mass Communication. Urbana: Universität of Illinois Press. 1971, S. 32

Schröder, H.: Teilnehmerschwund. In: Siebert, H. (Hg.): Taschenbuch der Weiterbildungsforschung. Baltmannsweiler 1979, S. 537 ff.

Schubert, J.: Basisinnovationen stehen am Anfang von Wirtschaftszyklen. In: Zeitungskolleg – Mikroprozessoren. Deutsches Institut für Fernstudien an der Universität Tübingen, 1980, S. 15

Seipel, M.: Studie zur Weiterbildungsszene Deutschland. In: Training aktuell. Bonn 1994

Seminare '97. Das Jahrbuch der Management-Weiterbildung 1997. Bonn, 8. Auflage 1997

Serfling, K.: Controlling. Stuttgart etc. 1983

Siebert, H. (Hg.): Taschenbuch der Weiterbildungsforschung. Baltmannsweiler 1979

Siebert, H.: Didaktisches Handeln in der Erwachsenenbildung. Didaktik aus konstruktivistischer Sicht. Neuwied 1996

Siebert, H.: Erwachsenenpädagogische Didaktik. In: Enzyklopädie Erziehungswissenschaft. Handbuch und Lexikon der Erziehung. (Hg.): Schmitz, E./Tietgens, H. Stuttgart 1984

Siegwart, H./Menzl, I.: Kontrolle als Führungsaufgabe. Bern/Stuttgart 1978

SPD-Bildungskommission: »Beschluß der Kommission für Bildungspolitik beim SPD-Vorstand vom 15. 03. 1990«. Bonn 1990

Staehle, W. H./Grabatin, G.: Effizienz von Organisationen. In: DBW 1 B/ 1979, S. 89–102

Staehle, W. H.: Management. Eine verhaltenswissenschaftliche Perspektive. München 1990, 5. Auflage.

Stahl, Th./Koch, J.: 12 Schritte zur Mitarbeiterqualifizierung. Handreichung zur Ermittlung des Weiterbildungsbedarfs. BMBW Bonn 1990

Steinbuch, O.: Personalwirtschaft. Ludwigshafen, 2. Aufl. 1985

Stern, W.: Die differentielle Psychologie. Leipzig 1900

Stiefel, R. Th.: Die Mitarbeiter sind unser wertvollstes Kapital. Teil I, II; St. Gallen 11/1989 und 2/1990.

Stiefel, R. Th.: Wenig Neues in der Weiterbildung. Personalentwicklung: Überbetriebliche Management-Bildung. In: Frankfurter Allgemeine Zeitung 1989 v v. 10. 4. 89. Blick durch die Wirtschaft

Swoboda, P: Investition (Überblick); Blohm, H.: Prüfung der Investition; Zechner, J.: Investitionsalternativen; Steiner, M.: Investitionsanalyse. In: Lück (Hg.): Lexikon der Betriebswirtschaft. Landsberg/Lech 1983, S. 542 ff.

TAM Trainer Akademie München: Transfertraining. Fulda 1990

Tannenberg, R./Schmidt, W. H.: How to chose a leadership pattern; in HBR March/Apr. 1958, S. 95–101

Taylor, F. W. (1911/1917): The principles of scientific management. New York 1911; deutsch: Die Grundsätze der wissenschaftlichen Betriebsführung. Berlin/München 1917

Literaturverzeichnis

Thom, N.: Organisationsmanagement. Bewertung und Auswahl einer effizienten Organisationsform für Unternehmungen. In: Hofmann, M. u. a. (Hg.): Funktionale Managementlehre. Berlin etc. 1988, S. 322 ff.
Tietgens, H./Weinberg, J.: Erwachsene im Feld des Lehrens und Lernens. Braunschweig 1971, Aufl. 1975
Tietgens, H.: Schwierigkeiten, über Theorien der Erwachsenenbildung zu schreiben. In: Siebert, H./Weinberg, J. (HG.): Literatur- und Forschungsreport Weiterbildung. Münster 2/1988
Timmermann, D./Witthaus, U./Wittwer, W./Zimmermann, D. A. (Hg.): Qualitätsmanagement in der betrieblichen Bildung. W. Bertelsmann Verlag, Bielefeld 1996
Töpfer, A./Mehdorn, H.: Total Quality Management. Berlin, 2. Aufl. 1993
Turner, R. H.: The Real Self: From Institution to Impulse. In: The Am. J. of Sociol. 81 (1975)
Turner, R. H.: The Role and the Person. In: The Am. J. of Sociol. 84 (1978)

Vath, R.: Professionalisierung in der Erwachsenenbildung. In: Schmitz, E./Tietgens, H.: Enzyklopädie Erziehungswissenschaft. Stuttgart 1984
Vester, F.: Denken, Lernen, Vergessen. München 1978, 10. Aufl. 1983
Vester, F.: Neuland des Denkens. München 1984
Vogel, G./Angermann, H.: dtv Atlas zur Biologie. Bd. 1, München, 8. Aufl. 1974, S. 25
Vroom, V. H./Yetton, P. W.: leadership and decisionmaking. Pittsburgh 1973
Vroom, V. H.: Work and motivation. New York etc. 1964

Wagner, B.: Qualifizierung von Jugendlichen. Unveröffentlichtes Manuskript für den Arbeitskreis Qualifizierung. Bielefeld 1990
Waterman, R. H.: Leistung durch Innovation. The Renewal Factor. Strategien zur unternehmerischen Zukunftssicherung. Hamburg 1987, S. 15
Weber, M.: Wirtschaft und Gesellschaft. 5. Aufl. Tübingen 1972; 1. Aufl. 1921
Weber, W. (Hg.): Betriebliche Aus- und Weiterbildung. Paderborn etc. 1983
Weber, W. (Hg.): Betriebliche Weiterbildung. Stuttgart 1985
Weinberg, J./Merk, R: Erkundungsseminar: Kommunikative Arbeitssituationen in der Weiterbildung. Unveröffentlichtes Seminarskript. Münster 1979
Weinberg, J./Heyse, V.: Institut für selbstorganisiertes Lernen und multimediale Kommunikation e. V. i. G, 10402 Berlin, Storkower Str. 158/ 48165 Berlin, Barlachstr. 17
Weinberg, J.: Synopse der Themenschwerpunkte Erwachsenenbildung und der didaktischen Handlungsebenen. Münster 1977,
Weinberg, J.: Einführung in das Studium der Erwachsenenbildung. Bad Heilbrunn/Obb. 1989
Weiterbildungsentwicklungsplan (3) der Stadt Bielefeld. 1988 – 1993. Stadt Bielefeld. Volkshochschule 1990, S. 153
Weiterbildungsstatistik der Wirtschaftskammern NW 1991. Weiterbildung in Nordrhein-Westfalen. Gemeinsame Weiterbildungsstatistik der Industrie- und Handelskammern und der Handwerkskammern in NW. 1988 – 1990
WEP Weiterbildungsentwicklungsplan 1987 – 1992. VHS-Reckenberg-Ems, April 1990
Werder, L. v.: Alltägliche Erwachsenenbildung. Weinheim u. a. 1980
Witte, E.: Immaterielle Investitionen. In: Rationalisierung 10/1962, S. 237 f.
Wöhe, G.: Einführung in die Allgemeine Betriebswirtschaftslehre. München, 12. Aufl. 1976

Literaturverzeichnis

Wolff, R.: Der Prozeß des Organisierens. Zu einer Theorie des organisationalen Lernens. Spardorf 1982, S. 166; nach Kaspar, H.: Die Prozeßorientierung in der Organisationstheorie. In: Hofmann, M.: Funktionale Managementlehre, 1988
Wunderer, R./Sailer, M.: Personalverantwortliche und Controlling: Ergebnisse einer Umfrage. In: controller magazin, 3/1988)
Wundt, W. (1874): Grundzüge der physiologischen Psychologie. Leipzig 1874

Zinn, K. G.: Die Selbstzerstörung der Wachstumsgesellschaft. Politisches Handeln im ökonomischen System. Reinbeck bei Hamburg 1980
Zirfreund, W.: Konzept für ein Training des Lehrverhaltens mit Fernsehaufzeichnungen in Kleingruppen-Seminaren. Beiheft zur Zeitschrift »Programmiertes Lernen, Unterrichtstechnologie und Unterrichtsforschung 1966«

STICHWORTVERZEICHNIS

Abbauen 146
ABC-Analyse 324
Ablaufmodell 264
Abschöpfen 145
AEG-Finanzierung 127
AIDA 296
Akquisition 165
Analyse- und Erhebungsverfahren 179
Angebotstypologie 41
Anschlußlernen 87
Ansoff-Raster: Produkt-Markt-Matrix 105
Anspruchsniveau 13
Arbeitnehmer 431
Arbeitnehmerorganisationen 51
Arbeits- und Führungsstil 232
Arbeitsebenen 148
Arbeitshandeln 87
Arbeitsmarktpolitik 413
Aufbauen 145
Aufbauorganigramm 262
Aufgaben- und Beziehungsorientierung 233
Aufgabenkultur 278
Aufmerksamkeitsmodell 304
Aufwendungen 395
Ausgangslage 210
Auslastung von Betriebsstätten 265
Aussiedler 413

Bedarf 179
Bedarfsanalyse 178
Bedarfsbeziehung 177
Bedarfsermittlung 177
Bedingungsgefüge: Lehr-Lernsituation 192
Bedürfnisse 179
Begriff der Bildung 419
Beratung von Teilnehmern 81
Beratungskonzept 80
Berufsbild des Trainers 64

Berufsbildende Schulen, 49
Berufsziel 432
Beschäftigungsmodell 287
beschäftigungssichernde Bildungsmaßnahmen 403
Betriebliche Aus- und Weiterbildung 49
Betriebliche Beratung 81
Betriebsorganisation 253
Betriebswirtschaft 426
Beurteilung von Bildungserfolg 379
Bilanz 116
Bildung das Mega-Thema 86
Bildung und Ökonomie 54
Bildungs- oder Weiterbildungsmanager 83
Bildungsanbieter 19, 55, 89, 398
Bildungsangebot 250
Bildungsangebote: Gliederung 42
Bildungsbilanz 382
Bildungseinrichtungen der Wirtschaft 9
Bildungserfolgscontrolling 272, 371
Bildungsmanager 20, 433
Bildungsmarketings 52
Bildungsmarkt 56
Bildungsmarkt: Anbieter und Nutzer 47
bildungspolitische Sichtweise 5
bildungspolitisches Marketingkonzept 59
Bildungsprozesse 422
Bildungsunternehmen 429
Bildungsverbünde 51
Bildungswahlverhalten 397
Blickrichtungen des Qualitätsbegriffs 72
Botschaft 297
Botschaftsinhalt 305
Botschaftsstruktur 306
Break-Even-Tabelle 132
Budgetzusammensetzung 295
Bürokommunikationsmittel 346

Capabilities 161
CI-Maßnahmen 275
CI-Mix 279

Stichwortverzeichnis

computerbasierte Marktwirtschaft 286
Controlling 371
Corporate Design 34
Corporate Identity 34
Corporate Standards 34
Corporate-Behavior 280
Corporate-Communication 280
Corporate-Design 279
Corporate-Identity 270, 272

Datenbanken 82
Defizite in der Weiterbildung 8
Defizit-Modell 11
Didaktik 65
Didaktische Handlungsebenen 66
didaktische Management 66
didaktische Planung 185, 329
didaktischer Arbeitsprozeß 164
didaktischer Planungsprozeß 90
Dienstleistungen 20, 36
DIN-ISO 9000–9004 71
Dispositionsfunktion 93
Doppel-Helix 15
Dozenten 188

Effizienz eingespielter Teams 269
Effizienzkriterien 330
Eigentümer 95
Einrichtungen der Wirtschaft 50
Endverhalten 241
Entscheidungsbaum 320
Entscheidungskompetenzen 309
Entscheidungsmanagement 271, 308
Entscheidungsmodelle 310
Entscheidungsprozeß 317
Entscheidungsstrukturen 317
Entscheidungssystem 313
Entscheidungstabellentechnik 323
Entstehung einer Organisation 95
Entwicklungskonzepte 6
Entwicklungsprozeß 95
Entwicklungsschub 400
Erfahrungsansatz 222
Erfahrungskurve 105
Erfahrungs-Wert-Faktoren 224
Erfolgsmessung 370
Erfolgspotentiale 3, 35
Erfolgsrezepte 13

Erhalten 145
Erklärungsansätze: Motivation und Lernen 366
Ermittlungsmethoden 181
Erwachsenenbildung 38
Erwartungs-Wert-Theorien 219
Erziehungswissenschaft 426
Evaluation 371
Evaluationskonzepte 374
Existenzgründungen 432

Fach- und Führungskräfte 410
Faktorenanalyse 389
Feedback-Kontrolle 376
Feedforward-Kontrolle 376
Feldstruktur 193
Finanzierungen von
Bildungsmaßnahmen 126
Finanzplan 120
Finanzpläne 114
Finanzstrategie 125
Finanzwirtschaft 115
finanzwirtschaftlicher Prozeß 114
Firmenkonjunktur 45
Firmenkultur 97
Firmenzeichens 279
Flexibilität 88
Flußdiagramm 318
Force Field Analysis 335
Forderungen 124
Frauenförderung 411
Freiberufler 429
Führung und Management 13
Führungskräfteentwicklung 87
Führungspositionen 270
Funktionale Managementlehre 30
Funktionale Organisation 341
funktionales Managerhandeln 92

Geld/Kredit 116
gemischtwirtschaftliches System 39
Geschäftsbereichsorganisationen 343
Gespräche mit Auftraggebern 155
Gesprächstypen 158
Grenze der Motivation 359
Grenzsituationen 425
Gründerwelle 19

Stichwortverzeichnis

Hochschulabsolventen 430
Hochschulen 9, 49
Hürden der Konzeptentwicklung 167

Ideen 171
Ideen-Ausscheidungskurve 169
Identität 274
Identitäts-Konzepts 282
Image 186
Individualentscheidungen 311
Individualisierung von Weiterbildung 404
Individual-Modell 11
Informationsbedarf 292
Informationsgesellschaft 285
Informationsmanagements 271
Informationssysteme 88
Innovationen 166
Innovationsleistungen 12
Innovationsmanagement 270
Innovativ 13
Institutionentypologie 40
Interaktionsvorgänge 229
Internet 285
Investition 118
Investitionen 88
Investitions-Modell 10
Investitionsmotiv 52
Investitionsrechnung 118

Jahresaufstellung 139
Jahresrechnung 140
Jahrzehnt der Weiterbildung 1
Jugendliche 411

Kalkulation 129
Kalkulation Tagesseminar 130
Kalkulation Vollzeitlehrgang 133
Kapitalkosten 117
Kapitalabfluß 122
Kapitalbedarfsrechnung 122
Kapitalbeschaffung 117
Kapital/Vermögen 115
Karriere 361
Käufermarkt 58
Kausalanalyse 320
Kennzahlen 139
Know-how 15

Knowledge-Inseln 16
Kommunale: Weiterbildung 6
Kommunikation 150
Kommunikation der Verständigung 22
Kommunikation im pädagogischen Feld 22
Kommunikationsbedarf 292
Kommunikationsentscheidungen 292
Kommunikationsmanagement 271
Kommunikations-Marketing 294
Kommunikationsmix 296
Kommunikationsnetze 293
Kommunikationsprofile 298
Kommunikationsprozeß 293
Kommunikationssituationen 290
Kommunikative Arbeitssituationen 150
kommunikative Praxis 37
Kommunikativer Situationsbegriff 291
Kompetenzen 14
Kompetenzen: personale 15
Kompetenzentwicklung 2
Kompetenzvermittlung 3
Komplexität der Wirklichkeit 269
Kontroll- und Wirkungsmanagement 272, 370
Konzept- und Produktentwicklung 164
Konzeptentwicklung 166
Konzeptionslosigkeit 8
Kostenarten 134
Kostendisposition 129, 134
Kostenfaktor 399
Kostensparen 134
Kreativ 13
Kreditkonditionen 117
Kreditwürdigkeit: Begriff 116
Krisenmanagement 18
Kriterienkatalog 186
Kriterienkatalog: Konzeptentwicklung 186
Kultur- und Innovationsmanagement 273
Kulturstufen 284
Kultur-Typologie 277
Kundenfinanzierung 127
Kundengruppen 52
Kundennutzen 187, 384
Kundenorientierung 21
Kursgeschäft 18

Langzeitarbeitslosigkeit 414

Stichwortverzeichnis

Lebens- und Lernvermögen 15
Lehr- und Lerninhalte 208
Lehrende 203
Lehrfunktion 93
Lehrkräfte 202
leistungsfähige Teams 358
Leitsätze für Managerhandeln 32
Lern- und Motivationsmanagements 272
Lernbegriffe 194
Lernen 16
Lernen im Prozeß 87
Lernende 200
lernfähige Organisation 17, 350, 394
Lernfähigkeit 351
Lernfähigkeit einer Bildungseinrichtungen 17
Lerngruppe 201, 204
Lernhandeln 87
Lernkurve 209
Lernmodell 303
Linienorganisation 340
Liquidität 124
Logogestaltung 253

Machtkultur 277
Management: Begriff 27
Managementansätze 29
Managementaufgabe 26
Management-by-Konzepte 325
Managemententwicklung 28
Management-Informations-Systems 292
Managementprozeß 90, 268
Managementsystem 88
Managen 13
Managerbild 31
Mannheimer CI-Test 281
Markenzeichen 248, 279
Marketing-Mix 60
Marketingprogramme 58
Marketingprozeß 57
Marketingstrategie 174
Markt der Weiterbildung 10
Markt- und Produktbezug 97
Marktanpassung 4
Marktchancenanalyse 57
Marktdefinition 103
Marktfähige Konzepte 54
Marktfähigkeit 55
Marktfaktoren 96

Marktgesetz 104
Marktkonstellationen 59
Marktposition 102
Marktpreises 53
Marktsektoren 388
Marktstrategie 47, 176
Marktvolumen 395
Marktzugangsregeln 45
Matrix-Organisation 342
Medium der Sprache 231
Menschen- und Organisationsbilder 269
Methoden 190
Mißmanagement 313
Mitarbeitermotivation 360
Mitarbeiter-Portfolios 364
Modell der kommunikativen Arbeitssituation 149
Motivations- und Lernmanagement 355
Motivationsmanagement 360
Motive 212
Multimedia 285

Nachfragekonstellationen 61
Nachfrageorientierung 60
Netzplantechnik 318
Netzwerk-Organisation 342
Neukonzeptentwicklung 333
Nicht-Modell 11
Nutzwertanalyse 322

Objektmodell 339
operatives Management 91, 148
ORBIS 348
Ordnungspolitik 5
Organigrammen 261
Organisation und Planung 159
Organisations- und Planungsmanagements 271
Organisationsentscheidungen 312
Organisationsentwicklung 258, 335, 355
Organisationslehre 336
Organisationsstrukturen 337
Organisationsvorstellung 255

Palast- und Zeltorganisation 351
Personalcontrolling 378
Personaldecke 88

Stichwortverzeichnis

rsonalentwicklung 355, 365
:rsonalentwicklungsmaßnahmen 362
ersonalmanagement 362
ersonenbezogene Produktverteilung 47
'ersonenkultur 278
Persönlichkeiten 11
Pläne 88
Planungs- und Organisationsmanagement 329
Planungsinstrumente 333
Planungslücke 165
Planungsorganisation 349
Planungsschritte 68
Portfolio-Management 113
Portfolio-Plan 94
Portfolio-Strategie 142
Preis-Leistungsverhältnis 190
Private, gemeinnützige und sonstige Bildungseinrichtungen 49
Produktbegriff 36, 45
Produktionskonzept 59
Produktkonzept 59
Produkt-Lebens-Zyklus 105
Produktmanagement 46
Produkt-Markt-Matrix 104
Produktmißerfolge 168
Produktplazierungsdiagramm 173
Professionalisierung 426
Professionalisierungsdebatte 37
Professionalisierungsgrad 26
Professionalität 37
professionelles Wissen 22
Profilskala 299
Profit Center 129, 343
Prozeß der Verberuflichung 149
Prozeßtheorien 219

Qualifikation 160
Qualifikationen: fachliche 15
Qualifikationsbedarf 183
Qualifikationsbegriff 14, 407
Qualifikationsstand 184
Qualifizierung 182
Qualifizierung des Personals 427
Qualifizierungsbedarf 184
Qualität von Entscheidungen 308
Qualitätsbegriff 70
Qualitätskonzept 77
Qualitätssicherungshandbuch 71

Reaktionshierarchie-Modell 302
Reaktionsmuster 400
Rechtsform 344
Referentengespräche 151
Regionalmodell 339
Renewal-Faktor 33, 159
Rentabilität 123
Reorganisationsansätze 259
Ressourcen 96
Rezeptologien 14
Rollenkultur 278
Rollenset 205
Rückkoppelung 321

Schlüsselqualifikationen 14
Schrittmacherrolle 7
Schwebezustand 86
Selbstlernzentren 44
Selbstmanagement 272
selbstorganisiertes Lernen 43, 196
Selbstverständnis 26, 401
Selbstverständnis der Weiterbildung 10
Selbstverwirklichung 430
Seminaridee 54
Seminarthemen 393
Sicherheit 125
Situationsbegriff 192
Situatives Lehrtraining 237
sonstige öffentliche Finanzierung 127
sozialempirische Instrumente 334
Sozialisation 356
Spannungsfaktoren 211
Spannungsfeld 5
Spitzenleistungen 270
Stab-Linien-Organisation 341
Stadien der Personalentwicklung 402
Standort Deutschland 2
Stärken-Schwächen-Profil 277
Strategische Geschäftsbereiche 129
Strategische Kommunikation 22
strategische Konsequenzen 145
strategische Planung 405
strategische Plattform 90
strategische Planung 331
strategisches Denken 89
strategisches Management 91
Struktur der Finanzierung 126
Strukturdaten: Weiterbildungsmarkt 391
Strukturmodell 197

Stichwortverzeichnis

Strukturmodell der Handlungsebenen 66
Strukturveränderungen 26
Subjekte der Weiterbildung 12

Tagungsort 189
Taktik 332
Tätigkeitsprofile 93
Team- und Mitarbeitergespräche 152
Teamentscheidungen 311
Technologie und Wirtschaftskultur 418
Teilnahmeentgelte 127
Teilnehmer gewinnen 301
Teilnehmer- und Adressatenforschung 299
Teilnehmeranalysen 297
Teilnehmerberatung 154
Teilnehmerentgelt 129
Teilnehmergespräche 153
Teilnehmerorientierung 51
Teilnehmerrollen 235
Termine 189
Titel 186
Total Quality Management 73
TQM-Ansatz 74

Un- und Angelernte 412
Unternehmen führen 20
Unternehmensentscheidungen 7
Unternehmensentwicklung 88
Unternehmenserfolg 400
Unternehmensidentität 274
Unternehmenskonzept 21
Unternehmenskultur 34, 277, 283
Unternehmensphilosophie 273
Unternehmensziele 94, 99, 108
Unternehmenszweck 94

Veränderung 12
Veränderungsmodelle 335
Verberuflichung 64
Verbindlichkeiten 124
Verkaufsgespräche 155
Verkaufskonzept 59
Verkehrsformen 158
Vermarktung aller Lebensbereiche 2
Vermittlungswissenschaft 35
Verrichtungsmodell 338

Verwaltungssoftware 347
Verwendungszusammenhänge 52
Vielfalt und Pluralität 48
Volkshochschulen 49
volkswirtschaftliche Betrachtung 388
Vorauswahl 173
Vorkenntnisse der Teilnehmer 227
Vorwärtsstrategie 4

Wachstum 101
Wachstumsstrategie 94
Wachstumsziele 110
Weiterbildung 38
Weiterbildung: Arbeitsmarktfaktor 407
Weiterbildung: Bildungsfaktor 419
Weiterbildung: Infrastrukturfaktor 415
Weiterbildung: Wettbewerbsfaktor 399
Weiterbildung: Wirtschaftsfaktor 390
Weiterbildungsbedarfsermittlung 180
Weiterbildungsberatung 80
Weiterbildungsbeteiligung 3, 225
Weiterbildungsdatenbanken 289
Weiterbildungsformen 397
Weiterbildungsfunktionen 408
Weiterbildungsgesetze 5
Weiterbildungs-Informations-Systeme 82
Weiterbildungsmanagement 36 f.
Weiterbildungsmanagement: Standortbestimmung 26
Weiterbildungsmarkt 89, 392
Weiterbildungsmarkt: potentiell 43
Weiterbildungsmarkt: real 43
Weiterbildungsprogramm 248
Weiterbildungsteilnahme 301
Weiterbildungsverbünde 417
Wertvergleichs-Methode 384
Wettbewerb des Wissens 286
Wettbewerbsfähigkeit 2
Wettbewerbswirtschaft 399
Wirkungen: von Weiterbildung 405
Wirkungskontrollen 374
Wirkungsmodelle 302
Wirtschaftsbranche 102, 388
wirtschaftspolitische Position 5
Wirtschaftszweig 389
WWW 288

Zeitalter der Organisationen 16

Stichwortverzeichnis

elformulierung 99
telgruppen 410
ielgruppenorientierung 51
ielgruppenspezifische Ansprache 187
ielgruppenspezifisches Marketing 298

Zielkombinationen 101
Zielmarkt 58
Zielsystem 89, 159, 402
Zukunftsmärkte 43
Zweckbestimmung 95